Milovan Djilas:

Jahre der Macht

Im jugoslawischen Kräftespiel

Memoiren 1945–1966

Vorwort von Wolfgang Leonhard

Aus dem Serbokroatischen von

Branko Peiaković

Deutscher
Taschenbuch
Verlag

dtv

Ungekürzte Ausgabe
Mit einem Vorwort zur Taschenbuchausgabe
April 1992
Deutscher Taschenbuch Verlag GmbH & Co. KG, München

unter dem Titel: Jahre der Macht. Kräftespiel hinter dem Eisernen Vorhang. Memoiren 1945–1966
ISBN 3-88919-008-1
Umschlaggestaltung: Celestino Piatti
Umschlagabbildung: Bernd Haak, München
Gesamtherstellung: C. H. Beck'sche Buchdruckerei, Nördlingen
Printed in Germany · ISBN 3-423-30304-2

Das Buch

Milovan Djilas, der prominenteste Dissident und zugleich der in der westlichen Welt meistgedruckte politische Autor Jugoslawiens, beschreibt in diesem Teil seiner Memoiren einen höchst bedeutenden Abschnitt der Zeitgeschichte. Die Faszination liegt dabei in seiner Person und ihrer geschichtlichen Rolle – Revolutionär und Staatsmann, Rebell und Unperson, Politiker und Schriftsteller. Aus allernächster Nähe schildert Djilas die jugoslawische Nachkriegsära, die Zeit des jähen Umbruchs, als aus Partisanen Staatsmänner wurden, aus Revolutionären Regierende. Breiten Raum nimmt die Person Titos ein, dessen Wandlung vom Freiheitskämpfer zum überhöhten Monarchen – mit autokratischem Gehabe, mit Schlössern, Gütern, Jagden, Rennstall, Hofzug, Leibgarde und anderem mehr – ein Spiegelbild der durch die Kommunisten mißbrauchten Macht ist. Djilas' Engagement für einen demokratisch erneuerten, menschlichen Sozialismus mußte er mit Verfemung durch seine Genossen, mit materieller Not, Parteiausschluß und schließlich mit zehnjähriger Haft bezahlen. Aus dem für Propaganda und Kultur zuständigen „Liebling der Partei" war ein geächteter Dissident, aus Titos Freund ein Ketzer geworden. 1966 wurde er unerwartet begnadigt. Die Erinnerungen Djilas' zeichnen sich durch ein hohes Maß ehrlichen Bekenntnisses auch zu eigenen Fehlern aus und vermitteln ein schlüssiges Bild des Balkanstaates, das für das Verständnis der heutigen Vorgänge im modernen Jugoslawien unverzichtbar ist.

Der Autor

Milovan Djilas, geboren am 12. Juni 1911 in Montenegro, studierte Rechtswissenschaften in Belgrad. Als führender Vertreter der KP in Montenegro 1933 bis 1937 in Haft. Nach 1945 engster Mitarbeiter Titos und maßgeblicher Parteitheoretiker. Wegen seiner kritischen Haltung wiederholt in Haft. 1966 schließlich begnadigt. Djilas lebt heute in Belgrad und hat sich als Schriftsteller Weltruhm geschaffen. Zahlreiche Veröffentlichungen auch in deutscher Übersetzung, darunter ‚Menschenjagd' (1985) und ‚Welten und Brücken' (1987).

Inhalt

Vorwort zur Taschenbuchausgabe von Wolfgang Leonhard 7

I. Die Macht 17

1. Stabilisierung der Macht 19
2. Der wirtschaftliche Wiederaufbau 36
3. Der neue Staat 41
4. Politische Prozesse und das Verhältnis zur katholischen Kirche 50
5. Literatur und Politik – Krleža und Andrić 64
6. Erste Zweifel am System 80

II. Der Konflikt mit der Sowjetunion 85

1. Subversive Aktivitäten der Sowjetunion 87
2. Reibungen mit den Sowjets 93
3. Taktik auf beiden Seiten 101
4. Nachkriegs-Diplomatie in Osteuropa 121
5. Gründung eines „Informationsbüros“ der kommunistischen Parteien in Belgrad und verstärkter Zwist unter den Bruderparteien 151
6. Reise nach Moskau – Verhandlungen mit Stalin, Bulganin und Mikojan 171
7. Auseinandersetzungen mit Stalin 183
8. Der Bruch mit Moskau verschärft sich 194
9. Der 5. Parteikongreß und die Aufdeckung sowjetischer Spionage 238
10. Das Konzentrationslager auf der „Kahlen Insel“ 272
11. Westkontakte und die weltpolitische Bedeutung des Konflikts mit der Sowjetunion 285

III. Die Rebellion 341

1. Momente innerer, persönlicher Entwicklung 343
2. Der Tod von Boris Kidrič 349

3. Asienreise und Ernennung zu einem der drei Vizepräsidenten Jugoslawiens 354
4. Stalins Tod und die ersten Zerwürfnisse mit Tito und der Parteispitze 365
5. Besuch aus Großbritannien und beginnender Zwist zwischen „Demokraten“ und „Bürokraten“ 372
6. Die Triest-Krise 377
7. Zunehmende Isolierung von den Genossen 385
8. Die Entscheidung naht 392
9. Die Abrechnung bahnt sich an – Sieg der Bürokratie 397
10. Die Abrechnung auf dem 3. Plenum übertrifft alle Erwartungen 406
11. Materielle Not, Einsamkeit und Austritt aus der Partei 414
12. Äußerungen gegenüber der westlichen Presse geben den Anlaß für ein Gerichtsverfahren 424
13. Verhaftung, Geheimprozeß, Zuchthaus, Freilassung und „Lex Djilas“ 434

Personenregister 459

Vorwort zur Taschenbuchausgabe von Wolfgang Leonhard

Milovan Djilas lernte ich im Mai 1949, vor mehr als zweiundvierzig Jahren, kennen. Es war wenige Monate nach dem damaligen Bruch Jugoslawiens mit der Stalin-Führung in Moskau. Ende März 1949 war ich in Belgrad eingetroffen, wurde nicht als „Asylant“, sondern als Freund behandelt. Als Redakteur der deutschsprachigen Sendungen im jugoslawischen Rundfunk vom März 1949 bis November 1950 kam ich wiederholt mit Djilas zusammen, der damals in der jugoslawischen Führung für Agitation, Propaganda und Kultur zuständig war – und damit natürlich auch für den Rundfunk.

Milovan Djilas war nach dem Bruch mit dem Stalinismus, wie tausende andere Jugoslawen, voller Hoffnung auf einen Neubeginn. Er stand inmitten des damaligen erregenden Umdenkens. „Die Marxisten und überhaupt die fortschrittlichen Menschen unseres Landes“, schrieb Djilas 1949, „haben ein Gefühl, als ob eine Eiskruste gesprengt worden wäre, die sich, ohne daß sie es wußten, um ihren Verstand gelegt hatte.“ Djilas war in diesen Jahren ein Vorkämpfer des eigenständigen antistalinistischen Weges – aber weder er noch sonst jemand in Jugoslawien hätte voraussehen können, daß sich Milovan Djilas nur wenige Jahre später von seiner Partei, seinen langjährigen Kampfgefährten und Freunden trennen würde.

Dieser Lebensweg, seine Hoffnungen und Enttäuschungen, und schließlich der Bruch mit dem System, das er in führender Position selbst mit errichtet hatte – das ist das Thema seines Buches.

Im ersten Teil, unter der prägnanten Überschrift „Macht“, beschreibt Djilas die Wandlung der revolutionären jugoslawischen Partisanen zur neuen diktatorischen Führungsschicht des Landes in den Jahren 1945 bis 1948. Nirgends habe ich bisher diese Wandlung so überzeugend dargestellt gefunden: der einsetzende Luxus, die Privilegien der Funktionäre, die zunehmende Trennung von den Menschen des Landes, die existentielle Entfremdung der Macht von den „gewöhnlichen Menschen“, aber auch die gewan-

delten Beziehungen der kommunistischen Funktionären untereinander.
Milovan Djilas, damals Spitzenführer für Agitation und Propaganda, war bis 1945 vom Glauben an die Sowjetunion Stalins geprägt. Schon bald nach Kriegsende begann er jedoch zu zweifeln. Als Mitglied der Spitzenführung erhielt er zunehmend Informationen über die Anwerbung jugoslawischer Parteifunktionäre für den sowjetischen Geheimdienst, über die „gemischten Gesellschaften", die rücksichtslos und einseitig im sowjetischen Interesse betrieben wurden, über die Intrigen sowjetischer Vertreter, die innerhalb der jugoslawischen KP-Führung Mißtrauen säten. In seinem eigenen engeren Arbeitsbereich stieß Djilas auf das hartnäckige Bestreben der Sowjetvertreter, die jugoslawische Presse im Sinne einer „Sowjetisierung" gleichzuschalten.
Auf seinen offiziellen Reisen in den Jahren 1945 bis 1947 nach Polen, in die Tschechoslowakei, nach Bulgarien und Ungarn, zum Kongreß der KP Frankreichs und zur Gründung des Kommunistischen Informationsbüros (Kominform) und in seinen ausführlichen Gesprächen mit den damaligen Parteiführern, erkannte er bald, daß sich der sowjetische Führungsanspruch nicht nur auf Jugoslawien beschränkte. Die Saat seiner Wandlung war gelegt.
Der zweite Teil seiner Memoiren unter dem Titel „Der Konflikt mit der Sowjetunion", das Kernstück des Buches, umfaßt die Jahre 1948 bis 1953. Gewiß: Manche der hier geschilderten Ereignisse wurden von Milovan Djilas bereits in seinem Buch *Gespräche mit Stalin* dargestellt und sind in anderen Veröffentlichungen analysiert worden. Und doch: die Schilderungen von Djilas' Reise nach Moskau im Januar 1948, seiner Begegnung mit Stalin und anderen damaligen Sowjetführern, von den immer schärferen Drohungen Moskaus gegen Jugoslawien im „geheimen Briefwechsel", der Zuspitzung der sowjetisch-jugoslawischen Polemik, dem Ausschluß Jugoslawiens aus dem Kominformbüro am 28. Juni 1948 dürften bisher wohl kaum so logisch zusammengefaßt, so eng mit persönlichen Einschränkungen verknüpft worden sein, wie in diesem Kapitel des Buches.
Jugoslawien stand seit Sommer 1948 unter einem ständigen wachsenden Druck der Sowjetunion und der Ostblockstaaten: Eine Flut von Verleumdungen, eine gewaltige verlogene Propagandakampagne, eine Wirtschaftsblockade und die in Jugoslawien selbst unterirdisch tätigen stalinistischen Gruppen waren nur ei-

nige der wichtigsten Merkmale. Djilas erfuhr, daß sogar in der Wachmannschaft Titos sowjetische Agenten eingeschleust waren und bereits die Aktion vorbereiteten, Tito und einige andere Politbüromitglieder mit Maschinenpistolen niederzumähen.
Enttäuscht und erschüttert mußte Djilas auch wiederholt feststellen, daß Freunde und Genossen, denen er bis dahin völlig vertraut hatte, sich plötzlich als Sowjetagenten erwiesen. Unter diesen außerordentlichen Bedingungen beschlossen Tito und der damalige Innenminister Rankowitsch (die übrigen Mitglieder des Politbüros, darunter auch Djilas, wurden darüber nicht informiert) auf Goli Otok („Kahle Insel"), einer damals unbewohnten Insel in der nördlichen Adria, ein Straflager zu errichten – völlig isoliert, getarnt durch eine Feldpostnummer. Hier wurden in den ersten Jahren nach 1948 insgesamt zwölftausend Gefangene eingeliefert, die in der sengenden Hitze und auf kahlem Felsen ihre Strafe verbüßen mußten. In der jugoslawischen Öffentlichkeit war darüber nichts bekannt – selbst Politbüromitglied Djilas erfuhr erst durch Zufall mit geraumer Verspätung davon. Rückschauend in seinem Buch meint Djilas, daß man damals gegen die stalinistischen Kräfte gewiß scharfe Maßnahmen ergreifen mußte, denn jedes Schwanken wäre von Moskau als Kapitulation gewertet worden – aber er lehnt die Unmenschlichkeit dieses Straflagers ab und bezeichnet Goli Otok als „düsterste Erscheinung im jugoslawischen Kommunismus".
Aber die Jahre von 1948 bis 1953 waren nicht nur von Goli Otok bestimmt, sondern vor allem von einer ständigen, immer deutlicheren Auseinandersetzung mit dem Stalin-System in der Sowjetunion. Schrittweise fand die Desillusionierung statt, wurde die Bedrohung durch die Sowjetunion und Stalin erkannt – verbunden mit dem kritischen Nachdenken über die eigene jüngste Vergangenheit in Jugoslawien. Gerade in dieser Periode von 1948 bis 1953 vollzog sich, nach Djilas, die fruchtbarste politische, intellektuelle Tätigkeit. Vieles wurde neu gelesen, neu durchdacht. Djilas, damals in der Spitzenführung für Ideologie und Propaganda zuständig, setzte sich mit Leidenschaft und Energie für die Befreiung von stalinistischen Denkschablonen, für die Unabhängigkeit und den eigenen Weg, für die Überwindung der bürokratisch-zentralistischen Planwirtschaft ein. Bei seinem neuen Studium von Marx stieß er auf den Begriff „Assoziation der freien Produzenten"; dies führte ihn zu dem Gedanken, in Jugoslawien Arbeiterräte einzuführen – ein Gedanke, der sofort von Kardelj unter-

stützt und nach einigem Zögern von Tito gutgeheißen wurde. Die frühere Willkür und die polizeiliche Allmacht wurden allmählich abgebaut, eine neue Strafprozeßordnung verabschiedet, die persönlichen Rechte der Bürger stärker betont, Amnestien und Freilassungen bekanntgegeben, das ideologische Monopol offen kritisiert und die Macht schrittweise in die örtlichen Organe, Unternehmungen und Institutionen verlagert.
Auch an der außenpolitischen Neuorientierung Jugoslawiens in diesen entscheidenden Jahren nahm Djilas aktiven Anteil. Ende 1949 fuhr Djilas erstmalig in die USA, um vor dem Politischen Komitee der UN zu sprechen. Anfang 1951 folgte seine Mission nach England mit dem Ziel, Waffen und militärische Einrichtungen aus dem Westen zu erhalten. Begegnungen mit dem damaligen Premierminister Attlee und mit Churchill brachten ihm neue Einsichten. Im Spätherbst 1951 fuhr Djilas erneut in die USA, wo er vor der UN-Generalversammlung die aggressive Politik des Sowjetblocks gegenüber Jugoslawien als ernste Gefahr für den Frieden darstellte. Die anfängliche Isolierung nach 1948 war nun, Ende 1951, überwunden. Jugoslawien war zu einem unabhängigen Faktor der Weltpolitik geworden, spielte eine wichtige Rolle bei der Bewegung der Blockfreien und hatte eine gewisse Selbstsicherheit erreicht.
Auf dem 6. Parteikongreß der jugoslawischen Kommunisten in Zagreb vom 2.–7. November 1952 (an dem aus Deutschland Richard Löwenthal und ich als Gäste teilnahmen) wurde die außenpolitische Neuorientierung durch Tito bestätigt. Tito kritisierte die Abkommen von Jalta und Potsdam „über die Verteilung der Interessensphären" und erklärte, in erster Linie habe die Sowjetunion „zur heutigen gespannten internationalen Lage beigetragen". Die einst unabhängigen Staaten der Tschechoslowakei, Polen und Rumänien seien zu „Kolonien im Herzen Europas" geworden; Tito kritisierte – wie aktuell klingt das heute! – die „Versklavung der baltischen Länder" und die „Unterdrückung der Nationalitäten" in der Sowjetunion.
Auf diesem Kongreß wurde – übrigens auf Anregung von Milovan Djilas – beschlossen, die KP Jugoslawiens in „Bund der Kommunisten" umzubenennen. Damit sollte die Abkehr von den Kommunistischen Parteien Stalinscher Prägung, aber auch von der leninistischen Parteistruktur unterstrichen werden. Der „Bund der Kommunisten", so erklärte Tito damals, sollte weder kommandieren und sich in alles einmischen, noch oberster Zensor und

Schiedsrichter sein, sondern sich auf politisch-erzieherische Leitungsaufgaben beschränken. Tito habe damals, so berichtet Djilas in seinem Buch, zwar kein Mehrparteiensystem, wohl aber ein „Mehrgruppensystem" für Jugoslawien vorgesehen.
Zum Abschluß des Parteitages hielt Djilas eine improvisierte und leidenschaftliche Rede, in der er die Abkehr der Sowjetführer von den ursprünglichen Zielen der Oktoberrevolution geißelte und die Delegierten aufrief, die ursprünglichen Ideale der Revolutionäre zu verwirklichen. Er erhielt einen Applaus, der sogar den für Tito überstieg. Djilas verkörperte damals die neue Linie der Demokratisierung, wobei es zunächst schien, als ob er die Auffassungen der gesamten Tito-Führung zum Ausdruck brachte.
Im dritten und letzten Teil seiner Memoiren – unter dem Titel „Die Rebellion" – schildert Djilas seine weitere Entwicklung, die zur Abkehr von seinen langjährigen Kampfgefährten und Genossen führen sollte. Immer wieder geriet er in Widerspruch zu den bürokratischen Kräften, die das System zwar reformieren, aber im Grunde erhalten wollten, während Djilas sich immer deutlicher den Zielen einer pluralistisch-demokratischen Gesellschaft näherte.
Für seine weitere ideelle Entwicklung war eine lange Asien-Reise (vom Dezember 1952 bis Februar 1953), die ihn durch Burma und Indien führte, von entscheidender Bedeutung. Djilas erlebte hier eine bis dahin noch nie gekannte Welt. Bei seiner Ankunft in Rangun war er geblendet von der goldenen Pagode mit ihrem sanft geschwungenen Tempeldach in dunklem Grün – aber auch erschüttert von den Lebensbedingungen der Menschen in den Straßen Ranguns, von den Zehntausenden schlafender Obdachloser auf den Bürgersteigen Kalkuttas. Die neuen Erfahrungen in den beiden asiatischen Ländern erweiterten seine bis dahin nur geahnten Erkenntnisse über die Unermeßlichkeit menschlichen Leidens, die Unvorhersehbarkeit der Gesellschaftsformen und Weltanschauungen.
Djilas begann daran zu zweifeln, ob es wirklich eine wissenschaftliche Theorie geben könne, die diese unterschiedlichen Entwicklungen menschlichen Daseins voraussehen, geschweige denn regulieren könne. Nach Gesprächen mit Ministerpräsident Nehru und mit indischen Sozialisten, die sich teilweise auf Gandhi beriefen und in ihren Vorstellungen von der Umgestaltung des Dorfes ausgingen, erkannte er deutlicher als zuvor, daß der Sozialismus, von unterschiedlichen Kulturen und Verhältnissen geprägt, nicht

einheitlich ist und gar nicht sein kann und auch nicht auf den gleichen theoretischen Grundlagen stehen muß. Das Leben, die Realität, erwies sich als viel mannigfaltiger, als er bis dahin angenommen hatte. Verändert kehrte Djilas im Februar 1953 von seiner langen Asienreise nach Belgrad zurück.
Hier aber, bei leitenden Funktionärskreisen in der Führungsgruppe um Tito, stellte Djilas bald Veränderungen in der entgegengesetzten Richtung fest. Nach dem Tode Stalins im März 1953 und der schon kurz darauf erfolgten Einstellung der anti-jugoslawischen Kampagne erwartete Tito größere positive Veränderungen in der Sowjetunion und begann sich, sowohl außenpolitisch wie innenpolitisch, von dem noch auf dem 6. Parteitag im Dezember 1952 proklamierten Kurs zu entfernen. Unter den veränderten Umständen, meinte Tito, sollte man sich sobald wie möglich der amerikanischen Hilfe entledigen. Kritisch wies Tito auch auf die zunehmenden „negativen Einflüsse des Westens" auf die Kultur und auf die Jugend Jugoslawiens hin. Er beschwerte sich über die „Schwächung der ideologischen Einheit", eine zunehmende Verschwommenheit und sprach sich dafür aus, die ideologische Einheit zu stärken und der Partei wieder ihre frühere „führende Rolle" zurückzugeben.
Ende Juni 1953 trat das Plenum des Zentralkomitees zusammen – erstmalig nicht in Belgrad, sondern in Titos bewachter Residenz auf der Insel Brioni. Hier wurde die entscheidende Wende eingeleitet: Rückkehr zur leninistischen Parteistruktur, Wiederherstellung der „führenden Rolle" der Partei, Abstoppung oder zumindst Verlangsamung des Demokratisierungsprozesses.
Milovan Djilas, über die Beschlüsse des „Brioni-Plenums" erschüttert, gab jedoch nicht auf. In zweimal wöchentlich erscheinenden Diskussionsartikeln der Parteizeitung *Borba* setzte er sich für eine weitere Demokratisierung, eine Erneuerung des Sozialismus, freie Diskussionen, Ausdehnung der persönlichen Freiheitsrechte, Bekämpfung des Bürokratismus und Monopolismus ein. Dann, in einem besonders aufsehenerregenden Artikel, schlug er sogar vor, den „Bund der Kommunisten" aufzulösen und mit der allgemeinen demokratisch-sozialistischen Bewegung des Volkes zu verschmelzen, was de facto das Ende der Parteiherrschaft bedeutet hätte. Dreißigtausend eingesandte, meist zustimmende Leserbriefe zeugten von dem Widerhall seiner Ideen.
Aber Djilas bemerkte auch die andere Seite: den zunehmenden Argwohn vieler Funktionäre, eine Atmosphäre der Mißbilligung,

seine zunehmende Isolierung. Die Entfremdung wurde immer stärker, die Widersprüche spitzten sich zu. Eines Nachts im Dezember 1953 – von ihm besonders anschaulich beschrieben – gelangte er zu der Erkenntnis, daß er sich von seinen Genossen trennen müsse, ja eigentlich politisch-ideologisch schon getrennt hatte.

Der Zwiespalt zwischen der immer noch bestehenden gefühlsmäßigen Verbundenheit mit seinen Genossen auf der einen und seinem Streben nach intellektueller Unabhängigkeit und dem offenen Bekenntnis seiner demokratischen Überzeugung auf der anderen Seite führte ihn in eine tiefe Krise. In diesen Wochen der totalen Entfremdung fand er nur bei wenigen Freunden und bei seiner Frau Stefica Zuflucht. Die Situation schien ihm so ausweglos, daß seine Frau und er an einen gemeinsamen Selbstmord dachten; nur der Gedanke, ihren damals einjährigen Sohn Alexa allein zurückzulassen, hielt sie davon ab.

Am 17. Januar 1954 erfolgte der Gegenschlag des Parteiapparates: Im Gebäude des Zentralkomitees in Belgrad fand ein Plenum der Parteiführung mit nur einem einzigen Thema statt: „Der Fall Djilas". Zur Tagung ging Milovan Djilas zu Fuß. Als er ankam, zeigte ihm niemand einen Platz, niemand redete auch nur ein Wort mit ihm. Auf dieser Tagung, die übrigens durch Rundfunk übertragen wurde, folgte eine Beschuldigung gegen ihn nach der anderen. Je länger die Tagung mit dem monotonen Trommeln der Dogmen dauerte – als Delikt wurde ihm auch „Bernstein-Revisionismus" vorgeworfen – desto deutlicher wurde ihm bewußt, daß es keine Aussprache geben würde.

Aber noch fühlte er sich durch langjährige Bande aus der Vergangenheit gefühlsmäßig selbst mit seinen Anklägern auf dem Plenum verbunden. Seine Vernunft hatte die Trennung vollzogen, sein Gefühl noch nicht. So war auch seine Rede verworren und unklar. Sie enthielt eine „halbe Selbstkritik", die er später bedauerte. Aber auch dies half ihm nicht. Es müsse sich erst erweisen, so wurde erklärt, inwieweit Djilas wirklich aufrichtig gewesen sei. Djilas wurde sämtlicher Partei- und Staatsfunktionen enthoben, jedoch nicht aus dem „Bund der Kommunisten" ausgeschlossen. Im März 1954 trat er dann selbst aus der Partei aus – für ihn war dies jetzt nur noch eine Formalität.

Das Jahr 1954 war für Djilas, damals dreiundvierzig Jahre alt, eine tragische Erfahrung – aber auch der Beginn eines neuen Weges, eines neuen Lebensabschnittes. Er verstand seinen Rückzug von

der Macht als Voraussetzung für seine intellektuelle und moralische Selbstverwirklichung. Unter dem Druck der Behörden und den aufmerksamen Augen der Spitzel – jeder, der ihn besuchte oder sein Haus betrat, wurde fotografiert – schrieb er nun die Bücher und Aufsätze, die in der ganzen Welt ihren Widerhall fanden, nur in Jugoslawien nicht gedruckt wurden. Erzählungen, Novellen, ein Buch über den montenegrinischen Dichter Njegos, *Land ohne Recht* über seine Kindheit in Montenegro, aber dann griff er wieder in die politische Diskussion ein. Im Dezember 1954 gab er der New York Times ein Interview, in dem er erstmals ein Mehrparteiensystem für ganz Jugoslawien forderte. Am 25. Januar 1955 wurde er verhaftet und zu achtzehn Monaten Haft verurteilt. Kaum war Djilas wieder auf freiem Fuß, schrieb er einen Aufsatz, in dem er die ungarische Revolution von 1956 begrüßte und wurde prompt zu weiteren drei Jahren Haft verurteilt. Bei seiner Verhaftung am 19. November 1956 wurde er – nicht einmal ein Kafka hätte dies voraussehen können! – in jenes „Zentralgefängnis" eingeliefert, an dessen Planung er einst im Frühjahr 1946 als Politbüromitglied mitgewirkt hatte. Lange Zeit verbrachte er auch in der Strafanstalt Sremska Mitrovica, wo er vor dem Krieg mit einigen jener Genossen eingekerkert war, die ihn nun in das gleiche Zuchthaus zurückgeschickt hatten. Im Gefängnis verfaßte er unter dem Titel *Die neue Klasse* eine Analyse des bürokratisch-kommunistischen Systems. Im Januar 1961 wurde Djilas bedingt entlassen, doch im April 1962 erneut ins Gefängnis eingeliefert und zu weiteren fünf Jahren verurteilt, weil er in seinem ins Ausland geschmuggelten Manuskript *Gespräche mit Stalin* angeblich Staatsgeheimnisse preisgegeben hätte.
Zusammen mit den Reststrafen standen ihm nun dreizehn Jahre Haft bevor. Fast fünf Jahre verbrachte er im Gefängnis – über seine Haftzeit berichtet er in seinen Memoiren bemerkenswert wenig –, um endlich am 30. Dezember 1966 endgültig begnadigt zu werden.
Zunächst stand er erneut unter Hausarrest. 1969 durfte er ein einziges Mal das Land verlassen. Djilas befand sich auf dem Weg, den er selbst gewählt hatte und von dem er nicht mehr abweichen wollte. Von allen Machtfunktionen entfernt, isoliert von vielen seiner früheren Freunde, widmete er sich seiner publizistischen und schriftstellerischen Tätigkeit – als Mahner und Warner, nur seinem eigenen Gewissen verpflichtet.
Milovan Djilas erlebte in Belgrad den Tod Titos, der am 4. Mai

1980, drei Tage vor seinem achtundachtzigsten Geburtstag starb – ohne, daß sich zunächst politisch etwas änderte. Auch sein 1983 erschienenes Buch *Jahre der Macht* konnte zwar im Ausland erscheinen, war jedoch in Jugoslawien verboten. „Es ist nicht schwer vorauszusehen, daß in Jugoslawien die Zeit kommen wird, da das Tabu über Djilas gebrochen und seine Schriften veröffentlicht werden", schrieb ich in meinem Vorwort zur ersten Ausgabe dieses Buches im Sommer 1983. Schon bald darauf war es soweit: Djilas konnte sich nun frei bewegen, auf Veranstaltungen auftreten, seine Schriften wurden auch in Jugoslawien veröffentlicht. Für Djilas waren das gewisse Lichtblicke – mehr nicht: „Wir sind noch keine liberale Gesellschaft. Zwar haben wir Freiheit, wenn auch keine große, aber wir haben noch keine ernste Demokratie – nirgendwo in Jugoslawien", äußerte er im Mai 1991 in einem Interview im *Spiegel*. Erschüttert erlebte er nun, 1991, die grauenvollen Methoden beim Zerfall Jugoslawiens. „Daß Titos Jugoslawien zerfallen würde, habe ich noch zu dessen Lebzeiten vorausgesagt. Bedrückend aber ist, wie diese Auflösung jetzt stattfindet." Djilas hoffte, wie viele Demokraten unter den unterschiedlichen Völkern und Nationen Jugoslawiens, daß Europa nicht tatenlos zusehen werde. „Ein Bürgerkrieg löst heute keine einzige Frage. Es käme nur zu Massakern, wie während des Zweiten Weltkrieges zwischen serbischen Tschetniks und kroatischen Ustaschen. Da könnte Europa nicht ruhig zusehen."

Und er selbst? Wolle er, Milovan Djilas, nicht versuchen, in die Politik einzugreifen? Djilas, inzwischen achtzig Jahre alt, meinte: „Ich bin alt, meine Kraft reicht nicht mehr aus, um aktiv an der Tagespolitik teilzunehmen. Ich habe keine Lust, jemandem als Gallionsfigur zu dienen. Außerdem: es gibt in Serbien keine Sozialdemokratische Partei, der ich mich aus vollem Herzen anschließen würde. So bin ich letztlich isoliert, aber auch unabhängig."

Djilas ist sich selbst treu geblieben. In allen Teilen Jugoslawiens – keineswegs nur in Serbien und Montenegro – wird er heute zurecht als erster Dissident verehrt. Im vorliegenden Buch *Jahre der Macht* beschreibt er, wie er sich vom ehemals militanten jugoslawischen KP-Führer zu einem unabhängigen, nur seinem Gewissen verpflichteten Demokraten gewandelt hat.

Manderscheid/Eifel, Januar 1992

I.
Die Macht

1. Stabilisierung der Macht

Es war – wenn ich mich recht erinnere – im Frühjahr 1946. Auf eine Initiative Alexander-Leka Rankovićs und seiner Mitarbeiter aus der Staatssicherheit wurde wegen dem Bau eines neuen Gefängnisses in Belgrad eine Zusammenkunft einberufen. Die bisherigen Strafanstalten waren in jeder Hinsicht ungeeignet. Sie lagen weit auseinander, und ihre Kapazität war unzureichend, allerdings nicht wegen Zerstörungen während des Krieges. Denn die Okkupanten hatten weitaus mehr und größere Bauten zu Gefängnissen umfunktioniert als alte Strafanstalten zerstört worden waren. Die Teilnehmer an dieser Zusammenkunft waren ausnahmslos ehemalige Zuchthausinsassen. Als solche waren auch Moša Pijade und ich geladen worden, obwohl der Bereich der Haftanstalten nicht zu unserem Aufgabengebiet gehörte.

Die Notwendigkeit eines neuen Gefängnisses lag auf der Hand, niemand bestritt sie. Es wurden humanitäre und hygienische Gründe geltend gemacht. Unser Hauptanliegen war jedoch der Bau eines Gefängnisses, das von außen keineswegs einer Strafanstalt ähneln, es aber anders als früher den Inhaftierten unmöglich machen sollte, heimlich miteinander in Verbindung zu treten... So wurden doppelte Wände geplant, um eine Verständigung durch Klopfzeichen unmöglich zu machen. Eine spezielle Installation der Kanalisationsleitungen sollte das Durchstecken von Kassibern oder Lebensmitteln verhindern. Die Kellerräume waren so tief anzulegen und zu isolieren, daß kein Tageslicht einfallen und kein Laut nach außen dringen konnte. Es sollten Fensterscheiben aus mattem Drahtglas verwendet und die Fenster nach innen, zu den Korridoren hin, angelegt werden, damit die Häftlinge weder nach draußen noch auf die Innenhöfe blicken konnten. Das Gefängnis mußte auch hygienisch einwandfrei sein: mit fließendem Wasser und WCs in sämtlichen Zellen, ausreichendem Bettzeug und warmem Essen.

Der Bau einer neuen, großen Haftanstalt war nicht zuletzt wegen der vielen politischen Häftlinge jeglicher Provenienz erforderlich geworden – Tschetniks, Ljotić-Leute, Ustaschas, Balisten, Weißgardisten, Spione und Mitarbeiter der deutschen Besatzer wie anderer westlicher Staaten, ferner Kriegsgewinnler und Spekulanten, Gerüchtemacher und Verfasser von anonymen Briefen. Die Notwendigkeit eines neuen Gefängnisses hätte sich zwar auch für jede andere Regierung ergeben; unsere sehr eigene Note aber lag in der Konzeption einer Strafanstalt, die die totale Kontrolle und Isolation der Insassen gewährleisten würde. Das Gefängnis mußte groß sein und aus mehreren autonomen Trakten bestehen, da sonst ungestörte Ermittlungen und eine perfekte Isolierung nicht zu verwirklichen wären. Während unserer Sitzung fielen mancherlei ironische Kommentare – etwa diese: Jetzt hätten sich endlich wahre Meister der Gefangenenbetreuung gefunden, keine österreichisch-ungarische Bürokratie mehr, und schon gar nicht die primitiv-brutalen Polizisten des jugoslawischen Königreichs...

Auf die Frage, weshalb der Neubau derartige Ausmaße haben müsse, antworteteten die Genossen von der Sicherheit, dies solle ein Gefängnis für politische Straftäter aus ganz Jugoslawien werden, während sich die Republikämter und die örtlichen Behörden mit kriminellen Fällen und harmloseren politischen Vergehen befassen würden. Daher erhielt diese Anstalt die Bezeichnung Zentralgefängnis („Zet-Ge"), obwohl sie das nie geworden ist, weil die politischen Verhältnisse eine unerwartete Wendung nahmen. Und auf jemandes Anmerkung, die Zahl der politischen Straftäter könnte sich ja verringern, brachte man als Gegenargument den Hinweis auf Erfahrungen, die man in der Sowjetunion gemacht hatte – und auf die Lehre des Genossen Stalin über den sich mit fortschreitendem Aufbau des Sozialismus immer mehr verschärfenden Klassenkampf.

Bei diesen Überlegungen theoretischer wie praktischer Natur tat sich vor allem Svetislav Stefanović-Ćeća hervor, Rankovićs erster Stellvertreter. Er hatte die Moskauer Parteischule absolviert und brachte gewisse Erfahrungen mit.

Bald wurde mit dem Bau des „Zet-Ge" begonnen. Damit die Arbeiten so rasch und effektiv wie möglich voran gingen, wurden dazu deutsche Kriegsgefangene abgestellt, über deren Fleiß und Zuverlässigkeit man überall im Lande sprach, so daß Wirtschaftsfunktionäre in ganz Jugoslawien sich um sie rissen. Aber die Deutschen waren lediglich als Bauarbeiter tätig, sie hatten nur unsere Ideen in die Tat umzusetzen.

In den Städten verlief das Leben auch für die Funktionäre ruhig und ungefährdet, obwohl es noch immer untergetauchte Faschisten, Kollaborateure und allerlei Konterrevolutionäre gab. Mitglieder des Politbüros und der Regierung bewegten sich mit je einem Begleiter überall ungehindert. Vor ihren Villen taten bis zu zwei Wachtposten Dienst, sofern der jeweilige Standort keine besonderen Maßnahmen verlangte. Die große Ausnahme stellte, wie überhaupt, Tito dar: für ihn wurden mit Hilfe von Beratern aus der sowjetischen Staatssicherheit besonders umfangreiche Sicherheitsmaßnahmen getroffen. Er bestand persönlich darauf und legte großen Wert auf umfangreichen und optisch eindrucksvollen Begleitschutz.

Es gab damals keinen Attentatsversuch auf irgendeinen der Führer (einzige Ausnahme: Miladin Popović, Sekretär des Gebietskomitees von Kosovo, den in Priština ein fanatischer junger Albaner tötete). Gute Organisation und große Raffinesse sowie die Verwurzelung der Partei und der Sicherheitsorgane im Volk haben sicherlich ihren Teil dazu beigetragen. Aber auch diese Eigenschaften der KP und der Staatssicherheit sind nicht „vom Himmel gefallen". Sie waren im Krieg und in der Revolution gewachsen – in verzweifelten Situationen, die durch die Anwesenheit der Okkupanten ohnmächtigen Zorn ausgelöst hatten und pervertiert worden waren. Von jedem wußte man, auf welcher Seite er jeweils stand.

In den Kleinstädten stellte sich die Sicherheit mit dem Abzug der Besatzer und der Errichtung der neuen Macht gleichsam von selbst ein. Die Verbündeten der Okkupanten hatten dort gar keine Möglichkeit, sich zu verstecken. Sie ergaben sich, sofern sie nicht mit den Besatzungstruppen abgezogen waren.

Die Wälder dagegen waren voll von „Waldgängern", Überresten der zerschlagenen profaschistischen und konterrevolutionären Formationen. Das war allerdings je nach Landesteil verschieden. In Makedonien gab es beispielsweise gar keine, in Slowenien und in der Wojwodina nur wenige dieser Gesetzlosen. In der Führung der Staatssicherheit schätzte man ihre Gesamtzahl 1945 auf etwa 40000, sie verringerte sich allerdings rasch. Die Mehrheit in diesen Gruppen waren Bauern, die, sofern sie keine schweren Verbrechen begangen hatten, nach und nach in ihre Häuser zurückkehrten, sobald ihnen die Behörden etwa durch Amnestien Aussicht auf Begnadigung und humane Behandlung boten. Eine auf kleinere Gruppen verteilte Minderheit jedoch blieb auch weiterhin in den Wäldern, sie wurde aber in rascher Folge zerschlagen. 1945/46 waren die Straßen von Montenegro noch unsicher, doch schon 1947 fuhren selbst hohe Funktionäre mit nur minimalen Sicherheitsvorkehrungen durch das Land.

So fanden sich diese Vogelfreien alsbald in einer ausweglosen Lage. Die Unterstützung aus dem Volk ließ nach, die Illusionen über eine Intervention des Westens erloschen schnell, der Sieg der Kommunisten und die Macht der Sowjetunion erwiesen sich als immer unstreitiger. Überdies verfügten sie weder über ein Programm noch hatten sie irgendwelche Anziehungskraft. Und an heroischen und wagemutigen Führern fehlte es ihnen nicht minder.

Von Anbeginn, bereits gegen Ende des Krieges, lag die Macht in Jugoslawien fest in den Händen der Kommunisten. Sie war aus der allmählichen Evolution der Parteiformationen und Guerillaverbände und deren Verwurzelung im Volke von unten her gewachsen. Schon nach zwei, drei Jahren wurde Jugoslawien, bei allen revolutionären Umwälzungen dieser Zeit, ein sicheres Land.

Es war sicher, jedoch noch keineswegs geordnet. Die Organisation in der Verwaltung und im Kulturleben machte rasche Fortschritte, jedoch blieb alles in ideologischen und parteigemäßen Rahmenbedingungen: Der Krieg dauerte noch an, als die alten Theater ihre Tätigkeit wieder aufnahmen und neue hinzukamen, zahlreiche Zeitungen und Zeitschriften erschienen – jedoch mit ideologisch ausgerichteten, kontrollierten Programmen, Kommentaren und Nachrichten. Und obwohl Jugoslawien über eine begeisterte Jugend, eine ergebene Arbeiterklasse und eine starke, selbstbewußte Partei verfügte, war es doch zugleich auch ein geteiltes, problemreiches und materiell wie geistig verwüstetes Land. Das ambivalente Verhältnis von Begeisterung und Abrechnung ist Charakteristikum jeder Revolution.

Die Führung zeigte sich unversöhnlich und unnachgiebig gegenüber dem Feind. Der Feind, das waren die Reste konterrevolutionärer Formationen und Agenturen der Besatzungsmächte. Gleichzeitig unternahm die Führung alle Anstrengungen, ihren Einfluß und ihre Aktionen auf der neuen Basis einer Volksfront auszudehnen. Denn die schnelle Befreiung der Städte Serbiens im Herbst 1944 und ebenso die jähe Befreiung der kroatischen und slowenischen Städte im Mai 1945 brachte die KP in unerwartete neue Schwierigkeiten. Sie wurde jetzt mit Problemen des staatlichen, nationalen, gesellschaftlichen und ökonomischen Lebens konfrontiert. Es gab in der Partei weder genügend Kader noch genügend Erfahrung, um dieser Probleme Herr zu werden. Militär und Polizei waren sich ihrer Stärke voll bewußt, im Volk selbst dagegen gab es nur eine schmale Basis, das galt ganz besonders für die Mittelschicht. Niemand hatte Interesse, die Revolution anzuhalten, am wenigsten die Partei, aber die konnte Kommunisten wie einem erheblichen Teil Nichtkommunisten den Übergang zu neuen Verhältnissen erleichtern.

Diese Arbeit war wesentlich eine Aufgabe für Edvard Kardelj. Ich wurde beauftragt, mit den Anhängern der Volksfront in Serbien, mit Republikanern und Agrariern, eine gemeinsame Plattform zu erarbeiten. Die Diskussionen über die Programmentwürfe zogen sich endlos hin bis tief in die Nächte, aber es kam kaum zu größeren Schwierigkeiten. Jaša Prodanović war der Querkopf im Kreise der Verhandlungsteilnehmer. Über achtzig Jahre alt, war er Führer einer Gruppe von Republikanern und ein Meister der Formalistik. Während einer dieser Diskussionen wandte er sich mit einer Erklärung an mich, die ich nicht vergessen kann; damals erschien sie mir lächerlich und kindisch: „Mich interessiert nicht der Inhalt, sondern die Form: Sie können meinetwegen morgen den Kommunismus einführen, nur soll das auf demokratische Weise geschehen.“ Dragoljub Jovanović, der Führer der linken Agrarier, war elastischer, aber auch hartnäckiger, wenn es um Inhalte ging. Im großen und ganzen aber fanden die Diskussionen und das Austüfteln der Formulierungen in respektvoller und sogar freundschaftlicher Atmosphäre statt. Den einzigen Zwischenfall provozierte der Vertreter einer unbedeutenden Gruppe von Intellektuellen; durch irgend etwas herausgefordert, rief er erregt: „Wir sind nicht gleichberechtigt! Wir fordern Gleichberechtigung!“ Meine Replik: „Sie sind in der Tat nicht gleichberechtigt! Das können Sie gar nicht sein. Hinter uns Kommunisten stehen fünfzig Divisionen und ein schrecklicher Krieg, Sie aber sind nur eine Gruppe. Sie haben eine falsche Auffassung von Gleichberechtigung! Hier geht es auch nicht darum, die Gleichberechtigung zu erringen, es geht um Verständigung.“ Daraufhin schwiegen alle, auch „Onkel Jaša“, nur Dragoljub Jovanović lächelte mit selbstbewußter Ironie.

Im eigentlichen Sinne waren das Gruppen, die sich aus Resten den ehemaligen politischen Parteien rekrutierten. Sie hatten sich den Kommunisten angeschlossen, die meisten aus patriotischen und sozialen Beweggründen, manchen ging es auch nur um Karriere und um Privilegien. Zu diesen Verbündeten waren die Kommunisten sehr aufmerksam und korrekt. Selbst während der kriegsbedingten Verknappung der Mittel hatten Funktionäre und Stäbe den nichtkommunistischen „Patrioten" Vorteile zugestanden. Wir erlaubten weder einzelnen noch Gruppen, eigene Organisationen zu schaffen bzw. zu erweitern. Wenn wir darauf angesprochen wurden, war unser Argument: die Volksfront sei breit genug für jedermann. Das wurde von allen akzeptiert; die Mehrzahl der „Patrioten" aus der Kriegszeit wurde später in die Kommunistische Partei aufgenommen.

Von den „Volksfrontlern" Serbiens war Dragoljub Jovanović die einzige Ausnahme. Er dachte nicht daran, seine Selbständigkeit aufzugeben, ebensowenig stellte er die Versuche ein, seine eigene Partei zu erneuern und auszubreiten. Man konnte ihn nicht manipulieren, für Ehrungen und Privilegien war er nicht zu haben. Der Konflikt mit ihm war daher vorprogrammiert.

Solche Zustände waren ein Handikap für die KP, sich vollständig und formell zu legalisieren. Es gab noch andere Faktoren: die Beziehungen zu den westlichen Ländern. In einer Zeit, in der wir uns um internationale Anerkennung und um Wirtschaftshilfe bemühten, hatten wir kein Interesse daran, übermäßig aufzufallen. Daß bei uns die Kommunisten eine totale Kontrolle ausübten, war hinlänglich bekannt. Außer jenen, die es wissen sollten, wußte jedoch niemand etwas über den Personenkreis und die Arbeitsweise der Führung. Im „Madera" befand sich der Sitz des ZK-Apparats, doch an dem Gebäude hing keinerlei „Firmenschild".

Es gab ein „subjektives" Motiv für derartige Halblegalität. Tito und seine Gruppe paßte diese unsichtbare Macht ins Konzept – Macht, unkontrolliert von einem gewählten Forum. In diesem engsten Kreis wurde zwar von der Abhaltung eines Parteikongresses gesprochen (Ranković war meines Erachtens der eifrigste Befürworter), Tito und Kardelj vertagten diese Forderung jedoch immer wieder, einerseits aus Trägheit und Überlastung mit laufenden Geschäften, andererseits aber auch durch die Gewöhnung an das Gefühl absoluter Macht.

Wegen derselben absolutistischen Bequemlichkeit und Titos Autokratismus trat auch die Bundesregierung kaum zusammen. Abgesehen von einigen festlichen Anlässen hielt Tito als Ministerpräsident keine einzige Sitzung ab. Kabinettssitzungen wurden von Kardelj in seltenen Fällen abgehalten. Diese Praxis wurde auch nach 1948 fortgesetzt. Erst der Konflikt mit der UdSSR in jenem Jahr spitzte die Frage einer vollständigen Legalität und Legitimität der Partei zu und zwang sie uns auf. Diese Dynamik bei der Legalisierung der KP und kraftvolle, urzeitliche Impulse zur staatlichen Autonomie spülten in den Volksfront-Gruppen auch Tendenzen zur Selbstauflösung hoch. Das aber lehnte die Parteiführung ab. Sie sah keinerlei Notwendigkeit dazu, eine Auflösung der Volksfront hätte schädlichen Vorstellungen von Sektierertum und Monopolismus der Kommunisten Vorschub geleistet.

In der KP und ihrer Spitze gab es keinerlei wesentliche Meinungsunterschiede in Fragen der Festigung der Macht, der Stärkung der Partei und der Ausbreitung ihrer beherrschenden Rolle. Es gab auch keinen Dissens wegen der Verfolgung von Konterrevolutionären und Kollaborateuren. Und dennoch waren wie stets Unterschiede auch in der Spitze selbst spürbar. Die Gründe waren vielfältig: heftiger oder milder Dogmatismus, Idealismus, unterschiedliche Bewertung in den Aufgabenbereichen, schließlich das Temperament der Individuen. In seiner gesamtnationalen und absolutistischen Rolle mußte Tito den einen gemäßigter, den anderen härter als irgendein anderer Funktionär erscheinen. Unwesentliche Unterschiede gab es auch in den Institutionen. Die Ministerien, besonders jene für Wirtschaft und Bildung, wurden tagtäglich mit Schwierigkeiten, Desorganisation und Mangel an Kadern konfrontiert, deshalb waren sie in der Regel gemäßigter und weniger dogmatisch. Das Agitprop, dessen Leiter ich war, erschien im Gegensatz dazu als die radikalere Institution. Das lag letzten Endes in seiner Funktion als Propagandainstrument der Ideologie und in der Agitation gegen den aktiven Feind begründet. Eine gewisse, wenn auch zweitrangige Rolle darin spielte auch die Spitzenbesetzung der „Agitpropianer" – fähiger und ideologisch doktrinärer Intellektueller. Deshalb schlug auch in den öffentlichen Medien die Heftigkeit und Härte im marxistisch-leninistischen Theoretisieren und in der Propaganda für die Revolution durch. Darüber hinaus war es Aufgabe des Agitprop, die offiziellen Erklärungen zu popularisieren.

Das Agitprop war aber nicht nur Motor revolutionärer Begeisterung, es war auch mitverantwortlich für Verfolgungen und Racheakte. Das Agitprop und die Agitprop-Leute stellten eine unumgängliche, sehr intellektuelle Komponente der revolutionär-autokratischen Macht dar.

Gleichwohl mischte sich das Agitprop in die Geschäfte anderer Institutionen nur dann ein, wenn eine „Richtigstellung“ der „Linie“ notwenig wurde. Außer in besonderen oder unklaren und strittigen Fragen hielt sich das Agitprop aus der Alltagsarbeit der Medien heraus. Mit den verantwortlichen Genossen der öffentlichen Medien gab es im Agitprop wöchentliche Konferenzen, in deren Verlauf aktuelle Probleme und Änderungen in der „Linie“ erörtert wurden. Die meiste Aufmerksamkeit wurde dabei der Zeitung *Borba* als dem Parteiorgan und der Nachrichtenagentur *Tanjug* als der Verbindung zur Außenwelt zuteil.

Das Agitprop hatte keine exekutive Gewalt, sondern war beratende Institution. In allen wichtigen oder unklaren Fragen beriet ich mich mit Kardelj und Ranković, in Ausnahmefällen auch mit Tito, und jeder der drei – aber auch andere führende Genossen – gab Anregungen und machte Vorschläge; Tito erteilte auch Befehle. Es gab dabei Meinungsunterschiede und Mißverständnisse, niemals jedoch wirkliche Zerwürfnisse und Unstimmigkeiten.

Mit Verfolgungen und Gerichtsprozessen hatte das Agitprop nichts zu tun, wenn man von deren propagandistischer Manipulation absieht. Selbst bei den großen Prozessen – beispielsweise jenen von Draža Mihailović und Erzbischof Stepinac – wurde die Propaganda nicht unmittelbar vom Agitprop gelenkt, das geschah vielmehr unter dem Einfluß und nach den Instruktionen der Staatssicherheit.

Freilich bedeutet das nicht, daß die führenden Mitglieder des Agitprop, die „Altkommunisten“ der Vorkriegszeit mit Beziehungen und Bekanntschaften bei der Staatssicherheit, keinen Einfluß ausüben oder nicht intervenieren konnten, sogar bei Ranković selbst. Das galt besonders für die ersten Monate nach der Befreiung Belgrads, solange noch die kriegsmäßigen, außergerichtlichen Verfolgungen andauerten.

Nachdem der Staatssicherheit das Recht, Todesurteile zu verhängen, Ende 1945 entzogen worden war, wurden alle politischen Gerichtsurteile dem Bundespräsidium vorgelegt, welches diese mehr oder weniger automatisch bestätigte. Es gab Konsultationsfälle mit dem Vizepräsidenten Pijade, mit der Staatssicherheit oder mit Ranković, in denen das Präsidium die Urteile änderte. Ich möchte erwähnen, was Dedijer in diesem Zusammenhang schreibt*, sich nur auf sein Gedächtnis berufend: „Moša (Pijade – A.d.Ü.) kannte ich aus nächster Nähe, seinem Naturell nach war er ein guter, aber sehr aufbrausender Mensch. Nach dem Krieg, als er Vizepräsident war... versuchte er, Leute aus dem Gefängnis herauszubekommen, doch dort begegnete ihm stets sowohl die strenge Hand von Ranković und auch jene von Djilas."

Was mich betrifft, ist Dedijers Einlassung falsch und böswillig. Mit Verhaftungen hatte ich überhaupt nichts zu tun, das war nicht meine Arbeit. So konnte auch niemand auf meine „strenge Hand" treffen. Ich bin der Meinung, daß auch Dedijers Bemerkung über Ranković falsch ist: Er verrichtete einen undankbaren Dienst nach bestem Wissen und in Übereinstimmung mit der Haltung des Politbüros, oder besser gesagt Titos, mit dem er sich sogar über relativ unbedeutende Fragen beriet. Rankovićs Hand war Teil des starken Arms von Tito. Je nach Einschätzung und Notwendigkeit mal streng und mal mild. Das müßte Dedijer eigentlich wissen, schließlich arbeiteten wir im Agitprop tagtäglich zusammen, und so waren ihm die Kompetenzen des Agitprop sehr wohl bekannt. Meine Zusammenarbeit mit Ranković verlief sehr eng und harmonisch, da er der Organisationssekretär der KP war. Weder Kardelj noch ich mischten uns in die Tätigkeit der Staatssicherheit ein, es sei denn bei Problemen, die uns angingen, das war eher die Ausnahme. Mehr noch: obwohl es keinerlei, weder mündliche noch schriftliche Regelung dafür gab, hatte sich ein solches Verhältnis etabliert, daß es sogar unangenehm wirkte, wenn sich wer auch immer für die Zuständigkeiten Rankovićs näher interessieren oder gar in sie eingreifen wollte. Der Versuch, Tito „weißzuwaschen", indem man seine jahrelangen engsten Mitarbeiter anschwärzt, ist mehr als eine Illusion. Wir alle waren vom selben Schlag, wir fühlten uns solidarisch in der Durchführung der revolutionären Aufgabe, ohne unsere Individualität preiszugeben. Die Behauptungen kroatischer, aber auch albanischer Nationalisten, Ranković habe in Kroatien beziehungsweise im Kosovo-Gebiet ein besonderes und eigenes Regime betrieben, sind nicht nur eine Verdrehung der Fakten, sondern bereits Propaganda, weil Ranković Serbe ist. Es hat keinerlei „Ranković-Regime" existiert, zumindest nicht, solange ich an der Macht war. Alles das war das Regime Titos und der Gruppe, die sich bereits vor dem Krieg um ihn

* Vladimir Dedijer: *Novi prilozi...* (Neue Beiträge zur Biographie von J. B. Tito), *Mladost,* Zagreb, 1981, S. 722)

herum konsolidiert hatte. Noch unzutreffender sind jene Behauptungen, wenn es um Kroatien geht: die inneren Verhältnisse in Kroatien kontrollierte Tito direkt über den kroatischen Innenminister Stevan Krajačić, dieser unterstand Ranković bzw. dem Innenministerium nur rein formell. Tatsächlich aber war er Tito unmittelbar unterstellt, dem er nebenbei auch allerlei luxuriöse, „repräsentative“ Gefälligkeiten erwies (da ging es um Villen, Gemälde, Skulpturen und ähnliches). In Zagreb war ich häufig bei informellen Anlässen dabei, bei denen Krajačić Tito Bericht erstattete. Das geschah sogar in Anwesenheit von Ranković, so daß diese Direktverbindung zwischen Krajačić und Tito offensichtlich und unstrittig war. Ich selbst hatte 1952 oder 1953 in Zagreb mit Krajačić zu tun, und das bestätigte meinen schon früher gewonnenen Eindruck seiner Unfähigkeit. Zurück in Belgrad, sagte ich das auch zu Ranković. Darauf erwiderte er mir: „Das *ist* eben so!“ – was heißen sollte: Ich kann da nichts machen.

Die Konsolidierung und Stärkung der neuen Macht und der neuen Besitzverhältnisse, aber auch die Fortsetzung des ganzen revolutionären Prozesses manifestierte sich mehr in der Person Titos als in der Hervorhebung der Rolle der KP selbst. Der Grund dafür war nicht, daß Tito Chef eines neuen Staates und die KP erst halblegal tätig war. Nein, der Personenkult um Tito hatte schon während des Krieges seinen Anfang genommen mit dem Bedürfnis der aufgewiegelten Massen und der „bolschewistischen“, stalinisierten Partei nach einem Führer. Diese emotionalen Wünsche und pragmatischen Notwendigkeiten wurden nach und nach in militärische und andere Hierarchien eingebaut. Faktisch wurde der „Tito-Kult“ auf der 2. Tagung der AVNOJ, der „Antifaschistischen Versammlung“, am 29. November 1943 in Jajce „offiziell beglaubigt“ und institutionalisiert. Tito, der Vertrauensmann der Komintern von 1937 und ausgestattet mit Vetorecht im Zentralkomitee, wurde mit Hilfe der bolschewistischen Partei und seiner eigenen Wendigkeit zum autokratischen Führer. Seit 1937, also von Anfang an, verhielt er sich selbstherrlich; nach Jajce inthronisierte er sich, unterstützt durch die Revolutionsführer, zum Alleinherrscher.

Nur wenig später wurde diese Metamorphose nach außen deutlich: glitzernde Uniformen, das Gehabe in der Rolle des Monarchen, Pomp, tosender Applaus und jubelnde Massen. Mit seiner Ankunft im befreiten Belgrad, im Oktober 1944, vollzog Tito den letzten und endgültigen Schritt zur persönlichen Autokratie.

Das verlief nicht ganz so einfach, wie es sich heute in meiner Darstellung liest. Wendig und scharfsinnig, nutzte der bis dahin Unbekannte die Verhältnisse aus und „überfuhr“ jeden, auch seine allernächsten Gefährten. Tito war nicht nur Schöpfer, sondern auch Repräsentant bestimmter Bestrebungen, Gruppen und eines bestimmten Systems. Die Genossen um ihn herum waren nicht nur gehorsame Gehilfen, auch sie hatten Anteil an seiner Herrschaft, in der allerbesten Überzeugung, daß die Hierarchie und das System nur eine unvermeidliche „Übergangsform“ zu künftigen Idealverhältnissen sei. Die Glorifikation Titos schien den revolutionären Prozeß anzufachen und zu stärken.

Kurz vor Kriegsende schlug der Sekretär der Kommunistischen Jugend, Rato Dugonjić, vor, eine Stafette zu organisieren, deren Schlußläufer Tito an seinem Geburtstag den Staffelstab überreichen sollte. Tito hatte an dieser Idee in keiner Weise Anteil, er wurde informiert und war einverstanden. Aber auch wir, die übrigen Mitglieder des Politbüros, stimmten zu: Wer hätte es auch fertiggebracht, Bekundungen der Liebe und Aufmerksamkeit gegenüber dem Führer des Befreiungskrieges und der künftigen Umgestaltung seine Zustimmung zu versagen? Das sah ja anfangs weniger wie eine Ehrerbietung, sondern eher treuherzig und ungezwungen aus. Tito empfing die Stafette dann auch nicht im Belgrader Schloß, sondern in Zagreb; Pijade schrieb einen Leitartikel für die *Borba,* der noch nicht jenen späteren Lobhudeleien glich und im Kontext einen heimlichen Wunsch, der freilich Illusion bleiben sollte, ausdrückte, daß es nämlich solche Litaneien auch in Zukunft nie geben möge: „Ohne eine offizielle Festlichkeit, die die Bescheidenheit des großen Mannes des Volkes verletzen würde ... ist am Tage seiner Geburt das ganze Land erfüllt mit Gefühlen höchster Anerkennung und grenzenloser Liebe, des Vertrauens und der Ergebenheit für seinen großen Leiter.“ Auch Arso Jovanović, Chef des Generalstabs, schrieb als Pflichtübung einen Artikel zu Titos Geburtstag. Aber schon ein Jahr später, 1946, wurde der Stafette, auch auf nachdrücklichen Wunsch Titos, ein festlicher, „gesamtvölkischer“ Rahmen gegeben. Die Regierungs- und ZK-Mitglieder fanden sich bei Tito zur kollektiven Gratulationscour ein und empfingen gemeinsam mit ihm die Stafette im „Weißen Schloß“.

Die Königschlösser zu Dedinje waren verwahrlost und in Unordnung. Unter Titos persönlicher Aufsicht wurden sie noch vor Kriegsende restauriert, und Tito zog dort ein. Dabei hätten die

Schlösser formell dem königlichen Regentschaftskollegium als der offiziellen Staatsführung unterstehen sollen. Aber dieses Kollegium setzte sich aus ehemaligen Politikern zusammen, die Tito und nicht dem König zuneigten, und so gab es keine Debatte. Tito legte seine Hand auch auf die übrigen königlichen Güter mit Ausnahme von Topola: Topola fiel der serbischen Führung zu, vielleicht wegen der abgelegenen Lage, möglicherweise auch, weil es Tito unangenehm und zu drastisch vorkam, sich ausgerechnet neben der Nekropole der alten Dynastie niederzulassen.

Der neue Herrscher setzte sich auf den alten Thron und begann nebst überholten Bräuchen auch seine eigenen „revolutionären" Neuerungen einzuführen. Die Beamten der Führungsspitze sprachen damals vom „Schloß", wenn sie Tito und sein Sekretariat meinten. Erst später wurde diese Bezeichnung durch eine geeignetere ersetzt: „das Marschallat".

Im Königreich gab es den Brauch, daß der Herrscher beim neunten Sohn in einer Familie Pate steht. Diesen Brauch übernahm auch Tito um so williger, als das Verlangen danach aus dem Volke kam. Die einfachen Leute hatten instinktiv begriffen, daß Titos Funktion sich nicht wesentlich von jener der einstigen Monarchen unterschied, während wir an der Parteispitze uns mit Illusionen und Theorien einlullten, es handele sich hierbei um menschliche Schwächen und um Notwendigkeiten in der Phase des Übergangs zum Kommunismus.

Bald aber begannen diese monarchischen Patenschaften groteske Formen anzunehmen. Schließlich waren Männer und Frauen gleichberechtigt, warum also nicht auch bei der neunten Tochter Pate stehen, und weshalb nicht auch beim zehnten oder elften Kind? Das Patenkind erhielt darüber hinaus ein Geschenk und günstige Aussichten fürs Leben. Es gab auch in der Spitze Einwände gegen diese Patenschaften Titos, sie wurden aber mit opportunistischer Berufung auf die Tradition zum Schweigen gebracht.

Es blieb nicht bei den Königschlössern auf Dedinje und den königlichen Gütern in ganz Jugoslawien, Tito nahm für sich und die Führung auch die besten Jagdgründe in Beschlag. Ebenso verfuhr er bei einigen Agrarbetrieben, z. B. denen des Großgrundbesitzers Moser (mit der Begründung, die Versorgung zu sichern), einige kamen als Erbe der einstigen Herrscher hinzu, andere aufgrund willkürlicher, absolutistischer Maßnahmen zum Wohle der Staatsführung. Die Bauern nannten Mosers Besitz „Titos Bauernhof". Ich lachte hell auf, als ich das auf einer Jagd zu hören bekam, und Tito, dem ich es erzählte, lachte ebenso.

Als die Garde, die Tito unmittelbar unterstellt war, aufgestellt wurde, siedelte man auch die Familien der Gardeoffiziere an. Die meisten stammten aus Dörfern ehedem aufständischer Gegenden. Es wurde beschlossen, sie in den ausgesiedelten deutschen Dörfern um Zemun unterzubringen, hauptsächlich im ehemaligen Franztal. Typisch hierzu die Überlegung Titos, die auch für die Mentalität siegreicher Kommunisten charakteristisch ist: „Na ja", meinte er, „man soll sie in der Nähe Belgrads ansiedeln – es ist eine verläßliche, es ist *unsere* Bevölkerung. So haben auch die russischen Zaren Kosaken an den Grenzen angesiedelt." Eine derartige Folgerung erschien zwar auch mir seltsam, aber niemand widersprach. Wir alle waren einmütig in diesem Selbstverständnis der Macht.

Damals lebte sich Tito in seine charismatische Führerrolle ein, und es gehörte zu seinem Stil, bei Besuchen Geldgeschenke, zumeist an Kinderheime, zu verteilen. Žujović, der sparsame und energische Finanzminister, murrte bei der Aushändigung von Bündeln brandneuer Banknoten, und auch Ranković war in seinem Innersten nicht damit einverstanden.

Neben anderen Sportarten wurden auch wieder Pferderennen veranstaltet. Dabei tauchten auf einmal auch Rennpferde „aus dem Stall Marschall Titos" auf. Die Zeitungen begannen diesen Stall in ihren Rennberichten zu erwähnen. In Wirklichkeit war der „Stall Marschall Titos" ein Gestüt des Militärs, genauer gesagt der Garde. Es kam zu einigen Unannehmlichkeiten, es gab unbequeme Kommentare: Was ist, wenn die Tiere aus dem „Stall des Marschalls" nicht gewinnen, woher hat ein kommunistischer Führer einen Stall und wohin fließen die Einnahmen aus diesem Stall? Ich beklagte mich bei Kardelj darüber; ich erinnere mich nicht, wie er das mit Tito geregelt hat, aber die Zeitungen hörten auf, über seinen Rennstall zu berichten.

Der Eisenbahnzug, den Tito benutzte, war der ehemalige Hofzug, mit Standort auf einem gesonderten, ebenfalls zum Königshof gehörenden Bahnhof in Topčider: Dort warteten die höchsten Funktionäre auf Tito, wann immer er von einer Reise zurückkam. Der Salonzug wurde später noch etwas luxuriöser ausgestattet, es kamen zwei weitere Züge für Sicherheitsorgane und Begleitung hinzu. In Titos Salonzug gab es auch Abteile für die ihn begleitenden Spitzenfunktionäre.

Wohin er auch kam, überall wurden für Tito geräuschvolle Massenempfänge organisiert. Die Menschenmengen erwarteten ihn selbst dann, wenn sein Zug auch nur für kurze Zeit an irgendeiner Station anhielt. Blumen, Pioniere, Ehrenkompanien, organisierte Spontaneität, spontane Organisiertheit, Bankette, Trinksprüche, und jeder Schritt und jedes Wörtchen des Führers auf den ersten Seiten aller Zeitungen. Bei irgendeinem Anlaß, das war 1945 oder 1946, sahen wir uns bei Tito Chaplins Film *Der große Diktator* an. Bei jener Szene, in der der Lokomotivführer mehrmals vergeblich versucht, die Waggontür, aus der der Diktator aussteigen soll, genau auf den ausgerollten Teppich auszurichten, bekamen wir alle ein ungutes Gefühl und verstummten. Diese Filmszene deckte sich genau mit dem, was sich beim Aussteigen Titos auf den Bahnstationen abzuspielen pflegte, nur mit dem Unterschied, daß Titos Lokführer besser eingeübt war und die Tür stets haargenau vor den Teppich manövrierte. Aber auch Tito konnte diese Ähnlichkeit nicht entgehen. Er drehte sich zu uns und lachte mit schalkhafter Ironie, als wollte er sagen: Das ist halt so – es gibt nun kein Entrinnen!

Titos Kult war nicht nur sein eigenes Werk, sondern organisierte politische Aktion, Produkt der titoistischen Fraktion, die sich mit der Zeit konsolidiert hatte und deckungsgleich war mit der Führung. Der Kult war auch das Produkt der Volksstimmung, ein Volk, geführt von einer totalitären Partei und gewöhnt an charismatische Führer.

Es war nicht allein Tito, der sich dem Luxus hingab und Privilegien beanspruchte. Auch alle übrigen Spitzenfunktionäre im Bund, in den Teilrepubliken und abgestuft in Bezirken und Gemeinden verhielten sich in der gleichen Art und Weise. Allmählich bildete sich, sowohl spontan als auch organisiert, eine neue herrschende Schicht, mit all den Eifersüchteleien, dem Neid und der Habgier als unausbleiblichen Begleitern. Diese Spitze, von Luxus und Privilegien korrumpiert, kämpfte mitnichten dagegen an; sie korrigierte nur Exzesse und Maßlosigkeiten. In den ersten Jahren waren alle besseren Hotels der Touristenorte, zumal in der Sommersaison, durch Institutionen von Bund und Republiken ausgebucht, aber auch durch die Träger des Gedenkordens (Kämpfer der ersten Stunde, d. h. seit Beginn des Aufstandes 1941). Sie hatten das verbriefte Recht auf einen kostenlosen einmonatigen Urlaub in einem Hotel ihrer Wahl. Villen und Pensionen waren heiß begehrt. Doch sie reichten nicht aus, und das verstärkte noch Eifersucht, Neid und Tratsch in den Familienclans. Es gab zwar auch bescheidene und uneigennützige Parteigrößen, die mit Zufriedenheit das entgegennahmen, was ihnen vom zuständigen Apparat, der mit Unterbringung, Beschaffung von Möbeln, Bildern und Ähnlichem für Institutionen und Funktionäre betraut war, angeboten wurde. Aber auch sie neigten schließlich eher dazu, mit den Wölfen zu heulen und sich anzupassen. Es wirkte zu demonstrativ, wollte man sich von seinem Kreis und von seinem Niveau absondern.

Ich bin nicht der Meinung, daß all dies hätte gestoppt werden können oder daß Tito und das Politbüro die meiste Schuld daran haben. Die totale Macht wurde mit Hilfe von Privilegien in einem viel höheren Maße gefestigt, als die Spitze sich dessen bewußt war. Die Führung verzehrte sich bei der Erneuerung, beim Aufbau und beim Theoretisieren. Mehr noch: selbst wenn wir an der Spitze zurückhaltender und bescheidener gewesen wären, die bloße Natur der Macht und des Systems – darin war das sowjetische System unser Vorbild – hätte uns zu Zugeständnissen gezwungen und schnell zu ähnlichen Formen geführt.

Von der Führung her kam natürlich auch Kritik, es wurden aber nur „Unregelmäßigkeiten" angeprangert – Schlamperei, Spekulation, Fahrlässigkeit, mangelnde Gewissenhaftigkeit; das System selbst war unbestritten. Auch ich war damals einer der agilen Kritiker der „Unregelmäßigkeiten". In der Zeitschrift *Kommunist,* die ab 1946 erschien und deren Chefredakteur ich war, veröffentlichte ich einen Artikel mit folgendem oft zitierten Sprichwort: „Aus der Quelle fließt klares Wasser, das Volk aber bekommt es getrübt zu trinken." Und in der *Borba* – das war 1945 oder 1946 – griff ich das Gericht wegen zu milder Verurteilung eines Lebensmittelspekulanten an. Ich hob dabei die leninistische These hervor, daß unsere Justiz Klassenjustiz und ideologische Justiz sei. Der Artikel erschien, wenn ich mich recht erinnere, am Vorabend des 1. Mai. Als ich tags darauf an der Paradetribüne Tito begegnete, gratulierte er mir zu diesem Artikel. Die Veröffentlichung diente als Anlaß und Ansporn, die parteilich-polizeiliche Kontrolle der Justiz zu festigen. Den unseligen Spekulanten verurteilten sie dann zum Tode. Wie ich später hörte, hat er Glück gehabt und wurde nicht hingerichtet. Vom Standpunkt der Ideologie und der revolutionären Moral war ich im Recht. Die Folgen für die Ordnung und die Legalität waren jedoch katastrophal.

Die drastischste und rücksichtsloseste Einrichtung bei dieser

Gier nach Exklusivität und Privilegien waren die sogenannten Magazine. Das waren administrative Einheiten zur Versorgung des führenden Partei- und Staatsapparates mit Lebensmitteln, Kleidung und anderen Gebrauchsartikeln. Die Magazine waren nach sowjetischem Muster organisiert und entsprechend hierarchisch gestaffelt. Auf dem höchsten Niveau stand das sogenannte Diplomatenmagazin für die ausländischen Diplomaten, für ZK-Mitglieder und die höchsten Bundesfunktionäre. Dann folgte das Magazin für Generäle oder hohe Offiziere, das Magazin der Führungskader der Republiken, das Offiziersmagazin usw. Die Preise in den Magazinen waren eher symbolisch. Alsbald kam es auch hier zu Mißbräuchen: ein hoher Offizieller bestellte an die vierzig Steppdecken für seine Verwandten. Auf Fälle von Mißbrauch reagierten wir, Ranković und ich, vom ZK aus mit ausdrücklichen Beschränkungen. Diese Magazine waren von Anfang an unpopulär und Grund für Nachreden und Ärgernisse. Mit Erweiterung des Staatsapparates aber breitete sich auch die Instituion der Magazine weiter aus. Und mit Erstarkung des Marktes wurden sie zu einem Quell von Spekulationen... Als Kidrič und ich – das dürfte im Sommer 1951 gewesen sein – die Abschaffung der Magazine vorschlugen, trafen wir bei Tito und Kardelj auf der Insel Brioni zunächst auf Widerstand. Doch Kidrič blieb hartnäckig – die Magazine stachen ab vom Wirtschaftssystem, vom ökonomischen Denken, das sich bereits durchzusetzen begann. Schließlich kam von Brioni die Genehmigung, und so verfaßten Kidrič und ich im Namen des Zentralkomitees einen Beschluß, durch den die Magazine abgeschafft wurden. Im Herbst desselben Jahres wurde im Gespräch mit Tito auch unsere neue Lebensweise – auf der Grundlage von Gehältern – gestreift. Wir waren uns darin einig, daß man auch so ganz anständig leben könne. Wir waren aber der Meinung, daß sich Tito, in Anbetracht seiner besonderen und repräsentativen Position, nicht strikt daran halten könne und auch nicht solle. Doch er lebte damals genau wie alle anderen von seinem Gehalt und betonte: „Man kommt ganz gut zurecht. Es ist geradezu unglaublich, wieviel hier um mich herum verschwendet wurde." Schon damals hatte Jovanka, die bald darauf Titos Ehefrau wurde, seinen Haushalt in die Hände genommen und die persönlichen Ausgaben von jenen für Repräsentation getrennt. Sogar die Ministergehälter waren noch immer relativ bescheiden. Am schlechtesten ging es Ranković, der beträchtliche familiäre Verpflichtungen hatte, jedoch keinerlei Sonderhonorare bekam.

Auch nach der Abschaffung der Magazine genossen die Politbüromitglieder und eine kleinere Anzahl hoher Funktionäre bestimmte Vergünstigungen, hauptsächlich aus Sicherheitsgründen. Sie erhielten Lebensmittel aus Titos landwirtschaftlichen Betrieben und über Titos Verpflegungsapparat erstklassige Erzeugnisse zu Marktpreisen oder sogar darunter.

2. Der wirtschaftliche Wiederaufbau

Obwohl ich mich mit der Wirtschaft nicht befaßt habe und auch nicht viel davon verstehe, könnte eine Äußerung von mir als Beispiel dienen für die unrealistischen und überspannten Vorstellungen nicht nur der politischen Spitze allgemein, sondern auch jener Männer, die mit der Führung der Wirtschaft betraut worden waren. In einem Beitrag – er wurde, so glaube ich, 1948 im Organ der Kominform *Für dauerhaften Frieden, für Volksdemokratie* veröffentlicht – hatte ich geäußert, Jugoslawien werde in etwa zehn Jahren in der Produktion pro Kopf der Bevölkerung Großbritannien einholen. So sehr dies heute wie naives Prahlen klingt, das war es nicht. Es war viel schlimmer: In Wahrheit hatte ich nur nachgeplappert, was ich von unseren „Wirtschaftsleuten", von Hebrang, Kidrič, Žujović und anderen gehört und übernommen hatte. Das waren also ihre Ansichten, und so waren auch unsere Pläne, die fünfjährigen und alle anderen. Diese „industrielle", „sozialistische" Euphorie in der Führung hielt sogar ein oder zwei Jahre nach dem Bruch mit der UdSSR im Jahre 1948 noch an.

Der erste Fünfjahresplan wurde von Andrija Hebrang ausgearbeitet, der kurz nach der Befreiung Belgrads mit nahezu der gesamten Wirtschaft betraut wurde und den man faktisch vom Politbüro adoptierte. Mit der Übertragung einer so großen Verantwortung auf Hebrang war zweifellos die Absicht verbunden, seine Unzufriedenheit wegen der Absetzung als Parteisekretär der KP Kroatiens zu beschwichtigen. Aber nicht nur dies gab den Ausschlag, sondern auch die Überzeugung, daß Hebrang viel von Ökonomie verstehe. Diese Überzeugung war im kommunistischen Sinne auch begründet: Hebrang war in der Tat dem Studium der Ökonomie zugeneigt und kannte die marxistische Wirtschaftstheorie sehr gut. Mehr als genug also für ideologischen und praktischen Einsatz.

Hebrang gab sich auch Mühe bei seiner Arbeit – soweit ich Gelegenheit hatte, es zu beobachten. Wenn auch Meinungsunterschiede auftauchten, so hatten sie doch ihre Ursache in temporären Divergenzen der Betrachtungsweise. Später erst, als sich die politischen Beziehungen zu Hebrang zugespitzt hatten, wurden diese „ökonomischen“ Differenzen als „nicht zufällig“, also als politisch aufgefaßt und behandelt. Das Problem unseres und auch Hebrangs Mangel an Vernunft – so sehe ich das heute – liegt viel tiefer: so sehr sie historisch und ideologisch von Bedeutung ist, so wenig ist die marxistische Wirtschaftstheorie in der Realität lebendigen Wirtschaftslebens brauchbar, ihre Anwendung kann vielmehr nur Verwirrung und unvorhersehbare Schwierigkeiten hervorrufen. Überdies hatte der engste Führungskreis, allen voran Tito, viel zu ambitionierte und unökonomische, politische Pläne. Da war das Ziel, Jugoslawien in eine mächtige Industriemacht zu verwandeln. Daher schon von Anbeginn an das Beharren auf Schwerindustrie und auf anderen Industriezweigen, die Macht und Unabhängigkeit verleihen sollten. Das Resultat war daher auch die Vernachlässigung und rein ideologische Behandlung der Landwirtschaft.

Hebrang legte dem Politbüro den Fünfjahresplan irgendwann im Winter, Ende 1946 oder Anfang 1947, vor. Wir waren alle begeistert von den hohen Ziffern der künftigen Entwicklungen und der bevorstehenden Blüte. Eine konkrete Diskussion der Inhalte unterblieb. Das war auch nicht möglich, denn Ranković, Pijade und ich waren auf diesem Gebiet nahezu Ignoranten; für die Angelegenheiten der Regierung, und dazu gehörte eben auch die Wirtschaft, waren Tito und Kardelj zuständig. Wir hatten uns, jeder für sich, in sein Ressort abgesondert.

Ohne Zweifel hatte Hebrang sowjetische Pläne zum Vorbild, und vermutlich waren seine Berater auch sowjetische Fachleute. Damals konnte ihm das nicht zum Vorwurf gereichen, denn es herrschte die feste Überzeugung, die Russen hätten bereits die grundlegenden Gesetzmäßigkeiten und effizienten Formen der Volkswirtschaft gefunden. Vorwürfe gegen Hebrang wegen „Nachahmung der Russen“ wurden erst später – nach der Zuspitzung des Konflikts mit der UdSSR – erhoben, er galt nun als „Mann der Sowjets“.

Ursachen für überspannte, unrealistische und radikale Planungen waren zweifelsohne die Rückständigkeit des Landes und die allgemeine Verwüstung. Aber in der Einschätzung dieser Umstände gab es emotionale und propagandistische Übertreibungen.

Es ist wahr, daß im königlichen Jugoslawien 75% der Bevölkerung auf dem Dorf lebte, daß nur 44,6% der Kinder die Schule besuchten und die industrielle Produktion 26,8% des Nationaleinkommens betrug. Ebenso wahr ist, daß die nördlichen Regionen Jugoslawiens (Slowenien, Nordkroatien und die Wojwodina) nur wenig unter den europäischen Durchschnittswerten lagen – sie hatten die industrielle Revolution schon hinter sich. Jugoslawien verfügte bereits über eine technologische und organisatorische Grundlage zur ausgeglichenen industriellen Weiterentwicklung. Aber das revolutionäre Bewußtsein der Führung sehnte sich nicht nur nach einer beschleunigten, gewaltigen und selbständigen Industrialisierung, sondern fühlte sich auch stark genug dazu. Bald aber stellte sich heraus, daß es keine Mittel dafür gab, außer aus der eigenen Landwirtschaft und um den Preis eines niedrigen Lebensstandards.

Am schlimmsten zerstört und verwüstet waren die rückständigsten Teile des Landes, Montenegro, Bosnien, die südlichen Gegenden Kroatiens, Süd- und Westserbien. Von den größeren Städten hatte vor allem Belgrad schwere Zerstörungen erlitten, bei den Wirtschaftszweigen war es der Eisenbahnverkehr. Obwohl ganze Regionen verwüstet und Millionen von Menschen obdachlos waren, blieb die industrielle und kulturelle Basis jedoch erhalten. Das Land mußte zweifellos industrialisiert und erneuert werden. Doch die überstürzten Vorhaben und die Dissonanzen der ökonomischen Entwicklung lassen sich meines Erachtens nur mit der ideologischen, quasi mythischen und stalinistischen Besessenheit auf Schwerindustrie und mit dem Streben der neuen, revolutionären sozialen Kraft nach dem raschen Aufbau einer glücklichen, „vollkommenen" Gesellschaft erklären.

Meine eigenen Agitprop-Pflichten in bezug auf die Wirtschaft waren eher Routine: Popularisierung von Erfolgen und von Regierungsmaßnahmen, Kritik an Schlamperei und schlechter Organisation.

Die Zerstörungen und der Wiederaufbau erforderten außergewöhnliche Maßnahmen, und sehr bald kam es beinahe spontan zu freiwilligen Arbeitsaktionen. Aus der Not, im Krieg, entstanden, wurden sie rasch auch bei groben, nichtmechanisierten Arbeiten wichtig und unerläßlich. „Erneuerung und Aufbau" entsprangen nicht allein ihren eigenen, ökonomischen und menschlichen Bedingungen, sondern – und das immer intensiver – auch den Zwängen des Staatsapparates und den Köpfen der Führung. Der Arbeitskräftemangel entwickelte sich mit steigender Industrialisierung zum kritischen Problem. In der Propaganda, im offiziellen Bewußtsein, erschien das Arbeiten an „Erneuerung und Aufbau“ als heilige, patriotische und sozialistische Pflicht. Es kam in der Folge zur Mobilisierung für die „freiwilligen Arbeitsbrigaden“, eine geradezu zwanghafte Mobilmachung. Damit begann dann die Polizei eine Rolle in der Wirtschaft zu spielen. Die Wirtschaftmanager verlangten von ihr, Arbeitskräfte zu beschaffen. In die „freiwilligen Arbeitsbrigaden“ wurden zumeist Bauern, aber auch Sträflinge aller Arten entsandt, von denen es damals Zehntausende gab. All das eskalierte, und wer weiß, wo es noch hingeführt hätte. Wir produzierten zu teuer und fanden uns in der Sackgasse von Ineffizienz und sowjetischen Manipulationen.

Von nirgendwo kam Hilfe, mit Ausnahme der UNRRA, der Flüchtlingshilfe-Organisation der Vereinten Nationen. Es begann ein Tauziehen mit den Amerikanern um die Kontrolle der Austeilung. Wir widersetzten uns einer breit angelegten lokalen Kontrolle, jedoch wurde in der Ernennung des sowjetischen Staatsbürgers Michail Sergejtschuk als Chef ein Kompromiß gefunden, so daß die Zusammenarbeit mit dessen Organisation, in der es auch Amerikaner gab, ohne Schwierigkeiten vonstatten ging. Diese Hilfe hat unsere wirtschaftliche und politische Führung vernünftig und gleichmäßig verwendet, für die Bevölkerung und für das Ankurbeln der Industrie, insbesondere des Verkehrswesens. Die Hilfe der UNRRA wurde gerecht verteilt – ohne Rücksicht auf politische und weltanschauliche Überzeugung der Empfänger. Ich erinnere mich: Als in Montenegro die Frage gestellt wurde, ob man die UNRRA-Hilfe auch an Tschetnik-Familien austeilen solle, nahm man kategorisch eine positive Haltung ein, obwohl die dortigen Genossen gar nicht informiert worden waren, daß sich die Bundesregierung bereits zu einer Verteilung ohne Diskriminierung verpflichtet hatte (diese Verpflichtung wäre leicht zu umgehen gewesen). Das war der erste konsequente Schritt zur Besänftigung der Haßgefühle aus dem Bürgerkrieg.

Der „Abkauf“ (Zwangsankauf von Agrarprodukten zu niedrigen, administrativen Preisen) fiel den Bauern von Anfang an schwer, wenngleich sie in der Kriegszeit und auch in den ersten Nachkriegsjahren für diese Zwangsmaßnahme Verständnis hatten. Zwei Jahre nach Kriegsende jedoch verstärkte sich plötzlich der Widerstand der Bauern. Das Resultat war die Verschärfung der Zwangsmaßnahmen wie Durchsuchungen, Mißhandlungen, Massenverhaftungen. Die übereilte, unökonomische Industrialisierung war von einer Einengung des Marktes und von Warenmangel begleitet, dazu kam dann die Kollektivierung: das alles trug sicherlich zu Widerstand und Repression bei. Der „Abkauf" wurde unweigerlich auch von Brutalitäten der Behörden und Parteiorganisationen gegenüber den Bauern begleitet, ebenso gab es Durchtriebenheit und Schwindel seitens der Bauern. Ich erinnere mich aber nicht, daß es irgendwo zu ernsthaftem, massivem Widerstand der Bauern gekommen wäre, wie das zuweilen in der Sowjetunion der Fall war. Die neue Macht wuchs und konsolidierte sich in den Dörfern und Kleinstädten, sie war jedoch nicht derart total und rücksichtslos, als daß anstelle der Hoffnung Verzweiflung eingekehrt wäre.

Parallel zum ideologischen Monopolismus, zu Bestrafung und Zwang, erneuerte und entwickelte sich das Kulturleben zügig, das Bildungswesen breitete sich aus und wurde reformiert.

Neben den „freiwilligen" Zwangsbrigaden entstanden auch tatsächliche freiwillige, begeisterte Jugendbrigaden – für Arbeiten an Schlüsselprojekten des Verkehrs. Die größte Jugendaktion war, auf Initiative der Jugendorganisation des ZK, schon 1946 der Bau der Eisenbahnlinie von Brčko nach Banovići. Ende September besuchte Tito in Begleitung von Ranković und mir diese „Jugendbahnstrecke". Tausende von Jungen und Mädchen verließen die Arbeit und scharten sich zum Empfang um Tito. Spontane und ungebändigte Begeisterung mit der unauslöschlichen Glut der Jugend: der Rausch übertrug sich auch auf uns, kräftig wie im Krieg und arglos wie bei Kindern. Ich konnte nicht widerstehen, einige Tage danach einen Artikel für die *Borba* über den Heldenmut der Jugend zu schreiben, einen Artikel, der durchdrungen war von Selbstvertrauen und von Unmut gegen den Westen, dessen Presse sich gerade zu dieser Zeit wegen des Abschusses amerikanischer Flugzeuge und wegen der Verhaftung des Erzbischofs Stepinac mit einer vehementen Kampagne auf uns gestürzt hatte.

3. Der neue Staat

Die Bildung einer gemeinsamen Regierung Anfang März 1945 durch Vertreter des Partisanenparlaments AVNOJ und Exilpolitiker königlicher Regierungen lag auf der Linie der Vereinbarungen der Alliierten von Jalta. Aber die Partei und die unter dem Einfluß von Tito und Kardelj stehende AVNOJ-Führung interpretierten Jalta auf ihre eigene Weise. Trotz aller Bemühungen der Briten akzeptierten wir den König nicht, sondern nur ein „Königliches Regentschaftskollegium", das sich aus uns gewogenen Persönlichkeiten zusammensetzte. Jeder in der Parteiführung und ihr nahestehenden Kreisen hatte begriffen, daß damit das Schicksal der Monarchie besiegelt war, auch wenn es eine Menge Leute gab, die sich mit dieser Art der Lösung nicht gerade zufrieden zeigten.

Die prominentesten Vertreter aus dem Exil, die in diese Regierung eintraten, waren Milan Grol, der Führer der Demokratischen Partei Serbiens, und Ivan Šubašić, Vertreter der Kroatischen Bauernpartei. Sie kamen auf unterschiedliche Weise in die Regierung. Šubašić war bereits früher Ministerpräsident der königlichen Regierung und Mandatar der Krone gewesen. Er hatte nicht viel übrig für König oder Krone. Hinter ihm stand zweifellos die britische Regierung, in geringerem Maße übte auch die Regierung der USA Einfluß aus. Wir hatten Šubašić zusammen mit den Beschlüssen der „Großen Drei" von Jalta (UdSSR, USA, Großbritannien) akzeptieren müssen. Mit Grol dagegen waren wir selbst einverstanden, weil damit Serbien stärker vertreten war. Niemand wollte uns dazu zwingen, die sowjetischen Repräsentanten äußerten sogar ihren Unmut. Wir hatten keinen Zweifel, daß die Aufnahme Grols in die Regierung vom Westen positiv beurteilt werden würde. Soweit es mir bekannt ist, nahm der Westen in dieser Sache keinen Einfluß. Grol war kein direkter Exponent Großbritanniens, was man von Šubašić ja nicht sagen konnte.

Milan Grol näher kennenzulernen hatte ich keine Gelegenheit, da diese Regierung so gut wie nie zusammentrat. Wir vertrugen uns beide nicht. Ich betrachtete ihn als „bourgeoisen Reaktionär", und er hielt mich für einen „revolutionären Doktrinär". Mein Angriff auf ihn wegen seiner Äußerung über die Lösung der makedonischen Frage war geeignet, diese gegenseitige Abneigung noch zu verstärken. Anders als Tito und Kardelj war ich an den Verhandlungen und am Taktieren mit Grol, Šubašić und anderen Repräsentanten der alten Ordnung ohnehin nur mittelbar beteiligt.

Dennoch aber hatte ich Vorurteile gegen Grol. Das änderte sich erst nach meinem Sturz, durch die freundschaftlichen Beziehungen zu seinem Sohn Vojislav.

Milan Grol war ein europäischer Intellektueller von hohem Niveau, mit größerer Neigung zu literarischer und politischer Publizistik als zur Tagespolitik. Eher wortkarg und maßvoll in der Rede, war er ein absolut integrer Charakter. Kurz vor Kriegsausbruch kam er an die Spitze der Demokratischen Partei. Das war nach dem Tod von Ljuba Davidović, der in der Dekadenz und Korruption der Vorkriegspolitik den seltenen Ruhm eines Biedermanns genossen und als Wortführer des serbischen Liberalismus gegolten hatte.

Die Konflikte mit Grol begannen bald nach der Regierungsbildung, zu der Zeit, als er noch in der Regierung war. Grol stellte Bedingungen für eine Beteiligung an der Volksfront und pochte auf seine Selbständigkeit sowie die Neuorganisation seiner Partei. Diese war zwar formell zugelassen, jedoch wurde ihr keinerlei organisierte Tätigkeit gestattet, sie durfte in der ersten Zeit lediglich ihre Wochenzeitung *Demokratija* herausgeben. Um Grol begannen sich nicht nur Anhänger seiner Partei zu scharen, er wurde auch zum Katalysator verbissener Antikommunisten und Nationalisten. Die verdeckte Kampagne gegen ihn als „Repräsentanten" der Reaktion und des Tschetniktums wurde von Tag zu Tag heftiger und mit jeder neuen Ausgabe von *Demokratija* öffentlicher. Mit Wissen der Parteiführung veranstalteten jugendliche Kommunisten eine öffentliche Verbrennung, das war das Ende dieser Zeitung. Grol protestierte, er setzte sich auch persönlich gegen Verhaftungen und Erschießungen ein, die im Jahre 1945 von Sicherheitsorganen meist ohne Gerichtsurteil durchgeführt wurden. Die Organe der Staatssicherheit überwachten Grols Tätigkeit, wahrscheinlich auch während seiner Zeit als Regierungsmitglied. In unserem Führungsgremium wurde ein Wort von ihm kolportiert: „Dies ist kein Staat, sondern ein Schlachthaus!"

Die Beziehungen mit Grol spitzten sich zu wegen des Terrors, der auf seine wirklichen wie auch seine potentiellen Anhänger zurückfiel. Das Verfahren bei den bevorstehenden Wahlen zur verfassungsgebenden Versammlung und der Rechte der Konstituante waren ein weiterer Grund. Das Wahlgesetz war von Kardelj im Politbüro so formuliert, daß es der Opposition die Teilnahme unmöglich machte. Die Bezirks- und Republiklisten waren an die Bundesliste gebunden. Mit Ausnahme der Kommunisten waren sämtliche politischen Gruppierungen national und nicht gesamtjugoslawisch. Sie waren davon abhängig, ob die von Kommunisten und Volksfront kontrollierten Wahlkommissionen sie zu den Wahlen zulassen würden. Außerdem gab es im Wahlgesetz das Präjudiz, nach dem Beschlüsse des AVNOJ in der Konstituante nicht geändert werden konnten. Auch die Konstituante des alten Jugoslawiens, also dem Königreich der Serben, Kroaten und Slowenen, hatte die Annahme der Karadjordjević-Dynastie präjudiziert und somit die beherrschende Rolle der monarchistischen Parteien Serbiens gesichert. Das AVNOJ, das auf Grund der Beschlüsse der „Großen Drei" von Jalta auch um prominente und „nicht kompromittierte" Politiker aus den Vorkriegsstrukturen erweitert wurde, wurde Anfang August 1945 zur Provisorischen Volksversammlung umgebildet. Als dann in diesem Parlament das Gesetz über die Wahlen zur Konstituante erörtert wurde, meldete Tripko Žugić, ein enger Mitarbeiter Grols und altes Führungsmitglied der Demokratischen Partei, korrekt, aber entschlossen seine Vorbehalte an. Es war dies ein Zeichen, daß Grol aus der Regierung austreten und in offene Opposition übergehen werde. So geschah es auch: Am 18. August 1945 trat Grol zurück. Nun begann eine Serie von Angriffen, eine regelrechte Kampagne gegen ihn. Zuerst rührte sich Pijade, dann Kardelj. Kurz darauf wurde er auch von Dragoljub Jovanović, einem linken Agrarier, der sich mit Volksfront und Kommunisten solidarisierte, angegriffen. Um Grol sammelten sich nun Reaktionäre aus der JNS und JRZ („Jugoslawische Nationale Partei" und „Jugoslawische Radikale Gemeinschaft", reaktionäre und regimetreue Parteien im Königreich). Der Demokrat Dukanac versuchte zu begründen, daß seine Partei zwar nicht grundsätzlich gegen eine föderative Gliederung sei, man aber der Konstituante nicht im voraus ein Zweikammersystem vorschreiben könne. Mit anderen Worten: auch die föderativen Republiken müßten in ihr vertreten sein. Grol und seine Demokraten waren sicher willens, Kroatien und Slowenien als föderative Einheiten anzuerkennen, nicht jedoch – zumindest nicht in gleichem Maße – Makedonien und Montenegro. Gewiß hatten sie auch Vorbehalte gegen die Schaffung der Autonomen Gebiete (Wojwodina, Kosovo – A.d.Ü.) und der föderativen Einheit Bosnien und Herzegowina.

Grols Rücktritt überraschte uns an der Spitze nur in einem Punkt: Sein würdevolles Auftreten und seine ernsthafte, moderate Analyse der politischen Verhältnisse.

Dieser Rücktritt vollzog sich nahezu unbemerkt. Die Regierung trat deshalb weder zusammen noch wurde sie formell in Kenntnis gesetzt, obwohl Grol ihr Vizepremier war. Ich wurde von Kardelj über Grols Rücktrittserklärung informiert. Kardelj war von der Gemessenheit und Ernsthaftigkeit des Textes spürbar beeindruckt, dasselbe galt für Tito.

Grol war offensichtlich und ausdrücklich zu einer loyalen und anständigen Opposition bereit gewesen, aber er war nicht willens, seine Integrität und die seiner Partei zu opfern. Die KP-Führung respektierte ihn als Gegner bis zum Ende.

Von Dr. Ivan Šubašić konnte man gleiches allerdings nicht behaupten. Die Gründe für Šubašićs Rücktritt waren, soweit wir das erkennen und einschätzen konnten, andere als bei Grol. Er war der Volksfront beigetreten, ohne dabei nennenswerte Aktivitäten zu entfalten. Seine Position war eigenartig: die Reste der offiziellen kroatischen Bauernpartei des emigrierten Vlatko Maček (Šubašić war bis zum Kriegsausbruch einer ihrer Führer) gehörten der Front nicht an, und auch ehemalige Parteianhänger, die der Volksfront beigetreten waren, unterstützten Šubašić nicht; zu ihnen zählten so prominente Bauernführer wie Gaži, Lakuš und Krce. Šubašić wurde von westlichen Regierungen, besonders von den Briten unterstützt. Zunächst wurde er für kurze Zeit „krank", um bald darauf seinen Rücktritt zu erklären, der ebenfalls im Zusammenhang mit der Wahlausschreibung stand. Sava Kosanović – der, aus dem Exil kommend, mit ihm zusammen 1944 die Kooperation mit Tito antrat – und andere Politiker versuchten erfolglos, Šubašić den Rücktritt auszureden. Unserer Meinung nach standen die Briten hinter Šubašić. Tatsache war, daß er in der Regierung die Kontinuität des alten Jugoslawien und damit indirekt auch den Westen in den Abkommen mit der Sowjetunion repräsentierte. Die Bedeutung seines Rücktritts wurde von England erheblich unterschätzt. Die Staatsform des alten Jugoslawien war am Erlöschen. Das Aushöhlen und Umgehen von Abkommen zwischen der Sowjetunion und den westlichen Großmächten hatte begonnen.

Šubašić war konzeptionslos, allzu nachgiebig und wankelmütig. Aber er war weder dumm noch unangenehm. Im Gegenteil: Lebhaftigkeit, Wendigkeit und Anpassungsfähigkeit charakterisierten ihn. Sein Intellekt war eher oberflächlich und beeinflußbar. Er war gebildet, besaß die Manieren und den Schliff der Oberschicht. Šubašić hatte nichts von einem Führer oder Volkstribun an sich, dabei gab es deren in der Kroatischen Bauernpartei nicht wenige. Wo es um Verständnis und Verhandlungen ging, war er gewandt und brauchbar. Doch die Revolution, nunmehr die legale Macht, war im Aufschwung begriffen, und die Talente des Dr. Šubašić waren allmählich nicht mehr gefragt.

Šubašić stand während der Vorbereitung zum Rücktritt unter Hausarrest, wurde aber nicht verhaftet. Nach der Demission lebte er in Kroatien, ohne sich politisch zu betätigen – selbst nähere Bekannte traf er nur ungern. Anders als bei Grol wurden gegen Šubašić keine Kampagnen geführt. Beider Rücktritt vermerkte die Presse kaum.

Die Wahlen zur Konstituante machten eine wie auch immer geartete gesetzgeberische Ordnung der politischen Verhältnisse dringend erforderlich. Die Opposition durch Grol und Šubašić war weniger ausschlaggebend, eher die Taktik gegenüber dem Westen. Die westliche Presse machte uns heftige Vorwürfe, wir hätten die Diktatur eingeführt und seien ein Vorposten der Sowjetunion, was nichts Neues mehr war. So wurden im Provisorischen Parlament das Pressegesetz und das Assoziierungsgesetz verabschiedet. Kardelj begründete beide in der Versammlung.

Das Pressegesetz war unbestimmt: Die Presse war im Rahmen des Gesetzes frei, es gab keine Zensur. Aber alles konnte auch verboten werden. Im Zusammenhang mit diesem Gesetz rügte Kardelj die „Parlamentsminderheit“. Bei der Verabschiedung des Assoziierungsgesetzes aber griff er Grol auch direkt an mit dem Vorwurf, dieser begreife den Sinn der Veränderungen nicht und habe keinen Glauben an die Kraft der Volksmassen. Als das „Gesetz über Straftaten gegen Volk und Staat“ zur Diskussion stand, ergriff auch ich das Wort und attackierte Grol in relativ milder Form, weil er sich über die Veränderungen falsche Vorstellungen mache.

Die Wahlvorbereitungen verliefen voller Spannung und Polemik, aber ohne ernstere Schwierigkeiten. Jaša Prodanović, Führer der Republikaner, schlug noch vor, eine „Wahlurne ohne Liste“ einzuführen (das Volk gab ihr den Namen „die unnütze Kiste“), in die alle, die „dagegen“ waren, ihr Wahlkügelchen hineinwerfen konnten. Damit war der Demokratie formell Genüge getan.

Am Vorabend der Wahl hielt Ranković auf dem Slavija-Platz eine Rede. Ich sprach dort ebenfalls, eher unvorhergesehen und „auf allgemeines Verlangen der Massen“, wie es dann in der *Borba* stand. Meine „Hauptrede“ hielt ich indes in Montenegro.

Am Wahltag fuhr ich mit einigen Genossen nach Topola und Kragujevac, um den Wahlverlauf zu beobachten. In Kragujevac traf ich auf ausländische Journalisten, es waren wohl auch Amerikaner dabei. Sie hatten keine Einwände gegen das Wahlverfahren, jedoch hielten sie die Wahlen selbst ganz unverhohlen für eine Farce, da bei fehlender Opposition schon im voraus feststehe, daß sämtliche Kandidaten auch gewählt würden. Der britische Premierminister Clement Attlee nannte diese Art von Wahlen in Osteuropa „Wettrennen mit einem Pferd“.

Die Wahlen zur Verfassunggebenden Versammlung gingen mit lauten Kundgebungen, Umzügen und Fahnen über die Bühne. Erfahrungen mit Wahlen ohne Opposition wurden gerade erst erworben, jedoch verlief alles ohne Schwierigkeiten, auch ohne die übliche balkanische Umschüttung von Stimmen.

Ich habe in meinem Buch *Tito* erwähnt, daß die Führung der jugoslawischen KP davon überzeugt war, die Volksfront bzw. die KP werde bei der Wahl die absolute Mehrheit erhalten. Die KP war von keiner Wahlniederlage bedroht, sie wollte ganz einfach ohne Opposition regieren, denn sie scheute die Institutionalisierung von Opposition. Im Politbüro wurde sowohl über die Wahlaussichten als auch über Modalitäten debattiert, das Antreten einer Opposition durch ein Wahlgesetz zu verhindern. Ich wiederhole das hier nur der Vollständigkeit halber.

Als eine Bestätigung unserer Absichten zitiere ich hier eine Erklärung, die Tito britischen Parlamentariern und Journalisten gegeben hat (veröffentlicht in der *Borba* am 13. November 1945): „In der Volksfront gibt es, wie Sie wissen, mehrere Parteien (in Wirklichkeit waren es Gruppen, Reste von Parteien – der Autor), und so wird sich im Parlament, innerhalb der Volksfront vermutlich, eine Opposition herauskristallisieren. Ich bin überzeugt, daß es eine Opposition geben wird. Und zwar eine ziemlich starke Opposition, und nicht solch eine wie ehedem“ (gemeint sind Grol und Šubašić).

Für die Einberufung der Konstituante wurde der 29. November gewählt, um so eine Verbindung zur 2. Tagung des AVNOJ

(29. November 1943 in Jajce) herzustellen. An diesem Tag rief die Versammlung die Republik aus. Noch am selben Tag informierte Velebit vor Sitzungsbeginn die Führung im Parlamentsgebäude über eine Intervention des britischen Botschafters. Der Botschafter hatte seiner Überzeugung Ausdruck gegeben, daß wir nicht eine solche Unüberlegtheit begehen sollten, die Republik auszurufen. Diese Intervention wurde als ein verspäteter Schuß ins Leere gewertet und verstärkte noch unsere Entschlossenheit, obwohl es ohnehin kein Wanken gab.

Die neue Verfassung war schon ausformuliert und konnte in jenen Tagen zur „öffentlichen Diskussion" gestellt werden. Sowohl der Verfassungsentwurf als auch die „öffentliche Diskussion" liefen ab nach dem Muster der sowjetischen, „stalinistischen" Verfassung und der sowjetischen „öffentlichen Diskussionen". Mit der Ausarbeitung dieser Vorlage (wie auch späterer Verfassungsentwürfe) hatte man Kardelj betraut, ihm half unter anderem der Rechtsprofessor Jovan Djordjević. Sowjetische Vertreter nahmen an dieser Arbeit nicht teil, nur der Botschafter Sadtschikow wurde konsultiert. Ich erinnere mich, daß er einwandte, es sei noch zu früh, die Sozialversicherung für Bauern einzuführen, da es diese auch in der Sowjetunion nicht gäbe. Sein Einwand wurde zusammen mit einigen weniger wichtigen akzeptiert.

Kardelj mußte nach London reisen, so daß ich an seiner Stelle die Arbeit an der Verfassung weiterführte. Ich erläuterte auch die Verfassung vor dem Parlament. Bei der Vorlage des Entwurfs in der Regierung widersetzte sich Tito der Formulierung über das Recht der Völker Jugoslawiens auf Autonomie bis hin zur Abtrennung. Er sprach sich energisch dagegen aus: „Das ist bei uns anders als bei den Russen. Wir können das nicht machen – in irgendeiner der Republiken, sagen wir, Makedonien, verändert sich etwas, und die verlangen auf einmal die Abtrennung: Was machen wir dann?" Nach längerem Brüten und Tüfteln mit Djordjević fanden wir folgende Formulierung: „. . . die Föderative Volksrepublik Jugoslawien als eine Gemeinschaft gleichberechtigter Völker, die aufgrund des Selbstbestimmungsrechts, einschließlich des Rechts auf Lostrennung, ihren Willen bekundet haben, in einer föderativen Gemeinschaft zusammenzuleben."

Ich ging damit erneut zu Tito. Mein Argument, wir könnten das Prinzip der Selbstbestimmung nicht auslassen, da sämtliche sozialistischen Bewegungen es auf ihre Fahnen geschrieben hätten, überzeugte ihn, er akzeptierte diese Formulierung.

In der Propaganda, in Reden und Artikeln der Funktionäre (nach Jajce 1943 und nach der Befreiung Belgrads 1944) hatte sich die Bezeichnung „Demokratisches Föderatives Jugoslawien" eingebürgert. Das „Demokratische" in den Bezeichnungen Vietnams und des östlichen deutschen Staates kam erst später auf, wir hatten damit nichts zu tun, auch wenn wir die ideologischen Vorläufer waren. Tito widerstrebte es, allgemein akzeptierte Formen und Gebräuche zu ändern; so sprach er sich auch dafür aus, diese Bezeichnung in der neuen Verfassung zu verankern. Kardelj gelang es mit meiner Hilfe, ihn davon wieder abzubringen. „Eine programmatische Bezeichnung kann nicht als Bezeichnung eines Landes, eines Staates dienen", argumentierte Kardelj. Das überzeugte Tito, er gab sein Placet. So wurde der Begriff „Volksrepublik" geprägt, der im Sinne des Leninismus nur eine Übergangsform zur „sozialistischen Republik" beinhaltet.

Am 1. Februar 1946 wurde die Verfassung angenommen, es kam zur Umbildung der Regierung. Die bedeutendste Veränderung lag meiner Meinung nach in der Ablösung des früheren Innenministers, des Popen Vlada Zečević, durch Ranković, der bis dahin formell Chef der „Abteilung zum Schutze des Volkes" (OZNA) beim Armeeministerium war. Im Klartext: Er war Chef der Geheimpolizei, die Tito als Oberstem Befehlshaber und Armeeminister direkt unterstand. Gut einen Monat später wurde die OZNA reorganisiert und firmierte nun als „Amt für Staatssicherheit".

Nach der Trennung von Grol und Šubašić überhäufte die sowjetische Regierung unsere Führung wieder einmal mit Orden. Tito erhielt Anfang September den Siegesorden, gegen Ende Oktober wurden einige der höchsten Funktionäre mit den Suworow- und Kutusow-Orden ausgezeichnet. Peko Dapčević bekam den Kutusow-Orden, ihm gleichrangige Generäle dagegen, Koča Popović und Arso Jovanović, erhielten den Suworow-Orden, der als eine höhere Auszeichnung galt. Die sowjetischen Stellen waren mit Dapčević schon seit der Zusammenarbeit an der Srem-Front unzufrieden. Ranković und ich bemerkten diese sowjetische Geringschätzung und Isolierung Dapčevićs, daher schlugen wir Tito vor, Peko umgehend mit unserem eigenen höchsten Orden auszuzeichnen, dem Orden des Volkshelden. Dies wurde auch angenommen. Ich sorgte dafür, daß die Ordensverleihung an Dapčević (sie wäre in seinem Fall ohnehin fällig gewesen) in der *Borba* an einer augenfälligeren Stelle placiert wurde als die Verleihung der sowjetischen Auszeichnungen. Die Beziehungen mit der Sowjetbotschaft und der sowjetischen Regierung waren damals ohne größere Reibereien. Wir reagierten jedoch empfindlich auf solche Herabsetzungen. Die sowjetischen Beamten machten von dieser Angelegenheit kein Aufhebens, obwohl die gezielte Berichterstattung ihnen hätte auffallen müssen.

4. Politische Prozesse und das Verhältnis zur katholischen Kirche

In Jugoslawien gab es in den ersten Nachkriegsjahren viele politische Prozesse. Es war gar nicht möglich, die Öffentlichkeit mit einer so großen Zahl von Prozessen vertraut zu machen, das galt besonders für solche in der Provinz. Wir wünschten nicht, daß diesen Prozessen größere Bedeutung zugemessen werde, wollten aber darüber hinaus erreichen, daß der negative Eindruck der Verfolgungen sich milderte. Die Öffentlichkeit wurde daher über die wichtigsten Gerichtsverfahren informiert. Das waren Verfahren gegen die Führer bestimmter Gruppierungen oder gegen herausragende Vertreter des Besatzungsterrors.

Mein Anteil an diesen Prozessen war, wie gesagt, ohne Bedeutung, da nahezu die gesamte damit zusammenhängende Arbeit in die Zuständigkeit des Sicherheitsapparates fiel. Meine Aufgabe beschränkte sich dabei auf eine allgemeine Ausrichtung der Informationsmedien. Die Staatssicherheit verfügte selbst über unmittelbare Kontakte zu Zeitungen und Rundfunk. Ich wurde dann konsultiert, wenn es zu Meinungsverschiedenheiten kam. In den Prozessen selbst bestimmte die Staatssicherheit die Richtung. Sie gab Anweisungen, sowohl wie das Gericht das Verfahren zu führen hatte als auch über die relevanten Tatbestände, auf denen die Anklage aufzubauen war. Meiner Meinung nach, und so dachte ich schon damals, gingen Staatssicherheit und Gerichte oft zu weit. Am häufigsten wurden nebensächliche, skandalöse und sensationelle Einzelheiten aufgebauscht, von denen es im politischen Leben mehr als genug gibt, zumal unter kriegsmäßigen oder revolutionären Bedingungen.

Ich will damit nicht sagen, ich hätte keine Möglichkeit gehabt, die Richtung von Prozessen zu beeinflussen. Ganz im Gegenteil, meine Anregungen wurden meistens berücksichtigt. Mitunter aber waren sie von vornherein vergeblich. Dann hatten Tito oder das Politbüro bereits die Richtung festgelegt, und ich führte diszipliniert das durch, was beschlossen worden war.

Ich werde hier nur auf die großen und spektakulärsten Prozesse zurückblicken, allerdings weniger auf ihren Ablauf selbst (der der Öffentlichkeit meist bekannt ist), auch nicht auf meinen Einfluß, darüber habe ich bereits gesprochen. Es geht mir mehr um Einzelheiten, die nicht bekannt oder falsch interpretiert wurden.

Wie Draža Mihailović gefaßt wurde, ist kein Geheimnis. Einer der „ergebensten" Kommandanten von Mihailović, Nikola Kalabić, wurde nach Belgrad gelockt und dort festgenommen. Vom Geheimdienst zur Zusammenarbeit überredet, drang er mit einer Gruppe von OZNA-Agenten bis zum Versteck Mihailovićs vor und lockte ihn in eine Falle. Die Geschichte der Ergreifung Mihailovićs ist nicht allein wegen der Dramatik des Geschehens interessant, sondern sie ist auch ein Beispiel für die Überlegenheit und Findigkeit der Revolution gegenüber der Naivität und Kopflosigkeit der Konterrevolution.

Sobald Mihailović Mitte März 1946 verhaftet war, begannen die Vorbereitungen für seine Aburteilung. Damit drängte sich die Frage der Verfahrensstrategie und der zu verfolgenden Prozeßlinie auf, besonders weil ein Großteil der westlichen Presse zur Verteidigung Mihailovićs aufmarschierte. Aus den Lobgesängen für Mihailović war zwar schon seit längerer Zeit die Luft heraus, dafür wurde jetzt um so eifriger seine Kriegsführung gegen die Kommunisten verherrlicht. Mehr noch, die US-Regierung übersandte uns bereits Anfang April 1946 eine Note, in der sie glaubhaft machen wollte, Mihailović sei kein Verräter, und amerikanische Piloten, denen er das Leben gerettet habe, müßten als Zeugen vor Gericht auftreten dürfen. Aber auch im Innern des Landes, besonders in Serbien, war das Verfahren gegen Mihailović aus ähnlichen, wenn nicht gleichen Gründen wichtig. In der Untergrundpropaganda der Nationalisten und im Bewußtsein eines erheblichen Teils der Bauernschaft galt er als Eiferer, den allein der Schwung des kommunistischen Aufstands und die Hinterlistigkeit der Kommunisten daran gehindert hätten, gegen die Besatzungstruppen zu kämpfen und den Staat und das serbische Volk zur Stabilität zu führen.

Den Behauptungen des Westens galt es zu begegnen, und bei den Serben mußte man Tatsachenverdrehungen richtigstellen. Deshalb war es selbstverständlich, einen öffentlichen Prozeß mit korrektem Ablauf zu führen. Ebenso zwingend erschien es, als Richter und Ankläger ausschließlich Juristen einzusetzen, die zugleich Serben waren. Es wurde beschlossen, die Presse ausführlich über den Prozeß berichten zu lassen und den Prozeßverlauf im Rundfunk wiederzugeben.

Es galt zu beweisen, daß Mihailović im Kampf gegen die Kommunisten mit der Besatzungsmacht zusammengearbeitet hatte und daß er sich bei dieser Zusammenarbeit in nichts von anderen Kollaborateuren (wie Nedić-Leuten und Ljotić-Faschisten) unterschied, sondern mit diesen Gruppen ein Gespann bildete. Deshalb wurden auch faschistische und polizeiliche Helfer der deutschen Besatzer in den Prozeß miteinbezogen. Mihailović-Verbände, besonders aus national gemischten Gegenden, hatten die Ausrottung von Moslems und Kroaten betrieben. Mihailović selbst war Armeeminister der königlichen Exilregierung gewesen; es lag auf der Hand, diese chauvinistische, großserbische Aktivität von Mihailović der Öffentlichkeit vorzuführen.

Zur Zeit der Vorbereitungen zum Prozeß mußte Ranković Tito nach Moskau begleiten. Man ernannte mich im Rang eines Ministers zu seinem Stellvertreter. So kam es auch, daß der Ankläger Miloš Minić mich besuchte. Als Ankläger hatte er die meiste Arbeit im Prozeß Mihailović und konnte seine Konsultationen nicht bis zur Rückkehr Rankovićs aus Moskau hinausschieben. Minić hatte das gesamte Problem gut durchdacht, seine Arbeit war weit gediehen, ich glaube, er arbeitete schon an der Anklageschrift. Im Verlauf der Diskussion gewann ich zunehmend den Eindruck, daß er den Kampf Mihailovićs gegen die Volksbefreiung allzusehr in den Vordergrund rückte, anstatt die Zusammenarbeit der Mihailović-Kommandanten mit den Besatzern herauszustellen. Ich machte Minić klar, daß man draußen im Westen den Kampf Mihailovićs gegen die Kommunisten gutheißen und zu seinen Gunsten werten würde. Minić begriff dies rasch. Auch in anderen, zweitrangigen Fragen, deren ich mich nicht mehr erinnere, wurden wir uns vollkommen einig.

Bald kam Ranković zusammen mit der von Tito angeführten Delegation aus Moskau zurück, übernahm sein Ministerium wieder und damit auch die Verantwortung um den „Draža-Prozeß“.

Die Chefs des Sicherheitsdienstes hatten sich gründliche Informationen über Mihailović verschafft, noch bevor er gefaßt wurde. Sie wußten, wie er zu nehmen war. Nach allem, was ich über Draža Mihailović gehört und später auch gelesen habe, war er ein mutiger Mann, jedoch außerordentlich wankelmütig in seinen Ansichten und Entscheidungen. Begabung besaß er nur auf dem Gebiet der geheimdienstlichen Tätigkeit. Ein Traditionalist, unfähig, die stürmische Zeit zu begreifen, geschweige denn durch sie hindurchzusteuern. Für Draža war das Volk, zumal das serbische, unverbrüchlich religiös und patriotisch, in gutmütiger Weise dem König ergeben und am Kleinbesitz orientiert. Es gab bei ihm und mehr noch in seiner Umgebung Tendenzen zu einer autoritären Rolle des Militärs, aber im Grunde neigte er eher zu bourgeoisem Liberalismus als zur Diktatur. Seine Ergebenheit gegenüber dem König und der Monarchie entstammte mehr seiner Treue zum Eid und zur Tradition als einer ausgereiften politischen wie philosophischen Doktrin. Er hatte auch sonst wenig feste oder klare Ideen; sogar sein Jugoslawentum war inkonsequent und wechselhaft, nicht nur wegen seiner großserbischen Einstellung, sondern auch durch seine eigene Wankelmütigkeit. Obwohl seine Einheiten, zuweilen auf seinen Befehl, Massenverbrechen an der nichtserbischen Bevölkerung verübten und Kommunisten und deren Sympathisanten maßlos, in blinder Wut verfolgten und ausrotteten, galt Draža weder als grausam noch als fanatisch.

Die Sicherheitschefs nahmen sich vor, Mihailović dazu zu bringen, die Kollaboration mit den Besatzern vor Gericht einzugestehen, um sein Prestige zu zerstören. Es galt, die kommunistische These zu beweisen, er sei ein Lakai der Okkupanten gewesen, nicht besser als andere Kollaborateure.

Von Anbeginn der Ermittlungen erwies sich Draža als kooperativ, seine korrekte Behandlung zahlte sich aus. Ein höherer Vorkriegskommunist und Sicherheitsoffizier, Josif Malović, war mit seiner Aufsicht betraut worden. Malović war ein energischer, aber höflicher Mann. Draža äußerte den Wunsch, seinen Vollbart abrasiert zu bekommen, Malović lehnte ab mit der „wohlwollenden" Begründung: „Draža und Bart – das gehört einfach zusammen!" Man wollte ihn um des stärkeren Effektes willen mit seinem Markenzeichen vor Gericht sehen.

Ich weiß nichts davon, daß man Draža unter Drogen gesetzt hätte, und ich glaube das auch nicht. Er durfte lediglich seinen Sliwowitz trinken, das war anderen Gefangenen verboten; mir ist nicht bekannt, daß er sich etwa betrunken hätte. Im Einvernehmen mit Ranković und dessen Stellvertretern deutete Malović Draža an, man würde möglicherweise sein Leben verschonen, falls er Einsicht zeige und seine Kollaboration zugebe. Ob Draža sich auf dieses Angebot einließ, weiß ich nicht. Vor Gericht wurde er von Minić durch beweiskräftige Dokumente in die Enge getrieben und gestand die Zusammenarbeit mit den Besatzungsmächten ein. Das war die Wende im Prozeß. Die westlichen Korrespondenten rannten aus dem Gerichtssaal zu den Telefonen, um ihren Redaktionen Dražas Geständnis zu melden. Danach flaute das Interesse für Mihailović rasch ab.

Aus dem Ausland hatte man Mihailović Verteidiger angeboten (Morris Ernst aus den USA). Wir hätten deren Teilnahme vermutlich nicht gestattet, aber Mihailović ersparte uns die Unannehmlichkeiten, sie abzulehnen. Er selbst wies dieses Angebot zurück, indem er dem Gericht und den Offizialverteidigern sein Vertrauen aussprach.

In der Tat hatte er Gründe, seinen Pflichtverteidigern zu vertrauen. Beide Vertreidiger vertraten Draža gewissenhaft und mit großem Eifer. Nikola Djonović war ein angesehener Rechtsanwalt und Führungsmitglied der Demokratischen Partei. Der Rechtsanwalt Dragić Joksimović versah seine Pflichten vor Gericht mit derartiger Verve, daß unsere Presse ihm vorwarf, er gehe dem Gericht nicht zur Hand. Ich kannte Djonović schon vor dem Kriege und erneuerte nach meinen Freilassungen aus dem Gefängnis 1961 und 1966 meine Beziehungen zu ihm. Er erzählte mir, daß er versucht hätte, Mihailović zu überzeugen, sich als Führer „der anderen Seite“ im Bürgerkrieg zu verteidigen und sich nicht in eine Beweisführung einzulassen, ob er nun mit den Okkupanten kollaboriert habe oder nicht. Denn ein jeder – so Djonović zu Draža –, der einen Bürgerkrieg verliere, würde von der Gegenseite als Verräter gebrandmarkt, was insbesondere vor der Geschichte keinerlei Bedeutung haben dürfte. Doch Djonovićs Überzeugungsversuche verfingen nicht, Mihailović ergab sich vertrauensselig seinem Schicksal. Über das Verhalten des Verteidigers Joksimović war die Staatssicherheit verärgert. Also hängten sie ihm, was damals kein Kunststück war, irgendein Verschulden an und steckten ihn ins Zuchthaus, das er meines Wissens nicht überlebte.

Auf einer Zusammenkunft bei Tito berichtete Ranković über den Prozeßverlauf und über das Einwirken Malovićs auf Draža, ihn zu einem Geständnis in der erwähnten Form zu bringen, welches Draža eventuell den Kopf gerettet hätte. Mit zweideutigem Lächeln bemerkte Tito: „Nun, das ist ja nicht ausgeschlossen – dies ist ein politischer Prozeß.“ Doch die Anwesenden – ich weiß nicht mehr, wer alles dabei war, jedenfalls die „führenden Vier“ (Tito, Kardelj, Ranković und Djilas – A.d.Ü.) – protestierten unisono, keiner unserer Kämpfer würde das verstehen und die Hinterbliebenen der unzähligen Opfer wären empört. Stillschweigend gab Tito nach, weil er im Grunde derselben Meinung war.

Wie man weiß, wurde Mihailović zum Tode verurteilt und bald darauf hingerichtet. Ich hörte, daß ein hoher Funktionär des Sicherheitsdienstes die Hinrichtung beaufsichtigte, Einzelheiten darüber sind mir nicht bekannt.

Mit dem Prozeß gegen den Erzbischof Alojzije Stepinac hatte ich noch weniger zu tun als mit dem Mihailović-Prozeß. Ich kenne aber einige Details aus dem Vorspiel zum Prozeß.

Kurze Zeit nach der Befreiung, am 2. Juni 1945, empfing Tito in Zagreb eine Abordnung katholischer Geistlicher, mit Bischof Salis-Seewis an der Spitze. Tito machte deutlich, daß er mit der Haltung „eines Teils des katholischen Klerus" nicht zufrieden war. Bei der Ansprache entschlüpfte Tito die Phrase „ich als Katholik". Damals war Tito so berauscht vom Sieg, der ihn zum absoluten Herrscher erhoben hatte, daß er gelegentlich auch unbedachte Äußerungen machte. Als der Text der Ansprache Titos in Belgrad ankam, wurde ich von einigen Genossen, unter ihnen auch Zogović, alarmiert. Es herrschte allgemeine Verwirrung darüber, wie man denn diesen Katholizismus des „Genseks" zu interpretieren habe. (Gensek = Generalsekretär – A.d.Ü.). Es gab für mich keine Möglichkeit, Tito zu konsultieren, deshalb telefonierte ich mit Kardelj. Er teilte meine Meinung: „Raus damit, Unsinn: Parteisekretär als Katholik!" Und so wurde diese Fehlleistung Titos nicht veröffentlicht. Zur Zeit des Konfliktes mit der Sowjetunion, nach 1948, erinnerte ich mich einmal dieser Episode: Kardelj und ich lachten lauthals bei dem Gedanken, wie ausgiebig Molotow und Stalin wohl „Titos Katholizismus" ausgeschlachtet hätten, wäre der Fauxpas nicht unterdrückt worden.

Stepinac wurde später – ich glaube sogar zweimal – von Tito empfangen. Der Inhalt dieser Gespräche ist mir nicht bekannt. Aber ich weiß, daß unsere Führungsgremien sich mit der Idee der Entwicklung und Stärkung einer „nationalen katholischen Kirche" nachhaltig beschäftigten, einer vom Vatikan losgelösten Kirche also. Es war die Rede von einer bestimmten Strömung und von gewissen Geistlichen, welche angeblich dafür zu haben gewesen wären. Innerhalb offizieller Kirchenkreise gab es kaum derartige Tendenzen. Sollte Tito auch in diesem Sinne mit Stepinac gesprochen haben, so konnte ihn das nur warnen und verbittern. Stepinac war und blieb stets ein ergebener Hirte des Vatikans.

Allein wegen seiner Haltung während des Krieges und seiner Kollaboration mit Ante Pavelić hätte man Stepinac wohl kaum vor Gericht gestellt, wenn er nicht seine oppositionelle Aktivität gegen die neue, kommunistische Macht fortgesetzt hätte. Ich habe mich mit Stepinac und mit dem Verfahren gegen ihn nicht besonders befaßt. Es besteht jedoch kein Zweifel, daß Stepinac mit Pavelić zusammenarbeitete, ihn unterstützte und die Zwangskatholisierung der Serben vorantrieb. Als unabhängig und der Politik des Vatikans ergeben, distanzierte sich der Bischof gleichzeitig von Pavelić. Dies bedeutete jedoch keineswegs, daß es nicht für eine Anklage gegen Stepinac gereicht hätte, wären die Ermittlungen gleich nach der Befreiung eingeleitet worden. Es gab eine ganze Menge hoher Geistlicher, Würdenträger der diversen Kirchen, denen allerhand vorzuwerfen war, selbst nach moderateren Kriterien als denen der kommunistischen Revolution.

Aber die ruhmreiche Führung – verkörpert durch Tito – war an Vorteilen und an Konsolidierung interessiert und versuchte zunächst, sich mit der katholischen Kirche und mit Stepinac zu verständigen. Das mag vom Klerus als Schwäche ausgelegt worden sein. Denn schon im Herbst 1945 traten die katholischen Bischöfe, angeführt von Stepinac, mit einem Hirtenbrief gegen die neue Macht auf. Unsere Presse reagierte scharf, die Finger in die noch offenen Wunden legend, sie erinnerte an die Greuel der Proustascha- und Ustascha-Geistlichen in den Todeslagern und im Kloster Široki Brijeg. Tito schrieb sogar einen Artikel als Antwort auf den Hirtenbrief, in dem er betonte:

„Aus den Äußerungen des Herrn Erzbischofs Stepinac und einiger anderer kirchlicher Würdenträger darüber, daß sie bereit seien, auch um den Preis persönlicher Opfer im Kampf auszuharren, kann ich nur einen Schluß ziehen, und das ist dieser: Daß sie alle sich mit den Zuständen unter Pavelić nicht aus Furcht, sondern aus ideologischen Gründen zufriedengaben, und daß sie nunmehr den Kampf gegen das neue demokratische föderative Jugoslawien aufgenommen haben nach einem bestimmten Plan und in Komplizenschaft mit den übrigen Reaktionären Jugoslawiens. Ich möchte nicht, daß dies als eine Drohung aufgefaßt wird, doch bin ich verpflichtet, darauf aufmerksam zu machen, daß Gesetze das Säen von Chauvinismus und Zwietracht und die Bedrohung der Errungenschaften dieses großen Befreiungskampfes verbieten. Wer seinem Land Gutes wünscht, hat diese Gesetze zu achten."*

* *Borba,* 25. Oktober 1945

Wann immer damals das Gespräch auf Stepinac kam, wiederholte Tito mit Nachdruck seine These: „Die Kirche kann nicht über dem Staat stehen – der Staat muß den Vorrang haben!“

Der Artikel Titos und seine Äußerungen im geschlossenen Kreis waren Anzeichen einer festen Haltung. Aber es gab noch weitere Hinweise: Im Dezember 1945 gab Bakarić eine Erklärung ab über wiederholte Besuche Erich Lisaks, eines Ustascha-Emissars, im erzbischöflichen Schloß und über die Festnahme einiger Geistlicher aus dem erzbischöflichen Schloß. Die kroatische Presse begann im Januar 1946 mit der Veröffentlichung von Dokumenten über die Zusammenarbeit von Stepinac mit Pavelić.

Es folgte eine Zeit des Lauerns und Beobachtens, und gegen Ende 1946 flammte der Konflikt mit Stepinac wieder auf, trat aber vorübergehend in den Hintergrund. Denn gleichzeitig kam es in der Volksfront zum Zusammenstoß mit Dragoljub Jovanović, dem Führer der linken Agrarier. Der Abschuß von zwei US-Flugzeugen über jugoslawischem Territorium (am 9. und 19. August) führte zum Eklat mit den Vereinigten Staaten. Die *Daily News* forderte damals als Vergeltung einen Atombombenabwurf auf Belgrad. Der US-Staatssekretär James F. Byrnes zitierte Kardelj, der sich ebenfalls auf der Friedenskonferenz in Paris befand, zu sich und drohte in schärfster Form.

Am 19. September 1946 stellte unterdessen der Ankläger Jakov Blažević den Antrag, ein Verfahren gegen Stepinac einzuleiten. Der Erzbischof wurde verhaftet.

Ich weiß nicht, inwieweit die US-Administration in diese Vorgänge verwickelt war. Für mich ist es keine Frage, und der Ablauf der Ereignisse bestätigte dies, daß amerikanische Dienststellen bei der Zuspitzung der Beziehungen kräftig mitgemischt haben. Die militärischen Kommandostellen der Amerikaner ignorierten unser Staatsgebiet entgegen zahlreicher Protestnoten, und allen Warnungen zum Trotz überflogen sie Jugoslawien von ihren Basen in Italien und Österreich aus wie Niemandsland. Für uns war das ein unerträglicher Zustand geworden, es sei denn, wir wären bereit gewesen, unsere Ohnmacht und Schande öffentlich einzugestehen. Tito befahl, die amerikanischen Flugzeuge zur Landung auf einem unserer Flugplätze aufzufordern und im Falle einer Weigerung das Feuer zu eröffnen. Anfangs zögerte das Luftwaffenkommando – es handelte sich schließlich um unbewaffnete Transportflugzeuge – aber Tito zeigte sich unbeugsam, und so kam, was kommen mußte. Das erste Flugzeug zeigte sich erst zur

Landung bereit, nachdem es von MG-Salven durchsiebt war. Bei diesem Vorfall erlitt ein türkischer Militärdiplomat Verletzungen, obendrein wurden ihm beim Transport ins Krankenhaus einige persönliche Sachen gestohlen. Das zweite Flugzeug wurde mit vier Mann Besatzung an Bord abgeschossen. Gleichzeitig weigerten sich die amerikanischen Behörden beharrlich, uns einige unserer Schiffe zu übergeben, die von den Nazis nach Österreich verbracht worden waren.

Kardelj informierte Tito über sein unerfreuliches Gespräch mit Staatssekretär Byrnes in Paris, worauf eine versöhnliche Erklärung Titos erfolgte, daß man in Zukunft die Flugzeuge nicht abschießen, sondern nur ihr Kennzeichen notieren werde. Kardelj berichtete, die Mitglieder der sowjetischen Delegation seien über unsere Abschüsse von US-Flugzeugen begeistert gewesen, hätten aber auch gewarnt: „Schießt kein drittes Flugzeug ab." Die Amerikaner stellten das unangemeldete Überfliegen unseres Territoriums ein, die Beziehungen verbesserten sich deshalb aber nicht wesentlich. Das Verhalten der Belgrader US-Botschaft spielte bei diesen Vorfällen eine erhebliche Rolle. Ihre Beamten benahmen sich arrogant und herausfordernd, sie stachelten sogar einzelne unserer Gegner und einige Führer ehemaliger Parteien mit Versprechungen an, sie würden Belgrad mit Fallschirmjägern einnehmen und die Adriaküste von ihrer Flotte besetzen lassen. Im Juni 1946 vertrat ich Ranković als Innenminister, während dieser mit Tito in Moskau war, und ich erinnere mich gut, mit welcher Verachtung die Amerikaner die Teilnahme unserer Offiziellen bei der Einweihung des amerikanischen Fliegerfriedhofs in Košutnjak betrachteten, gleichzeitig aber 200 bis 300 unserer verbissensten Gegner einluden. Die US-Botschaft gab aus diesem Anlaß ein gegen uns gerichtetes Flugblatt mit der Aufforderung an die Bürger heraus, zur Einweihung zu kommen und „sich gegen die Unterdrücker Luft zu machen". Ein amerikanischer Offizier, Richard Kums, rief wiederholt: „Tito – Heil Hitler!" Ich gebe zu, auch wir trugen zu dieser Eskalation einiges bei, jedoch waren die Amerikaner aggressiver. Sie begriffen offenbar nicht die tiefgreifende Bedeutung der Veränderungen in Jugoslawien und meinten, unsere Führung als „Satelliten Nr. 1" behandeln zu müssen.

Bald nach seiner Verhaftung konnte der Prozeß gegen Stepinac beginnen, denn das Belastungsmaterial gegen ihn war im wesentlichen zusammengestellt. Das Verfahren selbst verlief zunächst wie geplant. Eine Menge überzeugenden Materials wurde publiziert und eine Anzahl glaubwürdiger Zeugen angehört, welche die Zusammenarbeit des Erzbischofs mit dem Ustascha-Regime bestätigten. Doch die Strategie des Prozesses war falsch. Stepinac wurde nämlich überwiegend seine Haltung während des Krieges zur Last gelegt, der wirkliche Anlaß zu diesem Prozeß war indes seine oppositionelle Tätigkeit nach dem Krieg. Diese Wahrheit war schon dadurch nicht zu verschleiern, daß er erst fünfzehn Monate nach Kriegsende verhaftet wurde, nachdem vorher noch Tito und Bakarić mit ihm Gespräche geführt hatten. Diese Umstände konnte man nicht verbergen, und es war ganz gleichgültig, welche Haltung Stepinac im Kriege angenommen hatte, obwohl wir genug beweiskräftige Dokumente gegen ihn hatten. Es versteht sich von selbst, daß die westliche Presse diesen Widerspruch in der „Inszenierung" des Gerichtsverfahrens entdeckte. Die feste und würdevolle Haltung von Erzbischof Stepinac war ein weiterer Grund für den Mißerfolg des Prozesses. Er wurde zu sechzehn Jahren Gefängnis verurteilt.

Im Ablauf der Gerichtsverhandlungen hätten wir erkennen können, daß der Prozeß gegen Stepinac weder rechtzeitig noch solide vorbereitet worden war. Doch keiner brachte auch nur den geringsten Einwand vor, und so verlief alles, wie es der „oberste Wille" erdacht und befohlen hatte.

Durch die Wahl des falschen Zeitpunkts und den Mangel an Überlegung blieb die Stepinac-Frage im Westen auf der Tagesordnung. Sie wurde für uns nach dem Bruch mit der Sowjetunion zu einem ernsten und unausweichlichen Problem, genauer gesagt nach dem Anlaufen der Hilfe aus dem Westen.

Im Gefängnis erfuhr Stepinac eine privilegierte Behandlung. Nach einigen Jahren wurde dann ein Kompromiß gefunden, der den Westen wenigstens einigermaßen beruhigte, aber auch unser Prestige und unsere praktischen Erfordernisse berücksichtigte. Damit er nicht auf seinen erzbischöflichen Stuhl zurückkehren konnte, wurde Stepinac in seinem Heimatdorf interniert, das Urteil jedoch nicht aufgehoben.

Ich erinnere mich nicht genau, wann der Führer der linken Agrarier, Dragoljub Jovanović, verhaftet wurde. Ich meine aber, es könnte im Herbst 1946 geschehen sein; vor Gericht kam er Anfang Oktober 1947. Unsere Presse hatte bereits im August mit heftigen, schonungslosen Angriffen gegen ihn begonnen. Einige Einzelheiten dieser Festnahme und des Gerichtsverfahrens blieben mir im Gedächtnis.

Die Verhaftung und Verurteilung von Dragoljub Jovanović ist mit der Verschlechterung unserer Beziehungen zum Westen, insbesondere zu den USA, eng verbunden. Noch stärker spielte die harte Linie der osteuropäischen, abhängigen Regierungen gegen die Führer ihrer Bauernparteien eine Rolle.

Damit will ich nicht sagen, daß die Zuspitzung der Beziehungen zu Jovanović durch den Einfluß westlicher Stellen auf ihn verursacht wurde. Meiner Meinung nach hat Dragoljub Jovanović aus eigener Überzeugung, aus eigenem Willen gehandelt, obschon er mit Unterstützung aus dem Westen rechnen konnte und vermutlich auch gerechnet hat. Die allgemeine Lage, die Beziehungen zum Westen ließen eine solche Unterstützung wahrscheinlich und logisch erscheinen. Tatsächlich war Dragoljubs Konflikt mit uns Kommunisten vorprogrammiert. Die Verhältnisse in der Volksfront, aber auch in der Völkischen Bauernpartei selbst, die allmählich von den Kommunisten unterwandert wurde, entwickelten sich so, daß er entweder mit uns brechen oder auf jede selbständige Rolle verzichten mußte. Das aber war kaum möglich, denn er war der Gründer dieser Partei und Schöpfer ihres Parteiprogramms. Es hätte bedeutet, mit dem politischen Ende auch die Schmach von Feigheit und Bestechlichkeit auf sich zu nehmen. Darin ähnelte das Schicksal des Dragoljub Jovanović dem der linken Sozialrevolutionäre in Rußland, nur war er eben kein Revolutionär, während andererseits wir jugoslawischen Kommunisten vielleicht sogar bolschewistischer als die Bolschewiken waren.

Sowjetische Repräsentanten waren, soweit mir bekannt, nicht unmittelbar an dem Vorgehen gegen Dragoljub Jovanović beteiligt. Natürlich war es kein Zufall, daß seine Verhaftung in eine Zeit fiel, als man in den osteuropäischen Staaten Kampagnen und Verfolgungen gegen Führer der dortigen Agrarparteien veranstaltete, in Bulgarien gegen Nikola Petkow-Gemet, in Polen gegen Stanislaw Mikolajczyk. Am Anfang, das heißt gegen Kriegsende und in den ersten Nachkriegsmonaten, machten uns die Sowjets bei inoffiziellen Gesprächen unsere Zurückhaltung gegenüber Dragoljub sogar zum Vorwurf. Das Verhältnis zwischen Dragoljub und den sowjetischen Vertretern war an sich gut, wenn nicht sogar freundschaftlich, allerdings ohne jene konspirative Herzlichkeit, wie sie zwischen den Sowjets und uns Kommunisten bestand. Mit der Verstärkung der Tendenz zum kommunistischen Machtmonopol und mit der Zuspitzung unserer Beziehungen zum Westen begannen die sowjetischen Vertreter Dragoljub Jovanović plötzlich schlechtzumachen und uns unter der Hand vorzuwerfen, wir unternähmen nichts gegen ihn. Dies trug mit Sicherheit zur Vergiftung der Atmosphäre zwischen Dragoljub und den Kommunisten bei. Den Beschluß zu seiner Verhaftung hat, wie auch die meisten anderen Beschlüsse, unsere Führung selbständig gefällt.

Der unmittelbare Anlaß hierzu war Dragoljubs Auftritt im Parlament am 17. Juli 1946 im Zusammenhang mit dem Gesetz über das Genossenschaftswesen. Es war in der Nachmittagssitzung. Dragoljub bat um das Wort, womit wir gerechnet hatten, und griff das Gesetz an, weil es den Genossenschaften die Autonomie nähme. Kaum hatte er zu seiner Rede angesetzt, marschierten die Regierungsmitglieder und die Abgeordneten aus dem Saal. Dragoljub hielt die Rede vor leeren Bänken, nur vier oder fünf seiner Anhänger waren anwesend. Auch ich war sitzengeblieben, in der Absicht, ihm gegebenenfalls im Namen der Regierung zu antworten. Ich erwiderte seine Rede auch, mit selbstbewußtem Pathos. Als ich zu sprechen begann, füllte sich der Saal rasch wieder.

Ich erinnere mich nicht, ob ich noch im Parlament eine Nachricht erhielt oder ob ich mich nach der Rückkehr in die Wohnung von selbst bei Tito meldete – jedenfalls fand ich mich zur Zeit des Abendessens bei ihm ein. Auch Ranković war anwesend. Ich begann über den Zusammenstoß mit Dragoljub Jovanović zu berichten. Tito und Ranković waren einigermaßen vorinformiert und zeigten sich mit meiner Initiative sichtlich zufrieden. Ich hatte meinen Bericht kaum zu Ende gebracht, als Tito, der seinen Tagesablauf ungern unterbrach, uns zur Abendtafel lud, um dabei das Gespräch fortzusetzen. Tito sagte, etwas verärgert, aber apodiktisch: „Den Dragoljub soll man festnehmen!“ Darauf Ranković: „Es ist schwer, bei ihm ein Verschulden zu finden.“ Tito: „Man soll ihm ein Verschulden schaffen, wenn er keins hat.“ Ich schwieg, denn das war für mich, und ich denke auch für Ranković, ein neuer Gesichtspunkt, eine neue Methode der Verfolgung. Bis dahin hatten wir die Schuld mitunter aufgebauscht, aber eine Schuld entsprechend den Kriterien unserer revolutionären Ideologie, die hatte es immer gegeben; jetzt sollte es plötzlich notwendig sein, eine Schuld zu konstruieren.

Und in der Tat, ein Verschulden von Dragoljub Jovanović hätte es gar nicht gegeben, wenn er nicht zur Verteidigung der politischen Integrität seiner Partei und seiner Person eine feste, wenn auch nicht kompromißlose Haltung eingenommen hätte. Vor Gericht waren die Beweise gegen ihn schwach. In der Anklage hieß es, er hätte mit Maček, dem Führer der Kroatischen Bauernpartei im Exil, Verbindung aufgenommen, in seinen Äußerungen gegenüber einem ausländischen Journalisten hätte er fremden Nachrichtendiensten Informationen geliefert, er hätte Kontakte zu den slowenischen Oppositionellen Nagoda und Sirc aufgenommen usw. Der Rechtsanwalt Veljko Kovačević, der Dragoljub Jovanović verteidigte (und später Gelegenheit haben sollte, auch mich dreimal zu verteidigen), erzählte mir, er habe Dragoljub in der Haftanstalt besucht. Dragoljub war nach mehrmonatiger Isolation mehr als glücklich über die Aufmerksamkeit und habe ihm gesagt: „Aber, damit du's weißt: mein Land und mein Volk habe ich nicht verraten."

Dragoljub wurde zu neun Jahren Haft verurteilt. Im Jahre 1952 setzte sich Anthony Eden bei einem Besuch in Jugoslawien für ihn ein. Das trug mit dazu bei, Jovanović einige Zeit vor Ablauf der Strafe freizulassen. Als er den Vorschlag zur Entlassung Dragoljubs vorlegte, erwähnte Ranković, daß seit dessen Verhaftung bald sieben Jahre vergangen seien; daraufhin bemerkte Tito mit mokantem Zynismus: „Die Zeit vergeht aber schnell!" Ranković bekümmerte die Art der Abrechnung mit Dragoljub Jovanović: „Der Prozeß war ja ziemlich erzwungen", pflegte er zu sagen. Ich begann über diesen Prozeß erst während und nach meinem Sturz gründlicher und kritischer nachzudenken.

Das Strafmaß bei den wichtigsten Prozessen schlug Ranković dem Politbüro beziehungsweise den „führenden Vier" vor (Tito, Kardelj, Ranković und ich). Es gab darüber niemals größere Diskussionen: Die Vorschläge wurden meist zur Kenntnis genommen, jedem von uns stand es frei, Einwände vorzubringen. Das Gros der vielen Urteile wurde in den Führungsspitzen der Republiken und in den örtlichen Parteileitungen auf ähnliche Weise behandelt. Der Bundessicherheitsdienst hatte Einsicht in diese Verfahren und kontrollierte sie, entschied aber nicht unmittelbar. Dies ähnelte dem Vorgehen im alten, königlichen Jugoslawien sehr. Das damalige Staatsschutzgericht legte die Urteilsanträge dem Hof zur Genehmigung vor. Die Prozedur selbst war beim Staatsschutzgericht korrekt, ohne Unterstellungen. Es gab aber auch Unterschiede: Im Königsstaat fällte nur ein einziges Gericht, eben das Staatsschutzgericht, politische Urteile, im neuen Staat war jedes Kreisgericht dazu verpflichtet. Daher befand sich im königlichen Jugoslawien die Justiz, mit Ausnahme des genannten

Gerichts, nicht unter der Kontrolle politischer Institutionen. Sie war unabhängiger als im neuen Staat. Hinzu kommt, daß heute die meisten Richter der KP angehören und als solche politischem Einfluß ausgesetzt sind. Ich war immer der Meinung gewesen, die Einmischung der Sicherheitsorgane und der Parteikomitees in die Verurteilung krimineller Delikte habe nach 1950 aufgehört. Bei meinem eigenen Gefängnisaufenthalt jedoch konnte ich mich durch Gespräche und durch Lesen von Urteilen davon überzeugen, daß es diese Einmischung auch weiterhin und mehr als genug gab. Für gleiche Delikte wurden willkürlich sehr unterschiedliche Strafmaße verhängt.

Politische Prozesse kann man weder von den politischen Verhältnissen noch von der Etablierung und der absoluten Machtstruktur der Revolution trennen. Auch die Art der Strafverfügung sowie die gesamte Strafvollzugspolitik sind Bestandteile des Mechanismus und der Natur dieser Macht. Freilich gibt es auch darin keine automatische Übereinstimmung – die Einmischung politischer Faktoren wird, oft mit unverminderter Heftigkeit, fortgesetzt, selbst dann, wenn für die Macht selbst kaum eine Notwendigkeit besteht. Mit der Zeit wird die Macht nicht nur zur Gewalt an sich, sie verwandelt sich auch zu einer Welt für sich.

5. Literatur und Politik – Krleža und Andrić

Bei der Arbeit, die meine Parteifunktion so mit sich brachte, lernte ich auch bedeutende Künstler und Wissenschaftler kennen, manchen von ihnen kam ich dabei persönlich näher.

Miroslav Krleža war zweifellos der bedeutendste und interessanteste. Und ich übertreibe nicht, wenn ich sage, daß wir uns zugeneigt waren, besonders nach 1948. Im ersten Jahrzehnt nach dem Ersten Weltkrieg war Krleža die prominenteste Figur der intellektuellen Linken. Aus gutem Grund. Mit seiner poetisch-polemischen Begabung und seiner titanischen Arbeitswut ließ er nicht nur die literarischen Epigonen des Kommunismus, sondern auch Literaten anderer und konträrer Ideologien weit hinter sich. Er war auch bis 1929 als Parteimitglied in der KP aktiv. Die Zerschlagung und der Zerfall der Partei und seine eigene Resignation machten die Mitgliedschaft praktisch hinfällig, auch wenn er niemals aus der Partei ausgeschlossen wurde. In den Jahren der Diktatur, nach 1929, waren Parteifunktionäre, die illegal aus dem Ausland angereist kamen, gelegentlich Gäste bei Krleža, obwohl er de facto nicht an der illegalen Parteiarbeit teilnahm. Seine legale literarische Betätigung steigerte sich gerade in diesen Jahren. Es war die Zeit seiner bedeutenden Werke, gleichzeitig leitete er auch mehrere Zeitschriften. Sein Einfluß auf die nachwachsenden neuen Generationen und auf die öffentliche Meinung ist unvergleichbar, unschätzbar und bis heute nicht voll anerkannt worden.

Krleža schwamm mitten im Strom der intellektuellen Linken, er gehörte zu ihren Wortführern, blieb aber vom Gärungsprozeß der Partei unberührt. So erlebte er die Moskauer Prozesse und die Bolschewisierung bzw. Stalinisierung der jugoslawischen KP nicht nur unvorbereitet, sondern auch widerstrebend. Krleža zählte zur ersten Nachkriegsgeneration, er war ein Zeitgenosse des „Großen Oktober“, für den Lenin eher ein Visionär als der Schöpfer einer bestimmten Macht war. Rußland war für ihn nur der Anfang einer Weltordnung ohne Krieg und Ausbeutung. Krleža erlebte auch den Faschismus, insbesondere den Sieg des Nationalsozialismus in Deutschland, als eine unaufhaltsame und langandauernde Aufrüstung finsterer, inhumaner und gegen die Zivilisation gerichteter europäischer Mächte. Krleža war niemals ein unbedingter, doktrinärer Marxist, obschon er nicht gegen den Marxismus war. Er vertrat die Ansicht, nicht allein ökonomische, sondern auch andere, besonders biologische Faktoren bestimmten Kunst und menschliches Verhalten. Die Schatten, die sich von Deutschland und Rußland aus über ganz Europa ausbreiteten, verstärkten seinen Skeptizismus und Pessimismus. Sein kämpferisches Temperament bewahrte er sich dennoch. Allmählich rückte er immer weiter von der offiziellen Linie ab und befand sich im Augenblick des Kriegsausbruches im Konflikt mit der Parteiführung. Für die Parteiführung waren die Sowjetunion und Stalin unumstrittene, unleugbare Ideale. Der Sieg über den Faschismus war unumgänglich und bedeutete gleichzeitig die Chance für eine Machtübernahme der Partei. Krleža hat mir erzählt, seine Ehefrau Bela habe ihn bei einem Spaziergang vor den Toren Zagrebs angefleht, sich in keine Polemik mit der Partei und ihrer Linie einzulassen, er aber wollte nicht auf sie hören – vermutlich konnte er das auch gar nicht.

Die Abrechnung der Partei mit Krleža – ich selbst war einer der Initiatoren – sollte für beide Seiten von enormer Bedeutung sein. Sein Einfluß bei der Linken und in der Partei wurde dadurch nahezu ausgeschaltet, die Partei aber hatte damit ihre Bolschewisierung, ihre innere, geistige Vorbereitung für die künftige revolutionäre Rolle abgeschlossen. Der Bruch mit Krleža bedeutete meiner Ansicht nach einen Dissens in der Frage der Revolution. Alles andere ist nebensächlich und unwichtig.

Nachdem es zum Krieg und zur Revolution gekommen war, brauchte die Partei Krleža als großen Namen. Der Aufforderung, Zagreb zu verlassen und sich auf das freie Partisanengebiet zu begeben, leistete er nicht Folge. Als Krleža gegen Ende des Sommers 1945 nach Belgrad kam, um sich mit Tito zu treffen und sich mit der Partei auszusöhnen, besuchte er zuerst mich im Zentralkomitee, weil ich ihn zu Tito begleiten sollte. Denn Tito wollte beim ersten Zusammentreffen mit ihm ein Gespräch unter vier Augen vermeiden. Während wir auf Titos Anruf warteten, fragte ich Krleža, warum er nicht zu den Partisanen gekommen sei. Er antwortete: „Anfangs hatte ich befürchtet, wegen des Konflikts mit der Partei erschossen zu werden und später, als der Sieg schon offensichtlich war, habe ich mich dann geschämt, mich ins gemachte

Bett zu legen." Slavko Goldstein erzählte mir vor einigen Jahren, daß Krleža in seinen Memoiren diese Begegnung auch erwähnt. Ich hätte dabei erwidert, es hätte ihm durchaus passieren können, daß er erschossen worden wäre. Nun aber – so Goldstein – zitierte mich Krleža folgendermaßen: „Und es ist bekannt, daß der Arm des Agitprop ein langer Arm ist." Ich gebe nur Erzähltes wieder, aber an eine solche Antwort an Krleža kann ich mich nicht erinnern. Sollte ich etwas Derartiges gesagt haben, konnte sich das nur auf eine nicht bezeichnete Partisaneneinheit beziehen. Es existierte kein „langer Arm des Agitprop", weil es während des Krieges keinerlei Agitprop keim ZK gab, sondern erst ab Anfang 1944 als eine Propaganda-Abteilung beim Obersten Stab. Niemand in der Führung dachte je auch im entferntesten daran, Krleža erschießen zu lassen, er wurde vielmehr sehnlichst auf das freie Territorium herbeigewünscht.

Da wir schon beim Nichterscheinen Krležas bei den Partisanen sind: Ich gewann durch meinen Kontakt mit ihm den Eindruck, daß sein Widerstreben viel tiefer ging und komplexe Motive hatte. Wir Kommunisten idealisierten die Revolution, besonders unsere eigene. In Krležas Augen waren Revolutionen keineswegs Ideale und Verheißungen von Glück. Er erkannte durchaus ihre Bedeutung für das Leben und die Entwicklung von Völkern. Revolutionen verändern, aber sie sind nicht unbedingt die Garantie für eine Verbesserung der Lebensqualität. Krleža verabscheute Krieg und Gewalt aus intellektueller und politischer Überzeugung. Seine Sensibilität in Verbindung mit einem relativistischen Skeptizismus hätten Krleža die grauenvollen und brutalen Geschehnisse von Krieg und Revolution nur schwer ertragen lassen. Er war ein sehr gefühlvoller, empfindlicher Mann, der auf Kleidung, Ernährung und gesunden Schlaf Wert legte. Vor allem aber suchte er inneren Frieden.

Sein Schlüsselerlebnis war das Entsetzen über die Gemetzel des Ersten Weltkrieges und über die Imperialisten und Materialisten, die dafür verantwortlich waren. Es täuschten ihn damals auch Hoffnungen auf die Oktoberrevolution. Er empfand die Welt in einem tragischen, skeptischen und relativistischen Sinn, und das fand eine grausame Bestätigung in der Zeitgeschichte.

Kriege und Revolutionen waren für Krleža menschliche Katastrophen, denen aus dem Weg zu gehen schwierig war. Er sah allenfalls Chancen, ihren tödlichen Strudeln und ihrem Grauen auszuweichen. In Zagreb drohte Krleža durch die Ustaschas tödliche

Gefahr. Zu Beginn ihrer Herrschaft hatte man ihn verhaftet. Wenige Tage später wurde er freigelassen, offenbar auf Intervention des Schriftstellers und Pavelić-Stellvertreters Mile Budak. Krleža hatte einmal öffentlich für Budak protestiert, als dieser in der Zeit der Königsdiktatur von Polizeisöldnern tätlich angegriffen wurde.

Krležas Streit mit der KP hat vermutlich mit dazu beigetragen, daß die Ustascha ihn nicht umbrachte. Ausschlaggenbend war aber wohl sein großer Name sowie seine Beziehungen zu Budak und anderen nationalistischen Intellektuellen. Krleža hat mir erzählt, er habe sich weniger vor der Ustascha-Führung gefürchtet als vor irgendwelchen eigenmächtigen, rabiaten Ustascha-Gruppen – z. B. aus Lika oder Bosnien – die womöglich etwas über ihn als kommunistischen Schriftsteller gehört, seine Wohnung gestürmt und ihn ganz einfach abgeschlachtet hätten. Derartige Befürchtungen waren ja nicht grundlos: auf eine ähnlich „wilde" Art wurde beispielsweise der berühmte Maler Šumanović ermordet, nur weil er Serbe war.

Unter dem Ustascha-Regime hatte Krleža nichts publiziert und trat niemals öffentlich auf. Er zog sich für eine gewisse Zeit ins Sanatorium des Dr. Vranešić zurück, der sich für das Ustascha-Regime ideologisch engagierte. Den Krieg verbrachte Krleža in Zagreb, schrieb an seinem Tagebuch und arbeitete an einer umfangreichen Studie über Neurosen. Als ich ihn fragte, weshalb ausgerechnet er als Literat ein solches Thema gewählt habe, antwortete er, jede künstlerische Leistung sei eine Art Neurose. Diese Erkenntnis habe ihn bewogen, sich mit dem Entstehen und den Eigenarten von Neurosen zu beschäftigen. Dr. Vranešić wurde kurz nach Kriegsende erschossen. Ich weiß nicht, wie groß sein eigenes Verschulden war; zu seiner Hinrichtung hatte jedenfalls die Wut der kroatischen Kommunisten auf Krleža beigetragen, weil dieser einer Teilnahme am Krieg auf seiten der Kommunisten auswich. Krležas Beziehungen zur Partei waren zum Zeitpunkt der Erschießung von Dr. Vranešić keineswegs bereinigt. Trotzdem brachte er, wie ich hörte, den Mut auf und setzte sich für seinen einstigen Beschützer ein, kam aber zu spät: seine Intervention erreichte Tito und das Politbüro nicht. Bei Tito kam einmal das Gespräch auf diesen Fall. Jemand bemerkte, Dr. Vranešić sei hingerichtet worden, um wegen der Haltung von Krleža ein Exempel zu statuieren. Da meinte Kardelj: „Gerade weil er Krleža beschützte, hätte man Vranešić das Leben schenken sollen." Mit Krleža habe ich niemals über den Fall des Dr. Vranešić gesprochen. Ich meine aber, daß diese ganze Angelegenheit ihn bedrückte und er sie als einen unheilvollen Schicksalsschlag betrachtete. Wenige Tage nach Kriegsende begann Krleža sein Verhältnis zur Partei neu zu regeln. Aber das zog sich hin – es gab in der Tat Dringlicheres zu erledigen. Zuallererst traf sich Krleža mit Zogović. Im Sommer 1945 meldete uns das kroatische ZK wiederholt, Krleža wünsche von Tito oder einem Politbüromitglied empfangen zu werden. Endlich, im Frühherbst, wurde der Vorschlag angenommen, daß Krleža in Belgrad von Tito empfangen werden sollte.

Schließlich, das dürfte 1947 gewesen sein, wurde Krležas Parteimitgliedschaft erneuert. Durch seine häufigen Reisen nach Belgrad hatte er mit den Parteiführern guten Kontakt gewonnen – auch Kardelj und Ranković lernte er jetzt kennen. Ich weiß nicht, ob die Initiative zur Wiederaufnahme in die Partei von Krleža selbst ausging. Wahrscheinlich, denn diese Frage wurde im Politbüro mit Tito erörtert. Es wurde beschlossen, daß ich Krleža seine Wiederaufnahme mitteilen sollte. Ich zögerte: „Das hat doch keinen Sinn – ich habe mit ihm polemisiert." „Nein, nein, gerade du, gerade deswegen!" – polterten die übrigen los.

Krleža kam oft nach Belgrad und benutzte immer den Morgenzug, denn er hatte stets viel zu erledigen. Er stieg im *Majestic* ab, wo er Stammgast war. Ich war immer sein erster Kontakt, nach Möglichkeit verabredeten wir uns noch für denselben Morgen. Oft lud ich ihn zum Mittag- oder Abendessen zu mir nach Hause, besonders in den letzten Jahren. 1949 oder 1950 bot er mir das „Du" an. Unter Genossen war dies üblich, für uns beide war es der Ausdruck einer gewissen Zuneigung. Seine Aufenthalte in Belgrad benutzte Krleža zu Besuchen bei Tito, manchmal auch bei Kardelj. Interessant war die Beziehung zu Ranković. Ranković war gegenüber Krleža sehr zuvorkommend, da mischte sich Vorsicht mit Respekt vor einem Idol. Krleža zollte Rakonvić ebenfalls Aufmerksamkeit, die mit einer Art besorgten Mitfühlens gepaart war, als wollte er sagen: Seht, so ein guter und gewissenhafter Genosse, und muß eine solch grausame und undankbare Arbeit verrichten. Beide hatten kaum Kontakt miteinander, man traf sich nur gelegentlich bei offiziellen Diners oder Empfängen.

Krleža genoß in der Parteispitze großes Ansehen und wurde von ihr hoch verehrt. Die alten Streitereien und Unstimmigkeiten waren vergessen. Daß dies so schnell und leicht geschehen konnte, lag in der außergewöhnlichen Persönlichkeit Krležas begründet. Sein lebhafter Intellekt war begleitet von ausgeprägtem Sinn für

Humor und Behaglichkeit. Mit Krleža konnte es nie langweilig werden, auch das sachlichste Gespräch mit ihm war weder fad noch banal. Auf den ersten Blick wirkte er nicht außergewöhnlich. Er war glatzköpfig, ziemlich gedrungen und neigte zur Fülle. Er schien eine gewisse Müdigkeit auszustrahlen und wirkte keineswegs besonders anziehend. Aber kaum begann ein Gespräch mit ihm, erlebte man den Vulkan Krleža. Seine ihm eigene Poesie und konstruktive Rhetorik quoll wie heiße Lava, und das pausbäckige, schon erschlaffte Gesicht erblühte. Sein Lächeln konnte bald wild und bald sanft sein, unter den kurzen, vorstehenden Brauen ließ er seine Augen verführerisch aufblinken. Es gibt das Vorurteil, Krleža sei nur im Kreise von Künstlern und politischen Führern brillant gewesen, die einfachen Menschen hätte er mit seiner Ausstrahlung nicht beeindrucken können. Das ist falsch. Meine Sekretärin Dragica Vajnberger und auch andere Bedienstete im ZK strahlten jedesmal, wenn Krleža sich sehen ließ. Für jeden hatte er ein paar freundliche und fürsorgliche Worte. Auch mit meiner Mutter, einer aufgeweckten Frau, die erst während des Krieges lesen gelernt hatte, verkehrte er ungezwungen und ohne Dünkel. „Ich weiß nicht, was für einen Streit ihr da mit Krleža hattet – niemals habe ich einen so feinen Menschen gesehen." Das war die Meinung meiner Mutter.

Heute sehen viele in Krleža den Duckmäuser und Konformisten. Das wäre zu einfach und in dieser Form nicht richtig. Krleža hat die neue Ordnung als etwas akzeptiert, wofür er auch selbst gekämpft hatte, obwohl er sich ihrer Eigenart und ihrer Mängel bewußt war. Nur sehr selten, eher als protokollarische Pflichtübung, sprach er über Sozialismus und Kommunismus. Seine ganze Aktivität zielte darauf ab, die Südslawen, die er immer noch für wild und provinziell hielt, kulturell zu bilden und zu ihrem Wandel beizutragen. Er war der Ansicht, daß der Sieg der Revolution größere Möglichkeiten für eine kulturelle Umgestaltung böte. Sein Verhältnis zu den Parteiführern war aufrichtig, offen, wenngleich maßvoll und von einer gewissen Zurückhaltung geprägt. Mit Krleža konnte man sich durchaus einen Scherz erlauben, und auch er wußte mit anderen zu scherzen. Dabei achtete er stets auf seine schriftstellerische und intellektuelle Integrität. Während eines Abendessens bei Kardelj, als wir mit dem Filmregisseur Bojan Stupica und seiner Gattin Mira über ein Drehbuch von ihm diskutierten, warf ich ein: „Krleža bemüht sich unablässig, sich unter die Politiker zu drängen!" Darauf Krleža: „Das sollte ja weniger

Sorge bereiten als dein Bemühen, dich unter die Schriftsteller zu mischen." Er diskutierte höchst ungern über Marxismus, und erst recht nicht über Bolschewismus und die sowjetische Ordnung. Wenn man ihn aber festnagelte, verhehlte er seine „ketzerischen" und „revisionistischen" Zweifel nicht.

Wenn ich bedeutende Persönlichkeiten, denen ich begegnet bin, Revue passieren lasse, dann sehe ich keinen, der rechtschaffener, gescheiter und humorvoller gewesen wäre als Miroslav Krleža. Nachdem ich ihn besser kennenlernte, gewann ich ihn aufrichtig lieb. Diese Zuneigung und Verehrung ist aber nicht der Grund, daß ich der Behauptung Dedijers (in seinen „Neuen Beiträgen" zur Biographie Titos) keinen Glauben schenke, nach der Krleža angeblich jenem Genossen, der ihm die Aufforderung überbrachte, zu den Partisanen zu kommen, angedroht habe, ihn bei der Ustascha-Polizei anzuzeigen. Dedijer nennt zwar Krležas Namen nicht, aber es ist klar, daß er ihn meint. Krleža zeichnete sich nicht durch großen Mut aus. Für ihn war die Heldenpose des Literaten und Künstlers vor Kerkern und Bajonetten erfolglose Hysterie. Er war eine moralische und integre Persönlichkeit, und Dedijers Unterstellung wäre selbst unter dem aberwitzigen Terror der Ustascha undenkbar gewesen.

Schon 1945 oder 1946 brachte mir Krleža eine umfangreiche Studie (sie liegt irgendwo in den Archiven), in der er kulturelle Reformen und Projekte begründete. Ich legte sie dem Führungskader des Politbüros vor, doch wir alle hielten seine Pläne für irreal, zumindest für verfrüht. Ich weiß nicht mehr, wie Krleža die Ablehnung seiner Vorschläge aufnahm, unsere Beziehungen beeinflußte das aber nicht, wohl auch deshalb, weil zahlreiche Einzelvorschläge und Anregungen Krležas berücksichtigt wurden. Die Schaffung des Lexikographischen Instituts im Jahre 1950 und die Edition der Enzyklopädie Jugoslawiens, wofür er auch die Organisation besorgte, war seine Idee. Krleža konzipierte und organisierte auch die Ausstellung der mittelalterlichen Kunst Jugoslawiens im gleichen Jahr in Paris. Sie wurde zwar viel zu teuer, aber Krležas Leitgedanken folgend baute sie Vorurteile über die Südslawen als primitives Volk außerhalb der europäischen Kultur ab.

Wegen solcher Projekte mußte Krleža natürlich die Mitglieder des Politbüros und des kroatischen Zentralkomitees (Bakarić) konsultieren. Auch in Kulturfragen war ohne die politische Führung nichts zu machen.

Krleža hatte diese Machtstrukturen durchaus verinnerlicht,

weil er in ihnen die einzig mögliche Form sah und weil er selbst auf seine Art zu ihrer Etablierung beigetragen hatte. Dieser Macht – besser gesagt den Führungsgremien – hatte er sich ohne Pathos und künstliche Begeisterung angeschlossen. Er betrachtete sie als historisch unvermeidlich und als den Beginn einer neuen, vielleicht menschenfreundlicheren Epoche. Jedoch hegte er keine Illusionen über die Macht; von Macht an sich hatte er eine sehr schlechte Meinung, die zu äußern er freilich vermied. Einmal sagte er mir: „Es ist wirklich nicht angenehm, der Untertan eines Kreiskomitees zu sein." Als ich ihn wegen der Abschaffung der Versorgungsmagazine für Funktionäre und Politapparat nach seiner Meinung fragte, erwiderte er: „Wegen eines Kilos Speck eine Pompadour zu sein und sich schämen zu müssen, wenn andere in deinen Topf gucken – das ist wahrlich nicht angenehm." In der Zeit der „Entbürokratisierung", d. h. der ideologischen Gärung in den Führungskadern der Partei und in Kreisen der Intellektuellen (das dürfte im Sommer 1953 gewesen sein), bemerkte Krleža mir gegenüber: „Was bin ich eigentlich? Ein Dichter am Hofe zu Sachsen-Weimar, nichts weiter!"

Über Krležas enzyklopädisches Wissen ist viel geschrieben worden. Der Umfang seines Wissens und seines Gedächtnisses, ob im Gespräch mit ihm oder in seinen Werken, war verblüffend. Wie ist es möglich, mit einer derartigen Fülle von Kenntnissen so spielerisch leicht umzugehen? Auf jedem Gebiet fand er sich zurecht. Was er jemals gelesen, gehört oder gesehen hatte, war unauslöschlich in seinem Gedächtnis gespeichert – als verfüge er über einen anderen, höheren Verstand als normale Menschen; zugleich glaubte man aber zu spüren, daß diese lebendige Fülle ihn belastete.

Auffallend war Krležas Neigung, sich Kuriositäten zu merken und sie mit Vergnügen zum besten zu geben: pikante Details aus dem Leben historischer Gestalten, ungewöhnliche Begebenheiten und grausame Handlungen. Von ihm hörte ich beispielsweise, daß Banija- und Kodrun-Soldaten aus den Einheiten des Bans Jelačić bei der Besetzung von Wien im Jahre 1848 in Museen Fötusse aus dem Alkohol entfernten, weil sie in der Stadt sonst keinen Schnaps finden konnten. Und beiderseits des Una-Flusses – auf der österreichischen wie auf der türkischen Seite – war es bei den Kriegern Brauch, das Blut von der Klinge abzulecken, nachdem man dem Gegner die Kehle durchgeschnitten hatte. Irgendwo hatte Krleža auch herausbekommen, daß der Erzbischof Stepinac in jungen Jahren ein großer Turner am Reck war.

In den ersten Nachkriegsjahren war Krleža in der Betrachtung des politischen Konfliktes mit der Partei unsicher geworden; seine ästhetischen und philosophischen Ansichten berührte das nicht. Obwohl die Genossen an der Spitze einer Debatte über dieses heikle Thema aus dem Wege gingen, gab Krleža durchaus zu, daß sein Streit mit der Partei ein Fehler war. In dieser Zeit, 1946, verfaßte er den dithyrambischen Artikel *Der Stalinsche Sieg vor Moskau.* Anfang der fünfziger Jahre, nach dem Bruch mit Moskau, begann die Führungsspitze ihre Kritik am sowjetischen System, der Stalin-Terror und die sowjetischen Machtansprüche kamen nach und nach an den Tag. Jetzt begannen sich Krležas ehemalige Mitstreiter seines damaligen Konfliktes mit der Partei als Vorkämpfer und Propheten wichtig zu machen. Hier tat sich besonders Marko Ristić hervor, obwohl er in den Auseinandersetzungen jener Tage nur eine Randfigur war. Krleža schwieg und ging jedem Disput aus dem Wege. Auf einer gemeinsamen Bahnreise im Salonwagen (wahrscheinlich im Herbst 1952) begann ich mit Krleža ein Gespräch hierüber, und wir kamen auf seine früheren Zweifel an Stalin. Krleža sagte, er habe den Moskauer Prozessen einfach keinen Glauben schenken können, besonders nachdem er von den Hinrichtungen jugoslawischer Parteiführer in der Sowjetunion erfuhr. Man hatte sie als Verräter und Spione verurteilt, Krleža aber kannte sie persönlich als rechtschaffene und ergebene Kommunisten. Er war zutiefst betroffen, seine Zweifel verstärkten sich. Mit den Siegen der Sowjetunion und der jugoslawischen Kommunisten verdrängte er diese Zweifel aber, bis sie ihm im Konflikt zwischen den Regierungen der UdSSR und Jugoslawien wieder bewußt wurden.

Krleža war ausnehmend gepflegt, fast selbstgefällig. Er war im Umgang außergewöhnlich höflich und aufmerksam, aber er war auch von unterdrückter Wildheit und Heftigkeit in der Verteidigung seiner Integrität und grundlegender Werturteile. Gutes Essen und Trinken gehörte zu seinem Stil – beim Essen war er wenig zurückhaltend. „Gute Menschen essen gut“; das war sein Wahlspruch bei Tisch. Ein besonderer Genuß für ihn waren Abendgesellschaften mit Freunden und prominenten Persönlichkeiten.

Von sich selbst als Schriftsteller hatte Krleža eine sehr hohe Meinung, wozu auch die Schmeichler in seiner Umgebung beitrugen. Trotz allem fühlte er sich wohl in diesem Kreis, von dem jeder berühmte und große Mann umgeben ist. Prahlerisch war er nie, Gesprächen über seine Werke wich er aus.

Als ich sein Buch *Die Rückkehr des Filip Latinovicz* lobte, erwiderte er zurückhaltend: „Ich habe das doch im Verlauf von eineinhalb, zwei Monaten geschrieben." Und auf die Frage, welches seiner Werke er am meisten schätze, antwortete er: „Was weiß ich? Vielleicht *Das Bankett im Mangold.*" Mir hatte dieser Roman nicht sehr gefallen, ich nahm ihn mir deshalb erneut vor, aber mein ursprünglicher Eindruck blieb. Ich lobte auch sein Drama *In der Agonie,* darauf Krleža: er habe noch einen dritten Akt dazugeschrieben – der hatte offenbar gefehlt. Als ich das Stück später im Theater sah, überzeugte es mich jedoch nicht mehr. Es sind nicht Krležas Dramen und Gedichte, die ich bei ihm am meisten schätze, obwohl er sicher auch gute Gedichte schrieb; ich bevorzuge eher seine Kriegserzählungen, z. B. *Der kroatische Gott Mars,* den *Latinovicz* und die Essays, besonders jene über unsere Geschichte und über das tragische Schicksal der Südslawen.

Seine spezifische Begabung, sein Stil und seine Ansichten brachten Krleža dazu, viele Schriftsteller abzulehnen, die allgemein als hochbedeutend gelten. Zu Tolstoi: „Geradezu ein langweiliger Schriftsteller – Bälle und Gesellschaften hatte man auch vor Tolstoi schon geschickt beschrieben." Auch von Dostojewskij hatte er keine hohe Meinung – eigentlich hielt er ihn nicht für einen Schriftsteller. Gorkij war schon akzeptabler. Die Kommunisten beteten Gorkij ja geradezu an. Von den russischen Schriftstellern schätzte er Leskov. Mich veranlaßte das, Leskov besser zu studieren: wirklich ein großer Erzähler, doch an Tolstoi reicht er nicht heran. Krleža schätzte Proust und konnte mit Joyce wenig anfangen. Er liebte Strindberg und Ibsen, er hielt Schopenhauer für einen großen Denker. Ich glaube, Krleža war mit zeitgenössischer Literatur wenig vertraut; als er nach meiner Absetzung 1954 während einer Kampagne gegen „Dekadenz", vermutlich auf Anregung Titos hin, „dekadente" und „negative" Einflüsse aus dem Westen kritisierte, erwähnte er drittklassige Autoren und verwendete Zitate aus irgendeiner Zeitschrift, die ihm gerade in die Hände gekommen war.

Für Krleža war Njegoš zu sehr aufgebauscht worden. Und obwohl er mir einmal im Zusammenhang mit meiner Arbeit an der *Legende von Njegoš* über den Dichter-Fürst gesagt hat, dort seien vierhundert Jahre unserer Heimsuchungen und Widerstände konzentriert, war er der Ansicht, bei Njegoš gäbe es zuviel Folklore, zuviel Unfertiges und ein Übermaß nationalistischer und rassistischer Mystifikationen.

Als ich *Die Legende von Njegoš* schrieb, hatte ich mit Krleža ein Gespräch über Isidora Sekulić. „Ein ausgestopfter Vogel!“, rief er, „nichts anderes als ein ausgestopfter Vogel – das ist Isidora!“ Dem fügte er auch die unvermeidliche Kuriosität aus seinem Gedächtnis hinzu: Nach dem Ersten Weltkrieg habe sich Isidora darüber entsetzt, daß es in den Bauernhäusern keine Porträts „unseres Königs Petar“ gab!

Auch Ivo Andrić mochte Krleža nicht sehr, wenn er ihn gleichwohl nicht kritisierte, er hatte eine etwas mokante, aber wohlwollende Haltung ihm gegenüber: „Ja, ja – Signor Ivo, Fra Ivo, das Fräulein...“ Er hielt Andrić für einen guten Erzähler, jedoch war er nicht nach seinem Geschmack. Dagegen mochte Krleža Oskar Davičo mehr, als es dessen Bedeutung entsprach. Einmal trieb ich ihn dazu, sich über Davičo und seine Dichtung zu äußern. „Die ist originell!“, meinte er, „aber – ohne Seele.“

Krleža schrieb schnell und leicht – wenn er einmal zu schreiben angefangen hatte. Und immer mit einer altertümlichen Schreibfeder. Ich fragte ihn, warum er keinen Füllfederhalter benütze. Krleža: „Ich bin an die Feder gewöhnt, das Eintauchen ins Tintenfaß gehört für mich zum Schreiben – es ist eine kleine Atempause zwischen den Worten.“

Während ich diese Zeilen zu Papier bringe, erfahre ich, daß man Krleža gelähmt ins Krankenhaus eingeliefert hat. Und ich höre im Radio, daß er bei vollem Bewußtsein und wachem Geist verstarb. Daher bedeuten diese Zeilen für mich den Abschied von Krleža – einer von der Gewalt geplagten und vergrämten Persönlichkeit, deren Geist und Kunst sich jedoch dieser Gewalt nicht hingaben. Der Schriftsteller in Krleža war imstande, seine menschlichen Schwächen zu überwinden.

Vor kurzem wurde das Buch von N. Milošević *Andrić und Krleža als Antipoden* veröffentlicht; ich habe es nicht gelesen, aber der Titel enthält sehr viel Wahres. Andrić und Krleža sind nicht allein als Schriftsteller, sondern erst recht als Persönlichkeiten Antipoden. Krleža war als Person ungestüm, ungezügelt und unwiderstehlich, Andrić dagegen steif, gemessen und zurückhaltend. Sie unterscheiden sich auch physisch voneinander: hier der gedrungene, dickliche Krleža, dort der hagere, knochige Andrić. Beide erwarben ihren Ruhm schon in jungen Jahren, in der Zeit nach dem Ersten Weltkrieg. Sehr unterschiedlich lesen sich auch ihre Lebensläufe: Krleža Revolutionär und freier Schriftsteller, Andrić dagegen Karrierediplomat, behindert duch Konvention und Rücksichtnahme. – Wie die meisten damaligen Intellektuellen las ich Andrićs Erzählungen schon als junger Mann. 1932 hatte ich in der in Cetinje erscheinenden Zeitschrift *Zapisi* einen Band seiner Erzählungen rezensiert. Andrić erinnerte sich später daran und meinte: „Interessant, daß sie als junger Mann festgestellt hatten, wie meine Erzählungen eine Neigung zum Roman aufweisen."

Ich lernte Andrić Anfang 1945 bei einem Mittagessen des Schriftstellers Radovan Zogović kennen. Radovan, seine Frau Vjera und ich mit Mitra bewohnten damals gemeinsam die Villa Roche, im Lacković-Gäßchen. Die Zogovićs das Parterre, wir das Obergeschoß. Zogović und ich hatten uns schon zuvor über Andrić unterhalten – über seine standhafte Verweigerung jedweder Zusammenarbeit mit den Quisling-Behörden Nedićs und über zwei oder drei Romane, die Andrić während der Besatzungszeit geschrieben hatte und die man so bald wie möglich herausgeben sollte.

Zogović brachte Andrić zu diesem Mittagessen mit. Andrić trug einen schönen Zivilanzug, während wir anderen Militäruniformen trugen. Das Mittagessen verlief ganz normal, mir fiel nur die zurückhaltende, gesetzte Art Andrićs auf, und daß er noch größer war als ich. – Sein Roman *Die Brücke über die Drina* ging, wenn ich mich recht erinnere, erst damals in Druck. Mit Andrić hatte ich seltener Kontakt als mit Krleža. Für Projekte und Reformen im Kulturleben entfaltete er keinen Unternehmungsgeist. Andrić wünschte, in Ruhe zu leben und zu arbeiten. Sein gelegentliches politisches Engagement in den Parlamenten Bosniens, des Bundes und bei offiziellen Festlichkeiten kam immer auf Initiative von Parteifunktionären zustande. Er war ganz einfach ein Opportunist, allerdings muß man das differenzieren. Mit dem Zusammenbruch des alten Jugoslawien zerbrach in ihm auch der Glaube an den Staat und dessen Fähigkeit zur Erneuerung; da er aber der Ansicht war, daß jeder Staatsmacht etwas Gleiches innewohne, kam er den Funktionären entgegen, wann immer sie von ihm irgendein Engagement verlangten. In Wirklichkeit brauchte die Politik ihn, nicht aber er die Politik. Die Enttäuschung über die Politik von einst hatte ihn veranlaßt, sich auf das Schreiben zurückzuziehen. Er würde keinen Finger gerührt haben, um eine andere Politik zu unterstützen, hätte ihn nicht sein eigener Opportunismus und der Eifer von Politikern dazu geführt. Oder war es der bloße Wunsch, Ruhe und Sicherheit zu haben? Außerdem klammerten sich die „Pfleger“ von Kultur und Kulturgrößen recht gern an Andrić, denn er verstand es, unvergleichlich schmeichelhaftere Ansprachen und Trinksprüche zu bringen als Krleža, gerade weil er sich den neuen Verhältnissen als Fremder angepaßt hatte. Krleža hingegen – bei all seiner kritischen Einstellung – bemühte sich nach Kräften, diese Verhältnisse als die seinen anzuerkennen und zu verbessern.

Andrić machte von der Möglichkeit, von mir empfangen zu werden, nur spärlich Gebrauch. Und wenn er kam, dann aus privaten, nicht aus politischen Anlässen. Wir begegneten uns nur gelegentlich auf Empfängen und in den Wandelgängen. Mit ihm freundete ich mich auch nicht an wie mit Krleža. Andrić war absolut introvertiert, er stand niemandem nahe, aber er war gegen jeden korrekt und zuvorkommend.

Sein Wissen war ebenfalls enorm – vielleicht weniger breit gefächert und enzyklopädisch wie bei Krleža. Im Detail war er jedoch präziser und verläßlicher als Krleža. Andrić beschäftigten vor allem Literatur, Geschichte und Philosophie, er befaßte sich – anders als Krleža – auch mit der zeitgenössischen europäischen Literatur, speziell der französischen. Doch dieses Wissen mußte man ihm sozusagen aus der Nase ziehen. Es war quasi verschüttet und trat erst ans Licht, wenn ihn jemand anspornte oder befragte. Im Gegensatz dazu versprühte Krleža sein Wissen wie Feuerwerk.

Seinem Gedächtnis prägte Andrić weniger bizarre als vielmehr für die Zeit und die Menschen charakteristische Einzelheiten ein. Seine Erinnerung war beherrscht von tragischen, grausamen, dabei beispielhaften Details. Zur Neujahrsfeier 1951/52 traf ich ihn im Jugoslawischen Dramentheater. Wir berührten das Thema Volksdichtung, wir rezitierten wechselweise Verse. Andrić trug dabei Zeilen aus einem Volksgedicht vor – ich zeichne sie hier aus dem Gedächtnis auf –, in dem ein Anführer der Heiducken seinem türkischen Widersacher zuruft:

„Zu deiner Burg war ich gekommen,
steckte sie in Brand;
nahm Vater und Mutter dir gefangen,
verkaufte sie beide auf dem Markt.
Deine Mutter verkauft' ich um ein Maß Tabak,
den Vater um ein Paar Opanken:
So verraucht' ich deine Mutter durch die Pfeife,
verschliß deinen Vater durch die Opanken...“

Andrić wurde Geiz nachgesagt, und sein Verhalten schien das zu bestätigen. Ich frage mich manchmal, ob sein „Geiz" womöglich unerwünschte Annäherungen und Identifikationen vermeiden sollte?

Andrić war für die kleinsten Gefälligkeiten und für das unbedeutendste Geschenk dankbar. Nicht aus Konvention, sondern aus angeborener Höflichkeit und Sensibilität. So verschlossen er auch erschien, dem Gefühl seiner Dankbarkeit gab Andrić freien Lauf. Irgendein Ausländer hatte Tito ein Kästchen Zigarren verehrt. Tito war kein Zigarrenraucher, und bei uns gab es keine zu kaufen, deshalb erbat ich sie für Andrić, von dem ich wußte, daß er sie gern rauchte. Tito gab mir die Packung mit der Bemerkung: „Aber sag's dem Andrić, daß sie von mir sind." Am nächsten Tag übersandte ich ihm die Zigarren, er wohnte damals in der Prizrenska-Straße zur Untermiete. Als ich ihm am Telefon sagte, die Zigarren seien ein Geschenk von Tito, konnte er kein Ende finden, sich zu bedanken; offenbar war er mehr dadurch gerührt, daß wir an ihn gedacht hatten, als durch das Geschenk selbst.

Andrić lebte derart zurückgezogen und unauffällig, daß er meines Wissens niemals irgend jemandem etwas Böses angetan hat. Es gibt aber auch nicht viele Menschen, die sich rühmen können, von ihm nennenswerte Wohltaten empfangen zu haben, von unverbindlichen Liebenswürdigkeiten abgesehen. Er lebte in sich zurückgezogen für die Literatur, wobei er sich aus seinem Platz im Leben und in der Geschichte herzlich wenig machte. Das Leben bedeutete für ihn eine schmerzhafte und tragische Existenz, mit den Augenblicken künstlerischen Schaffens als einzigen Höhepunkten. Und die Geschichte? Ich glaube, daß er sie nur als eine Kette von Übeln und Irrungen betrachtete, die auch durch Kultur nur wenig erträglicher wurde. Krležas Tragik war die der Geschichte, Andrićs Tragik aber war das Leben an sich.

Andrić erschauerte innerlich vor Gewalt jeder Art. Gleichzeitig aber suchte er das Wesen des Bösen und der Gewalt zu ergründen, möglicherweise suchte er dabei besonders die extremen Formen, durch die Menschen und ihre Gesellschaftssysteme am vollständigsten abgebildet würden. Zweifellos sah er das Auftreten der Gewalt, des Bösen als charakteristisch für die Verhältnisse und Geschichte des Balkans und seiner Völker an. Einmal setzte ich Andrić die Bemühungen der Parteiführung auseinander, Grausamkeiten, wie sie Krieg und Revolution unweigerlich mit sich brächten, nunmehr zu vermeiden. Zur Illustration erzählte ich ihm folgende Begebenheit: Im ostbosnischen Gebirge töteten Sicherheitsorgane einen berühmten „Waldgänger", einen Tschetnik. Das geschah in den ersten Nachkriegsjahren. Anstatt den ganzen Leichnam nach Tuzla zu tragen, um ihn dem Volk vorzeigen zu können, schnitten sie ihm den Kopf ab und stellten diesen auf dem Hauptplatz des Ortes aus. Ich saß zufällig mit Ranković in dessen Büro im ZK, als er die telefonische Mitteilung über den Vorfall erhielt. Er befahl, den Kopf sofort aus der Öffentlichkeit zu entfernen und mit derartigen Praktiken Schluß zu machen. Andrić entgegnete in der resignierenden Art eines Weisen: „Sie haben sich das zu sehr zu Herzen gehen lassen – in Bosnien ist so etwas ganz normal..."

Andrić wurde von panischen Ängsten getrieben. Die Ursachen sind mir auch jetzt unergründlich. Gerade seine Ängste versuchte er am stärksten zu verdrängen. Vielleicht war es Angst um sein Leben. Ich bin jedoch davon überzeugt, daß sich seine Furcht nicht allein darauf reduzieren läßt. Andrić war von Natur aus hypersensibel gegenüber dem Bösen, dem Leben, der Wirklichkeit. Er mußte nicht erst in schlimme Zeiten, inmitten menschlicher Raserei hineingeboren sein, um es schwer zu haben. Für mich steht zweifellos fest, daß sein Werk – die Literatur, die er in sich selbst wahrnahm – für ihn wichtiger war als alle Zugeständnisse an das Leben und an die Politik.

Trotz des guten Verhältnisses zu ihm erlosch Andrićs Interesse an Zogović, nachdem sich dieser 1948 mit dem ZK überworfen hatte. Auch darin unterschied er sich von Krleža, der geschwankt hatte, ob er mit Zogović brechen sollte, und dies erst später tat. Andrić dagegen verhielt sich, nachdem die Staatsmacht Zogović gebrandmarkt hatte, als habe dieser niemals existiert.

Bei aller Zurückgezogenheit und der ihm eigenen Ängstlichkeit konnte sich Andrić auch als verbissen und hartnäckig erweisen, wenn er seine Lebensweise durch irgend etwas gestört sah. 1951 organisierte die Armee auf dem Plateau von Kalemegdan eine dem Aufstand von 1941 gewidmete Ausstellung. Da gab es Modelle, Darstellungen der Offensiven, Großfotos. Auf einem dieser riesigen Fotos war die Unterzeichnung des Beitritts Jugoslawiens zum Dreierpakt zu sehen: Cvetković und Ribbentrop beim Unterzeichnen des Vertrages, daneben im Frack Ivo Andrić, damals königlicher Botschafter in Berlin. Ein paar Tage nach der Eröffnung der Ausstellung rief Andrić bei mir an und bat um Empfang. Es war am frühen Morgen – bevor die Geschäfte richtig losgingen –, und so sagte ich ihm, er könne sofort kommen. Sichtlich verstört klagte er: „Wissen Sie, diese Ausstellung auf dem Kalemegdan... auf einem Bild bin auch ich zu sehen – die Leute erkennen mich, wundern sich, begreifen nicht..." Es war dies das einzige Mal, daß ich Andrić aufgeregt und unruhig sah. Ich bat ihn, Platz zu nehmen und bestellte erst einmal Kaffee. Etwas beruhigt, aber noch immer mit bitteren, verkrampften Lippen fuhr Andrić fort und forderte, daß sein Konterfei aus dem besagten Foto herausgeschnitten werde. In seinem Beisein rief ich in der Politischen Direktion der Armee an und erläuterte sein Anliegen, als wäre es mein eigenes. Von dort gab General Kreačić zurück: „Wir werden das ganze Bild wegnehmen." Andrić beruhigte sich, wir wechselten das Thema, und er blieb noch zwanzig Minuten bei mir. Als er sich von mir verabschiedete, war in seinen Worten offene, warme Dankbarkeit zu spüren.

Andrić war ausnehmend zartfühlend und taktvoll. Niemals hörte ich ihn etwas Häßliches über andere Menschen sagen. Auch über Schriftstellerkollegen äußerte er sich mit Anstand, oder zumindest doch diplomatisch. Einmal sagte er: „Es gibt keine vollkommen schlechten Bücher. Wenn sich der Autor schon eine solche Mühe gemacht hat – es läßt sich darin stets etwas finden." Er sagte auch niemals etwas Schlechtes über seine einstigen Chefs, die königlichen Minister und Politiker, obwohl er sich der neuen Macht angepaßt hatte und KP-Mitglied geworden war. Kam das Gespräch auf dieses Thema, so äußerte er sich vage oder wechselte den Gesprächsstoff.

Für den Marxismus zeigte er keinerlei Interesse. Seine innere Haltung war nicht marxistisch und unrevolutionär. Als er in seiner Jugend in der antiösterreichischen Bewegung „Junges Bosnien" („Mlada Bosna") mitwirkte, hatte das eher kulturelle und ideologische Gründe, ein revolutionärer Aktivist war er dabei nicht. Doch damals war er noch jung und Jugoslawien der Staat, den er sich herbeisehnte. Ich fragte ihn einmal: „Fühlen Sie sich als Kroate oder als Serbe?" „Wissen Sie, das könnte ich Ihnen nicht sagen, ich habe mich schon immer als Jugoslawe gefühlt."

In seinem Bewußtsein und in seiner Kreativität versuchte Andrić, sich außerhalb der Zeit zu stellen. Er paßte sich den Umständen, unter denen er leben mußte, an und suchte in der Vergangenheit Erkenntnisse und Inspiration nach der Maxime: auf die eine oder andere Weise müßte ja jedermann einen Tribut an seine Zeit entrichten, ein weiser Mensch aber tue und denke dabei das Seine.

6. Erste Zweifel am System

Rückblickend komme ich zu dem Schluß, daß ich zu meinen kritischen Erkenntnissen über den Kommunismus auch ohne den Konflikt UdSSR – Jugoslawien und ohne meine spätere Loslösung von Tito gelangt wäre. Das liegt zunächst in meinem Charakter begründet. Meine Ansichten, Handlungen und Ideen änderten sich zwar, aber in meinem Wesen blieb ich immer gleich. Schon als wir 1944 mit sowjetischen Offiziellen und mit der Roten Armee Kontakt hatten, kamen mir, lange vor unserem Zusammenstoß mit der UdSSR, erste Zweifel an der „idealen Qualität" und an der Deckungsgleichheit von Prinzipien und Taten, sowohl bei Stalin als auch in der sowjetischen Ordnung. Man brauchte, den eigenen Gedanken folgend, nur noch einen Schritt, und ähnliche Zweifel übertrugen sich auf das jugoslawische System. Dies um so eher, als Tito, den ich aus nächster Nähe kannte, für mich kein unfehlbarer Führer war und erst recht keine Verkörperung der Ideologie darstellte.

Aber anders als im Verhältnis zur Sowjetunion äußerte sich bei mir das Unvermögen, mich der neuen Nachkriegsordnung in Jugoslawien anzupassen, bei Kriegsende in Lustlosigkeit und Entfremdung.

Ich entfremdete mich von meiner Arbeit und meinen Verpflichtungen. Dennoch erfüllte ich sie sogar mit Pedanterie und Gewissenhaftigkeit. Von meinen Genossen entfremdete ich mich nicht, ich strebte, ja sehnte mich nach der Vertrautheit dieser engen Beziehung zu Kämpfern, Illegalen und Revolutionären. Aber die Art meiner Beschäftigungen und Pflichten gefiel mir nicht mehr, die Genossen isolierten sich, jeder in seinem eigenen Arbeitsalltag und in der Funktionärsroutine. Ich meinte, an banalen Geschäften und noch banaleren Diskussionen zu ersticken, sie höhlten meine Persönlichkeit und meine Inspirationen immer unaufhaltsamer aus, sie gingen mir auf die Nerven. Doch die „Klassenfeinde" und „Imperialisten" waren noch aktiv, ein Nachlassen im Kampf gegen sie erschien mir als unverzeihliche Schwäche, ja als Verrat.

Diese Einstellung trübte meine Gedanken und hemmte meine Entschlußkraft, einen eigenen und kritischen Weg einzuschlagen.

Meinen Unmut verdrängte ich durch eine schmerzliche und unstillbare Sehnsucht nach literarischem, belletristischem Schaffen. Ich glaube, das war nicht nur Flucht aus der Politik und ihrer Praxis, es war auch – ganz gleich, wo meine Begabung wirklich lag – die Manifestation meines Willens, mich selbst mitzuteilen. Daß es aber dabei auch ambivalente, unausgereifte und unbewußte Bestrebungen nach Absonderung und „Verselbständigung" gab, daran habe ich keinen Zweifel.

Ich hatte mir auch überlegt, wie diese Absonderung aussehen könnte, was für eine konkrete Form sie haben sollte. Der Gedanke, mich von der Partei oder der Parteiarbeit zurückzuziehen, lag mir völlig fern. Ich stellte mir vor, keinem Gremium mehr angehören und keiner Verpflichtung mehr nachgehen zu müssen, die mir zuviel Zeit wegnehmen würden. Ich hätte mich mit irgendeiner zweitrangigen, „intellektuellen" Verpflichtung begnügt. Dieses Ansinnen trug ich auch Tito vor, doch er lehnte ab. Verständnisvoll drang er in mich, daß es dafür noch zu früh sei, man brauche mich noch. Ich solle mir die Arbeit im Politbüro so einrichten, daß ich genügend Zeit auch für meine Literatur hätte.

Wäre mein Wunsch in Erfüllung gegangen, mich aus Parteiarbeit und Politbüro zurückzuziehen, um mich dem Schreiben zu widmen, so hätte ich 1948 mit Sicherheit allen Elan und Intellekt auf den Konflikt mit der Sowjetunion verwandt. Das hätte meine weitere Entwicklung beschleunigt und die Grundfeste meines angenommenen Glaubens erschüttert. Meine kritischen Erkenntnisse wären schon damals herangereift. So gelangte ich erst nach 1948 und nach dem Bruch mit dem ZK zu diesen Einsichten.

Unzufrieden war ich bereits. Aber weshalb?

Mit meiner Funktion konnte ich zufrieden sein, ich drückte mich nach Möglichkeit eher vor den Ehrungen und Privilegien, mit denen sie verbunden waren. Dem konnte man sich aber nicht immer entziehen, solange man einer privilegierten Schicht und einer bestimmten Hierarchie angehörte. Andernfalls wurde sogleich Tadel laut: dies werde Kommentare auslösen, das bedeute ja Absonderung von den Genossen, so etwas falle aus dem Rahmen, es kompliziere die Sicherheitsvorkehrungen, es deute darauf, daß man sich dem Volk entfremdet habe. Ich habe derartiges einmal 1949 erleben müssen, als ich unter dem Vorwand, meine Villa sei durch die Bombardierungen einsturzgefährdet, in eine

Stadtwohnung umzog. Das Haus wurde gründlich renoviert, und ich mußte dorthin zurückkehren, um nicht die Parteispitzen durch allerlei Gerede über mich in Verlegenheit zu bringen.

Ich begriff, daß unsere Macht noch nicht anders sein konnte, als sie war. Eine Parteidiktatur, bzw. „Diktatur des Proletariats" nach Lenin. Denn diese Macht war nicht mit einem Mal entstanden, sie war nicht die Erfindung eines einzelnen. Sie hatte sich aus der fortschreitenden Revolution entwickelt und aus den Verhältnissen, die der Bürgerkrieg mit sich brachte. Ich fand keinen Gefallen an den Mechanismen dieser Macht, noch weniger gefielen mir ihre Entfremdung vom Volke und ihre Metamorphose zu einer das Volk beherrschenden Hierarchie. Das konnte man schon nach der Befreiung Belgrads in drastischer Weise beobachten. Privilegien und Hierarchien hatte es schon immer gegeben, ohne sie ist keine politische Aktion möglich, zumal im Krieg. Ich nährte die trügerische Hoffnung, nach dem Krieg würde dies alles allmählich abgebaut und der Kontrolle und Entscheidung des Volkes unterstellt. Das genaue Gegenteil geschah. Es schwand jene Brüderlichkeit, die so charakteristisch für eine ideologische Revolution ist, und die ich für eine spezifische Eigenschaft der Kommunisten hielt. Schamlos rissen sich nun die Funktionäre um Villen und Autos und igelten sich mit ihrem neuen Besitzstand ein.

Diese neue Macht war bis zur Banalität vulgär, das stieß mich ab: Es hatte sich nichts geändert, nur wurden widerwärtige Willkürakte und Gewissenlosigkeiten noch offener begangen. Und obwohl ich das alles sah, rechtfertigte ich es als ein Provisorium und verwies auf das Ideal einer künftigen, klassenlosen Gesellschaft. Meine emotionale Unzufriedenheit kompensierte ich desto stärker mit der strammen Haltung eines Helden, mit den Visionen einer idealisierten Zukunft.

In den persönlichen wie politischen Beziehungen zu Tito sammelte sich meine Frustration. Ich akzeptierte Tito als Führer, als Menschen hatte ich ihn gern. Aber aus meinem revolutionären Puritanismus und meiner naiv-volkstümlichen Spontaneität heraus mißbilligte ich seine Verwandlung in den Alleinherrscher, der nicht nur in unmäßigem Pomp und Luxus schwelgte, sondern die Partei damit zu einem Instrument des Götzendienstes korrumpierte. Die Parteiführung, ja sogar die Mitglieder des Politbüros wurden zu gehorsamen und seelenlosen Befehlsempfängern.

Aber – und solch ein „aber" taucht immer auf, wenn man sich mit der Diskrepanz von Idee und Realität konfrontiert sieht – ich nahm Titos „Schwächen" als etwas Sekundäres, Vorübergehendes in Kauf. Wir waren im Aufbruch zu den Idealen, die den größten Geistern der Vergangenheit als Vision vorgeschwebt hatten. Diese Ideale, noch in den Kinderschuhen, waren unsere Schöpfung, und ganz alltägliche Praxis.

Ich war niemals ein „Bauernpolitiker" gewesen, und ich hatte nichts im Sinn mit „ländlicher Idylle". Aber ich war betroffen vom schnellen und unerwarteten Abrücken der Kommunisten vom Landvolk, mich bedrückte der gegen die dörflichen Gemeinschaften gerichtete wirtschaftliche und polizeiliche Druck. Mir war klar, daß ohne Enteignungen die Städte kaum ernährt und Rohstoffe nicht gesichert werden konnten. Aber man übte dabei nicht nur Druck aus, nein, man behandelte die Bauernschaft wie ein fremdes Volk. Es waren sicher Relikte meiner dörflichen Kindheit und der bäuerlichen Prägung meiner Jugend in Montenegro, aus denen heraus ich mich empörte. Aber dieses Gefühl war auch wacher Teil meines revolutionären Bewußtseins und meiner Erkenntnis: Von einem Tag zum anderen hatte man vergessen, daß die Führerschaft der Partei samt und sonders dem Dorf entstammte. Man nahm nicht zur Kenntnis, daß es ohne die Bauern – in ihrer ganzen Not und Rückständigkeit, aber auch mit ihrem bäuerlichen Stehvermögen und ihrer Opferbereitschaft – weder eine Niederwerfung der alten Ordnung noch unsere neue kommunistische Macht gegeben hätte. Das Interesse für das Dorf und die Bauernschaft reduzierte sich nun auf die Einberufung der Bauern zu Versammlungen, auf die Ausübung von Druck beim „Abkauf", bei „freiwilliger" Arbeit und, bestenfalls, auf „Verständnis" bei einzelnen Härtefällen sowie festtägliche Plauderstunden mit bäuerlichen Verwandten und ehemaligen Dorfnachbarn.

Bald mußte ich auch einsehen, daß unser Verhältnis zu den Arbeitern ebenfalls nur dem Schein nach der Propaganda entsprach. Sicher konnte man in einem armen, rückständigen und verwüsteten Land nicht mit einem Mal viel erreichen, aber man hätte trotzdem ganz anders arbeiten und vorgehen können. Mir war damals nicht bewußt, daß diese plötzlich einsetzende existentielle Entfremdung der Macht von den „gewöhnlichen" Menschen, von Arbeitern und Bauern, weniger eine Folge von Nachlässigkeit oder Arbeitsüberlastung der Kommunisten war, vielmehr waren es die Kommunisten selbst, die sich bewußt als eine entfremdete und privilegierte Schicht absonderten.

Eigene Jagden gehörten zu den offenbar unvermeidlichen Vorrechten der Führungsschicht. Ich war einer der ersten, die ihr Interesse auf die Jagd verlegten, ohne dabei eigentlich vom üblichen „Jagdfieber" geplagt zu sein, das in der Führungssicht grassierte. Denn obwohl ich zuweilen an repräsentativen Jagden der Führungsspitze teilnahm, trieb mich in erster Linie meine Unruhe und mein unterdrückter Unmut zum Jagen, ein Ausdruck des inneren Widerstreits zwischen erlebter und gewünschter Wirklichkeit.

Meist ging ich in den Schilfsümpfen der Save allein zur Jagd auf Wildenten; wenn ich unterwegs Zeit hatte, angelte ich Forellen. In den Sümpfen gab es keine Wächter und auch keine Führer. Manchmal ging ich völlig allein auf Entdeckungsreise. Das war ein neues, rätselhaftes Erleben, und mit einer kurzen, etwa einstündigen Fahrt konnte ich mir diese Erholungspausen an freien Nachmittagen oder an einem Sonntagvormittag verschaffen. Die Forellen bedeuteten Rückkehr in die Welt der Kindheit, mit all ihren Träumen und Ängsten.

Wie kommt der Mensch als Künstler auf Ideen und zu Motiven? Sie stammen aus Erinnerungen, aus Wahrnehmungen, Gesprächen und Traumgebilden. Mir kamen Eingebungen am häufigsten beim Jagen und am spontansten und ergiebigsten beim Forellenfang, in jenem Zustand gespannter Aufmerksamkeit und halbwachen Träumens. Ich fühlte mich in archaische Zeiten zurückversetzt, und die Stunden des Wartens brachten mir mehr Genuß als der Jagderfolg selbst. Bei der Jagd nahm nichts endgültig Gestalt an, aber es sammelte sich, verknüpfte und klärte sich, und wenig später wurden Konturen sichtbar als Erkenntnisse, als Motive und Ideen. Mitunter geschah das auch beim Spaziergang, auf Reisen oder beim Erwachen. In der Jagd jedoch bot sich dafür der beste, mir gewohnte und ungezwungene Weg.

Jagd und Forellenfang waren keine zwingenden Leidenschaften. Aber in meinem Leben spielten sie auf ganz eigene Art die Rolle der Vorsehung: Indem ich in mir selbst die Einsamkeit suchte, entfernte ich mich auch ungewollt von meinen Gefährten und von der Wirklichkeit, die ich zusammen mit ihnen gestaltete.

II.
Der Konflikt mit der Sowjetunion

1. Subversive Aktivitäten der Sowjetunion

In Belgrad, wo sich (mit erheblicher Hilfe der Sowjetarmee) die neue Macht niedergelassen und endlich stabilisiert hatte, war das Ende des Krieges abzusehen. Die ausgezehrte, nach allem hungernde politische Spitze richtete sich mit Freuden in der Behaglichkeit der Belgrader Villen ein. Doch im größeren Teil des Landes wurde offenbar hemmungslos und ohne Schonung jugoslawisches Blut vergossen – in Kämpfen gegen die Eroberer wie auch bei den blutigen Abrechnungen untereinander.

Anfang 1945 hatten die Sowjets beschlossen, einen Film über den „Kampf der Patrioten Jugoslawiens" drehen zu lassen, und ein russisches Aufnahmeteam kam nach Belgrad. Das Auftreten der Sowjets hatte etwas von der ungebändigten Energie mongolischer Invasoren.

In das Unternehmen wurde zuallererst Tito eingeweiht, da er in dem Streifen als Hauptperson dargestellt werden sollte. Für das Drehbuch, das Hilfspersonal und dessen Unterbringung und Versorgung waren Zogović und die übrigen Genossen vom Agitprop verantwortlich. Die organisatorischen und materiellen Schwierigkeiten wurden bewältigt, obwohl die sowjetischen „Filmschaffenden" uns die ganze Zeit über mit immer neuen Bedarfsmeldungen überraschten. Aber es war uns nicht möglich, auf den politischen und künstlerischen Inhalt des Films Einfluß zu nehmen, trotz ideologischer Identität und Brüderlichkeit. Die Brüderlichkeit manifestierte sich auf besonders herzliche Art bei den Festgelagen, da waren die sowjetischen Vertreter mit Eifer dabei. Ebensowenig gelang es uns, den Filmtitel *In den Bergen Jugoslawiens* in einen aussagekräftigeren, mehr historisch bestimmten, abzuändern. Nur in Fragen der Folklore hörten sie auf unsere Einwände.

Aus dem Film wurde banales, phrasendreschendes Bauerntheater, garniert mit Feuerwerk. Titos Rolle fiel armselig aus: plakativ und passiv. Die sowjetischen Autoren – Regisseur Romm und

Drehbuchautor Mdiwani – hatten ihre liebe Not damit, die Direktive über die rettende Rolle der Russen im jugoslawischen Aufstand „künstlerisch" zu realisieren. Die Russen waren bis kurz vor Kriegsende noch so weit weg, daß sie nicht einmal Geheimdienstler per Flugzeug in Jugoslawien absetzen konnten. Sie halfen sich mit der Einführung eines aus deutscher Gefangenschaft entflohenen Russen als weisen Berater Titos. Während Romm in seiner traurigen und zurückhaltenden Art meist einen erschöpften Eindruck machte, war Mdiwani, den man uns als „iswestnij pisatelj" („berühmter Schriftsteller") vorgestellt hatte, ein banaler und ständig angetrunkener Schwätzer, der die jeweils geforderten künstlerischen Lösungen im Handumdrehen aus dem Ärmel schüttelte. Ich erkannte die Plattheit und die geringschätzende Tendenz des Films und machte Tito und die Genossen darauf aufmerksam. Doch die sowjetischen und andere „Meister" schmeichelten sich ein, indem sie Tito als Haupthelden hervorhoben. Ein berühmter Filmschauspieler hielt sich längere Zeit bei Tito auf, um dessen Bewegungen und Ausdrucksweisen zu studieren. Tito war der Sache schon überdrüssig geworden, und als er sich schließlich im Film in einer inhaltlich und historisch untergeordneten Rolle sah, war er wütend vor Scham. Auch Zogović sah den Streifen, besonders in künstlerischer Hinsicht, als einen Mißerfolg an. Die meisten führenden Genossen betrachteten die Sache pragmatisch, endlich sei unser Kampf im Film zu sehen, das sei besser als gar nichts. Das Werk wurde kein Publikumserfolg, ebensowenig begeisterte er unsere Filmkritiker, trotz ihrer ehrlichen ideologischen und politischen Identifizierung mit den Sowjets.

Aber das war nur der Anfang dieser Geschichte. An dem Film wurde einige Monate lang gearbeitet. Das Aufnahmeteam fuhr kreuz und quer durch Jugoslawien, vorwiegend auf unsere Kosten. Für Komparserie und Technik hatte man unsere Leute engagiert. Die Gastgelage, die das Team allerorten veranstaltete, arteten häufig in Orgien aus. All das war uns bekannt, doch wir sahen darüber hinweg: es waren schließlich Künstler, sowjetische Genossen. Unsere eigenen Künstler hätten von so etwas nicht einmal zu träumen gewagt, von unseren Genossen ganz zu schweigen. Auch ich nahm an einem dieser Gelage teil, in einer Villa auf dem Dedinje, die man dem Team zugeteilt hatte. Allein meine Zurückhaltung und Zogovićs Puritanismus verhinderten eine Orgie.

Nachdem 1948 die „Freundschaft" geplatzt war, stellte unsere Geheimpolizei fest, daß hinter dem Feiern und Herumreisen des

Filmteams durch Jugoslawien und hinter dem ganzen Spielfilm der Plan stand, Jugoslawen für den sowjetischen Nachrichtendienst anzuwerben und Künstlerkreise zu infiltrieren. Die Revolution war noch nicht beendet, und so lebte man in der Regel doktrinär und asketisch. Das Abgleiten in orgiastische Feste sollte daher zu Konflikten mit der herrschenden „Parteimoral" und der Parteimacht führen, dies bildete die Grundlage für das Anwerben. Die meisten waren zwar innerlich entrüstet und sprachen im engeren Kreis über die „Unmoral" und „Verschwendung", aber keiner – wirklich kein einziger – durchschaute die Hinterlist dieser Filmproduktion und den Zweck der Zechgelage.

Die gleiche „ideologische und slawische Brüderlichkeit" machte auch uns Führer vertrauensselig und gutmütig, obwohl unser Weg den Verlust vieler Menschenleben gekostet hatte und unsere Macht aus Blut und Feuer emporgewachsen war. Wir hatten Verständnis auch für solche „Schwächen", die wir bei uns selbst unterdrückten. Wir fanden Rechtfertigungen auch für solche sowjetischen „Verirrungen", die wir bei uns ausgemerzt hatten.

Mit derartigen Illusionisten wie uns hatte Stalin in der Sowjetunion längst abgerechnet. Wenn er die Gerissenheit seiner Geheimdienstler auch nicht bewunderte, so hat er über unser leichtgläubiges revolutionäres Bewußtsein sicherlich laut gelacht. Unter dem Vorwand einer getreuen Darstellung der Persönlichkeit Titos ließen sich die sowjetischen Filmer manches einfallen, auch Titos Hund „Tiger" sollte im Film mitspielen. Es war zwar nicht derselbe wie im Krieg – der wurde bei einem Bombenangriff auf Titos Stab im Holocaust der 5. Offensive getötet –, aber es war ein Hund der gleichen Art, ein Deutscher Schäferhund, den man von den Deutschen erbeutet hatte. Prominent und beschäftigt wie er war, konnte Tito seinen Hund aber nicht kreuz und quer durch Jugoslawien begleiten, auch die Filmleute hatten das nicht im Sinn gehabt. Im Gegenteil. Titos Leibwächter B. wurde ausgewählt, den Hund zu betreuen. „Tiger" war an ihn vielleicht noch mehr gewöhnt als an seinen Herrn, da er meist den Großteil des Tages zusammen mit B. vor den Gemächern Titos verbrachte. B. und „Tiger" schlossen sich also dem Filmteam an, B. auch als eine Art Berater. Zu seinem Glück war „Tiger" nur ein Hund und konnte in kein menschliches oder ideologisches Dilemma geraten. Der Genosse B. aber war noch bis gestern ein Kämpfer, der schon vom Rausch des Sieges gekostet hatte, und den nur der Puritanismus der Partei und sein verantwortungsvoller Dienst davon abhielten, sich diversen Genüssen ganz hinzugeben. Die Filmemacher verführten B., an ihren Orgien teilzunehmen, und warben ihn schließlich für ihren Geheimdienst an.

Er war ein undurchschaubarer und gefügiger Bauer, der sich stets unterordnete. In Serbien begegnet man diesem Schlag auch heute noch. B. hatte sich durch Fleiß und Dienstfertigkeit Tito als „persönlicher Begleiter“ angedient. Dabei spielte Titos Mitgefühl wegen des Untergangs der Partisanen von Valjevo eine Rolle, zu deren nach Bosnien geflüchteten Überresten auch B. gehört hatte. Als Kämpfer hatte B. keinerlei Aufmerksamkeit auf sich gezogen. Er war eifrig, aber ohne Eigeninitiative. Es war aber schon damals so, daß Liebediener und Ellbogenmenschen um die Gunst Titos buhlten – später wurde das noch schlimmer. B. war eigentlich weder das eine noch das andere. Tito erwies er eine Ehrfurcht wie ein Untertan, der bis zum Oberpriester seines neuen Glaubens vorgedrungen ist. Seine stumme Ergebenheit war um so größer, als sie seine eigene Bedeutung und Sicherheit erhöhte. Denn Tito wechselte nur ungern Gewohnheiten, Haustiere oder eben das Personal. So fuhr B. auch nach dem Kriege fort, Titos Vorzimmer zu betreuen.

In seinem Fachwissen hinkte B. hinter seinen Kameraden nach, nicht aber bei Beförderungen. Über Nacht avancierte er zum Major. Doch er machte sich nichts daraus, er legte sich langsam einen Bauch zu und gewöhnte sich an seine besondere Rolle. Soweit mich meine Erinnerung nicht trügt, stand er bis zwei Jahre nach Ausbruch des Konflikts mit den Sowjets rund um die Uhr zur unmittelbaren Verfügung Titos. Als man ihn entlarvt und verhaftet hatte, stellte sich heraus, daß er in der ganzen Zeit sehr depressiv gewesen war. Die Umgebung Titos war entsetzt über die Gefahr, in der ihr Chef geschwebt hatte. Tito war verbittert: Über die Sowjets, die eigene Unvorsichtigkeit, über die Untreue des Mitkämpfers, dem er eine Chance gegeben hatte. Warum aber der sowjetische Geheimdienst verzichtete, über B. einen Anschlag auf das Leben Titos zu unternehmen, darüber gibt es nur Vermutungen. Trotzdem meine ich, daß B.s Unentschlossenheit die Sowjets zu ihrer Zurückhaltung veranlaßte. B. schwankte zwischen seiner eigenen, realen Vergangenheit und der prosowjetischen, dogmatischen Realität.

Die Verpflichtungserklärungen für den sowjetischen Geheimdienst machten die Sowjetagenten ihren Opfern mit der Begründung schmackhaft, für die Bewahrung des jugoslawischen Kommunismus sei eine sowjetische Kontrolle notwendig, weil die sowjetische Erfahrung größer sei. So motivierte man mit Sicherheit auch B. Damit begann die moralische Zerstörung der Persönlichkeit. Doch im Bewußtsein insbesonders von Kriegsteilnehmern gab es durchaus auch Zweifel: Der jugoslawische Kommunismus sei zwar vielleicht „jünger" und „weniger entwickelt", ansonsten jedoch identisch mit dem sowjetischen. B.s Bewußtsein, und das gilt für die überwiegende Mehrheit der Partisanen, die sich für Stalin ausgesprochen hatten, war – zu Beginn – keineswegs haßerfüllt und der eigenen Führung entfremdet, so daß der KGB-Apparat auch bei Mordkomplotten kaum verläßlich hätte mit ihm rechnen können.

Die sowjetischen Filmleute hatten freilich nicht allein B. „in den Kasten" bekommen. Als ihre Vorhut war aus der UdSSR der jugoslawische Emigrant S. angereist, der sich als „Fachmann" für die Leitung des gerade gegründeten staatlichen Filmunternehmens aufdrängte. Er war anmaßend, schlampig und verschwenderisch; er wurde abgesetzt, noch bevor der Konflikt mit der Sowjetunion ausbrach. Dann sprach er sich für Stalin aus und wurde später als Spion entlarvt. S. vermittelte in Filmfragen zwischen den Sowjets und uns. 1946 oder schon früher legte er Vladislav Ribnikar, in der Regierung verantwortlich für Kultur, den Entwurf eines sowjetisch-jugoslawischen Vertrages über die Zusammenarbeit beim Film vor. Obgleich anpassungsfähig und von moderater Natur, erkannte Ribnikar, daß der Vertragsentwurf ungeeignet war, und weil dieser Mangel ideologischer Natur war, beriet er sich mit mir im Agitprop des ZK. Der Vertrag hätte nämlich eine eigene jugoslawische Filmindustrie verhindert. Dabei sammelten sich bereits unsere Cineasten, um eine Filmproduktion sozusagen aus dem Nichts aufzubauen. Der Vertrag sah eine Monopolstellung für den Sowjetfilm auf dem jugoslawischen Markt vor, und das unter für uns denkbar ungünstigen und erniedrigenden Bedingungen. Ich beriet mich mit Kardelj und weihte Tito ein. Beide kamen zum selben Urteil, beide vertraten sie aber auch den Standpunkt, man solle einen Bruch vermeiden und nach Kompromißlösungen suchen. Bei Verhandlungen mit Beamten der sowjetischen Botschaft und mit S. habe ich dann auch solche Lösungen erzwingen können. S. gab „seinen" Standpunkt ziemlich rasch auf, wenn auch mit offensichtlichem Unmut. Doch selbst in der abgeänderten Fassung des Vertrages, der nunmehr von Tito und Kardelj genehmigt und von den Sowjets akzeptiert wurde, blieb noch genug

Unterordnung unsererseits, um uns die Schamröte ins Gesicht zu treiben; erst unsere neuerlichen, sehr entschlossenen und selbstbewußteren Widerstände konnten diesen Mißstand schließlich überwinden.

2. Reibungen mit den Sowjets

Es ist schwer, wie ich meine fast unmöglich, den Zeitpunkt des Ausbruchs unseres Konflikts mit der Sowjetunion zu fixieren. Ebenso schwierig ist eine Benennung seiner komplexen Ursachen. Die Meinungsunterschiede begannen während des Krieges (über die bedeutsameren dieser Fälle habe ich bereits im vorangegangenen Band meiner Erinnerungen berichtet*). Trotzdem kam es damals, sie steigerten sich nach Kriegsende sogar noch, zu intensiven Kontakten und Identifikationen mit den Sowjets. Unterschiedliche Ansichten gab es sicher, mal häuften sie sich, dann klangen sie wieder ab. Das Wesen der Beziehungen wurde davon nicht berührt. Das galt noch zu Anfang des Jahres 1948. Die jugoslawische KP hielt sich schon kurz vor Kriegsausbruch für „bolschewisiert“, eines der treuesten Mitglieder der Komintern, der „Hauptkraft des Sozialismus“, der Sowjetunion, ergeben. Während des Krieges war dann die Gemeinsamkeit mit der Sowjetunion faktische Tradition und lebendige Erkenntnis. Die Beendigung des Krieges veränderte Bedingungen und Methoden, nicht aber die Führer und die Orientierung, die jugoslawische KP blieb die „kämpferischste, doktrinärste und prosowjetischste“. Die westliche Presse nannte uns den „Satelliten Nr. 1“ der UdSSR. Diese Etikettierung bekämpfte ich polemisch. Wir fühlten uns nicht als Satellit, wir waren es auch nicht. Die UdSSR hatte keine Kontrolle über unsere Macht und war auch keineswegs in der Lage, uns ein Vasallenverhältnis aufzuzwingen.

Ich darf zusammenfassen: Die Ursachen des Konfliktes lagen in unserer selbständigen Macht, die in der Revolution groß geworden war und aus der heraus sich unser Selbstbewußtsein entwikkelte. Mit der Etablierung der Macht und der Stabilisierung unseres Selbstbewußtseins, will heißen dem Erkennen der eigenen Möglichkeiten, darüber hinaus konfrontiert mit einem tyranni-

* *Der Krieg der Partisanen*, Verlag Molden, Wien – München, 1978

schen Hegemoniestreben der damaligen Sowjetunion, mußte es zum Zusammenstoß kommen.

Auch wenn meine Schlußfolgerungen umstritten und sicher unvollständig sein mögen, kein einziger unserer Parteiführer war antisowjetisch oder antistalinistisch. Weder vor dem Krieg noch im Krieg oder danach! Tito und Kardelj hatten das sowjetische System unmittelbar kennengelernt, sie waren vorsichtig und blieben Realisten. Sie hatten nicht den Hang zum schwärmerischen Idealisieren wie Ranković und alle anderen Genossen, die keine „Partei-Schulung" in der Sowjetunion mitgemacht hatten. Es gab daher Nuancen, die heute allerdings deutlicher zu erkennen sind als damals. Während Genossen wie Ranković und ich sich vorbehaltlos mit der Sowjetunion identifizierten, waren Tito und Kardelj in dieser Beziehung von größerer Härte und Besonnenheit. Weder in den Ansichten noch in der Ergebenheit gab es irgendwelche Unterschiede. Die Führer (und mit ihnen auch die Parteimitglieder) hätten, ideologisiert wie sie waren, nicht derart einmütig sein können, wären sie nicht gegenüber der „führenden Kraft des Sozialismus" rückhaltlos ergeben gewesen. Stalin und die Sowjetunion, das war unser Programm, wir fühlten uns als Bestandteil ihrer politischen Existenz, solange, bis wir unsere eigene Macht ausgeformt hatten, bis unterschiedliche politische Bezüge evident wurden.

Reibungen entstanden zuerst zwischen den Geheimdiensten und Propaganda-Einrichtungen. In Anbetracht des undemokratischen Charakters und der ideologischen Fixierung beider Staaten reduzierten sich die Zwistigkeiten nahezu auf diese zwei Bereiche, wobei die Ungeduld und Tölpelhaftigkeit der stärkeren und unternehmenderen sowjetischen Seite offenbar wurde.

Sobald die sowjetischen Militärmissionen in unseren befreiten Gebieten tätig wurden, nahmen sie zu den Genossen aus unseren Behördenapparaten Kontakte in einer Art und Weise auf, die vielleicht bei größeren Staaten am Platze gewesen wäre, jedoch für uns unbegreiflich und unannehmbar war angesichts unserer Offenheit ihnen gegenüber und der Identität in Philosophie und Zielsetzung. Sie machten Andeutungen über Gefahren aus dem Westen, besonders seitens der Engländer, und „sorgten sich lebhaft" um die Einheit unserer Partei, dabei beriefen sie sich auf ihre eigenen schmerzhaften Erfahrungen mit Trotzkisten und anderen „Spionen und Abweichlern". Sie ergötzten sich an panslawistischen, prorussischen Trinksprüchen kommunistischer Mitläufer aus den bürgerlichen Parteien. Und sie gaben sich liebenswürdig und maßvoll im Umgang mit den Missionen des Westens. Aber sie „bearbeiteten" fast ausschließlich Kommunisten, ohne sich daran zu stoßen, wenn jemandes Vergangenheit als Parteimitglied nicht gerade vorbildlich war.

Mit dem Durchbruch der Roten Armee in den Nordosten Jugoslawiens nahmen die Aktivitäten der sowjetischen Dienste zu, und das Anwerben von Jugoslawen, besonders von Kommunisten in empfindlichen Positionen, wurde augenfällig und systematisch betrieben. Am Anfang kam es auch zu Verhaftungen jugoslawischer Bürger, jedoch ließen die Sowjets nach unserem Einspruch von solchem Vorgehen ab. Allein das „Recht" auf ihre Landsleute, sogenannte „weiße" Emigranten, ließen sie sich nicht nehmen, selbst wenn diese formell jugoslawische Staatsbürger waren. Dies um so eher, als wir die Sowjets dabei unterstützten. Uns interessierten allein die eigenen Leute, sie dagegen wollten den Zugriff auf ihre eigenen und auf unsere Landsleute.

Bereits Anfang 1945, das Zentralkomitee hatte sich gerade erst im „Madera" eingerichtet, kamen von verschiedenen Seiten Bekenntnisse von Kommunisten, die sowjetische Beamte im Namen der Revolution, der Brüderschaft und des Kommunismus angeworben hatten. In der Vorkriegszeit hätte sich kein einziger guter Kommunist deshalb in einem Dilemma gefühlt, er hätte es vielmehr als große Ehre angesehen, für den sowjetischen Nachrichtendienst zu arbeiten. Aber jetzt, mit der eigenen, aus einer Revolution erwachsenen kommunistischen Macht, erschien so etwas überflüssig, ja absurd. Das mußte verunsichern, als wären unsere Partei und deren Führung nicht bewährt, nicht zuverlässig. Die Revolution hatte nämlich mit der Annahme der leninistischen Lehre – eher ungewollt – eine empirische Neuerung eingebracht. Niemand war sich der Kraft und des Ausmaßes dieser Veränderungen voll bewußt, wenngleich wir Führer bereits unverhohlen betonten, daß Krieg und Revolution viel Neues mit sich gebracht hätten, was in der Theorie ausgearbeitet werden müsse. Die sowjetischen Funktionäre konnten dieses Novum, diese Bereicherung nicht erkennen. Sie hatten ideologische Scheuklappen und waren deshalb unfähig, solche Eigentümlichkeiten zu sehen; abgesehen davon hätten sie das unter der Tyrannei Stalins auch gar nicht gedurft.

Die Veränderung jugoslawischer, revolutionärer Erkenntnis wurde von den Sowjets nicht begriffen, also vernachlässigten sie

sie. Gerade deshalb aber deuteten sie die Schwierigkeiten und die Unschlüssigkeit der jugoslawischen Kommunisten hinsichtlich der Zusammenarbeit mit ihren Diensten als „eigenwilligen Nationalismus" und „ideologische Unterentwicklung". Aus Veränderung und Bereicherung erwuchsen uns Widerstand und Kreativität – trotz unserer Linientreue zum Leninismus und zur Sowjetunion.

Daher widerfuhren den sowjetischen Geheimdienstlern die meisten Fehlgriffe und Blamagen gerade mit Kommunisten. Der Fall der Dušica Perović kennzeichnet den Beginn dieser Reibereien in geradezu dramatischer und alarmierender Weise. Als junges Mädchen, sie stammte aus einer kommunistischen Familie und hatte fünf Schwestern, allesamt Parteimitglieder und Kämpferinnen, war sie beim Aufbau des Verwaltungsapparats des ZK mit dem Geheimcode betraut worden. Die Kommunisten unserer Ämter pflegten damals ganz ungezwungen und sogar begeistert kameradschaftliche Kontakte mit sowjetischen Beamten. So geriet auch Dušica bei irgendeiner Gelegenheit in eine sowjetisch-jugoslawische Abendgesellschaft, bei der sie ein sowjetischer Major nicht nur zu verführen, sondern auch für den Geheimdienst anzuwerben versuchte. Nun wird ja späteres Nacherzählen – zumal einer Pikanterie – durch manchen Unsinn inspiriert, nicht nur durch Tatsachen. Jedenfalls munkelte man von gewissen Anfangserfolgen des Majors. Unstreitig ist jedoch, daß Dušica sofort Ranković über die Bemühungen des Majors in Kenntnis setzte, sie für den Nachrichtendienst zu gewinnen. Sie war fassungslos: Wozu das, in wessen Namen, gegen wen?

Obwohl Dušicas Fall nicht der einzige war, berichtete Ranković bei einer Zusammenkunft bei Tito gerade über dieses Vorkommnis ausführlich. Rankovićs Darlegungen von Angelegenheiten, mit denen er selbst befaßt war, waren auch sonst methodisch und detailliert. Ob hier aus besonderen Gründen, das sei dahingestellt. Jedenfalls äußerte sich Tito sehr entschieden: „Die Schaffung eines nachrichtendienstlichen Netzes – das werden wir ihnen absolut nicht gestatten! Und das soll man ihnen auch gleich zur Kenntnis bringen." Der enge Kreis um Tito und auch ich stimmten dieser Auffassung entschieden zu. Ich konnte keine vernünftigen Grund sehen, weshalb die Sowjets das Anwerben unserer Leute nötig hätten, bei uns war doch alles offen, und wir waren doch derselben Bewegung, denselben Idealen und derselben Welt verschworen. Da solchen Gesprächen niemals fremde Personen beiwohnten, weiß ich nicht, wie Tito sich gegenüber dem Botschafter und Chef der sowjetischen Militärmission, Sadtschikow, in dieser Sache verhielt. Ich kann es mir jedoch aufgrund von Bemerkungen Titos zu seinen nächsten Mitarbeitern und von Gesprächen zusammenreimen, die wir untereinander hatten: daß nämlich derartiges Verhalten geeignet sei, Mißtrauen gegenüber der Führung hervorzurufen, Zwist in der Partei zu säen, die Kader zu demoralisieren und sogar Bedenken über die Absichten der Sowjetunion aufkommen zu lassen. In der Politik erweisen sich eben die der Wirklichkeit entsprechenden Argumente als die gerechtesten und wahrhaftigsten.

Ich begegnete dem Vertreter des sowjetischen Nachrichtendienstes, Oberstleutnant Timofejew (falls ich mich recht erinnere und dies sein wirklicher Name war), zufällig etliche Male, immer im ZK-Gebäude. Dort pflegte er Ranković aufzusuchen, sei es aus Gründen nachrichtendienstlicher Zusammenarbeit, oder damit Ranković ihn von Anwerbungsversuchen, die sowjetische Beamte auch weiterhin unternahmen, „in Kenntnis setze".

Timofejew glich eher einem Kaukasier als einem Russen. Es fehlte ihm die spontane und typisch russische Herzlichkeit. Obgleich von Natur aus wie auch aus dienstlichen Gründen zurückhaltend, kam er Ranković näher. In dieser Beziehung blieb er aber der Unterlegene, weniger, weil Ranković in einer ranghöheren Position war, als vielmehr wegen dessen Offenheit und unabhängigeren Rolle. Bei Ranković erschien Timofejew stets mit sorgenvollem Ernst, wenn er ihn verließ, war er aufgemuntert oder gedrückt, je nachdem, ob die beiden über Zusammenarbeit gesprochen hatten oder Ranković ihn mit detaillierten und unwiderlegbaren Angaben über sowjetische Anwerbungsaktivitäten in die Mangel genommen hatte. Die beiden gelangten immer gut zu Vereinbarungen, als wären Rankovićs dürftige Russischkenntnisse und Timofejews noch dürftigere Serbischkenntnisse für sie kein Hindernis. Bis dann wieder irgendein spektakulärer Anwerbungsversuch aufgedeckt wurde, daraufhin setzte Ranković Timofejew zu, und dieser sah sich zu einer Entschuldigung veranlaßt mit dem Tenor: das seien Aktionen einzelner Leute, entgegen der offiziellen und auch seiner eigenen Einstellung. Als ich einmal halb im Scherz bemerkte, dies werde doch von Timofejew selbst organisiert, erwiderte Ranković mit Überzeugung, Timofejew billige diese Tätigkeit keineswegs, ja er wisse darüber nicht einmal Bescheid. Mit unserem Geheimdienst befand sich Timofejew im Widerspruch zwischen offiziellen Dementis und heimlichen Anwerbungen, zwischen unserer kommunistischen Offenheit gegenüber den Sowjets und der Doppelzüngigkeit des sowjetischen Apparats. Timofejew wurde etwa 1947 abberufen. Als ich aber im März 1948 als Führer der Delegation zur Feier der ungarischen Revolution in Budapest eintraf, war beim Empfang auch Timofejew anwesend. Die sowjetische Führung hatte uns zu dieser Zeit bereits die ersten Anklagebriefe zugesandt und ihre Experten abgezogen. Dennoch schüttelte ich Timofejew herzlich die Hand, wie einem alten Bekannten. Er aber hielt sich zurück, so als kannten wir uns nicht. Betont stellte er sich vor, aber mit einem anderen Namen, als er ihn in Belgrad getragen hatte. Gleich nach der allgemeinen Begrüßung kam er auf mich zu und informierte mich leise, er sei gerade zum sowjetischen Botschafter in Budapest ernannt worden, ich möge mich doch ahnungslos stellen und ihn nicht mit seinem „Belgrader“ Namen anreden.

Auch in der „Agitation und Propaganda“ begannen die Reibungen mit den Sowjets schon sehr früh, beinahe gleichzeitig mit den Geheimdiensten, wenn sie auch für den Augenblick nicht so irritierend waren.

Unsere Propaganda unterschied sich von der sowjetischen, auch wenn sie sich in vielen Dingen ein Beispiel an ihr nahm und in jeder Hinsicht die Sowjetunion unterstützte. Bei uns war sie auffallend anders – frischer und kämpferischer im Tonfall. Dieser äußerliche und scheinbar unwesentliche Unterschied überlagerte, ohne daß wir uns dessen anfangs bewußt waren, abweichende, zum Teil entgegengesetzte Positionen. Die Sowjets waren längst an ideologische Klischees gewöhnt. Sie hatten sich mit bürokratischer Engstirnigkeit ebenso abgefunden wie damit, Veränderungen von oben zu erwarten. Unsere Führung, die noch vom Revolutionsfieber ergriffen war, regierte unmittelbar, bei uns gab es Beschränkungen wesentlich nur im ideologischen Bereich. Die größte und bedeutsamste Revolution des Jahrhunderts lief bereits auf dem Geleise bürokratischer Kastenstruktur, und anders als die früheren „bourgeoisen“ Revolutionen war sie dadurch intoleranter und aggressiver. Unsere jugoslawische Revolution war im Verhältnis dazu klein, ohne wirkliche Macht und ideologisch unselbständig, aber sie rang um eine eigene Lebensform und einen eigenen Verlauf.

Weder in organisatorischer noch in politischer Hinsicht gab es in unserer Propaganda auch nur für einen Augenblick lang Unselbständigkeit. Da wir glaubten, derselben humanitären, sozialistischen Gemeinschaft anzugehören, veröffentlichten wir sowjetische Stellungnahmen und Diskussionspapiere von selbst. Uns etwas aufzudrängen, dazu waren die Sowjets nicht in der Lage. Unsere Redaktionen und unser Propaganda-Apparat waren fest, in enger Verbindung mit dem Zentralkomitee. Genauer gesagt: mit dem politischen Propagandazentrum, „Agitprop“ genannt, dessen Leiter ich war. Man besprach sich – ohne antisowjetische Hintergedanken – über alles Sowjetische, was in seinen Maßstäben von unserer Art abstechen könnte.

Die sowjetischen Vertreter waren sich dessen bewußt. Doch der einzige zudringliche Versuch ihrerseits, diese Situation zu ändern, traf auf einen derartigen Widerstand, daß sie sich daraufhin zurückzogen.

Es ging um die Bemühungen der SIB-Repräsentanten (SIB = Sowjetisches Informationsbüro, das während des Krieges zum Zwecke der Bereitstellung von Reportagen und Artikeln geschaffen worden war), unsere Presse mit Texten über die Sowjetunion zu überschwemmen. Diese Agentur war mehr eifrig als gescheit, mehr aufdringlich als gewandt. Sie nahm – natürlich wußten wir davon – unmittelbare Verbindung mit den Zeitungsredaktionen auf und begann sofort, sie mit Artikeln aus sämtlichen Sparten des Lebens in der UdSSR zu überhäufen. Anfangs akzeptierten die Redaktionen dies, die Einstellung den Sowjets gegenüber war wohlwollend, und man nahm an, daß das auch der Haltung der Führung entspräche. Aber bald regte sich Widerstand, nicht nur im Agitprop, auch in den Redaktionen selbst. Auf den regelmäßigen wöchentlichen Zusammenkünften im Agitprop wurden unseren Journalisten allgemeine Hinweise, die sogenannte „Linie“ vermittelt; das Agitprop mischte sich weder in die internen Angelegenheiten der Redaktionen noch ins Redigieren oder Schreiben ein, es sei denn, die Redaktionen baten von sich aus um Hilfe oder eine plötzliche Änderung der Linie machte ein Eingreifen erforderlich.

Jede Zeitung hatte ihr besonderes Erscheinungsbild und damit auch ein eigenes Image, wenngleich eingeschränkt und gelenkt. Die *Politika* z. B. galt als ein informativeres und weniger weisungsgebundenes Blatt als die *Borba*, was, vielleicht in noch höherem Maße, auch für die Zagreber Presse zutraf. Derartig ausgerichtete und gelenkte Zeitungen hätten keine Daseinsberechtigung mehr gehabt, wenn sie sich der Informationsschwemme aus dem SIB gefügt hätten. Dann wären daraus sowjetische Zeitungen geworden, in jugoslawischer Sprache gedruckt. Diese Situation spitzte sich noch dadurch zu, daß die vom SIB gelieferten Beiträge qualitativ minderwertig und lediglich routinierte Massenproduktion waren. Ganz zu schweigen davon, daß der SIB-Vertreter ein unangenehmer, häßlicher und tölpelhafter Zeitgenosse war.

Zunächst – das müßte 1946 gewesen sein – trug ich dieses Problem Tito und den Genossen vom Politbüro vor. Tito sprach sich gegen ein Zerwürfnis, aber auch gegen eine „Sowjetisierung" der Presse aus. Es wurde beschlossen, dem SIB vorzuschlagen, es möge mit den Redaktionen die Auswahl der Texte besprechen. Doch daraus entstand Verwirrung: Was dem SIB wichtig erschien, erachteten unsere Redaktionen für unwichtig, sie nahmen sich das Recht, das SIB-Material zu zensieren, zu kürzen und abzulehnen. Die Beziehungen komplizierten und verhärteten sich. Auch die Botschaft intervenierte in der Person des Kulturattachés Sacharow. Sacharow war bereits vor dem Krieg Beamter in der ersten Sowjetgesandtschaft in Belgrad gewesen und gehörte auch der ersten sowjetischen Militärmission im Rang eines Majors an. Er beherrschte serbokroatisch und war gut bekannt mit den jugoslawischen Führern und den Verhältnissen im Land, überdies war er liebenswürdig, anpassungsfähig und intelligent. Er besuchte mich im Zentralkomitee. Er begriff zwar unsere Beweggründe, beharrte jedoch auf seiner Position. Wir einigten uns, daß das SIB und die Zeitungsredaktionen besser zusammenarbeiten sollten.

Und wieder gab es Verwirrungen, Spannungen, Interventionen. Auf einer Konferenz mit den Chefredakteuren setzte ich schließlich mit Billigung des Politbüros diesem Tauziehen ein Ende. Man sollte nur noch das veröffentlichen, was der Redaktionspolitik und den Vorstellungen unserer Zeitungen entspräche. Das SIB belieferte die Redaktionen noch einige Zeit, die Redaktionen redigierten immer mehr an diesem Material herum, so daß das SIB und die Botschaft schließlich aufgaben. Nachtragend grollten sie uns, obwohl unsere Presse auch weiterhin alle wichtigen Auftritte der Sowjetführung auf den Titelseiten brachte und in aller Ausführlichkeit aus der UdSSR berichtete. Der zuvorkommende und gescheite Sacharow (auch er wurde nach 1948 als Geheimdienstler enttarnt) spielte hernach in Moskau beim Organ jugoslawischer Emigranten die Hauptrolle, die des Kontrolleurs. Die beste Rolle, die das sowjetische System zu vergeben hat, ist die eines emsigen Beamten.

3. Taktik auf beiden Seiten

Tito und sein Kreis standen im Zentrum des Konfliktes mit der Sowjetunion. Nicht nur wegen der führenden und zentralen Rolle Titos, sondern auch wegen der autoritären, den Personenkult fördernden Eigenschaften des jugoslawischen Kommunismus – Eigenschaften, die in ihrem Wesen allerdings identisch waren mit jenen des Sowjetkommunismus.

Gleichwohl waren diese „jugoslawischen" Eigenarten, bei allen sonstigen Übereinstimmungen, nicht einfach mechanisch dem „Leninismus" und der sowjetischen Partei entlehnt. Sowjetische Erkenntnisse und Erfahrungen waren freilich am zugänglichsten und für die geistige Ausgestaltung des jugoslawischen Kommunismus am besten geeignet, das galt auch für jede andere kommunistische Bewegung. Aus der Ideologie, der Verknüpfung einer Weltanschauung mit einer politischen Bewegung, gehen unweigerlich Despoten und Oligarchien hervor. Schon während des Krieges äußerten die Sowjets gedämpft ihren Unmut wegen der Glorifikation Titos – Seite an Seite mit Stalin. Doch es gab für sie keinen Ausweg aus der eigenen Falle. Auch Tito war Kommunist, und die Stärkung der kommunistischen Macht in Jugoslawien durch den Personenkult um Tito war für die Sowjets förderlich. Stalins globalen und geschichtlichen Primat erkannte man an, aber in Jugoslawien wurde Tito zusammen mit ihm und auf gleicher Stufe glorifiziert.

Beim ersten offiziellen Angriff auf Tito verdrängten die Sowjets ihre Eifersucht, oder wir, die wir Tito am nächsten standen, nahmen sie nicht wahr; wohl auch deshalb, weil Stalin in unserem Bewußtsein mit niemandem vergleichbar war, ausgenommen Lenin.

Der Anlaß zum Angriff war Titos Rede vom 27. Mai 1945 in Ljubljana. Er war berauscht vom Sieg, aber verbittert über die westlichen Alliierten wegen des Hinausdrängens unserer Armee aus Triest. Dem hatten sich damals auch die berechnenden Sowjets gebeugt. Tito sprach etwas aus, was in der Parteispitze im

Hinblick auf die UdSSR mit Befremden registriert wurde, was man indes in der bürgerlichen Oberschicht als etwas Natürliches und Unvermeidliches in der Politik der Großmächte betrachtete.

„Es hatte doch geheißen, daß dies ein gerechter Krieg sei, und wir haben ihn als solchen betrachtet. Aber wir fordern auch einen gerechten Abschluß, wir fordern, daß ein jeder auf seinem Boden Herr sein soll, wir wollen keine fremden Rechnungen bezahlen, wir wollen keine Ersatzwährung sein, mit der man Rechnungen begleicht, wir wollen nicht zum Spielball irgendeiner Politik der Interessensphären werden. Warum soll man denn unseren Völkern verübeln, wenn sie in jeder Hinsicht unabhängig sein wollen, warum soll ihnen diese Unabhängigkeit eingeschränkt oder streitig gemacht werden? Wir werden von niemandem mehr abhängig sein, ganz gleich, was geschrieben und was herumerzählt werden mag – und geschrieben wird viel, es wird unschön, ungerecht und beleidigend geschrieben, unwürdig derer, die in unseren verbündeten Ländern leben.“ (Gemeint sind hier westliche Pressestimmen, nach denen Jugoslawien zur sowjetischen Einflußsphäre gehöre, es sei ein Satellit der UdSSR – der Autor.) „Mit diesem Jugoslawien gibt es kein Spekulieren, keine Geschäftemacherei.“*

Jedenfalls haben diese und ähnliche Reden Titos der sowjetischen Regierung als Anlaß zu einer Protestnote an die Adresse unserer Regierung gedient. In Wahrheit aber wurde die Regierung umgangen. Mit der Protestnote machte sich der engste Kreis der ZK-Mitglieder bekannt. Wie man weiß, handelte Stalin niemals vorschnell, aber er verspätete sich auch nicht: der besagte Brief kam schon Anfang Juni 1945 an, in Form einer offiziellen Erklärung des sowjetischen Botschafters Sadtschikow an Kardelj, noch bevor die Überlegungen und das Gemunkel über ein sowjetisches Zusammenspiel mit den „Imperialisten“ auf unsere Kosten und über die Ähnlichkeit des sowjetischen Großmachtbetragens mit den „westlichen Imperialisten“ Gestalt angenommen hatten. Ich weiß nicht, wo diese Erklärung liegt – vermutlich wird sie in Titos persönlichem Archiv aufbewahrt, in dem sich auch andere wichtige Dokumente befinden. Ich erinnere mich aber, daß in ihr die sowjetische Regierung Anstoß nahm, wir würden die Sowjetunion und die westlichen Mächte des Imperialismus über den gleichen Kamm scheren. Die Aufkündigung der Unterstützung Jugosla-

* *Borba*, 28. Mai 1945

wiens wurde von den Sowjets mit dem Unsinn gerechtfertigt, sie könne nach einem so schrecklichen Krieg nicht wegen Triest in einen neuen eintreten. Die Erklärung enthielt auch die Androhung einer öffentlichen Desavouierung: „Die Rede des Genossen Tito betrachten wir als einen feindseligen Akt gegen die Sowjetunion, und die Erläuterungen des Genossen Kardelj als nicht zufriedenstellend. So verstehen unsere Leser die Rede des Genossen Tito, anders kann man sie auch gar nicht verstehen. Sagt dem Genossen Tito, daß wir, falls er noch einmal eine derartige Ausschreitung gegen die Sowjetunion begeht, gezwungen sein werden, ihm in der Presse zu antworten und ihn zu desavouieren."*

Vielleicht war dieser Druck seitens der Sowjetregierung auf die heimliche prosowjetische Opposition in unserem Zentralkomitee (Hebrang, Žujović) und auf unsere übergroße Loyalität gegenüber dem sowjetischen ZK und dem Leninismus abgestimmt. Aber der engste Kreis um Tito hat das damals nicht erkannt, wenngleich uns bekannt war, daß Hebrang während seines Aufenthaltes in Moskau Anfang 1945 Berichte an die sowjetische Führung über die Lage in der KP Jugoslawiens schrieb. Damals wurde so etwas eher als eine häßliche und unkameradschaftliche Handlung denn als Fraktionieren und Verrat betrachtet. Wer immer sich in Moskau aufgehalten hatte oder dort geschult worden war, kannte ja derartige Handlungsweisen, und durch diese Genossen waren sie auch den in Jugoslawien emporgekommenen Funktionären bekannt. Die sowjetische Partei wurde als führend und als Vorbild anerkannt. Mehr noch: sie war keine fremde Partei für uns. Die Unterschiede traten, sofern sie als solche sichtbar wurden, in den zwischenstaatlichen Beziehungen auf. Die Ideologie, die Denkart waren, wenn auch nicht identisch, so jedenfalls einheitlich.

Die sowjetische Erklärung sorgte gleichwohl für Aufregung im engsten Führungskreis – allein hier war sie ja auch bekannt. Eine Trennung von der Sowjetunion konnten wir uns überhaupt nicht vorstellen, wir waren aber auch nicht willens, Tito zu verlassen. Wir waren gespalten zwischen Theorie und Realität, zwischen der großen Idee und den eigenen Errungenschaften.

Es war Kardeljs Initiative, daß wir auf Tito einwirken sollten – er kam eigens dazu ins ZK, wo er sich sonst nur selten blicken ließ,

* Zitiert nach: *Informbiro – šta je to* (Kominform – was ist das, S. Kržavac und D. Marković, Belgrad, 1976, S. 95

denn die Bürde der Regierungsgeschäfte lastete überwiegend auf ihm. Ranković und ich unterstützten seine Idee. Zu dieser Zeit traf sich Kardelj oft mit Botschafter Sadtschikow. Es gab keinerlei Anlaß zu vermuten, daß seine Initiative in einem Zusammenhang mit diesen Treffen stehen könnte, obwohl sich Kardelj damals beiläufig auch kritisch über Titos Eigensinn und seinen engen Horizont äußerte. Wir trafen uns gegen zehn Uhr vormittags in Rankovićs Büro. Wir einigten uns ohne viel Diskussion, mit Tito über die Sinnlosigkeit eines Konfliktes mit der UdSSR zu sprechen, über die Notwendigkeit, daß er selbst sich um die Schlichtung des aufgetauchten Streites bemühen solle. Wir baten Tito telefonisch um ein Treffen, und er meinte, wir könnten sofort kommen.

Tito, sonst ein selbstsicherer und energischer Mann, konnte in dieser Situation sein Unbehagen und eine gewisse Niedergeschlagenheit nicht unterdrücken. Wir gingen auf sein Arbeitszimmer zu, Kardelj sprach über die sowjetische Erklärung und von der Unvernunft eines Streites mit der UdSSR, womöglich noch eines öffentlichen, da unterbrach ihn Tito: „Unsinn! Das steht überhaupt nicht zur Debatte und kann auch gar nicht zur Debatte stehen! Wir werden das schon mit ihnen regeln."

Ranković und ich freuten uns wie die Schneekönige. Auch Tito gewann sein Selbstvertrauen bald zurück. Wir unterhielten uns noch kurz über dieses Thema und gingen dann für den Rest der Stunde zu anderen Fragen über. Tito hatte anderweitige Verpflichtungen und konnte deshalb nicht mit uns zu Mittag essen. Auf der Rückfahrt begeisterten sich Ranković und ich – jeder auf seine Weise – an Titos Selbstsicherheit, wenn es gilt, Wichtiges schnell zu entscheiden, während Kardelj von Titos Einsichtigkeit schwärmte.

Tito machte sich schon damals gelegentlich Gedanken über die Unterschiede, ja sogar Gegensätzlichkeiten zur UdSSR. Aber die Erkenntnis der Unumgänglichkeit einer Unterscheidung von der Sowjetunion oder gar die Möglichkeit, sich ihr zu widersetzen, hatte weder bei ihm noch in seiner engsten Umgebung Gestalt angenommen.

Selbst wir im engsten Führungsstab hatten darüber niemals gesprochen. Uns schien ohnehin, als hätte das alles für das Land und für die Partei keine Bedeutung. Im engeren Führungskreis begann ein Umbruch: Die Beziehung zwischen Tito und uns dreien wurde intensiver, denn nun sprachen wir untereinander ganz freimütig über das Vorgehen der Sowjets, wenngleich keiner von uns – auch nicht Tito, der mit Äußerungen, die man in der UdSSR „falsch“ verstehen könnte, sehr vorsichtig geworden war – die sowjetischen Absichten durchschaute, und schon gar nicht die Natur der sowjetischen Ordnung unter Stalin.

Eine Verschwörung war das nicht, weil wir unsere Macht als eine eigene, jugoslawische Schöpfung betrachteten. Doch die kritische Haltung gegenüber der UdSSR und damit auch die intellektuelle und gefühlsmäßige Unabhängigkeit weitete sich aus – auch politische Brände werden eben durch geistige Funken ausgelöst.

Wenn wir schon bei Titos Ljubljanaer Rede sind, will ich noch ein Detail erwähnen, das sich meinem Gedächtnis unauslöschlich eingeprägt hat, es steht allerdings in keinem unmittelbaren Zusammenhang mit der Sowjetunion. In dieser Rede war Tito auch das Geständnis „entglitten“, man habe die bei Kriegsende gefangengenommenen Gruppen von Konterrevolutionären niedergemacht: „Die Quislinge hat der Arm der Gerechtigkeit eingeholt.“ Man sah keinen Grund, diese Massenerschießungen zu verheimlichen, sie galten als „natürlich“ und „logisch“. Jedenfalls aber bezieht sich darauf ein Lob, das Stalin aussprach, als er einmal die Polen tadelte: „Tito ist ein Prachtkerl (‚moldjétz‘): *er* hat keine Probleme mit Feinden – er hat sie alle zerschlagen (‚perebil‘).“ Dies erzählte mir ein Diplomat einer polnischen Delegation auf der Fahrt von Bled nach Ljubljana im Sommer 1946. Der Stolz und die Beherztheit, die dabei in mir entfacht wurden, verscheuchten die Gedanken an die „unnötige“ Heftigkeit und „Übertreibung“.

Dieser „Zwischenfall“ mit der Sowjetführung wurde irgendwie bereinigt, entweder durch „Erläuterungen“ Titos gegenüber Botschafter Sadtschikow, durch einen taktischen Rückzug der Sowjets oder durch das Auftreten wichtigerer, gemeinsamer Probleme. Die innere Lage in Jugoslawien – der Wechsel der bürgerlichen demokratischen Führer Grol und Šubašić in die Opposition – war für die Sowjets nicht günstig, wollten sie mit eventuellen öffentlichen Angriffen auf Tito Zwietracht unter den Kommunisten säen und dabei ihre hegemonistischen Absichten offenbaren. Es wirkte aber im engsten Kreis der Führung als ein ernsthafter Ansporn, das Herausstellen der Popularität Titos als unseres Führers noch nachhaltiger zu organisieren.

Das Tauziehen und die Reibungen mit den Sowjets übertrugen sich auch auf andere Bereiche, insbesondere auf die Wirtschaft.

Zu den stärksten Meinungsverschiedenheiten kam es wegen der „Gemischten Gesellschaften". Derartige Gesellschaften gründeten die Sowjets damals überall in Osteuropa.

In unserer Spitze war man darüber geteilter Meinung. Einerseits erkannten wir, daß die sowjetische Regierung wie jede Siegermacht danach trachtete, ihre politische Hegemonie zu verewigen, andererseits rechtfertigten wir das jedoch mit der Schwäche des Sozialismus beziehungsweise mit der Gefahr der Restauration in diesen Ländern.

Bei uns sahen wir solche Schwächen und Gefahren nicht, und daher kam es in den Verhandlungen mit den sowjetischen Vertretern sofort zum Feilschen, zu Scherereien und Meinungsverschiedenheiten. Dies aber verführte geradezu, die sowjetischen Ansprüche mit der Ausbeutung westlicher Firmen vor dem Krieg zu vergleichen; einer Ausbeutung, die trotz aller Ungerechtigkeit und Schamlosigkeit sehr viel milder war. Auch erschien die Schwäche des Sozialismus allmählich als nicht ausreichend und nicht überzeugend genug, um einen tributpflichtigen Status der osteuropäischen Staaten zu rechtfertigen. Die meisten waren immerhin Verbündete der Sowjets, und alle besaßen ein starkes, unausrottbares National- und Staatsbewußtsein. Wenn wir Repräsentanten dieser Länder trafen oder solche Staaten besuchten, registrierten wir auch bei deren Führungsspitzen Verdrossenheit wegen der „Gemischten Gesellschaften", und natürlich mußte ihnen unsere manchmal allzu selbständige Haltung aufgefallen sein.

Wenn wir uns auch enthielten, die Ausbeutung der osteuropäischen Länder durch die „Gemischten Gesellschaften" offen zu kritisieren, so konnten wir doch unsere Schwierigkeiten mit den sowjetischen Vertretern solcher Gesellschaften bei uns nicht verhehlen. So eskalierten die Differenzen, verwandelten sich in doktrinären Argwohn: Indoktrinierte Geister werden nur durch die Bewahrung und Weiterentwicklung der Doktrin kreativ und mächtig.

Die Unausgegorenheit, die Zwiespältigkeit unserer Haltung zeigte sich darin, daß keiner grundsätzlich gegen „Gemischte Gesellschaften" war, jedoch niemand in der Führung geneigt war, aus diesem Grund auf souveräne Rechte und auf den gegenseitigen, gerechten Nutzen zu verzichten. Für niemanden – außer Hebrang und Žujović – konnten Souveränität und Unabhängigkeit in den Beziehungen zwischen sozialistischen Staaten „rein bourgeoise Vorurteile" bedeuten. Dieser Zwiespalt wurde bei uns auch noch durch die abweisende und abschätzige Boykotthaltung des Westens, insbesondere der Vereinigten Staaten, verstärkt. Zwar isolierten wir uns durch einen höchst grundlosen ideologischen Haß gegen den Westen, aber die Westmächte ihrerseits dachten nicht an eine wirtschaftliche Öffnung; sie weigerten sich sogar, uns jene Güter zurückzugeben, die als Kriegsbeute in ihre Fänge geraten waren. Einmal hatte ich gerade bei Tito zu tun, als Vlatko Velebit, damals stellvertretender Außenminister, ihn darauf aufmerksam machte, daß die mit der sowjetischen Regierung getroffene Abmachung über eine bilaterale Fluggesellschaft unserer staatlichen Souveränität zuwiderlaufe, da darin vorgesehen sei, unsere Flugplätze unter sowjetisches Kommando zu stellen. Tito brauste auf: „Das geht nicht! Die Souveränität muß bewahrt werden!“, lenkte dann aber etwas ein: „Das muß man den Russen erklären! Den Vertrag soll man annehmen, unsere Souveränität aber muß bleiben.“

Überdies waren wir Opfer der sowjetischen Propaganda. Wir hatten Idealvorstellungen einer sowjetischen Ordnung von hohem Entwicklungsstand und wirtschaftlicher Macht entwickelt. Die Industrialisierung war für uns nicht nur eine Lebensnotwendigkeit und Rechtfertigung für die Opfer und Zerstörungen, sondern auch Vorbedingung für eine künftige, klassenlose Gesellschaft. Nicht nur die Verbesserung der Lebensqualität, sondern ein Sozialismus der Brüderlichkeit und Gleichheit von Menschen und Völkern war das Ziel. Es erschien nur zu natürlich und logisch, daß uns die Sowjetunion bei der Industrialisierung helfen würde – das Land mit den gleichen Idealen, das bereits hoch, in vielen Bereichen sogar in höchstem Maße industrialisiert war.

Diese Illusionen und Selbsttäuschungen führten oft genug zu übertriebenen Ansprüchen gegenüber der UdSSR. Und dabei konnten die sowjetischen Vertreter unsere unrealistischen, in vielen Fällen fast größenwahnsinnigen, „planmäßigen“ Forderungen nicht nur nicht befriedigen, sondern lieferten nicht einmal die notwendige Ausrüstung für die „Gemischten Gesellschaften“. 1947 zeigte mir Kidrić einmal in der Halle vor seinem Büro in der Planungskommission das Modell eines Kraftwerkes, das er von einem sowjetischen Kollegen bekommen hatte. Sarkastisch meinte er: „Es wäre besser, er hätte mir ein richtiges Kraftwerk gegeben!“ Bei einer anderen Gelegenheit erzählte er mir, unsere Unternehmen seien bei der Lieferung vereinbarter Produkte nachlässig, das gelte im Verkehr mit der UdSSR ebenso wie mit allen übrigen

Ländern Osteuropas. Jedoch sei dies zwischen sozialistischen Ländern etwas anderes, man komme hier zu kameradschaftlichen und einvernehmlichen Regelungen.

Aber wenn es bei diesen Verhandlungen unsererseits auch Ungeduld und Naivität gab, so kam von seiten der Sowjets geradezu Groteskes und Beleidigendes. Bei den Verhandlungen über die „Gemischte Gesellschaft" für Kupfer – konkreter: über die bereits entwickelte Kupferproduktion in Bor – wollten die sowjetischen Vertreter uns glauben machen, daß das Erz kein Wert an sich sein könne, weil nach Marx erst durch die Investition von Arbeit Wert entstünde.

Die sowjetische Argumentation löste auch bei manchem aus der Führung Kopfschütteln aus: Keiner konnte Marx in Abrede stellen, obgleich bekannt war, daß die Kapitalisten – gerade in Bor, das bis zu Kriegsbeginn in französischem Besitz war – das geförderte Erz und die Arbeit gesondert bezahlt hatten. Nebenbei gesagt, die sowjetische Beweisführung („antisowjetische" Theoretiker wie Kidrić kamen auch gleich dahinter) wäre auch nach Marx nicht richtig gewesen. Denn sie stand nicht nur zu seiner Theorie des Mehrwerts im Widerspruch, sondern auch zur Theorie des Warenwertes selbst, nach der der Preis des gleichen Produktes um so günstiger für den Verkäufer sei, je weniger durchschnittliche gesellschaftliche Arbeit in dieses Produkt investiert würde. Auch nach Marx erbringt die Verarbeitung eines mageren Erzes nicht den gleichen Gewinn wie die von ergiebigerem Erz.

Wir kauften damals auch Waffen von der Sowjetunion. Doch erst 1948, nach dem Ausbruch des Konfliktes, wurde bekannt, daß die Sowjets uns gegen Dollars bereits gebrauchte, übermalte Geschütze verkauften. Unsere Abnahmekommissionen hatten das festgestellt, aber sie schlugen keinen Alarm, weil man annahm, das müsse wohl in Ordnung sein, da es von den Sowjets komme. Kaum jemand scherte sich damals um die Kosten. Ähnlich war es auch mit der Entsendung von Studenten in die UdSSR: Wir schickten sie einfach drauflos, und es schmerzte uns erst, als das Bezahlen begann – nach dem offiziellen, „realen" Kurs des Rubels zum Dollar.

Die Verhandlungen über die „Gemischten Gesellschaften" kamen nicht voran oder machten nur unwesentliche Fortschritte. Doch deshalb entstanden keine sichtlichen Spannungen, das war auch nicht möglich: Die inneren Probleme mit der „bourgeoisen" Opposition und mit der katholischen Kirche und die äußeren Konflikte mit dem Westen, besonders mit den USA, behinderten uns, während die Sowjets sich mit der Stabilisierung in Osteuropa beeilen und in den Beziehungen zu den USA Vorsicht walten lassen mußten. Mehr noch, als Kardelj anläßlich der Außenministerkonferenz der vier Großmächte im März 1947 in Moskau Stalin besuchte, „überlegte“ dieser: „Und wie wär's, wenn wir überhaupt darauf verzichteten, ‚Gemischte Gesellschaften‘ zu gründen? Es ist klar, daß sie keine gute Form der Zusammenarbeit mit einem verbündeten und befreundeten Land wie Jugoslawien sind. Immerzu käme es da zu Uneinigkeit, zu Meinungsverschiedenheiten, irgendwie würde auch die Unabhängigkeit des Landes selbst darunter leiden und die freundschaftlichen Beziehungen würden gestört werden. Solche Gesellschaften eignen sich für Satellitenländer.“* Stalins Art zu „überlegen“, das Differenzieren sozialistischer Länder in „Satelliten“ und „Unabhängige“, kam uns im ersten Augenblick seltsam vor. Auch sonst pflegte er nichtsowjetische Kommunisten mit seinen „unidealistischen“, staatlichen und autokratischen Reaktionen und Gedanken zu überraschen. Aber wir fanden uns damit ab und akzeptierten es; wir hatten selbst von der Macht gekostet und dachten auch schon „staatlich“, hatten jedoch noch nicht durchschaut, daß Stalin uns gerade dadurch einwickelte, daß er in der nämlichen Weise „überlegte“.

Es gab auch keine Angriffe gegen Tito, zumindest keine sichtbaren. Die Sowjetführung hatte sich zwar nicht zurückgezogen, aber sie war in Lauerstellung gegangen, und Tito war ruhig geworden. Mehr noch, bei dem erwähnten Besuch Kardeljs bei Stalin erkundigte sich dieser lebhaft nach dem Befinden Titos, der sich kurz zuvor einer Operation hatte unterziehen müssen. Sowjetische Ärzte hatten ihn operiert, was gleichfalls darauf hinweist, daß die Beziehungen damals noch freundschaftlich und vertrauensvoll waren. – Nach Titos eigener Schilderung habe dabei der sowjetische Chirurg in betrunkenem Zustand versucht, seine Hände in Titos bereits verbundene Wunde zu stecken – diese Version gab er freilich erst nach 1948 von sich, als man „russische“ Arglistigkeiten auch dort zu sehen glaubte, wo es sie gar nicht gab.

Auch der Konflikt mit Hebrang, der im April 1946 ausbrach, brachte keine merklichen Störungen in die Beziehungen mit der Sowjetführung. Im Gegenteil, das sowjetische Wohlwollen gegenüber Tito schien sich kräftig zu erneuern.

* V. Dedijer: *Tito, prilozi za biografiju,* Kultura, Belgrad, 1953, S. 465

Der Konflikt mit Hebrang schwelte schon seit seiner Absetzung als Sekretär der KP Kroatiens im Herbst 1944. Das zuvorkommende, auffallend kameradschaftliche Verhalten der Politbüromitglieder zu ihm, seine übermäßige Gewissenhaftigkeit und sein Arbeitseifer trugen eher zur Verschärfung als zur Abschwächung des Zusammenstoßes bei, der, möglicherweise, gleichermaßen durch Ambitionen wie durch Meinungsverschiedenheiten ausgelöst wurde. Hartnäckig und verstockt, kapselte sich Hebrang von Anfang an ab. Aber auch das Politbüro, vor allem jene Mitglieder, die kurz vor Kriegsausbruch zusammen mit Tito an die Spitze der KP kamen, sperrten sich gegen ihn. Nahezu jede Initiative des Politbüros oder eines seiner Mitglieder erschien Hebrang, zumal wenn er an einer Entscheidung nicht beteiligt war, als Untergrabung seiner Autorität und Gefährdung seiner Position. Ebenso aber tendierten die Politbüromitglieder dazu, jede seiner abweichenden Ansichten bereits für eine Fortführung der oppositionellen fraktionistischen Tätigkeit zu halten. Meine dienstlichen Verpflichtungen führten mich nicht mit Hebrang zusammen. Wann immer ich mich aber sonst an ihn wandte, traf ich auf ein Entgegenkommen, das durch seinen Überschwang die Unnatur und die Unaufrichtigkeit zwischen Hebrang und dem Politbüro erkennen ließ.

Das Politbüro, in das Hebrang mit anderen kooptiert worden war, trat immer seltener zusammen. Tito beschloß entweder alles allein oder zusammen mit dem jeweils zuständigen Genossen, eventuell auch mit „seinen", den Vorkriegsmitgliedern des Politbüros, das waren Kardelj, Ranković und ich. Dadurch erneuerte sich unmerklich der undurchdringliche Ring um Tito und der ihm allein unterstellte Apparat, das konnte wiederum bei Hebrang nur Verbitterung und finsteren Verdacht wecken.

Wenn sich in einer gesellschaftlichen Struktur solche Verhältnisse herausbilden, beginnen sie ein Eigenleben – nicht nur Handlungen und Ansichten werden dann von Bedeutung, sondern auch die Art des Sprechens, die Mimik, die Art, sich zu kleiden, die Freizeitgestaltung. Ein solches Verhältnis kann nicht stabil bleiben, es entwickelt sich unweigerlich zu einem offenen Zusammenstoß oder endet mit der Kapitulation einer Seite. Hebrang zog sich zurück, kapselte sich in seiner Arbeit ab. Täglich traf er sich mit Michail Sergejtschuk, einem sowjetischen Beamten, der zugleich der Chef der UNNRA für Jugoslawien war, und mit Sreten Žujović. Bei andersgearteten, kameradschaftlichen Beziehungen hätte das keinerlei Argwohn erweckt, weil sich auch andere führende Genossen mit sowjetischen Repräsentanten und auch mit Žujović trafen. Aber bei derart gekünstelten, „ungesunden" Beziehungen – hier häufige Partys mit Sergejtschuk, dort auffälliges Geflüster mit Žujović – lag Verdacht nahe. Zudem scheute Hebrang zeitweilig auch vor offenem Widerspruch und Kritik nicht zurück, was selbst dann Argwohn erregt hätte, wäre er nicht in eine solche Lage geraten.

Der Krieg war kaum zu Ende, als Hebrang in seinem – wenn auch kleinen – Kreis damit begann, sich für eine Grenze Kroatiens zu Serbien stark zu machen, wie sie Österreich-Ungarn bis 1918 gehabt hatte. Er mäßigte sich und hielt sich insoweit zurück, als er keine „Grenzen an der Drina" forderte, sicherlich deshalb, weil Bosnien und Herzegowina bereits zur föderalen Republik proklamiert worden und somit verfassungsmäßig mit Serbien und Kroatien gleichgestellt waren. Im Norden jedoch, in der Wojwodina, wurde die Grenzziehung zwischen Serbien und Kroatien bei Ende des Krieges aktuell – mit noch immer von Haß diktierten Argumenten. Hebrang tobte seine Aufsässigkeit und Unversöhnlichkeit aus: „Man kennt doch die Grenze Kroatiens: bis Zemun! Entlang der Save bis zur Einmündung in die Donau!"

Dies alarmierte die Wojwodiner, besonders die Serben aus dem Srem. Denn sie hatten im Verlauf des ganzen Krieges durch ihren einmütigen Aufstand und ihre Opferbereitschaft ihr eigenes Schicksal mit dem der Kommunisten verbunden, mit dem Ziel der Vernichtung des Faschismus und des „kroatischen", faschistischen „Staates". Auch in der serbischen Führung gab es Verstimmung. Auf Titos Vorschlag hin ernannte das Politbüro – Hebrang war bei diesem Treffen sicher nicht dabei – eine Grenzkommission, die vom Parlament formell bestätigt wurde.

Ich stand an der Spitze dieser Kommission. Vielleicht auch deshalb, weil man mich stillschweigend für einen Genossen hielt, der nicht nur Interesse, sondern auch Gefühl für nationale Probleme hatte. Die Kommission bestand aus Serben, Kroaten und anderen. Wir hielten uns bei der Arbeit ans ethnische Prinzip, um das Minderheitenproblem in Serbien bzw. Kroatien so gering wie möglich zu halten und das nationale Gefüge möglichst wenig zu stören. Umstritten waren lediglich die Ortschaft Ilok und die Bunjevci, eine bedeutende kroatische Volksgruppe. Erstere fiel, auf meinen Vorschlag hin, zusammen mit dem Umland an Kroatien, weil die Mehrheit ihrer Bevölkerung kroatisch war, wenngleich diese Fläche wie ein Wurmfortsatz in den serbischen Raum der Wojwodina eindrang. Die Bunjevci aber blieben durch Beschluß des Politbüros und auf Vorschlag der Kommission in der Wojwodina, weil ihr Anschluß an Kroatien auch den Anschluß einer erheblichen Zahl von Serben und eine Verschiebung der ethnischen Zusammensetzung zugunsten der ungarischen Minderheit nach sich gezogen hätte. Diese Grenzziehung wurde angenommen. Der serbische und kroatische Nationalismus waren damals weniger anziehend und auch stärker geknebelt gewesen.

Hebrang widersetzte sich auch dem Bau des „Autoput", einer modernen Autobahn zwischen Belgrad und Zagreb. Dem Bewußtsein der Führung drängte sich eine solche Verkehrsverbindung als ein Mittel auf, die Nachwirkungen von Haß und Mord zwischen Serben und Kroaten abzubauen. Es sollte gleichzeitig die Überzeugung und das Selbstvertrauen der Führung gerechtfertigt werden, ein gigantisches Unternehmen ließe sich realisieren, wenn es nur „im Interesse des Volkes" läge.

Wir glaubten, dieses Interesse zu kennen, schon weil wir uns die Befugnis, als einzige das Volk zu vertreten, erkämpft hatten. Keiner war dagegen, es hätte sich auch keiner getraut, gegen den Autoput zu opponieren. Tito selbst war enthusiastischer und beharrlicher als jeder andere – schon aus Eigeninteresse und um sein Prestige zu wahren. Hebrang tarnte deshalb seinen Widerstand gegen den Autoput mit wirtschaftlichen Argumenten: In Anbetracht der geringen Motorisierung sei eine solche Straße unrentabel. Hebrangs Einwände fachten die Verdächtigungen und den Unfrieden nur weiter an, obgleich sie nicht völlig aus der Luft gegriffen waren, denn noch einige Jahre nach der Fertigstellung herrschte auf dem Autoput gähnende Leere. In den letzten fünfzehn Jahren ist er freilich zu einem „Flaschenhals" des Verkehrs geworden, da er mit beschränkten Mitteln und aus politischen Motiven geplant wurde.

Die Hauptakteure des Konfliktes, Tito und Hebrang, waren von einer derart eigenständigen, ambitiösen und autoritären Persönlichkeit, daß die „Unterschiede in den Ideen", Titos „Jugoslawentum" und Hebrangs „Kroatentum", immer wieder aufbrachen. Hebrang strebte eine besondere, autonomere Position Kroatiens an, sicher auch als Form eigener Bestätigung und persönlicher Macht. Das hätte jedoch auch in den anderen jugoslawischen Republiken zu ähnlichen Forderungen führen und dadurch eine Schwächung der von revolutionären Kräften geschmiedeten

Föderation nach sich ziehen können. Nicht zuletzt hätte es auch zur Schwächung der zentralen Rolle Titos geführt. Die Duldung einer ähnlichen Position Hebrangs für Kroatien hätte unausweichlich sowohl Titos Idee der „Bruderschaft und Einheit“ Jugoslawiens als auch sein Prestige untergraben.

Jeder in der Führung wußte aus Parteierfahrung, daß politische Differenzen solcher Persönlichkeiten stets mit einer ideologischen wie persönlichen Abrechnung enden. Diejenigen, die diese Abrechnung herbeiwünschten, wie Kardelj und Ranković, und (mit „unreinem Gewissen“) auch ich, brauchten nichts zu unternehmen. Allein durch ihr Schweigen vertieften und verfinsterten sie die Gegensätze und beschleunigten den Zusammenprall. Schwerer fiel das einstigen Mitkämpfern und Gleichgesinnten Hebrangs, Pijade etwa. Wenn Hebrangs Haltung zur Sprache kam, verstummte er für gewöhnlich, und wenn es gar nicht anders ging, bemerkte er höchstens: „Ich weiß nicht, was mit Andrija los ist. Was will er bloß?“

Man ahnte den Anlaß, man wartete darauf. Im Frühjahr 1946 war es so weit. Eine Regierungsdelegation sollte zu wichtigen wirtschaftlichen Verhandlungen, denen man entscheidende Bedeutung beimaß, nach Moskau reisen. Im wesentlichen ging es um die im Fünfjahresplan vorgesehene Industrialisierung Jugoslawiens, welche primär in Anlehnung an die Sowjetunion durchgeführt werden sollte. Da sowohl der Plan als auch die Delegation von Hebrang vorbereitet worden war, schien es auch logisch, daß er die Delegation anführen sollte. Jedoch ist in der Politik die Logik etwas Scheinbares und Vergängliches. Nicht Hebrang wurde zum Delegationschef ernannt, sondern der weniger berufene, aber verläßlichere Fachminister. Dies löste denn auch den Protest Hebrangs ans Zentralkomitee aus. Er führte in einem Brief an Kardelj Beschwerde über seine Zurücksetzung und über Titos Unduldsamkeit.

Schon allein die Art, einen Brief zu schreiben, obgleich sich sowohl Kardelj als auch Hebrang in Belgrad aufhielten, wirkte auf das Politbüro als eine bezeichnende Herausforderung. Zwei Tage später, am 19. April 1946, trat das Politbüro zusammen. Es war erweitert worden durch Genossen aus den wichtigeren Bereichen, an deren Haltung kein Zweifel bestand. Das Politbüro vermied eine breitere Diskussion, indem es Hebrangs „Beschwerdebrief“ einer Kommission überantwortete, die nicht zufällig Ranković leitete, der Tito am nächsten stand und von jeher Hebrang mit Ablehnung begegnet war. Vor der Kommission verteidigte sich Hebrang starrsinnig, „in einer ungesunden Art", während sich Žujović in der Sitzung des ZK schwankend und eher auf der Seite Hebrangs stehend zeigte, wenngleich damals nicht offen erkennbar war, daß er das aus seiner besonderen Neigung zu den Sowjets tat. Die Anträge der Kommission – Verweis und Ausschluß aus dem Politbüro für Hebrang, Kritik für Žujović wegen Unterstützung Hebrangs – nahm das Politbüro an.

Kurze Zeit danach, Mitte Mai, fuhren Kardelj und ich nach Paris, wegen des Friedensvertrages mit Italien, über den die vier Großmächte gerade verhandelten. Wir wußten schon vor unserer Abreise aus Belgrad, daß die Sowjetunion durch Molotow vertreten sein würde. Mit Tito wurde ausgemacht, daß wir Molotow über Hebrangs Entfernung aus dem Politbüro wegen „fraktionierender Tätigkeit" in Kenntnis setzten sollten. Wir wußten, daß die sowjetische Führung so oder so darüber informiert werden würde, wenn durch niemand anderen, dann durch Hebrang selbst. Es war daher gescheiter, dies gleich zu tun.

Wir suchten dann Molotow wegen des Friedensvertrages mit Italien und anderer, bilateraler Fragen auf. Die Angelegenheit mit Hebrang kam wie beiläufig in das lebhafte und ausgeglichene Gespräch, wie das Molotows Stil entsprach. Als ihm Kardelj die Sache mitteilte und hinzufügte, es bestünden Zweifel an der einstigen Haltung Hebrangs vor der königlichen Polizei, reagierte Molotow mit keinem Wort, auch sein Gesicht zeigte keinerlei Regung. Aber diese stumme, eisige Ausdruckslosigkeit sprach für sich. Molotow konnte zurückhaltend sein, wenn er es für notwendig hielt, aber er geriet auch in Rage, wenn er sich mit „Lüge" und „Ungerechtigkeit" konfrontiert sah – und Fraktionieren beinhaltet ja an sich auch schlimmere Übel. Molotow äußerte sich also überhaupt nicht. Daraus konnte man schließen, daß er über den „Fall" Hebrang schon Bescheid wußte. Bei dieser Gelegenheit teilte Kardelj Molotow mit – wohl um bei ihm größeres und vorbehaltloseres Vertrauen zu wecken, daß Vlatko Velebit der Spionage für England verdächtig sei. Molotow kommentierte das beiläufig und ausdruckslos: „Aha, Velebit ein englischer Spion."

Der Verdacht gegen Velebit kam von Ranković und dessen Geheimdienst, er wurde im engsten Kreis als Warnung betrachtet. Ranković war seiner Natur nach mißtrauisch und neigte dazu, auch im Privatleben zu forschen. Mit seiner Verfügungsgewalt über den Geheimdienst und über die Parteiadministration wurden auch solche Züge seines Wesens zu besonderen und offiziellen Tugenden.

Gegen Kriegsende oder kurz danach kam irgendeine Engländerin nach Belgrad; sie richtete einen Brief an Velebit, der von der OZNA (wie unser Geheimdienst damals hieß) kopiert wurde. Die Fotokopie des Briefes habe auch ich gesehen, da waren ein oder zwei Sätze, aus denen lediglich sentimentale Zuneigung herauszulesen war. Dies reichte jedoch dem Geheimdienst, der wie alle Geheimdienste übereifrig war, selbst wenn er nicht den sowjetischen zum Vorbild gehabt hätte, völlig aus. Der „Fall Velebit", oder vielmehr das, was Kardelj Molotow anvertraut hatte, wurde dann von der Sowjetführung in dem Brief vom 27. März 1948 an das ZK Jugoslawiens, aber auch in der späteren Propaganda eifrigst ausgeschlachtet. Tito zweifelte nicht an Velebits Treue, in einem Gespräch drängte er Ranković sogar zum Rückzug: „Unsinn!" Auch ich hegte keine Zweifel gegen Velebit. Mehr noch, ich fühlte mich seither in seiner Gegenwart stets unbehaglich – wegen meiner Passivität gegenüber Kardeljs Mitteilung an Molotow, gegenüber den Verdächtigungen seitens des Geheimdienstes. Dieses Unbehagen veranlaßte mich denn auch, nach dem Ausbruch des Konfliktes mit der UdSSR, Velebit über den Brief der Engländerin als Anlaß für einen Verdacht gegen ihn aufzuklären. Velebit reagierte darauf mit Niedergeschlagenheit, jedoch auch mit Verständnis für die Umgebung und die Verhältnisse, denen er ja auch selbst angehörte.

Molotow hatte auf Kardeljs Mitteilung über Hebrang vermutlich auch deshalb so stumm reagiert, weil die Beziehungen mit Jugoslawien allmählich weitgefächert und immer „kameradschaftlicher" waren, Tito immer beliebter und populärer wurde. Denn bald nach meiner Rückkehr aus Paris reiste Tito – am 27. Mai 1946 – an der Spitze einer Delegation, der nahezu alle in höchster Verantwortung stehenden Genossen angehörten, nach Moskau. Zweck der Reise waren Gespräche über die Industrialisierung und Bewaffnung mit Unterstützung der Sowjetunion – nicht mehr und nicht weniger.

Titos Besuch in Moskau dauerte länger, als es bei staatlichen Delegationen üblich ist. Möglicherweise hat der Tod Kalinins am 3. Juli dazu beigetragen. Kalinin war zwar keine einflußreiche Persönlichkeit gewesen, nichstdestoweniger mußte die sowjetische Führung ihm als Vorsitzenden des Obersten Sowjets Staatstrauer zugestehen. Gegenüber staatlichen Delegationen aus sozialistischen Ländern hielt sich die sowjetische Führung nicht streng an das Protokoll. Bei der Vereinbarung des Besuches wurde das Protokoll zwar noch beachtet, während des Aufenthaltes in Moskau wurde dann aber vieles geändert, je nach Notwendigkeit und in Anpassung an die laufenden Geschäfte der Führung. Ana Pauker hat mir einmal bei der Gründung des Informationsbüros kommunistischer Parteien („Kominform“) eine Redensart kommunistischer Führer aus der Vorkriegszeit weitergegeben: „*Nach* Moskau wann du willst, *aus* Moskau, wenn sie dich lassen.“ Sie wußte vermutlich nicht, daß es sich hier um einen auf das heutige Moskau umgemünzten mittelalterlichen Ausspruch handelte: In die Stadt wann du willst, aus der Stadt, wenn sie dich lassen.

Die Regierungen kommunistischer Staaten behandelte der Kreml im gleichen Stil wie die Genossen ausländischer Parteien vor dem Krieg. Man fragte sich, wie erst die Sowjets aus den Randgebieten der UdSSR behandelt wurden. Das „revolutionäre Weltzentrum“ eignete sich ganz einfach die Rolle des führenden autokratischen Staates an, die Volkstribunen und Helden von gestern aber wurden zu mehr oder weniger gehorsamen Vasallen degradiert.

In unseren Zeitungen war zwar zu lesen, Stalin habe am 9. Juni für Tito und seine Delegation ein Mittagessen gegeben – aber kein Wort über Arbeit und Gespräche. Ein Essen von jugoslawischer Seite aus hat es, soweit ich mich erinnere, nicht gegeben. Auch die Einladung Stalins war nicht ganz protokollgerecht, weil Zogović teilnahm, der sich als Schriftsteller in Moskau eingefunden hatte, und auch Titos Sohn Žarko, der aus Neugier dabei war.

Die Delegation kehrte zurück, sie zeigte sich außerordentlich zufrieden über die erhaltenen Zusagen und war wie berauscht von einem informellen Abendessen bei Stalin, von Stalins Witz und Stalins Persönlichkeit.

Stalin hatte sich in der Frage der „Gemischten Gesellschaften“ zunächst zurückgehalten. Da aber Tito diese als eine Form der Hilfe für die ökonomische Entwicklung Jugoslawiens befürwortete, stimmten schließlich auch Stalin und Molotow ihrer Gründung zu unter der Prämisse gegenseitigen Nutzens. Wie ich schon erwähnte, haben diese Gesellschaften, soweit sie überhaupt vereinbart wurden, zu nichts anderem als zu Streitereien und Verdächtigungen geführt. Auch um die anderen ökonomischen Absprachen mit den Sowjets war es nicht besser bestellt, obgleich auch wir uns der Erfüllung unserer Verpflichtungen nicht besonders rühmen können.

Schon damals zeigte Stalin ein lebhaftes Interesse für Albanien. Man sah, daß er über dieses Land vielleicht sogar besser informiert war als unsere Führung, trotz unserer Nachbarschaft und unserer verzweigten Verbindungen zu Albanien. Bis in Detail erkundigte er sich über die Persönlichkeiten und Strömungen in der albanischen Führung. Und als er vom Wunsch der albanischen Führung berichtete, Moskau zu besuchen, bemerkte er: „Das albanische ZK will Enver Hodscha nicht allein reisen lassen und fordert, daß Koçi Dzodze mit ihm gehen soll, als eine Art Kontrolleur. Was denkt ihr davon?“ Tito antwortete ihm, er wisse nichts von größeren Unstimmigkeiten im albanischen ZK. Darauf Stalin: „Was denkt ihr, sollen wir sie hier in Moskau empfangen? Uns scheint es, daß dazu keine Notwendigkeit besteht. Es ist besser, wir helfen ihnen über Jugoslawien.“ Stalin machte hier nicht halt – er bohrte weiter: „Aber dennoch, es ist durchaus nicht alles in Ordnung mit dem Politbüro in Albanien.“ Da schaltete sich der parteibewußte und zurückhaltende Ranković mit einer Erklärung ein: „Größere Meinungsunterschiede gibt es nicht, nur halten die Genossen aus dem albanischen Politbüro Hodscha nicht für einen ausreichend standhaften Parteimann und möchten daher, daß Koçi Dzodze, als ältestes Parteimitglied im Politbüro, mit ihm reist.“ Ranković fügte noch hinzu, daß auf dem letzten Plenum des albanischen Zentralkomitees gewisse Fehler festgestellt worden seien und der für diese Fehler Verantwortliche – Sejfula Maleschova – aus dem Politbüro ausgeschlossen wurde. Tito regte an: „Wir können diese Fragen mit den albanischen Genossen klären.“ Und Stalin stimmte einfach zu: „Gut.“

Dieses Gespräch über Albanien war kein Zufall, und ich würde sagen, daß in Stalins Gedanken schon damals die Idee einer Unterwerfung Jugoslawiens reifte. Gerade Albanien und die Reibereien der Jugoslawen mit den Sowjets um dieses Land dienten Stalin, gegen Anfang 1948, als der günstigste und überzeugendste Anlaß, über Jugoslawien herzufallen. Albanien den Jugoslawen wiederholt anzubieten, war eine Falle Stalins, die er unter Ausnutzung der Realitäten stellte. Es gab zweifelsfreie Ansprüche der jugoslawischen Führung gegen Albanien, Ansprüche, die auch aus unseren immer weniger idealistischen, immer herrschsüchtigeren Ambitionen resultierten. Nicht nur bei Stalins Aufstieg war, so scheint mir, die Ausnutzung des revolutionären Idealismus und die Schaffung einer privilegierten Schicht ausschlaggebend gewesen.

Und wir – wir waren immer noch Sklaven ideologischer Schemata und eines revolutionären Idealismus, andererseits unmäßig in unserem ungezügelten Machthunger und von großstaatlichen Allüren besessen.

Stalin wußte das, besser als jeder andere, aus dem Verlauf der russischen Revolution und aus seinen eigenen Erkenntnissen. Die albanische Frage war freilich nur eines der Mittel zur Verführung und Aufstachelung, allerdings das heikelste.

Beim Abendessen in seiner Villa gab Stalin seine überwiegend negative Meinung über die europäischen KP-Führer ab: Thorez verstehe nicht zuzubeißen, „La Passionaria" könne sich weder konzentrieren noch führen, Togliatti sei ein Professor, der einen guten theoretischen Aufsatz schreiben, jedoch nicht Menschen zu einem bestimmten Ziel führen könne; Pieck ein seniles Väterchen, das nur noch auf die Schulter klopfen könne.

Hingegen versäumte er es nicht, Tito zu packen und dreimal hochzuheben, nachdem er zuvor erklärt hatte: „Tito soll auf sich aufpassen, denn ich werde nicht lange leben, und Europa braucht Tito. Jawohl, Europa braucht Tito!" Niemals, auch damals nicht, konnte ich mir diese stalinsche Europamission für Tito vorstellen – ich verknüpfte sie, vage und ungläubig, mit den Schwärmereien der sowjetischen Führer bei jenem Abendessen, daß Deutschland, das ganze Deutschland, „unser werden muß". Dabei war die Rolle eines sowjetischen, oder vielmehr gesamtkommunistischen Regenten, Tito persönlich zugedacht. Denn an eine Rolle der jugoslawischen Revolution außerhalb des Balkans konnte ich nicht wirklich glauben, trotz unserer Popularität in den Ländern der „Volksdemokratien", die den Sowjets ein Dorn im Auge war, noch ehe wir überhaupt begonnen hatten, diese Popularität auszunutzen. Aber die führenden Genossen wurden, bei der Vorstellung dieser Szenen während Stalins Abendessen, von Faszination ergriffen, einer törichten Faszination, mit Glanz in den Augen und schweifendem Lächeln. Und auch Tito strahlte vor Stolz, aus „Bescheidenheit" schweigsam und zurückhaltend. Diese Faszination wird vielleicht am besten am Verhalten Rankovićs deutlich, der, von Stalin herausgefordert, einige Pertzowkas bis zur Neige leerte, obwohl er keine scharfen Getränke mochte. Ranković damals: „Gift hätte ich getrunken, wenn Stalin es mir anbietet."

Das zweite Abendessen, an dem auch die bulgarischen Führer Dimitrov, Kolarov und Kostov teilnahmen, war für Stalin und seine Mittäter eine willkommene Gelegenheit, noch nicht verheilte Wunden aufzureißen und die sich gerade anbahnenden bulgarisch-jugoslawischen Eifersüchteleien anzufachen. Stalin ließ in auffälliger Weise erkennen, daß er Tito mehr schätze als Dimitrov, Berija warf laut genug ein, Kolarov habe sein Begriffsvermögen bereits vor vierzig Jahren verloren, und als schließlich bulgarischer Wein gereicht wurde, warf Stalin ein: „Das hier ist jugoslawischer Wein – die Bulgaren haben ihn während des Krieges in Jugoslawien geplündert."

Eine besondere Gefälligkeit erwies man der jugoslawischen Delegation auch dadurch, daß man sie an Kalinins Totenbahre Ehrenwache halten ließ, und bei der Bestattungszeremonie forderte Stalin Tito eigens auf, zwischen den Mitgliedern des sowjetischen Politbüros Platz zu nehmen.

Was wollte Stalin, warum unternahm er das alles? Ich meine, daß es darauf keine eindeutige Antwort geben kann. Zweifellos war er von Tito und den Jugoslawen begeistert, aber er war zugleich bemüht, sie zu verführen. Sein Verstand sondierte in mehrere Richtungen, bis er in der Realität seinen Weg fand, und das war stets das eigene Interesse, die Stärkung seiner Macht. Er sah in Tito nicht nur den Führer und Herrscher des neuen Jugoslawien, sondern auch einen eigenständigen und begabten Politiker, einen außergewöhnlichen Mitarbeiter, vielleicht auch unvergleichlichen Gegner.

Zu Stalins damaliger, nur teilweise durchdachten und komplexen Haltung gegenüber Tito trug sicherlich auch Titos Lebenslauf bei, dessen Aufenthalte und Lehrgänge in der Sowjetunion sowie besondere Verbindungen zu sowjetischen Stellen. Die Reichweite und die Natur dieser Verbindungen sind mir und den übrigen Politbüromitgliedern, Kardelj vielleicht ausgenommen, niemals bekannt oder klar geworden. Vielleicht werden meine Vermutungen durch folgende Einzelheiten in etwa bestätigt: Neben der Funkverbindung mit der Komintern während des Krieges wurde unter Titos Mitwirkung von Zagreb aus auch ein Funkkontakt mit dem sowjetischen Nachrichtendienst aufrechterhalten. (Dort war Kopinič, genannt „Vazduh" („Luft"), tätig, der sich dem kroatischen Zentralkomitee aufgedrängt hatte, so daß Tito schließlich das Büro des ZK Kroatiens absetzte.)

Tito hatte Pavle Savić, dem bekannten Physiker, im Krieg Chiffreur des Obersten Stabes, untersagt, den Mitgliedern des Politbüros Depeschen aus Moskau zu zeigen, ehe er dies erlaubte. Weshalb? Wegen seiner besonderen Beziehungen zu Moskau, oder um eventuelle Einwände Moskaus gegen seine Arbeit zu verheimlichen? Solche Einwände hat es ja gegeben, und Tito verhehlte sie den Genossen aus dem Politbüro nicht. Ich habe auch nicht gemerkt, daß er irgend etwas anderes von Bedeutung verheimlicht hätte. Gleichwohl verbot er, für alle Fälle, die Herausgabe von Depeschen, bevor er sie gelesen hatte. Und gegen Kriegsende erwiesen die sowjetischen Dienste Tito besondere Aufmerksamkeit und Fürsorge.

Damit sich aber der Leser keinen falschen Vorstellungen über meine Absichten beim Aufführen dieser Details hingibt, sei betont: Eine enge Kooperation mit sowjetischen Diensten war für die Partei, zumal in der Illegalität, auch aus organisatorischen Gründen notwendig, und enge Kontakte einzelner Mitglieder wurden innerhalb der Partei als Anerkennung, ja als große Ehre angesehen; sie erhöhten das Prestige des Betreffenden. Tito aber wurde nicht zum Sklaven einer solchen Bindung, auch nicht der Ehrungen, mit denen die sowjetische Führung ihn überhäufte, so sehr ihm das auch behagte.

4. Nachkriegsdiplomatie in Osteuropa

Parallel und untrennbar von sowjetischem Druck und sowjetischer Aufstachelung entzündete und steigerte sich der Konflikt auch am Wetteifern um Einfluß und Ansehen in den sogenannten Volksdemokratien Osteuropas. Anfangs ging dies auf das Konto der Uneinigkeit und der Dissonanz zwischen der jungen, prätentiösen und noch unbürokratischen Revolution eines kleinen, unterentwickelten Landes und einer stabilisierten, sich ihrer „historischen" imperialen Rolle bewußten Großmacht. Denn selbst wenn unsere idealistischen Anfangsbestrebungen gegenüber diesen Ländern auch gewisse Antriebe zumindest zu ideologischer Hegemonie enthalten haben sollten – sind in der Politik nicht an und für sich schon, obschon vielleicht unbewußt, derartige Keime enthalten? Die sowjetischen Bestrebungen hingegen waren bewußt und von hegemonialer Planmäßigkeit, leicht verhüllt mit dem durchsichtigen Schleier einer bereits kodifizierten und verknöcherten Ideologie.

In der engsten Umgebung Titos gab es weder in Bezug auf die „Volksdemokratien" noch hinsichtlich der Sowjetunion Meinungsunterschiede. Soweit unwesentliche Abweichungen vorhanden waren, entsprangen sie dem persönlichen Stil und mehr oder weniger Idealvorstellungen einzelner. Das bedeutet aber nicht, daß die Beziehungen der Führung zu allen „Volksdemokratien" identisch oder schematisiert waren. Wir waren uns darin einig, daß die Beziehungen herzlich und offen sein sollten; die Unterschiede in diesen Ländern, in ihren Strukturen und Bemühungen, zwangen jedoch auch uns ein abgestimmtes Vorgehen auf. Dies galt besonders für zwei Nachbarn, Albanien und Bulgarien, mit denen uns aus der Vergangenheit Zusammenstöße, gemeinsame Kämpfe und mehr noch das Erbe ethnischer Verwicklungen und staatlicher Eifersüchteleien verbanden.

Bereits im Mai 1945, als ich, von Montenegro kommend, Albanien besuchte, bemerkte ich, daß auch innerhalb unserer Führungsspitze gewisse Nuancen in der Haltung zu Albanien spürbar waren.

Mein Besuch hatte lediglich offiziösen Charakter – die neuen Regimes verkehrten damals noch nicht streng nach Protokoll. Doch die Albaner empfingen mich herzlich und mit betonter Aufmerksamkeit, weil sie wußten, daß ich auf Beschluß des Politbüros kam und ein enger Mitarbeiter Titos noch aus der Vorkriegszeit war.

Ich hatte Ulcinj auf einer holprigen Militärstraße verlassen, neugierig und ein wenig erregt: vor mir lag ein fremdes Land, gleichzeitig aber auch ein Teil meiner eigenen Geschichte. Ich war bereits von meinen albanischen Gastgebern umringt, aber ich konnte dem Drang nicht widerstehen und blieb mitten auf der provisorischen Brücke über der Bojana stehen – jenem Fluß, dessen Murmeln und silbriges Glitzern unsere Volksdichtung besingt, ich schaute auf die kahlen Berge um Skutari, ich fragte nach dem Bardanjol und nach dem Dorf Brdica. Tausende Montenegriner starben dort in den letzten, aberwitzigen und vergeblichen Schlachten gegen das Osmanische Reich (1912–1913). Skutari selbst, wenngleich sich hier typischer Balkan mit seiner scheinbar chaotischen Lebendigkeit bewahrt hatte, Skutari war für mich eine herbe Enttäuschung, gerade weil sie nicht die wundersame, verzauberte Stadt aus unserer Volksdichtung war.

Nach einem festlichen Mittagessen im besten Saal der Stadt (es war ein Restaurant, das durch seine Länge derart niedrig erschien, daß ich beim Aufstehen Unbehagen empfand) fuhr ich nach Tirana weiter. Und schon auf dieser kleinen Reise fiel mir auf, was mir die Albaner aus der KP lustlos bestätigten. Die kurzzeitige italienische Okkupation Albaniens von 1939 war eines jener irrwitzigen Abenteuer, das die Besatzer teuer bezahlen mußten. Die Straße Skutari–Tirana war asphaltiert. Um durch die „römische Kultur“ das „primitive“, patriarchalische Bewußtsein zurückzudrängen und Albanien für die Ausbeutung und Kolonisation zu erschließen, mußte der Duce bauen und investieren. Doch die Zukunft täuschte ihn, obgleich er sich selbst als deren Gestalter betrachtete.

In Tirana vervollständigte sich mein Eindruck von der „Nützlichkeit“ der italienischen Okkupation. Das Stadtzentrum war mit jener der italienischen Architektur eigenen Subtilität renoviert worden. In Albanien befanden sich noch einige Tausend italienischer Arbeiter, welche die albanische Regierung, trotz ihres ideologisch-nationalen Purismus, um der Produktion willen noch nicht ausweisen konnte.

So würde ich sagen: Unter der Führung der Kommunisten hatten die Albaner zu den Waffen gegriffen, mehr aus Stolz und wegen des mangelnden Patriotismus der Oberschicht – der Begs und der Kaufleute – als wegen der Plünderung und Unterdrückung durch die Fremdherrschaft.

Ich kann mich neuen Menschen und fremden Landschaften nur schwer anpassen; die Zusammenkünfte und Besichtigungen hätten mich eigentlich ermüden sollen. Statt dessen erhöhten sie nur meine Spannung und förderten die Schlaflosigkeit. So ging es mir damals auch in Tirana, wo ich viel zuviel zu erledigen hatte.

Ich mußte die Mehrzahl der Führer kennenlernen, an Essen teilnehmen, Arbeitskonferenzen beiwohnen. Zu jener Zeit waren die Albaner in allem vorwiegend auf Jugoslawien ausgerichtet. Es hatte sogar inoffizielle Gespräche darüber gegeben, Albanien als eine Einheit der künftigen Balkan-Föderation mit Jugoslawien zu konzipieren und ihm dabei auch das Kosovo-Gebiet zuzuschlagen.

Revolutionen erwecken übermäßige Begehrlichkeit, und so wollten die Albaner möglichst schnell auch der kulturellen Errungenschaften habhaft werden. Das Theater und ein Stadion in Tirana hatten die Italiener schon nahezu fertiggebaut, nun galt es, sie zu vollenden und das Theaterleben zu entwickeln. Es wurde vereinbart, ihnen aus Belgrad einen erfahrenen Theatermann zu schicken, und wir betrauten damit einen bekannten Schauspieler, der auch Regie zu führen verstand. Eine ähnliche Hilfe wurde auch für die anderen Bereiche von Kunst und Kultur vereinbart.

Dies waren zumeist komplexe, keineswegs aber heikle Probleme. Die Sprache stellte ein Hindernis dar, wenn auch kein unüberwindliches. Die albanischen Intellektuellen sprachen alle französisch, andererseits war der Einfluß der französischen Kultur in Serbien Tradition, so daß es keine Schwierigkeiten bereitete, für die Aufgaben in Albanien Fachleute mit Französischkenntnissen zu finden. Ich selbst – obwohl dieser Sprache einigermaßen mächtig – hatte so etwas wie einen Sekretär, einen jungen Mann, der ausreichend gut Französisch sprach.

Die Zwangsvorstellung von der Eintracht der Parteiführung herrschte in Albanien genauso wie bei uns. Enver Hodscha war bereits der anerkannte Führer, den wendigen und rücksichtslosen Machthaber der Zukunft konnte man bei ihm aber noch nicht erahnen. Er war 35 Jahre alt, neigte zu Übergewicht und sah jünger aus, als er war, das wurde durch seine dezente, dem Anschein nach bescheidene Haltung unterstrichen. Er sprach fließend Französisch, benahm sich, als sei er einer der Geringeren, als wolle er noch lernen. Doch hinter der unaufdringlichen, europäisierten Form zeichnete sich eine in sich gekehrte Persönlichkeit ab, unergründlich und zielbewußt. Ich gewann schon damals den Eindruck, daß Hodscha am meisten von einheimischen Problemen inspiriert werde. Manchmal zuckte in seinem Gesicht ein jähes, fast gemeines Lächeln auf. Er hatte eine schöne, junge Frau, die man wegen ihres dunklen Teints, der großen Augen und langen Wimpern für seine Schwester hätte halten können. Hodscha lebte in einer Villa, doch das Königsschloß auf einem Hügel bei Durrës wurde bereits für ihn hergerichtet. Wie ich höre, ist er später bescheiden in seinen persönlichen Ansprüchen geworden – nicht aber in Fragen der Macht und der Ideologie.

Aber damals herrschten andere Sitten: Wir ahmten den Russen das Regieren nach, die Albaner uns sowohl das Regieren als auch den Luxus der Mächtigen.

Omer Nischani war Vorsitzender des Präsidiums. Er genoß den Ruf eines gebildeten, kultivierten und tatkräftigen Mannes. Ein Patriot, jedoch ohne nationale Vorurteile, mit der Hoffnung auf das neue Albanien und eine Versöhnung des Balkans. Obwohl er von allen verehrt wurde und sehr angenehm im Umgang war, besaß er weder Macht noch politischen Einfluß. Er war die albanische Variante unseres Ivan Ribar, intellektuell und frei von jeder Anmaßung.

Naku Spiro gehörte zur engsten Parteiführung, aber nicht zu den prominentesten Persönlichkeiten. Er zeichnete sich durch subtile Intelligenz und durch Offenheit aus, er hatte eine breite Allgemeinbildung, ohne damit zu prahlen; sein Körperbau war zierlich und nervös, eher schwächlich. Man sah ihm seine unglückliche Kindheit und langanhaltenden, untröstlichen Kummer an. Damals standen die jugoslawisch-albanischen Beziehungen an ihrem Anfang, einem Anfang voller Ideale, und so quoll Spiro über mit Ideen für die wirtschaftliche Zusammenarbeit. Und obwohl ich in Wirtschaftsfragen weniger bewandert und auch weniger interessiert war, „plante" ich mit ihm zusammen Brüderlichkeit und Fortschritt. Als er, durch den Widerstand seiner Genossen gegen Jugoslawien isoliert, 1947 Selbstmord beging, fühlte ich mit Trauer, daß es hier düstere, unaufgeklärte Motive gäbe, trotz der verbreiteten Meinung, er hätte sich in nationalistische Gewässer verirrt.

Koçi Dzodze war die zweite, in mancher Hinsicht auch erste Figur in der albanischen Führung. Er war – wie Ranković bei uns – Chef des Inneren und Organisationssekretär des ZK. Ein gestandener Mann in seiner äußeren Erscheinung, seinen Handlungen und Ansichten. Er hatte grobgeschnittene Gesichtszüge, war wohlgenährt und untersetzt, von festem Körperbau und dürftiger Bildung, jedoch mutig und methodisch. Bescheiden und ohne Neigung zu Prunk und Annehmlichkeiten, bedächtig und standhaft in seinen Entscheidungen. Eine Zeitlang hatte er in Makedonien verbracht, so daß er auch mit Serbisch zurechtkam, obschon er es zu sprechen vermied. Schon damals beurteilten Ranković und Tito Dzodze als die gefestigste, proletarischste Figur im albanischen ZK. Enver galt zwar als intelligent und verdienstvoll, stand jedoch im Geruch von Kleinbürgertum und Intellektualismus.

Meine Begegnung mit Dzodze in Tirana war im wesentlichen protokollarischer Natur – wir waren auf verschiedenen Sektoren aktiv. Später lernte ich ihn näher kennen, denn er kam ziemlich oft in Regierungs- und Parteiangelegenheiten nach Belgrad. Meistens hatte er mit Ranković im Gebäude des Zentralkomitees zu tun, wo auch ich arbeitete.

Die Einschätzung und Einordnung der albanischen Führer durch unsere Führung basierte zumeist auf Berichten der jugoslawischen Vertreter. In der Kriegszeit konnten Verdächtigungen ja nicht auftauchen. Die Albaner kämpften getrennt, und die jugoslawischen Kommunisten Popović und Mugoša, die sich nach ihrer Flucht aus dem Internierungslager nach Albanien durchgeschlagen hatten, waren eher erfahrene Revolutionäre, die sich in die noch junge, unentwickelte Bewegung des Nachbarvolkes integriert hatten, als Repräsentanten der jugoslawischen KP.

Die Hilfe, die diese beiden den albanischen Genossen leisteten, war zweifellos erheblich und von großem Wert. In der jugoslawischen Geschichtsschreibung jedoch (nach 1948, als auch Albanien sich der sowjetischen Kampagne gegen Jugoslawien anschloß) wird die Rolle von Popović und Mugoša überbewertet. Als hätte es in Albanien ohne diese beiden weder eine Revolution noch eine Partei gegeben.

Mit der Übertragung der eigenen Erfahrungen auf fremde Länder beginnen auch die Unstimmigkeiten und Widerstände, Dominanzen und Unterordnungen. Ich habe das auch damals gewußt, jedoch nicht im entferntesten geahnt, daß dies für die Beziehungen zwischen kommunistischen Parteien beziehungsweise sozialistischen Staaten zutreffen könnte. Wie ungeeignet und unnatürlich es ist, eigene Erfahrungen auf andere zu übertragen oder ihnen aufzudrängen, erkannte ich das erstemal, als ich mich in Albanien aufhielt. Ich glaube, daß ich über einiges davon auch zu den Albanern sprach, erinnere mich jedoch sehr gut, daß ich mit dem dortigen Delegierten unserer Partei, Velimir Stojnić, häufige Streitereien hatte.

Stojnić hätte ein prominenter Revolutionär aus der Umgebung von Drvar sein können. Einst Schullehrer und damit geistig ausreichend gewappnet, war er seiner Aufgabe ergeben, konnte aber weder Albanisch noch Französisch. Beharrlichkeit und Unternehmungsgeist können sich auch in Nachteile umkehren, wenn sie gegen lebendige und schöpferische Ströme gerichtet sind. Dies geschah in Albanien auch mit Stojnić. Er beharrte starrsinnig auf jugoslawischen Erfahrungen, auf der „Annahme" jugoslawischer Formen und Ansichten. Er hatte sich derart verrannt, daß er sich durch meine Vorstellungen zwar unbehaglich, nicht aber überzeugt fühlte. Nach meiner Rückkehr nach Belgrad machte ich die Genossen aus der Führung darauf aufmerksam, mit Ranković sprach ich ausführlicher darüber. Tito äußerte die Ansicht, daß man in unseren Beziehungen behutsam und taktvoll vorgehen solle. Ranković schwieg voller Aufmerksamkeit, ein Zeichen, daß er eingesehen hatte, man solle das Vorgehen ändern, nicht aber die Richtung.

Stojnić wurde daraufhin abgelöst und erhielt im Apparat des jugoslawischen ZK eine hohe Position. Als Ranković 1966 stürzte, machte Stojnić ihm seine Kaderpolitik der letzten Jahre zum Vorwurf, obwohl er selbst der verantwortliche Leiter dieser Politik gewesen war. Die Menschen retten sich vom sinkenden Schiff auch in der Hoffnung, auf ein schöneres und größeres Schiff umsteigen zu können. Vor meiner Abreise aus Albanien gab ich der Zeitung *Bashkimi* ein unkonventionelles, kameradschaftliches Interview. Beim Überfliegen der Gebirgskette von Prokletije war ich ganz von dem Gefühl erfüllt, mein Gebirge – dieses furchterregende und wundersame – zu überqueren. Es war mir, als verschmelze ich endlich mit diesem Volk, mit dem uns die blutigen Fehden der Geschichte und die Hoffnung auf die Zukunft verbinden.

Im nächsten Jahr kam Enver Hodscha am 23. Juni zu einem offiziellen Besuch nach Jugoslawien. Hodscha verhehlte nicht, daß er sich geschmeichelt fühlte, als ihn auf dem Flugplatz eine so berühmte Persönlichkeit wie Tito erwartete. Und auch Tito unterstrich mit seiner Miene und Haltung die Gleichberechtigung in den Beziehungen, anstatt den Eindruck zu erwecken, daß diese schon an sich eine Selbstverständlichkeit wäre. Doch alles in allem verlief der Besuch in herzlicher und kameradschaftlicher Atmosphäre. Mit Hodscha waren einige Regierungsmitglieder und andere höhere Funktionäre angereist, die dann von den entsprechenden jugoslawischen Funktionären zu Gesprächen über die Zusammenarbeit und zur Bewirtung mit Beschlag belegt wurden. Auch mir fielen drei oder vier albanische Gesprächspartner zu, wobei meine Schwester Milka als Dolmetscher fungierte, die allerdings mehr das „Kosovo"- als das „Toska"-Idiom des Albanischen beherrschte, da sie während des Krieges mit unseren Kosovo-Albanern Kameradschaft gepflegt hatte. Die Albaner werteten dies als besondere Aufmerksamkeit.

Die Beziehungen zwischen der albanischen und der jugoslawischen Führung waren in diesen ersten Nachkriegsmonaten so, daß niemand auf den Gedanken kam, sie könnten irgendwo anders hinführen als zu einer wirtschaftlichen und politischen Gemeinschaft unter Beachtung der staatlichen und nationalen Besonderheiten. Ähnliche Illusionen gab es in den Beziehungen mit den übrigen „Volksdemokratien" nicht, außer, in gewisser Hinsicht und zeitweilig, mit Bulgarien.

In diesen Staaten war keine Revolution durchgeführt worden, sie hatten Koalitionsregierungen, die weniger mit „Internationalismus" belastet waren und daher mehr auf ihre formelle Unabhängigkeit achteten. Unsere Beziehungen zu diesen Staaten, gerade weil sie weniger mit emotionalen und ideologischen Faktoren belastet waren als jene zu Albanien und Bulgarien, blieben stabiler und offener.

Und da sie alle neue, junge Regimes waren, spielten sie sich genau wie unsere Führung auch mit Staatsparaden und mit jeder Möglichkeit, ihrer Staatlichkeit Ausdruck geben zu können, auf. So folgte wechselseitig ein pompöser Staatsbesuch dem anderen, als sei die größte Sehnsucht der neuen Nachbarn gerade der Pomp, und so fanden auch überall Massenkundgebungen statt, als ob das Volk nur nach Kundgebungen hungerte.

Auch ich nahm an allen jugoslawischen Besuchsreisen teil, außer an der nach Rumänien. Ich werde hier nur über solche Einzelheiten berichten, die man in der damaligen Presse nicht finden kann und die sich in meiner Erinnerung festgesetzt haben.

Titos erster Besuch galt am 14. März 1946 Polen. Allein an diesem Besuch war auch der sowjetischen Regierung gelegen, nicht nur der polnischen. Wir erfuhren, daß für unsere Sicherheit auf polnischem Boden sowjetische Einheiten sorgen würden – eine ganze NKWD-Division, in Uniformen der polnischen Armee gekleidet. Mehr noch, ich hatte den Eindruck, daß nicht alle Mitglieder der polnischen Regierung von unserem Besuch begeistert waren; lediglich die führende, kommunistische Fraktion begrüßte diesen Besuch, wegen der Popularität Jugoslawiens und Titos, besonders in der polnischen Widerstandsbewegung.

Wir fuhren mit dem Zug. Die Haltung Mikołajczyks, des Chefs der Bauernpartei, war auffallend korrekt und reserviert. Beim Sozialisten Osóbka-Morawski äußerte sich unaufdringliche Herzlichkeit, jedoch auch eine unverhohlen abweichende Meinung in beiläufigen Bemerkungen über die künftige Gesellschaft.

Alle damaligen osteuropäischen „Volksdemokratien“ waren nicht nur prosowjetisch, sondern jede in ihrer Art der sowjetischen Regierung ergeben. Jugoslawien, obwohl traditionell selbständig, bemühte sich mit aller Kraft, seine leninistisch-stalinistische Rechtgläubigkeit unter Beweis zu stellen. Die Tschechoslowakische Koalitionsregierung betonte ihre slawische und staatliche Solidarität mit dem „großen russischen Volk“, während Rumänien und Ungarn darauf achteten, daß keiner ihrer Schritte als antisowjetisch gedeutet werden könnte, und die Bulgaren sich damit brüsteten, Rußland habe sie schon zweimal befreit.

Polen war eine Welt für sich. Vielleicht sind die Polen auch tatsächlich die autonomste, kraftvollste slawische Nation. Das Slawentum und der Panslawismus, die Moskau noch aus dem kriegerischen und imperialen Schwung heraus forcierte, fanden nur bei den Spitzen Widerhall. Zwar hatte die „slawische Idee“ auch in Belgrad keine größere Anhängerschaft, aber die jugoslawische Führungsspitze (ich vielleicht noch am meisten) trachtete wenigstens danach, Stalins Slawentum mit der Verteidigung gegen germanische und andere Invasionen und mit den noch lebendigen Spuren der nazistischen Ausrottung der „niederen“ slawischen Rasse zu motivieren. In Polen dagegen war das Slawentum eine aufgezwungene, für Trinksprüche geeignete Schuldigkeit gegenüber Moskau, bar jeglicher Überzeugung und Begeisterung, zumal für die breiteren Schichten des Volkes.

Draußen im Land war alles sehr polnisch – die Fahnen, die viereckigen Offiziersmützen, die kreuzförmigen Orden. Selbst der Präsident Bierut, der, nicht ohne Niedergeschlagenheit, die polnische Staatlichkeit verkörperte, verheimlichte damals immer noch, daß er Parteimitglied war, „beriet" sich aber gleichzeitig mit dem sowjetischen Botschafter über jede geringste Kleinigkeit. Bierut residierte in einem hübschen, kleinen Schloß, dem einzigen repräsentativen Gebäude, dessen Erhaltung dem Umstand zu danken war, daß es als Sitz der Gestapo oder einer anderen Kommandostelle bei der Zerstörung Warschaus gedient hatte. Um Bierut herum schwirrte eine häßliche ältere Dame, deren protokollarischer Status nicht klar war, jedoch mußte auch Tito ihr Aufmerksamkeit erweisen.

Auch der polnische Marschall Rola-Rzymierski, ein Unzufriedener aus den Offizierscliquen der Vorkriegszeit, hielt seine Parteimitgliedschaft geheim. Er bemühte sich eifrig darum, Tito näherzutreten und ihm zu gefallen, aber auch Tito zeigte Sympathie für den Polen. Bei einem wie zufällig arrangierten, inoffiziellen Treffen mit Tito vertraute Rola-Rzymierski ihm an, daß auch er Parteimitglied sei.

Dies konnte man wahrlich in keiner Weise ahnen: Rola-Rzymierski hatte weder seinen Ansichten noch seinen Manieren nach irgend etwas Kommunistisches an sich, man gewann den Eindruck, daß er sich den Kommunisten und der Sowjetunion eher aus persönlicher Unzufriedenheit und reinem Ehrgeiz angeschlossen hatte. Seine Gattin, die Marschallin Polens, schien die Persönlichkeit und die Überzeugungen dieses – wie ich meine – oberflächlichen und selbstzufriedenen Offiziers zu verkörpern. Weißhäutig, fettleibig, mit wohlwollendem Dauerlächeln. Aber selbst Rola-Rzymierski beklagte sich über die Geringschätzung in sowjetischen Veröffentlichungen über die Rolle und die Verluste der polnischen Armee in der Endphase des Krieges in Deutschland.

Gomulka hielt sich beiseite, obschon kolportiert wurde, er sei als Parteichef der wichtigste Mann in der Führung. Er erschien nur bei ein oder zwei Gelegenheiten, auffällig bescheiden gekleidet und ebenso zurückhaltend. Gomulkas Bescheidenheit – davon hat mich die Begegnung mit ihm bei der Gründung des Kominform 1947 endgültig überzeugt – gehörte zu seinem Stil, den er als den für seine Rolle passendsten gewählt hatte. Zweifellos war eine solche Haltung sympathischer als die protzige Aufmachung der polnischen und jugoslawischen Marschälle, doch es verbarg sich dahinter der herbe, knausrige Machthunger Gomulkas. Seine „Bescheidenheit“ war zu aufgesetzt, erschien zu sehr bedacht und gekünstelt, als daß sie überzeugend und aufrichtig hätte wirken können.

Bei einem Mittagessen mit polnischen Offizieren (außerhalb von Warschau und auf Einladung von Roła-Rzymierski) saß neben mir ein Oberst in polnischer Uniform, jedoch Angehöriger der sowjetischen Armee. Er sprach anfangs Polnisch, allerdings so schlecht, daß selbst ich das bemerkte, obwohl ich kein Wort Polnisch konnte. Kurze Zeit darauf aber gab er seine Identität preis, mit der Anmerkung, er sei „polnischer Abstammung“. Solche sowjetischen „Instrukteure“ gab es mehrere bei diesem Essen, aber auch offizielle Vertreter der Roten Armee. Gleichwohl machte sich ein unterdrückter, nationaler polnischer Geist kräftig bemerkbar: Wann immer in den Trinksprüchen Polen und der Kampf der Polen erwähnt wurden, gab es donnernden Beifall, die Erwähnung der Sowjetunion und ihrer Armee fand nur spärlichen Applaus, unvergleichlich viel dünner als bei Erwähnung Titos und der jugoslawischen Partisanen.

Ganz anderer Art war die Begegnung mit den Bürgern Warschaus. Die polnische Führung, sicherlich in erster Linie die Kommunisten, hatte beschlossen, eine Parade des Militärs und des Volkes zu veranstalten. Das Militär nahm nur in geringer Zahl daran teil, und auch dies ohne inneren Anteil. Aber erst das Volk, insgesamt etwa fünf-, sechstausend, überwiegend Kleinbürger und Angestellte, offenbarte uns zumindest einigermaßen die wahre Stimmung des gequälten, ausgebluteten und unterdrückten Landes. Die polnischen Führer waren allem Anschein nach der Meinung gewesen, die Popularität Titos und der jugoslawischen Partisanen würde auch jene Warschauer anziehen, die die Sowjets und Russen nicht mochten. Aber sie hatten sich getäuscht: Die Tatsache, daß wir mit prosowjetischen Parolen nach Warschau kamen und in einem Dekor, das dem der Sowjets ähnelte, ihre Stadt besuchten, die von denselben Sowjets beherrscht wurde, die für die Tragödie ihres Landes mitverantwortlich waren, das alles überschattete und verdrängte eventuelle Sympathien.

Durch den kalten, bewölkten und düsteren Morgen zogen die Warschauer, abgerissen und schlecht genährt, mit finsteren Gesichtern vorbei, man konnte mitunter sogar Unmutsäußerungen hören. Ab und zu rief jemand eine der stereotypen Parolen, aber sie fanden so geringe Resonanz, daß es eher als Bekräftigung der

Unzufriedenheit wirkte. Auch auf der Tribüne waren alle unzufrieden, wenngleich man sich bemühte, es voreinander zu verbergen. Jeder sehnte das Ende dieser finsteren, wie ein Leichenzug anmutenden Prozession herbei, um zum nächsten Punkt des Besuchsprogramms übergehen zu können.

Warschau hinterließ einen ungeahnten, bestürzenden Eindruck. Wir wußten bereits, da in Jugoslawien viel darüber geschrieben worden war, daß Polens Hauptstadt beim Aufstand im Sommer 1944 auf Befehl Hitlers vollständig zerstört wurde. Wie jede erlebte Wirklichkeit sah das aber ganz anders aus als in den Beschreibungen. Auf den ersten Blick, wenn man an einem der Boulevards entlangsah, hatte es den Anschein, als hätte die Stadt weniger gelitten, als darüber geschrieben und erzählt wurde. In Wahrheit war Warschau weit schlimmer zerstört und sah noch viel grauenhafter aus. Als wir uns durch die Stadt fahren ließen – die Polen hatten uns dazu überredet – sahen wir durch die rußgeschwärzten Öffnungen der Türen und Fenster das leere, verwüstete Innere der einstigen Wohnstätten entlang den Boulevards, ebenso in den kleinen Gassen, sogar in den Häuschen am Stadtrand.

Die Zerstörung war total. Das Gesicht der Stadt schien bewahrt, die Stadt selbst war tot, sie war zum Skelett geworden, ohne Körper, ohne Seele. Durch ein Wunder, einen blinden Zufall, vielleicht auch durch das Einsehen des deutschen Kommandanten, blieb das Kopernikus-Denkmal, umrahmt von ausgebrannten und eingestürzten Häusern, erhalten – ein Fingerzeig für die moderne, technisierte Welt als Mahnung an die Geisteskräfte des Mittelalters.

Die Deutschen hatten nicht die Zeit und wahrscheinlich auch keine Mittel, die gesamte Stadt in die Luft zu sprengen oder durch Bombardierung zu zerstören, obschon es Sprengungen und Bombardements zur Genüge gegeben hatte. Sie brannten die Stadt einfach nieder – Viertel um Viertel, Straße um Straße, Haus um Haus. Im Laufe der zweimonatigen Kämpfe gegen die nationalistischen Aufständischen des Bor-Komarowski fraß sich das von den Deutschen entfachte Feuer durch Warschau.

Während dieser Zeit beobachteten vom rechten Weichselufer aus die in der Sowjetunion und in den befreiten Gebieten Polens stationierten polnischen Einheiten ohnmächtig die Vernichtung ihrer Hauptstadt und deren Bewohner – die Zerstörung der Geschichte und der Zukunft der Nation.

Der damalige polnische Botschafter in Jugoslawien (auch er war Offizier in der polnischen Armee unter sowjetischem Kommando gewesen) hat mir erzählt, sie wären vor Schmerz und Hilflosigkeit vergangen, während vor ihnen, wie auf einer gigantischen Bühne, Warschau in Rauch und Flammen, Geschützdonner und MG-Garben allmählich unterging. Die sowjetischen Verbände hatten an der Weichsel vor Warschau haltgemacht, während die Hitler-Truppen Tag um Tag die Stadt in Trümmer legten und die nationale Rebellion erstickten. Schließlich erlaubten die Sowjets, wie es der Botschafter zurückhaltend und vorsichtig formulierte, einer polnischen Division, die Weichsel zu überqueren. Diese eine Division reichte natürlich nicht aus, sie konnte der Hauptstadt nicht helfen und mußte dezimiert den Rückzug antreten.

Die Vorstadt Praga, in der die Nazis die Juden konzentriert hatten, bot dagegen den Anblick echter Ruinen. In das kleine Bürger- und Arbeiterviertel hatten die Nazis hunderttausende von Juden zusammengepfercht. Sie aber erhoben sich zum Widerstand, und die Nazis mußten, Haus für Haus, um den Tod jedes einzelnen Juden kämpfen.

Die Warschauer Architekten demonstrierten uns an Modellen und Plänen die Vision der zukünftigen Boulevards – hell, breit, harmonisch, als ob erst die gigantische Zerstörung ihre Phantasie beflügelte. Aber die mehrheitliche Meinung war, Praga nicht wieder aufzubauen, sondern genauso stehen zu lassen, wie die Verzweiflung der Juden und der nazistische Wahnsinn den Stadtteil hinterlassen hatte.

Der Vertrag über eine Allianz zwischen Jugoslawien und Polen wurde um so leichter ausgehandelt, als er sich formell gegen den zerstörten, aussichtslosen deutschen Imperialismus richtete. Aber die Polen wollten ihn nicht ohne sowjetische Zustimmung unterzeichnen. Den Vertragstext hatte man Moskau zugestellt, um die Zustimmung selbst aber mußte man bei Stalin ansuchen.

Zwischen Warschau und Moskau, genauer gesagt zwischen Präsident Bierut und Stalin, bestand eine spezielle Telefonverbindung, wie sie zwischen Moskau und Belgrad erst Ende 1947 oder Anfang 1948 eingerichtet wurde, als sich die Redaktion des Organs des Informationsbüros kommunistischer Parteien *Für dauerhaften Frieden, für Volksdemokratie* in Belgrad niederließ. Stalin konnte Bierut in dessen Schloß direkt anrufen, Bierut hingegen mußte das Gespräch anmelden, um eine Bestätigung der Uhrzeit für das Gespräch zu erhalten. Da aber der heiße Draht gerade nicht funktionierte, zogen wir zum sowjetischen Botschafter um, der gleichfalls über eine Direktverbindung zum Kreml verfügte. Vom Kreml, d. h. von Stalin, gab es keine bedeutenden Einwendungen gegen den Vertragstext.

Nachdem er mit Bierut und Tito gesprochen hatte, rief Stalin auch mich zum Telefon. Er fing mit Banalitäten über die Gesundheit an. Ich war verwirrt und wußte nicht, was ich ihn fragen sollte. In der westlichen Presse gab es damals Berichte über Stalins schlechten Gesundheitszustand, so fragte ich ihn: „Und wie ist Ihre Gesundheit?“ Stalin sagte, es gehe ihm gut, aber ich hörte in seiner Antwort die Verwunderung über eine solche Frage heraus. Deshalb erklärte ich ihm, daß im Westen viel darüber geschrieben würde. „Die lügen“, sagte Stalin, „die lügen bloß. Die haben ihre Berechnung, und lügen eben.“

Wir waren vor den Polen in die Sowjetbotschaft gekommen, und da der sowjetische Botschafter den Wunsch geäußert hatte, noch mit Tito zu sprechen, blieben wir auch nach dem Gespräch mit Stalin, als die Polen die Botschaft verlassen hatten, bei ihm.

Der Botschafter entsprach genau der Vorstellung, die man für gewöhnlich von einem Diplomaten hat: wendig, anpassungsfähig, gebildet und ohne Skrupel. Er fing, nicht gerade zurückhaltend, aber in höflicher, freundlicher Form, mit Klagen über die Polen an. Sie hätten keine Entschlußkraft, die polnischen Einheiten weigerten sich, gegen die Rebellen zu kämpfen, von denen es noch eine Menge gäbe. Diese seien sogar mit Granatwerfern und Geschützen ausgerüstet, so daß drei sowjetische Divisionen, in polnische Uniformen gekleidet, bluten müßten.

Einen gänzlich anderen Eindruck erhielten wir in der Tschechoslowakei, in Prag, das Tito auf der Rückreise besuchte.

Genauso hatte ich mir die Tschechen und den Empfang in Prag vorgestellt: ein fröhliches, gutmütiges und adrettes Volk, berauscht von Demokratie und Slawentum, den Südslawen mehr zugeneigt als irgendeinem anderen Volk. Die Plätze der Stadt verwandelten sich in menschliche Ziergärten, die Straßen in menschliche Kornfelder und Blumenwiesen. Menschen aller Altersklassen, festlich gekleidet, in wogenden Mengen, Fluten von Mädchen und Burschen in Volkstrachten.

Ich saß neben Tito, und obwohl ich mich um seine Sicherheit sorgte (in der Tschechoslowakei, besonders in der Slowakei, gab es entflohene Ustaschas), berauschte mich das begeisterte, herzliche und bunte Gemenge. Tito aber noch mehr: er lächelte, winkte, erhob sich vom Sitz, seiner Würde kaum achtend. Wir waren ohne jede Begleitung, so passierte es immer wieder, daß eine Woge junger Menschen über uns zusammenschlug und Tito die ausgestreckten Hände drücken mußte. Die Polizisten waren gezwungen, zu drängen und zu bitten, uns den Weg freizumachen.

So wie in Warschau alles verwüstet und zerstört war, so war in Prag alles, beinahe alles heil. Es gab Spuren unbedeutender Schäden aus den Kämpfen der letzten Kriegstage; die Tschechen zeigten sie uns voller Stolz, man hatte die Schäden belassen. Und nicht nur, daß diese wunderschöne Stadt Prag erhalten geblieben wäre, das Leben dort ging seinen Gang, als hätte es nie einen Krieg gegeben. Die Geschäfte waren voll mit Waren, aus den gepflegten Cafés und Restaurants duftete es nach Leckerbissen.

Im Hradschin hatte sich nichts verändert. Präsident Benesch und die Regierung hielten sich, anders als in Polen, streng an das Protokoll. Das ging bis zur Kleiderordnung mit Frack und Smoking. Ich war gut, aber „unvorschriftsmäßig" gekleidet, so daß mir Tito für irgendeine Gelegenheit eine gestreifte Hose lieh – zu kurz, und erst recht zu weit. Aber irgendwie gelang es uns, diesen ungewohnten Ansprüchen gerecht zu werden, und wir erhielten auch hohe, sehr dekorative Orden – genau solche, wie sie die Republik vor dem Kriege jugoslawischen Staatsmännern zu verleihen pflegte.

Die Tschechen hatten keine Schwierigkeiten mit unserer Unterbringung. Wir bekamen ein Schloß in Berglage über der Moldau, mit Blick auf gepflegte Dörfer und bewaldete Hügel, wie ein Bildmotiv naiver Maler.

Die Kommunisten waren die stärkste Partei. Das verdankten sie mehr ihrer straffen Organisation und der Besetzung von Schlüsselpositionen in der Regierung (Innenminister Nosek war Kommunist) als der Wählerunterstützung. Vizepräsident war der Führer der KP, Klement Gottwald, aber auch Ministerpräsident Firlinger, ein Sozialist, war für die Einheit mit den Kommunisten. Ein nicht weniger bedeutender, wenn nicht sogar der entscheidende Beitrag zur Stärke der Kommunisten entsprang dem Einfluß der Sowjetunion, der Veränderung der Kräfteverhältnisse im Krieg, in dem die UdSSR den größten Beitrag geleistet und in Osteuropa die Übermacht errungen hatte.

Benesch, Präsident der Republik, genoß ein höheres Ansehen, als wir angenommen hatten. Wir waren nämlich der irrigen Ansicht gewesen, daß Benesch, wenn er unseren „Patrioten" (Anhänger demokratischer Parteien, die sich den Kommunisten angeschlossen hatten) auch nicht gleichzusetzen war, so doch nicht viel mehr bedeutete. Außerdem waren wir überzeugt, sein Ansehen hätte durch seine zaghafte, der Kapitulation zugeneigte Haltung im Jahre 1938 gelitten.

Benesch war der wirkliche Staatschef, wenngleich seine Macht nur begrenzt war. Was sein Verhalten 1938 anging, so machte ihm das kaum ein Tscheche zum Vorwurf, nicht einmal die Kommunisten. Was hätte er denn damals auch tun können, außer sein eigenes Volk in ein aussichtsloses Blutvergießen zu stürzen. Frankreich und Großbritannien hatten ihn im Stich gelassen, trotz der Versprechungen, die sie der Tschechoslowakei gemacht hatten.

Wir Jugoslawen sahen das anders: Man hätte sich schlagen sollen, gar so chancenlos sei das alles ja nicht gewesen, auch unter aussichtslosen Bedingungen sollte man seinen Staat, seine Lebensart verteidigen. Vielleicht haben sowohl die Tschechen als auch wir recht.

Davon abgesehen konnten wir uns der starken Wirkung der Persönlichkeit Beneschs nicht entziehen. Benesch wirkte sanft, weise, in allem gemessen und abgeklärt. Aber nicht etwa weil er, von eher kleiner Statur, schon betagt und bedächtig, sehr kultiviert war und über ein breites Wissen verfügte. Benesch verbreitete mit jeder Bewegung oder beiläufigen Bemerkung einen kultivierten, demokratischen Geist. Das war es, wofür er sich einsetzte, was er gestaltete und dessen Produkt er gleichzeitig war. Viele Sprachen beherrschte er fließend, zum Beispiel war sein Russisch ganz ausgezeichnet, sehr viel besser als bei Tito oder mir. Er besaß auch eine hohe musikalische Bildung. In der Vorstellung von Smetanas *Die verkaufte Braut* scherzte er, diese Oper hänge ihm zum Halse heraus, weil sie immer bei festlichen Anlässen gespielt werde, so daß er sie nunmehr zum hundertsten Mal höre und es ihm auffalle, wenn auch nur eine einzige Note ausgelassen oder falsch gespielt werde.

Es war ihm dennoch Resignation anzumerken, die er durch untergründigen Zynismus kompensierte, besonders wenn es über die Politik im allgemeinen, nicht über konkrete politische Fragen ging. Als ihm jemand Zigaretten anbot, winkte er mit der Bemerkung ab: „Ein Gift reicht aus – die Politik." Er rauchte und trank nicht, sogar mit dem Champagner, mit dem er Tito zuprostete, befeuchtete er nur die Lippen.

In sich gekehrt, nostalgisch über die Unausrottbarkeit der Gewalt sinnierend, versank er in düstere Sorgen um das physische und geistige Überleben seines Volkes. Sein Platz in der Geschichte interessierte ihn dabei nicht. Ich selbst habe mit Benesch nur einige Sätze auf Empfängen und im Theater gewechselt. Dennoch will ich, als Kuriosität, eine seiner Bemerkungen über mich wiedergeben, die der ehemalige tschechoslowakische Botschafter in Jugoslawien, Korbel, später im Exil nach meiner Verurteilung durch das Zentralkomitee wegen „Revisionismus" notiert hatte. Ich kannte den herzlichen und unternehmungsfreudigen Korbel ziemlich gut und meine, daß man ihm hierbei Glauben schenken kann. Benesch soll in etwa gesagt haben: „Dieser Mann wird im Kommunismus als Häretiker enden."

Die farbigste und anziehendste Persönlichkeit in der damaligen politischen Spitze der CSR war Jan Masaryk, der Außenminister, Sohn des Gründers der Republik, Tomáš Masaryk.

Über ihn waren Anekdoten im Umlauf, er war der Liebling aller, sogar der Kommunisten. Und dies – wer hätte es gedacht – mehr wegen seines eigenen Charmes als wegen seines berühmten Vaters. Jan war ziemlich hochgewachsen, kahlköpfig, mit asketischen und übernächtigten Gesichtszügen. Dabei war er in allem maßvoll, außer – wie es der Klatsch wußte – in der Liebe. Obwohl schon an die Sechzig, war er Junggeselle und machte kein Hehl aus seiner Liebe zu den Frauen. Er hatte eine sehr subtile, lebendige Intelligenz, ein großes Wissen über Kultur, vor allem aber war er witzig und ein amüsanter Anekdotenerzähler. Ich habe niemals wieder jemanden getroffen, der mit einer solch spielerisch leichten und unverfänglichen Ausgelassenheit schlüpfrige Geschichten auch bei hochoffiziellen und würdigen Banketten und in Gegenwart höchster Würdenträger vortragen konnte. Man erzählte sich, der britische König habe sich einmal zu einem Empfang, ich glaube zu einer UNO-Tagung in London, verspätet. Irgend jemand witzelte, sicherlich habe Jan Masaryk dem König Anekdoten erzählt – und so war es dann auch! Jan trug immer elegante Kleidung, scherte sich allerdings nicht ums Protokoll – auch zu Empfängen kam er im hellen Anzug.

Während dieses Besuchs Titos in Prag habe ich über Jan Masaryk aus Erzählungen tschechoslowakischer und unserer Kommunisten hauptsächlich von seinen „Extravaganzen" gehört. Erst später, anläßlich des tschechoslowakischen Gegenbesuchs in Belgrad, führte ich auch kürzere Gespräche mit ihm, und es ergab sich die Gelegenheit, ihn etwas näher kennenzulernen. Ich sah in ihm freilich einen „bourgeoisen Demokraten“ in der Tradition seines Vaters, denn zweifellos stand er in dieser Tradition, wenngleich er sich nicht in der masarykschen Partei der Volkssozialisten engagierte und sich auch nicht auf seinen Vater berief. Er vermied es sogar, über seinen Vater zu sprechen, er wollte einfach er selber sein.

Einmal fragte ihn jemand von uns, weshalb er zur Zeit der Präsidentschaft seines Vaters die Tschechoslowakei verlassen habe. Jan antwortete scherzhaft: „Mein Vater – ein Philosoph, Präsident, lebendes Denkmal – er sah mich nur, wenn er mir Geld geben sollte oder wenn ich böse auf ihn war. Ich wünschte mir, von seiner Erhabenheit frei zu sein.“ Jan zog hinaus in die Welt, nach Amerika, und ging allen möglichen Beschäftigungen nach.

Doch Vater ist Vater, auch wenn er Tomáš Garrigue Masaryk heißt, und so sorgte er sich um seinen Sohn und zog Erkundigungen ein. Von der Mutter wurde Jan finanziell unterstützt, obwohl er es gar nicht nötig hatte. Gereift und zur Ruhe gekommen, kehrte er schließlich in die Heimat zurück. Nach dem Tode des Vaters ernannte Benesch ihn zum Botschafter in Washington.

Die Enge meiner kommunistischen Anschauung hinderte mich nicht, zu erkennen, daß Jan Masaryk nicht zu jenen Opportunisten aus den sozialdemokratischen und demokratischen Parteien gehörte, die nur scheinbar (um ihre Anhängerschaft und Privilegien zu behalten) an ihren Prinzipien festhielten, während sie sich bereits den Kommunisten zugewandt hatten. Es war ihm Ernst in der Zusammenarbeit mit Kommunisten und anderen kommunistischen Regierungen. Er war aber auch für die Bewahrung seiner eigenen wie ebenso der tschechoslowakischen Integrität. In einem Trinkspruch sagte er: „Im Westen stellen sie die Tschechoslowakei als eine Brücke zwischen Ost und West dar – wir aber wollen keine Brücke sein: auf Brücken verrichten die Pferde bestimmte Ungehörigkeiten.“ Und in Belgrad, ebenfalls in einem Trinkspruch: „Die Senatoren in den Vereinigten Staaten sind selten außenpolitischen Problemen zugewandt, so daß Geographie ihre schwache Seite ist: Sie haben schon *Czechoslovakia* und *Yugoslovakia, Yugoslavia* und *Czechoslavia* durcheinandergebracht. Das ist schlecht für die Senatoren und für die USA. Wir aber sollten uns wirklich in der Art und in einem solchen Maße verbinden, daß es auch dann, wenn man uns durcheinanderbringt, kein Mißverständnis gibt.“

Jan Masaryk war Verfechter einer Annäherung und Zusammenarbeit mit der Sowjetunion und erst recht mit Jugoslawien. Verbirgt sich nicht hinter der Zuneigung zwischen Tschechoslowaken und Jugoslawen auch so etwas wie ein spontanes Streben nach gegenseitiger Ergänzung zwischen ihrer kultivierten Toleranz und unserem Ungestüm?

In Prag wurde ein weiterer Vertrag über gegenseitigen Beistand (gegen das besiegte und besetzte Deutschland) unterzeichnet. Diese Verträge, so schien mir das damals, hatten in erster Linie deklarative Bedeutung. Wir waren der Ansicht, daß sich darin der unausgesprochene Widerstand gegen die Vorherrschaft der USA zeige – die Amerikaner würden keinen Krieg führen, ehe sie die Deutschen nicht wieder auf die Beine gestellt hatten. Uns war klar, daß solche Verträge die osteuropäischen Staaten um die Sowjetunion scharten, aber wir erkannten nicht, daß es der Anfang war, uns in das sowjetische Imperium einzufügen.

Möglicherweise ahnte Masaryk dies. In seiner Haltung gab es aufrichtiges, begeistertes Interesse für Jugoslawien, während er dem Bündnisvertrag eine bloß formelle Bedeutung zumaß. Benesch hatte sogar gewisse historische Vorbehalte gegenüber dem Vertrag mit Jugoslawien. Gottwald erzählte uns lachend, Benesch habe gemeint: „Ich bin nicht gegen den Vertrag, aber Sie wissen doch, was das für ein Volk ist. Sie brechen leichtfertig einen Krieg vom Zaun – nehmen Sie nur 1914 –, und das kann uns mit hineinziehen."

Jan Masaryk kam während des kommunistischen Umsturzes im Februar 1948 unter mysteriösen Umständen ums Leben. Ob er getötet wurde oder Selbstmord beging, darüber kann und will ich keine Vermutungen anstellen. Über eines bin ich mir sicher: Die Diktatur und die sowjetische Vorherrschaft konnte er weder akzeptieren noch politisch überleben – denn er blieb sich selbst und dem Werk und den Ideen seines Vaters treu.

Ich blieb auch nach Titos Abreise noch in Prag als Vertreter der jugoslawischen KP beim Kongreß der KP der CSR. Ich wohnte im Appartement unseres Botschafters Černej, als Begleiterin teilten mir die tschechischen Genossen eine Studentin zu, die gut Russisch konnte. In meiner Freizeit traf ich mich meistens mit unserem Militärattaché Miladin Ivanović, der in Aussehen und Haltung wie maßgeschneidert erschien, unsere kriegerische Selbstsicherheit zu repräsentieren.

Wie alle Kongresse legaler kommunistischer Parteien, zumal jener an der Macht, hatte auch dieser Kongreß der tschechoslowakischen KP große Publizität. Dem Historiker brächte es keinen Nutzen, und auch den Leser würde es ermüden, wenn ich den Verlauf des Kongresses aus dem Gedächtnis wiedererzählte. Ich werde daher nur bei unbekannten, interessanten Einzelheiten verweilen.

In meiner Nähe wohnte auch Gottwald, und so suchte ich ihn eines Morgens auf dem Weg zum Kongreß auf. Blond, etwas dicklich, mit einer roten Trinkernase und langsamen Bewegungen, erinnerte mich Gottwald an die kleinen Kaufleute und Gastwirte aus dem nördlichen Kroatien und Slowenien. Dazu trug möglicherweise auch sein deutscher Name bei. Seine Wohnung und sein Privatleben bestätigten meinen ersten Eindruck. Im Gespräch und bei öffentlichen Auftritten war Gottwald dagegen lebhaft und scharfsinnig.

Die Einrichtung in Salon und Speisezimmer der Gottwalds war aus aufwendiger Serienfertigung. Nur in den Vitrinen und auf Regalen glitzerte prunkvolles Kristallglas. An den Wänden hingen nichtssagende „sozrealistische" Bilder. Ich will nicht sagen, daß ich schon damals den sozialistischen Realismus als „Theorie" überwunden hatte, ganz sicher aber sträubte ich mich gegen die Schablonen und Banalitäten der sowjetischen Malerei und ihre Nachahmer, von denen es glücklicherweise bei uns nur sehr wenige gab.

Ich fragte Gottwald, warum er sich nicht mit besseren und moderneren Gemälden umgäbe. Er antwortete, daß er solche einfachen, klaren und angenehmen Bilder gern möge, und fügte an: „Mir gefallen diese modernistischen Blödeleien nicht, aber ich bin dagegen, daß sich da die Partei einmischt. Und erst recht bin ich gegen Verbote."

Das Gespräch kam auch auf die Nutzung sowjetischer Erfahrungen. Obgleich ich mich, wie auch die übrigen Genossen aus dem engsten Kreis um Tito, schon damals dem sowjetischen Herumkommandieren und Spionieren mehr instinktiv als bewußt widersetzte, betrachtete ich die sowjetischen Erfahrungen und Formen beim „Aufbau des Sozialismus" immer noch als kostbar und unersetzlich. Gottwald war da anderer Meinung: „Die Sowjetunion ist noch immer ein unterentwickeltes Land. Wir sind ein entwickeltes Land, mit starken demokratischen Traditionen, und bei uns wird der Sozialismus andersartig, höher entwickelt sein."

Aus diesen und ähnlichen Äußerungen läßt sich schließen, daß Gottwald damals, vermutlich mit der Mehrheit in der Parteiführung, nicht geneigt war, die Sowjets zu kopieren bzw. ihrer Führung bedingungslos zu folgen. Die Tschechoslowakei hatte, anders als Jugoslawien, keine Revolution durchgemacht, ihre Parteiführung war daher auch nicht tatkräftig. Sie konnte es gar nicht sein, da sie sich nicht auf eine selbständige, eigene revolutionäre Macht zu stützen in der Lage war.

Beim Kongreß waren in auffälliger Weise Bildnisse von Marx, Engels, Lenin und Stalin angebracht, das war so üblich in Osteuropa. Aber bei diesem Kongreß der tschechoslowakischen KP gab es auch ein ebenso großformatiges Bild von T. G. Masaryk. Den kommunistischen Funktionären war bekannt, daß der alte Masaryk sich bei den Mächten der Entente um die Schaffung eines unabhängigen tschechoslowakischen Staates bemüht und die gegen die Bolschewiken gerichtete Intervention durch ein tschechoslowakisches Korps unterstützt hatte. Dieses Korps hatte man in Rußland aus Deserteuren und Kriegsgefangenen tschechischer und slowakischer Nationalität zusammengestellt. Die Sowjets haben die Masaryk-Porträts offensichtlich nicht beanstandet. Sie wurden damals bei allen Kundgebungen gezeigt und hingen neben dem Porträt von Benesch, auch in den Amtsstuben. Für mich jedoch bedeutete das Herausstellen eines Masaryk-Bildes auf dem Parteikongreß nicht nur ein Zugeständnis an die „bürgerlichen Demokraten“, sondern auch ein Abweichen von der ideologischen Linie. Ich ersuchte Gottwald um eine Erklärung, worauf er mir, mit leicht entschuldigendem Unterton sagte: „Wissen Sie, Masaryks Bild ist deshalb dort, weil er im Bewußtsein der Massen die Schaffung der Republik symbolisiert.“

Wie in anderen europäischen Staaten, die die Rote Armee befreit hat, war auch in der Tschechoslowakei das Innenministerium in den Händen von Kommunisten. Innenminister und Politbüromitglied Nosek hatte jedoch noch keinen eigenen kommunistischen Polizeiapparat aufgebaut. Er war nicht von jenem Schlag wie die damaligen Innenminister auf dem Balkan – gestählt durch Kerker und Untergrundkampf, der Etablierung der neuen, diktatorischen Macht rückhaltlos ergeben. Noch immer auf den alten Polizeiapparat gestützt, gingen die tschechoslowakischen Behörden bei der Sicherung von Titos Besuch in althergebrachter und gewohnter Weise vor: sie verhafteten einfach sämtliche Bürger jugoslawischer Abstammung. Allerdings gab es tatsächlich Leute, die vor dem jugoslawischen Bürgerkrieg geflohen waren (insbesondere aus dem „Ustascha-Kroatien“ in die Slowakei), über die

die Behörden keine ausreichende Kontrolle hatten. Schon in den ersten Tagen unseres Aufenthaltes erhielt Tito eine Menge von Briefen mit Bitten um Intervention gegen die Festnahme von Vätern und Ehemännern. Dabei handelte es sich zumeist um Greise, die sich schon zur k.u.k.-Zeit in der Tschechoslowakei angesiedelt hatten. Tito intervenierte bei den tschechoslowakischen Spitzenfunktionären, die uns erklärten, es handele sich dabei um vorbeugende Festnahmen, welche für die Dauer von Titos Besuch aufrechterhalten würden. Als ich im Gespräch mit Gottwald mehr scherzhaft davon berichtete, erzählte seine Gattin, was ihr in diesem Zusammenhang passiert war. In die Villa Gottwalds kamen Polizisten und erkundigten sich nach einer Jugoslawin. Frau Gottwald fiel aus allen Wolken, dann dämmerte ihr, daß es sich dabei um ihre zweijährige Enkelin handelte. Ihre Tochter war während des Exils der Gottwalds in Moskau mit dem jugoslawischen Emigranten Djurdjev verheiratet gewesen, hatte sich aber inzwischen von ihm getrennt, und so wurde deren kleine Tochter, die bei den Gottwalds in Pflege war, als Jugoslawin registriert.

Auf dem Kongreß der KP der Tschechoslowakei lag die Betonung mehr auf innenpolitischer Festigung denn auf internationalen Beziehungen, mehr im Beharren auf Demokratie und nicht in der Diktatur des Proletariats. Ich verstand das als Taktik, bedingt durch die inneren und äußeren Umstände. Deshalb war ich nicht gegen die Auffassungen, die auf dem Kongreß überwogen, war aber auch nicht gerade begeistert darüber. Bei uns gab es schon eine „Diktatur des Proletariats“, und auch ich war Gefangener der „Vollkommenheit“ des Dogmas.

Im Juni 1947 vertrat ich die jugoslawische KP auch auf dem Kongreß der KP Frankreichs in Straßburg.

Im Eisenbahnzug nach Straßburg trat ein älterer Franzose an uns heran, der erfahren hatte, daß wir Jugoslawen waren, und überschüttete uns mit Unmutsäußerungen wegen der Nationalisierung des Kupferbergwerks Bor, ehedem im Besitz französischen Kapitals, dessen Aktionär unser Franzose offenbar gewesen war. Mit gelassener Ironie erklärte ich ihm, daß wir dabei kein französisches, sondern deutsches Kapital enteignet hätten. Die Franzosen hatten während des Krieges Bor an die Deutschen verkauft und uns auf diese Weise von Peinlichkeiten und Verpflichtungen gegenüber den Franzosen als unseren Verbündeten befreit; die Deutschen für alle Übel dieser Welt verantwortlich zu machen, war damals sogar in Deutschland Mode, von Frankreich gar nicht zu reden. Mein französischer Bourgeois schrie verbittert: „Dieser Idiot Pétain!"

Auf dem Kongreß bekam ich mit dem Politbüromitglied Etienne Faillon näher Kontakt, einem Funktionär mit engen, jedoch festen Ansichten. Den Kongreß beherrschte Thorez durch sein Auftreten und seine kompakte, expressive Ausdrucksweise. Doch er begriff die Veränderung nicht, die durch die Zuspitzung der sowjetisch-amerikanischen Beziehungen entstanden war. Damals war die französische Regierung gerade gestürzt, und die Kommunisten, bis dahin mit an der Macht, kamen in der neuen Regierung nicht zum Zuge. Als ich in einer Pause an Thorez herantrat und ihm Titos Grüße und die Einladung zu einem Besuch in Jugoslawien überbrachte, erwiderte er: „Ja, ja, im Herbst, falls ich nicht in der Regierung bin – ich werde aber sicher in der Regierung sein."

Soviel „Taktierertum" beim Besuch eines Landes, das höchst heldenhaft gegen den Faschismus gekämpft hatte, gefiel mir ganz und gar nicht, aber ich glaubte ohnehin nicht, daß Thorez eine Chance hatte, wieder in die Regierung zu kommen. In Thorez' Haltung – bei einer anderen Gelegenheit besuchte ich ihn auch in seiner Pariser Wohnung – spürte man die Überheblichkeit gegenüber Jugoslawen. Es war, als hätten die französischen Kommunisten in ihrem Verhalten uns gegenüber etwas von der Arroganz und Verachtung des offiziellen Frankreich übernommen.

Auf dem Kongreß in Straßburg wurde die nationale Politik der KPF stark unterstrichen, meiner damaligen Meinung tat mancher des Guten zuviel. Die kommunistischen Parteien West- wie Osteuropas strebten eine Differenzierung zur Sowjetunion an, keine Konfrontation. Wenn die französische KP darin auch nicht die standhafteste war, so war sie meiner Meinung nach die lauteste.

Ich hatte genau dieselben kritischen Vorbehalte gegen die KPF wie die jugoslawische Parteiführung, teils aus Unverständnis, teils aus „revolutionärem" Dünkel. Auf diesem Kongreß jedoch änderte ich meine Meinung, zumindest in bezug auf die Funktionäre in den mittleren Kadern. Kampfgestählt, fest in der Ideologie und opferbereit, unterschieden sie sich kaum von den revolutionären Kommunisten Jugoslawiens. Ich hatte den Eindruck, in einer unserer eigenen einmütigen, vom Führer und der Führung begeisterten Versammlung zu sein, mit dem gleichen jugoslawischen Eifer für Stalin und die Sowjetunion.

Etwas später kam auch Molotow nach Paris, zu einer Konferenz mit den westlichen Außenministern über ein Programm für den Wiederaufbau Europas, das dann als Marshall-Plan bekannt wurde. Ich befand mich noch in Paris, und unsere Botschaft informierte die Sowjets über meine Anwesenheit, so daß Molotow mich einlud, ihn zu besuchen.

Ich blieb auch zum Mittagessen dort. Das Gespräch wurde zum Teil im Salon geführt und nach dem Mittagessen beim Spaziergang im kleinen Park der Botschaft fortgesetzt. Im Salon schalteten die Sowjets stets ein Radio ein, um das Abhören zu stören. Sie mochten zwar die moderne Jazzmusik nicht, meinten aber, sie sei viel wirksamer als die Klassik.

Molotow interessierte sich zunächst für meine Eindrücke vom Kongreß der KPF. Ich legte ihm meine kritischen Gedanken dahingehend dar, daß die französischen Genossen in der Illusion lebten, der amerikanische Imperialismus könne sie nicht an der Rückkehr in die Regierung hindern. Als ich jedoch sagte, daß sie zu sehr auf einer „nationalen Politik" beharrten, korrigierte mich Molotow: „Es ist gut, wenn sie eine nationale Politik führen, nur ist diese Politik nicht mit den Ländern der Volksdemokratie und mit der Sowjetunion abgestimmt." Ich fügte an, daß ich gerade dies gemeint hätte. In der weiteren Unterhaltung über die fehlende Abstimmung zwischen den kommunistischen Parteien im Osten und Westen Europas bemerkte Molotow, daß man eine gemeinsame ideologische Zeitschrift haben sollte. Ich erinnerte daran, daß in Paris bereits *La démocratie nouvelle* von den französischen Genossen herausgegeben werde („Die neue Demokratie", bei der auch ich formell Redaktionsmitglied war). „Aber das ist nicht das!" erwiderte Molotow. „Dort gibt es keine gemeinsame Linie, sondern ein jeder trägt das Seine vor. Gebraucht wird eine ideologische Zeitschrift mit einer einheitlichen Redaktion und mit einheitlichen Stellungnahmen." Dem konnte ich nur zustimmen.

Molotow erkundigte sich kaum nach den Verhältnissen in Jugoslawien, man hatte aber nicht den Eindruck, daß er nicht im Bilde war. Meine Meinung über den Marshall-Plan interessierte ihn, und was ich von einem Beitritt der osteuropäischen Länder zu diesem Plan halte. In Belgrad hatte man dazu nicht Stellung bezogen, jedoch konnte ich aus der Atmosphäre und aus Gesprächen schließen, daß unsere Führung dagegen sein würde, das sagte ich auch. Aber ich war auch dagegen, sich an dem Treffen zum Marshall-

Plan zu beteiligen, um es als Tribunal gegen den amerikanischen Imperialismus als den Unterjocher Europas zu mißbrauchen. Molotow erzählte, er sei anfangs geneigt gewesen, an einem solchen Treffen teilzunehmen, aber das Politbüro habe ihn desavouiert und ihm aufgetragen, eine gänzlich andere Haltung einzunehmen.

Nach meiner Rückkehr nach Belgrad sollte ich als Vertreter der Regierung nach Moskau fliegen, um die Tschechoslowaken, die sich zur Teilnahme am Marshall-Plan bereit erklärt hatten, zu „überzeugen“. Ein sowjetisches Flugzeug stand schon bereit, doch meine Reise wurde im letzten Augenblick abgesagt. Die Tschechoslowaken hatten inzwischen nachgegeben und von ihrem Ansinnen Abstand genommen.

Molotow und Wyschinskij fuhren dann zu einer Cocktailparty oder zu einem Abendessen und nahmen mich im Wagen mit, um mich bei unserer Botschaft abzusetzen. Wir glitten durch die Pracht der Pariser Boulevards, da bemerkte Molotow über den Darlehensvertrag, den die Franzosen gerade mit den USA abgeschlossen hatten: „Die werden das alles in Bordellen und für Luxuswaren ausgeben, und dann – alles wie gehabt.“

In diesen Jahren, besonders 1947, häuften sich die gegenseitigen Besuche der volksdemokratischen Länder. Jugoslawien entfaltete dabei die größte Aktivität. Ich werde mich auf das beschränken, was der Leser in den damaligen Zeitungen nicht finden kann, beziehungsweise was ich als bedeutsam wahrgenommen habe oder woran ich besonderen Anteil hatte.

In der Kontaktpflege mit unserem Zentralkomitee waren die Mitglieder des ungarischen ZK wohl am unternehmendsten. Sie hielten sich mehrmals auch inoffiziell in Belgrad auf. Mit Tito und unserem ZK berieten sie sich sogar über ihre eigene Innenpolitik. Bei diesen Zusammenkünften waren Politbüromitglieder anwesend, zuweilen auch verantwortliche Genossen aus den entsprechenden Bereichen (z. B. Kidrič). Die Treffen fanden meistens im Weißen Schloß statt und wurden mit einem gemeinsamen Mittag- oder Abendessen abgeschlossen. Die Ungarn brauchten Unterstützung und Bestätigung, so wurde Belgrad, bis ins Jahr 1948, für die ungarische Führung gewissermaßen ein „zweites Moskau“.

Diese inoffiziellen ungarischen Delegationen leitete fast ausnahmslos der Parteichef Mátyás Rákosi. Mit ihm kam meist auch Gerö. Üblicherweise setzte sich die Gruppe aus drei oder vier ZK-Mitgliedern zusammen. Erstaunlicherweise benahm sich Rákosi wie ein Hofschranze gegenüber Tito, obwohl er selbst ja auch eine bekannte Figur in der kommunistischen Bewegung war. Im ganzen aber waren die Beziehungen zu den Ungarn sehr gut, ja sogar herzlich.

Neben Tito, Ranković und Kidrič gehörte auch ich der Staatsdelegation an, die am 8. Dezember 1947 Budapest besuchte. Es fiel mir auf, daß Rákosis Rede auf der sehr gut besuchten Massenversammlung ziemlich kühl aufgenommen wurde.

Der ungarischen Regierung gehörten noch die Sozialisten an. Doch obwohl sich die Ungarn an das Protokoll hielten, konnte eine besondere Verbundenheit zwischen den ungarischen Parteiführern und uns nicht übersehen werden. Auch ein inoffizielles Treffen der ungarischen mit unserer Parteiführung fand statt. Ich erinnere mich deshalb daran, weil auch Rajk und Kádár dabei waren. Schon damals sonderten wir Jugoslawen diese beiden als „einheimische" Kader aus, die also nicht als Emigranten aus Moskau gekommen waren.

Kádár war zurückgezogen und schweigsam. Als Vorzug wurde seine Herkunft aus der Arbeiterklasse betont. Er galt als bescheiden und standhaft, aber noch nicht ausreichend „ideologisch" beschlagen. Das wurde im Gespräch mit den anderen Mitgliedern der Parteiführung deutlich, die sich in allen Fragen der Theorie sattelfester als er bewiesen.

Dagegen galt Rajk als ein intelligenter, sensibler und gewissenhafter Funktionär. Auch er war nicht redselig. Einsilbigkeit schien ein eher angeborenes als erworbenes Kennzeichen der damaligen Innenminister in Osteuropa zu sein.

Ranković und Rajk führten in ihrer Eigenschaft als Innenminister gesonderte Gespräche. Diese Verbindung bürgerte sich in gewisser Weise ein. Rajk besuchte Belgrad offiziell. Welcherart war diese Verbindung? Sie enthielt zweifellos etwas Besonderes, sie war mehr als nur ein Austausch von Erfahrungen. Allerdings kann keine Rede davon sein, daß Ranković und Rajk miteinander beratschlagt hätten, wie sie die Sowjetunion „übers Ohr hauen" und Ungarn von ihr trennen könnten. Der spätere Prozeß gegen Rajk war konstruiert und basierte auf Erfindungen. Einen realen Grund gab es jedoch. Rajk lehnte sich ohne Zweifel gegen das sowjetische Kommandieren auf, und wir hatten das gespürt. Möglicherweise könnte Ranković darüber etwas Genaueres sagen. Ich jedenfalls bin der Meinung, daß das Wesentliche darin liegt, daß in Ungarn wie auch in den anderen osteuropäischen Ländern Widerspruch gegen die sowjetische Haltung und Handlungsweise aufkam. Eine Auflehnungsfront, die sich nach und nach um uns sammelte und mit uns verband. Auch Rajk war ein Unzufriedener. Ich habe den Eindruck, daß Tito vor allem über Ranković versucht hat, diese Auflehnung in unserem Sinne zu kanalisieren, das war geeignet, seine Rolle und die Position Jugoslawiens zu stärken. Der Konflikt zwischen Jugoslawien und der Sowjetunion, der 1948 ausbrach, wurde ganz allmählich, von verschiedenen Seiten und in allen Zentren der osteuropäischen Länder hochgeschaukelt. Die sowjetische Führung war nicht willens, ihrer Vorherrschaft zu entsagen, und so blieb ihr nur die Abrechnung als einzige Wahl.

Unsere Beziehungen zu Bulgarien waren niemals von natürlicher Art. Kühler Argwohn wechselte sich ab mit romantischen, kindischen Schwärmereien. Auf unserer Seite gaben Serben und Makedonier diesen Beziehungen Gewicht und Gepräge. Für Kroaten und Slowenen war das ganze Problem weniger spürbar, ihr Engagement entsprechend gering. Tito allerdings bildete eine Ausnahme. Er sah die Bedeutung der Beziehungen mit den Bulgaren sowohl für Jugoslawien als auch für die Beziehungen auf dem Balkan schlechthin. Er hatte überdies eine emotionale Bindung zu Dimitrov, da ja dieser durch die Einsetzung Titos an die Spitze der KP Titos Schicksal, seine Rolle und seinen Aufstieg bestimmt hatte. Die Makedonier, oder vielmehr ihre Kommunisten, waren dabei weniger begeistert und mißtrauischer als die Serben. Sicherlich trug dazu auch die schmerzliche, erniedrigende Erfahrung aus der Revolution mit der bulgarischen KP bei, die, durch ihren Anspruch auf die makedonische KP-Organisation, den Aufstand in Makedonien faktisch lahmlegte.

Diese Beziehungen belastete auch das schwere historische Erbe von vier Kriegen innerhalb eines halben Jahrhunderts (1885, 1913, 1916 und 1941). Das Verhältnis der serbischen Kommunisten und des serbischen Volkes war dazu ambivalent. Man bereute eigene Sünden, zugleich kam man aber nicht über die Verbitterung über die bulgarische Treulosigkeit und die Grausamkeiten während der verschiedenen Okkupationen hinweg. So waren die Serben der Ansicht (und denken vermutlich noch heute so), daß sie zwar den Krieg von 1885 selbst verschuldet haben (die Schlacht an der Slivnica), daß die Schuld am Krieg von 1913 beide träfe, daß aber die Bulgaren – allen Verpflichtungen und „ewigen Freundschaften“

zum Trotz – sie in den tragischsten, schicksalhaftesten Augenblicken der serbischen Geschichte, 1915 und 1941, überfallen hatten.

Eine solche Einsicht, solche Aufrichtigkeit, war bei den Bulgaren nur ausnahmsweise feststellbar, und das noch eher bei den bulgarischen Agrariern als bei den Kommunisten.

Mit der Rückkehr Dimitrovs aus Moskau setzte plötzlich eine Verbesserung der Beziehungen ein, eine Flut von Brüderlichkeit versprach die Feindschaft und Mißverständnisse für immer zu begraben. Die Empfänge beim bulgarischen Gesandten, der kein Kommunist war, ähnelten mehr dem zwanglosen Beisammensein bei „Patrioten" aus der Führung unserer Volksfront als den Partys ausländischer Diplomaten.

Eine bulgarische Staatsdelegation kam am 26. Juli 1947 in Belgrad an. Wichtiger war jedoch die Tatsache, daß die Delegation von Dimitrov angeführt wurde, der in Jugoslawien erhebliche Popularität genoß und auch bei unseren Parteiführern beliebt war.

Ich war beim Willkommensempfang nicht anwesend, ich nutzte meinen Urlaub, um in Slowenien an einem Roman zu arbeiten. Als die bulgarische Delegation nach Bled zur Unterzeichnung von Verträgen einer Zusammenarbeit beider Länder kam, schloß ich mich unserer Führung an. Dimitrov erzählte damals, die Begrüßungen durch die serbischen Bauern auf den Bahnstationen nach Belgrad hätten ihn besonders bewegt. Sie zeigten voller Rührung ihre Freude darüber, daß unter die Zwietracht und das Blutvergießen zwischen den verwandten Nachbarvölkern endlich ein Schlußstrich gezogen wurde. Auch in den Worten Dimitrovs war echte Rührung zu spüren.

In allen Gesprächen in Bled war das Streben nach einer besonderen, unabhängigen Annäherung, nach einer Vereinigung unverkennbar. Niemand dachte natürlich im entferntesten an eine Abwendung von der Sowjetunion, schon gar nicht, daß man davon gesprochen hätte. Doch die Vertiefung in die gegenseitigen Probleme und die lebhafte Bemühung um Lösungen drängten beide Seiten in die Richtung einer Verselbständigung. Da mit Bulgarien noch kein Friedensvertrag existierte, bedeuteten die Abkommen und Freundschaftskundgebungen mit Jugoslawien für die bulgarische Regierung auch einen Schritt zur Erlangung voller staatlicher Souveränität und zur Befreiung aus ihrer Statistenrolle auf diplomatischer Ebene. Diese Abkommen (sowie ein Bündnisvertrag, der später in Evsinograd geschlossen wurde) gaben auf einem Treffen jugoslawischer und bulgarischer Repräsentanten mit Stalin im Februar 1948 Anlaß zur allerheftigsten Kritik von seiten Stalins.

Die Bulgaren waren überrascht und auch begeistert von dem, was sie in Jugoslawien zu sehen bekamen – sogar in unseren Fabriken, so daß Tito in seinem Kreis meinte: „Es ist gut, daß sie das sehen; sie sollen nicht denken, wir hätten überhaupt nichts."

Bei einem inoffiziellen Gespräch kam es zu einer Plänkelei zwischen Dimitrov und Lazar Koliševski, wobei ich (der Leser kann sich das sicher vorstellen) Koliševski unterstützte. Sowohl offiziell als auch formlos hatte man über eine künftige Vereinigung, eine bulgarisch-jugoslawische Förderation beraten. Dabei verstand es sich, ohne daß darüber gesprochen worden war, von selbst, daß der bulgarische Teil Makedoniens, die Pirin-Region, an Makedonien angeschlossen werden müsse. Mich ritt der Teufel, ich provozierte Koliševski zu der Frage, weshalb man denn mit dieser Eingliederung bis zur Vereinigung Bulgariens und Jugoslawiens warten müsse, da wir doch alle den makedonischen Charakter der Pirin-Region anerkannten. Ich fügte hinzu, daß ein solcher Anschluß dem Geist der marxistischen Betrachtung der nationalen Frage entspräche, und es sei das sicher auch ein guter Auftakt zur Vereinigung Bulgariens und Jugoslawiens.

In die Enge getrieben und von unseren Argumenten verwirrt, reagierte Dimitrov nervös: „Das können wir jetzt nicht – die Bourgeoisie würde das ausnützen." Diese Antwort wirkte auf Koliševski und mich wie ein rotes Tuch, gegen das anzustürmen die Pflicht eines jeden bulgarischen Kommunisten wäre. Als der Disput sich zuzuspitzen begann, kam Tito herein und setzte dem ein Ende: „Es ist jetzt nicht die Zeit, darüber zu reden." Dabei ging Dimitrov in der „makedonischen Frage", das heißt in der Anerkennung der Eigenständigkeit der Makedonier, von allen Bulgaren am weitesten, wenngleich nicht klar wurde, ob das seiner echten Überzeugung entsprang, oder ob es von seinem Wunsch nach einer Annäherung mit den Serben und mit Jugoslawien diktiert war. Dabei ist zu bedenken, daß seine Mutter Makedonierin und seine erste Frau Serbin war. Entscheidender war freilich mehr das Erbe aus den sozialistischen Bewegungen des Balkans vor dem Ersten Weltkrieg, die sich für die Schaffung einer Balkan-Konföderation eingesetzt hatten.

Dimitrov träumte von der Verwirklichung der Ideale seiner Jugendzeit. Doch das Jahr 1948, in dem die Sowjetunion über Jugoslawien herfiel, machte alles zunichte.

Im Herbst 1948, auf dem Kongreß der bulgarischen Partei, konzentrierte Dimitrov seine Kritik auf mich und Koliševski, nicht auf Tito. Das wird wohl eher Ausdruck seines Schwankens und der Hoffnung auf eine Kompromißlösung durch das Opfern „nebensächlicher“, exponierter Funktionäre gewesen sein, als eine Animosität wegen des Streites in Bled über den Anschluß der Pirin-Region an Makedonien.

Als wir am 26. November 1947 zum Gegenbesuch nach Sofia kamen, sah das nicht nach einer Begegnung zweier Staatschefs aus, sondern wie die langersehnte Verschmelzung zweier verwandter siegreicher Bewegungen. Auch die Bulgaren wollten sich uns gegenüber großtun. Sie fuhren mit uns nach Varna und zum Königsschloß in Evsinograd am Schwarzen Meer. Dort wurde der schon genannte Beistandsvertrag unterzeichnet. Unterwegs grüßten die bulgarischen Bauern Tito herzlich, so wie die serbischen Bauern Dimitrov begrüßt hatten. Gerade in diesen Beistandsvertrag, wenn ich mich recht erinnere, sollte eine Klausel über „ewige Freundschaft“ hineinkommen. Sie weckte in uns die Erinnerung an die „ewige Freundschaft“, die einst zwischen dem Königreich Jugoslawien und dem Kaiserreich Bulgarien paraphiert wurde und deren „Ewigkeit“ kaum das Trockenwerden der Tinte überdauerte. Eine solche Klausel wäre auch in diesen Vertrag hineingerutscht, hätte nicht Moskau mit dem Vorschlag interveniert, die Dauer auf 20 Jahre festzusetzen. Mit einer halbwegs scherzhaften Reminiszenz an die königlichen „Ewigkeiten“ wurde sie also verworfen, ohne Einwand von bulgarischer Seite. Bald nach dem Bruch zwischen Jugoslawien und Moskau kündigten die Bulgaren diesen und andere Verträge. Die kommunistische „Ewigkeit“ erwies sich keineswegs beständiger als die königliche.

Auch die Innenminister Jugov und Ranković „tauschten Erfahrungen“ des Kampfes gegen den Klassenfeind und über die gemeinsamen Gegner aus. Beim Abschiedsbankett hatte Tito etwas mehr als üblich getrunken, so daß die herzlichen Umarmungen auf dem Bahnsteig mit Dimitrov, mit Dimitrovs Frau und anderen kein Ende nehmen wollten.

Der Delegation, die am 18. Dezember 1947 Bukarest besuchte, gehörte ich nicht an. Aber Ranković hat mir erzählt, daß die sowjetischen Vertreter vor Neid erblaßten, als bei Schneeregen und Matsch Hunderttausende in einer Massenversammlung Tito zujubelten. Mißgunst und einen dumpfen Unmut spürte man bei sowjetischen Vertretern auch während unseres Besuches in Ungarn. Die Auflehnung in Osteuropa gegen die sowjetische Herrschaft suchte und fand in Jugoslawien ihr Ventil.

5. Gründung eines „Informationsbüros" der kommunistischen Parteien in Belgrad und verstärkter Zwist unter den Bruderparteien

Die Idee vom Erfahrungsaustausch und einer Abstimmung der Aktionen der kommunistischen Parteien kam des öfteren auf, besonders bei Begegnungen zwischen osteuropäischen Führern. Der Auslöser dafür war eher die Zuspitzung der Beziehungen zwischen dem „Kapitalismus" und dem Lager des „Sozialismus", bzw. zwischen den USA und der UdSSR. Die ideologische „Identität" der kommunistischen Regierungen war da vergleichsweise sekundär. Niemand war dafür, die Komintern wiederzubeleben, Stalin hatte sie 1943 aufgelöst, um die staatliche, imperiale Position der UdSSR zu stärken. Darüber war ganz allgemein bei der Begegnung Stalins mit Tito und Dimitrov gesprochen worden, als im Juni 1946 eine jugoslawische Delegation in Moskau weilte. Die künftige Organisation sollte, so die vorherrschende Meinung, informativen Charakter haben. Auch die Gründung von *La démocratie nouvelle* in Paris lag auf dieser Linie, Molotows Gespräch mit mir in Paris war ein weiterer Schritt in jene Richtung.

Den endgültigen Beschluß über ein Treffen zur Gründung eines Informationsbüros der kommunistischen Parteien (Kominform) fällte die sowjetische Führung, zwar ohne unmittelbare Konsultationen, doch mit unstreitiger Zustimmung aller.

Als Vertreter der KP Jugoslawiens starteten Kardelj und ich Ende September 1947 mit einem Sonderflugzeug nach Wroclaw (früher Breslau). Es war wolkig, aber es regnete nicht. Ein Vertreter des polnischen ZK, Berman (untersetzt, von groben Gesichtszügen und schweigsam), empfing uns. Wir mußten allerdings an die zwei Stunden draußen auf dem Flugfeld warten. Die Geheimhaltung erlaubte es nicht, daß wir uns im Salon des Flughafengebäudes hinsetzten; der erwartete Wagen kam und kam nicht. Wir begannen auch zu witzeln, so daß Berman nach Entschuldigungen suchte, für die Organisation seien leider die sowjetischen Genossen verantwortlich.

Das Treffen fand im Luftkurort Szklarska Poręba (früher: Schreiberhau) statt; den Namen dieser Ortschaft erfuhr ich erst später, weil man ihn uns nicht genannt hatte und wir auch nicht danach fragten, würdevoll die Konspiration wahrend. Wir fuhren etwa drei Stunden durch gepflegte Reihendörfer und jungen Nadelwald. Die Delegationen wurden in einer kleineren Pension untergebracht (es war das Erholungsheim des Staatssicherheitsdienstes). Dort wurde die Tagung im Restaurant abgehalten. Ringsum gab es kleinere Gebäude, aber ich weiß nicht, wer in ihnen untergebracht war. Neben der Pension befand sich eine kleine Wiese, auf der die Delegierten in den Pausen zwanglos plaudernd spazierengingen.

Die sowjetische KP vertraten auf der Tagung Schdanow und Maljenkow, die bulgarische Tschervenkov und Poptomov, Rumänien war durch Pauker und Dej vertreten, die ungarischen Sprecher waren Farkas und Révai, die polnischen Gomulka und Minc, die tschechoslowakische KP war durch Slánský und Baštovánsky repräsentiert, aus Italien waren Longo und Reale gekommen, und aus Frankreich Duclos und Paillon. Kardelj und ich vertraten Jugoslawien.

Die Beratungen dauerten sieben volle Tage. Der einleitende Bericht über die internationale Lage wurde von Schdanow erstattet. Jede der Parteien hielt durch einen ihrer Repräsentanten (die jugoslawische KP durch Kardelj) ein Referat über ihre Situation und ihre Arbeit. Maljenkow referierte über die Lage der sowjetischen Partei. Er hob hervor, daß der sowjetischen KP nunmehr der Übergang vom Sozialismus zum Kommunismus bevorstehe und es, im Zusammenhang damit, interessant und wichtig werde, die utopischen Sozialisten zu studieren. Alle Delegierten, mit Ausnahme der Franzosen, sprachen Russisch. Es gab keine Simultanübersetzung, und da wegen der Franzosen die Ausführungen gedolmetscht werden mußten, zog sich die Arbeit in die Länge und komplizierte sich, zumal der sowjetische Dolmetscher die politische Problematik und Terminologie nicht beherrschte, so daß Schdanow und ich ihn ständig korrigieren mußten. Schließlich übernahm Minc das Dolmetschen.

Die Tagesordnung war nicht im voraus abgestimmt worden. Die Referate mußten über Nacht und frühmorgens redigiert werden, so daß die Delegationen, besonders unsere, die auch eine Kritik der französischen und italienischen KP vorbereitete, unter Zeitdruck standen. Schon vor der Diskussion wußte man um die Unstimmigkeiten, insbesondere jene mit den Franzosen und Italienern. Man hatte nämlich die KPF und die KPI aufs Korn genommen, wegen „parlamentarischer Illusionen", wegen Unterschätzung der „Aggressivität" der USA und einer zu schwachen Unterstützung der Sowjetunion und der „Volksdemokratien".

Bereits im Referat Schdanows war diese Kritik angeklungen, ohne daß er die französische und italienische KP beim Namen nannte. Es genügte schon, daß Schdanow zwischen dem „Kapitalismus" und dem „Sozialismus" eine scharfe Trennungslinie zog, wobei er die USA der Erpressung und der Vorbereitung eines Angriffskrieges bezichtigte. Die konkrete Kritik an der französischen und italienischen KP aber fiel uns zu – die erstere mir, die letztere Kardelj. Noch bevor Duclos und Longo ihre Berichte begannen, hatten wir Schdanow und Maljenkow über unsere beabsichtigte Kritik an der KPF und KPI informiert. Wir wurden von beiden ermuntert. Schdanow konnte es kaum erwarten: „Man muß sie kritisieren!"

Auch sonst arbeiteten wir am engsten mit den Sowjets zusammen – wir saßen gleich neben ihnen, besprachen uns durch Flüstern oder mit Zettelchen. Ana Pauker konnte nicht widerstehen, diese besondere Verbundenheit der Jugoslawen und der Bolschewiken beim Pausenplausch zu kommentieren: „Außer der sowjetischen und der jugoslawischen Partei haben die übrigen Parteien ja eigentlich nichts Besonderes, womit sie Lob ernten könnten."

Kardeljs Kritik an der italienischen KP war konkreter und tiefer als meine Kritik der KPF, denn meine Kenntnis der Verhältnisse in der französischen Partei war, obgleich größer als die Kardeljs, nur oberflächlicher Natur. Sie reichte gerade zur Einfügung in das Schema, das Schdanow formuliert hatte. Doch weder meine Oberflächlichkeit noch Kardeljs Radikalität waren Grund dafür, daß Duclos meine Kritik zornig zurückwies, Longo aber Kardeljs Kritik akzeptierte. Im Gegensatz zu den italienischen Kommunisten waren ihre französischen Genossen überheblich und selbstsicher. Duclos war ohnehin nicht durch die sowjetische „Schule der Kritik und Selbstkritik" gegangen – er hielt sich nur zeitweilig in der Sowjetunion auf. Seinen angestauten Unmut über dieses Treffen und auch über die sowjetischen Delegierten ließ Duclos an mir aus. Vor Beendigung der Tagung schwächten Schdanow und Maljenkow ihre Stellungnahmen ab, um die Franzosen nicht zu sehr zu attackieren.

Longo nahm dagegen die Kritik an, ohne Beunruhigung, in diplomatischer Sprache. Obendrein besuchte er (zusammen mit Reale) Kardelj und mich auf unserem Zimmer und akzeptierte auch Kardeljs Einwand, die Presseorgane der KPI brächten fast nichts über Jugoslawien. Wir trennten uns voller Verständnis füreinander, jedoch die Herzlichkeit jener Zeit der Illegalität und des Krieges war verflogen.

Auch später pflegten wir lebhafte Kontakte mit der KP Italiens. Togliatti hatte sich nach dem Krieg drei- oder viermal in Belgrad aufgehalten. Mit ihm wurde, dank seiner großen Geschmeidigkeit und Titos Pragmatismus, stets eine beiderseits akzeptable und vernünftige Übereinkunft erzielt. Auch Anfang 1948, unmittelbar vor den Wahlen in Italien, waren zwei Mitglieder des italienischen Zentralkomitees in Belgrad. Wir konnten uns über alles, was die gegenseitigen Beziehungen betraf, einig werden. Doch auf der Eisenbahnfahrt nach Zagreb kam es zwischen ihnen, Kardelj und mir im Salonwagen zu krassen Meinungsverschiedenheiten über die Einschätzung der weiteren Entwicklung in Italien.

Sie wollten uns glauben machen, sie könnten bei den Wahlen die Mehrheit erlangen und dadurch Bedingungen für eine Gesellschaftsordnung ähnlich der jugoslawischen schaffen. Wir äußerten Zweifel an ihrem Sieg und versuchten sie davon zu überzeugen, daß es für eine der jugoslawischen ähnliche Ordnung notwendig sei, die alten Verhältnisse und Klassen in einem bewaffneten Kampf zu zerschlagen; der Terminus „Revolution" war in Jugoslawien noch nicht offiziell eingeführt worden, wenngleich Kardelj und ich der Ansicht waren, daß der Aufstand gegen die Okkupanten tatsächlich eine Revolution gewesen war.

Hatten Kardelj und ich die jugoslawische Erfahrung einigermaßen schematisch auf Italien übertragen, so wurde nicht minder offenbar, daß die italienischen Genossen sich in der Illusion wiegten, sie würden die Macht auf friedlichem, parlamentarischem Wege erringen. Allerdings bezieht sich diese Betrachtung nicht auf die heutige „eurokommunistische" KPI, weil sich die Verhältnisse in Europa und in der Welt und auch die KP Italiens selbst seither wesentlich verändert haben.

Zu den Ausführungen der Franzosen und Italiener gab es auch Zwischenrufe (meistens von Schdanow) bezüglich ihrer Illusion, sie könnten in der Regierung bleiben, ihrer Fehleinschätzung des Parlamentarismus. Zwischen der ungarischen und der tschechoslowakischen Delegation brach ein Streit aus, die Ungarn erhoben Anklage gegen die Tschechoslowaken wegen der Verfolgung und

Vertreibung ungarischer Minderheiten. Dabei hoben sie auch auf drastische Fälle ab, wie die Vertreibung ehemaliger Kämpfer auf der Seite des republikanischen Spaniens, von Mitgliedern der KP und der Kommunistischen Jugend aus der Tschechoslowakei. Hierfür fanden die Ungarn die Unterstützung der übrigen Delegationen. Auf der Tagung wurde eine ausführliche Diskussion darüber vermieden, in den Gängen jedoch sprach man unverblümt davon. Insbesondere Kardelj und ich zögerten nicht, den Tschechoslowaken eine Lektion in Internationalismus zu erteilen.

Das einzige wirkliche, ideologische Zerwürfnis kündigte sich in den Ausführungen Gomulkas an. Nachdrücklich hob er einen „polnischen Weg zum Sozialismus" hervor. Eine Idee, die den Jugoslawen nicht einmal am Anfang ihres Konfliktes mit den Sowjets in den Sinn kam. Wir lehnten überwiegend die sowjetische Vorherrschaft aufgrund von falschen Anschuldigungen ab, nicht jedoch die sowjetische Form des Sozialismus selbst. Gomulka brachte auch Vorbehalte in der Frage der Kollektivierung der polnischen Landwirtschaft zum Ausdruck. Während er diese Idee darlegte, brummte Kardelj laut genug vor sich hin, daß es Schdanow, der neben ihm saß, hören konnte: „Ein polnischer Weg zum Sozialismus – und dabei hat die Rote Armee sie befreit!" Jedoch wurde auch diese Idee Gomulkas auf der Tagung nicht ausführlich und direkt angefochten, das wurde wiederum in den Wandelgängen besorgt, und auch hierbei, versteht sich, blieb unser Eifer nicht aus.

Schdanow und Maljenkow konnten zufrieden sein mit der Haltung der jugoslawischen Delegierten, denn sie unterstützten sie vorbehaltlos, obwohl bereits Meinungsunterschiede und Zwistigkeiten zwischen unseren Ländern schwelten. Die Beschlüsse dieser Gründungstagung des Informbüros wären, glaube ich, auch dann nicht anders ausgefallen, wenn wir Jugoslawen eine selbständigere Haltung eingenommen hätten. Auf dem Papier machten die Beschlüsse die Gleichberechtigung der Parteien ja nicht streitig. Doch die Atmosphäre und die Beziehungen wären ohne Zweifel anders gewesen. Die sowjetischen Vertreter wären nicht derart selbstsicher aufgetreten, und die anderen – besonders die Polen, Franzosen und Italiener – hätten die Unterstützung einer Partei gehabt, deren Prestige durch die Revolution gefestigt war, die sie selbst in die Tat umgesetzt hatte.

Die sowjetischen Repräsentanten erwiesen der jugoslawischen Delegation besondere Aufmerksamkeit, obwohl sie uns in ihren

Referaten nicht ganz so lobten, wie unsere Partei das verdient hätte. Die Verhältnisse waren derart, daß Jugoslawien eben als der jüngere, aber verdienstvollste Partner der UdSSR auftrat. Das reichte damals aus, der „jugoslawischen" Eitelkeit und unseren Ansprüchen zu genügen.

Später, nach Ausbruch des Konflikts, wurde in der jugoslawischen Führung die Gründung des Informbüros und erst recht seine Unterbringung in Belgrad als diabolischer Einfall Stalins im Rahmen seiner Absichten beurteilt, Osteuropa, besonders aber Jugoslawien, zu versklaven. Mir scheint es heute, daß diese Betrachtungsweise nicht ganz richtig ist.

Zweifellos wollte Stalin durch die Errichtung der Kominform in den osteuropäischen Ländern und in jenen kommunistischen Parteien, die im Westen einen bedeutenden Einfluß ausübten, wie KPF und KPI, Disziplin und Gehorsam etablieren. Am Rande war die Rede davon gewesen, einige weitere Parteien einzuladen – die britische, die albanische, sowie die griechische, die damals einen Bürgerkrieg führte. Aber die sowjetischen Vertreter schoben das beiseite, ohne näher darauf einzugehen.

Mir ist wirklich heute noch nicht klar, warum die Albaner nicht eingeladen wurden, wir waren ja nicht dagegen. Es sei denn, die sowjetische Regierung betrachtete Albanien als unbedeutend, vielleicht auch als nicht endgültig dem Kapitalismus entrissen. Die Teilnahme der Griechen kam deshalb nicht in Frage, weil man das im Westen als offene und aktive Einmischung in den griechischen Bürgerkrieg hätte auffassen können. Und nachdem diese Begründung stillschweigend akzeptiert worden war, wurde der griechischen KP keine größere Bedeutung zugemessen als den anderen, die man ausgelassen hatte. Die britische Partei aber wurde als zu schwach beurteilt, um mit der französischen und italienischen verglichen zu werden, so daß ihre Anwesenheit nicht das Fehlen anderer Parteien hätte rechtfertigen können. Die Delegierten waren überdies der Ansicht, daß die übrigen Parteien die Beschlüsse des Informbüros unterstützten und sich an die dort eingenommenen Standpunkte halten würden. Diese Einschätzung erwies sich später als richtig. Alles in allem entsprach die Gründung des Informbüros der Interessenlage des sowjetischen Staates.

Die Bestimmung Belgrads zum Sitz des Kominform-Büros war in diesem Augenblick, so habe ich den Eindruck, nicht mit Absichten oder Plänen motiviert, Jugoslawien zu unterwerfen. Ich schließe das vor allem aus dem Verlauf der Diskussion.

Ursprünglich hatte Schdanow Prag als Sitz vorgeschlagen. Es war im Konflikt mit dem Westen der am wenigsten exponierte Punkt und „schwächstes Kettenglied“ im Osten. Das wurde widerspruchslos angenommen. Slanský konnte jedoch diese Verpflichtung nicht übernehmen, ehe er sich mit Gottwald beraten hatte. Da es aber zwischen Szklarska Poręba und Prag keine direkte Telefonleitung gab (eine solche Verbindung hatte man nur mit Moskau hergestellt), fuhr Slanský mit dem Auto nach Prag. Er war den ganzen Nachmittag und die ganze Nacht unterwegs und kehrte am nächsten Tag mit einer halbherzigen Zustimmung Gottwalds zurück. In der Zwischenzeit jedoch hatte Schdanow nachts über die Spezialleitung mit Stalin telefoniert und ihm sicher auch von der schwankenden Haltung Slanskýs berichtet. Stalin beschloß daraufhin, Belgrad solle Sitz des Informbüros werden, was Kardelj und ich sofort akzeptierten, wobei wir unseren Stolz und unsere Begeisterung nicht verhehlten. Dabei war uns klar, daß Jugoslawien damit zusätzlichem Druck aus dem Westen ausgesetzt war und weitere internationalistische Verpflichtungen übernehmen mußte. Belgrad war aber als ein neues, nach Moskau zweitwichtigstes revolutionäres Zentrum anerkannt worden.

Doch auch die Art, wie Stalin seine Entscheidung traf, spricht für meine Vermutung, daß Belgrad nicht deshalb zum Sitz des Informbüros gewählt wurde, um damit später auf Jugoslawien wirksamen Druck auszuüben. Schdanow kam mit dem Vorschlag zur Tagung, Prag als Sitz zu nehmen. Stalin entschied sich für Belgrad, nachdem er vom Schwanken Slanskýs und vermutlich von der uneingeschränkten Unterstützung der sowjetischen Delegation durch die Jugoslawen unterrichtet worden war. Obgleich vorsichtig und zu großer Geduld fähig, konnte Stalin urplötzlich, aus einer Eingebung heraus, Entscheidungen treffen. So wählte er Belgrad, das damals in den Auseinandersetzungen mit dem Westen der exponierteste Punkt war und über die wagemutigste Führung verfügte, die Hartnäckigkeit und betonte Entschlossenheit zeigte.

Auf der Tagung wurde auch die Herausgabe einer Halbmonatsschrift des Informbüros beschlossen. Lediglich der Titel des Blattes, *Für dauerhaften Frieden, für Volksdemokratie,* wurde später bestimmt. Chefredakteur Judin erzählte, diesen Titel habe sich Stalin ausgedacht, mit der Begründung, die „Westler“ würden dann beim Zitieren gezwungen sein, ständig eine aktuelle Parole Moskaus und der Kommunisten zu gebrauchen. Doch diese Erwartung erfüllte sich ebensowenig wie die Erwartungen des Informbüros. Allein wegen der Länge des Titels gebrauchten die westlichen Medien meist die Bezeichnung „das Organ des Kominform“.

Mit uns zusammen flog auch die rumänische Delegation zurück und reiste, ohne Aufenthalt in Belgrad zu nehmen, mit derselben Maschine nach Bukarest weiter. Kardelj und ich trafen uns noch am gleichen Nachmittag mit Tito. Am Abend im Kegelklub versammelten sich etwa zehn führende Genossen am Billard, unter ihnen waren Koča Popović, Gošnjak und Nešković, um sich die Neuigkeiten und unsere Eindrücke anzuhören. Alle waren fast kindlich begeistert, als erneuere sich die „romantische“ Periode in den Beziehungen zwischen den kommunistischen Parteien, als hätten endlich das Blut und die Leiden der Kommunisten und der Völker Jugoslawiens Anerkennung gefunden. Die Einzelheiten unserer Schilderung (es war, wie gesagt, kein formelles Treffen, sondern ein geselliges Beisammensein vor dem Billard) über die Kritik und Selbstkritik aller Parteien, außer freilich der sowjetischen und unseren, löste bei allen Anwesenden unverhohlene Selbstzufriedenheit aus.

Bald danach, am 5. Oktober, wurde auch bei uns, nach Absprache mit den anderen Parteien, die Deklaration der Tagung des Informbüros veröffentlicht. Am 8. Oktober schrieb ich aus diesem Anlaß in der *Borba* einen Leitartikel. Es lohnt sich, daraus ein Zitat anzuführen, um die „jugoslawische“ Ungezügeltheit und Überheblichkeit zu illustrieren: „Die Völker Jugoslawiens können stolz darauf sein, daß ihre Hauptstadt zu dem Ort geworden ist, an dem in Zukunft die kommunistischen Parteien ihre Beratungen abhalten werden und sich über den Kampf gegen die Anstifter neuer Kriege und deren Helfershelfer verständigen. Die Völker Jugoslawiens können stolz darauf sein, daß ihr Land auch auf diese Weise der Aktivität der fortschrittlichsten Kräfte der zeitgenössischen Gesellschaft zum Wohle der werktätigen und friedliebenden Menschheit und der Völker, die um ihre Befreiung vom imperialistischen Joch kämpfen, Hilfe leisten wird.“

Bald kam auch der Vertreter der sowjetischen KP, Judin, nach Jugoslawien. Es waren rechtzeitig Maßnahmen für die Unterbringung des Informbüros und den Druck seiner Veröffentlichungen getroffen worden. Diese Arbeit erledigte hauptsächlich Ranković mit seinem Apparat. Einer der besten und repräsentativsten Prachtbauten, ein ehemaliges Bankgebäude, wurde eigens geräumt und hergerichtet. Wir verstanden die uns anvertraute

Pflicht als „historische Verantwortung“ und erfüllten sie gewissenhaft und treu. Auch die sowjetischen Vertreter hatten keinerlei Einwände.

Zwischen Moskau und Judin wurde eine besondere Telefonverbindung eingerichtet. Nach einem Beschluß der Informbüros Mitte Januar 1948, bei dem die jugoslawische KP von Gošnjak vertreten wurde, da ich mich in Moskau aufhieit, sollte sich die Redaktion aus je einem Vertreter der Mitgliedsparteien des „IB“ zusammensetzen. Faktisch befand sich die Redaktion in den Händen von Pawel Judin, des „besten Philosophen unter den Geheimdienstlern und besten Geheimdienstlers unter den Philosophen“, wie ihn ein Ausspruch charkterisierte, der damals in Moskau die Runde machte.

Doch auch Judin besaß keine größeren Rechte als ein intelligenter technischer Redakteur sie gehabt hätte. Ein Abdruck des IB-Organs wurde per Flugzeug nach Moskau befördert, Stalin und Molotow zur Genehmigung vorgelegt, und kein geringerer als Judins Stellvertreter Olenin wachte in der Druckerei der *Borba* darüber, daß kein Exemplar vor dem Eintreffen der Imprimatur nach außen gelangte.

Jugoslawisches Redaktionsmitglied beim Organ des Informbüros war Boris Ziherl, ich vertrat unsere Partei ja im Informbüro selbst. Ziherl war in journalistischer und erst recht in theoretischer Hinsicht qualifiziert. Aber man kann von ihm nicht behaupten, er sei in den Beziehungen mit den sowjetischen Vertretern ausreichend standhaft und beherzt gewesen. Allerdings waren Festigkeit und Beherztheit auch gar nicht gefragt, und es schien, auf den ersten Blick, als würde das so bleiben. Die Gründung des Informbüros und besonders seine Niederlassung in Belgrad kündigten auch eine Harmonisierung der Beziehungen mit der Sowjetunion an.

Das aber war nur schöner Schein, hervorgerufen durch den ideologischen Zwang zur Gemeinsamkeit, ja zur ideologischen Identität mit der Sowjetunion. Denn die Differenzen und Streitigkeiten „auf der staatlichen Linie“, also bei wirklichen und existentiellen Problemen, setzten sich fort und verschärften sich sogar. An der Oberfläche und in der Presse konnte der damalige Betrachter lediglich eine verstärkte, hektische Unterstützung bemerken, die Jugoslawien der sowjetischen Außenpolitik – den langen und pathetischen Reden Wyschinskijs – angedeihen ließ.

Der dreißigste Jahrestag der Oktoberrevolution verschlang

ganze Ausgaben der Hauptzeitungen und wurde geräuschvoller gefeiert als in Moskau. Den Tag der Jugoslawischen Armee feierte man 1947 noch immer am Geburtstag Stalins, am 21. Dezember, nicht wie später am 22. Doch diese Unmäßigkeit verdeckte nicht nur, sondern enthüllte gleichzeitig auch die Realität.

In diese Zeit fallen Titos Besuche in Budapest, Bukarest und Sofia, bei denen spontane Sympathien des Volkes für Jugoslawien, ja sogar die Hinneigung einiger Führer zu Jugoslawien, zu einer unabhängigeren „jugoslawischen" Position auffallend zum Ausdruck kamen.

Hinter den Kulissen blühte der Klatsch und schürte den künftigen Konflikt durch das Aufbauschen von Geschichten über die Dummheit, Überheblichkeit und Primitivität der sowjetischen Repräsentanten. Der sowjetische Botschafter Lawrentjew war, meist mit gutem Grund, häufiger Gegenstand von Gesprächen und Nachreden hinter vorgehaltener Hand.

Der erste Sowjetbotschafter war Sadtschikow gewesen, er war gleich nach Anerkennung der Regierung Tito-Šubašić ernannt worden und blieb etwas länger als ein Jahr. Ich erinnere mich, daß Kardelj, als die Frage der Ernennung eines Botschafters aufkam, betonte, man solle bei der sowjetischen Regierung darauf drängen, sie möge uns eine Persönlichkeit schicken, die eher ein Parteiarbeiter als ein Berufsdiplomat sei und uns daher in Fragen der inneren Entwicklung und beim Aufbau der Partei helfen könne.

Ich entsinne mich nur nicht, wer dieses Begehren bei den Sowjets vorbrachte – vielleicht Tito, vielleicht aber gerade Kardelj, als er Ende 1944 in Moskau weilte. Und in der Tat, aus dem Apparat des sowjetischen Zentralkomitees wurde Sadtschikow als Botschafter nach Belgrad delegiert. Sadtschikow trug die gerade erst eingeführte Botschafteruniform und hielt, besonders in Anwesenheit der westlichen Alliierten, sehr auf diplomatische Gepflogenheiten. Zugleich aber verfolgte er aufmerksam unsere inneren Verhältnisse und erteilte über die Führer (am häufigsten über Tito oder Kardelj) seine Ratschläge. Er verhielt sich zurückhaltend, war geduldig und nicht aufdringlich. Ich entsinne mich eines seiner bedeutenderen Ratschläge: Im Verfassungsentwurf von 1946 war auch eine Sozialversicherung für die Bauernschaft enthalten, was dann aber mit der Begründung, daß nicht einmal die Sowjetunion sich so etwas leisten könne, aus dem endgültigen Text gestrichen wurde.

Obwohl uns nicht klar war, weshalb Sadtschikow dann abgelöst wurde, hatten wir auch keinen vernünftigen Grund zum Argwohn. Lawrentjew war sogar kontaktfreudiger, ganz besonders beim Veranstalten opulenter Abendessen und Empfänge, und er war auch ernsthaft in der Zusammenarbeit.

Sehr bald wurde jedoch die Veränderung spürbar. Lawrentjew trat vor allem als offizieller Repräsentant seines Staates auf, auch dann, wenn es gar nicht notwendig war. Er beschäftigte sich nicht grundlegender mit den Verhältnissen und Beziehungen, im Gespräch war er wesentlich steifer als Sadtschikow. Er war unfähig, auch nur den kleinsten Einwand zu Lasten der Sowjetunion oder sowjetischer Repräsentanten zu akzeptieren.

Bald fing er an, zwischen den jugoslawischen Führern zu differenzieren und einigen näherzukommen. Die Haltung der Botschaftsangehörigen änderte sich spürbar, sie wurden dienstlicher und verschlossener.

Als ich bei einem Abendessen Lawrentjew die Schwierigkeit der Übersetzung eines russischen Terminus erläuterte, warf er mir ohne Überlegung zu: „Warum nehmen Sie nicht den russischen Terminus?" Scheinbar zum Spaß hänselte er serbische Funktionäre, sie vernachlässigten die „führende Rolle" des serbischen Volkes, während sowjetische Repräsentanten gleichzeitig lebhafte, unklare Kontakte mit Hebrang unterhielten und gegenüber kroatischen Funktionären Anspielungen über die angeblich untergeordnete Rolle Kroatiens machten. Lawrentjew wies darauf hin, wir würden die orthodoxe Kirche unterschätzen; er bemühte sich, die Verbindungen der sowjetischen orthodoxen Kirche mit der serbischen zu beleben. Lawrentjew war ein typischer Vertreter der starren, keinen Widerspruch duldenden und zugleich verängstigten stalinschen Diplomaten. Nach seinem Verständnis, und das entsprach allerdings auch der Wirklichkeit, bestand seine Aufgabe nicht darin, zu verstehen, sondern zu unterwerfen. Er erschien dadurch engstirniger und ungeschickter, als er an sich gewesen wäre. Judin war mit Lawrentjew eng verbunden, das konnte man aus ihren täglichen, offenen Begegnungen und auch ihrem Umgang miteinander auf Gesellschaften und Empfängen schließen. Mit Ausbruch des Konfliktes achtete Judin aber darauf, weder sich noch das Organ des Informbüros zu exponieren. Die Meinungsverschiedenheiten mit der sowjetischen Regierung nahmen gegen Ende 1947 enorme, nicht mehr zu überbrückende Ausmaße an. Im Sturm und Drang der Erfüllung des Fünfjahresplans zog die Führung auch das Volk mit. Ob freiwillig oder unter

Zwang, die Anstrengungen und der Mangel überforderten quälend das Land. Doch dieser Plan, dessen Schöpfer Hebrang war, Kidrič sollte ihn realisieren, war nicht nur überspannt, sondern auch in allen Prämissen unrealistisch. Er war auf eine umfangreiche Hilfe der UdSSR hin berechnet worden, obwohl dafür kein Versprechen vorlag.

Als Hebrang auf einer Sitzung des Politbüros den Plan begründete, waren alle überaus zufrieden, es gab so gut wie keine Diskussion. Nur ich machte eine Bemerkung – daß es unmöglich sei, so viele Kühe und ein derart hohes Milchaufkommen zu haben, da die Rinderzucht im Krieg schwer gelitten hatte und die Kühe ja nur einmal im Jahr kalbten. Diese Bemerkung wurde als Witzelei aufgefaßt, sie war auch halbwegs scherzhaft gemeint, aber Hebrang erwiderte, daß man Kühe aus Holland einführen werde; damit gab ich mich dann zufrieden. Man hatte aus reinem Wunschdenken heraus geplant, nicht nach den tatsächlichen Möglichkeiten und Bedürfnissen. Hebrang hatte sich darin (jeder andere hätte es an seiner Stelle ebenso gemacht) einer allgemeinen Euphorie hingegeben, von der auch die „Fachleute", in ihrer Mehrzahl weniger fachlich qualifiziert als auf der Parteilinie, erfaßt worden waren.

Als ein Beispiel des unbegründeten, um nicht zu sagen dummen Glaubens an die Umsetzung des Plans und die Möglichkeiten Jugoslawiens könnte meine Äußerung im Organ des Informbüros dienen, daß Jugoslawien sich innerhalb von etwa zehn Jahren in der industriellen Produktion auf dem Niveau Großbritanniens befinden werde!

Nachdem der Konflikt mit der Sowjetunion voll entbrannt war, die osteuropäischen Regierungen sämtliche Verträge und faktisch auch die Wirtschaftsbeziehungen mit Jugoslawien abgebrochen hatten, behauptete die jugoslawische Führung, der Plan sei wegen der Blockade durch den Osten gescheitert. Das ist zum Teil richtig, falls man hinzusetzt, daß der Plan ohnehin unrealistisch war und seine Erfüllung mit Kampagnen, manchmal auch mit Zwang vorangetrieben wurde, als stünde das Schicksal des Volkes auf dem Spiel.

Kritisch und unabwendbar war der Mangel an Arbeitskräften. Die Zwangsarbeit als Strafmaßnahme war schon im Januar 1946 abgeschafft worden, weil sie sich als zu teuer und zu wenig effizient herausgestellt hatte. Doch auch sogenannte freiwillige Arbeit war mehr „patriotische Überprüfung" und zeigte keine besseren Ergebnisse.

Eine bedeutende Rolle an den „Schlüsselpunkten" sollten dann die etwa 50000 politischen und anderen Gefangenen, aber auch die über 100.000 deutschen Kriegsgefangenen spielen. Auf einer Reise durch Bosnien, im Frühjahr 1946 oder 1947, sah ich im Romanija-Gebirge Hunderte von Männern, die dort, unterernährt und durchgefroren, bei Waldarbeiten herumtrödelten. Aus dem Gespräch mit ihnen erfuhr ich, daß sie in der Mehrzahl aus Serbien waren. Sie arbeiteten nicht aus Strafe, aber auch nicht als Freiwillige. Sie erhielten keinerlei Bezahlung, obwohl sie bis zu zwei Monaten dort arbeiten sollten. Zu essen bekamen sie undefinierbare, magere, fleischlose Suppen und ein halbes Kilo Mais. Eine derart lustlose und ausgehungerte Mannschaft konnte man, obendrein ohne Bezahlung, unmöglich zu intensiver Arbeit bewegen, selbst wenn eine geeignete, fachmännische Organisation existiert hätte.

Ähnlichen „Freiwilligen" begegnete ich auch anderswo, es gab sie überall in Jugoslawien. Nach der Rückkehr nach Belgrad schilderte ich meine Eindrücke den führenden Genossen, am ausführlichsten informierte ich Kidrič. Alle sahen die Nutzlosigkeit einer solchen „freiwilligen" Arbeit ein, aber niemand wußte, auf welche Weise man die gestellten „planmäßigen" Aufgaben hätte verwirklichen können. Bald danach rechneten Kidrič und sein Büro aus, daß diese Form der Arbeit mit Transport, Ernährung, medizinischer Betreuung der Arbeiter usw. mehr kostete, als sie einbrachte. Die „freiwillige" Arbeit wurde abgeschafft. Übrig blieb nur, aus ideologischen und „erzieherischen" Gründen, der freiwillige Arbeitseinsatz für die Jugend und die wirklich freiwillige Arbeit auf lokaler Ebene.

Die irrationale, ideologische Überspanntheit der Ökonomie wurde einigermaßen durch die Hilfslieferungen der UNRRA ausgeglichen, die unsere Regierung – freilich mit Hilfe von Fachleuten dieser Organisation – rationell und wirksam verteilte. Das auffallendste Beispiel für diese Wirksamkeit war die rasche Erneuerung des schwer angeschlagenen Eisenbahnverkehrs. Doch zu der Realisierung der allzu ambitiösen, wirklichkeitsfremden Pläne konnte diese Hilfe nicht wesentlich beitragen.

Unser Beharren auf Planerfüllung, auf rascher Industrialisierung und Modernisierung, wurde von den sowjetischen Vertretern mit trügerischen Versprechungen genährt. Aus sämtlichen Gesprächen auf höchster Ebene in Moskau, zumal aus jenen zwischen Tito und Stalin im Juni 1946, hätte man schließen können, daß die sowjetische Hilfe intensiv und umfassend sein würde. Von alledem wurde in der Praxis nur wenig oder gar nichts verwirklicht. Es verstärkten sich die sowjetischen Bestrebungen, die jugoslawische Wirtschaft in die Hand zu bekommen und Jugoslawien als Agrar- und Rohstoffgebiet zu behalten. Zu der Erkenntnis vom sowjetischen „Egoismus“ jedoch, von der „Dekadenz“ der russischen Revolution, vom sowjetischen Hegemonismus, zum Bewußtsein eigener Besonderheit und davon, daß die eigenen Leiden nur durch eigene Anstrengungen zu überwinden sind, gelangten wir nur sehr langsam, unter Schmerzen, geplagt von Zweifeln und Schwanken.

Kidrič ärgerte sich schwarz und verzehrte sich in seinem Ringen, den Plan zu verwirklichen, obwohl er seine Undurchführbarkeit erkannte. Seine täglichen Geschäftskontakte und Perspektiv-Verhandlungen machten ihm deutlich, daß die wirtschaftlichen Beziehungen mit der Sowjetunion und den übrigen osteuropäischen Ländern anders und ungünstiger waren als jene mit westlichen Ländern, denn sie waren mit ideologischen Verpflichtungen belastet und hatten Fußangeln. Gleichzeitig aber mußte er, das war die auf ideologische Verbundenheit und Identität gegründete offizielle Haltung, die Beziehungen mit dem Osten weiterentwikkeln und pflegen. Die Führung, und so auch Kidrič – ihn hebe ich hervor, weil er die Wirtschaft leitete, deren Entwicklung nicht nur die unermeßlichen Opfer rechtfertigen, sondern auch das Leben sichern sollte – die Führung steckte in einem Dilemma, sie war in Nöten.

Vielleicht hätte dieses Dilemma unserer wirtschaftlichen Schwierigkeiten noch viel länger angedauert, wenn sich die Differenzen in Wirtschaftsfragen mit der sowjetischen Regierung nicht mit „ideologischen“ und politischen Meinungsverschiedenheiten verflochten hätten. Durch das Selbstbewußtsein, das sich aus der eigenen Revolution entwickelt hatte, konnten und wollten wir stumme Gehorsamkeit nicht hinnehmen: Im engsten Führungskreis breiteten sich Widerspruch und Unmut aus und formten sich allmählich zu Erkenntnis und Kritik.

Das aber ließ sich nicht mehr verheimlichen, selbst wenn man sich darum bemüht hätte, denn in der Führung und ihrem Umkreis gab es Genossen, die jedwede Kritik an der Sowjetunion, erst recht eine Verselbständigung ihr gegenüber, nicht nur als Abweichung von der Ideologie, sondern als Verrat an der Revolution, Verrat auch am eigenen revolutionären Selbstverständnis betrachteten.

Der Konflikt wurde unausweichlich, niemand war sich indessen seiner Formen und Dimensionen vollkommen bewußt. Keiner suchte nach einem Anlaß, keiner warf mit Bedacht einen Funken in dieses Pulverfaß – alles ergab sich aus den politischen, bilateralen Beziehungen.

Die Differenzen in der jugoslawischen und sowjetischen Politik gegenüber Albanien wurden schließlich zum Auslöser.

Das Nachkriegsverhältnis zwischen Albanien und Jugoslawien wird in Belgrad und in Tirana bis zum heutigen Tag unterschiedlich, sogar gegensätzlich interpretiert – entsprechend den ideologischen und staatlichen Kontroversen. Man hört auch die Meinung, Belgrad habe sich gegenüber Albanien ähnlich verhalten wie Moskau gegenüber Belgrad. Dieser Vergleich ist klischeehaft und oberflächlich, das Problem ist viel komplexer.

Soweit mir bekannt ist und soviel ich aus veröffentlichten Unterlagen entnehmen konnte, ähnelten die Wirtschaftsbeziehungen zwischen Jugoslawien und Albanien nur rein äußerlich den Beziehungen zwischen der UdSSR und den osteuropäischen Ländern. In beiden Fällen wurden beispielsweise „Gemischte Gesellschaften" gegründet. Jedoch hat Jugoslawien, wenn man alles in Betracht zieht, Albanien mehr gegeben als umgekehrt.

Jugoslawien hat durch eine „Gemischte Gesellschaft" die erste Eisenbahnstrecke in Albanien gebaut (Durrës-Peqin), außerdem einige kleinere Fabriken, es gewährte Albanien auch einen relativ hohen Kredit (zwei Milliarden Lek = 40 Millionen Dollar). Albanien wurden erhebliche Mengen an Getreide geschenkt, als es 1946 unter einer Dürre zu leiden hatte. Und das, obwohl Jugoslawien ebenfalls ein zurückgebliebenes, verwüstetes, hungriges Land war und an allem Mangel litt.

Ein derartiges wirtschaftliches, für Jugoslawien teures und einseitiges Verhältnis wurde nur ermöglicht, weil die Führungen beider Nachbarländer seit dem Krieg den Standpunkt vertraten, daß Albanien und Jugoslawien in einer Konföderation vereinigt werden sollten, mit Albanien als siebter jugoslawischer Teilrepublik. Dann sollte auch das in der Mehrzahl von Albanern bewohnte Gebiet von Kosovo und Metohija dieser Teilrepublik zugeschlagen werden. Man glaubte, damit endlich den territorialen Streitigkeiten und der nationalen Intoleranz ein Ende bereiten zu können. Diese Konzeption veranlaßte Jugoslawien, sich gegenüber Albanien in der Wirtschaft (über die „Gemischten Gesellschaften" und den Handel existierten bilaterale Verträge) selbstlos und großzügig zu verhalten, als handele es sich um eine seiner unterentwickelten Republiken.

Doch gerade das paßte den Albanern nicht, konnte es auch nicht, selbst wenn ihre Unabhängigkeit und Besonderheit nicht gleichsam ihre wesentlichste nationale Charaktereigenschaft wäre. Eine solche zur Vereinigung tendierende Annäherung konnte der sowjetischen Regierung nicht gefallen, die zwar einem kontrollierbaren und abhängigen Jugoslawien ihr Wohlwollen schenkte, nicht aber einem Jugoslawien als unabhängigem, gestärktem Balkanstaat.

Gewiß boten sich den Albanern mit der Herstellung von Beziehungen zu anderen Staaten Osteuropas, zumal der UdSSR, auch weitergehende ökonomische und erst recht politische Möglichkeiten als die Anlehnung an Jugoslawien. Aber selbst wenn es in Wahrheit anders gewesen wäre, es hätte ausgereicht, den Albanern so etwas anzudeuten, und schon wären ihrer Führung, oder einem Teil davon, Zweifel an der Richtigkeit und Nützlichkeit der Aufrechterhaltung der vorgezeichneten einseitigen Beziehungen mit Jugoslawien gekommen. Wenngleich die Wirtschaftsbeziehungen Jugoslawiens mit Albanien gerechter waren als die der Sowjetunion gegenüber den osteuropäischen Ländern einschließlich Jugoslawiens, mußten sie als solche früher oder später Widerstände in Albanien hervorrufen. Die „Gemischten Gesellschaften", die gewichtige Rolle der jugoslawischen Berater und Fachleute, die jugoslawischen Bemühungen um die Idee der Vereinigung, um eine abgestimmte Entwicklung beider Länder, daneben unüberbrückbare nationale Unterschiede aller Art – das mußte früher oder später zu Reibereien und zu Uneinigkeit führen.

Die Frage von Kosovo und Metohija (heute: Kosovo), einer an Albanien angrenzenden und vorwiegend von Albanern bevölkerten jugoslawischen Region, belastete damals die jugoslawisch-albanischen Beziehungen nicht in akuter Weise. Denn die Führungen orientierten sich an einer Vereinigung beider Länder, wodurch auch diese Frage gelöst werden sollte.

Die Jugoslawen verdeckten hier eine Inkonsequenz, ähnlich den Bulgaren, als diese den Anschluß der Pirin-Region an Makedonien mit der Vereinigung mit Jugoslawien verknüpften. Die albanische Führung hob diese Frage nicht hervor, jedoch muß sie ihr Unterbewußtsein belastet haben, wenn sie ihnen nicht sogar sehr bewußt war, nachdem in den Beziehungen mit Jugoslawien Komplikationen auftauchten.

1947, besonders gegen Ende des Jahres, verstärkte die jugoslawische Führung auf Titos Geheiß und unter seiner Direktive die Aktivitäten gegenüber Albanien in militärischen sowie in Partei- und Wirtschaftsangelegenheiten. Die jugoslawischen Instrukteure waren bemüht, in die albanische Partei und Armee das jugoslawische Erfahrungsmodell hineinzutragen und die nationalen Ökonomien zu verflechten. Die Albaner ihrerseits schienen sich diesen neuen Möglichkeiten und den Vereinigungsbemühungen anzupassen. Der Zusammenschluß mit Jugoslawien war noch immer lebendiges Bewußtsein balkanischen sozialistischen Erbes, es war eine Herausforderung nach dem gerade beendeten Krieg und aktueller Widerstand gegen Pressionen und Interventionen des Westens.

Die sowjetische Regierung hatte niemals Begeisterung über eine Vereinigung unserer beiden Länder gezeigt, wenn sie sich dieser Idee auch nicht widersetzte – bis zum Jahre 1947. Unserem Politbüro war bekannt, daß bereits gegen Ende 1946 der sowjetische Botschafter in Belgrad, Sadtschikow, Vorbehalte gegenüber den jugoslawisch-albanischen Verträgen über Zusammenarbeit zum Ausdruck brachte und die Albaner zu Bedachtsamkeit mahnte.

Anfang 1947 kam es in Wirtschaftsfragen zu offenen Streitigkeiten. Naku Spiro, in Albanien für die Wirtschaft verantwortlich, erklärte sich mit den Verträgen von 1946 über die gegenseitige wirtschaftliche Zusammenarbeit nicht einverstanden. Sicherlich im Zusammenhang damit hielt sich (wohl Mitte 1947) eine albanische Delegation in Belgrad auf, der auch Naku Spiro angehörte, wenn er sie nicht sogar führte. Die Meinungsverschiedenheiten wurden ausgeräumt. Ich bin Spiro damals begegnet, entsinne mich jedoch nicht mehr, aus welchem Anlaß. Ganz offen und ohne Haß oder Verbitterung belegte er mit Zahlen seine Argumente, daß die Wirtschaftsbeziehungen, so wie sie bis dahin projektiert worden waren, für Albanien weder gut noch gerecht wären.

Doch die Schlichtung dieser Differenzen war nur scheinbar, nicht von Dauer. Der Widerstand Naku Spiros setzte sich fort und wurde begleitet von einer mehrdeutigen, kaum verdeckten Kritik durch die sowjetischen Repräsentanten in Tirana, besonders durch Botschafter Tschuwachin, gegen Jugoslawien und gegen eine Stärkung der jugoslawisch-albanischen Beziehungen.

In welchem Maße die ablehnende Haltung Naku Spiros mit den Intrigen des Sowjetbotschafters in Verbindung stand, weiß ich nicht. Es steht aber außer Zweifel, daß beide Aktivitäten gleichzeitig entfaltet wurden. Unsere Führungsspitze war nicht nur darüber informiert, sondern auch selbst in die Vorgänge verwickelt. Schon dadurch, daß auch die Mehrheit im albanischen Zentralkomitee eine Annäherung mit Jugoslawien befürwortete und konkrete Maßnahmen in dieser Richtung unterstützte, ebenso wie Enver Hodscha, obgleich ihm der Mangel an Begeisterung und Unternehmungslust anzusehen war. Ein Grund mehr dafür, daß man Hodscha in Belgrad für einen kleinbürgerlich belasteten Kommunisten hielt und ihm gegenüber betont auf Koçi Dzodze als „Arbeiterkader" hinwies.

Das nervöse und widersprüchliche, aber hartnäckige Vorgehen Naku Spiros gegen die vereinbarten und praktizierten Beziehungen mit Jugoslawien führte, sicher auch unter dem Einfluß jugoslawischer Vertreter, zu einer Zuspitzung der Verhältnisse im albanischen ZK selbst. Naku Spiro wurde aus der Partei ausgeschlossen und abgesetzt. Diesem Beschluß widersetzte sich auch Enver Hodscha nicht, zumindest nicht öffentlich.

Alleingelassen, „nationalistischer Abweichungen" bezichtigt, da er sich der Annäherung zweier kommunistischer Parteien und sozialistischer Staaten widersetzt hatte, beging Naku Spiro – im Herbst 1947 – Selbstmord. Auch in der Belgrader Führung, aber noch mehr in der albanischen, löste seine Verzweiflungstat nicht nur Verwirrung und Unruhe aus, sondern auch ein Gefühl, daß etwas Verhängnisvolles und Unheilverheißendes geschehen sei. Die ideologischen Auslegungen und Abwiegelungsversuche, Spiro sei ein „Schwächling", „Intelligenzler" und „Nationalist" gewesen, halfen da wenig.

Die Organisation des Informbüros und dessen Einrichtung in Belgrad dämpften und glätteten für eine Zeitlang die Unstimmigkeiten, die Intoleranz und Ungeduld zwischen Jugoslawien und der Sowjetunion wegen der albanischen Frage. Als aber der Honigmond des ideologischen Internationalismus' vorbei war, flammten die unterdrückten und kontroversen Bestrebungen in nicht voraussehbarer Heftigkeit erneut auf.

Tito wurde immer nervöser und drängte jetzt auf eine Beschleunigung der Vereinigung mit Albanien. Im engen Kreis machte er aus seinen Befürchtungen kein Hehl, daß „die Russen" uns überrumpeln und sich Albanien „packen" würden. Aus diesem Grund nahm die Vereinigung mit Albanien, anstatt auf Freiwilligkeit beider Staaten zu beruhen, immer mehr die Form einer jugoslawischen Penetration an. Ohne jeden wirklichen Grund, nur unter dem Vorwand, Albanien sei durch die „griechische Reaktion“ und die in Griechenland eingenisteten „Imperialisten“ bedroht, befahl Tito, zwei komplette und vollständig ausgerüstete Divisionen zum Einmarsch in Albanien bereitzustellen.

Wie auch bei unseren anderen militärischen Angelegenheiten in Albanien wurde die Leitung dieser Operation Milan Kuprešanin übertragen, der zu den fähigeren, maßvollen und disziplinierten Generälen zählte. Ich selbst war, in eigenen Angelegenheiten, dabei, als Tito Kuprešanin diesbezügliche Instruktionen erteilte. Es handelte sich um Vorbereitungen. Die Entscheidung selbst stand noch offen. Weder die Vorbereitungen noch die Entscheidung über die Entsendung zweier Divisionen waren im Politbüro oder auch nur im engsten Kreis um Tito (Kardelj, Ranković und ich) erörtert worden. Nur Ranković war mit allen Details vertraut, da ein erheblicher Teil der Arbeit, wie Nachrichtendienst, zwischenparteiliche Kontakte und Auswahl der Kader ihm zufiel.

Eingeweiht waren gewiß auch führende Genossen in der Armee wie Gošnjak, Koča Popović und Vukmanović-Tempo. Nur wenige konnten ahnen oder wußten gar Bescheid, worum es ging. Die These von der „Rettung“ und „Verteidigung“ Albaniens war auch für die engeren Führungskreise offiziell bestätigt worden. Ich möchte aber hinzufügen, daß ich kein ruhiges Gewissen dabei hatte. Eine Unterwerfung Albaniens war unvereinbar mit der Lehre von der freiwilligen Vereinigung und Selbstbestimmung der Völker.

Allerdings war dies nicht das erste Mal, daß die Wirklichkeit die Theorie „korrigierte“. Es war nur ein neuer, sehr dramatischer, es war unser eigener Fall einer solchen „Korrektur“. Andererseits war auch der Gedanke nicht angenehm, die Sowjetunion könnte die Kontrolle über Albanien erlangen, uns dadurch „einkreisen“ und die Vereinigung Albaniens mit Jugoslawien verhindern. In meinen Betrachtungen und Zweifeln, das war mir klar, konnte ich nirgendwo eine Unterstützung finden, und so mußte ich eben mit meinen Bedenken selber fertig werden. Ich hatte das Gefühl, daß dieser Coup gar nicht gelingen könnte, Tito war unruhig, alles wurde in größter Hast geplant. Der Zeitpunkt für solche Maßnahmen lag außerdem nicht gerade günstig. Denn es war die Zeit des Bürgerkrieges in Griechenland und der Klagen in den Vereinten Nationen gegen Jugoslawien wegen seiner Einmischung in diesen Krieg. Es war die Zeit der intensiven Bemühungen Titos und der Regierung um Annäherung zu den Ländern der Volksdemokratie und um Festigung eines eigenen, vom Sowjetsystem unabhängigen Einflusses in diesen Ländern.

Der Fall Albaniens aber war anders. Selbst wenn die „Russen" und ein Teil der albanischen Führung mit Enver Hodscha an der Spitze nicht darauf kamen, worum es eigentlich ging. In der ersten Ausgabe der Zeitschrift *Albanien-Jugoslawien* (Organ der Gesellschaft für die kulturelle Zusammenarbeit Albaniens und Jugoslawiens) vom 20. Januar 1948 verherrlichte Enver Hodscha Tito und Jugoslawien, hob jedoch auch hervor, Albanien habe sich selbst befreit. Er hatte zweifellos eine Ahnung bekommen, nur „stellte er sich dumm", denn noch hatte er nicht genügend Kraft, noch war ihm eine sowjetische Unterstützung nicht sicher.

6. Reise nach Moskau – Verhandlungen mit Stalin, Bulganin und Mikojan

Ende Dezember 1947 traf aus Moskau eine Depesche ein, in der Stalin verlangte, ich oder jemand anderer aus dem Zentralkomitee solle nach Moskau kommen, damit die Politik der beiden Regierungen gegenüber Albanien abgestimmt werden könne. Die Differenzen wurden immer größer, besonders nach dem Selbstmord von Naku Spiro und der auffälligen Heimlichtuerei der albanischen Führer um Enver Hodscha mit den Sowjets. Funktionäre in Tirana kritisierten mehr oder weniger offen jugoslawische Maßnahmen in Albanien, und zwar mit scheinbar logischen und glaubwürdigen Argumenten, die sich in der Politik schnell finden lassen. Weshalb, so fragten sie, beharrten die Jugoslawen auf „Gemischten Gesellschaften“ in Albanien, lehnten aber solche Gesellschaften für sich selbst ab? Weshalb vermehrten sie ihre Instrukteure in der albanischen Armee und forderten sowjetische für die eigenen Streitkräfte? Wieso seien jugoslawische Fachleute in der albanischen Wirtschaft tätig, während die jugoslawische Wirtschaft sich fremde ausleihen müsse? Wie komme es dazu, daß Jugoslawien, selbst arm und unterentwickelt, auf einmal Albanien Entwicklungshilfe geben wolle?

Es ist nicht klar, weshalb Stalin in seiner Einladung gerade mich zitierte. In meinem Buch *Gespräche mit Stalin* habe ich zwei Vermutungen geäußert: Stalin kannte mich als offenherzigen Mann. Vielleicht wollte er mich aber auch endlich für seine Politik gewinnen, weil ich – im Unterschied zu Hebrang und Žujović, mit denen er bereits rechnen konnte – dem engsten Kreis um Tito schon seit 1937 angehörte, seit seiner Übernahme der Führung der KP Jugoslawiens.

Ich erhielt keinerlei besondere Anweisungen, da ich über die jugoslawisch-albanischen Beziehungen und über die „taktlosen und unverantwortlichen“ Wühlereien der Sowjets in Tirana auf dem laufenden war. Zwei Angehörige der jugoslawischen Armee schlossen sich mir an: Generalstabschef Koča Popović und der

Chef der Rüstungsindustrie, Mijalko Todorović; ihre Anliegen waren Waffenbeschaffung und der Ausbau der Kriegsindustrie. Mit uns reiste auch Vukmanović-Tempo, Leiter der Politischen Hauptverwaltung der Armee, um sich mit den Erfahrungen der Roten Armee in der politischen Arbeit vertraut zu machen.

Wir fuhren also mit der Eisenbahn los – ich glaube, es war am 8. Januar 1948 –, gut gelaunt und voller Hoffnungen, doch auch mit bereits fest umrissenen Ansichten: daß nämlich Jugoslawien seine Probleme auf eigene Weise und überwiegend aus eigener Kraft lösen müsse.

Ähnlichen Auffassungen begegneten wir auch in Bukarest beim Abendessen mit unserem Botschafter Golubović. Ein hoher rumänischer Funktionär teilte unsere Meinung, die Sowjetunion könne beim Aufbau des Sozialismus kein absolutes Vorbild sein. Ein anderer Funktionär widersprach uns, wenig überzeugend, während Ana Pauker, damals rumänische Außenministerin, aufmerksam zuhörte und schwieg, ebenso unser Botschafter. Ich hielt damals wie auch später in Moskau solche Diskussionen für unpassend, weil ich der festen Meinung war, daß der sowjetische Nachrichtendienst jedes einzelne Wort aufzeichnen und womöglich den Sinn des Gesagten verfälschen würde. Doch das Gespräch war in Anbetracht der Klagen und des Interesses der Rumänen nicht zu umgehen, auch nicht wegen der Unbeherrschtheit unserer Delegationsmitglieder, ganz besonders von Vukmanović-Tempo.

Auf unserer ganzen Reise gab es solche Begebenheiten, als wären sie vom Schicksal eigens ersonnen worden, um uns in unserer kritischen Haltung zu bestärken. In Jassy erregte sich der sowjetische Kommandant über den Schmutz in der Stadt, als ob das in sowjetischen Städten nicht noch schlimmer wäre. Unsere sowjetische Begleitung im Zug verhielt sich überraschend unpersönlich, ja sogar reserviert. Die klobigen, pompösen Messinggriffe an den Abteiltüren kamen uns lächerlich vor. Dagegen entsetzten wir uns über die Armut des Waggonputzers, der in seinem winzigen Abteil Legehennen hielt. Und der Anblick der zerstörten, verwüsteten Ukraine erfüllte uns mit Trauer, während wir in dem glitzernden, mit allen Bequemlichkeiten ausgestatteten Wagen der sowjetischen Regierung dahinrollten.

Wenige Stunden nach unserer Ankunft in Moskau – wir erörterten gerade mit unserem Botschafter Vladimir Popović die Neuigkeiten aus Jugoslawien und unsere Chancen bei der Sowjetregierung – wurde uns aus dem Außenministerium telefonisch mitgeteilt, daß Stalin mich zu empfangen wünsche, sofern ich nicht zu müde sei. Was hätte mich denn ermüden sollen bei einer mehrtägigen Fahrt im komfortablen Waggon, beim Lesen und bei Gesprächen in Muße? Doch selbst wenn ich zum Umfallen müde gewesen wäre, auf Stalins Einladung hin wäre ich losgestürmt.

Die Delegationsmitglieder betrachteten mich neidisch und zugleich begeistert. Popović und Todorović schärften mir ein, ihre Fragen nicht auszulassen. In meine Freude über die baldige Begegnung mit Stalin mischten sich Nüchternheit und Bedacht. Die Doppelbödigkeit, in die die jugoslawisch-sowjetischen Beziehungen hineingeraten waren, ging mir die ganze Nacht über, die ich mit Stalin und seinen engsten Mitarbeitern verbrachte, nicht aus dem Sinn.

Man fuhr mich gegen neun Uhr abends zum Kreml. In den Arbeitsräumen befanden sich bereits Stalin, Molotow und Schdanow, der für die Beziehungen zu den ausländischen Parteien zuständig war.

Nach der Begrüßung und den üblichen Fragen nach dem Befinden ging Stalin, sobald er sich an den Tisch gesetzt hatte, zur albanischen Frage über: „Euretwegen bringen sich in Albanien Mitglieder des Zentralkomitees um! Das ist peinlich, sehr peinlich."

Ich stimmte zu, daß das unangenehm sei, und begann zu erklären. Naku Spiro habe sich durch seinen Widerstand gegen die Annäherung Albaniens und Jugoslawiens im eigenen ZK isoliert. Ich hatte diese Ausführungen noch gar nicht zu Ende gebracht, als Stalin überraschend erklärte: „Wir haben keinerlei besondere Interessen in Albanien. Wir sind damit einverstanden, daß Jugoslawien Albanien schluckt!" Dabei griff er mit der rechten Hand in die Luft und führte sie an den Mund, Schluckbewegungen nachahmend.

Ich sah möglicherweise ein wenig verwirrt drein, neigte jedoch dazu, Stalins Worte als einen seiner üblichen drastischen Späße aufzufassen. Erneut fing ich an zu erklären: „Es handelt sich nicht um ein Schlucken, sondern um Vereinigung."

„Das ist ja gerade Schlucken!" warf Molotow ein. Und Stalin, wiederum mit derselben Handbewegung: „Ja, ja, ein Schlucken! Aber wir sind damit einverstanden. Ihr sollt Albanien schlucken, je früher, desto besser."

Die Atmosphäre war ausgesprochen herzlich. Sogar Molotow hatte seine Feststellung als liebenswürdigen Scherz verkleidet. Stalins Schluckgebärden und seine Billigung des „Schluckens" weckten in mir den Verdacht, daß mit unserer Politik gegenüber Albanien irgend etwas nicht in Ordnung sei und sich die Vereinigung mit Albanien nicht problemlos entwickeln werde, wie ja auch der Anschluß der baltischen Länder an die Sowjetunion nicht freiwillig geschah. Aber Stalin holte mich mitten ins Thema zurück: „Und was ist mit Hodscha? Wie ist er Ihrer Meinung nach?" Ich vermied eine eindeutige, direkte Antwort. Stalin aber sprach sogleich die Auffassung der jugoslawischen Führung aus: „Er ist ein Kleinbürger, neigt zum Nationalismus. Ja, so denken wir auch. Anscheinend ist Dzodze dort der standhafteste Mann."

Ich bestätigte das. Und Stalin beendete das Gespräch über Albanien: „Es gibt zwischen uns keine Meinungsunterschiede. Entwerfen Sie doch, im Namen der sowjetischen Regierung, eine Depesche an Tito darüber, und leiten Sie sie mir gleich morgen zu."

Ich war mir nicht sicher, ob ich Stalins ungewöhnlichen Auftrag – ich solle im Namen der sowjetischen Regierung eine Depesche schreiben – richtig verstanden hatte und fragte nochmals nach. Er aber wiederholte seine Aufforderung klar und deutlich. Zunächst fühlte ich mich durch diesen Vertrauensbeweis geschmeichelt. Als ich jedoch am nächsten Tag die Depesche abfaßte, vermied ich alles, was man eventuell gegen Tito und die jugoslawische Regierung ausnutzen könnte. Das Papier wurde durch unseren Botschafter noch am selben Tag der sowjetischen Regierung zugestellt. Sie ist nie abgeschickt worden, wohl deshalb, weil sie Stalins Arglist nicht entsprach. Ich hatte darin gemeldet, ich sei von Stalin empfangen worden und die sowjetische Regierung sei mit unserer Politik gegenüber Albanien einverstanden.

Damit war das Hauptthema abgeschlossen, und das Gespräch begann sich mit Nebensächlichkeiten zu befassen: Es ging um die Unterbringung des Informbüros, Titos Gesundheit und ähnliche Dinge. Ich nutzte die Gelegenheit und warf in einem günstigen Augenblick die Fragen der Ausrüstung der jugoslawischen Streitkräfte und unserer Rüstungsindustrie auf. In dieser Angelegenheit würden wir bei den sowjetischen Vertretern auf Schwierigkeiten stoßen, erklärte ich – wegen „militärischer Geheimnisse". Da erhob sich Stalin und rief: „Wir haben keine militärischen Geheimnisse vor euch! Ihr seid ein befreundetes sozialistisches Land, vor euch haben wir keine militärischen Geheimnisse." Dann ging er zum Schreibtisch hinüber, ließ sich mit Marschall Bulganin verbinden und verfügte knapp: „Hier sind die Jugoslawen, die jugoslawische Delegation. Man soll sie gleich anhören."

Das Gespräch im Kreml dauerte kaum eine Stunde, und so fuhren wir vier – Stalin, Molotow, Schdanow und ich – zu Stalins Villa zum Abendessen.

Beim Essen waren auch Maljenkow, Berija und Wosnessenskij dabei. Als Schdanow und ich in der Vorhalle der Villa die Weltkarte betrachteten, schloß Stalin sich uns an. Offensichtlich behagte ihm, daß ich den von ihm mit Blaustift eingezeichneten Kreis um Stalingrad bemerkte. Stalin fing an, nach Königsberg zu suchen; es fiel ihm ein, daß man es in Kaliningrad umbenennen sollte. Auch um Leningrad herum stieß er auf deutsche Ortsnamen, die aus der Zeit Katharinas der Großen stammten. Er beauftragte Schdanow: „Umbenennen! Es ist abwegig, daß diese Orte heute noch deutsche Namen tragen." Und Schdanow zückte seinen kleinen Notizblock und notierte.

Das Abendessen begann damit, daß jemand – ich glaube, es war sogar Stalin – vorschlug, alle sollten raten, wieviel Grad unter Null die Außentemperatur betrage, und für jeden Grad, um den sich einer irrte, würde er mit einem Gläschen Wodka bestraft. Ich bin kein starker Trinker und riet zum Glück nur um ein Grad daneben, Berija aber um drei. Er sagte, er hätte das mit Absicht getan, um mehrere Wodkas abzubekommen. Unser Spiel mit Kältegraden und Wodkagläsern weckte in mir einen „ketzerischen" Gedanken: Diese Männer da, von denen das Schicksal der Welt abhing, führten ein sinnentleertes Leben. Darin wurde ich noch durch den sichtlichen Verfall Stalins bestärkt: Innerhalb von drei Jahren – das letzte Mal hatte ich ihn im März 1945 gesehen – war Stalin merklich erschlafft und gealtert. Er hatte auch früher gern gegessen, jetzt aber wirkte er direkt gefräßig, als befürchte er, jemand könnte ihm das Essen wegnehmen. Aber er trank bedächtiger und weniger. Es schien, als wären seine Energie, seine Kräfte niemandem mehr von Nutzen, jetzt, da der Krieg vorüber war. Lediglich in seiner Schroffheit und Neigung zum Argwohn, wenn sich jemand mit ihm nicht einer Meinung zeigte, war er der gleiche geblieben, ja sogar empfindlicher geworden.

Das Gespräch wurde zwar von Stalin bestimmt, doch es konnten auch andere im passenden Augenblick ein Thema zur Sprache bringen. Man ging aber in der Regel nicht zu einem anderen Gesprächsstoff über, bevor der vorherige nicht erschöpft war. Die Themen wurden meistens von Stalin in bizarrer Reihenfolge angeschnitten, die Schilderung aktueller Ereignisse und komplizierter Probleme wechselte sich mit dem Erzählen von Anekdoten ab.

Stalin verbarg nicht seine Bewunderung für die Atombombe. „Eine mächtige Sache!" rief er zwei- oder dreimal aus. Seine Äußerung, die Atombombe beeindrucke nur Leute mit schwachen Nerven, ist oft zitiert worden, so als unterschätze Stalin diese Waffe. Man vergißt dabei, daß die Sowjetunion die Atombombe noch nicht hatte, als er diese Bemerkung machte. Ich weiß nicht, ob die Sowjets sie an dem Abend, an dem Stalin derart von ihr schwärmte, schon besaßen. Ich halte es jedoch für sehr wahrscheinlich, daß ihm damals sowohl ihr Geheimnis als auch ihre Gewalt bekannt war. Denn als Kardelj, Bakarić und ich uns einen Monat später in Moskau mit Dimitrov in dessen Moskauer Villa trafen, erzählte er uns, die Sowjetunion hätte bereits Atombomben, und sie seien besser als die amerikanischen. Ich frage mich allerdings, ob sie wirklich schon im Besitz der Bombe waren oder ob sie uns durch die Bulgaren nur einschüchtern lassen wollten.

Als das Gespräch auf Deutschland kam, bemerkte Stalin: „Die ‚Westlichen' werden aus Westdeutschland ihren Staat machen, und wir aus Ostdeutschland den unseren." Dieser Schluß erschien mir logisch und verständlich, hingegen erschien mir die Ansicht Stalins und anderer Sowjetführer vom Juni 1946, als er bei den Gesprächen mit der jugoslawischen und bulgarischen Delegation gemeint hatte: „Ganz Deutschland muß unser werden!", weder begreiflich noch realistisch.

Wir saßen am Ende eines recht langen Tisches, am anderen Ende war das Essen in vorgewärmten Silberschüsseln aufgetragen. Stalin saß allein auf einer Tischseite, rechts von ihm, an der Stirnseite, saß Berija, und wir übrigen aufgereiht Stalin gegenüber. Zu meiner Linken, neben Berija, saß der schweigsame Molotow, rechts von mir Schdanow, dann Bulganin und Wosnessenskij. Schdanow hatte das Thema Finnland angeschnitten. Er erzählte von der Sorgfalt der Finnen bei der Lieferung von Reparationsgütern und der hohen Qualität der gelieferten Produkte. Er schloß mit den Worten: „Wir haben einen Fehler gemacht, daß wir Finnland nicht besetzt haben – es wäre alles erledigt gewesen, wenn wir das getan hätten." Und Stalin fügte an: „Ja, das war ein Fehler – wir haben zuviel Rücksicht auf die Amerikaner genommen, die aber hätten keinen Finger gerührt." Und Molotow meinte dazu: „Ach, Finnland – das ist eine winzige Nuß."

Schdanow fragte mich: „Habt ihr in Jugoslawien ein Opernhaus?" Erstaunt über diese Frage antwortete ich: „In Jugoslawien werden Opern an neun Theatern gespielt." Ich dachte mir zugleich: Wie wenig die über uns wissen, wie wenig die sich für unser Leben interessieren.

Schdanow trank als einziger keinen Alkohol, sondern Orangensaft, und erklärte mir, daß er an einer Herzerkrankung leide. Spöttisch setzte er hinzu: „Ich kann jeden Augenblick sterben, aber auch noch sehr lange leben."

Bulganin und Wosnessenskij schwiegen die meiste Zeit. Als Stalin hervorhob, man müsse dem Lehrerpersonal die Gehälter erhöhen, stimmte auch Wosnessenskij zu; er bejahte ebenso Stalins Frage, ob in dem gerade angenommenen Fünfjahresplan Mittel für den Bau des Wolga-Don-Kanals vorgesehen seien.

Auch ich warf zwei theoretische Fragen auf, zu denen ich dringend Stalins Meinung hören wollte. Die erste bezog sich auf die Unterscheidung von „Volk" und „Nation". In der marxistischen Literatur gab es keine Formulierung, die diesen Unterschied klar definierte, und Stalin galt hier wegen seines Werkes *Der Marxismus und die nationale Frage,* das er vor dem Ersten Weltkrieg verfaßt hatte, als großer Experte.

Als ich das zur Sprache brachte, fiel Molotow ein: „Das ist dasselbe – Volk und Nation."

Stalin aber war nicht einverstanden: „Nein, Unsinn! Das sind verschiedene Dinge! Die Nation – Sie wissen schon, was das ist: ein Produkt des Kapitalismus mit bestimmten Kennzeichen, die Nation umfaßt alle Klassen; das Volk aber – das sind die Werktätigen einer bestimmten Nation, beziehungsweise die arbeitenden Menschen derselben Sprache, Kultur, derselben Bräuche." Auf mein Lob über *Der Marxismus und die nationale Frage* als ein außergewöhnliches, noch immer aktuelles Werk, erwiderte Stalin: „Es ist dort Iljitschs, Lenins Ansicht dargelegt, Iljitsch hat das Buch auch redigiert."

Die zweite Frage bezog sich auf Dostojewskij. Ich hielt ihn seit meiner frühen Jugend für den größten modernen Schriftsteller und konnte mir seine Vernachlässigung in der Sowjetunion nicht erklären, wenngleich ich gegen seine politischen Ideen war. Stalin hatte auch dafür eine einfache Erklärung: „Ein großer Schriftsteller und ein großer Reaktionär. Wir publizieren ihn nicht, weil er auf die Jugend einen schlechten Einfluß ausübt. Aber ein großer Schriftsteller!"

Als wir dann auf Gorkij kamen, stimmte Stalin meiner Ansicht nicht zu, daß *Das Leben des Klim Samgin* Gorkijs bedeutendstes Werk sei, sowohl in methodischer Hinsicht als auch wegen der Intensität der Schilderung der russischen Revolution. Stalin sagte: „Nein, seine besten Bücher sind die, die er früher geschrieben hat, *Das Städtchen Okurov*, die Erzahlungen, dann *Foma Gordjejew*. Und was die Beschreibungen der russischen Revolution in *Klim Samgin* angeht – es gibt darin nur sehr wenig Revolution."

So zog Stalin auch zwei zeitgenössische sowjetische Schriftsteller, darunter eine Frau, vor, als von Scholochow die Rede war. Schdanow zitierte eine Bemerkung Stalins zu einem Band von Liebesgedichten Konstantin Simonows: „Da hätte man nur zwei Exemplare drucken sollen – eins für sie, das andere für ihn!", worauf Stalin leise lachte, die übrigen aber in brüllendes Gelächter ausbrachen. Mit mokantem Unterton erzählte Schdanow, die Leningrader Funktionäre hätten seine Kritik an Soschtschenko so verstanden, daß sie dem Satiriker gleich die Lebensmittelkarten entzogen, und man habe von Moskau aus intervenieren müssen, damit das rückgängig gemacht wurde.

Im weiteren Verlauf des Abends erwähnte jemand, die bleibende Gültigkeit der Weltanschauung von Marx und Engels, worauf Stalin bemerkte, als hätte er lange darüber nachgedacht und wäre womöglich auch ohne eigentliche Absicht zu einer festen Meinung gelangt: „Ja, sie sind zweifellos Gründer gewesen. Aber sie haben auch Mängel. Man sollte nicht vergessen, daß Marx und Engels zu sehr unter dem Einfluß der deutschen klassischen Philosophie standen, besonders von Kant und Hegel. Lenin war frei von solchen Einflüssen." Niemand innerhalb der kommunistischen Bewegung hatte je den Mut besessen, mit einer derart kritischen Einstellung über die Weltanschauung von Marx und Engels zu sprechen.

Auch ich war damals von der Kühnheit und Tragweite dieser Beurteilung tief beeindruckt. Wenn ich heute darüber nachdenke, komme ich zu dem Schluß, daß Stalin sich zu einer solchen kritischen, „revisionistischen" Haltung gegenüber Marx und Engels eher durch seinen Pragmatismus, seine staatsmännische Erfahrung veranlaßt sah als durch rein theoretische Betrachtungen. War die Sowjetunion die führende Macht des Sozialismus, so mußte ihr auch der Vorrang in der korrekten Interpretation der Theorie zustehen, und das bedeutete, Lenin als „richtiger" und „bewährter" als Marx zu betrachten.

Gegen Ende des Abends fragte mich Stalin unvermittelt, warum es in unserem Zentralkomitee keine Juden gäbe. Ich erklärte, bei uns lebten nicht viele Juden, die meisten hätten zur Mittelschicht gehört, Pijade sei der einzige Jude in unserem ZK. Stalin entsann sich: „Pijade, klein, mit Brille? Ja, ich erinnere mich, er war einmal bei mir gewesen. Und was für eine Funktion hat er?" „Mitglied des ZK, Altkommunist, Übersetzer des *Kapital*", erklärte ich.

„Und bei uns im Zentralkomitee gibt es keine Juden!" unterbrach mich Stalin, herausfordernd lachend. „Ihr seid Antisemiten, auch Sie, Djilas, auch Sie sind ein Antisemit!"

Ich begriff, daß Stalin mich provozierte – ich sollte mich über die Juden äußern. Ich lächelte und schwieg; nie war ich Antisemit gewesen, aber ich wollte mich Stalins Antisemitismus nicht entgegenstellen. So ließ Stalin dieses Thema bald fallen.

Der Abend ging nicht zu Ende, ohne daß Berija für Vulgaritäten sorgte. Nachdem man mich genötigt hatte, von der „Pertzowka" (Wodka mit scharfem Paprika) zu kosten, erkärte Berija, mit dem Grinsen eines Fauns, dieses Getränk wirke sich nachteilig auf die Geschlechtsdrüsen aus, wobei er die allervulgärsten Ausdrücke gebrauchte. Stalin beobachtete mich gespannt und war bereit, jederzeit in Lachen auszubrechen, doch meine saure Miene hielt ihn davon ab.

Doch auch ohne diesen Zwischenfall war die Atmosphäre während des ganzen sechsstündigen Abends irgendwie dumpf und angespannt. Etwas stand unausgesprochen im Raum. Ahnungsvoll wartete ich jeden Augenblick auf Kritik an Tito und am jugoslawischen ZK; der Widerstand in mir wuchs, ich wog jedes meiner Worte vorsichtig ab. Wie beiläufig – um im voraus meine Position zu festigen – erwähnte ich einige Male Tito und unser ZK.

Wohl um mich aus der Reserve zu locken, brachte Stalin Persönliches ins Spiel und fragte, weshalb ich denn seiner Einladung von 1946, den Sommerurlaub bei ihm am Schwarzen Meer zu verbringen, nicht gefolgt wäre.

Stalin beendete das Essen mit einem Trinkspruch zu Ehren Lenins: „Trinken wir zur Erinnerung an Wladimir Iljitsch, unseren Führer, unseren Lehrer – unser Alles!"

Wir erhoben uns und tranken in Demut auf unsere Gottheit. Stalin zeigte in seiner Miene eine feierliche Rührung, aber auch Trübsinn war in seinem Gesicht zu lesen.

Zum Abschied – wir waren schon aufgestanden – ließ Stalin den Plattenspieler laufen und versuchte zu tanzen, dem Rhythmus mit Bewegungen seiner erhobenen Arme folgend. Er hörte bald auf und resignierte: „Man ist alt geworden. Ich bin auch schon ein

Greis." – Und seine Gehilfen beeilten sich, ihn mit Schmeicheleien vom Gegenteil zu überzeugen.

Dann ließ Stalin eine Platte einer Koloratursängerin auflegen, deren Gesang von bellenden und heulenden Hunden begleitet wurde. Stalin lachte exaltiert und mit ihm alle anderen, außer mir. Als er mein Mißfallen zu dieser Art Unterhaltung bemerkte, hielt Stalin den Plattenspieler an und meinte beinahe entschuldigend: „Nein, es ist aber doch gut ausgedacht, verdammt gut ausgedacht." Damit ging der Abend bei Stalin zu Ende.

Wir mußten nicht länger als einen oder zwei Tage warten, bis man uns zum Generalstab lud, damit wir unsere Forderungen unterbreiteten.

Bulganin leitete das Treffen, hohe Experten umgaben ihn, darunter auch der Generalstabschef, Marschall Wassiljewski. Zunächst trug ich in allgemeiner Form unsere Wünsche vor, Popović und Todorović begründeten sie dann ausführlicher. Mir selbst erschienen die jugoslawischen Forderungen übertrieben, besonders im Hinblick auf den Aufbau unserer Rüstungsindustrie und Flotte. Darüber hatten wir auch im Zug diskutiert. Da aber alles bereits mit Tito in Belgrad genau abgesprochen worden war, blieb es dabei. Die sowjetischen Offiziere stellten Fragen, vertieften sie und notierten, gaben jedoch keine weiteren Bemerkungen von sich.

Immerhin sah es so aus, als wären die Dinge doch in Bewegung gekommen, zumal Koca Popović und Todorović auch in den folgenden Tagen Besprechungen mit Militärexperten abhielten.

Aber schon nach etwa zehn Tagen kam das ganze zum Stillstand, und die sowjetischen Funktionäre deuteten uns gegenüber an, es seien „Komplikationen entstanden" und wir müßten warten. Wir ahnten, daß es sich um Komplikationen zwischen Belgrad und Moskau handelte.

Nun fingen wir an, in Museen und Theatern, bei Spaziergängen und mit Plaudereien die Zeit totzuschlagen. Dabei vertiefte sich auch unsere kritische Haltung gegenüber sowjetischen Strukturen und der sowjetischen Wirklichkeit. Das waren Vorbehalte, die wir (einige Mitglieder unserer Delegation ganz besonders) in keiner Weise zu verheimlichen verstanden. Allerdings gingen wir nicht soweit, das System schlechthin abzulehnen.

Unsere Begegnung mit hohen jugoslawischen Offizieren und Generälen, die sich in der Sowjetunion zur Ausbildung befanden, trug zweifellos zur „Vergiftung" der Beziehungen mit der sowjetischen Regierung bei. Bei diesem Treffen informierten wir die Offiziere über die Lage in der Heimat. Wir machten sie aber auch darauf aufmerksam, daß man die Erfahrungen der sowjetischen Armee nicht unreflektiert transponieren dürfe, man müsse sich vielmehr bemühen, sie auf unsere Verhältnisse abzustimmen.

Es fielen auch übertriebene und unvorsichtige Äußerungen über den Mangel an Flexibilität in der sowjetischen Armee. Solche Äußerungen sind nur schwer zu umgehen, wenn ein Auseinanderdriften der Partner einmal begonnen hat. Bei einzelnen Offizieren wurde auch Widerstand gegen unsere Anregungen deutlich. Unser Botschafter Vladimir Popović hatte uns schon über das miserable Verhältnis zwischen einigen prominenten jugoslawischen Offizieren untereinander informiert, z. B. zwischen Peko Dapčević und Arso Jovanović, was auch bei dieser Zusammenkunft spürbar wurde. Kurzum, das Treffen hinterließ bei mir einen quälenden Eindruck, nicht nur wegen des sowjetischen Indoktrination auf unsere Leute und deren Auflehnung gegen Intentionen unseres ZK. Man spürte auch, daß in den Reihen unserer Leute, die in der Sowjetunion ausgebildet wurden, der sowjetische Geheimdienst am Werke war.

In dieser Zeit kam der Vertreter des jugoslawischen Außenhandels, Bogdan Crnobrnja, nach Moskau. Er war ein energischer und wendiger Unterhändler. Er wollte, daß ich um eine Unterredung mit Mikojan ersuchen solle, um unseren Forderungen größeres Gewicht und dem Gespräch höhere Geltung zu geben. Neben einer ganzen Reihe von Fragen ging es insbesondere darum, von den sowjetischen Behörden Eisenbahnwaggons aus den sowjetischen Besatzungszonen geliefert zu bekommen. Teilweise waren das sogar Waggons, die die deutsche Wehrmacht beim Rückzug aus Jugoslawien mitgenommen hatte.

Mikojan empfing uns kühl und zeigte seine Ungeduld ganz offen. Als die Rede auf die Waggons kam, fragte er beinhart: „Und wie denken Sie, daß wir sie Ihnen geben – unter welchen Bedingungen, zu welchem Preis?“ Ich antwortete wie mit Crnobrnja abgesprochen: „Sie möchten sie uns schenken!“ Darauf Mikojan, kurz angebunden: „Ich befasse mich nicht mit Geschenken, sondern mit Handel.“

Wir ersuchten auch um eine Änderung des für Jugoslawien schädlichen und ungerechten Vertrags über den Verkauf sowjetischer Filme. Auch das lehnte Mikojan ab, mit der Begründung, es würde einen Präzedenzfall für andere osteuropäische Länder schaffen. Zuvorkommend zeigte er sich nur, als es um jugoslawisches Kupfer ging. Da war er bereit, in welcher Valuta auch immer und im voraus zu zahlen.

Auch wenn wir nicht Freizeit im Überfluß gehabt hätten, wäre es unser Wunsch gewesen, Leningrad zu besuchen – die Stadt der Revolution, der Heimsuchungen, der Schönheit.

Ich suchte deshalb Schdanow auf – erstaunlicherweise konnte man die Reisegenehmigung auf niedrigerer Ebene nicht erhalten. Er wußte schon, weshalb ich kam und erklärte sich in liebenswürdiger Art mit unserem Ansinnen einverstanden. Ansonsten legte er eine auffallende Zurückhaltung an den Tag. Gleichwohl fragte er, was ich von der Erklärung Dimitrovs halte, die dieser anläßlich seines Besuches in Rumänien abgegeben hatte und die in der *Prawda* veröffentlicht wurde (Dimitrovs Standpunkte wurden später von der *Prawda* desavouiert). Ich drückte meine Vorbehalte aus: Dimitrov behandle die rumänisch-bulgarischen Beziehungen isoliert, und die von ihm geplante Koordinierung der Wirtschaftspläne erschien mir verfrüht. Schdanow war mit dieser Erklärung Dimitrovs unzufrieden, seine Gründe dafür erläuterte er jedoch nicht. Das geschah dann durch Stalin bei einer Zusammenkunft mit der jugoslawischen und einer bulgarischen Delegation, die kurz darauf stattfand.

Leningrad: die Bewunderung einer Stadt, die Trauer über ihre Leiden. Und eine unerklärliche, stumme Verbundenheit mit ihren Funktionären. Weder sie noch wir kritisierten das sowjetische System, die Führer, die bestehenden Verhältnisse auch nur mit einem Sterbenswort, und dennoch wuchs zwischen uns das Verständnis, sorgenvoll und lautlos, wie zwischen Verbannten oder Schiffbrüchigen.

7. Auseinandersetzungen mit Stalin

Um nicht nutzlos Zeit zu vergeuden, beschloß Koča Popović, nach Belgrad zurückzukehren. Mit ihm wäre auch ich abgereist, wenn nicht eine Depesche über die Ankunft von Kardelj und Bakarić eingetroffen wäre, in der man mir auftrug, mich den beiden anzuschließen, um mit der sowjetischen Regierung die „entstandenen Komplikationen" zu erörtern. Die Sowjets hatten eigentlich Tito eingeladen, aber die jugoslawische Führung redete sich darauf hinaus – das Mißtrauen hatte bereits um sich gegriffen –, Tito fühle sich nicht wohl. Es wurden zugleich auch Vertreter Bulgariens eingeladen. Die sowjetischen Funktionäre versäumten es nicht, uns mitzuteilen, daß aus Bulgarien „die Höchsten" unterwegs seien.

Kardelj und Bakarić trafen am 8. Februar 1948 ein, der Empfang fiel kühl und sehr dienstlich aus. Sie wurden in einer Villa nahe Moskau untergebracht, und da dort auch genügend Platz für mich war, verlegte man mich noch am gleichen Tag vom Hotel in die Villa. In derselben Nacht, Kardelj lag im Bett und seine Frau schlief neben ihm, schilderte ich Kardelj in möglichst leisem Flüsterton meine Eindrücke aus dem Aufenthalt in Moskau und den Kontakten mit sowjetischen Funktionären. Der Kern meiner Informationen bestand darin, daß wir auf keinerlei ernstzunehmende Hilfe rechnen könnten, weil die Sowjetregierung vielmehr eine Unterordnung Jugoslawiens anstrebe, anders ausgedrückt, ein solches Verhältnis zu Jugoslawien etablieren wolle, wie es zwischen der Sowjetunion und den übrigen Staaten Osteuropas bereits bestünde.

Kardelj wiederum ließ mich wissen, der unmittelbare Grund für das Zerwürfnis mit Moskau sei die Vereinbarung zwischen der albanischen und der jugoslawischen Regierung über den Einmarsch zweier jugoslawischer Divisionen in Albanien, dem sich die sowjetische Regierung widersetzt habe. Moskau habe die jugoslawische Begründung – Schutz Albaniens vor den griechischen „Monarchofaschisten" – nicht akzeptiert, vielmehr habe Molotow in seiner Depesche mit einer öffentlichen Mißbilligung gedroht.

Ich fragte Kardelj: „Und wozu hattet ihr denn gerade jetzt das Entsenden von Divisionen nötig? Wozu soll das alles gut sein, all dieses nervöse Einmischen in die inneren Angelegenheiten Albaniens?“ Darauf erwiderte Kardelj resigniert: „Na ja, das kommt vom Alten (Tito). Das weißt du doch auch selber.“

Ich wußte es in der Tat. Der engste Führungskreis, sofern er an wichtigeren Entscheidungen überhaupt teilnahm, spielte keine größere Rolle als die Kamarilla eines absoluten Monarchen. Diese Machtstrukturen waren in der Illegalität und im Krieg entstanden, da ja Tito durch die Komintern ernannt und mit einem Vetorecht ausgestattet worden war. Tito hatte es verstanden, seine Position systematisch, unaufdringlich und unbeirrbar zu konsolidieren. Doch darüber habe ich schon ausführlich in meinen Werken geschrieben, hier erwähne ich es nur als Ergänzung der Tatsachen und zur Charakterisierung der Atmosphäre. Vor allem, da ich gerade die Sache mit Albanien aus den Moskauer Flüsterdialogen mit Kardelj und meinem Buch *Gespräche mit Stalin* weggelassen habe, um der albanisch-sowjetischen Propaganda keine Argumente in einer Zeit zu liefern, als das alles noch zu brisant war.

Am Tag von Kardeljs Ankunft gingen wir draußen auf den geräumten Parkwegen spazieren. Dort informierte ich Kardelj und Bakarić ausführlicher, und wir erörterten auch unsere Beziehungen mit der UdSSR. Und da sich dieser Spaziergang bei Frostwetter in die Länge gezogen hatte, bemerkten wir bei unserer sowjetischen Begleitung Verärgerung, weil wir unser Gespräch im Freien und nicht in der Villa führten. Später fragte uns einer der Beamten, weshalb bei uns im Salon unaufhörlich Musik gespielt werde, worauf ich ihm antwortete, wir alle liebten Musik, besonders Kardelj – was auch gar nicht so falsch war.

Von der sowjetischen Regierung kam keinerlei Reaktion. Am Abend des 10. Januar holte man uns drei mit einem Auto in den Kreml ab, zu Stalins Kanzlei. Wir warteten in dem kleinen Vorzimmer des Sekretärs Poskrebischew etwa eine Viertelstunde auf die Bulgaren Dimitrov, Kolarov und Trajčo Kostov. Dann wurden wir bei Stalin vorgelassen. Die Begrüßung war kühl und knapp. Stalin nam an der Stirnseite Platz, rechts von ihm setzten sich Molotow, Schdanow, Maljenkow, Susslow, Sorin, und links Kolarov, Dimitrov, Kostov, dann Kardelj, Bakarić und ich. Über diese Konferenz habe ich nach meiner Rückkehr nach Belgrad einen Bericht für die Sitzung des Politbüros des ZK am 1. März 1948 verfaßt. Ich schrieb diesen Bericht mit der Hand und beließ ihn so, damit nicht eine Schreibmaschinenkopie zufällig in die Hände Unbefugter geriet. Ich las den Bericht vor, und Tito nahm ihn an sich für sein Archiv.

Der Bericht enthielt mehr oder weniger die Tatsachen, die ich auch hier vorbringe. Er endet jedoch mit dem Ausdruck des Vertrauens in Stalin und der Versicherung, daß Stalin für unsere Partei, insbesondere aber für Tito, große Liebe hege. Dieser Schluß sticht deutlich vom Geist des Textes ab, erst recht von den darin angegebenen Tatsachen.

Vom Personenkult hatte ich mich noch nicht getrennt. Ich hatte aber den Verdacht, der sich auch bestätigte, daß Zujović den Botschafter Lawrentjew über die Lage im ZK und die Ansichten der ZK-Mitglieder informieren würde. Die Verherrlichung Stalins setzte sich auch auf dem 5. Kongreß der KP Jugoslawiens im Juli 1948 fort – freilich schon mit weniger Illusionen und mehr „taktischer List".

Zuerst sprach Molotow und erläuterte in kurzen Zügen, daß die Regierungen Jugoslawiens und Bulgariens mit der sowjetischen Regierung nicht übereinstimmten. Er führte auch Beispiele an: Bulgarien habe ohne Wissen der sowjetischen Regierung einen Bündnisvertrag mit Jugoslawien unterzeichnet, bevor überhaupt ein Friedensvertrag mit Bulgarien abgeschlossen worden war. Dimitrov habe in Bukarest eine Erklärung über die Bildung von osteuropäischen Föderationen, einschließlich Griechenlands, abgegeben. Molotow unterstrich, daß ein derartiges Vorgehen unzulässig sei, sowohl vom Standpunkt der Partei als auch vom Standpunkt des Staates.

Aber Stalin unterbrach ihn und nahm sich Dimitrov vor: „Der Genosse Dimitrov gerät auf Pressekonferenzen zu sehr ins Schwärmen. Nun aber waren beispielsweise gerade die Polen bei uns. Ich frage sie: Was haltet ihr von der Erklärung Dimitrovs? Sie sagen: eine gescheite Sache. Und ich sage ihnen, daß das keine gescheite Sache ist. Dann antworten sie, daß sie denken, daß das keine gescheite Sache wäre – falls dies Meinung der sowjetischen Regierung ist. Denn sie hätten gedacht, Dimitrov habe diese Erklärungen mit Wissen und mit Einverständnis der sowjetischen Regierung abgegeben, sie hätten sie deshalb auch gutgeheißen. Dimitrov hat nachher versucht, diese Erklärung über die bulgarische Telegrafenagentur zurechtzurücken, hat aber dadurch gar nichts zurechtgerückt. Mehr noch – er hat angeführt, wie Österreich-Ungarn seinerzeit eine Zollunion zwischen Bulgarien und

Serbien behindert habe, woraus sich von selbst der Schluß aufdrängt: früher haben die Österreicher behindert, jetzt die Russen. So sieht das nämlich aus!"

Molotow fuhr fort, die bulgarische Regierung zu beschuldigen, sie strebe eine Föderation mit Rumänien an, ohne die sowjetische Regierung zu konsultieren.

Dimitrov versuchte abzuwiegeln und behauptete, er habe über eine Föderation nur sehr allgemein gesprochen.

Stalin unterbrach ihn: „Nein, Sie haben von einer Zollunion gesprochen, von einer Abstimmung der Wirtschaftspläne."

Und Molotow knüpfte an: „Und was ist eine Zollunion und das Abstimmen von Wirtschaftsplänen anderes als die Schaffung eines Staates?"

Auf dramatische Weise wurde jetzt das Ziel dieses Treffens offenbar, das die sowjetische Führung einberufen hatte. Die Beziehungen zwischen den „Volksdemokratien" durften sich nicht ohne Zustimmung der Sowjetregierung fortentwickeln. Dimitrovs Initiativen und Jugoslawiens Eigenwilligkeit bedeuteten nicht nur „Ketzerei", sondern auch eine Mißachtung der „geheiligten" Rechte der Sowjetunion.

Dimitrov versuchte auch weiterhin, sich zu rechtfertigen, doch Stalin schnitt ihm erneut das Wort ab. Stalins Scharfsinn hatte sich jetzt in rüde Bosheit verwandelt, seine apodiktische Haltung war zu Intoleranz geworden. Doch das Gefühl für die realen Verhältnisse hatte er nicht verloren. Er machte den Bulgaren Vorwürfe und beschimpfte sie als die „weichere", nachgiebigere Seite, aber er meinte die Jugoslawen damit.

„Eure Stellungnahmen erfahren wir aus den Zeitungen!" rief Stalin auf Dimitrovs Rechtfertigungsversuche hin. „Ihr schwatzt wie Weiber quer über die Gasse, was euch gerade einfällt, und dann erwischen das die Journalisten!"

Dimitrov versuchte, seinen Standpunkt über die Zollunion mit Rumänien indirekt zu verteidigen: „Bulgarien befindet sich in so großen wirtschaftlichen Schwierigkeiten, daß es sich ohne eine engere Zusammenarbeit mit anderen Ländern nicht entwickeln kann. Was meine Erklärung auf der Pressekonferenz betrifft – es stimmt, daß ich mich habe hinreißen lassen."

Auch da fiel Stalin ins Wort: „Ja, Sie wollten mit neuen Worten glänzen! Das ist durch und durch falsch, denn eine solche Föderation ist unvorstellbar. War für historische Bindungen gibt es zwischen Bulgarien und Rumänien? Gar keine! Gar nicht erst zu reden von den Beziehungen zwischen Bulgarien und, sagen wir, Ungarn oder Polen."

Auf Dimitrovs Behauptung, es gäbe keine Meinungsverschiedenheiten zwischen der Außenpolitik Bulgariens und jener der Sowjetunion, erwiderte Stalin herb: „Es gibt bedeutende Divergenzen! Wozu dies verschweigen wollen? Es war immer Lenins Praxis gewesen, daß man die Fehler erkennen und sie so rasch wie möglich beseitigen soll."

„Das ist richtig, wir haben Fehler gemacht", lenkte Dimitrov folgsam ein. „Aber wir lernen auch aus diesen Fehlern, Außenpolitik zu machen."

Stalin höhnisch: „Sie lernen! Sie beschäftigen sich mit Politik seit fünfzig Jahren! Es geht bei Ihnen nicht um Fehler, sondern um eine Haltung, die anders ist als die unsere."

Dimitrovs Ohren waren gerötet, im Gesicht hatte er rote Flekken bekommen, er war derart kleinlaut und niedergeschlagen, daß sich die Frage aufdrängte: War dies derselbe Mann, der auf dem Prozeß von Leipzig aus seinen Fesseln heraus Göring und dem Faschismus getrotzt hatte?

Stalin fuhr fort: „Zollunion, Föderation zwischen Rumänien und Bulgarien – das ist dummes Zeug! Eine andere Sache ist eine Föderation Jugoslawiens, Bulgariens und Albaniens, da bestehen historische und andere Bindungen. Diese Föderation soll geschaffen werden, und zwar je früher, desto besser – sofort, wenn es möglich ist, schon morgen! Ja, schon morgen, wenn es möglich ist! Besprechen Sie sich sofort darüber."

Es war glaube ich Kardelj, Bakarić und ich hatten beinahe die ganze Zeit geschwiegen, der erklärte, eine jugoslawisch-albanische Föderation sei schon in Vorbereitung.

Stalin unterbrach ihn und betonte: „Nein, erst eine Föderation zwischen Bulgarien und Jugoslawien, und dann dieser beiden mit Albanien... Wir denken, daß man auch eine Föderation zwischen Ungarn und Rumänien bilden soll, und auch zwischen Polen und der Tschechoslowakei."

Stalin hat seine Idee nie zu Ende entwickelt. Vagen Andeutungen aus sowjetischen Führungskreisen war zu entnehmen, es habe anscheinend die Absicht zu einer Neugliederung auch der Sowjetunion bestanden, indem man Polen und die Tschechoslowakei an Weißrußland, Rumänien und Bulgarien an die Ukraine, die Balkanstaaten aber an Rußland angeschlossen hätte – eine grandiose und aberwitzige föderalistisch-imperiale Konzeption.

Der Disput über den bulgarisch-rumänischen Vertrag schien bereits beendet, als der greise Kolarov sich plötzlich zu Wort meldete: „Ich sehe nicht, was der Genosse Dimitrov falsch gemacht haben soll, denn wir hatten den Entwurf des Vertrages mit Rumänien vorher der sowjetischen Regierung geschickt, und sie hat zu der Zollunion keinerlei Einwendungen gemacht; allein die Definition des Angreifers ist bemängelt worden."

Stalin wandte sich an Molotow mit der Frage, ob dies stimmte, und dieser antwortete grimmig: „Nun, ja!" – Darauf Stalin, mit zorniger Resignation: „Auch wir machen Dummheiten."

Dimitrov klammerte sich nun an diese Angabe: „Dies war ja auch der Grund für meine Erklärung gewesen – der Entwurf war nach Moskau geschickt worden, ich hatte nicht vermutet, daß Sie etwas dagegen haben könnten."

Doch Tatsachen konnten Stalin nicht so leicht verunsichern: „Unsinn! Sie haben sich vergaloppiert wie ein Komsomolze. Sie wollten die Welt in Staunen versetzen, als wären Sie noch immer der Sekretär der Komintern. Ihr meldet uns, ebenso wie die Jugoslawen, nichts von dem, was ihr tut. Wir erfahren alles auf der Straße. Ihr stellt uns vor vollendete Tatsachen!"

Kostov, verantwortlich für die bulgarische Wirtschaft, hatte sich vermutlich darauf vorbereitet, ökonomische Probleme zur Sprache zu bringen. Er fiel ein: „Es ist schwer, ein kleines und unterentwickeltes Land zu sein. Ich möchte einige wirtschaftliche Fragen einwerfen."

Aber Stalin schnitt ihm das Wort ab und verwies ihn auf die zuständigen Ministerien: „Hier werden die außenpolitischen Meinungsverschiedenheiten dreier Parteien und Regierungen erörtert."

Schließlich kam Kardelj zu Wort. Er hatte einen roten Kopf, zog ihn zwischen den Schultern ein, war erregt und machte unmotivierte Pausen in seiner Ansprache. Er betonte: die Verträge zwischen Bulgarien und Jugoslawien seien vorher der sowjetischen Regierung vorgelegt worden. Diese aber habe nur eine unbedeutende Textänderung gefordert (anstatt „ewige Zeiten" – „zwanzig Jahre" einzusetzen). „Außer diesem Einwand, den wir ja akzeptiert haben, gab es keine Meinungsunterschiede."

Stalin blickte schweigend zu Molotow, dieser senkte den Kopf und bestätigt damit Kardeljs Angaben.

Stalin unterbrach dann auch Kardelj, ebenso zornig wie Dimitrov, aber weniger beleidigend: „Unsinn! Es gibt Meinungsunterschiede, und zwar tiefgreifende! Was werden Sie über Albanien sagen? Ihr habt uns überhaupt nicht konsultiert über den Einmarsch der Streitkräfte nach Albanien."

Kardelj: „Es bestand Einvernehmen mit der albanischen Regierung."

Stalin: „Das könnte zu ernsten internationalen Komplikationen führen – Albanien ist ein unabhängiger Staat! Was denkt Ihr Euch? Rechtfertigung hin, Rechtfertigung her – Tatsache bleibt, daß Ihr uns über eine Entsendung von Streitkräften nach Albanien nicht konsultiert habt."

Kardelj wehrte sich, das alles sei nicht endgültig gewesen. Auch könne er sich an keine einzige außenpolitische Frage erinnern, über die sich die jugoslawische Regierung nicht mit der sowjetischen beraten hätte.

„Das stimmt nicht!" lärmte Stalin. „Ihr konsultiert uns überhaupt nicht! Das ist bei Euch nicht ein Fehler, sondern Eure Haltung, jawohl, Eure Haltung!"

So kam Kardelj nicht einmal dazu, seinen Standpunkt darzulegen. Und Molotow las einen Abschnitt aus dem jugoslawisch-bulgarischen Vertrag vor: „... daß beide Länder im Geiste der Vereinten Nationen arbeiten und jede Initiative unterstützen werden, die sich auf die Erhaltung des Friedens und gegen alle Herde von Aggressionen richten." „Was bedeutet das?" fragte er pointiert.

Dimitrov begann zu erklären, damit sei die Verbindung des Kampfes gegen die Aggression mit den Vereinten Nationen gemeint, aber Stalin unterbrach ihn: „Nein, das bedeutet Präventivkrieg – eine ganz gewöhnliche Entgleisung von Komsomolzen! Eine grelle Phrase, die nur dem Feind Material liefert."

Molotow kehrte dann wieder zur bulgarisch-rumänischen Zollunion zurück, erneut betonend, dies sei der Beginn der Vereinigung zweiter Staaten. Stalin fiel mit der Bemerkung ein, Zollunionen seien ja überhaupt unrealistisch.

Die Diskussion kam damit einigermaßen zur Ruhe, und Kardelj meinte, manche Zollunionen hätten sich ganz gut bewährt. „Zum Beispiel?" fragte Stalin, jeglichem Nachgeben abhold. „Nun ja, beispielsweise die Benelux-Staaten", erwiderte vorsichtig Kardelj. „Dort haben sich Belgien, Holland und Luxemburg ..."

Stalin: „Nein, nicht Holland. Das sind nur Belgien und Luxemburg – das ist nichts, unbedeutend."

Kardelj: „Nein, da ist auch Holland dabei."

Stalin, mit bissiger Hartnäckigkeit: „Nein, nicht Holland!"

Bestätigung erwartend, wandte er sich an Molotow, Sorin und die anderen. Ich dachte daran, ihm zu erklären, daß jenes „ne" in „Benelux" die Anfangssilbe von „Nederland" bedeute, da aber alle schwiegen, schwieg auch ich, und so blieb es dabei, daß es in Benelux kein Holland gäbe.

Wiederum kam Stalin auf die Abstimmung der Wirtschaftspläne zwischen Bulgarien und Rumänien zurück: „Das ist ein Unsinn! Anstatt der Zusammenarbeit käme es bald zum Streit. Etwas anderes ist die Vereinigung Bulgariens und Jugoslawiens – dort gibt es Ähnlichkeiten, uralte Bestrebungen."

Kardelj knüpfte daran an und erklärte, in Bled sei eine stufenweise Föderalisierung beider Länder beschlossen worden. Stalin unterbrach ihn und forderte kategorisch: „Nein, sofort vereinigen; wenn es möglich wäre – schon morgen! Zuerst sollen Bulgarien und Jugoslawien sich vereinigen, danach soll ihnen Albanien angeschlossen werden."

Dann wandte sich Stalin Griechenland zu: „Man soll den Aufstand in Griechenland beilegen!" (Er gebrauchte das Wort „swernut", das wörtlich „abbiegen" oder „einstellen" heißt). „Glauben Sie", wandte er sich an Kardelj, „an den Erfolg des griechischen Aufstands?"

Kardelj: „Falls die ausländische Intervention nicht stärker wird, und wenn die griechischen Genossen keine schwerwiegenden militärischen und politischen Fehler begehen."

Stalin, bissig: „Falls, wenn! Nein, sie haben keine Aussichten auf Erfolg. Glauben Sie etwa, daß Großbritannien und die Vereinigten Staaten – die Vereinigten Staaten, die stärkste Macht der Welt – daß die es zulassen, daß ihnen die Verkehrsadern im Mittelmeer unterbrochen werden? Unsinn! Und wir haben kein Flotte. Den Aufstand in Griechenland soll man einstellen, und zwar so bald wie möglich."

Jemand erwähnte die jüngsten Erfolge der chinesischen Kommunisten. Doch auch dadurch ließ sich Stalin in seiner Einstellung zum griechischen Aufstand nicht wankend machen: „Ja, die chinesischen Genossen sind erfolgreich gewesen, aber in Griechenland ist die Lage ganz anders. Griechenland liegt auf einem lebenswichtigen Verbindungsweg der westlichen Staaten. Dort haben sich die Vereinigten Staaten direkt engagiert. In China liegt der Fall anders, die Verhältnisse im Fernen Osten sind anders. Zugegeben, auch wir können uns mal irren! Zum Beispiel – als der Krieg mit Japan zu Ende war, haben wir die chinesischen Genossen eingeladen, um ihnen klar zu machen, daß sie mit Tschiang Kai-schek einen Modus vivendi finden müßten. Sie stimmten uns in Worten zu, aber als sie wieder zu Hause waren, handelten sie nach ihrem eigenen Sinn: sie haben ihre Kräfte konzentriert und losgeschlagen. Es hat sich gezeigt, daß sie recht hatten und nicht wir. Aber in Griechenland ist der Fall anders – man soll da nicht schwanken, sondern den griechischen Aufstand beenden."

Was mag Stalin dazu bewogen haben, gegen den Aufstand in Griechenland Stellung zu beziehen? Vermutlich war er gegen die Schaffung eines weiteren kommunistischen Staates auf dem Balkan – solange nicht einmal die bereits bestehenden der Sowjetunion untergeordnet waren. Erst recht aber wird er sich vor internationalen Verwicklungen gescheut haben, weil die Sowjetunion sich noch nicht von den Zerstörungen und Verlusten des Zweiten Weltkrieges erholt hatte. Ausschlaggebend für Stalins Haltung in der chinesischen Frage war sicher ebenso die Scheu vor einem Konflikt mit dem Westen, vor allem den USA, wie vermutlich auch ein Unbehagen über die Entstehung eines revolutionären Staates, der durch seine Neuerungen, seine Größe und Unabhängigkeit zu einem erfolgreichen, unbezwingbaren Rivalen der Sowjetunion werden konnte.

Die Diskussion flaute ab. Dimitrov warf die Frage der wirtschaftlichen Beziehungen mit der UdSSR auf. Stalin aber gab nicht nach: „Darüber werden wir mit einer gemeinsamen bulgarisch-jugoslawischen Regierung reden." Und auf Kostovs Bemerkung über die Benachteiligung Bulgariens im Vertrag über technische Hilfe entgegnete Stalin kurz: „Übergeben Sie Molotow eine Notiz darüber."

Kardelj fragte, welche Haltung man zu dem Verlangen Italiens einnehmen solle, daß Somalia unter italienische Treuhandschaft gestellt werde; Jugoslawien sei nicht geneigt, dieses Verlangen zu unterstützen. Stalin äußerte einen gegenteiligen Standpunkt und befragte Molotow, ob in diesem Sinne eine Antwort abgeschickt worden sei. Seine Position erläuterte Stalin mit den Worten: „Die Kaiser pflegten einst, wenn sie sich über die Beute nicht einigen konnten, das umstrittene Gebiet dem schwächsten Feudalherrn zu geben, um es diesem später, in einem dafür günstigen Augenblick, wieder abzunehmen."

Am Ende der Konferenz beschwor Stalin wieder einmal Lenin und den Leninismus: „Auch wir, Lenins Schüler, stimmten viele Male mit Lenin nicht überein, ja gerieten sogar in Streit über irgendeine Sache. Nachher aber diskutierten wir alles durch, stellten die Standpunkte fest und – gingen weiter."

Die Zusammenkunft hatte etwa zwei Stunden gedauert. Stalin bat uns diesmal nicht zum Abendessen in sein Haus. Ich war deshalb enttäuscht – nicht nur wegen meiner sentimentalen Beziehung zu Stalin (den ich wie einen Abgott verehrte), sondern auch, weil ich vergeblich gehofft hatte, daß bei einem Gelage Spannungen abgebaut würden und Meinungsverschiedenheiten geklärt, wenn nicht gar geschlichtet werden könnten. Draußen im Auto fing ich an, Kardelj und Bakarić meine Verbitterung über das Treffen auszudrücken, aber der deprimierte Kardelj brachte mich mit einer Handbewegung zum Schweigen. Für mich war dies ein Zeichen, daß wir einer Meinung waren – so, wie wir uns im Verlauf dieser Moskauer Versuchungen in allem einig waren. Nur reagierte jeder gefühlsmäßig auf seine Weise.

Trotzdem hat er (ein oder zwei Jahre vor seinem Tod) erklärt, ich hätte ihm nach dem Verlassen des Kreml gesagt: „Jetzt müssen wir uns mit Bulgarien vereinigen!" Dies ist durchaus wahrscheinlich und glaubhaft. Nicht richtig ist jedoch seine angebliche Erwiderung: „Gerade jetzt dürften wir das nicht tun." Das hat er in Anbetracht der späteren Lage als Schutzbehauptung erfunden. Wir hatten dort im Kreml, in Stalins Vorzimmer, mit den Bulgaren vereinbart, schon am darauffolgenden Tag zu vorbereitenden Gesprächen über die künftige Vereinigung zusammenzukommen.

So geschah es in der Tat. Beide Delegationen versammelten sich beim Mittagessen in Dimitrovs Villa am Stadtrand – es war noch dieselbe, die Dimotrov zur Verfügung stand, als er Sekretär der Komintern gewesen war. Bei unserem Treffen besprachen wir keine Einzelheiten des künftigen Zusammenschlusses, sondern vereinbarten, zur Klärung dieser Frage die Kontakte zwischen Belgrad und Sofia zu intensivieren.

Auch nach unserer Rückkehr nach Belgrad gab es von keiner Seite – auch nicht von Tito – Einwände wegen der Vereinigung mit Bulgarien und Albanien. Allerdings wurde deutlich, daß die Begeisterung abgenommen hatte. Schon deshalb, weil an die Stelle des einstigen romantischen guten Willens nunmehr sowjetischer Druck, Stalins Zwang getreten war.

Bei dem Mittagessen bei Dimitrov herrschte ein Gefühl der Verbundenheit, wie das früher zwischen uns und den Bulgaren nicht möglich war. Eine Verbundenheit von Unterdrückten und in die Enge Getriebenen. Es geschah auch bei diesem Essen, daß Dimitrov uns im Vertrauen mitteilte, die Sowjetunion sei im Besitz einer Atombombe, die angeblich besser sei als die amerikanische. Als Kostov versuchte, sich uns zu nähern, fand er kein Entgegenkommen, weder damals noch später. Selbst dann nicht, als man ihm den Prozeß machte und ihn hinrichtete. Denn in unserer Führung hatte sich die unabänderliche Überzeugung festgesetzt, Kostov sei ein Gegner Jugoslawiens und neige zum Großbulgarentum. Unser Nachrichtendienst lieferte uns während des Prozesses gegen Kostov unzutreffende und irreführende Angaben und Beurteilungen, so daß auch unsere Propaganda ihn nicht in Schutz nahm, obwohl er das eigentlich verdient hätte. Und sei es auch nur wegen seines heldenhaften Verhaltens sowohl in den Kerkern des bulgarischen Kaisers als auch in der stalinistischen Todeszelle. Dimitrov wußte und fühlte zweifellos das gleiche wie wir. Als er uns vor seiner Villa verabschiedete, sagte er wie beiläufig: „Es geht hier nicht um eine Kritik an meinen Äußerungen, sondern um etwas anderes."

Am Abend desselben oder des darauffolgenden Tages holte man Kardelj aus einer Theatervorstellung heraus, damit er mit Molotow, wie von Stalin beim Treffen im Kreml verlangt, einen Vertrag über Konsultationen in der Außenpolitik unterzeichne. Und so wie dieser Vertrag keine Begründung enthielt, so fand auch die Unterzeichnung ohne Zeremonie statt. Aber Kardelj unterschrieb an der falschen Stelle. Die sowjetischen Beamten entdeckten das, und so mußte er sich am nächsten Tag zu einer neuerlichen Unterzeichnung begeben.

Drei oder vier Tage später wurden wir im Morgengrauen zum Flughafen Wnukowo gefahren und ohne jedwedes Protokoll in das Flugzeug nach Belgrad verfrachtet. Wir waren müde und nicht zum Sprechen aufgelegt. Wir sehnten uns nach der Heimat.

8. Der Bruch mit Moskau verschärft sich

Obwohl die jugoslawische Führung nach unserer Rückkehr ohne viel Diskussionen und mit noch weniger Begeisterung Stalins Weisungen akzeptiert hatte, trat in den Beziehungen zur Sowjetunion keine Ruhe ein. Vielmehr spitzte sich das Verhältnis von Tag zu Tag zu. Sowjetische Maßnahmen, sowjetische Pressionen reihten sich mit derart unerwarteter Dreistigkeit aneinander, daß es, anstatt zu Verwirrung und Panik zu führen, Ernüchterung und Widerstand hervorrief. Auf diese Weise wurde unser Aufenthalt in der Sowjetunion und das Treffen unserer und der bulgarischen Delegation mit Stalin nicht nur zum Stoff für oppositionelle Berichterstattung, sondern auch zu einem Quell kämpferischer Mobilmachung.

Zur selben Zeit verfolgten wir, besonders in der Propaganda, auch weiterhin unerschütterlich eine prosowjetische Linie, schwärmten von der Februar-Wende in der Tschechoslowakei, „entlarvten die griechischen Provokationen" gegenüber Albanien, protestierten zusammen mit der sowjetischen Regierung gegen die „illegalen" Beschlüsse der westlichen Regierungen über Deutschland. Dagegen registrierten ausländische Zeitungen wie *Le Figaro* schon am 12. Februar, daß in Rumänien Titos Bildnisse entfernt würden. Und während Vukmanović-Tempo aus Anlaß des Jahrestags der Roten Armee die üblichen stereotypen Lobeshymnen von sich gab, wollte am selben Tag, dem 28. Februar, in Tirana der sowjetische Geschäftsträger Gagarinow einen Trinkspruch auf die Gesundheit Titos nur tolerieren, wenn dessen Wirken die demokratische Front in der Welt stärke. Und, was am schlimmsten war, die Sowjetregierung lehnte eine Erweiterung und Verlängerung des Handelsvertrags mit Jugoslawien ab, obwohl Mikojan dies Crnobrnja und mir in Moskau versprochen hatte; 50% unseres Außenhandels entfiel auf die osteuropäischen Länder, das meiste davon auf die UdSSR!

Außer diesen und anderen unverhüllten, offiziellen Differenzen und Pressionen gab es – wie das stets vorkommt, wenn sich zwischenstaatliche Beziehungen zuspitzen – auch jene geringfügigen, scheinbar unbedeutenden Anzeichen, die sich in dieser oder jener Äußerung, im Verhalten von Repräsentanten, in protokollarischen Nuancen und ganz besonders in kritischen Rückblicken und Erkenntnissen dokumentieren. Im engsten Kreis um Tito waren wir schon damals, etwa zehn Tage nach unserer Rückkehr aus Moskau, auch hinsichtlich der Idee der Vereinigung mit Bulgarien und Albanien vorsichtig geworden. Von diesem alten Ideal balkanischer Sozialisten und Demokraten hatten wir uns zwar noch nicht gelöst, waren jedoch inzwischen bereit, es der politischen Praxis unterzuordnen.

Die gespannten Beziehungen zur Sowjetunion bewogen Tito dazu, eine Sitzung des Erweiterten Politbüros einzuberufen – erweitert deshalb, weil es nur vier offizielle Mitglieder gab (Tito, Kardelj, Ranković und mich). Zu wichtigeren Zusammenkünften, soweit sie überhaupt stattfanden, wurden jedoch auch andere einflußreiche, in hoher Verantwortung stehende Genossen eingeladen (Pijade, Gošnjak, Žujović, Nešković, Vukmanović-Tempo, Vlado Popović, Kidrič, Popivoda), obwohl sie nicht kooptiert worden waren und demnach dem Politbüro auch formell nicht angehörten.

Die Tagesordnung dieser Sitzung bestand aus folgenden Punkten: Kardeljs und mein Bericht über die Gespräche in Moskau, die Erfüllung des Fünfjahresplans, die Armee und die Militärindustrie, sowie die Konföderation mit Bulgarien.

Zuerst legte Tito die ökonomischen und anderen Differenzen mit der sowjetischen Regierung dar. Er befaßte sich insbesondere mit der sowjetischen Weigerung, den Handelsvertrag zu unterzeichnen, und wertete sie als wirtschaftlichen Druck auf Jugoslawien. Er erwähnte die sowjetische Aufwiegelung Albaniens gegen uns und die Ablehnung einer Aufrüstung unserer Armee unter dem Vorwand, wir brauchten gar keine starke Armee, weil ja die sowjetische als Schutzmacht da sei. Er schloß mit der Feststellung, die Beziehungen zur Sowjetunion seien in eine Sackgasse geraten. Und fügte überraschend pathetisch hinzu: „Sollten sie eine solche Politik uns gegenüber fortsetzen, werde ich zurücktreten."

Möglicherweise war irgendeiner unter uns naiv genug, diese „Drohung" Titos ernst zu nehmen. Ich jedenfalls war es nicht. Tito hatte das eingeworfen, um die Haltung der Anwesenden zu prüfen. Er wollte herausfinden, ob nicht etwa einige darunter waren, die seinen Rücktritt für den gescheitesten Ausweg hielten. Aber wir alle – beinahe alle, denn Žujović schwieg augenfällig – wandten uns sogleich entschieden gegen eine solche Absicht. Und Tito sprach nie mehr darüber.

Danach berichtete Kardelj über den Inhalt unserer Gespräche mit Stalin, wobei er unterstrich, daß Stalins Auftreten brüsk und abweisend gewesen sei. Auch hob er hervor, daß eine Vereinigung mit Bulgarien in Anbetracht der unklaren und gezwungenen Verhältnisse ein Fehler und für uns gefährlich wäre.

Anschließend verlas ich meinen bereits erwähnten Bericht über meinen Aufenthalt und den unserer Delegation in Moskau. Er wirkte überzeugend. Die schon zitierte Äußerung Mikojans, er befasse sich nicht mit Geschenken, sondern mit Handel, löste bitteres Lachen aus und wurde zu einem Bonmot.

Vukmanović-Tempo führte aus, die Sowjets begriffen die Probleme unserer Armee nicht und seien obendrein bestrebt, sich die Armeen der osteuropäischen Staaten unterzuordnen. Kidrič erläuterte die Schwierigkeiten in den wirtschaftlichen Beziehungen; besondere Aufmerksamkeit widmete er der sowjetischen Weigerung, den Handelsvertrag zu unterzeichnen. Er betonte, wir müßten in der Wirtschaft einen eigenen, unabhängigen Weg gehen, denn die Unstimmigkeiten mit den Sowjets mehrten sich und stellten ein immer größeres Risiko für uns dar.

Die Diskussion kam auf die Verschiedenheit der Ansichten zwischen uns und den Sowjets über die Entwicklung des Sozialismus in Jugoslawien und in der Welt. Kardelj unterstrich, daß unsere Politik gegenüber der Sowjetunion unverändert bleibe, jedoch zwei verschiedene Auffassungen über die Entwicklung des Sozialismus, die sowjetische und die unsrige, existierten. Wir befürworteten eine gleichberechtigte Zusammenarbeit der sozialistischen Staaten, die sowjetische Führung strebe dagegen eine Erweiterung der Rolle und des Einflusses ihres Staates an. Irgendwann rief Kardelj wie zu sich selbst aus: „Zum Teufel noch mal, die haben ihren Staat, und wir haben den unseren!"

In der Diskussion über Wirtschaftsfragen wies Kidrič, nicht ohne Absicht, auf die Notwendigkeit des Sparens hin und schlug auch konkrete Maßnahmen vor. Aber diese Frage, wenngleich akut und bedeutsam im Hinblick auf den Widerstand gegen die UdSSR, war in der gegebenen Situation nur zweitrangig. Die Ökonomie ordnete sich der „reinen Politik" unter, da politischer Erfolg Voraussetzung für den Erfolg der Wirtschaft war.

Als man über die Föderation mit Bulgarien zu diskutieren begann, äußerte Tito, mit dieser Idee sonst einverstanden, Bedenken. Dazu wurde er offensichtlich durch den Zustand der Beziehungen mit den Sowjets angeregt: „Das wäre ein Trojanisches Pferd in unserer Partei und in unserem Land."

Ranković und ich meldeten ebenfalls Vorbehalte gegen eine Vereinigung mit Bulgarien an, wobei wir auch auf die Uneinigkeit in der bulgarischen KP hinwiesen. Ich betonte zudem, die sowjetische Regierung werde es nicht beim wirtschaftlichen Druck gegen uns bewenden lassen, da es ums Prinzip gehe – um die Alternative zwischen einer freien Entwicklung des Sozialismus und jener durch die Ausweitung der Machtposition des sowjetischen Staates.

Nach einer Diskussion über militärische Fragen wurde die Sitzung geschlossen. Abgehalten wurde sie in Titos Villa in der Rumunska-Straße 15, und zwar, wenn mich die Erinnerung nicht täuscht, am Nachmittag; sie dauerte ziemlich lange, an die drei bis vier Stunden. Alle Anwesenden hatten sich an der Diskussion beteiligt. Und alle waren sich über die Notwendigkeit einig, den Pressionen der Sowjets Widerstand zu leisten und konsequent einen eigenen Weg zu gehen. Alle außer Žujović, der sich nicht zu Wort gemeldet hatte; dafür aber machte er, wie gewohnt, ausführliche Notizen.

Er hatte mit diesen Aufzeichnungen während des Krieges begonnen und besaß davon einige Hefte. Solche Notizen machte er sich nicht nur über die Diskussionsbeiträge auf Sitzungen des Zentralkomitees, sondern auch über Privatgespräche. Er erklärte mir einmal, ich hätte bei einer bestimmten Gelegenheit dies und das (irgendeine Dummheit) von mir gegeben, worauf ich ihm spöttisch entgegnete, die Menschen schwatzten allerlei Unsinn, da sie spontan auf Impulse reagierten. Dies aber dürfe niemanden zu etwas verpflichten – allein öffentliche Äußerungen und angenommene Entscheidungen seien bindend. Die Hefte mit seinen Aufzeichnungen übergab Žujović später – als sich durch Stalins und Molotows Briefe die Beziehungen zu unserem ZK verschlechterten – dem sowjetischen Botschafter Lawrentjew „zur Aufbewahrung".

Die Entfremdung Žujovićs von den leitenden Genossen und von Tito hatte man schon früher bemerkt. Aber sein zurückhaltendes, schweigsames und nachdenkliches Verhalten in dieser Sitzung wirkte durch das ausführliche Notieren dessen, was die anderen sprachen, um so unangenehmer und provokativer. Im engsten

Kreis wurde sein Verhalten denn auch als untrügliches Zeichen dafür gewertet, daß Žujović sich auf die Seite der Sowjetregierung stellen werde: gegen seine eigene Regierung, der er als Finanzminister angehörte, gegen seine Genossen aus der Partei und aus dem Krieg.

Es war beschlossen worden, über den Inhalt dieser Sitzung auch gegenüber sowjetischen Vertretern allerstrengstes Stillschweigen zu bewahren, um falsche Interpretationen und eine weitere Verschlechterung der Beziehungen zu vermeiden.

Aber Žujović hat ohne Zweifel die hier gefallenen Äußerungen und Beschlüsse dem Sowjetbotschafter Lawrentjew enthüllt. Anders lassen sich die plötzlichen und unerwarteten Maßnahmen nicht erklären, welche die sowjetische Regierung im Laufe jenes Monats gegen Jugoslawien ergriff: Zurückziehung der Militärberater am 18. März, der zivilen Experten am 19. März, der ausführliche „kritische" Brief Molotows und Stalins am 27. März.

In der Zwischenzeit, von der Sitzung des Erweiterten Politbüros bis zur Zurückziehung der Militärberater, formierte sich in unserer Führung der Widerstand, loderte die ideologische Auseinandersetzung auf. Welcherart sei die Natur des sowjetischen Systems? Was trage sich da im Kommunismus zu? Sei auch die sozialistische Sowjetunion eine imperialistische Macht?

Dafür, daß es wirklich so gewesen ist, finde ich nicht nur in meiner Erinnerung eine Bestätigung (ich denke allein an die stundenlangen, meist nächtlichen Diskussionen mit Kardelj, Kidrič und einigen anderen), sondern auch in einer Weisung, die mir Tito vor meiner Abreise zur Jahrhundertfeier der Ungarischen Revolution von 1848 mit auf den Weg gab, und in der harten Haltung, die ich bei dieser Gelegenheit an den Tag legte.

Die Abordnung zur Feier der Ungarischen Revolution von 1848 machte sich am 13. März unter meiner Leitung auf den Weg nach Budapest. Einen oder zwei Tage davor hatte ich mit Tito ein Gespräch. Wir wußten aus Agenturmeldungen, daß die sowjetische Delegation von Marschall Woroschilow angeführt werde, und Tito sagte zu mir: „Weißt du, sollte Woroschilow danach verlangen, mit dir zu reden, dann rede mit ihm. Das kann von Nutzen sein. Aber laß dich nicht demütigen."

Ranković sagte mir, ich könne mich in Budapest auf Laza Brankov, einen höheren Botschaftsbeamten, der auch unsere nachrichtendienstlichen Angelegenheiten leite, verlassen. Ich kannte Brankov flüchtig und wußte, vermutete vielmehr, welche Aufgaben er hatte. Brankov war aus der Woiwodina und sprach fließend Ungarisch.

In der Festsitzung des ungarischen Parlaments hielt auch ich eine Ansprache. Die vehemente Kritik von Marx und Engels an den kroatischen und serbischen Interventen gegen die Ungarische Revolution im Sinn, und im Bestreben, mich im zeitgenössischen Ungarn einzuschmeicheln, griff ich diese kroatischen und serbischen Interventen allzu scharf, einseitig und historisch unreflektiert an. Gleichzeitig aber – und dies stand im Widerspruch zu Marx' und Engels Prophezeiungen über das unweigerliche Verschwinden unserer Völker als Sklavenvölker – betonte ich, daß die Sache der Freiheit und des Fortschritts nicht nur mit ihnen (d. h. den Völkern Jugoslawiens) verknüpft, sondern, um es so auszudrücken, identisch sei mit ihrer Existenz als Völker.

Sogar ein Mitglied des Politbüros, Révay, mein Agitprop-Pendant in Ungarn, äußerte mir gegenüber, ich sei zu weit gegangen. Man müsse ja auch die ungarische Seite berücksichtigen, die mit ihrem Nationalismus und ihrer Intoleranz gegenüber Kroaten und Serben die Intervention angefacht habe. Zweifellos kannte Révay die Geschichte der Ungarischen Revolution besser als ich. Gleichwohl entgegnete ich, daß es Pflicht der Ungarn sei, das zu sagen, und daß ich meiner eigenen Pflicht nachkomme.

Bedeutsamer jedoch und wahrscheinlich recht auffällig war die Tatsache, daß ich als einziger nicht die Sowjets als Befreier Ungarns erwähnte, nicht einmal in meinen abschließenden Parolen, die da lauteten: „Es lebe die demokratische und unabhängige Ungarische Republik! Es lebe die Freundschaft und die Zusammenarbeit des neuen Jugoslawiens und des neuen Ungarns!“

Die ungarischen kommunistischen Führer behandelten mich kalt, was ich um so deutlicher spürte, als sie bis dahin unserer Führung aufdringliche Herzlichkeit bekundet hatten. Sie waren offensichtlich von der Verschlechterung unserer Beziehungen zu den Sowjets in Kenntnis gesetzt worden. Offenbar hatten sie sich bereits entschieden. Auch ich nahm eine offizielle, distanzierte Haltung ein – zu allen mit Ausnahe meines Begleiters, einem schlichten und offenherzigen Spanienkämpfer. Ich bedauere es, seinen Namen vergessen zu haben.

Doch mit Brankov sprach ich ganz offen. Ich erkundigte mich bei ihm mehr über die Haltung einzelner ungarischer Führer uns gegenüber als über die Verhältnisse in Ungarn. Bei Brankov fiel mir eine gewisse Zurückhaltung und Verlegenheit auf. Möglicherweise hatte das nichts mit seinem späteren Verhalten während des Rajk-Prozesses zu tun, bei dem er als „Kronzeuge“ gegen Rajk und Jugoslawien auftrat. Ich schließe allerdings auch nicht aus, daß er schon damals in seiner Haltung schwankte, wenn er nicht sogar von den Sowjets „angeworben“ worden war. Die Gespräche mit Brankov, die ich während der Besichtigung von Budapest führte – in meinem Appartement, im Hotel Gellért, scheute ich mich vor Abhörgeräten –, enthüllten mir aber auch nichts, was ich nicht bereits gewußt oder selbst beobachtet hatte.

Die ungarische Partei- und Staatsführung maß der Jubiläumsfeier große Bedeutung bei, zweifellos um sich dadurch als Nachfolgerin der Patrioten und Demokraten aus ruhmreichen, unvergeßlichen Tagen darzustellen. Aber sie hatte ihre Probleme damit und erlegte sich selbst Beschränkungen auf, nach meiner damaligen Meinung mehr, als sie es hätte tun müssen. Es wurde verschwiegen, daß die Ungarische Revolution von 1848 durch das zaristische Rußland erstickt worden war. Besonders herausgestellt wurde dagegen die befreiende und brüderliche Rolle der Sowjetunion. Die Feier war aus all diesen Gründen eher vordergründig als spontan und überzeugend.

Mehr noch: Auf der Festung Buda, dem eindrucksvollsten und schönsten Platz der Stadt, wurde ein Denkmal der Roten Armee enthüllt – nicht etwa dem Jahr 1848 gewidmet, nicht der ungarischen Kommune von 1919, auch nicht den niedergemachten ungarischen Revolutionären.

Alles das, und noch manches andere, nahm ich sicher besonders deutlich wahr, angesichts des gespannten und unheilverkündenden Verhältnisses, das sich zwischen Jugoslawien und der Sowjetregierung anbahnte. Ich konnte nicht umhin, Rákosi, neben dem ich mich bei der Denkmalsenthüllung eingefunden hatte, auf seine Frage, wie das Werk mir denn gefalle, zu erwidern: „Nun ja, es ist gut. Aber konnten Sie denn nicht auch den ungarischen Revolutionären ein Denkmal errichten? Ihre Geschichte ist doch so reich an Revolutionen und Revolutionären.“ Meine Antwort behagte Rákosi offentsichtlich nicht, und er erwiderte verlegen: „Ja, ja, wir werden auch ihnen eines errichten...“

Bei der Massenversammlung, zu der weniger Leute gekommen waren, als das um die Hälfte kleinere Belgrad auf die Beine gebracht hätte, war der Mangel an Interesse auffällig. Die Ansprachen der nichtkommunistischen Regierungsmitglieder wurden mit nur schwachem Beifall bedacht, und während der Rede Rákosis gab es in der Menge Gemurmel und Auseinandergelaufe. Mit lautstarker „Begeisterung“ machten sich nur organisierte Grüppchen bemerkbar.

Die Bankette und Empfänge – es gab zu viele davon – waren überreich an Eingeladenen und an Speisen und Getränken. Aber die Atmosphäre war dort mehr von Gefräßigkeit als von Feierlichkeit geprägt, langweilig und ermüdend. Bei einem Massenbankett war Marschall Woroschilow, der bis kurz zuvor Vorsitzender der Alliierten Kontrollkommission für Ungarn gewesen war, besonders an den Trinksprüchen beteiligt. Ein Achtzigjähriger, körperlich noch rüstig, sonst aber ganz und gar senil: Bei einem nicht zu Papier gebrachten Trinkspruch konnte er sich allzu lange nicht des „Donaubeckens“ bzw. der Donau entsinnen, in deren Einzugsgebiet irgendwelche Völker siedelten, die nunmehr glücklich und sorgenfrei leben würden, da die Rote Armee sie befreit habe.

Bei dem großen Empfang saß ich mit Jugoslawen oder mit zufälligen Bekannten zusammen. Bis dahin war keiner der sowjetischen Repräsentanten an mich herangetreten, es sei denn wegen protokollarischer Angelegenheiten. Ich wechselte mit Woroschilow ein paar Worte. Wenn er mich auch bemerkt hat, so hat er mich doch gewiß nicht erkannt, geschweige denn, daß er mich direkt angesprochen oder gar aufgefordert hätte, ihn zu besuchen. Er stand im Zentrum der Aufmerksamkeit: mit unverhohlener Selbstzufriedenheit, unbeholfen pompös, glitzernd vor lauter Orden und mit gekünstelter, hochmütiger Liebenswürdigkeit. Man erzählte sich, daß er sich in der Kontrollkommission nicht zurecht gefunden habe. Die ganze Arbeit hätten die anderen gemacht, er selbst aber sei eifrig und unschlagbar nur bei langen Fußmärschen gewesen.

Die Feierlichkeiten standen schon kurz vor ihrem Ende, und ich erwartete nicht mehr, daß Woroschilow mich noch zu sich rufen würde. Ich verspürte Bitterkeit, auch jenes Trotzgefühl der Kleinen, die sich das Verständnis der Großen zwar wünschen, deren Überheblichkeit jedoch nicht hinnehmen wollen.

Bei diesem Empfang kam ein sowjetischer Oberst auf mich zu, den ich irgendwo früher gesehen hatte, über den ich aber so gut wie nichts wußte. Er fing ein Gespräch mit mir an und kam auch bald auf Woroschilow zu sprechen. Ich gab einige nichtssagende Floskeln von mir – über das glänzende Aussehen und die schlichte Haltung des Marschalls, worauf der Oberst mir zu suggerieren suchte: „Ich bin überzeugt, daß der Marschall Sie zu einem Gespräch empfangen würde. Er ist unkompliziert und herzlich. Sicher wird er Sie empfangen."

Ich antwortete: „Es genügt ja, wenn der Marschall den Wunsch äußert, mich zu sehen."

Darauf der Oberst: „Er ist sehr beschäftigt – alle diese Empfänge und Verpflichtungen. Für Sie aber, da bin ich sicher, wird er Zeit finden. Ersuchen Sie ihn nur um einen Empfang."

Ich kaprizierte mich: „Ich würde ihn gern aufsuchen, sofern er den Wunsch äußert."

Der Oberst: „Bitten Sie nur, ich bin überzeugt, daß er Sie empfangen wird."

Und ich: „Selbstverständlich werde ich mich nach den Wünschen des Genossen Woroschilow richten."

Damit ging die Unterhaltung mit dem Oberst auch schon zu Ende. Woroschilow äußerte keinen Wunsch, und ich ersuchte nicht. Ehrlich gesagt, ich hätte von einem Gespräch mit ihm ohnehin keine nennenswerten Ergebnisse erwartet. Er verfügte über alles andere als einen agilen Verstand, und ich bezweifelte, daß er sich in der Sache selbst gut genug auskannte, da er schon seit ziemlich langer Zeit faktisch außerhalb des politischen Lebens stand. Auch war sein Ansehen bei der sowjetischen Führung nach seiner wenig glücklichen Rolle im Krieg und seiner Abschiebung auf nur noch repräsentative, bedeutungslose Positionen gesunken. Zwischen uns hätte es, glaubte ich, mehr Streit und Mißverständnisse als ein vernünftiges, gutwilliges Gespräch gegeben.

Sobald ich nach Belgrad zurückgekehrt war – es waren kaum zwei Tage vergangen –, rief Tito am 19. oder 20. März die Genossen aus der engsten Führung zusammen (Kardelj, Ranković und mich); ob sonst noch jemand dabei war, weiß ich nicht mehr.

Er teilte uns mit, die sowjetische Regierung ziehe die Militärinstrukteure ab. Wenn ich mich recht entsinne, traf im Verlauf dieses Treffens die Meldung vom Abzug der Wirtschaftsexperten ein. Tito hatte im Namen der Regierung schon eine Antwort vorbereitet. Er sagte dabei, als wäre ihm etwas sehr Wichtiges eingefallen: „Es wird besser sein, die ganze Sache auf die zwischenstaatlichen Beziehungen abzustellen. Hier geht es nicht nur um das Verhältnis zwischen den Parteien."

Titos Antwort an die sowjetische Regierung war im Ton zurückhaltend und nicht provokativ, in der Sache jedoch fest und fundiert. Sie hob auf die wahren Gründe ab und bestritt die Beschuldigungen von der „Beschattung" der sowjetischen Experten, von

„der Unkameradschaftlichkeit und dem Mißtrauen“ ihnen gegenüber. Die Antwort wurde ohne Einwände akzeptiert.

Bei diesem Treffen wurde beschlossen, die Führungen der Republik sowie die leitenden Genossen im Staats- und Parteiapparat über die Verschlechterung der Beziehungen zur sowjetischen Regierung in Kenntnis zu setzen. Mir wurde aufgetragen, dies in Montenegro und in Bosnien zu tun.

In Montenegro, in Cetinje, waren die Differenzen in der Führung – bei B. Ljumović und V. Tmušić – offensichtlich: bei ersterem „internationalistisches“ Gefasel über die Untrennbarkeit der Revolution von der UdSSR, beim anderen betretenes, „unentschiedenes“ Schweigen. Selbst der Parteisekretär und Vorsitzende der montenegrinischen Regierung, Blažo Jovanović, bezog vorerst keine klare Position. Er schien sehr erstaunt und stellte viele Fragen. Doch es war alles in den Anfängen, die Lage hatte sich noch nicht zugespitzt und war undifferenziert, so daß sich das Ganze auf Information und Diskussion beschränkte. Schließlich erklärten sich alle mit der Unterstützung des Zentralkomitees einverstanden.

In Sarajevo gab es kein Schwanken. Rodoljub Čolaković, der Regierungsvorsitzende, nahm an dieser Besprechung übrigens nicht teil; ihm kamen später Zweifel. Djuro Pucar, der Komiteesekretär, argumentierte zwar mit Spitzfindigkeiten, aber das war nur schwerfälliges Denken, zu langsame Anpassung an die neuen, unerfreulichen Verhältnisse. So hatte ich das verstanden, und das hat sich dann auch bestätigt. Pucar wurde einer der standhaftesten Funktionäre im Widerstand gegen die sowjetischen Pressionen und in der Bekämpfung prosowjetischer Kommunisten.

In diesen Tagen erschien bei Tito auch Judin, der sowjetische Repräsentant und Chefredakteur des Informbüros. Er erbat von Tito einen Beitrag für das IB-Organ und tat so, als geschähe zwischen den beiden Führungen überhaupt nichts. Tito willigte ein, einen Artikel zu schreiben. Doch keiner verstand Judins Besuch bei Tito so, als wäre seine Bitte um einen Artikel der eigentliche Anlaß gewesen. Auch bei uns, und erst recht bei den sowjetischen Funktionären, geschah nichts mehr zufällig. Sicherlich war Judins Besuch Taktik: am Anfang Tito nicht herauszufordern, ihn von der übrigen Führung zu trennen, ihm sein Überleben in Aussicht zu stellen. Denn Stalin und Molotow hatten zunächst – bis zur Tagung des Informbüros in Bukarest am 26. Juni 1948, auf der über die jugoslawische Führung und die Politik der Jugoslawischen KP der Bann ausgesprochen wurde – weder Tito noch Kardelj angegriffen.

Die Tage vergingen in gespannter Erwartung einer sowjetischen Antwort auf Titos Brief, in Polemiken mi den „Imperialisten" um Triest und um den Frieden, mit heftigen Angriffen der westlichen Presse auf uns wegen einer angeblichen Massierung jugoslawischer Truppen gegenüber Italien und wegen unserer „Einmischung" in den Bürgerkrieg in Griechenland.

Die Sowjets reagierten bald mit einer Antwort. Sie war offensichtlich im voraus konzipiert worden. In Wahrheit war dies auch keine Antwort auf Titos Brief, obgleich sie sich in der Einleitung formell auf diesen bezog. Das Schreiben trug das Datum 27. März. Uns hat sich dieses Datum ins Gedächtnis eingeprägt, weil am gleichen Tag im Jahr 1941 die jugoslawische Regierung, die sich dem Dreierpakt angeschlossen hatte, gestürzt worden war. Ich glaube, daß diese Datumsgleichheit purer Zufall war, aber sie hat wie ein mythischer Ansporn zum Widerstand gewirkt.

Molotow und Stalin hatten den Brief unterschrieben – Molotow vor Stalin. Es ist nie geklärt worden, aber stets, zumal zu jener Zeit, hat uns die Frage gefesselt, aus welchem Grund Molotow als erster unterschrieben hatte und nicht als zweiter, wie es nach Hierarchie und politischem Gewicht hätte geschehen müssen. Wir haben das, versteht sich, nicht als „Schwanken" Stalins gedeutet, oder damit, daß er uns mehr gewogen wäre, sondern als seinen Wunsch, wenigstens einigermaßen im Hintergrund zu bleiben.

Aber aus welchem Grund? Um etwa die Schuld auf Molotow zu schieben, falls das Projekt scheitern sollte? Oder um dem Vorhaben eine scheinbar zweitrangige Bedeutung für die kommunistische Bewegung beizumessen? Oder, was am wahrscheinlichsten ist, um bei uns die Illusion zu nähren, daß er sich gar nicht so sehr engagiert habe, als daß er uns nicht eines Tages „begnadigen" könnte? Wie dem auch sei, es ist jedenfalls rätselhaft und auffällig, daß Stalin weder damals noch später Tito oder Jugoslawien in irgendeiner Form öffentlich angegriffen hat. Er schied aus dem Leben, ohne je öffentlich ein Wort gegen seine erfolgreichsten Gegner gesagt zu haben.

In einigen historischen jugoslawischen Schriften (z. B. in *Informbiro, sta je to?* – Informbüro, was ist das? von S. Kržavac und D. Marković, Belgrad 1976) wird das Datum dieses Briefes, der 27. März, mit dem seiner Übergabe an Tito in der Villa Weiss in Zagreb gleichgesetzt. Aber Tito kann ihn an diesem Tag nicht empfangen haben, weil er sich gar nicht in Zagreb aufhielt. Am 27. März fand in Belgrad die feierliche Beisetzung der sterblichen Überreste von Ivan Milutinović und Ivo-Lola Ribar, im Krieg gefallener ZK-Mitglieder, statt. Tito war dabei. Den offiziellen Teil des Trauerzugs erwartete er auf dem Kalemegdan. Wir hatten schon ein Attentat auf ihn befürchtet, weniger von seiten der „Reaktion“ als von sowjetischen Agenten. Wir wußten, daß es solche auch auf wichtigen Posten in der Partei gab, nicht nur außerhalb. Ich hielt am Ort der Beisetzung eine Rede. Darin war, mit Bedacht, neben der Liebe zur Sowjetunion die Unabhängigkeit Jugoslawiens besonders betont worden. Auch die Idee, die gefallenen ZK-Mitglieder auf dem Kalemegdan beizusetzen, stammte von mir: eine eindeutige Imitation der Beisetzung an der Kreml-Mauer, die unsere unausgereiften Vorstellungen verdeutlicht, schon deshalb eigenständig zu sein, weil wir uns auf eine Ebene mit den „Russen“ stellten.

Bei dieser Trauerfeier gab es auch eine groteske Begebenheit. Djuro Salaj, der Vorsitzende der Gewerkschaften, sollte auf dem Terazije-Platz eine Rede halten. Da er aber sein Manuskript irgendwo liegengelassen hatte, fing er an, vor dem Trauerzug und vor allem Publikum seine Taschen zu durchsuchen. Ganz ratlos begann er schließlich, mir als dem für die Propaganda (und offenbar auch für abhanden gekommene Reden) Verantwortlichen Zeichen zu geben. Ich verließ den Trauerzug – Salaj stand auf dem Bürgersteig – und sagte ihm, er solle frei reden: „Du warst Volksabgeordneter, bist Gewerkschaftsführer; es wird doch nicht das erste Mal sein, daß du ohne Manuskript sprichst.“ Und er hielt seine Rede, die vielleicht nicht besonders flüssig, aber auf jeden Fall natürlich wirkte (soweit solche Ansprachen überhaupt einen Sinn haben).

Demnach hat Tito den Brief der Sowjetführer höchstwahrscheinlich in den ersten Tagen des April erhalten. Sobald Lawrentjew das Schreiben überreicht hatte, rief Tito die Politbüro-Mitglieder – Kardelj, Ranković und mich – wie auch Boris Kidrič an. Gleich am Abend fuhren wir mit dem Zug nach Zagreb.

Tito gab uns den Brief zusammen mit dem Entwurf seines Antwortschreibens zum Studium. Wir vier lasen und beratschlagten in einem separaten Raum zwei bis drei Stunden lang.

Der Brief der sowjetischen Führer versetzte uns zwar in Erregung, aber er verwirrte uns nicht. In dem Schreiben wurde die Schuld an der Verschlechterung der Beziehungen der jugoslawischen Führung angelastet, ebenso das Fehlen innerparteilicher Demokratie, die Art der Zuammensetzung und die unregelmäßige Arbeit unseres Zentralkomitees moniert. Man betonte: „Es ist verständlich, daß wir eine solche Organisation nicht als marxistisch-leninistisch, bolschewistisch betrachten können."

Der Brief trug die Anrede: „An den Genossen Tito und die übrigen Mitglieder des ZK." Und obgleich Tito und Kardelj darin noch geschont, das heißt nicht namentlich kritisiert wurden, hatten die Sowjetführer die Warnung nicht versäumt, daß „die politische Karriere Trotzkijs lehrreich genug" sei. Namentlich genannt wurden lediglich „zweifelhafte Marxisten vom Typ Djilas, Kidrič, Ranković, Vukmanović und andere".

Doch es war jedem klar, und das war auch für Tito das Entscheidende, daß mit dieser Kritik er und Kardelj ebenso gemeint waren. Denn als ich anbot, daß, falls notwendig, wir vier namentlich Genannten uns zurückzögen, erwiderte Tito mit ärgerlicher Entschlossenheit: „Oh, nein! Ich weiß ja, was die wollen – unser ZK zerschlagen. Zuerst euch, und dann auch mich!" Wir akzeptierten Titos Antwortschreiben, ausgenommen dessen Schluß.

Ich hatte während jener Beratung ohne Tito eingewandt, daß dieser Schluß die Sowjetführer unnötig verärgern würde, weil wegen des Beharrens auf unserer Unabhängigkeit von Moskau und auf gleichberechtigten Beziehungen der Staaten der Volksdemokratie zur Sowjetunion deren führende Rolle beziehungsweise deren vermeintliches Recht auf Vormachtstellung innerhalb des Ostblocks bestritten werde. Alle drei – Kardelj, Ranković und Kidrič – stimmten meinem Einwand zu. Wer aber sollte diesen Einwand Tito erläutern, da er so nervös geworden war? Jemand, ich glaube Kardelj, schlug vor, ich solle es tun. So geschah es. Tito willigte ein, ohne Widerstand. Obgleich gereizt und intolerant, hatte er bereits begriffen, daß er den Kampf mit Stalin und dem sowjetischen Apparat nicht allein bewältigen konnte. Und so war er, gleichsam über Nacht, „kollektivfreundlicher" und Einwänden gegenüber zugänglicher geworden.

Rückblickend bin ich der Meinung: Titos Antwortbrief, der später, am 13. April, mit unerheblichen Ergänzungen vom Plenum des ZK verabschiedet wurde, hat Stalin und Molotow ebenso „wütend gemacht", wie wenn jener Schlußabsatz geblieben wäre. Sie hatten bereits beschlossen, mit der jugoslawischen Führung abzurechnen.

Mein Einwand entsprang zum Teil auch meiner dogmatischeren, stärker ideologisch geprägten Einstellung, als dies Titos Haltung war. Er war von Anfang an bemüht, die Beziehungen zu den Sowjets vor allem auf die staatliche Ebene abzustellen und den Konflikt nicht von der Partei her zu sehen. Vereinfacht gesagt: das Wesentliche für Tito war die Erhaltung des Staates, für mich die Reinheit der Idee.

Bei dieser Besprechung wurde beschlossen, für den 12. April das Plenum des Zentralkomitees einzuberufen. Es war dies die erste Zusammenkunft des Plenums seit der Wahl des ZK auf der 5. Konferenz im Oktober 1940. Wenn ich mich recht entsinne, schlug Tito bei dieser Gelegenheit vor, den 5. Parteikongreß einzuberufen. Dabei hatte er sicherlich eine Stärkung der nationalen Legalität im Verhältnis zur sowjetischen Führung als Vertreterin der „internationalen Legalität" im Sinn. Und auf der Rückfahrt, im Zug, meinte Kardelj: „Die werden uns noch zu Faschisten erklären! Ich kenne die Russen – dies jetzt ist nur der Anfang..." Mir kam das unglaubwürdig vor, und das sagte ich zu Kardelj. Doch was derart unglaublich und absurd schien, deprimierte mich nicht, sondern brachte mich zum Nachdenken und festigte die Impulse des Widerstands wie des kämpferischen Antriebs in mir.

Das Plenum des Zentralkomitees begann, wie geplant, am Vormittag des 12. April in der Bibliothek des Alten (königlichen) Schlosses zu Dedinje.*

Nach kurzen einleitenden Worten Titos wurden zunächst der Brief der Sowjetführer und sein Antwortschreiben verlesen, das er bereits vorher entworfen hatte. Dann sprach Tito beinahe eine volle Stunde. Der Kern seiner Darlegungen bestand darin: Die sowjetischen Führer nützten ideologische „Unterschiede" aus, um Druck auf unseren Staat auszuüben. Tito rief zu Kaltblütigkeit in der Diskussion auf und forderte, daß jedes ZK-Mitglied sich einzeln äußere. Er sagte auch, das Sitzungsprotokoll werde dem sowjetischen Zentralkomitee zugestellt, falls es das verlangen sollte. (Dies wurde nicht verlangt, und es fiel auch niemandem ein, das Protokoll hinzuschicken.)

Danach faßte Kardelj in seiner Rede die Erfahrungen und Errungenschaften unserer Partei zusammen. Er schloß voller Pathos: „Wir wären Schurken, wenn wir alle diese Unrichtigkeiten

* Die Redner werden zum Großteil nach V. Dedijer, *Josip Broz-Tito, prilozi za biografiju*, Kultura, Belgrad 1953, zitiert. Ich hatte zwar auf dieser Tagung Aufzeichnungen gemacht, besitze sie aber nicht mehr. Sie liegen möglicherweise in den Archiven des ZK.

zugeben würden!“ Es folgte ein Redner dem anderen; allesamt erbittert und kämpferisch. Auch ich – aufgebracht über die Unwahrheiten und Ungerechtigkeiten.

Die Mehrheit der ZK-Mitglieder war schon an der Reihe gewesen, unter ihnen die Genossen aus Montenegro: Blažo Jovanović, der das Politbüro mit bloßen Phrasen „unterstützte“, und Božo Ljumović, der seine Parteinahme für die Sowjetführung mit konfusen internationalistischen Vorstellungen zu bemänteln versuchte, als sich Sreten Žujović erhob, bleich und erregt. Sein Auftreten gegen das Politbüro und für die sowjetische Führung war erwartet worden. Schon seit längerer Zeit wußte man aus zahlreichen Kleinigkeiten und Bemerkungen, daß er prosowjetische Ansichten vertrat. Auffällig war sein „Getuschel“ mit Hebrang gewesen, der, ganz unverhohlen, sowohl mit seiner Position als auch mit der Tendenz des Politbüros zu selbständiger Entwicklung unzufrieden war.

Auffallend war Žujovićs ungewöhnlich intensive Verbundenheit mit dem sowjetischen Botschafter – und noch augenfälliger die allzu häufigen inoffiziellen und intimen Zusammenkünfte und Partys Hebrangs mit dem UNRRA-Chef für Jugoslawien, einem sowjetischen Beamten. Alles das hatte freilich harmlos ausgesehen, solange die Differenzen mit der sowjetischen Regierung nicht zu offenem Streit eskaliert waren und ein anderes Gewicht bekamen.

So hat eine Episode – Žujovićs Besuch beim sowjetischen Botschafter einige Tage nach der Sitzung des erweiterten Politbüros vom 1. März – eine ungewöhnliche, ausnehmend verdächtige Note erhalten. Ich hatte mein Büro vorzeitig verlassen, als ich im Vorbeifahren an der sowjetischen Botschaft Žujovićs ZIS-Limousine und seinen schnurrbärtigen Begleiter vor dem Tor erblickte. Ich war nicht sonderlich überrascht, gleichwohl befahl ich dem Fahrer, zu wenden und dicht an Žujovićs Auto und Begleiter vorbeizufahren. Ich hatte mich nicht getäuscht. Tito und den anderen vertrauten Genossen teilte ich mit, was ich gesehen hatte – Bestätigung für die unzuverlässige, verschwörerische Haltung Žujovićs. Tito versagte es sich nicht, beim Plenum urplötzlich mit geheimnisvoller Miene Žujović danach zu befragen.

Obwohl man Žujovićs Stellungnahme im Plenum erwartet hatte, löste sein Auftritt grimmige und ungeduldige Zwischenrufe aus, so daß er seine Ausführungen gar nicht richtig zu Ende bringen konnte. Seine Rede begann Žujović mit einem Appell an das

„revolutionäre Gewissen" und fuhr fort mit Aufrufen zur Ergebenheit gegenüber der Sowjetunion und zur Bejahung auch der geringsten Einwände Stalins, wobei er die Unwahrheiten und Ungerechtigkeiten, die der Brief der Sowjetführung enthielt, geflissentlich verschwieg.

Ich saß links von Tito, auf dem ersten oder zweiten Platz neben ihm. Sobald Žujović mit seinen Aufrufen zur „Vernunft" begonnen hatte, sprang Tito hoch und begann hin- und herzugehen, erregt fauchend: „Verrat! Verrat am Volk, am Staat, an der Partei." Obwohl es beim Zusammenstoß mit Moskau, besonders was Tito betraf, auch um die Bewahrung der eigenen Macht, des eigenen Staats ging, ist unbestreitbar, daß er als Patriot zutiefst verbittert war – vielleicht mehr noch als die anderen. Dies entsprang Titos Eigenheit, objektive Vorgänge als persönliches Schicksal zu erleben und anderseits persönliche Situationen und Stimmungen zu objektivieren, als Problem der Partei und des Staates zu betrachten.

Das Wort Verrat wiederholte Tito mehrere Male. Alsbald setzte er sich wieder hin, seine Aktentasche von sich stoßend. Dafür sprang ich auf, mit Tränen des Schmerzes in den Augen: „Aber, Crni (‚Schwarzer'), du kennst mich seit zehn Jahren – hältst du mich vielleicht für einen Trotzkisten?" Žujović antwortete: „Das nicht, aber weißt du, einige deiner Äußerungen in letzter Zeit über die Sowjetunion..."

Es entstand tumultartiger Lärm, von allen Seiten bekam Žujović Zurufe: „Sprich dich offen aus! Keine Ausflüchte! Mach uns nichts vor! Sei ehrlich!"

Žujović kam aus dem Konzept. Tito fiel ein: „Antworte, Crni, sind wir auf dem Wege in den Kapitalismus? Verwässern sich die Prinzipien unserer Partei in der Volksfront? Gibt es in unserer Regierung westliche Spione?"

Und nach Tito auch Vladimir-Vlado Popović: „Das, was Žujović behauptet, ist weder ehrenhaft noch kommunistisch. Unsere Politik gegenüber der Sowjetunion – ich als Botschafter in Moskau weiß das – entsprach den Spielregeln, war von kommunistischem Geist geprägt. Stalin selbst hat zugegeben, daß die ‚Gemischten Gesellschaften' nicht gut sind."

In jenen Tagen traf ich mich öfter mit Popović. Ich hatte ihn schon 1937 kennengelernt, bevor er nach Spanien ging, aber erst in der Not, während meines letzten Aufenthalts in Moskau, kamen wir uns allmählich näher. Diese Verbundenheit intensivierte sich noch und hielt bis zu meinem Sturz 1954 an. Vlado Popović war nach meinem Urteil eine außergewöhnliche, brillante Erscheinung, sowohl menschlich als auch politisch: gutaussehend, markant, standfest, beherzt und gescheit. Leider aber ohne Sinn für intellektuelle, für schriftstellerische Tätigkeit, so daß es von ihm keine Selbstzeugnisse gibt.

Obwohl Vlado Popović als Botschafter in Moskau in einer äußerst exponierten Position gewesen war, so daß man sich gut hätte vorstellen können, die Sowjetführer hätten ihn für sich gewonnen, schöpfte niemand Verdacht gegen ihn, so klar und fest waren seine Ansichten, so unkompliziert und unzweideutig war seine Haltung. In jenen Tagen gingen Popović und ich bis tief in die Nacht hinein durch Dedinje spazieren und erörterten die Gründe und den Sinn der sowjetischen Politik uns gegenüber. Dabei kamen wir zu dem Schluß, daß eine solche Politik tiefere Wurzeln haben müsse – im undemokratischen Charakter der bolschewistischen Partei und in der diktatorischen Struktur des sowjetischen Staates.

Für derartige Betrachtungen waren Vlados Wahrnehmungen und Erkenntnisse aus der UdSSR sehr wertvoll. Er erzählte mir zum Beispiel, er habe in Sibirien politische Gefangene in Ketten und unter der Knute der Wachen bei schweren Arbeiten gesehen: „Dort gibt es keine Gnade und keine Rücksicht!", sagte er zu mir. Solche ausführlichen Diskussionen wurden auch in der Parteispitze geführt, besonders zwischen Kardelj, Kidrič und mir. Ranković mischte sich in dieses Theoretisieren nur selten ein, aber seine konkreten pragmatischen Bemerkungen und Ausführungen über Anwerbungen, Intrigen und die Aufsässigkeit der sowjetischen Dienststellen waren für uns unverzichtbar.

Die Verbitterung und die Zornesausbrüche während der Plenarsitzung wurden durch den Auftritt von Moša Pijade unterbrochen, der damit anfing, daß er vor allem über das niedrige Niveau des Briefes von Molotow und Stalin erstaunt sei. Diese Anmerkung löste brüllendes Gelächter aus.

Die Sitzung wurde zum Mittagessen, gegen zwei Uhr, unterbrochen.

Nach dem Essen, das im Schloß selbst gerichtet worden war, setzten wir die Tagung fort. Tito ergriff das Wort. Er sprach jetzt überlegter und bestimmter, wenn er auch nicht frei von Verbitterung und Zorn war. Er machte Žujović zum Vorwurf, daß dieser sich herausnehme, die Sowjetunion mehr zu lieben als sonst jemanden, gar mehr als Tito. Er warf ihm vor, er wolle die Partei und die Führung zerschlagen – eine Führung, die seit elf Jahren, durch schwerste Versuchungen hindurch, ausgewogen und einträchtig arbeite und durch Blut mit dem Volk verbunden sei.

Im Zusammenhang damit rief Tito, sich von seinem Platz erhebend: „Unsere Revolution frißt ihre Kinder nicht! Die Kinder unserer Revolution sind rechtschaffen..." Diese temperamentvoll vorgebrachten Worte wirkten erregend und überzeugend, obgleich – Tito war sich dessen sicher nicht bewußt – gerade in diesem Augenblick, mit Distanzierung von der Russischen Revolution und der sowjetischen Führung, die sich beim Schlucken ihrer Kinder als unersättlich erwiesen haben, auch die jugoslawische Revolution das Schlucken ihrer Kinder ankündigte.

Tito betonte außerdem, unsere Opfer und unser Krieg seien gleichfalls ein Beitrag zum Sozialismus in der Welt. Nicht der Anschluß an die Sowjetunion und die Unterordnung gegenüber der sowjetischen Regierung sei ein Stimulans für den Sozialismus, sondern eine brüderliche, gleichberechtigte Zusammenarbeit und unsere eigenständige Entwicklung im Rahmen dieser Kooperation.

Pijade drängte darauf, daß Žujović die Fragen beantworte, die Tito ihm gestellt hatte. Žujović aber wußte nichts zu antworten.

Ranković meldete sich zu Wort. Sein Auftritt vor dem Plenum des ZK war kraftvoll und mitreißend in seiner Anschaulichkeit. Und niederschmetternd, vernichtend für Žujović: Ranković vergaß nicht, ihn daran zu erinnern, daß er, Žujović, auf der 5. Konferenz (Oktober 1940) nur auf Titos Fürsprache hin ins Zentralkomitee gewählt worden war – trotz der Ablehnung durch die übrigen Mitglieder des Politbüros.

War es Rankovićs Auftreten, oder die erneuten Zwischenrufe an die Adresse von Žujović, Tito sah sich jedenfalls veranlaßt, Žujović zu fragen: „Was hast du, Crni, beim sowjetischen Botschafter eigentlich gemacht?"

Im ersten Moment verschlug es Žujović die Sprache, dann aber antwortete er: „Ich war dort, um mit ihm die Anschaffung eines Wagens für ihn zu besprechen."

Worauf ich einwarf: „Es ist schon erbärmlich, daß ein jugoslawischer Bundesminister dem sowjetischen Botschafter seine Aufwartung macht, um diesem einen Wagen zu beschaffen!"

Žujović bestritt damals, er habe den sowjetischen Botschafter über die Sitzung des Politbüros vom 1. März informiert. Er fügte jedoch auch hinzu: „Aber, Genossen, kann sich Jugoslawien denn im Falle eines Angriffes aus dem Westen allein verteidigen?“

Er wiederholte dabei eigentlich die allgemein angenommene sowjetische Doktrin, daß die Staaten der Volksdemokratie dermaßen bedroht seien, daß sie ohne Unterordnung unter die Sowjetunion gar nicht existieren könnten. Aber die moralische Rebellion und die Überzeugung, wir leisteten einen Beitrag zum Sozialismus, überwogen bei uns in solchem Maße, daß wir uns über die Gefahren durch den „Imperialismus“, denen wir uns durch den Bruch mit der Sowjetunion aussetzten, gar nicht erst den Kopf zerbrachen. Dennoch erwiderte Kardelj besonnen Žujovićs Frage: „Ein Angriff auf Jugoslawien steht nicht in Aussicht, aber selbst wenn es dazu käme – dieser Angriff könnte nicht auf uns allein beschränkt bleiben.“

Kurz bevor die Tagung zu Ende ging, bat Žujović Tito um Erlaubnis, zu einer Sitzung des Finanzausschusses ins Parlament zu gehen, an der er in seiner Eigenschaft als Finanzminister teilnehmen mußte. Tito erklärte sich einverstanden, wobei er Žujović gleichgültig, gleichsam wie einen Fremden ansah.

Danach unterbrach Tito die Sitzung und beraumte deren Fortsetzung für den nächsten Tag, den 13. April, am selben Ort an. Ich vermute, daß Tito das Alte Schloß deswegen für diese Tagung gewählt hatte, weil er dort – da er es sonst nicht benutzte – keine sowjetischen Abhörgeräte vermutete.

Dieser zweite Sitzungstag nahm einen ruhigen, ja unbedeutenden Verlauf, die persönlichen Stellungnahmen waren unwichtig. Andererseits wurden gerade an diesem Tag Entscheidungen von historischer Tragweite verabschiedet. Angenommen wurde der Brief, den Tito und Kardelj im Namen des Zentralkomitees unterzeichnet hatten. Weiterhin wurden die Beschuldigungen aus dem Schreiben der sowjetischen Führer zurückgewiesen. Es wurde der 5. Parteikongreß einberufen – ich glaube allerdings, daß das Datum für den Kongreß erst später bestimmt wurde.

Der historische Umbruch in unserer Arbeit geschah in der heftigen Polemik und in den entscheidenden Entschlüssen schon am ersten Tag, dem 12. April. Das fand in der Nacht seine Fortsetzung, nach der Sitzung, in privaten Gesprächen und Diskussionen der ZK-Mitglieder. Bei der Zusammenkunft am darauffolgenden Tag war die Stimmung der ZK-Mitglieder entspannt und von eindeutiger Entschlossenheit.

Der Brief unseres Zentralkomitees, den – wie ich schon erzählte

– Tito in Zagreb abgefaßt hatte, wurde ohne wesentliche Änderungen angenommen. Hinzugefügt wurde nur der Vorschlag an die sowjetische Parteiführung, zur Nachprüfung der Unrichtigkeit ihrer Beschuldigungen Vertreter nach Jugoslawien zu entsenden. Nach Meinung Titos und der Politbüromitglieder war es illusorisch, zu erwarten, daß Stalin unseren Vorschlag annehmen werde, weil das nicht nur die Abrechnung mit uns hinausschieben, sondern auch die Anklagen aus dem Molotow-Stalin-Brief dementieren würde.

Jedoch kann auch die „Stützung“ von Illusionen eine Taktik sein, bis das „Bewußtsein herangereift ist“, solange das noch nicht den grundlegenden realen Verlauf der Politik gefährdet. Im Plenum wurde auch eine Kommission zur Untersuchung der Haltung von Žujović und Hebrang gebildet: Die Wende in den Beziehungen mit der Sowjetunion war zugleich auch der Beginn einer Abrechnung mit den Anhängern der Sowjets in Führung und Partei.

Man brauchte nicht lange darauf zu warten, bis auch diese Illusionen zerstört waren: Schon am 16. April überreichte Judin vom Informbüro Tito einen Brief des ungarischen ZK. In diesem Brief solidarisierte sich das ungarische ZK mit der im Brief Molotows und Stalins vom 27. März dargelegten „Kritik“ der jugoslawischen KP. Dies bedeutete nicht nur, daß die Sowjetführung auf andere Parteien Druck ausübte und sie gegen die jugoslawische Führung mobilisierte, noch bevor sie mit der letzteren die Probleme geklärt hatte, sondern auch, daß andere Parteien – im konkreten Fall die ungarische – sich die sowjetische „Kritik“ der jugoslawischen Führung zu eigen machten, noch bevor sie sich die Meinung der Jugoslawen überhaupt angehört hatten.

Der ungarische Brief erboste die jugoslawische Führung. Das kam auch in der Antwort Titos an das ungarische Zentralkomitee zum Ausdruck. Denn die ungarischen Führer hatten uns nicht nur jahrelang den Hof gemacht, sie übersahen jetzt sogar die nicht immer populären Anstrengungen der jugoslawischen Führung, um des lieben Friedens willen die Grausamkeiten der ungarischen Soldateska und der ungarischen Faschisten auf dem Boden Jugoslawiens während des Krieges vergessen zu machen. Auch war in jenen Tagen – wie ich meine, vor dem ZK-Plenum vom 12. April, unmittelbar vor dem Eintreffen des Briefes Molotows und Stalins vom 27. März – ein Mitglied des ungarischen Politbüros, Farkas, nach Belgrad gekommen, angeblich um sich mit den Erfahrungen der KP Jugoslawiens vertraut zu machen, in Wahrheit aber mit der durchsichtigen Absicht, Informationen zu sammeln. Ich erinnere mich, daß er in einem Gespräch mit Ranković und mir im damaligen ZK-Gebäude unsere Bestätigung mit triumphierender Schadenfreude quittierte, daß unsere KP eine „Kaderpartei" und keine „Massenpartei" sei. Diese Unterscheidung unserer KP von den osteuropäischen wurde dann in den Briefen und in der Propaganda der sowjetischen Führung zu einer der „Sünden" der jugoslawischen Führung.

Im Politbüro gab es keine Illusionen in der Frage, ob andere Parteien die Sowjetführer unterstützen würden. Jedoch erschien es uns einen Augenblick lang, als würden die bulgarischen „Brüder" wenn nicht offene, dann zumindest versteckte Sympathien für uns bekunden. Schließlich waren sie genau wie wir immer noch für eine Vereinigung. Obendrein hätte eine Schwächung unserer Position für die Bulgaren die Unterwerfung gegenüber Moskau bedeutet.

Am 19. April reiste eine bulgarische Staatsdelegation unter der Leitung von Dimitrov über Belgrad nach Prag. Auf der Bahnstation in Topčider sollte Außenminister Stanoje Simić die Delegation begrüßen. Ich war als Regierungsmitglied und als Mitglied des ZK beauftragt, den bulgarischen Genossen die Einladung zu überbringen, auf ihrer Rückreise in Belgrad Station zu machen, um Gespräche über die Vereinigung führen zu können.

Es war ein trüber, feuchter Nachmittag. Während Simić und sein bulgarischer Kollege nacheinander suchten, erblickte ich Dimitrov am Fenster und sprang in seinen Waggon. Dimitrov empfing mich auf dem Gang, er griff mit beiden Händen meine Hand und sagte erregt: „Bleibt fest, haltet euch fest!"

Ich entgegnete scherzhaft: „Bei uns Jugoslawen besteht eher die Gefahr von zuviel, nicht von zuwenig Festigkeit."

Dimitrov aber, herzlich und sehr erregt, fuhr fort: „Das Wichtigste ist, daß ihr standhaft bleibt, alles andere wird von selbst kommen."

Ich übermittelte Dimitrov die Einladung, er und seine Delegation möchten sich, auf ihrer Rückreise aus Prag, zwei oder drei Tage in Belgrad aufhalten, damit wir uns über die weitere Zusammenarbeit einschließlich der Vereinigung Bulgariens und Jugoslawiens unterhielten.

In diesem Augenblick kam aus dem Abteil Dimitrovs Ehefrau Rose heraus, eine rothaarige und füllige, liebenswürdige und unaufdringliche Sudetendeutsche. Dimitrov hatte sie in Moskau als

Emigrantin kennengelernt. Auch sie sagte mir erregt: „Haben wir dieser Tage Angst um euch gehabt!“

Diese Begegnung mit Dimitrov und seiner Frau hatte zwei oder drei Minuten gedauert, dann kamen die anderen Mitglieder der bulgarischen Delegation hinzu – Vlko Tschervenkov und Terpeschev habe ich im Gedächtnis behalten, aber es war noch ein weiteres Mitglied der bulgarischen Führung dabei.

Wir versammelten uns im Salonwagen. Der gutmütige und offenherzige Terpeschev, der wegen der Serben alle Jugoslawen gern mochte, fing an, sich sogleich nach Tito und den übrigen jugoslawischen Führern zu erkundigen, während Tschervenkov schwieg und schmollte. Jemand fragte, was es bei uns denn Neues gäbe. Da durch Dimitrovs Worte bei der Begrüßung draußen auf dem Gang unmißverständlich klar war, daß dem bulgarischen ZK der Brief der Sowjetführer bekannt war, erklärte ich, es gäbe keine bedeutenderen Neuigkeiten – mit Ausnahme des Briefes Molotows und Stalins, in dem eine Reihe von unrichtigen Behauptungen enthalten seien und den wir nicht akzeptiert hätten.

Daraufhin sagte Tschervenkov barsch, eine Kritik durch die sowjetischen Genossen müsse man akzeptieren, und Dimitrov fügte mit verändertem, finsterem Ausdruck hinzu: „Wenn das Zentralkomitee der KPdSU dies sagt – dann muß etwas Wahres dran sein.“

Das Gespräch ging zu Ende mit der Bemerkung Dimitrovs, man dürfe nicht außer acht lassen, daß unsere Differenzen mit der sowjetischen Führung in einem Augenblick stattfänden, da die Imperialisten die Kriegspsychose schürten und eine imperialistische Aggression vorbereitet würde.

Dimitrov hatte – und dafür sprachen Informationen und verläßliche Anzeichen (von allen osteuropäischen Führern hat allein Dimitrov auch in diesem Jahr, 1948, Tito zum Geburtstag gratuliert) – nur mit großer Überwindung und unter Zwang den Zusammenstoß mit Jugoslawien hingenommen. Obwohl er Stalin hörig war, kannte er die sowjetischen Führer gut. Er war auch scharfsinnig genug, ihre Absichten zu erkennen. Aber er war, wie ich meine, schwach im Zentralkomitee, in dem prosowjetische Funktionäre das Sagen hatten.

Außerdem war auch er nicht immun gegen die „kommunistische“, für Sekten typische Schwäche, wenn es um ein „Abfallen“, eine Trennung von der Partei ging: Unermeßlich tapfer gegenüber dem „Klassenfeind“, war er, wie so viele „orthodoxe“ Kommunisten, gegenüber Stalin kleinmütig und unsicher. Durch Säuberungen und Personenkult hatte dieser die „Verkörperung" der Idee und der Bewegung in seiner Person erreicht.

Da jedoch Dimitrov kein Karrierist, kein „Apparatschik" gewesen ist, sondern eine Persönlichkeit, die sich durch Kämpfe und Leiden selbst verwirklicht und emporgearbeitet hatte, mußte sein Schwanken anläßlich des Angriffs auf Jugoslawien 1948 tiefere Wurzeln und Inhalte haben. Er war von jener Sorte Bulgaren – der besten ihres Stammes –, in deren Innerem Rebellion und Selbstbewußtsein zu einem dauerhaften, unzerstörbaren Wesenszug zusammenschmelzen. Er mußte ahnen, daß der sowjetische Angriff auf Jugoslawien zur Unterwerfung Bulgariens führen und seinen Jugendtraum von der Vereinigung mit den Serben auf unabsehbare Zeit hinauszögern würde. Dadurch aber taten sich neue Abgründe von Konflikten und unersättlichen Ansprüchen auf dem Balkan auf. Ich werde auch jetzt noch, nach so vielen Jahren, den Gedanken nicht los, daß Dimitrov – wenngleich kränkelnd und an Diabetes leidend – 1949 in Borwil bei Moskau keines natürlichen Todes gestorben ist. Stalin scheute sich vor selbstbewußten, erst recht vor revolutionär gesonnenen Persönlichkeiten, und sicher hatte er auch mehr Interesse an balkanischem Hader als an Versöhnung.

Tito und die Genossen aus dem Politbüro waren gerade in dieser Atmosphäre von Zorn, Gram und Zweifel hoch erfreut über meine Mitteilung, Dimitrov und seine Frau hätten uns Mut zugesprochen. Aber die Freude war von kurzer Dauer. Ein oder zwei Tage später erhielten wir auch von unseren „Brüdern" aus dem bulgarischen ZK einen Brief, von Tschervenkov unterzeichnet, in dem sie nicht nur die Kritik aus dem Molotow-Stalin-Brief unterstützten, sondern diese Kritik noch aus eigener Initiative und auf großtuerische Weise erweiterten.

Unser Botschafter in Prag, Stilinović, wurde angewiesen, der bulgarischen Delegation sofort mitzuteilen, sie möge in Anbetracht ihrer unbegründeten Unterstützung der Sowjets auf ihren Zwischenaufenthalt in Belgrad verzichten. So geschah es auch: Die Bulgaren wurden auf der Rückreise lediglich nach Protokoll begrüßt. Obwohl das bulgarische Zentralkomitee uns „brüderlich" das Messer in den Rücken gestoßen hatte, hat keiner von uns jemals angenommen, Dimitrovs Ermutigung Titos und der jugoslawischen Führung sei unaufrichtig oder provokatorisch gewesen. Die jugoslawische Führung behielt Dimitrov in guter Erinnerung. Seine Erkenntnis war nicht so weit herangereift, um ihm die Kraft zu verleihen, den Kampf mit Stalin und mit der Sowjetunion aufzunehmen, er hätte dabei auch keine Aussichten gehabt.

In der Führungsriege wuchs die Nervosität. Und man wetteiferte, in der „antiimperialistischen“ und „antikapitalistischen“ Propaganda und auch in der „alltäglichen“ Praxis zu beweisen, daß die sowjetischen Führer nicht recht hätten. Diese Bemühungen um Anpassung waren nicht nur fruchtlos, sie waren auch schädlich.

Am 28. April wurde im Bundesparlament ein Nationalisierungsgesetz verabschiedet. Verstaatlicht wurden 3100 meist kleinere Unternehmen, die Mehrzahl hätte man eigentlich gar nicht verstaatlichen sollen. In seiner Rede vor dem Parlament betonte Kidrič, daß damit die Nationalisierung beendet sei und gab zu, daß die Enteignungen der „Volksfeinde“ (kurz nach Kriegsende – A. d. Ü.) die erste Manifestation des ökonomischen Sozialismus dargestellt hätten.

Dieser Parlamentssitzung wohnte auch Tito bei, und in den Wandelgängen war davon die Rede, daß wir durch diese Maßnahme den sowjetischen Vertretern „den Mund stopften“. Ohne daß darüber gesprochen wurde, war das Unbehagen an etwas Aufgezwungenem deutlich zu spüren. Drei oder vier Jahre später vertrat auch Kidrič die Meinung, diese Verstaatlichung sei uns durch die sowjetischen Anschuldigungen aufgenötigt worden und habe sich ökonomisch als schädlich erwiesen. Einst leistungsfähige kleine Bauunternehmen beispielsweise zerfielen ganz einfach. Irrtümer, besonders ideologische, werden mit dem Leben bezahlt.

Die Feier zum 1. Mai verlief in Belgrad ebenso wie in den früheren Jahren. Nur den Genossen aus der Führung konnte auffallen, daß es mehr Bilder Titos als Stalins gab.

Es trugen sich damals auch zwei interessante Episoden zu. Žujović war nicht auf die Tribüne geladen worden und demonstrierte in der Weise, daß er sich in Generalsuniform und ordengeschmückt einer Gruppe in der Parade anschloß.

Nach der Feier, am 2. Mai, machte ich mich mit dem Auto auf die Reise nach Montenegro und nahm Vladimir Velebit mit, der durch die Beschuldigung im Brief der Sowjetführer, er sei „englischer Spion“, sehr niedergeschlagen wirkte. Ich lud Velebit mit der Ausrede ein, er solle als erfahrener Jäger herausfinden, ob es am Biograder See Auerhühner gäbe. Meine wirkliche Absicht aber war (ich hatte mich mit Tito darüber abgesprochen), Velebit zu unterstützen und ihm anzudeuten, das ZK denke auch nicht im entferntesten daran, ihn um einer Versöhnung mit der Sowjetunion willen zu „opfern".

Auf der Fahrt schloß sich uns in Bijelo Polje Ilija Bulatović an, damals Sekretär des Kreiskomitees. Die Parteikomitees der Republiken hatten bereits die Kreiskomitees über die Streitigkeiten mit der sowjetischen Führung informiert. Ich hatte auch schon einen Brief von Ilija erhalten, in dem er mich warnte, wir dürften nicht „den Sozialismus und die Sowjetunion verraten". So bot sich jetzt eine gute Gelegenheit, uns darüber zu unterhalten. Er hatte sich aber in der Zwischenzeit eingekapselt und entgegnete, er hätte seinen Brief aus dem Stegreif geschrieben und ich solle ihm keine Bedeutung zumessen. Ich erläuterte Ilija die Unwahrhaftigkeit und den Sinn der sowjetischen Anschuldigungen, er aber vermied auch weiterhin, sich dazu zu äußern. Bei mir entstand der Eindruck, er sei nicht aufrichtig. Dieser Eindruck war – sicherlich auch durch die Atmosphäre des Mißtrauens, die der Brief Molotows und Stalins in unsere Führung hineingetragen hatte – derart stark, daß mir, während ich im Versteck einem Rehbock auflauerte, der Gedanke in den Sinn kam, Ilija könnte mir sogar nach dem Leben trachten. Und dabei hatte ich ihn schon vor dem Krieg gekannt und stand ihm persönlich nahe. Revolutionen mit ihren ideologischen Konflikten verwandeln sozusagen über Nacht Mitkämpfer und Freunde in Todfeinde.

Bald darauf traf auch der zweite, vom 4. Mai datierte Brief des sowjetischen Zentralkomitees ein. Er war sehr ausführlich, meiner Erinnerung nach hatte er an die 30 Seiten. Offensichtlich war er von langer Hand sorgfältig vorbereitet. Er ließ die alten Unstimmigkeiten wieder aufleben, rundete die Kritik an der Politik der jugoslawischen KP ab, säte Intrigen unter unseren Führern, betrieb Haarspaltereien um die Mitgliederzahl und Regelmäßigkeit der Sitzungen des Zentralkomitees, nahm Hebrang und Žujović in Schutz und stellte andere kommunistische Parteien als Muster dar. Schließlich wurden auch Tito und Kardelj in diesem Brief als die Hauptsünder angeprangert. Die Hand Stalins kam in Stil und Aufbau des Briefes zum Vorschein.

Es war klar, dieser Brief sollte als politischer Vorwand zur Verurteilung der jugoslawischen Führung und Unterwerfung der jugoslawischen KP dienen. Um so eher, als mit Nachdruck gefordert wurde, die sowjetisch-jugoslawischen Differenzen auf einer Tagung des Informbüros zu erörtern. Der Brief war reich an Halbwahrheiten und Lügen, aber auch an zutreffenden Fakten. Die Unwahrheiten und Halbwahrheiten lieferten die Gründe für unseren Widerstand, während die Wahrheiten jede Bedeutung verloren hatten.

Denn niemand konnte beispielsweise das langjährige Nicht-Zusammentreten des Zentralkomitees oder die unzureichende Legalität der KP bestreiten. Das alles war nebensächlich – ganz davon abgesehen, daß die Zustände im sowjetischen ZK ja noch schlimmer waren – angesichts der wahren Ursachen des Konfliktes: der Unabhängigkeit der Partei und des Staates. Die Kritik des sowjetischen Zentralkomitees wies indirekt auf Tito als den Hauptschuldigen am irregulären Zustand des jugoslawischen ZK und der KP Jugoslawiens.

Am 9. Mai trat das Plenum unseres ZK erneut zusammen, um das Schreiben des sowjetischen ZK zu beantworten. Diese Tagung des ZK war schon nicht mehr dramatisch, obwohl der neue sowjetische Brief sowohl ausführlicher als auch „gründlicher" war. Die kurze, schon bereitliegende Antwort — ich glaube, Tito verfaßte sie – wurde angenommen. Wiederum wurden die Beschuldigungen zurückgewiesen: „Er (der Brief vom 4. Mai – der Autor) hat uns davon überzeugt, daß all unser Bemühen vergeblich ist, selbst durch Tatsachen zu beweisen, daß die Beschuldigungen gegen uns eine Folge falscher Information sind."

Viel bedeutender und entscheidender jedoch war der Umstand, daß wir nicht auf den sowjetischen „internationalistischen Leim" gegangen sind, denn wir lehnten eine Erörterung des Streites im Informbüro ab. „Wir weichen einer Kritik in Grundsatzfragen nicht aus, aber in dieser Sache fühlen wir uns dermaßen ungleich behandelt, daß es uns unmöglich ist, zuzustimmen, diese Sache vor dem Kominformbüro zu verhandeln. Neun Parteien haben schon, auch ohne daß wir vorher benachrichtigt wurden, Ihren ersten Brief erhalten und in Resolutionen ihre Stellung bezogen... Wir wünschen, daß die Sache aus der Welt geschafft werde, indem wir mit Taten beweisen, daß die Anklagen gegen uns ungerecht sind, das heißt, wir werden beharrlich den Sozialismus aufbauen und der Sowjetunion treu bleiben, treu bleiben den Lehren von Marx, Engels, Lenin und Stalin. Die Zukunft wird zeigen, so wie es die Vergangenheit gezeigt hat, daß wir das, was wir Ihnen versprechen, verwirklichen werden."

Diese Plenarsitzung befaßte sich mehr mit eigenen, aktuellen Parteifragen als mit dem sowjetischen Brief. Erörtert wurde die

Einberufung des 5. Kongresses. Bei dieser Gelegenheit legten wir, glaube ich, die Tagesordnung und die Referenten fest. Žujović wurde zum Plenum vom 9. Mai gar nicht geladen. Das Plenum beschloß, Hebrang und Žujović aus der Partei auszuschließen. Sie befanden sich bereits in Haft bzw. wurden gleich nach der Plenarsitzung verhaftet. Zunächst hielt man sie in einer Villa nahe Belgrad fest, bald darauf kamen sie im einstigen Belgrader „Glavnjača"-Gefängnis in strenge Isolation – die Reste des alten, zum Teil zerbombten Polizeigefängnisses, an dessen Stelle sich jetzt das Chemie-Institut befindet, „funktionierten" noch.

Aber weder das Plenum noch das Politbüro hatten über die Verhaftung Hebrangs und Žujovićs entschieden. Tito beauftragte Ranković damit, der das sofort besorgte. So wurde auch in anderen, folgenschweren Fällen gehandelt – davon wird hier noch die Rede sein. Auf diese Weise wurden die Mitglieder des Politbüros und des Zentralkomitees umgangen und vor vollendete Tatsachen gestellt. Hätte es irgend jemand gewagt, eine andere, mildere Lösung vorzuschlagen, so wäre er gerügt, wenn nicht gar selbst wegen „Opportunismus" oder „Zuneigung gegenüber dem Feind" angeklagt worden. Damit will ich aber nicht sagen, daß der eine oder andere Genosse, oder ich selbst (ich war für eine Klärung des Verhältnisses zu Hebrang und Žujović) tatsächlich eine „mildere" oder „besonnenere" Haltung eingenommen hätte.

Titos Selbstherrlichkeit war zwar im Abnehmen begriffen, aber seine Rolle war größer geworden. Von ihm, gerade wegen seiner autokratischen Macht, hing der Verlauf des Konfliktes mit der Sowjetunion vielleicht noch mehr ab als vom Zentralkomitee. Zusammensetzung und Disziplin im ZK waren derart, daß es zweifellos die Maßnahmen gegen Hebrang und Žujović ohne größere Diskussion gebilligt hätte. Titos Methode, das ZK auszuschalten, wenn es sich um Verfolgungen von Funktionären und Kommunisten handelte, zielte nicht nur darauf, ein eventuelles Schwanken unmöglich zu machen, sondern noch mehr, hohe Funktionäre und sogar ZK-Mitglieder einzuschüchtern und sie daran zu erinnern, daß auch ihnen womöglich etwas Ähnliches passieren könnte.

Auch diesen Brief der Sowjetführer verschickte unser Politbüro an die Parteileitungen der Republiken sowie an die leitenden Genossen im Partei- und Staatsapparat. Ich erinnere mich der Reaktion des Schriftstellers Radovan Zogović, der schon seit 1944 mit mir zusammengearbeitet hatte, zuerst in der Propaganda-Abteilung des Obersten Stabes, die sich nach der Befreiung Belgrads zum Agitprop des ZK mauserte. Wir waren in einer Veranstaltung in der Oper – möglicherweise aus Anlaß des Siegestages. In der Pause begannen Zogović und ich ein Gespräch über den sowjetischen Brief, den er schon kannte. Zogović war vom Text dieses Briefes so beeindruckt, daß man ihm seine sorgenvolle Nachdenklichkeit deutlich ansehen konnte. Er sagte: „Hervorragende Komposition, ein präziser, einfacher Stil – ich glaube, daß dies Stalin geschrieben oder zumindest redigiert hat." Ich war mit Zogović einer Meinung – und bin es auch heute –, sowohl hinsichtlich der Komposition als auch darin, daß Stalin den Brief zumindest redigiert habe. Keineswegs aber teilte ich seine Meinung im Hinblick auf die Form, da ich in keiner Weise mit dem Inhalt des Briefes einverstanden war. Ich entgegnete Zogović: „Aber dort gibt es eine Unzahl von Unrichtigkeiten. Nehmen wir, zum Beispiel, die Gleichstellung der Rolle unserer Partei im Krieg mit der der anderen Parteien, oder daß wir angeblich eine Politik zum Vorteil der Kulaken führten." Auch Zogović fand, daß es Unrichtigkeiten gäbe, daß aber auch viel Richtiges darin enthalten sei. Für ihn waren sicherlich die falschen Angaben Nebensache. Das Wesentliche dagegen war unsere Lostrennung, unser kritisches Verhältnis zum Wesen und zur Rolle der Sowjetunion.

Zogović und ich führten damals unser Gespräch nicht zu Ende. Wir entfremdeten uns, so wie auch andere Kommunisten in jenen Tagen wegen unterschiedlicher Einstellung zur UdSSR auf Distanz gingen. Denn es hatte sich um eine wesentliche Veränderung der Ideologie gehandelt. Die KP Jugoslawiens war gerade durch das ZK unter Leitung Titos zu Liebe und Ergebenheit für die Sowjetunion als der ersten und führenden Kraft des Kommunismus erzogen worden. Sie hatte sich durch die Ideologie und die Werke Lenins und Stalins auch konsolidiert und „bolschewisiert." Marx und Engels wurden bedingungslos als Gründer der Lehre angenommen, als Propheten Lenins und Stalins. Der lebendige Marxismus war in Wirklichkeit Leninismus.

Aber Zogović hat sich nicht auf einmal und endgültig von unserem Zentralkomitee getrennt und sich vorbehaltlos auf die sowjetische Seite gestellt, obgleich die Meinungsunterschiede mit ihm – wie ich gezeigt habe – vom Anfang des Streites mit der Sowjetunion an zum Vorschein gekommen waren. Ich verweile ausführlicher bei dem Fall Zogović, da dieser charakteristisch ist für kommunistische Intellektuelle, die in das Dilemma geraten waren, sich zu entscheiden: für die Realität ihres Landes, für unumstößliche

Tatsachen, oder aber für das Erbe festgelegter ideologischer Lehrsätze und der damit verbundenen Verdrehung von Tatsachen.

Da jedoch die prosowjetischen Funktionäre im Parteimilieu erkannten, mit welcher Vehemenz sich die Mehrheit den Pressionen und Beschuldigungen der Sowjetunion widersetzte und sie sich zugleich von Verfolgungen und Verhaftungen bedroht fühlten (die Festnahme Hebrangs und Žujovićs war Fingerzeig genug), wurden sie über Nacht „unehrlich" und „doppelzüngig". Sie verbargen ihre Ansichten und ihre Haltung. Daneben gab es auch tiefere, praktische Gründe für diese „Doppelzüngigkeit". Die falschen, lügnerischen, versteckten Ziele und Argumente der sowjetischen Führer stimulierten und bestimmten als solche auch die unaufrichtige Haltung ihrer Anhänger. Um so mehr, als allein ein Verbleiben in der Partei, die bereits gegen die „Verräter" vorging und zum Losschlagen ansetzte, gewisse Aussichten bot. Wenn auch für keine Wende, so doch für die Fortführung einer Tätigkeit auf der Linie der sowjetischen Führung.

Ebenso wie Zogović, und mit ihm im Bunde, entschied sich auch Stefan Mitrović, der gleichfalls im Agitprop des ZK eine hohe Funktion innehatte. Vladimir Dedijer, auch im Agitprop, erkannte schon damals (oder sehr bald nach der sogenannten Resolution des Informbüros vom 28. Juni 1948) die fehlende Linie in der Haltung von Zogović und Mitrović. Eines Morgens, bevor die Konferenzen anfingen, stürzte Dedijer zu mir ins Büro und legte grimmig los: „Im Apparat des ZK, bei uns im Agitprop, sind Anhänger des Informbüros! Zogović und Mitrović! Sie verbreiten hier allerlei kapitulatorische und verräterische Theorien!" Ich stimmte Dedijers Beobachtungen zu. Ich beruhigte ihn und meinte, man solle Geduld haben, weil das alles noch diskutiert und geklärt werde, man solle daher abwarten, bis die Genossen sich klarer entschieden.

In meiner Haltung gegenüber Zogović und Mitrović hatte ich die volle Unterstützung des Politbüros, vor allem Rankovićs. Die beiden gehörten zu den wenigen im Apparat des ZK, deren Haltung von Anbeginn an unklar war und bei denen es galt, geduldig und aufmerksam zu sein. Ebenso bei Veljko Vlahović. Er brauchte länger als ein ganzes Jahr, um sich zu überwinden, freilich mit der geduldigen Hilfe von Ranković und mir, sowie des ZK-Milieus. Noch mehr wohl durch die Widerstände gegen den obskuren und quälenden Druck der Sowjetregierung und der Regierungen und Parteien der von ihr abhängigen Staaten.

Während Vlahović sich mit seinen Zweifeln quälte, hatte sich Boris Ziherl für die sowjetische Führung entschieden. Im Sommer 1948 sagte er mir ganz offen, beinahe offiziell im ZK, es habe keinen Sinn, ein ganzes Land und eine Partei wegen eines einzigen Mannes – wegen Tito – zu Schaden kommen zu lassen, und sei dieser auch noch so verdienstvoll. Ich antwortete ihm: „Selbstverständlich – das hat keinen Sinn. In unserem Fall aber würde die Absetzung dieses einen Mannes eine Änderung der gesamten Politik bedeuten: die Unterordnung des Landes und der Partei unter eine Politik, die nicht im eigenen Interesse liegt." Ich setzte die Genossen über dieses Gespräch in Kenntnis. Doch alle rieten zur Geduld, in dem Glauben, bei Ziherl handele es sich um zeitweiliges Verzagen und ideologische Verwirrung. Und sie behielten recht. Gleichwohl aber richteten Kardelj und Kidrič es so ein, daß auf dem Kongreß der KP Sloweniens eine auffällige Zahl von Delegierten den Namen Ziherl durchstrich: „Soll er doch merken, was ihm blühen könnte!", entgegnete mir Kardelj, als ich solche Methoden beanstandete.

Das Wanken von Rodoljub Čolaković war wiederum anderer Art. Nach einer jähen und offenen Parteinahme für die sowjetische Führung folgte ein ebenso plötzlicher Rückzug ins Schweigen und in Verschlossenheit. Čolaković war damals Regierungspräsident von Bosnien und Herzegowina. In einer Sitzung des Gebietskomitees von Bosnien und Herzegowina aus Anlaß des Briefes von Molotow und Stalin erklärte sich Čolaković im Namen des „Internationalismus" für die Sowjetunion und für Stalin. Djuro Pucar, damals Parteisekretär für Bosnien und Herzegowina, reagierte scharf. Aus Bosnien wurde sogar der Ruf laut, dem Ranković nicht abgeneigt war, Čolaković sollte zusammen mit Žujović und Hebrang verhaftet werden. Aber Tito lehnte das ab, mit der Bemerkung: „Er soll zu einem Gespräch zu mir kommen – ich kenne ihn gut." Und Čolaković kam. Ich weiß nicht, was er und Tito in der Nacht gesprochen haben, jedenfalls zog sich Čolaković am nächsten Tag von seinen prosowjetischen Positionen mit einer „Erklärung" zurück, die ich von Ranković erfuhr: „Ich hatte mich, Genossen, ganz einfach demoralisieren lassen." Čolaković wurde sofort aus Bosnien „abgezogen" und zum Bundesminister für Wissenschaft und Kultur ernannt. Er verrichtete diese Aufgabe mit Gewissenhaftigkeit und Verständnis. In dieser Funktion arbeitete Čolaković auch mit mir als dem Chef des Agitprop zusammen. Zwischen uns kam es zu keinerlei Meinungsverschiedenheiten:

Čolaković war als Persönlichkeit tolerant und elastisch, für eine Zusammenarbeit sehr gut geeignet. Allerdings murrte einmal Djuro Pucar gegen ihn, weil er noch immer – das war, glaube ich, 1949 – dem sowjetischen Botschafter aus Anlaß des Jahrestages der Oktoberrevolution Glückwünsche übersende, obwohl das nicht seine protokollarische Pflicht sei und auch die anderen Genossen dies unterließen.

Bis zur Beendigung des 5. Parteikongresses wurde noch vermieden, selbst über die Genossen „den Stab zu brechen“, die sich offen für die Sowjetunion und das Informbüro ausgesprochen hatten. Wir hofften auf eine Beeinflussung durch den Kongreß, und auf Einsicht durch die Praxis, durch die Wahrheit.

So kam es auch dazu, daß Zogović und Mitrović sich an den Vorbereitungen zum 5. Kongreß sehr aktiv beteiligten. Sie übernahmen die Aufgabe, den Bericht über Agitation und Propaganda an meiner Stelle vorzubereiten, weil ich mit der Ausarbeitung des Parteiprogramms beschäftigt war, zu dem Moša Pijade die Begründung entwarf.

Daher verlas ich auf dem 5. Kongreß einen Bericht, den ich nicht selbst verfaßt, sondern nur redigiert hatte. Mir erschien dieses Referat damals schon als zu starr und zu ausladend, wenngleich ich nicht sagen kann, ich sei mit ihm nicht einverstanden gewesen oder es sei nicht umfassend und übersichtlich gestaltet worden. Unlängst hat ein Schriftsteller daraus ein Zitat entnommen, wobei er es zu Unrecht mit meinem Namen verknüpfte. Er nannte es aber zu Recht ein Musterbeispiel für konsequente Formulierung des sozialistischen Realismus.

In dem Referat wurden Picasso, Sartre und andere „folgerichtig“ nach sowjetischen Mustern als „dekadent“ angegriffen. Weder die Verfasser des Referats noch ich waren mit den geistigen Strömungen im Westen ausreichend vertraut. Aber selbst wenn wir sie gut gekannt hätten, unser aller Verstand war gefesselt und ideologisiert, uns wurden solche „antidekadenten“ Stellungnahmen auch durch die aktuellen Notwendigkeiten aufgedrängt. Wir mußten unserer Mitgliederschaft und der sowjetischen Propaganda „beweisen“, daß wir nicht „abgewichen“, sondern auch weiterhin konsequenter seien als irgendeine andere Partei.

Zogović und Mitrović traten beim 5. Kongreß sogar als Redner auf, wenngleich sie sich scharfer, unmißverständlicher Verurteilungen des sowjetischen Drucks und der Resolution des Informbüros enthielten. Zogović beteiligte sich zusammen mit mir auch an der Redaktion der Referate Titos und Kardeljs zum 5. Kongreß. Denn Titos Referat, das gründlich und eigentlich als eine Geschichte der sozialistischen Bewegung in den jugoslawischen Ländern geplant war, enthielt (wie das so oft bei Politikern geschieht) eine ganze Reihe von unrichtigen und ungenauen Angaben.

Nach den Molotow-Stalin-Briefen fuhr die sowjetische Führung fort, auf Jugoslawien Druck auszuüben. Das war einerseits vorausgeplant, es lieferten aber auch aktuelle Ereignisse immer wieder Gründe – wirkliche und scheinbare.

Am 19. Mai traf in Belgrad der sowjetische Vertreter Moschetow ein, der im sowjetischen ZK für Jugoslawien zuständig war. Er hatte sich auch früher schon gelegentlich in der Uniform eines Obersten des NKWD in Belgrad aufgehalten. Unsere „Moskauer" erzählten, daß Moschetow (ein jungenhafter, kränklich aussehender Fünfunddreißiger) kurz vor dem Krieg an der Liquidierung der jugoslawischen Emigrantengruppe in der Sowjetunion beteiligt gewesen sei, daher stamme auch seine „Kenntnis" der jugoslawischen KP. Es gab jedoch bei ihm keinerlei Anzeichen für irgendein größeres Wissen über die KPJ oder gar über die jugoslawischen Verhältnisse.

Bei seinen Aufenthalten in Belgrad wie auch bei unseren Kontakten mit ihm in Moskau hatte Moschetow eine zurückhaltende, melancholische Zuneigung gegenüber Jugoslawen gezeigt. Doch jetzt, in Belgrad, verhielt er sich nicht nur äußerst reserviert, sondern sogar kühl und mißgelaunt. Er überbrachte eine von Suslow unterzeichnete Botschaft des sowjetischen Zentralkomitees, in der man auf einer Teilnahme der Jugoslawien an der Tagung des Informbüros bestand. In den Gesprächen beharrten die sowjetischen Vertreter auf Titos Präsenz bei der Tagung und verbreiteten Gerüchte, auch Stalin werde kommen.

Aber unser ZK (genauer gesagt das erweiterte Politbüro) bestätigte schon tags darauf die diesbezügliche Ablehnung, die das anläßlich des Molotow-Stalin-Briefes vom 4. Mai einberufene Plenum des ZK bereits beschlossen hatte.

An einem dieser Tage kam auch eine mündlich vorgetragene Intervention Stalins an. Ein Protest wegen der Verhaftung Hebrangs und Žujovićs, in dem unser ZK beschuldigt wurde, ihre „kriminelle Vernichtung" vorzubereiten (ein „ketzerischer" Gedanke kam uns dabei in den Sinn: im Geiste und nach den Methoden Stalins und des Sowjetstaates!). Es wurde auch die Teilnahme von sowjetischen Beamten an den Ermittlungen gegen diese beiden gefordert. Moša Pijade und auch andere, denen die serbische Geschichte geläufig war, erinnerten sich, daß Österreich-Ungarn 1914 anläßlich der Ermordung des Thronfolgers Erzherzog Ferdinand in Sarajevo die gleiche Forderung an Serbien gestellt hatte und daß gerade diese Forderung es war, welche die serbische Regierung nicht akzeptieren wollte, so daß sie als Anlaß zur Kriegserklärung an Serbien diente, dem Beginn des Ersten Weltkrieges.

Auf diese sowjetische Forderung schrieb ich eine kurze Antwort, die das Politbüro billigte. Darin hieß es: „...und auch der bloße Gedanke, unsere Führung als ‚kriminelle Mörder' zu bezeichnen, (wird) mit Verbitterung zurückgewiesen... Das ZK der KPJ vertritt die Auffassung, daß eine Beteiligung von Vertretern des ZK der KPdSU an den Ermittlungen gegen Hebrang und Žujović nicht in Frage kommt."

Die Sowjetführer hatten bereits ihren internationalen Apparat in Bewegung gesetzt und reagierten schnell. Schon am 22. Mai bestätigten sie in einem Brief, daß das Informbüro in der „Frage der Verhältnisse in der jugoslawischen Kompartei" zusammentreten werde. Das stand im Gegensatz zum Geist der Gründungsentscheidungen über die Gleichberechtigung und Freiwilligkeit der Parteien und nahm keine Rücksicht auf unsere Ablehnung. Zudem erklärte sich das ZK der KPdSU mit der angeblichen Bitte der „tschechoslowakischen und ungarischen Genossen" einverstanden, die Tagung in die zweite Junihälfte zu verlegen.

In diesen Tagen, am 1. Juni, starb Jaša Prodanović, der Führer der serbischen Republikaner und Vizepräsident der Bundesregierung. Auf seiner Beerdigung versammelten sich alle serbischen Funktionäre, aber auch viele aus den Bundesinstitutionen. Ebenso wie die übrigen Verbündeten der Kommunisten in der Volksfront war auch Jaša nicht über den Konflikt mit der Sowjetunion und den anderen osteuropäischen Staaten informiert worden. Im Trauerzug dachten wir daran, wie er sich, typisch für einen Serben aus der Zeit vor dem Ersten Weltkrieg, reserviert gegenüber einer Verbrüderung mit den Bulgaren verhalten hatte. „Jetzt", bemerkte Nešković, „würde er's uns unter die Nase reiben: Habe ich euch Kommunisten denn nicht oft genug gesagt, wie die Bulgaren sind?"

Aus diesen Tagen stammen auch zwei charakteristische Äußerungen im engsten Kreis:

Tito: „Das ganze liegt daran, daß wir noch immer ein unterentwickeltes Land sind, und so können sie uns unterdrücken und erpressen."

Und Ranković: „Das Schlimmste ist, daß du nicht weißt, wer dein Feind ist: bisher war der Feind außerhalb der Partei, auf der anderen Seite, aber jetzt – das kann auch der bis gestern noch nächste, vertrauteste Genosse sein."

In dieser Zeit besuchte mich der Vertreter der polnischen Partei beim Informbüro; sein Name ist mir entfallen (wenn es nicht jener Finkenstein gewesen ist, der Redaktionsmitglied des IB-Organs war). Ein Vierzigjähriger, flachsblondes Haar, von intellektuellem Habitus und gemessen in seiner Haltung. Ich kannte ihn flüchtig von früher. Er überbrachte mir eine Botschaft Gomulkas, ausdrücklich betonend, daß sowjetische Vertreter davon keine Kenntnis hätten, wir sollten zur Tagung des Informbüros kommen, damit ein offener Bruch vermieden würde, später würden die Beziehungen allmählich schon in Ordnung kommen. Er kündigte auch an, Gomulka sei bereit, zusammen mit Berman nach Belgrad zu kommen, um sich mit uns genauer darüber abzusprechen. Die Bedingung war die Rücknahme unserer Entscheidung, nicht teilnehmen zu wollen. Ich erwiderte, ich würde sofort unser ZK informieren, und setzte ein anschließendes Treffen mit ihm an, um ihm unsere Antwort zu übermitteln. Ich informierte Tito und die nächsten Genossen, der Pole erschien zur verabredeten Zeit. Unsere Haltung hatte sich aber nicht geändert, obwohl wir grundsätzlich an Gomulkas Besuch interessiert waren: so fiel der polnische Vorschlag ins Wasser.

Ich meine, daß Gomulka hier in der Tat ohne Wissen der sowjetischen Führer gehandelt hat, schließe aber nicht aus, daß, wäre sein Vorschlag angenommen worden, er sie über seine Reise nach Belgrad in Kenntnis gesetzt hätte.

Es erfolgte auch eine offizielle Einladung des Informbüros, in einer Depesche vom 19. Juni. Bei Dedijer (*Izgubljena bitka Josifa Visarionovića Staljina,* Belgrad, Rad, 1978 – „Die verlorene Schlacht des J. W. Stalin") finde ich die Angabe, daß unsere ablehnende Antwort am 20. Juni um 11 Uhr vormittags erfolgte. In meiner Erinnerung aber steht es absolut fest, daß die Antwort des Politbüros nicht vor dem Spätnachmittag des 20. Juni abgeschickt werden konnte. An und für sich wäre das ohne Bedeutung, wenn es nicht bewiese, daß Tito die Ablehnung unserer Teilnahme an der IB-Tagung gegenüber den Sowjets wiederholte, ohne sich vorher mit dem Politbüro beraten zu haben.

Denn am 20. Juni fand eine Besprechung des erweiterten Politbüros im Schloß Brdo bei Kranj statt. Der größte Teil dieses Treffens verlief in Diskussionen über den 5. Kongreß und über Wirtschaftsfragen. In der Besprechung am Vormittag brachte Tito auch die erwähnte Einladung des Informbüros vor. Es gab keine Diskussion. Alle bekräftigten einhellig die bereits früher angenommene Haltung. Dann aber meldete sich, eher halbherzig, Blagoje Nešković, Sekretär des ZK Serbiens, mit dem Vorschlag, diese Frage erneut zu erörtern, weil möglicherweise unsere Position innerhalb der Partei und in der kommunistischen Weltbewegung fester wäre, wenn wir zur Tagung des Informbüros gingen und dort unsere Standpunkte darlegten.

Niemand erklärte sich mit Nešković einverstanden. Tito aber schlug vor (es war schon Zeit zum Mittagessen), über Neškovićs Anregung nachzudenken und die Entscheidung dann in der Nachmittagssitzung zu fällen. Aber auch bei Tito handelte es sich nicht um Unsicherheit, er war einfach bei Diskussionen toleranter und rücksichtsvoller geworden.

Man hatte in Neškovićs Ansichten schon eine gewisse Inkonsequenz und Unlogik bemerkt. In der Zurückweisung der Unwahrheiten und der Geringschätzung unserer Partei und ihrer Rolle im Krieg war Nešković von eindeutiger und harter Haltung. Er war jedoch engstirnig der Sowjetunion und Stalin als den „führenden, unabweisbaren Kräften" des Sozialismus verbunden. Im Unterschied zu jenen, die für die Sowjetunion und für das Informbüro Partei ergriffen, war Nešković ganz offen und sogar brüsk in seinen Stellungnahmen.

Eines Nachts bei der Arbeit für den 5. Kongreß zerbrachen wir uns gemeinsam den Kopf über die Sowjetunion, Stalin, die Geschehnisse im Sozialismus usw. In diesen nächtlichen Stunden in der Königsvilla in Topola kamen wir auch zur Frage eines militärischen Angriffs der UdSSR auf uns. Wir glaubten beide nicht an diese Möglichkeit, beide aus ideologischen, doch unterschiedlichen Gründen. Nešković: „Es ist unmöglich, daß ein sozialistisches Land ein anderes sozialistisches angreift!" Und ich: „Das würde den Zerfall der Ideologie und des Kommunismus als einer Weltbewegung bedeuten." Aber die Debatte wechselte dann über zur Haltung unserer Führung und unseren eigenen Ansichten. Ich war kategorisch dafür, daß wir uns schlagen sollten. Nešković dagegen: „Gegen die Rote Armee? Nein, gegen sie würde ich nicht kämpfen."

In der Pause vor dem Mittagessen war wenig oder auch gar keine Rede vom Vorschlag Neškovićs, dennoch zur IB-Tagung nach Bukarest zu gehen. Die Frage, ob man hätte gehen sollen oder nicht, war später in der Partei gerade der Punkt, an dem die Differenzen zwischen den Anhängern des Informbüros und denen unseres Zentralkomitees am häufigsten und am deutlichsten aufbrachen.

Nach dem Essen spazierten wir um den kleinen See. Ich ging neben Tito und konsultierte ihn in irgendeiner Angelegenheit. Das Gespräch führte uns auch zur Frage einer eventuellen sowjetischen Intervention. Einmal rief Tito mit beißender Exaltiertheit: „Auf eigenem Boden fallen! Es bleibt wenigstens die Erinnerung!“ Diesen Ausruf Titos behielt ich nicht nur deshalb im Gedächtnis, weil er auch meine Ansicht ausdrückte, sondern weil er mir auch Mut in meinem Nachdenken gab.

In der Nachmittagssitzung wurde Neškovićs Vorschlag, nach Bukarest zu gehen, ohne Diskussion abgelehnt, wobei Tito freundlich bemerkte, auch „Genosse Blaško“ (Nešković) möge doch zustimmen, wenn schon alle Genossen dieser Meinung seien. Und Genosse Blaško stimmte schweigend zu.

Wir wußten aus den diversen Depeschen der sowjetischen Führer und des Informbüros, daß in Bukarest das Informbüro tagte und die „Lage der Jugoslawischen Partei“, genauer gesagt die Beziehungen zwischen dem ZK Jugoslawiens und dem ZK der Sowjetunion behandelte. Die führenden Genossen in der TANJUG-Agentur hatte man angewiesen, alle Meldungen aus Osteuropa zu verfolgen und mich gegebenenfalls sofort zu verständigen. Ich hielt mich deshalb ständig in Belgrad auf.

Am 28. Juni – ich war gerade aus dem Nachmittagsschlaf erwacht, etwa um 15.30 Uhr – wurde ich von TANJUG informiert, Radio Prag sende schon seit drei Uhr nachmittags eine Resolution des Informbüros gegen die KP Jugoslawiens. Ich fuhr sofort ins Zentralkomitee und rief meine Sekretärin Dragica Vajnberger und Dedijer, der in einer Besprechung war, an. Dedijer fuhr zur TANJUG, um den Empfang zu kontrollieren und die Übersendung des Textes ins ZK zu regeln. Er brauchte nicht lange dazu, so daß im ZK meine sowie Dedijers Sekretärin, Slavica Fran, den Text, so wie er in Teilen von der TANJUG eintraf, auf der Maschine abschreiben und den Mitgliedern des Politbüros zuschicken konnten. Dedijer führt an (in *Izgubljena bitka*), er sei aus dem Zentralkomitee über Sabotage bei TANJUG informiert worden, er sei deshalb „stehenden Fußes dorthin geeilt und habe dort einen regelrechten Staatsstreich durchgeführt.“ Ich kann mich an keine Sabotage in der TANJUG-Redaktion erinnern, sehe auch keinen Grund dafür, die Resolution des Informbüros ist ja wohl verabschiedet worden, um die Welt, vor allem aber die Jugoslawen, mit ihrem Inhalt bekannt zu machen. Dedijer und ich, wie auch die anderen Genossen, bezweifelten nicht die Authentizität dieses Resolutionstextes, obgleich er an diesem Tag nur von Radio Prag gesendet wurde. Wir mutmaßten, der tschechoslowakische Rundfunk habe das in unbedachter Eile getan und nicht als irgendeinen sowjetischen Schachzug. Die anderen osteuropäischen Staaten veröffentlichten die Resolution erst einen Tag später.

Gegen Abend trat das Politbüro bei Tito zusammen. Es wurde beschlossen, am nächsten Tag, am 29. Juni also, das Plenum des ZK einzuberufen, um zur Resolution des Informbüros Stellung zu nehmen.

Die Resolution enthielt nichts Neues und erst recht nichts Überraschendes, was nicht auch in den Briefen der Sowjetführer an unser Zentralkomitee gestanden hätte. Mir aber – und auch anderen serbischen Genossen – drängte sich unwiderstehlich ins Bewußtsein, daß die Resolution des Informbüros am gleichen Tag veröffentlicht wurde, an dem 1389 die tragische Schlacht auf dem Amselfeld stattfand, mit der die fünfhundertjährige türkische Herrschaft über das serbische Volk begann. Obwohl wir weder religiös noch Mystiker waren, entdeckten wir mit Leichtigkeit und mit einem gewissen Amüsement diese Analogie von historischer Katastrophe und Rebellion zu den sowjetischen Drohungen und Attacken von heute.

Ich schlief wie gewohnt gegen 23 Uhr ein. Doch um ein Uhr nachts wachte ich plötzlich auf, blitzartig war mir klar, daß wir auf die Resolution antworten müßten, obwohl am Vorabend, bei dem Treffen des Politbüros bei Tito, nicht davon gesprochen wurde. Ohne lange zu überlegen oder meine Wut abkühlen zu lassen, begann ich eine Antwort zu schreiben.

Ich dachte daran, daß meine Ausführungen auch morgen in der Sitzung des ZK als Entwurf dienen könnten, stellte mir aber eher vor, daß diese Mitteilung für die TANJUG-Agentur willkommen sein würde. Ich war der festen Überzeugung, daß schon morgen nicht nur die sowjetischen und osteuropäischen, sondern auch die westlichen Sender Sensationsmeldungen bringen würden und daher zumindest eine Antwort durch TANJUG unerläßlich wäre.

Ich hatte die Mitteilung von Radio Prag bei der Hand, warf jedoch kaum einen Blick darauf. Die Anklagen des Informbüros rief ich Punkt für Punkt aus meinem Gedächtnis, während ich schrieb. Das Arbeitsfieber ließ nicht nach, aber ich arbeitete langsam, über Formulierungen brütend, sie zusammenfassend. Ich schrieb bis zum Morgengrauen. Ich legte mich nicht wieder schlafen, sondern überflog die Zeitungen und trank Kaffee. Im Zentralkomitee häuften sich die Geschäfte ohnehin, und zudem mußte ja das, was ich über Nacht konzipiert hatte, abgeschrieben und redigiert werden.

Das Treffen des ZK am 29. Juni begann am Nachmittag. Es verlief in ruhiger, ein wenig gedrückter Atmosphäre. Der Bruch war nun öffentlich und somit irreparabel und unabsehbar geworden. Auch Tito war, im Gegensatz zu seinem Verhalten in der Besprechung am Vorabend, nervös und beunruhigt.

Nach der Verlesung der Resolution des Informbüros und einer kürzeren Diskussion wurde auf Titos Vorschlag hin beschlossen, eine Antwort vorzubereiten. Das Abfassen von Resolutionen und Bekanntmachungen aber erfordert Zeit – besonders wenn kein vorbereiteter, individuell verfaßter Text als Grundlage vorhanden ist. Ich bot dann jenen Text an, den ich in der Nacht zusammengestellt hatte. Es fielen keine Zwischenbemerkungen, alle hörten mit gespannter Aufmerksamkeit zu. Nur Tito stand von Zeit zu Zeit auf und stapfte unruhig umher, als ob er intensiv und besorgt nachdächte. Als ich fertig war, rief er: „Sehr gut! Das kann, meiner Meinung nach, als Grundlage dienen."

Sofort schlug Tito, wie in Eile, eine Kommission vor, welche das Antwortschreiben redigieren sollte. Wie groß sein Mißtrauen, seine nervösen und grundlosen Zweifel waren, sieht man daran, daß er auch für diese Kommission jene vorschlug, die ihm am nächsten standen: Kardelj, Ranković und mich.

Wir begannen sogleich mit der Arbeit, während das Zentralkomitee noch andere Fragen behandelte. Das zog sich über bald drei Stunden hin, vor allem wegen des Feilschens um Formulierungen. Dabei gab es nur wenige und unerhebliche Änderungen: Die meisten davon kamen von Kardelj, die wenigsten von mir – was ja auch verständlich ist.

Es ist interessant, daß Kardelj eine Passage strich, nach der man „die Verwendung einzelner, isolierter, willkürlich herausgerissener Äußerungen und Erscheinungen aus der Parteipraxis in vielen Fällen den anderen Parteien, und auch der KPdSU vorwerfen könnte". Er vertrat die Ansicht, daß dies auf die sowjetischen Führer als Herausforderung wirken würde, ebenso wie bei jener Überlegung Titos über die Beziehungen zwischen sozialistischen Staaten in der Antwort auf den ersten Molotow-Stalin-Brief.

Das Zentralkomitee billigte die vorgeschlagene Antwort ohne Einwände. Uneinigkeit entstand darüber, ob man neben unserer Antwort auch die IB-Resolution selbst veröffentlichen solle. Tito war, wenn auch halbherzig, dagegen, ich entschieden dafür. Kardelj unterstützte mich sehr entschlossen, und auch die Mehrzahl der Mitglieder tendierte zu einer Veröffentlichung.

So wurden am nächsten Tag, den 30. Juni, die Resolution des Informbüros und die Antwort unseres ZK veröffentlicht. In der späteren Kampagne gegen das Informbüro sollte das, gerade weil die osteuropäischen Länder die Antwort unseres ZK und unsere Polemik unterdrückten, zu einem unserer wichtigen und starken Argumente bei der Abrechnung mit Wankelmütigen und der Sowjetfraktion in unserer Partei sowie mit den Lakaien Stalins werden. Nach Informationen unseres Nachrichtendienstes waren der sowjetische Botschafter Lawrentjew und der sowjetische Vertreter im Informbüro, Judin, fassungslos über die gleichzeitige Veröffentlichung der IB-Resolution und der Antwort unseres ZK. Kein Wunder bei Bürokraten, die gewöhnt waren, daß allein Ansichten ihrer Regierung und ihres Zentralkomitees veröffentlicht werden und die überzeugt waren von der Allmacht und Unfehlbarkeit dieser Ansichten.

Ebenfalls am 30. Juni wurde auch das Programm der KP Jugoslawiens veröffentlicht, das von einer von mir geleiteten Kommission ausgearbeitet worden war. Es war eine schlechte Imitation, inadäquat und einfallslos. Wir waren mit Anklagen konfrontiert, hinter denen wir Blockade und die Drohung militärischer Aggression durch die Sowjetunion und alle anderen kommunistischen Parteien vermuteten, wir selbst steckten gleichzeitig noch tief im Leninismus, deshalb hielten wir als Mitglieder des Politbüros es für zweckmäßig, das Programm der sowjetischen Partei abzuschreiben, obwohl wir doch wußten, daß es selbst in der Sowjetunion als veraltet galt. Gerade das hatte ich vorgeschlagen, allerdings unter Hinzufügung einiger jugoslawischer Eigenheiten. Alle haben mir zugestimmt.

Das Programm rief kein größeres Echo hervor, und auch die Masse der Parteimitglieder zeigte kaum Begeisterung dafür. Aber wie sollten sie auch, da ja selbst wir in der Führung, und da zuallererst ich als Urheber, nach ein bis eineinhalb Jahren einsahen, wie obsolet und steril es war? Wenigstens blieben wir aber in diesem formal wichtigen Punkt von der blindwütigen und rücksichtslosen „Kritik“ der prosowjetischen Propagandisten verschont.

Die Resolution des Informbüros gegen die jugoslawische KP wurde in der Welt sofort als eines der bedeutsamsten Ereignisse insbesondere für die Weiterentwicklung des Kommunismus verstanden. Niemand im Westen hatte einen solchen Konflikt vorhergesehen, schon deshalb, weil man Jugoslawien im Westen als den sowjetischen Satelliten Nr. 1 betrachtete; grundlos, wenn man das wirkliche, nichtöffentliche Verhältnis Jugoslawien-UdSSR im Auge hatte, jedoch hinreichend begründet in Anbetracht der ideologischen Unversöhnlichkeit und revolutionären Konsequenz der Jugoslawen. Diese Tatsache, daß der Konflikt UdSSR-Jugoslawien nicht vorausgesehen wurde, mag um so erstaunlicher erscheinen, als es bereits öffentliche Differenzen gegeben hatte. Das zeigte sich deutlich in der Presse und in den Auftritten der Staatsmänner. Die Ausnahme war ein höherer Beamter der US-Botschaft in Belgrad, der in seinem Bericht diesen Konflikt vorausgesagt hatte, was aber in Washington als Dummheit und Unsinn abgetan wurde.

Solch mangelnde Voraussicht und Desinformation der westlichen Staatsmänner und Medien kann man sicherlich nicht mit „Dummheit“ und „Kurzsichtigkeit“, schon gar nicht mit Mangel an Methode oder Theorie erklären. Der Westen hatte angesichts des voll entbrannten „Kalten Krieges“ die tradierten Vorurteile über den Kommunismus verinnerlicht. Der Westen war auf die „unveränderliche“, hegemonistische Rolle Moskaus im Kommunismus fixiert. Außerdem maß der Westen (dabei zum Teil auch die Kommunisten nachahmend) einem ideologischen Monolithismus beziehungsweise dem absoluten Vorrang der Ideologie im Kommunismus zu große Bedeutung bei. Wir wollen uns aber damit nicht aufhalten, das zu deuten überlassen wir Historikern und Philosophen.

Aus heutiger Sicht wundert man sich auch über die Fehleinschätzungen des Westens über den Ausgang des Konfliktes. Damit meine ich nicht nur die jedermann zugänglichen, in den Medien geäußerten Prognosen, sondern auch die Meinungen auf Empfängen und in den Amtszimmern der Diplomaten, die, wenn auch in begrenztem Umfang, Kontakte zur jugoslawischen Regierung hatten. Alle waren sich, soweit es mir bekannt ist, in der Voraussicht einig, das jugoslawische Regime werde bald stürzen. Man muß jedoch zugeben, daß die Mehrheit die Machtübernahme durch eine prosowjetische Equipe und nicht durch Anhänger des ehemaligen königlichen Regimes erwartete.

Aber ich habe auch diese schematischen und unrealistischen Prognosen mehr als einen Gegensatz zu dem Gefühl und zu der Überzeugung, die damals in Jugoslawien vorherrschten, erwähnt, als daß ich sie als eine Komplettierung meiner Erinnerungen betrachte.

Niemand in der jugoslawischen Führungsspitze, zumindest nicht die, welche einen Widerstand gegen die Sowjetunion befürworteten, zweifelte an der Erhaltung der Macht. Es gab, zur Zeit der Resolution und bis zum Ende des Jahres 1948, auch keine Unterschiede in der Einschätzung einer eventuellen sowjetischen Intervention. Wir waren damals der Ansicht, daß eine Intervention nicht zu erwarten sei, uns aber ein langer und leidvoller Kampf bevorstehe.

Zwar hatte der Streit sofort zu einer Verschlechterung der zwischenstaatlichen Beziehungen und auch zu Drohungen und Provokationen geführt. Albanien, das einen oder zwei Tage nach der Verabschiedung der Resolution anfing, Verträge zu brechen und die Beziehungen zu verschärfen, hatte allen voran damit begonnen. Aber der Konflikt hielt sich noch immer auf der ideologischen Ebene, und keine der Parteien, nicht einmal die sowjetische, war ideologisch indoktriniert für eine bewaffnete Intervention gegen das bis zum Vortag gefeierte, revolutionäre Jugoslawien. Außerdem waren die kommunistischen Nachbarländer im Vergleich zu uns militärisch unterlegen. Waren wir auch schlecht bewaffnet, bei unseren Nachbarn stand es damit nicht besser, und sie hatten auch unzureichend organisierte Streitkräfte mit einer schlechteren Kampfmoral.

Aus der berühmten Rede Chruschtschows beim 20. Kongreß der KPdSU zogen wir die Schlußfolgerung, daß Stalin sich irrte, als er glaubte, in Jugoslawien werde es von innen her, durch eine Aktion „gesunder Kräfte" in der Partei, zu einer Wende kommen, oder es genüge – wie er sich gegenüber Chruschtschow ausdrückte –, daß er mit dem Finger schnippe, damit Tito stürze.

Unsere Überzeugung und unser Selbstbehauptungswille wurden durch die Lage in der Partei, vor allem aber durch die Stimmung im Volk gestärkt.

Die unbestreitbare Heftigkeit und Härte des Widerstandes auf allen wichtigen Ebenen und in allen entscheidenden Organen war gut vorbereitet. Unsere Gegner in der Partei (nur dort gab es sie ja in nennenswerter Stärke) gerieten durch die Veränderungen in der Politik und die Absurditäten in der Resolution von Beginn an in Verlegenheit und Verwirrung. Sie wurden durch unsere Entschlossenheit und Initiative dazu getrieben, sich zu verbergen oder zu verstellen.

Und obwohl „Verleumdung und Unwahrheit“ in der jugoslawischen Partei, wie auch in jeder anderen, bis dahin verwendet worden waren – beim Angriff der Sowjetführer auf die jugoslawische Führung handelte es sich ganz offenbar um etwas völlig anderes. Es war ein Angriff gegen die Grundlagen der historischen Errungenschaften, die bereits zur Lebensart des neuen jugoslawischen Staates und der Völker Jugoslawiens geworden waren. Es ging um die staatliche Unabhängigkeit und eine eigene, selbständige innere Entwicklung. Diese Wahrheit und Realität zwang die Anhänger Stalins in Jugoslawien, selbst diejenigen, welche sich durch den „Internationalismus“ und die „Ergebenheit gegenüber der Sowjetunion“ als der Festung des Weltsozialismus hatten hinreißen lassen, zur „Doppelzüngigkeit“, zwang sie, ihre wahren Absichten mit obsoleten Phrasen zu bemänteln. Das um so leichter, als die Briefe der Sowjetführer und die Resolution des Informbüros sowohl im Stil als im Inhalt Doppelzüngigkeit und Verleumdung im Kampf gegen Jugoslawien und in der kommunistischen Bewegung schlechthin quasi legalisierten.

Ich wollte damit nicht sagen, solche Methoden habe es nicht schon früher in der kommunistischen Bewegung, besonders in der sowjetischen, gegeben; ich meine, daß sie jedem totalitären System und erst recht jeder totalitären Bewegung innewohnen. Bei dieser Hexenjagd, dieser Verteufelung Jugoslawiens hatten sich die Methoden des im Kommunismus Üblichen jedoch verändert zur blanken Verleumdung einer siegreichen Revolution und zum Versuch, den jugoslawischen Staat zu unterwerfen. Es ging letzten Endes um die Unterwerfung der osteuropäischen Staaten auf dem Umweg über Jugoslawien. Deshalb nahmen die Lügen und Verleumdungen der Sowjets und des Informbüros eine derart monströse, empörende und unannehmbare Form an.

Wer nicht in der Partei war, der gewöhnliche jugoslawische Bürger, befand sich da in keinem Dilemma, und der ganze Streit war für ihn sozusagen natürlich und durchaus annehmbar, auch wenn dabei die Drohung einer sowjetischen Intervention in der

Luft hing. Pressionen und militärische Interventionen Großer gegen Kleine sind eine „unumgängliche" und jahrhundertealte Praxis, zumal auf dem Balkan.

Daher löste der Konflikt mit der Sowjetunion außerhalb der Partei keine Verwirrung und kein Schwanken aus, er wurde vielmehr mit einer instinktiven Begeisterung aufgenommen, als einer jener Augenblicke des Aufbruchs, die das Leben der Nationen in neue, eigene und gesündere Bahnen lenken. Diese Vorahnung im Volk bewahrheitete sich nicht zur Gänze, sie wurde aber auch nicht völlig enttäuscht. Mit allen Inkonsequenzen und Belastungen tat Jugoslawien damals dennoch den ersten Schritt auf einen eigenen Weg. Zugleich war das der Beginn des Abfalls auch anderer kommunistischer Parteien vom sowjetischen Zentralismus. Wir in der Führung ahnten so etwas und stellten sogar entsprechende Überlegungen an, wenngleich sich die Entwicklungen in unserem damaligen Verständnis weniger als ein „nationaler Weg", als „Nationalkommunismus", vielmehr als „neue Formen" auf dem neuen Weg zum Sozialismus manifestierten.

Alle Berichte, die wir aus den Regionen wie auch aus Belgrad erhielten, sprachen von der Einmütigkeit des Volkes und von einer Unterstützung für das Zentralkomitee, auch von Widerstand gegen den Druck der Sowjetunion. Ich überzeugte mich auf meinen Reisen auch selbst davon (z. B. in Montenegro oder in den Dörfern in der Umgebung Belgrads). Überall gab es die eindeutige und feste Unterstützung der „gewöhnlichen", nicht ideologisierten Menschen, sogar aus den Reihen ehemaliger Gegner.

In jenen Tagen kam wegen irgendeines Anliegens Buba Gašić zu mir, die Gattin des Jole Gašić, in dessen Villa ich früher gewohnt hatte. Jole Gašić war der ehemalige Kanzleichef des königlichen Ministerpräsidenten Milan Stojadinović, gehörte also zur waschechten Belgrader Bourgeoisie und „Reaktion". Frau Gašić verstand nicht viel von Politik, für sie war das wie Kartenzaubereien. Ihr Ehemann aber war als Finanzexperte in der Politik bewandert (nebenbei gesagt, ich half ihm, eine Anstellung zu bekommen). Er gehörte zum Mittelpunkt der „Reste der Reste" des alten Regimes. Frau Gašić sagte damals zu mir: „Hauptsache ist, daß die Russen hier nicht bestimmen – ihr seid die Unseren, wie immer ihr auch seid." Ähnliches äußerte die Mutter von Koča Popović, ebenfalls „Bourgeoise" und „Reaktionärin". Das Grußtelegramm einer Belgrader Massenversammlung jedoch, von Anfang Juli 1948, in dem Verehrung für Stalin ausgedrückt wurde, das aber gleichzeitig die Forderung enthielt, unser ZK von den „ungerechtfertigten Beschuldigungen" zu entlasten, kam nicht aus dem Volk, sondern von einem Funktionär, der sich der sentimentalen, ideologischen Illusionen über die Sowjetunion und Stalin noch nicht entäußert hatte.

Die Resolution des Informbüros gab den Anstoß für eine Kampagne in den kommunistischen Parteien gegen die KP Jugoslawiens und für die Pressionen und Diskriminierung unseres Staates durch die osteuropäischen Regierungen. Die albanische Regierung und ihre Arbeiterpartei machten den Vorreiter. Die bulgarische Regierung, wenn auch nicht die Partei, war immer noch zurückhaltend. In der bulgarischen KP überwogen offenbar bereits die prosowjetischen Kommunisten mit Tschervenkov an der Spitze, während die Regierung noch von Dimitrov kontrolliert wurde. Aber das alles ist Sache der Historiker. Ich will noch erwähnen, daß ich in der *Borba* schon am 5. Juli auf einen Angriff Tschervenkovs antwortete, am 8. Juli aber Veljko Vlahović, in seinem Artikel „Die marxistisch-leninistische Erziehung der Kader" Stalin zitierte, ohne ein einziges Wort vom Angriff der Länder des Informbüros auf unsere Partei und Jugoslawien zu bringen. Ähnlich schrieb auch Zogović, in der *Borba* vom 18. Juli 1948, zu Ehren unserer OZNA (Geheimpolizei) und der sowjetischen Tscheka und Dserschinskij aus Anlaß der Festnahme der Ustaschas Kavran und Miloš. Aber auch hier war kein Wort gegen die Attacken des Informbüros und der sowjetischen Führer auf unser Zentralkomitee zu finden.

Alles war noch im Gären begriffen. Ideologische Zweifel herrschten. Hingegen hatten sich Führung und Volk schon entschieden und waren entschlossen, ihr Land und ihre Integrität zu verteidigen. So war die Lage zu Beginn des 5. Kongresses der KPJ.

9. Der 5. Parteikongreß und die Aufdeckung sowjetischer Spionage

Der Kongreß begann am 21. Juli und verlief in der schon gewohnten Begeisterung, in einer recht erzwungenen Einmütigkeit. Die Auswahl der Delegierten hatte das ZK Jugoslawiens getroffen. Die Parteikomitees der Teilrepubliken waren an der Organisation und der Kontrolle beteiligt. Einige IB-Anhänger nahmen zwar als Delegierte teil, aber sie wagten nicht offen aufzutreten. Einige hatten sich auch noch nicht endgültig festgelegt.

Trotz der Einmütigkeit gab es daher gewisse Nuancen in der Haltung der Delegierten. Sie waren alle noch für die Sowjetunion und für Stalin, es gab jedoch Unterschiede in den wichtigsten Fragen und auch in der Haltung zur Sowjetunion. In der engeren Führung wurden diese Unterschiede registriert, aber noch nicht als Grund für eine Abrechnung benutzt. Auch das Bewußtsein der Führer war, zumal in ideologischer Sicht, noch nicht weiter entwickelt, außer daß man staatliche Unabhängigkeit und die Wahrheit über die jugoslawische Revolution sowie die Verteidigung der eigenen Macht und Integrität anstrebte.

Wegen ihrer eindeutigen, festen Haltung wurde die Rede von Veljko Mićunović (damals Ranković-Stellvertreter, später Moskau-Botschafter und Autor des eindrucksvollen Memoirenbandes *Moskauer Tagebuch*) am meisten beachtet.

Wenn aber Mićunović durch Mut und Klarheit auffiel, zeichneten sich die Auftritte von Blažo Jovanović (Sekretär des montenegrinischen Gebietskomitees) und von Blagoje Nešković (Sekretär des Gebietskomitees von Serbien) durch ihre Verschwommenheit aus – aber auch durch ihr Bekenntnis zu Liebe und Ergebenheit für die Sowjetunion und Stalin (Jovanović: „Unsere Liebe und Treue zur Sowjetunion wird bleiben wie sie war: stark und unzerstörbar!“ Und Nešković, bei stürmischem Beifall: „Wir waren und wir bleiben in der Front des Sozialismus unter der Führung der UdSSR!“ Auch die Reden von Ziherl und Stefan Mitrović waren nicht anders.

Obwohl sich die Ergebenheitsadressen sehr ähnlich waren, sollten diese Abweichungen von der Linie der engeren Führung die Protagonisten später auf verschiedene Wege leiten – manchen zur jugoslawischen Führung, andere aber zur Sowjetunion.

Einer der Kongreß-Delegierten aus Bijelo Polje war Ilija Bulatović. Ich wußte, daß er noch schwankte, und da wir alte Bekannte aus derselben Gegend waren, hätte es mir leid getan, wenn er sich von der Partei getrennt hätte. Ich lud ihn zum Essen ein, machte mit ihm eine Spazierfahrt zum Berg Avala und sprach ganz offen mit ihm. Er hatte sich aber schon mir gegenüber „versperrt“: obwohl er gerne redete, vermied er jede Diskussion und stimmte mir lau und ohne jede Begeisterung zu. Ich sprach mit ihm auch über seinen Brief, den er mir früher geschrieben hatte, in dem er mich und auch das ZK warnte, wir dürften nicht durch eine Trennung von der UdSSR den Internationalismus verraten. Ich notiere das wegen seines späteren tragischen Schicksals, das er, wie so viele andere auch, in fatalistischer Unvermeidlichkeit wählte.

Die Mehrzahl der Parteimitglieder war noch immer von Stalin und der Sowjetunion besessen, und auch die engere Führung war sich noch nicht darüber klar, wie weit die Angriffe der sowjetischen Regierung und der Vasallen-Regierungen gehen würden. Noch weniger ahnte man, welche sozialen und politischen Gründe diese Angriffe bedingten. Kardelj unterstützte als Außenminister auf der UNO-Tagung am 29. September 1948 immer noch die Sowjetunion, ohne die Attacken des Informbüros und der Sowjets auch nur zu erwähnen. Das war sicher nicht nur als Taktik gegenüber dem „nachhinkenden Bewußtsein“ der Parteimitglieder zu erklären, es war auch ein Nachhinken der Führung, die Absichten der Sowjetunion zu erkennen.

Die unklare Haltung und das Schwanken einzelner prominenter und verantwortlicher Funktionäre hatte verheerende Folgen. Besonders für die ratlosen und zweifelnden Funktionäre in unteren Kadern und für die Parteimitglieder an der Basis. Allerdings war das in den verschiedenen Landesteilen unterschiedlich.

Eine Rolle für die prosowjetische Haltung der Parteimitglieder in Montenegro spielte unbestreitbar die prorussische Tradition, außerdem die patriarchalische und vorindustrielle soziale Struktur dieses Stammes. Für mich gibt es keinen Zweifel, daß vor dem Hintergrund derartiger Tendenzen die vagen und halbherzigen Auftritte von Blažo Jovanović solchen Entscheidungen nur Vorschub leisten konnten.

Noch im Jahr 1949, nachdem er sich auf die Seite Titos gestellt hatte, unterschied sich Blažo Jovanović bei seinen Auftritten von den führenden Mitgliedern des ZK und des Politbüros. Ich erinnere mich noch lebhaft, wie bei der Feier zum Jahrestag des Aufstandes vom 13. Juli 1941 – 1949 in Cetinje – während Blažos Rede, in der er sein Bedauern und seinen Kummer wegen des Konfliktes mit der Sowjetunion unterstrich, Veljko Mićunović mit zur Schau gestellter Unzufriedenheit die Stirn runzelte und meine Aufmerksamkeit mit sprechenden Blicken auf Blažo lenkte. Im Gegensatz zu solchem Auftreten Blažos stellte ich gelegentlich meiner Ansprache den Konflikt mit der Sowjetunion als die Weiterführung unserer Revolution dar, zerstreute Illusionen über die UdSSR und wies auf die ungleichen und ausbeuterischen Beziehungen der Sowjets zu sozialistischen Ländern hin.

Die nebulose und zwielichtige Haltung von Blažo Jovanović fiel besonders den prosowjetisch eingestellten Kommunisten auf. Viele von ihnen, die später verhaftet wurden, sagten aus, sie hätten „auf Blažo gehofft." Ähnlich verhielt sich die prosowjetische Propaganda und „schonte" ihn in ihren Angriffen. Gleiches galt auch für Veljko Vlahović. Nach den Aussagen eines prominenten Emigranten wunderten sich die Vertreter der Sowjets 1948 und 1949 darüber, daß Vlahović sich noch immer nicht offen für das Informbüro ausgesprochen hatte.

Blažo war auch Besorgnis anzumerken. Da wir uns nahestanden, habe ich mit ihm über alles gesprochen. Allerdings erst 1951 oder 1952, nachdem seine Haltung fest und unzweideutig geworden war. Er erklärte mir: „Ich hatte in meiner Unterstützung und Ergebenheit gegenüber unserem ZK nicht im geringsten geschwankt. Ich war nur vom Abfall ergebener und bewährter Genossen sehr schwer getroffen, um so mehr, als ich viele von ihnen persönlich ausbildete und an sie fest geglaubt hatte." Und in der Tat, bei den Verhaftungen im Zug der Säuberung in Montenegro stießen die Sicherheitsorgane auf keinen Widerstand, sie genossen vielmehr Blažo Jovanovićs volle Unterstützung.

Die engere Führung war sozusagen einig bis in den Tod. Doch diese Eintracht barg Nuancen, was zu Beginn einer neuen Epoche auch logisch war. Ich insistierte in meinem Referat – das entsprach meinem eigenen Gefühl – sehr stark auf der Wahrheit und postulierte einen langen und schweren Kampf mit dem Informbüro. In dem kleinen Zimmer hinter der Bühne, wo sich die Führung und das Kongreßpräsidium aufhielt, reagierte Kardelj erregt: „Das kann so nicht bleiben: dies ist kein Kampf – das sind Differenzen innerhalb der kommunistischen Bewegung, die man früher oder später wird ausdiskutieren und aus der Welt schaffen müssen."

Heute mag man äußern, ich hätte damals zwar die Heftigkeit und Langwierigkeit des Konfliktes erkannt, auf lange Sicht habe aber Kardelj recht gehabt, weil die Differenzen nach Stalins Tod und mit Chruschtschow als Führer in den Hintergrund gedrängt, wenn auch nicht beseitigt wurden. Mir würde das nicht richtig erscheinen. Kardelj reagierte hier aus seiner augenblicklichen Einschätzung heraus auf meine zu scharfe Stellungnahme, wobei ich keineswegs der Meinung gewesen war, eine Beendigung des Streites mit der UdSSR werde niemals stattfinden.

Der Kongreß tagte im Haus der Garde in Topčider, mitten in einer Kasernenanlage. Im selben Saal wurde zwei Jahre zuvor Draža Mihailović der Prozeß gemacht. Man hatte dort auf einer Wiese und unter Zeltdächern für die Delegierten das Mittagessen organisiert. In Belgrad gab es damals keinen anderen ausreichend großen Saal. Natürlich spielten bei der Wahl der Örtlichkeit auch Sicherheitsgründe eine Rolle. Der umliegende Wald und die Lichtungen um das Weiße und das Alte Schloß waren „für alle Fälle" mit Flak und MGs gespickt; die Delegierten aber bekamen sie nicht zu Gesicht, sie fühlten sich bequem und sorglos.

Der Kongreß verlief nicht ohne Ärger und Nervosität, verursacht durch Erfindungen der sowjetischen Propaganda. So hatte die *Prawda* gemeldet, beim Kongreß sei eine Abordnung der schweizerischen trotzkistischen Partei eingetroffen. Ich kannte den *Prawda*-Korrespondenten Barsenko und fragte ihn, woher er eine derartige Information erhalten habe, und was das bedeuten solle. Vielleicht habe er die Nachricht gar nicht in die Welt gesetzt, sie sei vielmehr in Moskau erfunden worden? Aber Barsenko ließ sich nicht irritieren. Ihm ging der Ruhm voraus, ein Held der Sowjetunion zu sein; ob das wohl stimmte? Er fragte mich ohne Umschweife: „Wissen Sie, daß die *Prawda* von Lenin und Stalin redigiert wurde?" Ich antwortete ihm, daß mir das sehr wohl bekannt sei, die Nachricht trotzdem nicht stimme und man sie dementieren müsse. Darüber wollte er nicht einmal reden. Mit Billigung der Genossen aus dem Politbüro schrieb ich unser eigenes Dementi, das auf dem Kongreß verlesen und mit stürmischer und zorniger Zustimmung aufgenommen wurde.

Schon mit den Molotow-Stalin-Briefen und der Resolution des Informbüros wurde offenbar, daß sich die sowjetische und die von den Sowjets abhängige Propaganda gegen Jugoslawien auf Erfindungen, Provokationen und Einschüchterungsversuchen gründete. Wollte man diese Propaganda entkräften, war es wichtig, Ruhe zu bewahren und mit glaubwürdigen, eigenen Argumenten aufzutreten.

Der Kongreß dauerte neun Tage – am 29. Juli ging er zu Ende. Die Partei hatte damals 490000 Mitglieder. Innerhalb von drei Jahren hatte sich die Zahl der Mitglieder seit dem Krieg verfünffacht, darin konnte man ein Erstarken des Sozialismus sehen, nicht ein Streben nach Macht und Privilegien.

Die Historiker werden den 5. Kongreß entsprechend ihren Erkenntnissen und Ansichten beurteilen. Für uns in der Führung bedeutete es primär eine endgültige Legitimierung – unabhängig von der Sowjetunion und von internationalen kommunistischen Foren. Um die Kongreßbeschlüsse, das Statut und Programm der Partei kümmerte sich niemand besonders, nachdem sie formuliert und verabschiedet waren.

Der Kongreß hatte offensichtlich das Ansehen und die Rolle Titos gestärkt. Das bezog auch seine engsten Mitarbeiter ein. Titos persönliche Macht wurde nicht geschwächt, sie war stärker geworden, und mit ihr die Macht des Politbüros, insbesondere des Sekretariats des ZK. Nunmehr besaßen auch diese Mitglieder des Zentralkomitees eine Legalität, die ihnen früher noch die Komintern beziehungsweise Tito als deren Abgesandter verliehen hatte.

Aber auch für unsere Gegner, die Sowjetführer, die Führer der kommunistischen Parteien und die prosowjetischen Kommunisten in Jugoslawien, bedeutete der Kongreß eine Veränderung. Sie hatten ihn anders „verstanden", als Nötigung und Gaukelei der „Tito-Clique". Die unmittelbare Folge war eine Verschärfung der Kampagne, der Pressionen und Provokationen, von außen wie innen, sowie Konspiration und Emigration der prosowjetischen Kommunisten.

Ich werde in diesem Zusammenhang einige wichtigere Fälle anführen, mit denen ich mehr oder weniger direkt zu tun hatte.

Einer der bekanntesten Fälle war Arso Jovanović, schon deshalb, weil er im Krieg Chef des Obersten Stabes war und den höchsten Generalsrang bekleidete.

In der Gruppe unserer Stabsoffiziere, die 1946 zur Ausbildung in der namhaftesten sowjetischen Militärschule *Woroschilow* delegiert wurden, war auch Arso Jovanović. Seine Stellung als Generalstabschef übernahm Koča Popović.

Nach der Beendigung der Ausbildung kehrte die Gruppe im Frühjahr 1948, um die Zeit der Molotow-Stalin-Briefe, nach Jugoslawien zurück. Das Politbüro hatte bereits Kenntnis von den Unstimmigkeiten und Feindschaften, die sich während der Ausbildung in Moskau zwischen einzelnen entwickelt hatten. Diese „persönlichen" Differenzen hatten auch andere mit hineingezogen, so daß sich Grüppchen zu formen begannen.

Der schärfste Konflikt bestand zwischen Arso Jovanović und Peko Dapčević. Diese Spannungen wurden aber noch nicht als politische Entzweiung, als Parteinahme für Stalin oder für Tito verstanden.

Deshalb lud Tito eine Gruppe von ich glaube vier der prominentesten Offiziere als „Gäste" nach Brdo bei Kranj, um sie zu beeinflussen und fester an sich zu binden. Sie kamen während eines Treffens des Politbüros und nahmen am gemeinsamen Mittagessen teil. Unter diesen Generälen befand sich Arso Jovanović, nicht jedoch Peko Dapčević. Alle vier waren – das merkte man aus den Gesprächen – über den Konflikt mit den Sowjets informiert, sicherlich durch Tito. Auffallend war die Zurückhaltung und das Desinteresse in der „Erforschung" der Gründe für den Konflikt. Am meisten gerade bei Arso. Man konnte das allerdings auch damit erklären, daß sie sich nicht in die Angelegenheiten des ZK einmischen wollten, zumal sie vorher von „Tito persönlich" ins Bild gesetzt worden waren und ihm hätten sagen können, was sie vom Konflikt hielten.

Ich stand Arso Jovanović noch aus der Kriegszeit nahe. Davon abgesehen hatte er bei seiner offenen Art keine Schwierigkeiten, ein herzliches Verhältnis zustande zu bringen. Trotzdem hatte ich wohl, neben Mitar Bakić, Arsos Gymnasialfreund, ein besonders inniges, humorvolles Verhältnis zu ihm. Auch zu seiner sensiblen, offenen und ihrem Mann ergebenen Ehefrau Senka hatte ich sehr freundschaftlichen Kontakt. Damals, auf Brdo bei Kranj, hatte ich keine Gelegenheit, mich mit Arso näher zu unterhalten; irgendwie hätte das ja auch unpassend gewirkt, da Tito bereits alles Notwendige erörtert hatte.

Die Gelegenheit, den Kontakt mit Arso zu erneuern, bot sich mir später, in der Zeit nach dem 5. Kongreß. Als wir einmal gemeinsam zum Mittagessen waren, sprach ich mit ihm über die Kampagne der Sowjetführung gegen uns, wobei ich mit meiner Meinung nicht hinter dem Berg hielt. Arso schwieg verlegen dazu und erklärte vage: „Ich weiß nicht, was die Russen wollen."

Meine Eindrücke von Arsos Unsicherheit teilte ich Ranković mit. Er hatte ein ähnliches Bild gewonnen, obwohl er Arso seltener traf und keinen Kontakt mit ihm pflegte. Ich sprach auch mit Tito. Doch Tito wie Ranković waren trotzdem der Ansicht, man solle Arso nicht ans Leder gehen, sondern noch abwarten und ihm gewissermaßen helfen. Die Tatsache, daß Arso nach seinem Aufenthalt in Moskau nicht mehr in die Stellung des Generalstabschefs zurückkehrte, sondern zum Leiter der Militärakademie ernannt wurde, bestätigt, daß Tito und Ranković bereits an seiner Standfestigkeit und Ergebenheit zweifelten.

Auch nach dem erwähnten Mittagessen traf ich mich noch mehrmals mit Arso, wenngleich sich unser Verhältnis etwas abgekühlt hatte.

Der Zufall wollte es, daß ich ihn ein oder zwei Tage vor seinem Tode zu sprechen wünschte, ich traf ihn jedoch in seiner Villa nicht an und hielt mich nur kurz dort auf.

Am 12. August, gegen 11 Uhr, rief mich Ranković per Telefon zu sich. Es habe sich „ein schreckliches Unglück" ereignet: „Arso Jovanović ist ums Leben gekommen!" „Wie, wo denn?" fragte ich fassungslos. „An der rumänischen Grenze. Auf der Jagd!" antwortete Ranković, mit einer Stimme, die Fassungslosigkeit eher mimte als ausdrückte. Ich aber entgegnete, inzwischen bereits beherrscht: „Sicher wollte er abhauen." Ranković bestätigte das aber nicht, sondern forderte mich nur nochmals auf, zu ihm zu kommen.

Dort traf ich dann auch Otmar Kreačić, genannt „Kultura", den Stellvertreter von Vukmanović-Tempo in der Politischen Hauptverwaltung der Armee. Er wiederholte kurz, was er schon Ranković mitgeteilt hatte: Arso Jovanović, Oberst Vlado Dapčević (Bruder von Peko Dapčević) und Branko Petričević-„Kadja", ebenfalls Vukmanovićs Stellvertreter im Generalsrang, hätten sich auf dem Staatsgut Sočice, in der Nähe der rumänischen Grenze, zur Wildschweinjagd begeben, wären in der Nacht in einen Hinterhalt der Miliz geraten, und es sei in der Verwirrung zu einer Schießerei gekommen, bei der Arso umkam. Diese ganze Geschichte habe Petričević erzählt, der nach Belgrad zurückgekehrt sei und sich jetzt in der Politischen Hauptverwaltung der Armee befinde. Es war uns allen dreien klar, daß das ein unangenehmer Fall von einiger Bedeutung war, der Gerüchte aufbringen würde, gerade jetzt in der bereits blindwütigen und rücksichtslosen prosowjetischen Propaganda. Keiner von uns, ich am wenigsten, war allzu aufgeregt oder trauerte gar. Ranković und ich wußten, daß Arso sich nicht auf die Jagd begeben hatte, mir war auch bekannt, daß er gar kein Jagdgewehr besaß.

Im Gespräch äußerte ich die Überzeugung, daß Arso und die Genossen eine Flucht nach Rumänien vorbereitet hatten. Ranković erklärte, Petričević sei ins ZK vorgeladen und werde jeden Augenblick eintreffen, um ausführlicher über das Geschehen zu berichten, worauf Kreačić bemerkte: „Für Petričević könnte ich meine Hand ins Feuer legen."

Schließlich kam auch Petričević in verschmutzter und zerknitterter Uniform. Er erzählte uns nichts Wesentliches, was wir nicht bereits wußten. Wir reihten Frage an Frage, und Petričević antwortete immer verwirrter und erregter. Sie drei, Arso, Dapčević und Petričević, hätten sich zur Wildschweinjagd verabredet und seien mit dem Gutsverwalter des Nachts aufgebrochen, um in aller Frühe bei den Hochsitzen zu sein. Sie wären aber unvermutet an eine Grenzpatrouille geraten, in der Verwirrung sei es zur Schießerei gekommen, bei der Arso und der Gutsverwalter Arabjac ums Leben gekommen seien. Petričević sei daraufhin vom Schauplatz geflohen. Am Morgen wäre er Patrouillen und Beamten der Staatssicherheit begegnet, die ihn vom Tode Arsos in Kenntnis setzten, und so sei er nach Belgrad zurückgekehrt und habe sich sofort zur Politischen Hauptverwaltung begeben.

Petričević war mit seiner Geschichte kaum zu Ende, als ich mit Fragen loslegte: „Wieso hat sich denn Arso auf einmal zur Jagd entschlossen, und das gleich auf Wildschweine, wo er sich doch gar nicht mit Jagen befaßte und auch keine Jagdwaffen besaß? Und habt ihr beide, du und Dapčević, Jagdwaffen mitgehabt? Ihr habt also keine gehabt. Und wißt ihr, welche Waffen man bei der Wildschweinjagd verwendet – einen besondern Karabiner, und keine Schrotflinte! Und wo ist Dapčević, was ist mit ihm geschehen?" Darauf Petričević: „Wir hatten zwar keine Jagdwaffen dabei – nur Pistolen. Aber das war mehr ein Ausflug, wir hatten Langeweile und wollten uns die Beine vertreten. Und Dapčević – in der entstandenen Panik verschwand er irgendwohin – auch er wird wohl bald auftauchen."

Eine Frage führte zur nächsten, und ich hätte auch weiter bei Petričević gebohrt, wenn ich nicht bemerkt hätte, daß Ranković die Stirn in Falten legte, zum Zeichen, aufzuhören. Anstatt mich weiter zu erkundigen, schloß ich: „Ihr seid ja sauber ins Fettnäpfchen getreten!" Das wußte auch Petričević. Dann beendete Ranković das Gespräch: „Geh jetzt, Kadja, bring dich in Ordnung und ruh dich aus, dann werden wir uns unterhalten."

Petričević ging hinaus, und ich wandte mich an Kreačić: „Würdest du auch jetzt noch die Hand ins Feuer legen?" Ohne lange zu überlegen, antwortete er mit einem Lächeln: „Nein, das würde ich mich nicht trauen."

Auch Kreačić ging, Ranković und ich blieben zurück und versuchten, den Fall zu deuten. Ranković schüttelte den Kopf. Schließlich hob er den Hörer ab und telefonierte kurz mit Kreačić. In einem Ton, der keinen Widerspruch duldete, sagte er: „Hör zu, Kultura, schick sofort zwei Offiziere los, um den Petričević zu verhaften."

Noch am selben Tag gestand Petričević. Arso, Dapčević und er hatten schon früher, aus ihren Gesprächen, gemerkt, daß sie über den Konflikt mit der Sowjetunion gleicher Meinung waren. Nach dem 5. Kongreß und nach der Verschärfung der Spannungen beurteilten sie die Verhältnisse in Jugoslawien als unerträglich. Sie sahen keine Möglichkeit oppositioneller Tätigkeit und beschlossen daher, über Rumänien in die Sowjetunion zu fliehen. Sie hatten geplant, sich in Vršac, mit Hilfe eines Gesinnungsgenossens, des Offiziers Vukan Božović, eines Panzers zu bemächtigen und damit über die Grenze zu brechen. Zu ihrem Unglück war Vukan an diesem Tag durch Zufall nicht in Vršac, und so beschlossen sie, die Grenze unter dem Vorwand, Wildschweine zu jagen, zu Fuß zu überqueren.

Sie begaben sich zum nahegelegenen Gut, dessen Verwalter Arabjac sich ihnen, als hohen Offizieren, nichtsahnend zur Verfügung stellte. Die Grenze zu Rumänien war nicht gerade gut abgesichert. Da aber Zigeuner aus Jugoslawien und Rumänien nach alter Tradition Pferdediebstahl und Schmuggel betrieben, patrouillierten Milizeinheiten in der Gegend. Die Fliehenden stießen auf eine solche Patrouille, und auf die Aufforderung hin, stehen zu bleiben, eröffnete Arso Jovanović mit seiner Pistole das Feuer. Die Patrouille schoß zurück, Arso wurde tödlich am Kopf getroffen, und auch der gutgläubige Verwalter Arabjac mußte dran glauben. Petričević und Dapčević rannten davon. Petričević kehrte nach Belgrad zurück und glaubte, mit seiner naiven Geschichte durchzukommen. Dapčević versteckte sich zunächst in Belgrad und wurde drei Monate später an der ungarischen Grenze festgenommen.

Eine der häufigsten Fragen, die mir nach meiner Entmachtung

gestellt wurde, war: Warum habt ihr Arso Javonović getötet? Wegen der Geschlossenheit und des repressiven Charakters unseres politischen Systems hatten nicht nur Parteilose, sondern auch viele Parteimitglieder die Wahrheit für eine Erfindung gehalten. Man war überzeugt, Arso sei zuerst in Belgrad getötet, seine Leiche zur rumänischen Grenze verbracht worden. Dazu mag auch die offizielle Verlautbarung beigetragen haben, die einige Tage nach Arsos Tod veröffentlicht wurde und aus der nicht alle Umstände klar zu entnehmen waren.

Aber auch die Aufdeckung der Tatumstände im Gerichtsverfahren gegen Dapčević und Petričević zerstreute keineswegs die Verdächtigungen und den Unglauben. Vlado Dapčević hat jedoch, wie ich von einem glaubwürdigen Kominform-Emigranten hörte, in der Emigration in der Sowjetunion das Ereignis wahrheitsgemäß geschildert.

Im Zusammenhang mit diesem Fall füge ich auch hinzu, was ich über die späteren Ermittlungsergebnisse von Ranković gehört habe. Während der Ausbildungszeit in Moskau hatten sowjetische Organe Arso ein neunzehnjähriges Mädchen zugespielt, angeblich Tochter eines Generals. Und da Arso eine gute Ehe hatte und bei uns in der Partei noch immer moralischer Puritanismus vorherrschte, mochte dies bei Arso die Demoralisierung und das Renegatentum vertieft haben. Die eigentlichen Beweggründe lagen meiner Meinung nach in Arsos Bewunderung für die Stärke der Roten Armee und seiner Geringschätzung der jugoslawischen Möglichkeiten, insbesondere aber Titos militärischer Fähigkeiten. Der Aufstand, persönliche Verbindungen und Einflüsse hatten ihn bewogen, sich den Kommunisten anzuschließen, denn hier bot sich ihm militärischer Aufstieg und militärische Macht und damit Selbstbestätigung.

Die Entlassung von Sreten Žujović aus dem Gefängnis wurde von mir direkter beeinflußt als üblich, jedenfalls was die Idee dazu betrifft.

Der Hausarrest von Žujović und Hebrang in einer Villa, im Mai 1948, war nur eine kurze Etappe vor der Haft in einem richtigen Gefängnis, den von Bomben verschonten Resten der ehemaligen „Glavnjača" in Belgrad. Žujović, und ich meine auch Hebrang, waren dort in Zellen mit Sonderbewachung untergebracht. Ein höherer Offizier des Sicherheitsdienstes und Vorkriegsmitglied der Partei, Pavle Baljević, hatte den Auftrag, sich ausschließlich um Žujović zu kümmern, der in strengster Isolationshaft war. Niemand durfte ihn sprechen. Er bekam auch keine Zeitungen. Diese Haftmaßnahmen wurden so strikt durchgeführt, daß seine Wächter sogar die Aufkleber von Zündholzschachteln entfernten, damit Žujović nicht aus den Aufschriften schließen könnte, was für ein Regime draußen an der Macht sei. Er bekam das gleiche, ordentliche Essen wie die Wachen, Zigaretten, sogar Bücher. „Neutrale“ Bücher, die vor seiner Verhaftung erschienen waren. Er hatte auch ärztliche Betreuung, jedoch durfte er sich nur in seiner Zelle bewegen, die hell und etwas größer war als die üblichen Zellen in den Strafanstalten.

Žujović blieb zweieinhalb Jahre in isolierter Einzelhaft. Während der ganzen Zeit wurden über ihn keinerlei Ermittlungen geführt.

Die übertrieben strenge und kaum vorstellbare Isolation hatte zwei Gründe: Man wollte jeden Kontakt des Häftlings mit der Außenwelt unmöglich machen und seinen Widerstand brechen; dabei genoß es die Staatssicherheit sichtlich, ihre absolute Macht zu demonstrieren.

Schließlich wurde es unvermeidlich, seinen Fall zu Ende zu führen. Der plötzliche Tod Hebrangs im Gefängnis hatte keinerlei Einfluß darauf. Vielmehr waren es die politischen Veränderungen, die Bereinigung der Beziehungen zu den Sowjets, die Säuberung von prosowjetischen Parteimitgliedern und Sympathisanten, „Selbstkritiken“, die bereits zur Genüge aus dem Lager auf Goli Otok eintrafen, dazu kam das gestiegene Ansehen der jugoslawischen Führung und eine Vermehrung der Verbindungen mit dem Ausland, in erster Linie mit dem Westen.

Am einfachsten ausgedrückt: Es waren die Bedingungen herangereift, um dem „Mythos Žujović-Hebrang“ ein Ende zu setzen, den die sowjetische Propaganda unaufhörlich aufbauschte und immer wieder neu aufleben ließ. Die Initiative im Fall Žujović kam im September 1950 von Ranković, nach seiner Rückkehr aus dem Urlaub. Er wußte selber noch nicht, wie er an die Sache herangehen sollte. Ich legte ihm deshalb nahe, Žujović das Buch über den Rajk-Prozeß zukommen zu lassen. Das waren von prosowjetischen Emigranten veröffentlichte stenografische Aufzeichnungen. Ranković zögerte zunächst. Aber nach einem gemeinsamen Gespräch mit Kardelj rang er sich zu diesem Entschluß durch.

Auf den Gedanken, Žujović das Buch über den Rajk-Prozeß zu geben, hatten mich die Beobachtung von Žujović und die sowjetische Kampagne gegen Jugoslawien gebracht. Ich schätzte Žujović mehr, als Ranković es tat. Ich sah in ihm mehr den Kämpfer und Revolutionär, weniger den Intellektuellen. Daraus glaubte ich schließen zu können, daß Žujović gegenüber den lügenhaften, absurden Beschuldigungen gegen unsere Führung und Revolution nicht gleichgültig bleiben könne, weil dies auch ein Teil seines eigenen Lebens war.

Die sowjetische Kampagne hatte sich nicht nur als absurd und „dogmatisch“, sondern auch als Versuch zur Unterjochung und zur Expansion entlarvt.

Soblad Žujović das Buch über den Rajk-Prozeß gelesen hatte, verlangte er die kompletten *Borba*-Ausgaben seit dem Tag seiner Inhaftierung. Das erfuhr ich von Ranković, der mir das mit einem vielsagenden, hoffnungsvollen Lächeln mitteilte. Einige Tage später erzählte er mir noch, Žujović verschlinge Tag und Nacht die *Borba.*

Žujovićs Lektüre dauerte an die zehn Tage. Als er fertig war, verlangte er über Baljecić, mit jemandem aus der Führung zu sprechen. Ranković beschloß (vermutlich hatte er Tito darüber konsultiert), daß wir beide hingehen sollten. Vielleicht wurde ich da auch deshalb herangezogen, weil sich meine Anregung mit dem Rajk-Buch als „erfolgreich“ erwiesen hatte.

Während wir zur Glavnjača fuhren, fragte mich Ranković, ob wir denn Žujović die Hand geben sollten. Ich hatte auch darüber nachgedacht, und ich antwortete ihm: „Wir können durchaus einander die Hand reichen – auch Feinde geben sich die Hand, wenn sie im Krieg Verhandlungen führen.“

Als man Žujović ins Büro führte, erübrigte sich das Problem des Handschlags schon durch Žujovićs Verhalten. Er hastete gleichsam auf uns zu, und hätte womöglich mit uns noch Bruderküsse getauscht, wenn wir uns nicht steif und unzugänglich gegeben hätten. Wir reichten also einander die Hand, zuerst ich, dann Ranković, und setzten uns an einen kleinen Tisch.

Žujović war offensichtlich aufgeregt, jedoch seelisch wie körperlich in guter Verfassung, nur hatte er den bleichen, violetten Häftlingsteint bekommen.

Das Gespräch lief ab, als hätten wir uns niemals entzweit, als hätte er uns nicht „verraten“ und als wären wir nicht zu seinen Kerkermeistern geworden. Ein Phänomen der Kommunisten: erbitterter, wahnwitziger Haß, wenn sie sich zerstritten haben, nach der Versöhnung aber finden sie leicht und rasch wieder zueinander. Das Gespräch führte überwiegend ich, obwohl es keine eigentliche „Tagesordnung“ gab. Ranković hielt sich einfach im Hintergrund und überließ die Sache mir.

Sofort stellte ich Žujović die Frage: „Wie denkst du jetzt über den Konflikt mit den ‚Russen‘ – nachdem du dich damit ausführlich vertraut gemacht hast?“ Žujović antwortete ohne zu zögern: „Das sind ja Imperialisten!“ „Nun hast du Amerika entdeckt!“ bemerkte ich. Und Ranković, wenn ich mich recht entsinne, warf ein: „Ja – wie betrachtest du jetzt deinen Fall?“

Ohne zu schwanken – Schwanken war auch sonst nicht seine Art – sagte Žujović, er sei der Ansicht, daß er einen Fehler begangen habe. Wir vertieften den Punkt nicht weiter und drängten ihn auch nicht zur „Einsicht“.

Das Gespräch kam bald auf die Frage, wie man seinen Fall denn lösen solle. „Du wirst deine Haltung öffentlich erklären müssen!“ betonten Ranković und ich, womit sich Žujović widerspruchslos einverstanden erklärte. Wir vereinbarten, seine Erklärung in Form eines Artikels in der *Borba* zu veröffentlichen. Und zum Schluß teilte Ranković ihm mit, daß er schon morgen entlassen werde und in die ehemalige Stojadinović-Villa im Stadtteil Senjak überführt werde. In ihr wurden meistens ausländische Gäste untergebracht, sie war ständig bewacht. Er sollte dort bleiben, bis man die Frage seines Status gelöst und er die erwähnte Erklärung geschrieben habe.

Wir versäumten es nicht, Žujović zu befragen, was denn aus seinen Tagebuchnotizen von den Sitzungen des Zentralkomitees geworden sei. Žujović gab verlegen zu: „Ich habe sie bei Lawrentjew deponiert.“

Das Gespräch dauerte mehr als zwei Stunden und bezog sich überwiegend auf allgemeine sowie auf Žujovićs persönliche Belange. Sobald er sich damals, im Mai 1948, für das sowjetische ZK ausgesprochen hatte, verließ ihn seine „Kriegsgattin“ Mileva Planojević und erklärte, sie gehe mit der Partei und mit dem Zentralkomitee. Mileva war sehr viel jünger als Žujović, und so machte man sich einen Witz aus ihrem Handeln (es war ihr gegenüber sehr ungerecht, da sie ja nach ihrer Überzeugung und nach ihrem Gefühl gehandelt hatte), sie habe dadurch zwei Fliegen auf einen Schlag getroffen: sie hätte ihr Parteibewußtsein gezeigt und sei den viel älteren Ehemann losgeworden. Žujović meinte, er würde zu seiner früheren Frau Lepa zurückkehren, die ihn zwar verlassen, aber während er inhaftiert war zu ihm gehalten habe. Weder Ranković noch ich äußerten uns. Einmal war das Žujovićs Privatangelegenheit, zum anderen auch wegen der Ungeduld des Häftlings, zu welchen Bedingungen auch immer ein „neues Leben“ zu beginnen.

Žujović erkundigte sich auch nach seinem einzigen Sohn, Zoran. Mit Zoran war alles in Ordnung. Er war bereits ein renommierter Korrespondent der *Politika* geworden. Zoran war nach der Veröffentlichung der IB-Resolution von seinem Studium in Moskau zurückgekehrt, und obwohl ihm offenbar das Schicksal des Vaters zu Herzen ging, entschied er sich für unser Zentralkomitee. Es gab Zweifel in der Führung der Staatssicherheit über die Aufrichtigkeit seiner Haltung. Aber Ranković und ich, soweit das von mir abhing, bestanden darauf, Zoran nicht zu behelligen. Seine öffentliche Tätigkeit und sein Verhalten widerlegten dann auch jeden Verdacht. Wir erklärten Žujović, er könne sofort mit Zoran Verbindung aufnehmen und sie aufrechterhalten. Zoran hatte als Fünfzehnjähriger einen Großteil des Krieges beim Obersten Stab verbracht. Er war schwächlich, aber intelligent und mutig. Er hatte Humor, Witz, den er auf seine sarkastische Art selbst auf Kosten der Führung nicht zügelte. Verständlich für einen Vertreter der neuen Generation, der die „Großen“ aus der Nähe erlebte und nicht nur aus der Propaganda. Nach wenigen Tagen wurde mir gemeldet, Žujović verlange nach mir, wegen der Erklärung für die *Borba.* Ich fuhr zur Stojadinović-Villa und ging mit Žujović seine Erklärung durch. Sie wurde alsbald veröffentlicht, so wie er sie abgefaßt hatte. Ich hatte ihm drei oder vier unverbindliche Korrekturen nahegelegt, die er mit mir diskutierte und dann akzeptierte. Ranković vereinbarte eine Pressekonferenz.

Noch ehe Žujović vollständig auf freien Fuß gesetzt wurde, fragte ich Ranković: „Hast du vielleicht einen guten Kanal, durch den wir der sowjetischen Propaganda zuspielen könnten, Žujović sei im Gefängnis umgebracht worden? Sie werden darauf wie süchtig anbeißen.“ Ranković bejahte, daß er über einen „guten Kanal“ verfüge, und so wurde diese Mär den „Ostlern“ aufgetischt. Und wie sie anbissen – zuerst, wenn ich mich nicht täusche, brachte Warschau die Meldung. Aber die Staatssicherheit und Ranković hatten es zu eilig, so daß Žujović die Pressekonferenz schon abhielt, noch bevor die Nachricht von seinem Tod im Osten „soviel wie nötig“ Staub aufgewirbelt hatte.

Žujović hatte schon in dem Gespräch mit Ranković und mir die Frage seiner Rückkehr in die Partei angeschnitten. Ranković ließ das in der Schwebe. Er sagte ihm in etwa: „Das werden wir sehen, nachdem wir alle Fragen gelöst haben." Kurz nach seiner Freilassung wurde Žujović auch von Tito empfangen, der ihm versprach, er werde wieder in die Partei aufgenommen.

Žujović besuchte mich – nachdem er in der *Borba* eine Stellung erhalten hatte – noch einige Male, und sprach mich jedesmal auf dieses Anliegen an. Ich brachte die Frage der Wiederaufnahme Žujovićs in die Partei bei einer Besprechung des Sekretariats vor, an der auch Tito teilnahm. Doch Ranković war plötzlich dagegen. Tito und Kardelj widersetzten sich Ranković nicht, sondern sie stimmten ihm schließlich zu. So fiel die Rückkehr Žujovićs in die Partei ins Wasser. Ich hatte damals den Eindruck, daß Ranković in seinem Inneren Žujovićs „Abtreten von der Szene" nicht bedauerte, ebensowenig wie später die Entfernung von Nešković. Aber Žujović gelang es dennoch, in die Partei zurückzukehren, vermutlich nach dem Sturz von Ranković 1966. Denn wie man den Nachrufen entnehmen konnte, verstarb er als Parteimitglied.

Das alles offenbart nicht unbedingt Žujovićs Scharfsinn und Verstand, aber es bestätigt zweifelsfrei seine revolutionäre, kommunistische Folgerichtigkeit. Der Gedenkredner im Namen des Bundes der Kommunisten an Žujovićs Totenbahre versäumte es nicht, dessen „Inkonsequenz im entscheidenden Augenblick" 1948 zu erwähnen. Sekten vergessen und verzeihen das Renegatentum nicht.

Die Entzweiung der Führung mit Blagoje Nešković ging ganz anders vonstatten, obgleich sie für ihn sehr ähnliche, qualvolle Folgen hatte.

Nešković war Sekretär der KP Serbiens und wurde auf dem 5. Kongreß ins Politbüro gewählt, obgleich man bereits merkte, daß er zum Konflikt mit der Sowjetunion eine abweichende Einstellung hatte. Nach dem Kongreß traten Neškovićs Differenzen mit dem Politbüro in dieser Frage (kleinere Meinungsunterschiede gab es auch in anderen Fragen) immer häufiger, deutlicher und nicht mehr zufällig auf. Im engsten Kreis um Tito, im Sekretariat, kam man zu dem Schluß, daß Neškovićs Verbleiben an der Spitze der Regierung und der Partei in Serbien unliebsame Folgen haben könnte. Dies drängte sich durch die Unduldsamkeit auf, die sich in der Führung Serbiens zwischen Nešković und den übrigen Funktionären anbahnte. Auch dort wurde bemerkt und gemunkelt, Neškovićs Haltung gegenüber der Sowjetunion und den sowjetischen Angriffen auf unsere Führung sei keineswegs so fest und eindeutig.

Nešković wurde eine neue, „wichtigere" Verpflichtung vorgeschlagen, eigentlich eher aufgezwungen: die Leitung der Kontrollkommission, an deren Spitze bis dahin Kardelj gestanden war. Diszipliniert, wenn auch lustlos, nahm Nešković die neue Stellung an.

Aber um ihn herum entstand langsam ein Vakuum. In der Führung begannen Gerüchte und Klatsch in einer Weise zu blühen, daß führende Genossen sogar den allertrivialsten Kontakt mit Nešković mieden. Auch Nešković selbst trug dazu bei. Und das nicht nur durch seine Härte und die Weigerung, sich anzupassen, sondern auch durch die von Zeit zu Zeit zum besten gegebenen „gemäßigteren" Ansichten in Bezug auf die Sowjetunion.

So zitierte er Anfang 1949, in einem Artikel für *Kommunist*, Stalin, obwohl das bereits niemand mehr tat, zumindest nicht in der Führung. Ich machte ihn darauf aufmerksam, er aber beharrte hartnäckig darauf, das Zitat stehen zu lassen, da dies die beste und bündigste Formulierung für politische Kontrolle sei. Bis dahin hatte ich nicht an Stalins Verstand gezweifelt, aber diese Polemik veranlaßte mich, das Zitat näher zu prüfen. Es beinhaltete eine Binsenwahrheit, bekannt seit der Zeit der Pharaonen, wenn nicht sogar seit dem Neolithikum: die Kontrolle bestehe aus dem Stellen von Aufgaben, aus der Überwachung der Durchführung und aus der Annahme der Ergebnisse. Ich wies Nešković auf die Banalität dieses „genialen" Gedanken Stalins hin und warf das Zitat aus dem Text hinaus. Kardelj stimmte mir zu, als ich ihn davon in Kenntnis setzte. Im Sommer 1949 ging Nešković sogar zu Ranković, um ihm seine Mißbilligung auszudrücken über meine Rede in Montenegro anläßlich der Feier zum Aufstand vom 13. Juli sowie über die Rede von Moša Pijade in Belgrad, in der dieser die Parole ausgegeben hatte: „Weder Gubernium – noch Kolonie" (Jugoslawien wolle weder ein russisches Gouvernement noch eine westliche Kolonie sein – A. d. Ü.). Man wußte auch durch Neškovićs Schwägerinnen, daß seine Ehefrau Brana prosowjetisch eingestellt war, mit der Begründung, sie sei mit unserer „revisionistischen", unversöhnlichen Art nicht einverstanden.

Nešković war standhaft, aber engstirnig und unflexibel. Zu dieser Unbeugsamkeit trug auch die Tatsache bei, daß er in keinerlei Verbindung mit der sowjetischen Botschaft gestanden und auch nichts mit Žujović oder Hebrang zu tun hatte. Er war ein Gefangener, versklavt durch seine eigenen, abweichenden Ansichten. Neškovićs Härte äußerte sich auch in anderen Fragen. Das zeigte sich in seiner Amtszeit als serbischer Regierungspräsident beim Ankauf und bei der Preisnormung, unter deren Lasten Serbien am stärksten zu leiden hatte. Deshalb verdächtigte man ihn des Nationalismus, der freilich bei ihm nicht stärker als bei irgendeinem anderen war.

Das schlechte, von Argwohn beherrschte und fast boykotthafte Verhältnis zu Nešković und dessen Trotz, Schweigen und Unnachgiebigkeit gegenüber der Führung, bestand bis kurz vor dem 6. Kongreß. Schließlich, gegen Ende des Sommers, wurde eine Parteikommission mit Ranković, Moma Marković und mir als Leiter gebildet, um Nešković zu verhören und eine bereits vorbereitete Entscheidung vorzuschlagen. Drei- oder viermal führten wir mit Nešković lange und fruchtlose Gespräche. Ranković beharrte darauf, man solle Nešković „brechen", womit er zweifellos auf ein Geständnis und Reue Neškovićs hinauswollte. Ich neigte einem solchen Vorgehen nicht zu, jedoch hätte ich mich auch im gegenteiligen Fall umsonst bemüht. Nešković konnte man leicht zu Tränen bringen, nicht aber zum Bereuen.

Die Anklage gegen Nešković war dürftig (die wichtigsten Vorwürfe habe ich schon aufgezählt). Nešković stellte das lediglich als einen abweichenden Standpunkt, als einen anderen Zugang zum Konflikt mit der Sowjetunion dar.

Kurz vor dem 6. Kongreß schlug ich vor, an Morgan Philips, den Sekretär der Labour Party, zu schreiben und ihn mit dem Fall Nešković bekanntzumachen, damit falsche, polemische Deutungen vermieden würden. Dies wurde angenommen. Nachdem Philips meinen Brief gelesen hatte, fragte er: „Wird dieser Mann verhaftet werden?" Und als man die Frage verneinte, nahm er die Information gelassen hin.

Auf dem 6. Kongreß wurde Nešković aus der Partei ausgeschlossen. Als ich bei Tito Bericht erstattete, schlug ich vor, Nešković eine Ministerpension zu geben. Ich hatte den Eindruck, daß Tito dem zugestimmt hätte, wenn sich nicht Ranković widersetzt hätte. So wurde Nešković schließlich in der Belgrader Prosektur angestellt, in der er auch vor dem Krieg eine Zeitlang als Arzt gearbeitet hatte. Nešković – Spanienkämpfer, Funktionär in der Illegalität des Untergrunds in Vorkriegs- und Nachkriegszeit, nach dem Krieg Chef der größten jugoslawischen Republik – konnte wahrhaftig am Ende, wäre er nicht auch weiterhin Kommunist geblieben, den volkstümlichen Ausspruch zitieren: „Wo bist du gewesen – nirgendwo, was hast du getan – nichts."

Die Unstimmigkeiten und Reibereien mit Zogović und Mitrović im Agitprop und im Apparat des Zentralkomitees spitzten sich zu, obwohl Ranković und ich Geduld zeigten und die Hoffnung nicht aufgaben, sie würden ihre Krise mit der Zeit überwinden, besonders Zogović, sowie die Ungerechtigkeit und Lügenhaftigkeit der sowjetischen Anschuldigungen einsehen. Denn die sowjetische Kampagne wurde von Tag zu Tag blindwütiger, verleumderischer und rücksichtsloser. Sie hatte aber zweierlei Wirkung: diejenigen, die von unserer Sache überzeugt waren, verbitterte und bestärkte sie, die Anhänger Stalins und der sowjetischen Partei aber entnervte sie, schüchterte sie ein und stachelte sie auf.

Es waren ja nicht nur die täglichen Differenzen mit Zogović und Mitrović, auch der Kontakt mit ihnen wurde allmählich unausstehlich. Im Agitprop und in den anderen Direktionsbereichen des Zentralkomitees begannen die Genossen, sie zu meiden. Einige von ihnen, Dedijer beispielsweise, zischten sie sogar aus, sobald sich Gelegenheit dazu bot.

Ich erinnere mich einer Debatte, kurz nach dem 5. Kongreß, zwischen mir und Stefan Mitrović. Ich weiß nicht mehr, aus welchem Anlaß, jedenfalls fing er zu argumentieren an, daß jetzt der Kampf gegen den Imperialismus das Wichtigste sei. Niemand verneinte den „Kampf gegen den Imperialismus“, aber eine übermäßige Betonung dieses Kampfes und schon gar die Zurückführung der agitatorischen und propagandistischen Tätigkeit auf diesen hätte in einer Zeit tobsüchtiger und schamloser Angriffe aller kommunistischen Parteien auf uns sowie der Probleme in unserer Partei die Kräfte verzettelt. Mitrovićs Standpunkt war auch „schlau“ angelegt, um die Führung, in diesem Fall mich, in einer inkonsequenten Haltung gegenüber dem Kapitalismus zu ertappen und damit uns alle aufs Glatteis zu führen. Mitrovićs Beharren war um so weniger begründet, als wir – die Führung ebenso wie die Medien – auch weiterhin eine feste, unmißverständliche Haltung gegenüber dem „Imperialismus“ hatten und konsequent die Sowjetunion und die kommunistischen Parteien unterstützten. Zogović hingegen trat offener auf, meist indem er auf einer Förderung der „sozialistischen“ Kultur und auf der Bekämpfung und Brandmarkung dekadenter kapitalistischer Kultur bestand.

Schließlich, gegen Ende 1948, wurden die Meinungsverschiedenheiten mit Zogović und Mitrović absolut untragbar. Das ZK, beziehungsweise das Politbüro, beschloß, daß Kardelj, Ranković und ich mit Zogović und Mitrović reden sollten.

Die Treffen und die Auseinandersetzungen mit ihnen fanden in Kardeljs Villa statt. Keiner von beiden gab zu, daß er sich die Beschuldigungen und die Ansichten der Sowjetführer zu eigen mache. Doch ihre Stellungnahmen in einzelnen Fragen ließen erkennen, daß sie den größten Teil der sowjetischen Vorwürfe für richtig hielten und auch nicht einsahen, daß Jugoslawien über Kräfte und Möglichkeiten verfüge, den Sozialismus außerhalb der „sozialistischen Gemeinschaft" aufzubauen.

Bei diesen Diskussionen hielt ich mich beiseite, soweit dies die Ausweichversuche und Inkonsequenzen von Zogović und Mitrović und auch mein „ungestümes Temperament" erlaubten. Zu dieser Zurückhaltung sah ich mich vor allem dadurch veranlaßt, daß Zogović und Mitrović ihre Zwietracht mit der Partei (wie meist in solchen Fällen) derart zu rechtfertigen versuchten, daß ich „persönlich" etwas gegen sie hätte. Den Sekretariatsmitgliedern war es besonders um Zogović zu tun. Es war jedoch nicht möglich, ihn zu „retten", weil er, „konsequent" und doktrinär wie er war, in keiner Weise erkennen ließ, daß er dies wünsche oder daß er zumindest schwanke.

Als man Tito Bericht erstattete, meinte er, wie es wohl wäre, wenn er persönlich mit Zogović spräche. Auch ihm war es darum zu tun, den bekanntesten Revolutionsdichter zu „retten", um so mehr, als Zogović während des Krieges ein Gedicht über Tito geschrieben hatte, das sehr populär geworden war.

Nach ihrem Ausschluß aus der Partei pflegten Zogović und Mitrović auch weiterhin kameradschaftlichen Kontakt und wurden von Sicherheitsorganen nunmehr ganz offen überwacht. Im Frühjahr oder Sommer 1949 wurde Mitrović festgenommen, während er mit Zogović spazierenging. Nach der Schilderung Rankovićs verteidigte Zogović seinen Freund mit einem ausgezogenen Schuh; Zogović seinerseits erzählte, die Agenten hätten ihn geschlagen.

Zogović wurde noch einige Zeit lang auf Dedinje geduldet, um dann in eine winzige Wohnung einquartiert zu werden, in der er, wie er später erzählte, neben mangelhaftem Komfort auch eine Agentin der Staatssicherheit als Mitbewohnerin und eine Abhöranlage hatte.

Mit Mitrović wurde wesentlich schlimmer verfahren. Er wurde in eine Gefängniszelle geworfen unter dem Verdacht, daß seine Entlassung aus dem Konzentrationslager Banjica nach seiner Gefangennahme durch die Tschetniks Ende 1941 oder Anfang 1942 aufgrund einer Absprache mit der Spezialen Geheimpolizei des Kollaborationsregimes, wenn nicht sogar mit der Gestapo selbst, erfolgt war.

Eine langdauernde Untersuchung ergab nicht die erwünschten Ergebnisse, und so wurde Mitrović schließlich ins Lager auf die Insel Goli Otok geschickt. Da ich der Familie Mitrović noch von früher nahestand, kam sein Vater einige Male zu mir und bat, daß ich mich für Stefan einsetze. Ich intervenierte ergebnislos bei Ranković, denn die Zweifel über Mitrovićs Vergangenheit waren nicht nur an sich zu schwerwiegend, sondern auch deshalb wichtig, damit eventuell bewiesen werden konnte, welche Art von „Schwächlingen und Verrätern" sich fürs Informbüro entschieden.

Wie ich hörte, erkrankte Mitrović in der Haft psychisch, aber er war sich der politischen Verhältnisse bewußt und war in der Lage, sich um sich selbst zu kümmern. Bei der Beisetzung seiner Mutter hielt er eine Grabrede und dankte ihr dafür, daß sie ihre Kinder für die Partei und für Tito großgezogen hatte. Wie man sich erzählte, murrte Zogović dabei, und als seine Frau einwandte, Mitrović sei doch verrückt, entgegnete ihr Zogović: „Warum ist er denn nicht in einer anderen Weise verrückt?" Das Schicksal der Familie Mitrović ist außerordentlich tragisch, aber auch charakteristisch für jene Epoche. Der älteste Bruder, Niko – während der Okkupation erschossen, obwohl er schwachsinnig war; Schwester Vukica, Heldin und Märtyrerin – erschossen; Schwester Lepa – erschossen; Stefan selbst – wiederholt aus der Partei ausgeschlossen wegen schlechter Haltung vor der Polizei, und unter dem neuen Regime geistesgestört im Gefängnis; Bruder Veljko – verschollen, umgekommen in einer feindlichen Offensive; nur die Eltern Ivanica und Ivo haben das alles überlebt.

Zogović widerfuhr ein seltenes und bemerkenswertes Schicksal. Er wurde nicht verhaftet, weil er ein bekannter revolutionärer Dichter war und weil Mitglieder des Politbüros – besonders Ranković und ich – ihm gegenüber persönliche Zuneigung hegten und hofften, daß er irgendwann doch „zurückkommen" werde. Daran glaubten wir, obgleich ich bei einer Gelegenheit – als Zogović wieder einmal durch irgend etwas trotzig „provozierte" – zu Ranković sagte, man solle ihn verhaften. Ranković aber wies das zurück mit der Begründung: „Zogović ist halsstarrig und zu scharf, aber rechtschaffen – er wird früher oder später zur Einsicht kommen und sich uns zuwenden."

Einmal kam Zogovićs Frau Vera zu mir und beklagte sich, man

wolle sie „wegen Unterschlagung“ festnehmen. Ihr Stellvertreter im *Kultura*-Buchverlag hatte nämlich Unterschlagungen begangen, sich dabei mitunter auch ihres Namens bedient, und die Sicherheitsorgane klammerten sich nun daran, um sie völlig schuldlos ins Zuchthaus zu bringen, sie hatten sogar schon die Dauer der Haftstrafe festgelegt.

Ich intervenierte bei Ranković und bei der Staatssicherheit, und die „Ermittlungen“ gegen Vera wurden eingestellt. Zogovićs Werke wurden an die fünfzehn Jahre lang nicht gedruckt, er selbst tatsächlich auch boykottiert. Die wenigsten taten das aus Haß und Verbitterung, die meisten aus Furcht, man könnte es ihnen andernfalls „verargen“.

Es ist interessant, daß Krleža – als man von Zogovićs „Renegatentum“, vor seinem Parteiausschluß, schon wußte – mir gegenüber erklärte, er werde auch weiterhin Zogović besuchen. Nach dem Krieg hatte sich zwischen beiden ein Verhältnis der Verbundenheit und Kameradschaft entwickelt. Ich machte keinerlei Einwand auf Krležas Ansinnen, aber er überlegte es sich anders und besuchte Zogović nicht mehr. Gleichwohl erwirkte Krleža – sicherlich bei Tito –, daß man Zogović wieder publizierte, nachdem er ungefähr fünfzehn Jahre lang zu totalem Schweigen verurteilt war. Desanka Maksimović dagegen besuchte Zogović sowohl vor als auch nach seinem Ausschluß aus der Partei. Vor der Wohnung von Zogović, der kleinen Villa Roche auf Dedinje, waren – vor dessen Zwangsumzug in die schon erwähnte kleine Wohnung – Sicherheitsagenten postiert, die Desanka einmal anhielten und nach ihrem Ausweis verlangten. Desanka kam gleich am nächsten Tag zu mir ins ZK und fragte mich aufgeregt, ob sie Zogović besuchen dürfe. Ich gab ihr eine positive Antwort, und sie besuchte ihn auch weiterhin. Aber die Staatssicherheit reagierte darauf mit Unmut, so daß ich eines Tages Rankovićs Stellvertreter Svetislav Stefanović fragte, was er von Desanka halte. Er antwortete mir, daß man sie für eine „IB-Anhängerin“ und Sympathisantin Stalins halte, worauf ich meinte, eine solche Ansicht sei dumm, weil Desanka zwar prorussisch, nicht jedoch auch prosowjetisch sei.

Bei Desanka, wie auch bei vielen Serben der älteren Generation, war eine prorussische Einstellung traditionell, aber sie war zugleich auch antisowjetisch, ja antikommunistisch. Auch bei den Würdenträgern der serbisch-orthodoxen Kirche konnte man diese Ausrichtung häufig finden. Desankas Ehemann war Russe, ein Emigrant – Nationalist und Antibolschewik.

Krleža erlebte den Konflikt mit der Sowjetunion mit für ihn charakteristischen düsteren Vorahnungen, aber auch mit der Entschlossenheit, nicht von unserem Zentralkomitee abzurücken. Für ihn bedeutete dieser Konflikt eine Bestätigung für das Wüten jener finsteren Mächte, vor denen er bereits vor dem Krieg (anläßlich der Moskauer Prozesse) gewarnt hatte. Er war damals unter anderem deshalb mit der Parteiführung in Streit geraten. Er strich seine Voraussagen und „Verdienste" niemals heraus, ganz im Gegensatz zu Marko Ristić, der nicht widerstehen konnte, sie „unaufdringlich" zu erwähnen. Krleža aber pflegte in Gesprächen mit mir und sicher noch mehr mit Tito warnend darauf hinzuweisen, daß die vorrevolutionären Strukturen der Reaktion noch am Leben seien. In reaktionären Kreisen glaube man, der Konflikt mit der Sowjetunion würde zum Zerfall und Zusammenbruch des Regimes führen, das dann „verschwinden" werde, so wie auch alle früheren Systeme verschwunden seien. Krleža verfügte über ein umfangreiches und profundes Wissen, und sein Intellekt war äußerst sensibel. Er hatte ein ausnehmend humanes und moralisches Wesen, war aber auch ein skeptischer Mann. Auf düstere und von Gewalt geprägte Erscheinungen reagierte er mit übertriebener Empfindlichkeit und maßlosem Zukunftspessimismus.

Ende des Sommers 1948, nach dem 5. Kongreß, fand ich mich bei Tito in Bled ein. Kardelj und, wenn ich mich nicht täusche, Ranković waren auch da. Tito teilte mir mit, Krleža und Vidmar verlangten, daß jemand vom Politbüro zu ihnen komme, um mit ihnen über die Lage, d. h. über den Konflikt mit der Sowjetunion, zu reden. Mit besorgter Ironie sagte Tito: „Geh und sieh nach, was das ist – ob sich nicht wieder in diesen Intelligenzlerköpfen etwas zusammenbraut." Ich kam am frühen Nachmittag zu Vidmar. Die unaufdringliche Gepflegtheit seiner Villa und der tadellose Zustand auch der unbedeutendsten Kleinigkeit darin erstaunte mich. Die Villa hatte irgendeinem Reichen gehört, den man erschossen hatte, weil er mit den Deutschen zusammenarbeitete. Sie lag in der Nähe von Tržič und hatte einen freien Ausblick bis hin nach Ljubljana.

Wir begannen sofort mit einer Diskussion, die sich bis drei Uhr früh fortsetzte. Ursprünglich wollte ich nach Bled zurückkehren, nun mußte ich aber hier übernachten. Es war dies ein unglaubliches und unerschöpfliches Gespräch, sogar für mich, einen kommunistischen Intellektuellen, der wirklich endlose Diskussionen und zermürbende Überzeugungsgespräche gewohnt war.

Krleža und Vidmar: zwei Schriftsteller von enormem Wissen, Talent und Renommé, reich an Phantasie. Krleža ausgelassen und unerschöpflich, Vidmar gewandt und raffiniert.

Alle Augenblicke tauchten neue Hypothesen auf, um im nächsten Moment von anderen verdrängt zu werden. Dennoch wurden wir uns einig, daß eine sowjetische Intervention nicht wahrscheinlich sei. „Und wenn es doch dazu kommt", fragte Krleža. „Denn niemand weiß, was Stalin in seinem Kürbiskopf zusammenbraut." Ich sagte, wir würden kämpfen. „Aber die Aussichten für einen langanhaltenden, erfolgreichen Widerstand sind ja nicht groß – und was dann?" „Wir würden allmählich zurückweichen, in Richtung auf die Adria und die Inseln." „Und weiter?" „Und weiter – in den Westen." Mit düsterer, pathetischer Entschlossenheit sagte mir Krleža: „Ich bleibe nicht hier – ich gehe mit euch, von Okkupationen habe ich genug gehabt." Am nächsten Tag, als ich wieder in Bled war, fragte mich Tito: „Nun, wie war's denn?" Ich berichtete ihm kurz: „Es gibt bei denen kein Schwanken – sie hassen Stalin mehr als wir. Nur Kombinationen, intellektuelle – was wäre, wenn..." Tito lachte erfreut, und Kardelj bemerkte, er hätte etwas anderes auch nicht erwartet.

Später, 1949 oder 1950, nützte eine Gruppe Ljubljanaer Intellektueller die spannungsgeladene Atmosphäre, um bei Vidmar und einigen Funktionären Verwirrung zu stiften. Auf einer ausgelassenen, alkoholisierten Party der Schauspielerin Severova meinten sie, es wäre ein Heidenspaß, im Namen der Staatssicherheit Vidmar und die anderen anzurufen: sie sollten sich in einer Stunde am Flugplatz einfinden, weil die Russen in Jugoslawien eingefallen seien. Es kam zu hektischem Kofferpacken und, wie es scheint, fuhren sie auch zum Flugplatz, da stellte sich dann heraus, daß es falscher Alarm war. Das wäre nur ein schlechter Scherz geblieben, hätte sich nicht die Staatssicherheit eingemischt. Sie fand die Urheber heraus und alle landeten im Gefängnis, einige bekamen mehrjährige Haftstrafen.

Ich erinnere mich, daß Kardelj kaum das Lachen unterdrücken konnte, als er über die „Provokation" zürnte: Unsere Führung habe in dieser schwierigen Zeit auch für harmlosere Späße kein Verständnis.

Kurz nach der Resolution des Informbüros ersuchte die russische Frau des Obersten Vinko Švob bei mir im ZK um Empfang. Ihren Namen habe ich vergessen, aber ich erinnere mich an sie und ihren „Fall". Ich hatte sie in Moskau kennengelernt, als ich dort, im Frühjahr 1944, Chef der Militärmission war. Auf Empfehlung der Töchter des königlichen Botschafters Stanoje Simić, der sich bereits für Tito entschieden hatte, kam sie mit noch einer jungen Russin in unsere Mission und drückte den glühenden Wunsch aus, zu den jugoslawischen Partisanen zu gehen. Sie stellte sich als angebliche Studentin vor; sie war zweifellos eine Schönheit, mit dem Teint und den ausgeprägten Zügen der Mongolen. Sie deutete an, ihr Vater sei ein General, der sich zur Zeit „in besonderer Mission" in China aufhalte. Ähnliche Geschichten waren häufig bei sowjetischen Geheimdienstlern zu hören, ihre Geschichte jedenfalls wurde später als reine Erfindung entlarvt, das Mädchen war in Wirklichkeit die Tochter geschiedener Kleinbürger. Wir gliederten sie nicht den jugoslawischen Partisanen an, weil wir das gar nicht konnten, denn sie war Sowjetbürgerin. Aber Švob verliebte sich in sie und heiratete sie auch bald.

Nachdem sie mit ihrem Mann gleich nach der Befreiung nach Jugoslawien gekommen war, drang die Genossin Švob sehr rasch bis ins Weiße Schloß und bis zu Tito vor. Angeblich, um die Bibliothek zu betreuen. Sie wurde jedoch von dort versetzt, denn sie erregte Neid und Eifersucht, politische Gründe waren es wohl nicht. Und jetzt – Sommer oder Herbst 1948 – meldete sie sich bei mir und beklagte sich, daß ihre neue Umgebung sie diskriminiere, verdächtige und sie zwingen wolle, sich gegen die Regierung ihres Landes, der Sowjetunion, zu erklären. Sie war aufgeregt – in Wahrheit tat sie nur so – und ich beruhigte sie und sagte ihr, daß niemand das Recht habe, von ihr als sowjetischer Bürgerin zu verlangen, sich gegen die eigene Regierung zu wenden.

Ich intervenierte in diesem Sinne und schilderte den Fall Tito und den Genossen. Tito reagierte mit ehrlicher Verbitterung: „Das hat doch keinen Sinn! Niemand hat das Recht, das von ihr zu verlangen! Das würde bedeuten, daß wir Antisowjets seien!" Dem stimmten auch die anderen zu, sogar der argwöhnische und zurückhaltende Ranković. Später jedoch fanden die Sicherheitsorgane heraus, daß sie von Anfang an sowjetische Agentin war. Das besiegelte auch die Karriere ihres Mannes, der unserer ersten Militärmission als ein ergebener, mutiger und aussichtsreicher Kader aus Arbeiterreihen delegiert war. Auch die „russischen Ehefrauen" unserer Offiziere und Funktionäre wurden fast ausnahmslos als sowjetische Geheimagentinnen enttarnt. Es waren sogar welche dabei, die ihrer Herkunft nach keine Russinnen waren, sondern jugoslawische Emigrantinnen oder Töchter von Emigranten in der Sowjetunion. So trennte sich auch Danilo Lekić, der hervorragende General und Spanienkämpfer, von seiner russischen Frau, die er während seiner Ausbildung in der sowjetischen Militärschule geheiratet hatte. Er stand fest zu unserem Zentralkomitee, und sie wollte sich nicht von Stalin und ihrer „rodjina" (Heimat) trennen. Sie versäumte es allerdings nicht, die „revisionistischen" jugoslawischen Teppiche aus der Wohnung mitzunehmen, als sie zurück in die UdSSR ging...

Die revolutionäre, prosowjetische Naivität und die ideologische Verblendung verwirrten und zügelten unsere Wachsamkeit und unser Selbstbewußtsein. Es brauchte Zeit, Erfahrung und bittere Erkenntnis bis zur Selbstfindung, bis wir begriffen, daß wir ein eigenes Volk mit einem eigenen Staat waren. Es ist wahrlich schmachvoll, sich dieser stalinischen, sowjetischen Gaunereien und Unverschämtheiten zu erinnern. Denn es ist eine bewußte und außergewöhnliche Anstrengung notwendig, um die spontane, unverantwortliche Reaktion loszuwerden, daß dies oder jenes „russisch" sei und daß es sich doch um „Russen" handele – um ein herzliches, gutmütiges und duldsames Volk. Sind aber diese so wunderbaren, außergewöhnlichen Eigenarten nicht ebenfalls ein Grund – wenn auch nicht der einzige – dafür, daß dieses Volk sich so leicht Despoten und anmaßenden Welterlösern hingibt?

Lernen ist in der Politik der qualvollste und teuerste Prozeß. Selbst wir in der Führung hatten nicht gleich begriffen, welch finstere und unvorhersehbare Gefahren auf uns und den Staat lauerten. Da waren nicht allein die Pressionen von außen – Propaganda, Wirtschaftsblockade, diplomatischer Boykott – sondern da waren noch mehr die eingedämmten und zerschlagenen heimlichen „Stalinisten"; Verschwörungen größeren Ausmaßes gab es nicht. Sicherlich auch wegen der breiten Unterstützung, welche die Führung hatte, wir verdankten das nicht zuletzt der Effizienz des Sicherheitsdienstes und der ständigen Wachsamkeit und Findigkeit Rankovićs und seiner engsten Mitarbeiter. Denn selbst in der nächsten Umgebung Titos, unter seinen Bediensteten, gab es sowjetische Agenten, die man nach und nach und ohne Aufsehen entfernen mußte. Sogar in Titos aus Gardeoffizieren bestehender Wachmannschaft selbst fanden sich Vorschläge und Pläne, die Mitglieder des Politbüros und Tito beim gemütlichen Billardspiel in der Rumunska 15 (später in Užička 15 umbenannt) mit Maschinenpistolen niederzumähen.

Davon zu sprechen, war auch im engsten Kreis verpönt. Man

wollte schlafende Hunde nicht wecken, und es galt, den Nimbus der Unverwundbarkeit des Führers zu wahren. Kardelj befürchtete eine größere Verschwörung in der Armee, „die uns kompromittieren würde“. Auch Tito sorgte sich, mit der Armee könnte es Unannehmlichkeiten geben, daher herrschte in den Streitkräften ein noch strengerer Kurs als selbst in der Partei. Ich persönlich befürchtete gar nichts, weil ich überzeugt war von der Tüchtigkeit des Sicherheitsdienstes und der Unterstützung durch das Volk sowie der Mehrzahl der Parteimitglieder. Ich meine, daß Ranković ein ähnliches Gefühl hatte.

Aber auch wenn die sowjetischen Dienste keinen Erfolg beim Planen von Verschwörungen verbuchen konnten, so bedeutet das nicht, daß sie nicht danach strebten. Der Fall der Brana Marković, Ehefrau des einstigen Parteiführers Sima Marković, der in den sowjetischen Säuberungen umkam, warnte uns beispielsweise vor solchen sowjetischen Unternehmungen. Brana war mit ihrem Mann gleichfalls als Emigrantin in der Sowjetunion gewesen. Ich weiß nicht, ob sie beim Schicksal ihres Mannes irgendeine Rolle gespielt hat, jedenfalls kam sie nach dem Krieg gesund und munter nach Jugoslawien. Sie stand bei uns unter keiner Kontrolle, und so nutzte sie nach dem Zusammenstoß mit dem Informbüro ihre freundschaftlichen Beziehungen mit einem General, der eine relativ wichtige Position bekleidete, um ihn zu überreden, sich auf die Seite der Sowjetunion zu schlagen. Der General erklärte sich zum Schein damit einverstanden und erzählte alles Ranković. Brana wurde später verhaftet und ins Konzentrationslager geschickt, wo sie eine außerordentliche Hartnäckigkeit an den Tag legte. Nach ihrer Entlassung aus dem Lager – ich weiß nicht, wann das war – erhängte sie sich, wie ich das von dem Schriftsteller Dragoslav Mihailović hörte, auf dem Neuen Friedhof in Belgrad. Welche Katastrophen, welch schreckliches Schicksal!

Im Herbst 1948 rief mich Ranković in sein Büro im Zentralkomitee. Sobald ich eintrat, sagte er mir, man werde jetzt aus dem Gefängnis einen Flieger vorführen, einen Partisanenkämpfer bei Beginn des Aufstandes von 1941, der schwöre, daß er schuldlos eingesperrt worden sei. Ich solle beim Verhör dabei sein, um sicherzugehen. Er nannte mir auch den Namen dieses Fliegers, ich kannte ihn aus der Kriegszeit, seit den ersten Tagen des Aufstandes in Montenegro, doch habe ich seinen Namen vergessen. In das Büro kam ein ziemlich hochgewachsener und kräftiger Dreißigjähriger, mit massivem, fast kahlgeschorenem Kopf, braunhaarig und von markanten Gesichtszügen. Wir begannen ohne Umschweife das Gespräch über die Gründe seiner Verhaftung und weshalb er ersucht, ja, gefleht habe, im ZK empfangen zu werden. Um mich kurz zu fassen – er schwor, er sei fälschlich beschuldigt worden und erklärte, er habe gebeten, zu einem ZK-Mitglied geführt zu werden, da er keinen Zweifel daran habe, daß er im ZK verstanden werde und Rechtfertigung fände. Mit Tränen des Zorns flehte er: „Genossen, gebt mir einen Bomber – damit ich Sofia und Budapest und Tirana zeige, wer Revisionist und Verräter ist! Gebt mir, Genossen, Gelegenheit, auch weiterhin meiner Heimat und meiner Partei zu dienen – ehrenvoll zu sterben als Krieger und Revolutionär! Laßt es nicht zu, Genossen, daß auf mich die Schande des Verrats und der Feigheit fällt!“ Und so ging die Litanei weiter. Solchen Schwüren, zumal von einem Montenegriner, die alle zu Pathos und Hysterie neigen, hätte ich noch weniger Glauben geschenkt als Ranković, wäre der Unselige nicht im Krieg außerordentlich tapfer gewesen und hätte er das, womit man ihn belastete, nicht selbst zugegeben: „Es stimmt, Genossen, ich habe gesagt: unsere Genossen hätten zur Beratung des Informbüros nach Bukarest gehen sollen. Aber was habe ich damit gemeint? Ich habe, so wie alle rechtschaffenen, nicht eingeweihten Kommunisten gedacht, es würde das eine kameradschaftliche Diskussion, in der unsere Genossen ohne jede Mühe beweisen könnten, daß es sich um Verleumdungen durch Rákosi und Hodscha und ihresgleichen handelt. Wenn jemand auch etwas anderes von mir behauptet – dann lügt er wie ein Hund! Sagt mir, Genossen, wer mich so angeschwärzt hat, damit ich ihm hier, vor euch, ins Gesicht spucke!“ Kurz und gut, Ranković teilte ihm mit, daß er sofort freigelassen werde. Auch ich war damit einverstanden, beeindruckt durch die Tränen und Schwüre, besonders überzeugte mich aber seine Kriegsbiographie. Sie enthielt freilich einen schwachen Punkt: Dieser Flieger war Unteroffizier der ehemaligen königlichen Armee gewesen, und wir waren solchen Lebensläufen gegenüber entsprechend positiv eingestellt, da die Tatsache noch nicht evident war, daß es ausgerechnet unter den ehedem königlichen Vorgesetzten relativ viele Anhänger der Sowjets gab. Offenbar fällt es nur das erstemal schwer, den Glauben zu wechseln.

Auf Rankovićs Mitteilung hin zerfloß der Häftling geradezu in Tränen der Rührung. Es war in der Tat schmerzlich und beschämend, den gestählten Krieger und Mitkämpfer derart bekümmert zu erleben, zumal es zu alledem, so schien es jedenfalls, gar nicht erst hätte kommen müssen. Aber Ranković und ich trösteten uns damit, daß wir besonnen und gerecht handelten, um den Häftling vor noch größeren Ungerechtigkeiten zu bewahren.

Vor dem Abschied erwähnte unser Flieger, daß er vor der Rückkehr zu seiner Einheit gern einen Abstecher ins Kosovo-Gebiet zu seiner Familie machen möchte, um sich ein wenig zu erholen und seine Verwandtschaft zu beruhigen. Ranković gestattete es ihm. Mich durchzuckte der Schatten eines Verdachts, eines so schwachen Verdachts freilich, daß ich mich nicht traute, ihn zu äußern.

Ein oder zwei Tage später beim Abendessen bei Tito fing dieser, von Ranković über den Fall des Fliegers informiert, an, des langen und breiten exaltiert zu reden: „Wir dürfen keine Sektierer sein! Wir dürfen es nicht zulassen, daß geringe Differenzen und Verdächtigungen uns – wie bei den Russen – dazu verleiten, unsere Genossen zugrunde zu richten! Man soll den Genossen Gelegenheit geben, ihre falschen Ansichten zu korrigieren. Hier, dieser Flieger – er wird morgen, falls es nötig sein wird, in den Tod fliegen! Wir aber treiben Sektierertum!“ Aber auch Ranković hatte Verdacht geschöpft und gehandelt. Er hatte den Sicherheitsorganen in Kosovo befohlen, den Flieger zu beobachten. Durch Kontakte zu Verwandten des Fliegers fand man heraus, daß er mit ihrer Hilfe seine Flucht nach Albanien vorbereitete, der Verwandtenbesuch in Kosovo war ein Vorwand gewesen, um in Grenznähe zu gelangen. Die Sicherheitsorgane wußten – wenn sie das nicht gar selbst organisiert hatten –, wann und wo er die Grenze überqueren wollte und legten ihm einen Hinterhalt.

Doch der Flieger, zu allem entschlossen, trieb den Hinterhalt mit Handgranaten und einer Maschinenpistole auseinander. Die Grenze konnte er allerdings nicht erreichen, denn man hatte noch einen zweiten Hinterhalt gelegt, der ihn zum Rückzug zwang. Am nächsten Tag wurde er im Wald umzingelt und nach einem Schußwechsel getötet. Möglicherweise starb mit ihm auch ein „Verwandter“, doch einwirklicher Verwandter war das mit Sicherheit nicht.

Es war 1949, als sich einmal Vera Obrenović-Delibašić bei mir im ZK anmelden ließ. Sie war eine linke Dichterin, die ich schon vor dem Krieg durch Mitra kennengelernt hatte. Sie war als Dichterin bedeutungslos, bereits vergessen und hatte sich auch als Partisanenkämpferin nicht durch besondere Tapferkeit hervorgetan.

Aber sie sympathisierte seit langem mit der kommunistischen Bewegung, und auch die persönliche Bekanntschaft verpflichtete mich dazu, ihr zu helfen. Schluchzend erzählte sie mir, man habe ihren Sohn schuldlos verhaftet, der überdies kränklich sei. Ich beruhigte sie, indem ich ihr versprach, mich zu erkundigen. Sie solle in zwei, drei Tagen wiederkommen. Und ich fügte an: „Ich glaube nicht, daß er gerade unschuldig ist, ohne eine gewisse Überprüfung wird ja nicht verhaftet." Aber sie fuhr beharrlich und kategorisch fort, die Unschuld ihres Sohnes zu beteuern. Sie selbst machte kaum den Eindruck, als unterstütze sie aufrichtig unser ZK im Konflikt mit der Sowjetunion. In der Zwischenzeit erkundigte ich mich, in Absprache mit Ranković, bei der Staatssicherheit über den Fall ihres Sohnes. Man antwortete dort, dieser habe einer kleinen illegalen Gruppe angehört, die Flugblätter unter die Leute brachte und sich bemühte, sich als Organisation auszubreiten. Da es schon ein Verhörprotokoll von ihm gab, verlangte ich, daß man es mir zustelle. Als Vera kam, überreichte ich ihr die Aussage ihres Sohnes, in der er die Beschuldigungen zugegeben hatte.

Während sie las, wurde sie abwechelnd rot und blaß, und als sie fertig war, sagte ich: „Da hast du es, und nun erzähl nicht mehr, er sei unschludig." „Ich wußte das nicht", stammelte sie, und ich fügte hinzu: „Anstelle dieser Unschuldsgeschichten wollen wir nun sehen, was wir für ihn tun können." Ich informierte Ranković, und er setzte sich dafür ein, daß der Sohn von Vera Obrenović nach drei oder vier Monaten auf freien Fuß gesetzt wurde. Es ist interessant, daß Veras Schwester Mirjana, die ebenfalls als „Kominformistin" verhaftet worden war, im Jahre 1976 zusammen mit einer Agentin des jugoslawischen Sicherheitsdienstes in der Schweiz den „kominformistischen" Führer Mile Perović in einen Hinterhalt gelockt hat, von dem aus Perović entführt und nach Jugoslawien gebracht wurde, wo man ihn zu 20 Jahren Zuchthaus verurteilte.

Zu mir kam auch eine andere Vera, Vera Bakotić, Vorkriegsgattin von Koča Popović, deren zweiter Mann in Untersuchungshaft saß, ein Ermittlungsverfahren lief gegen ihn. Sie ersuchte um eine Besuchserlaubnis, um ihm einige notwendige Sachen zu bringen. In Anspielung auf ihr Einrennen von Gefängnistoren vor dem Krieg, immer wenn Koča verhaftet wurde, sagte ich ihr im Scherz: „Und du, Vera – genau wie vor dem Krieg: für dich hat sich offenbar nichts geändert." „So sieht es aus – nichts!" sagte

Vera mit freudlosem Lächeln. Ich intervenierte, und sie erhielt auch die Erlaubnis, obwohl die Staatssicherheit IB-Anhängern in der Untersuchungshaft ungern und nur ausnahmsweise Besuche gestattete.

Ende 1948 oder Anfang 1949 besuchte mich meine Landsmännin, Mileva Šćepanović, sie war von Anfang an Kämpferin der Ersten proletarischen Brigade und wurde sechsmal verwundet. Sie teilte mir mit, ihr Bruder Jovo, Richter am Obersten Militärgericht, den ich noch aus meiner Volksschul- und Gymnasialzeit kannte, sei verhaftet worden. „Ich weiß nicht, was er angestellt hat“, sagte Mileva, „aber er wird sicher etwas angestellt haben, wenn man ihn schon verhaftet – sie würden ja keinen Richter umsonst einsperren. Ihn soll der Teufel holen, aber was wird aus seinen Kindern?“ Ich führte Mileva zu Ranković, dem der Fall bereits bekannt war. Am Obersten Militärgericht hatte sich eine Gruppe von Informbüro-Anhängern gebildet, darunter auch Jovo. Ranković setzte sich für ihn ein, so daß Jovo bald freikam und auch eine Stellung erhielt – natürlich ein viel niedrigeres Amt außerhalb der Armee.

Und sehr viel später, 1951, nachdem der Einfluß des Informbüros und der Sowjetunion schon überwunden war, meldete sich eine Studienrätin bei mir. Meine Sekretärin, Dragica Vajnberger, hörte sie an, doch die Besucherin wollte ihr das „sehr Wichtige“ nicht mitteilen, und so empfing ich sie schließlich. Sie war eine auffällige Dame. Auffällig in allem: in Sprache, Gestik, ihrem Make-up und in ihrer Kleidung. Sie schrieb Gedichte und wollte, daß ich sie durchläse und zur Veröffentlichung empfehle! Das Lästigste war, daß sie einfach nicht auf ihr eigentliches Anliegen zu sprechen kam, trotz meiner Ermahnungen, zur Sache zu kommen. Bevor sie endlich zum wahren Anlaß für ihren Besuch überging, hielt sie noch eine lange und pathetische Rede. Sie sei eine Patriotin, sie liebe dieses Land, und obowhl es um eine Sache gehe, über die zu sprechen ihr nicht leicht falle, sei sie derart dem Staate und der Heimat ergeben, daß sie nicht umhin könne. Kurzum: Ihr Mann (wieder einer jener königlichen Unteroffiziere von einst) war Bordfunker auf einem Verkehrsflugzeug, das im Linienverkehr mit dem Westen im Einsatz war. Er benutzte, nach dem Verlassen des jugoslawischen Luftraumes, seine Funkanlage regelmäßig dazu, dem sowjetischen Nachrichtendienst Informationen zu übermitteln. Diese Frau, eine Intellektuelle und „Dichterin“, hatte mit ihrem Mann auch einen Sohn. Mir war klar, daß sie eigentlich ihren Mann loswerden wollte, denn als Patriotin hätte sie nicht seit 1948 geschwiegen. Und es war mir peinlich, nun auch mit so etwas zu tun haben zu müssen. In meiner Stellung und Verantwortung jedoch blieb mir keine andere Wahl, als Ranković beziehungsweise die Staatssicherheit zu informieren.

Der Sicherheitsdienst spickte die Wohnung mit Abhörgeräten und überredete die Frau, mit ihrem Mann ein Gespräch über seine nachrichtendienstliche Rolle zu führen. Das ganze wurde aufgezeichnet und der Mann ins Zuchthaus geschickt. Als Krönung der Geschichte zog die Studienrätin den Sicherheitsbeamten, der sie „an die Leine genommen" hatte, in ihr Bett – und dieser erhielt deshalb eine Disziplinarstrafe.

Gegen Ende 1948 rief mich Ivan Gošnjak an, selbst Politbüro-Mitglied und Titos Stellvertreter in der Armee, ich solle doch Sava Zlatić, einen Altkommunisten und Zuchthäusler der Vorkriegszeit, „übernehmen", da sich dieser zugunsten des Informbüros äußere. Ich führte mit Zlatić ein ziemlich langes Gespräch. Er war von sanftem Naturell und ehrlicher Überzeugung, daher hatte er den Gärungen in der Partei und der wilden sowjetischen Propaganda einfach nicht widerstehen können. Aber er wollte nicht heuchlerisch sein, dazu war er unfähig. Er versuchte auch nicht, vor der Parteiführung seine Abweichung von der Parteilinie zu verbergen. Zlatić versuchte mich zu überzeugen, es sei unmöglich, die Unabhängigkeit und die Ideologie bewahren zu können, falls wir uns von der Gemeinschaft der kommunistischen Parteien trennten. Aus diesem Grund sei auch unsere Politik gegenüber der Sowjetunion als Hauptmacht des Sozialismus falsch. Das gleiche behauptete er auch von unserem Verhältnis in der Polemik mit anderen Ländern des sozialistischen Lagers.

Ich widerlegte ihn mit dem Argument, nicht wir hätten den Konflikt vom Zaune gebrochen, es ginge vielmehr um eine Diffamierung unserer Partei, man wolle die Vorherrschaft über sie und über unsere Wirtschaft erlangen. Dann fiel mir ein, ihn zu fragen: „Ist unsere Politik gegenüber Albanien etwa ausbeuterisch und repressiv gewesen, wie das heute Enver Hodscha behauptet?" „Also, *das* stimmt nicht – *das* weiß ich sehr gut!" erwiderte Zlatić selbstsicher, da er der Repräsentant unserer Partei in Albanien gewesen war. Zlatić wurde umgehend aus der Partei ausgeschlossen, von seinem hohen Posten abgelöst und in das Lager auf Goli Otok gebracht, was meiner Ansicht nach nicht nötig gewesen wäre.

An der Aufklärung der Haltung von Duško Brkić, Rade Žigić

und Ćanica Opačić zum Konflikt mit der Sowjetunion hatte ich keinen Anteil. Ich war damit nur in meiner Eigenschaft als Politbüromitglied befaßt. Alle drei hatten sie eine prominente Rolle in Kroatien gespielt, besonders beim Aufstand. Brkić war außerdem Organisationssekretär und Vizeregierungspräsident, also die Nummer zwei in Kroatien.

Gegen Ende des Sommers 1948 bereiste ich zusammen mit Brkić Slawonien, dort lernten wir uns auch während des Krieges kennen. Brkić zeigte eine gewisse Unentschlossenheit, auch einen Mangel an Engagement, mehr im Verhältnis zur Sowjetunion als gegenüber dem Informbüro selbst. Aber ich maß dem keine größere Bedeutung bei, da ich mir seine Ansichten mit seiner ruhigen, zurückhaltenden und wenig ideologischen Natur erklärte. In der Tat reifte bei Brkić, Opačić und Žigić die Entscheidung zugunsten des Informbüros nur ganz allmählich und auch unterschiedlich heran, obgleich sie untereinander in Kontakt standen. Da sie alle drei Serben waren, ging dieser Entscheidungsprozeß Hand in Hand mit der Unzufriedenheit über die Trägheit und mangelnde Unternehmungslust beim Wiederaufbau der serbischen Regionen Kroatiens. Sie waren während des ganzen Krieges Brandherde des Aufstandes und deshalb am schlimmsten verwüstet worden. Daraus schloß man freilich nicht, Brkić und Konsorten hätten sich in serbische Nationalisten verwandelt. Es wurde jedoch durchaus registriert, daß im Zentralkomitee Kroatiens allein die Serben „rebellierten". Natürlich blieb auch nicht unbemerkt, daß Brkić in seinem Referat auf dem Kongreß der KP Kroatiens Ende November 1948 am Höhepunkt der Auseinandersetzung den Konflikt mit dem Informbüro überhaupt nicht erwähnte. Da es um hohe Funktionäre ging, noch dazu um Serben aus Kroatien, wurde Ranković als Organisationssekretär der KPJ mit der Leitung der Untersuchungskommission betraut. Er kehrte mit dem Bericht zurück, alle drei, Brkić, Žigić und Opačić, lehnten die Art und Weise, in der man den Konflikt mit der Sowjetunion führe, ab. Damit stellten sie sich auf die Seite des Informbüros. Aber weder Ranković noch ein anderer, soweit mir das bekannt wurde, äußerten einen Verdacht über eventuelle Verbindungen von Brkić und Genossen mit sowjetischen Diensten. Allerdings erzählte Ranković später, Ljuba Radovanović, ein Verwandter von Brkić und prominenter Anhänger der „rechten Fraktion" von Sima Marković, der in sowjetischen Lagern umkam, habe nach dem Krieg Verbindung mit dem sowjetischen Geheimdienst aufgenommen.

Brkić, Žigić und Opačić wurden aus der Partei ausgeschlossen und dann nach Goli Otok ins Lager geschickt. Brkić zeigte dort außergewöhnliche Starrköpfigkeit. Er wurde auch nach seiner Entlassung aus dem Lager mehrmals verhaftet und gerichtlich abgeurteilt. Meiner Überzeugung nach wurde er das letzte Mal (1974?) ohne wirklichen Grund verurteilt. Er galt als renitent in der damaligen Kampagne gegen die „Kominformisten". Žigić starb im Lager an einem Hungerstreik, als er vergeblich forderte, daß ihn, den Unschuldigen, jemand aus der Führung besuche.

Ich kann nur vermuten, inwieweit ich den Schriftsteller Mihailo Lalić zu seinem Verzicht brachte, sich über den Konflikt mit der Sowjetunion und über die Verhaftungen der Informbüro-Anhänger auszulassen, auf seinen Wunsch habe ich jedenfalls mit ihm ein längeres und offenes Gespräch darüber geführt.

Über den Konflikt mit der Sowjetunion, den Ländern der „Volksdemokratie" und den kommunistischen Parteien gibt es bisher weder Berichte noch Analysen. Da spielten viele faktische „Geheimnisse" mit, psychologische und ideologische Ursachen noch mehr. Ich habe hier nur das geschildert, was ich persönlich erlebt und im Gedächtnis behalten habe, das ist nur ein winziger Teil dieser ganzen schmerzlichen, unruhigen und heldenhaften Wirklichkeit.

Ich will noch hinzufügen, warum 1949 Außenminister Stanoje Simić abgesetzt wurde und Edvard Kardelj das Amt übernahm, denn diese scheinbare „Nebensächlichkeit" sollte nicht unbekannt bleiben. Als königlicher Botschafter in Moskau entschied sich Simić 1944 für Tito beziehungsweise für das AVNOJ und das Nationalkomitee. Dabei hob er wiederholt seine guten Kontakte, ja, seine Verbundenheit mit den Spitzenfunktionären aus dem sowjetischen Kommissariat für auswärtige Angelegenheiten hervor. Nach dem Rücktritt von Šubašić, in der Ära der Freundschaft mit der Sowjetunion, wurde Simić zum Außenminister ernannt. Aber im Jahre 1948 kehrten sich die Verhältnisse um. Stanoje Simić, mit seinen „bürgerlichen" Vorstellungen und einer Mentalität aus der Vorkriegszeit, fand sich in dem Konflikt zwischen Kommunisten und kommunistischen Staaten kaum noch zurecht, und er wurde auch wegen seines früheren Prahlens über seine enge Verbundenheit und Verhandlungen mit sowjetischen Funktionären ein bißchen verdächtigt. Es wurde dringend notwendig, diese wichtige und überaus sensible Position mit einer stärkeren und unumstrittenen Persönlichkeit zu besetzen, und so fiel die Wahl auf Kardelj.

In dieser Zeit – 1949 oder 1950 – trug sich eine eher komische, aber typische Episode mit Koča Popović zu. Er hatte sich in der Nähe der Grenze bei Triest mit dem Auto verfahren, und die Grenzpolizei hielt ihn den ganzen Tag lang fest. Die schlechte Telefonverbindung war die Ursache, daß es so lange dauerte, Ranković und mich zu benachrichtigen, um ihn zu „befreien". Vergeblich bemühte sich Koča, den Posten klarzumachen, daß er der Generalstabschef und ein Generaloberst sei. Einer der Wachhabenden meinte: „Mit den niederen Dienstgraden hab' ich's ja leicht – es sind halt immer die Generalobersten, die mir zu schaffen machen."

Koča war zwar beleidigt, witzelte aber später, auf Arso Jovanović und auf Žujović anspielend: „Also, eigentlich war das ja gar nicht so falsch: prozentual gibt es die meisten Verräter unter den Generalobersten."

10. Das Konzentrationslager auf der „Kahlen Insel“

Die Organisation des Lagers auf der Insel Goli Otok für die „Informbüroisten“, „Kominformisten“ – das waren die Bezeichnungen für die Anhänger der Sowjetunion und der prosowjetischen kommunistischen Parteien in Jugoslawien, denn prosowjetisch waren damals ausnahmslos alle KPs – wurde ohne jede gesetzliche Grundlage begonnen. Zuerst verhaftete man, dann steckte man die Anhäger des Informbüros ins Lager, danach erst wurde ein „Gesetz“ über die zwangsmäßige „gesellschaftlich nützliche Arbeit“ verabschiedet – wie das Lager euphemistisch umschrieben und offiziell bezeichnet wurde. Weder das engste Parteiforum, das Politbüro, noch dessen Kopf, das Sekretariat (Tito, Kardelj, Ranković und ich), hatten die Entscheidung über das Lager gefällt. Diese Entscheidung traf Tito allein, und er beauftragte Ranković und seinen Apparat der Staatssicherheit mit der Realisierung.

Auch hierbei, wie so oft, wenn er sich der vollen Zustimmung nicht sicher war, hatte Tito das verantwortliche Forum umgangen und „das Geschäft“ mit dem zuständigen Genossen „erledigt“. Das war dann so gut wie immer der Genosse Ranković. Man sollte daraus aber nicht schließen, daß Tito im Politbüro oder im Zentralkomitee auf Ablehnung gestoßen wäre. Aber die Befürchtung, es könnte vielleicht zu einer Ablehnung kommen, genügte ihm völlig. Er hatte einfach Angst, daß so etwas in Anbetracht der Legitimität des gerade erst gewählten ZK und Politbüros zusätzliche Schwierigkeiten schaffen könnte. Denn wenn jetzt einer dennoch gegen diese unter Umgehung des Forums getroffene Entscheidung aufbegehren würde, dann wäre es ein leichtes, mit ihm fertig zu werden. Tito kalkulierte einfach so: Wenn jetzt noch einer da wäre, der nicht einverstanden ist, wird er stillhalten müssen, und auf keinen Fall wird er es wagen, im Forum aufzutreten und dadurch größere Verwirrung zu stiften. Außerdem entsprachen die einsamen Beschlüsse außerhalb des Kollektivs Titos Mentalität und seiner autokratischen Vorstellung von Macht.

Ich war zwar einer der vier Sekretäre des ZK, erfuhr aber erst Ende des Sommers 1948 von der Entscheidung über das Lager, als ich in Montenegro war. Andro Mugoša, Mitglied der montenegrinischen Parteiführung, informierte mich. Über das Innenministerium kam der Befehl, sofort mit der Verhaftung und Konzentrierung aller zu beginnen, die sich für das Informbüro ausgesprochen hatten, damit man sie ins Lager schicken könne. Ausgerechnet ins Lager: diese Mitteilung frappierte mich im ersten Moment, sowohl weil man es nicht für nötig hielt, mich darüber zu informieren, obwohl ich vor ein paar Tagen noch in Belgrad war, als auch, weil man zu einer so verhaßten und berüchtigten Strafmaßnahme gegriffen hatte. Als ich mich jedoch näher damit befaßte, gelangte ich zu der Überzeugung, die ich auch heute noch habe, daß man gegen die prosowjetischen Kräfte radikale und schärfere Maßnahmen ergreifen mußte. Sie hatten sich nicht nur vermehrt, sie entfalteten auch eine illegale Tätigkeit und tauchten selbt dort auf, wo niemand sie vermutet hätte. Die Tolerierung prosowjetischer Kommunisten und Sympathisanten in einem totalitären Einparteiensystem wie dem unseren hätte Instabilität und Unsicherheit hervorgerufen.

Anders als in einem pluralistischen demokratischen System, hätte man hier die Gegensätze nicht ausgleichen und mildern können. Eine Freiheit für „Kominformisten" innerhalb einer allgemeinen Unfreiheit hätte nur als Nachgeben gedeutet werden können, als Kapitulation gegenüber der Sowjetunion und Legalisierung der prosowjetischen Opposition als der einzigen im Lande. Daneben ließ die Aggressivität der sowjetischen und prosowjetischen Propaganda auch auf die Möglichkeit einer Intervention und Unterstützung für die „gesunden Kräfte" schließen. Unter solchen Umständen hätte Unentschlossenheit ohne jeden Zweifel vernichtende Folgen mit sich gebracht, für die Träger der Politik, für eine selbständige Entwicklung beziehungsweise für die Unabhängigkeit des Staates und der Partei von der Sowjetunion. Kurzum: so wie die Dinge lagen, mußten wir unter den gegebenen Umständen die „Stalinisten" und „Kominformisten" durch radikale Maßnahmen ausschalten, wollten wir Verwirrung und Schwächung vermeiden und der Koppelung einer eventuellen Intervention von außen mit der innerparteilichen Opposition einen Riegel vorschieben.

Aber die Art des Umgangs mit den Verhafteten, mit den Lagerinsassen und mit deren Familien – das ist schon eine andere Sache!

Wir mußten nicht in dieser Art vorgehen. Eine solche Behandlung entsprang unserer ideologischen Unbedingtheit, unseren eigenen leninistischen und stalinistischen Strukturen, zum Teil aber auch unserer nationalen, balkanischen Rachsucht.

Überlassen wir die Analyse den Historikern und Philosophen! Kehren wir zur Lagergeschichte selbst zurück, die, so wie ich das heute sehe, Schmach und Schande für den jugoslawischen Kommunismus, für die Epoche und die menschliche Gattung überhaupt bedeutet. Denn wollte man diesen jugoslawischen „Gulag", wie auch den sowjetischen, allein mit der „inhumanen" Natur des Kommunismus erklären, so wäre das ein grob vereinfachtes, gleichfalls ideologisches Urteil. Und dabei handelt es sich, wie ich meine, gerade darum, daß auch hier die Ideologie lediglich Ausdruck der Motivation ist, der ideellen Rechtfertigung menschlicher Tobsucht, des menschlichen Strebens nach Herrschaft und Unterwerfung. Denn die Lager, das Zerbrechen von Menschen, sind weder eine Erfindung noch eine Spezialität der Kommunisten, wenngleich diese sie „weiterentwickelt" und „perfektioniert" haben. So wie wir waren, mit dem Ideal, an dem wir uns berauschten, und mit der absoluten Herrschaft, über die wir verfügten, konnten wir als Führung gar nicht anders vorgehen, wir wußten auch keinen anderen Weg, als unsere Gegner in ein Lager zu stecken.

Wäre jedoch eine Diskussion über die Behandlung der Lagerinsassen nicht im voraus durch Titos allmächtige Willkür vereitelt worden, so hätten sich mit Sicherheit unterschiedliche Auffassungen ergeben. Es wären auch andere, vernünftigere und humanere Methoden vorgeschlagen worden. Denn es gab unter uns genügend, die sich nicht nur der „Unvermeidlichkeit", sondern auch der Schrecken eines Lagers bewußt waren. Ich erinnere mich, daß ich nach der Rückkehr aus Montenegro, wo ich erstmals vom Lager erfuhr, Ranković sagte: „Wir behandeln jetzt Stalins Anhänger so, wie er seine Gegner behandelte." Offensichtlich entsetzt, entgegnete Ranković: „Ich bitte dich, sprich jetzt nicht davon."

Auch die Familien wurden schlecht behandelt. Es gab Entlassungen, öffentliche „Entlarvungen", Parteiausschlüsse, Druck auf die Ehefrauen mit dem nur allzu häufigen Erfolg, daß sie sich vom „verräterischen" Mann trennten.

Den Standort für das Lager – Goli Otok („Kahle Insel"), gegenüber Senj in der nördlichen Adria gelegen – wählten die Verantwortlichen der Staatssicherheit wohlüberlegt, nach Prüfungen vor

Ort und als Ergebnis mehrerer Vorschläge. Goli Otok hatte die meisten Vorzüge – günstig zu sichern, „sibirisch" entlegen und unbewohnt. Ich habe gehört, daß die Sicherheitschefs von Kroatien sie ausgewählt hatten. Durch ihre Abgeschiedenheit war die Insel für ein eventuelles sowjetisches Eingreifen unerreichbar. Die Vorzüge überwogen alle Nachteile wie Wasserlosigkeit und kahle Felsen, sengende Hitze und Stürme. Denn der Zweck des Lagers war nicht „Urlaub", sondern „Arbeit" und „Umerziehung". Allerdings war sinnvolle Arbeit auf Goli Otok kaum realisierbar, obwohl sich das Büro der Staatssicherheit alle Mühe gab, auch das zustande zu bringen, indem die Lagerhäftlinge nicht nur die Unkosten einbringen, sondern auch einen „nützlichen Beitrag" leisten sollten. Da die Insel buchstäblich aus nacktem Gestein besteht, hatte das die Aufmerksamkeit der Sicherheitsfunktionäre besonders auf sich gelenkt. Man glaubte, es gäbe dort Marmor von hoher Qualität, und so wurde auch der Bildhauer Augustinčić als Sachverständiger nach Goli Otok gebracht.

Es wurde sogar eine Art von Marmor gefunden, aber er war zu Augustinčićs Bedauern für Skulpturen ungeeignet, denn er war brüchig und höchstens zur Herstellung von Aschenbechern und Nippes verwertbar.

Hohe Beamte der Staatssicherheit wiesen in vertraulichen Gesprächen gern darauf hin, daß der höchste Berggipfel auf dem Festland gegenüber der Lagerinsel den Namen „Markovo brdo" („Markos Berg") trage: „Marko" ist das Pseudonym, ja, fast schon ein zweiter Name, von Aleksandar-Leka Ranković.

Es wurden Menschen in das Lager eingeliefert, die sich mehr oder weniger offen für das Informbüro und die Sowjetunion ausgesprochen hatten. Alle Personen, welche die sowjetischen Geheimdienste unter den Emigranten in der UdSSR oder in Jugoslawien angeworben hatten, wurden zumeist vor Gericht gestellt und nach ihrer Verurteilung ins Lager geschickt.

Für das Informbüro und damit für Stalin und die Sowjetunion entschied man sich aus den unterschiedlichsten Beweggründen. Niemand kann genau sagen, wie groß der Prozentsatz der einen oder anderen Motivation in der Gesamtzahl der Betreffenden war, aus dem einfachen Grund, weil sich eine solche Statistik nicht durchführen läßt; die Bestrebungen der Menschen sind unbestimmbar, sind nicht meßbar.

Zweifellos befand sich unter den IB-Anhängern eine gewisse Anzahl von Idealisten und Dogmatikern, welche dem Internationalismus, dem internationalen Kommunismus und seiner „Hauptfestung“, der UdSSR, nicht abschwören konnten oder wollten. Ein derartiger Widerruf kollidierte mit einem bereits ausgeformten Bewußtsein, mit fixierten, unverletzbaren und überprüften Lehren. Gab einer auch zu, daß Stalin und die kommunistischen Parteien in mancherlei Dingen Fehler gegenüber Jugoslawien begangen hatten, so reichte das nicht aus, um einen Bruch mit der „Mutter“ und der „Wiege“ der Bewegung zu rechtfertigen. Denn Fehler und Irrtümer hat es im Kommunismus seit jeher gegeben, aber Kommunisten waren stets zu Selbstkritik und Korrektur bereit.

Die Richtigkeit und „Wissenschaftlichkeit“ von Ideologie und Treue gegenüber dem Endziel hätten es heute und morgen gewährleistet, daß sie ihre Fehler korrigierten, den richtigen Weg fänden. Solche idealistischen Dogmatiker waren, meiner Einschätzung nach, die Minderheit. Unter ihnen befand sich eine ganze Menge „Altkommunisten“, Parteimitglieder der Vorkriegs- und Kriegszeit. Ich bin der Meinung, es hat diese Idealisten auch unter den anderen gegeben, die mit dem sowjetischen Nachrichtendienst zusammenarbeiteten. Das offizielle Jugoslawien ist nach wie vor der Meinung, es handele sich hier um „an den Teufel verkaufte Seelen“, die weder Verständnis noch Mitleid verdienten. Es gab jedoch Idealismus und Dogmatismus in hohem Maße auch in der jugoslawischen Führung, je nach Einzelfall mehr oder weniger stark ausgeprägt. Wie könnte sich jemand je in einen derartigen Konflikt und in solche Abrechnungen einlassen, wenn er nicht davon überzeugt wäre, daß er die Wahrheit, die Gerechtigkeit und den wahren Weg zum Sozialismus verteidige?

Meines Erachtens bestand die größte Gruppe unter den Anhängern des Informbüros aus Unzufriedenen. Sie waren unzufrieden mit ihrer eigenen Karriere, sie litten an Mangel von Anerkennung und an der Art ihrer Behandlung. Es gab bei diesen Abweichlern „alte“ und „junge“. Sicherlich mehr „junge“, denn die Jungen der Kriegs- und Nachkriegszeit waren natürlicherweise in der Mehrheit. Angesichts der Siegesaussichten gegen Ende des Krieges und erst recht nach dem Krieg hatten sich mancherlei Karrieristen in den Staatsapparat und in die Partei gedrängt. Diesen Zeitgenossen bot auch der Konflikt der Sowjetunion mit Jugoslawien anfangs gute und erfolgversprechende Aussichten.

Es wäre irrig und naiv, anzunehmen, unter Revolutionären gäbe es keinen Neid, und zwar Neid von der finstersten, heftigsten und gewaltsamsten Art. Der Neid wächst, nimmt überhand mit den Aussichten auf einen Sieg und auf Anteil an der Macht. Neid steht nur scheinbar im Gegensatz zu Opferbereitschaft und Solidarität. Er ist durchaus damit vereinbar, denn kaum einer, der Revolutionär ist, wird einem anderen gegenüber einräumen, daß dieser ein größerer Revolutionär sei. Gäbe er doch damit zu, daß er selbst weniger ergeben, weniger überzeugt, weniger edelmütig sei.

Und so verleitet die Tatsache, daß die Revolution und das revolutionäre Bewußtsein unter Revolutionären als die höchsten Werte gelten, irgendeinen wirren Dummkopf, der sonst ja ein ausgezeichneter Kämpfer und Revolutionär sein mag, leichthin dazu, seine Verdienste und seine Rechte ohne Sinn für Maß überzubewerten.

Natürlich gab es unter den Informbüro-Anhängern auch Niederträchtige und Charakterlose, die sich ganz einfach verrechnet hatten. Sie entpuppten sich im Lager am häufigsten als Zuträger und als Folterknechte ihrer Leidensgenossen.

Doch abgesehen von der politischen und moralischen Qualifikation – die weitaus größte Zahl der Häftlinge wäre gar nicht erst ins Lager gekommen, wenn es auch nur ein Mindestmaß an undogmatischem, gesetzmäßigem und besonnenem Handeln gegeben hätte. Verhaftet und ins Lager eingeliefert wurde auch schon, wer ganz private „kominformistische“ Gespräche nicht anzeigte, wer Flugblätter las und Radionachrichten aus dem Osten hörte. Von diesen Maßnahmen waren nachträglich auch noch jene betroffen, die zur Zeit der IB-Resolution der Meinung waren, man hätte nach Bukarest zur Tagung des Informbüros, auf der die KP Jugoslawiens verurteilt wurde, fahren sollen.

Dieses viel zu rigide, unangemessene und rücksichtslose Vorgehen war die Folge des Standpunktes, man müsse den „Kominformismus“ mitsamt den Wurzeln ausrotten. Kein verantwortliches Forum hatte einen derartigen Standpunkt postuliert – Tito allein bestimmte ihn, er war die höchste, um nicht zu sagen die einzige Autorität gerade in solchen Fragen.

Aus der sowjetisch-stalinistischen Erfahrung und auch durch seine eigenen Bestrebungen und Ambitionen wußte Tito genau, daß nach der Revolution allein eine innerparteiliche kommunistische Opposition den Staat oder ihn hätte gefährden können. Damals, es war der Herbst 1948, polterte Tito wiederholt mit klarer Berechnung: „Ins Gefängnis, ins Lager mit ihnen! Was denn sonst, wenn sie anderen gegen die eigene Partei dienen wollen!“

Die Häftlinge waren zu dieser Zeit nicht nur der Schlamperei, sondern allzuoft auch der Willkür der Beamten ausgesetzt. Die Untersuchungshaft war zeitlich nicht begrenzt, es kam mitunter vor, daß Häftlinge auch länger als zwei Jahre im Gefängnis verbrachten, ohne daß man die Untersuchung ihres Falles zu Ende gebracht hätte. Die neue revolutionäre Staatsmacht hatte das ererbte System in den Haftanstalten beibehalten und die eigenen Erfahrungen aus den Leiden und Folterungen der Revolutionäre in den Kerkern des Königreiches und der Okkupation miteingebracht.

Auf Goli Otok aber galten keine „Bestimmungen" aus den regulären Gefängnissen. Gegen den neuen, innerkommunistischen Feind wurden auch neue, „vollkommenere" Methoden angewandt. Es war „Aufgabe" und „Prinzip", die Häftlinge auf Goli Otok „umzuerziehen". Damit brüstete sich Tito auch öffentlich.

Im Jahre 1949, nach dem Prozeß gegen Rajk in Budapest, wurde auch uns in der Führung unstreitig klar, daß in der Sowjetunion, unter falschen Anschuldigungen, die Ausrottung antistalinistischer Parteioppositioneller und der jugoslawischen Emigrantengruppe in Moskau betrieben worden war. Ein solches „Rajksches" Schicksal hatte Stalin offenbar auch für uns vorgesehen. Tito bemerkte damals in diesem Zusammenhang: „Den Oppositionellen hätte man eins auf den Kopf hauen sollen, aber nicht ihnen den Kopf abschlagen."

Diese Titosche Nuancierung „auf den Kopf, und nicht den Kopf" war zweifellos der Grund dafür, daß nur wenige der „Kominformisten" umgebracht wurden. Andererseits war dieses Wort die Grundlage für die unerhörten Nötigungen, Pressionen und Folterungen auf Goli Otok. Die „Umerziehung", das „Auf-den-Kopf-Schlagen" wurde dort an gewisse Lagerinsassen delegiert, an die sogenannten „Revidierten". Das waren alle, die mit dem Sicherheitsdienst zusammenarbeiteten. Die Sicherheitsorgane bemühten sich darum, sich so wenig wie möglich unmittelbar einzumischen, sondern sie überließen die „Umerziehung" so weit wie möglich der „Selbstverwaltung". So hießen nämlich die Aufsichts- und Verwaltungsorgane, die sich aus „revidierten" Häftlingen rekrutierten.

Um sich einzuschmeicheln und möglichst bald aus dem Lager herauszukommen, verhielten sich solche „Revidierten" nicht nur rücksichtslos, sondern sie erfanden auch neue Methoden, um ihre Leidensgenossen zur „Revision" ihrer Haltung zu treiben. Der

Haß und die Niederträchtigkeit der Konvertiten gegenüber ihren gestrigen Glaubensgenossen kannte weder Maß noch Ziel.

Die Urteile über die Lagerhaft wurden von den Organen der Staatssicherheit gefällt. Nach dem Gesetz durften solche Strafen für nicht mehr als zwei Jahre ausgesprochen werden, sie konnten aber unbegrenzt neu verhängt werden. Nicht wenige Lagerhäftlinge verbrachten an die zehn Jahre auf Goli Otok.

Schon bei der Anreise erwartete den Häftling als Überraschung eine absichtliche Mißhandlung. Er wurde in den Schiffsbauch gestoßen oder gar geworfen, und beim Ausstieg auf die Insel mußte er „Spießruten laufen": eine Doppelreihe von Häftlingen passieren, die sich, einander überwachend, im Drauflosschlagen zu überbieten suchten. Wurden dabei auch selten Augen ausgeschlagen, so gehörten ausgeschlagene Zähne und gebrochene Rippen zur Tagesordnung. Und es gab im Lager auch Unverbesserliche – wie Blažo Raičević zum Beispiel –, die durch Lynchjustiz zu Tode kamen, ob geplant oder nicht.

Die Lagerhäftlinge erhielten keine Familienbesuche, sie bekamen, zumindest in der Anfangszeit, weder Briefe noch Pakete. Bevor sich das herumgesprochen hatte, wußten die Familienangehörigen auch gar nicht, wo sich die Häftlinge befanden. Sie konnten auf den Briefen nur eine Art Feldpostnummer als Adresse angeben.

Die Arbeit der Lagerinsassen war nicht nur schwere Zwangsarbeit und sinnlos. Eine der Strafen bestand darin, schwere Gesteinsbrocken von einer Stelle zur anderen zu schleppen. Gearbeitet wurde bei jedem Wetter, wobei – wie ich das verstanden habe – die Arbeit in der Gluthitze auf dem felsigen Boden eine der qualvollsten Erinnerungen der Häftlinge war. Bei der Staatssicherheit begeisterte man sich geradezu, aus Goli Otok einen Produktionsbetrieb zu schaffen. Die Führung der UDBA, der Geheimpolizei, dokterte in jener Periode ohnehin an Ökonomie herum und gründete auch Exportunternehmen. Doch bei dieser „Produktion" kam nichts heraus als Leid und Irrsinn.

Bei ihrer Freilassung verpflichteten sich die Lagerhäftlinge, nichts von den Verhältnissen im Lager und von den Umerziehungsmethoden zu erzählen, doch diese Pflicht verstand sich auch ohne Aufforderung von selbst. Erst nach und nach, besonders nach dem Sturz von Ranković 1966, breitete sich die Wahrheit über das Lager aus.

Nach meiner Verurteilung im Zentalkomitee, im Januar 1954,

hörte ich eine Menge Geschichten über Goli Otok. Die schrecklichsten davon waren jene über Demütigungen. Die „Uneinsichtigen", „Nichtrevidierten" wurden gezwungen, Pappschilder mit Aufschriften wie „Verräter" und ähnliches zu tragen, sie mußten „Spießruten laufen", man tauchte ihre Köpfe in Nachttöpfe, urinierte ihnen in den Mund. Der „Klassenfeind", so grausam er auch war, hatte Derartiges mit Kommunisten nicht getan.

Die Wahrheit über Goli Otok, in all ihrer grauenhaften Anschaulichkeit, war niemandem in der Führungsspitze bekannt – nicht einmal Ranković selbst kannte sie. Andererseits könnte sich keiner aus der Führungsspitze rechtfertigen – ein jeder hat diese Wahrheit schließlich geahnt; wie man die betroffenen Familien behandelte, darüber wußte ja ein jeder Bescheid.

Vom Lager aus setzte bald ein Strom von öffentlichen Reuebekenntnissen und Konversionserklärungen ein. Ich war dagegen, solche Erklärungen zu veröffentlichen, da ich der Ansicht war, diese Art von Unterstützung hätten wir nicht nötig und solche erzwungenen Erklärungen würden ein denkbar schlechtes Licht auf uns werfen. Mein Widerstand war jedoch schwach und nicht hinreichend begründet. Kardelj, der eher meiner Ansicht zuneigte, war in dieser Frage nahezu indifferent, Ranković dagegen bestand darauf, die Erklärungen zu publizieren, da sie die Informbüro-Anhänger demoralisierten – und so wurden sie auch veröffentlicht, sicher mit Zustimmung Titos.

Die erste gesicherte und alarmierende Warnung über die Verhältnisse auf Goli Otok kam von dem Schriftsteller Dobrica Ćosić. Im Sommer 1953 hatte Ćosić, von innerer Unruhe und literarischer Neugier getrieben, mit meiner Hilfe die Erlaubnis erhalten, das Lager zu besichtigen. Im September traf er sich dann mit mir in Niška Banja und teilte mir mit, daß die Zustände im Lager unvorstellbar grauenhaft seien, da die UDBA Methoden der Folter und subtiler Pressionen habe, wie sie die Geschichte bisher nicht kannte. Nach Belgrad zurückgekehrt, gab ich Ranković diese Warnungen weiter. Dobrica wurde ins ZK zitiert und wiederholte vor Ranković und Kardelj im wesentlichen das, was er mir in Niška Banja erzählt hatte.

Kardelj, dem sonst nur gelegentlich im Zorn ein „Kraftwort" entglitt, sagte daraufhin verbittert: „Ich habe gewußt, daß dort irgendeine Drecksauerei vorkommen wird!" Und Ranković befahl eine Untersuchung, setzte einige Verantwortliche ab und verbesserte die Verhältnisse ganz wesentlich.

Aber das Lager blieb für etliche weitere Jahre bestehen. Erst die Annäherung mit Chruschtschow gegen Ende der fünfziger, Anfang der sechziger Jahre, machte das Lager für das Regime in Belgrad „inopportun". Das Lagergesetz selbst wurde, soweit mir bekannt ist, bis heute noch nicht aufgehoben. In seiner Rede in Novi Sad, anläßlich der Festnahme der Teilnehmer am „kominformistischen Parteikongreß von Bar", drohte Tito mit der Wiedereröffnung des Lagers: „Wir haben ja einen Platz für sie."

Die Parteinahme für das Informbüro und die Sowjetunion war von Republik zu Republik, je nach Nationalität, verschieden. Unter den Montenegrinern gab es absolut, nicht nur relativ, die meisten Anhänger dieser Richtung, obwohl sie die bei weitem kleinste Republik und Nationalitätengruppe darstellen. Danach kamen die Serben, und zwar in größerer Anzahl die Serben in Kroatien und Bosnien als in Serbien selbst. Und wenn man die Montenegriner zu den Serben hinzurechnet, denn sie sind ja auch Teil des serbischen Volkes, dann übertrifft die Zahl der serbischen Informbüro-Anhänger die der anderen Nationalitäten bei weitem. Trotzdem waren auch die Makedonier nicht frei von Kominformistentum, bei den Kroaten gab es IB-Anhänger hauptsächlich in den aufständischen dalmatinischen Gegenden, und in Slowenien lebten so wenig, daß man sie nicht einmal bemerkte, geschweige daß sie ein Problem darstellten.

Eine solche Aufteilung regt zu vielschichtigen Betrachtungen an. Jedenfalls fällt dabei auf, was der Konflikt mit der Sowjetunion offenbar hat, daß nämlich bei der Parteinahme für die Sowjetunion die Ideologie nicht der einzige, ja, nicht einmal der Hauptfaktor gewesen ist, vor allem waren tradierte, kulturelle und historische, aber auch soziale und geistige Neigungen ausschlaggebend.

Als ich von der UNO-Tagung 1949 aus den USA zurückkehrte, machte ich bei der anschließenden Besprechung bei Tito den Vorschlag, das Lager aufzulösen und Schuldige ordentlichen Gerichten zu übergeben. Dem widersetzte sich Kardelj als erster: „Gerade jetzt brauchen wir das Lager ganz dringend." Auch Ranković war dagegen: Es gäbe zuviele „Kominformisten", meinte er, als daß man mit Hilfe der Gerichte mit ihnen „fertig werden" könnte. Nach einer späteren Information von Ranković gingen an die 12000 Menschen durch das Lager. Mit zweifelnder Miene lehnte Tito meinen Vorschlag als verfrüht ab, er hatte auch kein Vertrauen in die Effizienz unserer Justiz.

Charakteristisch für die Zeit und die Verhältnisse, in denen unser Konflikt mit der Sowjetunion abrollte, ist die Haltung der Presse – der westlichen wie der östlichen – zur Frage des Lagers auf Goli Otok. Die westliche Presse, zumindest der überwiegende Teil dieser Presse, zeigte keinerlei Interesse an Goli Otok, schon gar kein kritisches. Das gleiche könnte man auch von der westlichen Diplomatie sagen. Wann immer jemand zufällig die Verfolgungen der „Kominformisten“ erwähnte, zeigten die westlichen Diplomaten, als hätten sie sich abgesprochen, stillschweigendes, wenn auch zweideutiges Verständnis dafür, daß eine Kombination von äußerem und innerem Druck die Unabhängigkeit und den Staat bedrohten.

Allerdings war in dieser Haltung der „Westler“ auch eine Portion Schadenfreude enthalten. Nach dem Motto, lassen wir doch die Kommunisten sich gegenseitig ausrotten, denn dadurch wird die eigentliche Natur des Kommunismus am drastischsten sichtbar. Es gab auch den Versuch einer Menschenrechtsorganisation aus Paris, das Lager zu besuchen. Ich war der Ansicht, daß man das erlauben sollte, und auch die Führung der Staatssicherheit erklärte sich durch Svetislav Stefanović, wenn auch lustlos, damit einverstanden. Ich meine sogar, daß es zu diesem Besuch auch 1951 oder 1952 gekommen ist, jedoch besuchte die Delegation nicht die Insel, sondern Häftlinge irgendwo beim Straßenbau, wobei den Häftlingen sicherlich gut eingetrichtert worden war, wie sie sich gefälligst zu verhalten und was sie zu reden hätten.

Die „östliche“ wie auch die „kominformistische“ Propaganda der Emigranten verschwiegen das Lager auf Goli Otok, obwohl sie sonst an unsinnigsten und schamlosesten Erfindungen gerade über Jugoslawien so einfallsreich waren. Die Propaganda ausnahmslos aller kommunistischen Parteien übernahm mit Hilfe der gewohnten sowjetischen Agenturen (z. B. *Vidali* in Triest, *L'Humanité* in Paris usw.) automatisch die klischeehaften Thesen Moskaus und zwang sie den Parteien auf, bei obligater und „freier“ Diffamierung der jugoslawischen Führung und der Verhältnisse im Land. Unsere „klassenbedingten“, konterrevolutionären Gegner hatten nicht einmal mitten im Bürgerkrieg in dieser Art soviel verschrobene, lügenhafte und blutrünstige Phantasie über die jugoslawischen Führer in Wort und Schrift entwickelt, über die Genossen von gestern und über Kommunisten, die nur wenig oder gar nicht anders waren als sie selbst. Für die „Klassenfeinde“, die Konterrevolutionäre, waren wir „Banditen“, wahnwitzige, vom

Volk entfremdete Gottlose, die mit ihren verfrühten bewaffneten Angriffen die Okkupanten provozierten und so das Volk ausrotteten. Und natürlich „Agenten Moskaus“, die jedermann gemeinsamen Gebrauch von Frauen und Gulaschkanonen aufzwingen wollten. Der „Klassenfeind“ rottete zwar ohne Gnade und Unterschied die Kommunisten aus, respektierte aber deren Wagemut und Opferbereitschaft.

Für Moskau dagegen, für die „Kominformisten“, hatten sich die jugoslawischen Führer, sozusagen über Nacht, in ehemalige Agenten der Gestapo und der Ovra verwandelt, in Söldner Amerikas, in Faschisten und Kriegsbrandstifter. Geschändet wurde der vierjährige heftige und beispiellose Krieg gegen die Besatzer, geschändet wurde die große Revolution eines kleinen Volkes. Den Führern und Hunderttausenden von Kommunisten und Patrioten wurde ein schmachvoller Tod, der Tod der Verräter, an den Hals gewünscht.

Ich behaupte nicht, es habe in der jugoslawischen Propaganda keine Übertreibung, Überheblichkeit, Unmäßigkeit und Unwahrheit gegeben, wir waren schließlich aus gleichem „Stoff“, von „besonderem Schlag“. Der Grundtenor unserer Führer blieb jedoch sachlich und würdevoll. Unsere Propaganda mauserte sich auch sehr schnell zu sachlicher Kritik. Darin waren besonders die Journalisten der *Borba* Vorbilder. Diese Zeitung hatte damals die größte Auflage und durfte als die berufenste und verantwortungsvollste Zeitung angesehen werden. Da gab es die Journalisten der *Borba,* wie Bogdan Pešić und Jaša Almuli, die auch über einen angemessenen, ironischen Stil und eine knappe, sachliche Form verfügten. Ihre Beiträge und ihre Art zu schreiben, gerade weil sie von vorgestanzten Schablonen abwich und nicht mit irgendwelchen Theorien belastet war, übte einen enorm lebendigen und nachhaltigen Einfluß aus.

Die „kominformistischen“ Emigranten in Moskau, die im Vergleich zu anderen, z. B. den spanischen Emigranten, Privilegien genossen, mußten sich fassungslos mit der Tatsache abfinden, daß sie eine Broschüre über Goli Otok nicht veröffentlichen durften. Doch in dieser „Inkonsequenz“ Moskaus lag Logik: Obwohl die jugoslawischen Führer meist solcher Abscheulichkeiten und Verbrechen beschuldigt wurden, an die sie nicht einmal gedacht hatten, erinnerte das real existierende jugoslawische Lager Goli Otok allzusehr an den sowjetischen „Archipel Gulag“ und mußte verschwiegen werden. Moskau benutzte die „Kominformisten“ – wir in der Führung sahen das voraus und wußten es – nur so lange, wie sie den eigenen Zwecken dienlich waren.

Goli Otok ist, nach meinem Urteil, die düsterste und schändlichste Erscheinung im jugoslawischen Kommunismus. Goli Otok ist noch mehr als nur schlimm und grauenvoll: ungeahntes Straucheln und ungeahnte Erniedrigung. Keiner, der auf Goli Otok inhaftiert war, kehrte „unversehrt", ohne Verbitterung oder ungebrochen von dort zurück. Ich glaube auch nicht, daß diejenigen, die das Lager verwalteten, jemals Ruhe finden werden. Sie werden sich selbst nicht begreifen und nicht rechtfertigen können, trotz der Aufgabe, die sie gestellt bekamen und der Bedingungen, unter denen sie zu wirken gezwungen waren.

11. Westkontakte und die weltpolitische Bedeutung des Konflikts mit der Sowjetunion

Bereits bei Beginn meiner politischen Tätigkeit wurde ich innerlich zwischen Literatur und Politik hin- und hergerissen. Mit meinem Aufstieg in der Parteihierarchie wurde dieser Zwang zur Literatur eher stärker als schwächer.

Mit der Beendigung des Krieges wurde ich von Unrast und von Entsetzen befallen, denn meine literarischen Interessen hatten ruhen müssen und ich hatte Angst, die Selbstverwirklichung zu verfehlen, wenn ich nicht zur Literatur zurückkehren würde, wenn ich zulassen sollte, in den Strudel des täglichen politischen Lebens hineingezogen zu werden. Ich sprach darüber auch mit Tito und erwähnte dabei, ich hätte schon vor dem Krieg (damals wäre das ja „Liquidatorentum" und „Opportunismus" gewesen) oft den Wunsch geäußert, mich der Literatur zuzuwenden. Er erwiderte, dafür sei es noch zu früh, die Partei brauche mich noch: „Sieh zu, daß du die Arbeit irgendwie einteilst – für beides, die Literatur und die Parteiarbeit." Und ich versuchte auch vergeblich, meine Arbeitszeit einzuteilen: Die politischen Aufgaben dulden schon ihrer Natur nach keinen Aufschub, die Politik absorbiert die gesamte Persönlichkeit auch auf niedrigeren und „weniger intellektuellen" Stufen. Das gilt besonders, wenn man sich mit ihr hingebungs- und verantwortungsvoll befaßt.

Im Sommer 1957 zog ich mich nach Pokljuka in Slowenien zurück, in ein Häuschen, das die Kriegszerstörungen überdauert hatte, um einen Roman zu schreiben, den ich schon zu lange in mir herumtrug – einen Roman über den Kampf und Zerfall eines Stammes. Ich schrieb ihn innerhalb von einem oder anderthalb Monaten nieder. Das Manuskript vernichtete ich zwar, aber aus dem Thema entwickelte sich später, im Zuchthaus, die *Verlorene Schlacht*.

Tatsächlich hatte ich mich schon mit dem Gedanken getragen, meinem Schwanken zwischen Pflicht und Neigung, Politik und Literatur, ein jähes Ende zu bereiten. Aber da zog sich über unserer Partei, und da diese das Monopol für die Gesellschaft besaß, auch über unserem Land die unheilbringende Bedrohung durch die Sowjetunion und Stalin zusammen. Unser Bewußtsein, das heißt die ideologische Verwandtschaft mit der Sowjetunion, verstellte uns den Blick, welche Gefahren sich in der Liebe und Ergebenheit zum sowjetischen Staat verbargen. Noch weniger waren wir uns der Energien und Erkenntnisse bewußt, die der Konflikt mit der Sowjetunion in uns in Bewegung setzen würde. Ich erlebte den Konflikt mit der Sowjetunion als eine Versuchung und als Inspiration, als den Höhepunkt der jugoslawischen Revolution. Darin war ich nicht allein. Ich bezweifle jedoch, daß dieses Erlebnis bei irgendeinem anderen in der Führung je eine derartige Intensität erreichte, einen Umbruch, der einem Purgatorium glich.

Im Konflikt mit der Sowjetunion ahnte ich instinktiv und bewußt „meine Zeit", meine Berufung und mein Dazugehören. Es kommt nicht von ungefähr, daß ich diese Periode meiner politisch-intellektuellen Tätigkeit als die fruchtbarste, kühnste und entscheidendste betrachte.

Die Alltagsarbeit im Sekretariat des Politbüros und im Agitprop hemmte meine publizistischen Aktivitäten keineswegs, eher spornte sie mich zum Schreiben an. Als ich vor drei oder vier Jahren die damaligen Ausgaben der *Borba* durchsah, mußte ich selber staunen über den Umfang meiner Arbeiten. Es gab nur sehr wenige wichtige und folgenreiche Geschehnisse, die ich nicht mit Beiträgen kommentiert hatte. Und was noch bedeutender ist für die damalige Epoche, für die Lage in der Partei, ja, auch für die Einschätzung meiner damaligen Tätigkeit, ich analysierte in meinen Theorien die Eigenheiten unserer Erfahrungen und auch die „Natur" des sowjetischen Systems, die unausweichlich zum Angriff auf unsere Partei und unser Land geführt hatte.

Mit diesen Publikationen hat eigentlich der wirkliche Bruch mit der Sowjetunion begonnen und sich vertieft. Mein Temperament hat da nur eine nebensächliche Rolle gespielt. Ich war getrieben von einer intellektuellen Unruhe und einem moralischen Schauer wegen des sowjetischen Vorgehens. Es wäre ungerecht und nicht nur großtuerisch, würde ich nicht erwähnen, daß an meiner publizistischen Tätigkeit auch Diskussionen, besonders mit Kidrič und Kardelj, erheblichen Anteil hatten. Meine Originalität, soweit es eine gab, bestand darin, daß ich die verschiedensten Strömungen und unreflektierte Betrachtungen, die ich in der Partei und auch in meiner nächsten Umgebung registrierte, in die richtige Form brachte und allgemein verständlich machen konnte. Der Antrieb dazu war eine mir eigene Resistenz gegenüber Lügen. In meinem späteren Konflikt mit Tito und bei meiner kritischen Beurteilung des Kommunismus trat diese Grundeinstellung unvergleichlich intensiver hervor.

Bereits in den ersten Tagen nach dem 5. Kongreß, oder schon während dessen Verlauf, verdichtete sich in mir die Überzeugung, daß dieser Kongreß, obgleich die Manifestation der Einigkeit kräftig und spontan war, in seinen Ergebnissen dürftig geblieben war. Wesentliche Fragen wurden ausgeklammert. Das war bei der ideologischen und erfahrungsmäßigen Distanzierung und Differenzierung von der Sowjetunion der Fall. Immer mehr, oft bei nächtlichem Erwachen, wurde mir bewußt, daß Stalin und seine Gefolgschaft uns gerade mit der Schlinge unserer Gleichartigkeit mit ihnen einfangen wollten – mit unseren Beteuerungen, wir seien mit ihnen deckungsgleich und treu ergeben. Denn, wenn dem so war, warum gehorchten wir nicht, warum stritten wir uns mit ihnen? Es war im wesentlichen ein Gefühl nationaler und revolutionärer Eigenart, trotz der tradierten, ausgeborgten, ideologischen Gleichheiten mit der Sowjetunion. So erscheint mir das heute, damals war es eine verschwommene Ahnung.

In der Partei und ihrer Führung herrschte in dieser Hinsicht Verwirrung und Unsicherheit. So brachte zum Beispiel die *Borba* am 24. August 1948 auf zwei Seiten einen Artikel von Boris Ziherl, einem prominenten Parteitheoretiker, über die KP Jugoslawiens, ohne ein Sterbenswort über das Informbüro. Dabei schickte unsere Regierung in diesen Tagen Protestnoten nach Ungarn und Rumänien, in ganz Jugoslawien gab es Protestkundgebungen gegen das Informbüro und meine Rede vor dem Aktiv der Zweiten proletarischen Brigade war beinahe eine einzige Polemik gegen das Informbüro, wobei ich den Aufbau des Sozialismus aus eigener Kraft und auf eigene Art betonte.

Ende September unterstützte Kardelj vor den Vereinten Nationen vorbehaltlos die UdSSR. Kein Wort über den Konflikt mit den Sowjets, denn das entsprach noch immer unserer staatlichen, „antiimperialistischen“ Politik. In Belgrad wurde aus Anlaß des Jahrestages der Oktoberrevolution eine Festveranstaltung abgehalten und in den Zeitungen der Geburtstag des „großen Stalin“ gefeiert. Gerade in diesen Tagen beendete ich meinen Artikel „Über die Ungerechtigkeit und die unwahren Anklagen“ (erschienen in der *Borba* vom 2. bis 4. Oktober 1948). Diesen Artikel hatte ich mit Akribie und mit Inspiration verfaßt. Štefica übertrug ihn auf der Schreibmaschine. Zu ihr hatte ich inzwischen eine persönliche, nicht nur geschäftsmäßige Zuneigung entwickelt.

In diesem Artikel wurde zum ersten Mal, zwar vorsichtig und immer noch wohldosiert mit eingestreutem Lob, aber unzweideutig die Behauptung aufgestellt, daß Stalin im Konflikt mit uns Unrecht habe. In dem Artikel machte ich ebenso öffentlich und unmißverständlich deutlich (das allererste Mal hatte ich das in Absprache mit Kardelj 1946 in einem Artikel sehr vorsichtig geäußert), daß in Jugoslawien eine *Volksrevolution* stattgefunden habe, die unserem Widerstand gegen Lüge und Ungerechtigkeiten Grundlage und Rechtfertigung verleihe. Wegen der Wichtigkeit schickte ich Tito den Artikel. Tito redigierte mit Rotstift die Vorwürfe gegen Stalin heraus. Deshalb ging ich zu ihm, daß sie im Text verbleiben sollten. Mein Argument war: jedermann wisse doch, daß hinter alledem Stalin stehe und die Parteimitglieder seien verwirrt, daß davon geschwiegen werde. „Gut", stimmte Tito zu, „soll das doch drinbleiben, wir haben Stalin auch lange genug geschont."

Die Absage an Stalin und die Bejahung der jugoslawischen Revolution in demselben Artikel stand in gegenseitigem ursächlichen Zusammenhang und war die Frucht eines Erkenntnisrausches. Allein durch den Riß im Stalin-Kult wurde die jugoslawische Revolution in ihrem Selbstbewußtsein und ihrem Wesen bestätigt. Bis zum Erscheinen dieses Artikels wurde in Jugoslawien für die Revolution, für die Periode des Krieges und des Kampfes, der unpräzise, von der Komintern und Tito stammende Terminus „Volksbefreiungskampf" verwendet.

Ich war in meinem Innersten niemals davon überzeugt, daß dieser Terminus unserem revolutionären Prozeß – der Revolution durch einen nationalen Krieg – gerecht wurde. Auch heute bin ich der Meinung, daß eine Terminologie, die den nationalen, aber auch den revolutionären Charakter unseres Aufstandes hervorgehoben hätte, mobilisierender und schlagkräftiger hätte wirken können. Meine These, bei uns habe es eine Revolution gegeben, wurde mit spontaner Einmütigkeit aufgenommen, und auch Tito akzeptierte sie sehr bald. Die Verneinung der Unfehlbarkeit Stalins vertiefte und „legalisierte" die Zweifel an der „sozialistischen Reinheit" der Sowjetunion. Damit begann die Kritik am sowjetischen System, wenn sie sich auch langsamer entfaltete als die Erkennung der eigenen revolutionären Vergangenheit und Wirklichkeit.

Ich fuhr in dieser Richtung fort, zuweilen auch völlig unvorhergesehen. So betonte ich zum Beispiel auf der Plenarsitzung des ZK Montenegros, im Januar 1949, als ich zum Reden aufgefordert wurde, daß man die bürokratischen Abirrungen und die Abweichungen vom Sozialismus in uns selbst und in dem System, dessen Träger wir seien, suchen solle. Ich merkte dabei, daß manche der Anwesenden mich mit Bestürzung ansahen, einige aber auch mit Begeisterung, als hätte ich ihnen endlich eine erahnte, höhere Wahrheit offenbart. Vor dem Gebäude, in dem dieses Plenum tagte, hatte das Parteikomitee von Cetinje – äußerst aktiv unterstützt von Funktionären aus der Miliz und aus dem Staatsapparat – eine Kundgebung veranstaltet. Die Genossen aus der Führung bestürmten mich, die Teilnehmer der Kundgebung zu begrüßen, wozu ich gerne bereit war. Ich bemerkte unter den Mitwirkenden auch die, welche am lautesten schrien, wie z. B. ein Kommandeur der Miliz, deren Stimmen heiser und überzeugungslos klangen und aus deren Blicken Furcht und Haß sprachen. Später wurde aufgedeckt, daß diese Kundgebung von Anhängern des Informbüros initiiert worden war, von denen etliche verhaftet und nach Goli Otok geschickt wurden.

Aber dies war nur die revolutionäre und demokratische Variante des Konfliktes mit der Sowjetunion. Parallel dazu und sogar übermächtiger rollte so etwas wie eine „Restalinisierung" ab – die Einführung rigoroserer Maßnahmen in der Wirtschaft und eine Weiterverzweigung des Parteiapparates und der politischen Polizei.

Ganz abgesehen von der „taktischen" Unterstützung und Förderung der Popularität der UdSSR und der Pressekampagnen gegen den Atlantikpakt wurde schon Anfang Februar das 2. Plenum des Zentralkomitees abgehalten, das die „Schaffung von bäuerlichen Arbeitsgenossenschaften (Kolchosen – der Autor) mit mehr Kühnheit und in schnellerem Tempo" initiierte und gebot.

Das war der Anfang der Kollektivierung, die zwar weniger gewaltsam, jedoch ökonomisch keineswegs klüger war als die der UdSSR. Hier unterlag man der „bürokratischen Urgewalt" aus den unteren und professionellen Rängen des Parteiapparates. Das Propagandagetöse um die Organisation der Kolchosen war bereits vor der Plenarsitzung im Gange. Es war aber auch Ausdruck einer primitiven Imitation, der eigensüchtige Wille mit dabeizusein, daß wir den „Sozialismus nicht verraten" hätten, daß wir eifriger und beherzter seien als selbst die sowjetischen Kommunisten.

Obwohl Kardelj in seinem Referat vor dem Plenum „die Erfahrung generalisierte" und Schwung hineinbringen wollte, war er innerlich von dem ganzen Unterfangen nicht gerade überzeugt. Doch ebenso wie Ranković über die Fähigkeit verfügte, eine Sache, von der er nicht überzeugt war, mit vollem Einsatz durchzuführen, nachdem sie durch gültigen Beschluß angenommen wurde, so vermochte auch Kardelj sich selbst zu „überzeugen". Diese Fähigkeit zur Selbstindoktrination stand bei mir mehr im Hintergrund, sie war weniger entwickelt, obwohl auch ich oft das tat, womit ich innerlich nicht einverstanden war. Das ist im politischen Leben unvermeidlich. Disziplin und eine kritische Einstellung sind die Grundlage jeder und erst recht der revolutionären Politik. Ich hatte im Agitprop alles unternommen, was die Kolchosen in Schwung bringen konnte. Aber sie gehörten zu den wenigen Themen, die zu kommentieren ich kaum in der Lage war, einfach deshalb, weil ich davon nicht genug verstand und weil es dafür „beauftragte Genossen" gab.

Im Herbst 1951 fand bei Kardelj in Anwesenheit von Bakarić eine Besprechung statt. Dabei wurde der Vorschlag von Ivan Buković über die Reorganisation der Kolchosen erörtert. Das war der Moment, wo ich skeptisch wurde. Meine Skepsis galt der Zukunft dieser Genossenschaften genauso wie dem Vorschlag von Buković. Bakarić war begeistert, soweit er überhaupt begeisterungsfähig sein konnte. Auch Kardelj neigte dazu, den Vorschlag positiv zu beurteilen, er war sich jedoch noch nicht so sicher, ob dies endlich die Entdeckung eines „gesunden Weges" in der Kollektivierung sein könnte. Bukovićs Vorschlag lief darauf hinaus, in den „Arbeitsgenossenschaften" die ökonomische Kalkulation einzuführen, und das erwies sich bald als wertlos, da die Bauern an keinerlei anderen Formen Interesse hatten als an ihrem Privatbesitz.

Tito war für die Arbeitsgenossenschaften, aber Begeisterung war ihm nicht anzumerken. Das Zentralkomitee befürwortete sie – viele ZK-Mitglieder sogar leidenschaftlich. Das war der Einfluß der bürokratischen Basis, aber auch die Autosuggestion, daß man vom „sozialistischen Weg" nicht „abweiche".

Die Kolchosen wurden zwangsweise gebildet. Anfangs wurde der Anschein der Freiwilligkeit noch gewahrt, je weiter die Aktion aber gedieh, desto weniger kümmerte man sich darum.

Die Kollektivierung entwickelte sich bei uns anders als in der Sowjetunion. Es wäre zu stark vereinfacht, wenn man sagen würde, sie sei mit weniger Zwang realisiert worden, obgleich das unstreitig ist. Bei uns war der Zwang überwiegend psychologischer Druck auf Bewußtsein und moralisches Empfinden. In Montenegro und Makedonien breiteten sich die Genossenschaften blitzartig aus (in Makedonien z. B. gab es 1945 nur zwei „Arbeitsgenossenschaften", Ende März 1949 mehr als 400, während sich in Kroatien die Zahl der Genossenschaften innerhalb der ersten drei Monate 1949 verdoppelte). Die Beispiele Montenegros und Makedoniens wie auch anderer unterentwickelter Gebiete zeigen, daß die Kollektivierung desto rascher und leichter fortschritt, je größer Armut und Rückständigkeit waren. Da hatten die Bauern ohnehin kaum etwas zu verlieren und hofften auch insgeheim, daß die reicheren Landesteile sie aushalten würden. Daß die Kollektivierung in den landwirtschaftlich reichen Gegenden, besonders in der Woiwodina und in Slawonien, ebenfalls „am erfolgreichsten" waren, läßt sich nur mit den Pressionen und den lautstarken und marktschreierischen Versprechungen erklären, die „Genossenschaften" würden Landmaschinen, Düngemittel, soziale und kulturelle Vergünstigungen und ähnliches erhalten.

Außerdem hatten die Bauern aus den reichen Gegenden schon seit einigen Jahren verheerende Erfahrungen mit dem Zwangsankauf. Sie mußten zu Spottpreisen (Kidrič nannte diesen Ankauf „Plünderung") nach willkürlichen Einschätzungen selbst das abgeben, was sie zum Leben brauchten. Sie wurden zu Tausenden schikaniert und verhaftet. (Als Kidrič bei einem Treffen des Politbüros den Ankaufsplan vorlegte, seufzte Ranković, während er sich Notizen machte: „Wieder 12000 Verhaftete!").

Auf die Woiwodina und auf Slawonien stürzte sich der gesamte Verwaltungsapparat, weil diese Ebenen die fruchtbarsten Gebiete waren. Man glaubte, mit der Einrichtung von Kolchosen könnte man die Produktion plötzlich steigern, das Ernährungsproblem lösen und Überschüsse für den Export erwirtschaften. Auch Kidrič betrachtete zu dieser Zeit die disziplinierten slowenischen Arbeiter und die woiwodinischen Bauern, die so „leicht" die neue Form der Kollektive akzeptierten, als die fortschrittlichsten sozialistischen Kräfte im Land.

In Serbien war die Kollektivierung kein Erfolg. Das lag an der tiefverwurzelten Form des Kleinbesitzes und am Widerstand der Bauern.

Der Sommer 1949 brachte einen Umbruch, wenn auch nicht für das Bewußtsein und für die ideologische Absonderung, aber im Verhältnis Jugoslawiens als Staat gegenüber der Sowjetunion und den osteuropäischen Staaten.

In Osteuropa waren in dieser Zeit eine ganze Reihe von Verhaftungen und spektakulären Prozessen an der Tagesordnung. Sie richteten sich gegen höchste Funktionäre (Koçi Dzodze, Trajčo Kostov, László Rajk, Gomulka, Markos und andere mehr). Die jugoslawische Führung wurde dabei als der Buhmann dargestellt, als ein böser Geist und als Zentrum von Spionage und Diversion, das die CIA und andere Geheimdienste des Imperialismus von der Gestapo übernommen hätten.

Damals kam es Dank Stalins „Machenschaften", so meine ich, zum Zusammenbruch des griechischen Aufstandes. Die sowjetische Regierung und die osteuropäischen Regierungen zerrissen die Bündnisverträge mit Jugoslawien und begannen eine Wirtschaftsblockade. In diesem Sommer spitzten sich dann die Beziehungen mit der Sowjetunion zu. Der Anlaß war die Verfolgung sowjetischer Bürger, russischer Emigranten in Jugoslawien. An unseren Grenzen mehrten sich die Zwischenfälle, sowjetische und prosowjetische Streitkräfte demonstrierten Drohgebärden mit Truppenbewegungen und so weiter. Auch die chinesische Revolution errang in diesen Monaten die alles entscheidenden Siege. Unseren Wünschen und aufkeimenden Hoffnungen zum Trotz solidarisierte sich die chinesische Führung jedoch mit den Sowjets gegen Jugoslawien.

Tito und die Führung trafen sehr ernsthafte und umfangreiche Vorkehrungen für den Fall eines Angriffs. Vorbereitungen für einen Guerilla- wie auch Frontalkrieg, Demontagen und Verlegungen von Betrieben wurden geplant, ebenso der Ausbau einer einheimischen Rüstungsindustrie usw. Das alles zeigt, daß sich die jugoslawische Führung der wahren Gefahr durchaus bewußt war und deshalb alles in ihren Kräften Stehende unternahm.

In diesem Zusammenhang waren zwei Reden Titos kennzeichnend für zwei entscheidende Momente, diese Gefahr zu erkennen und auch Verteidigungsvorbereitungen zu treffen. Schon am 9. März 1949, das war auf dem 3. Kongreß der Volksfront, dokumentierte Tito ausführlich und überzeugend die Pressionen und die Blockade, denen Jugoslawien ausgesetzt war. Anfang August (2. August 1949 in Skopje), als es zu massierten Truppenbewegungen der sowjetischen Armee in Ungarn und Bulgarien kam, erklärte er mit unmißverständlicher Entschlossenheit, Jugoslawien werde sich im Fall eines Angriffs verteidigen.

Ich begleitete Tito nach Skopje. Ihm war auf der Reise keinerlei Beunruhigung oder Verbitterung anzumerken. Das sammelte sich erst während der Nacht in ihm an und entlud sich auf der Kundgebung. Bei uns war auch der alte Dimitar Vlahov. Als ich ihn im Salonwagen fragte, wie man ihn im sowjetischen Gefängnis behandelt habe, antwortete er mir: „Boj, brate, boj!" („Prügel, Bruder, Prügel"). Vlahov wurde von Dimitrov gerettet, obwohl er unter Folter bereits zugegeben hatte, türkischer Spion zu sein – allein deshalb, weil er im jungtürkischen Parlament vor dem Ersten Weltkrieg Abgeordneter war!

Wir verfolgten mit lebhaftem Interesse die Prozesse in den Ländern Osteuropas, reagierten jedoch bis zum Rajk-Prozeß darauf nicht in der angemessenen Weise mit kalkulierter Kampflust. Koçi Dzodze verteidigten wir anfangs nur lasch, um ihm nicht zu schaden. Aufgrund von Fehleinschätzungen unserer Staatssicherheit machten wir der bulgarischen Führung zum Vorwurf, den in Haft gesetzten Trajčo Kostov und seine „schädigende Tätigkeit" nicht restlos entlarven zu wollen. Wir argumentierten damit, Kostov habe eine „Hetzkampagne gegen Jugoslawien geführt"!

Als man Koçi Dzodze erschoß, reagierte ich zwar mit einem Leitartikel in der *Borba* (am 14. Juni 1949). Tenor meines Artikels war moralische Abscheu: „Jeder Kommunist und jeder aufrichtige Kämpfer für Gerechtigkeit und Wahrheit soll angesichts des unschuldigen Opfers von Koçi Dzodze sein Gewissen überprüfen." Auch die anderen in der Führung waren von moralischer Abscheu und vom Glauben an den Sieg der Wahrheit erfüllt.

In diesen Sommertagen von 1949 kam es zum endgültigen Zusammenbruch des Aufstandes in Griechenland. Man fand die Schuld daran bei den Jugoslawen. Dabei waren wir es, die den Aufständischen beinahe bis zum letzten Augenblick Unterstützung gewährten. Sowohl unsere Führung als auch die Führer der griechischen Rebellion waren sich der Schwierigkeiten bewußt, in die der Aufstand durch den Konflikt Jugoslawien-Sowjetunion geraten könnte, da der größte Teil der Hilfe aus Jugoslawien kam oder über Jugoslawien nach Griechenland befördert wurde. Bald nach der Resolution des Informbüros kamen der Sekretär des griechischen ZK, Zachariades, sowie ein weiteres Mitglied des griechischen ZK mit Ranković und mir in Belgrad zusammen. Wir hatten vermutet, daß sie sich in unserem Konflikt mit dem Informbüro nicht auf unsere Seite würden stellen können – Zachariades ließ uns das nun auch stillschweigend wissen. Wir hofften allerdings, daß sie sich wenigstens ruhig verhalten oder eine einigermaßen neutrale Haltung einnehmen würden. Mit traurigem Gesicht bat uns Zachariades: „Helft uns auch weiterhin, soviel ihr könnt!" Das taten wir auch.

Die sowjetische Führung aber setzte mit Hilfe ihrer Agenten und Lakaien den Kommandanten Markos ab und nötigte die Aufständischen, ihre Guerillataktik aufzugeben, sich in Befestigungen und hinter befestigten Linien zu konzentrieren, was dem in Technik und Organisation überlegenen Feind in die Hände spielte. Man darf daher nicht vergessen, daß es Stalin war, der unserer und der bulgarischen Delegation schon im Februar 1948 befohlen hatte, den Aufstand in Griechenland abzuwiegeln. Das entsprach genau seinem Agreement über Einflußgebiete zwischen der UdSSR und den westlichen Großmächten nach dem Krieg.

Gerade weil wir das alles aus eigenem Erleben wußten, löste die Tatsache, daß man uns den Zusammenbruch des griechischen Aufstandes in die Schuhe schob, Verbitterung aus, aber das verhalf uns auch zu der schweren Erkenntnis, die Sowjetunion als eine Großmacht wie jede andere anzusehen.

Aber in der ideologischen Abgrenzung von der Sowjetunion und ihrem „Sozialismus" blieben wir hinter der Entwicklung zurück. Am deutlichsten erkannten das schon damals Kardelj, Bakarić, Kidrič, Milentije Popovič und ich, jeder auf seine Weise. Tito aber scheute immer noch vor einer ideologischen Abrechnung mit der Sowjetunion zurück. Man kann sagen, er stemmte sich dagegen. Vor unserer Abreise zur UNO-Tagung in New York 1949 versuchten Kardelj und ich Tito zu überzeugen, daß wir mit einer tiefgreifenden, ideologischen Kritik des sowjetischen Systems beginnen müßten, weil sonst unser Widerstand den Genossen unverständlich werde und zu Verwirrung und Zerfall in der Partei führen müsse. Sein Einwand: „Da können wir schwerlich mit ihnen fertig werden, die kennen ja allerlei Zitate." Ich entgegnete: „Zitate kennen wir auch, wir können immer welche finden." Tito gab nach, und später schaltete er sich auch selbst in die ideologische Auseinandersetzung mit dem sowjetischen System ein, auf die ihm eigene, einfache und kernige Art.

Wir quälten uns mit der Antwort auf die Frage, weshalb die Sowjetführer uns und auch anderen Parteien und kommunistischen Ländern gegenüber diese Haltung an den Tag legten. Weder ich noch andere „Parteitheoretiker“ waren bereit, uns mit den „vulgären und bourgeoisen“ Erklärungen zufriedenzugeben, all dies sei der Rückständigkeit Rußlands und der diktatorischen, totalitären Natur des sowjetischen Systems zu verdanken. Milentije Popovič deckte in einem Artikel für *Komunist* auf (ich half ihm dabei als Redakteur), daß die Beziehungen zwischen sozialistischen Staaten nicht gleichberechtigt sein könnten, solange diese Staaten im derzeitigen Zustand blieben und ihre gegenseitigen Beziehungen sich auf einen Austausch „Ware gegen Geld“ gründeten. Milentije wußе, wovon er schrieb, denn er war als Außenhandelsminister für einen Handel verantwortlich, der überwiegend mit Osteuropa abgewickelt wurde. Der Artikel Milentijes wurde auch von der *Borba* übernommen und hatte eine außerordentlich ernüchternde Wirkung auf die führenden Vordenker in der Partei.

Ich aber kam immer wieder auf Lenin zurück, studierte ihn, wobei ich noch immer von der Richtigkeit seiner Lehre überzeugt war. So entdeckte ich auch, zur selben Zeit als Milentije auf die Unvermeidlichkeit von ungerechten Wirtschaftsbeziehungen zwischen sozialistischen Ländern kam, daß Lenin sowohl Konflikte als auch Hegemonien zwischen sozialistischen Ländern prognostizierte, solange diese als Staaten mit einer Exekutive existierten. Meine ursprüngliche Absicht war gewesen, Lenins Werken Zitate über Beziehungen zwischen sozialistischen Staaten zu entnehmen. Aber aus der Aufstellung dieser Zitate nach Themen ergab sich beinahe von selbst ein ziemlich langer Artikel (aus *Komunist* abgedruckt in der *Borba* vom 5. bis 12. September 1949).

In diesem Sommer 1949 – zweifelsfrei gab es da einen nicht zufälligen, aber überraschenden Zusammenhang mit der Verschärfung der Lage und mit der ideologischen „Reifung“ unserer Parteispitzen – trafen auch die ersten „selbstkritischen“ Reueerklärungen von Anhängern des Informbüros, ehemaligen Parteifunktionären ein (Voja Ljujić, Bane Andrejev).

Wenn mich das Gedächtnis nicht täuscht, war es in diesen Tagen, daß auf Initiative des Agitprop des ZK beschlossen wurde, Dokumente aus den Archiven der Partei und des Militärs zu veröffentlichen. Der Grund dafür war weniger die lügenhafte sowjetische Propaganda als vielmehr die Überzeugung, daß im Falle einer sowjetischen Invasion diese Archive vernichtet würden und damit das Gedächtnis und Bewußtsein unserer Kommunisten und unserer Partei ausgelöscht worden wäre. Das wurde sofort und intensiv in Angriff genommen und erwies sich von der Organisation her als erfolgreich, weil man bis dahin schon ziemlich viel für die Erhaltung und Ordnung der Archive getan hatte. Schwierigkeiten gab es dabei hauptsächlich mit Tito. Er war dagegen, daß alles veröffentlicht werde, wie z. B. Dokumente, auf denen neben seiner Unterschrift auch Arso Jovanović abgezeichnet hatte. Aber Kardelj und ich überzeugten Tito, daß man alles veröffentlichen sollte, auch Dedijer unterstützte uns dabei, zumindest mittelbar. Tito war noch in der „stalinistischen", pragmatischen Manier befangen, nur das dürfe veröffentlicht werden, „was nicht schadet". Er war beispielsweise 1946 dagegen, daß man in *Komunist* jene Passagen aus der Resolution der 5. Parteikonferenz von 1940 veröffentlichte, in denen Großbritannien und Frankreich angegriffen wurden und der Krieg als ein imperialistischer definiert wurde. Er verhinderte die Veröffentlichung eines Absatzes, in dem auf der 5. Konferenz der Schriftsteller Krleža kritisiert wurde, weil die Beziehungen mit Krleža nunmehr gut waren und dieser eng mit Tito und dem Zentralkomitee zusammenarbeitete. In den letzten Jahren hat Dedijer mehrmals erklärt, Tito habe gesagt, man solle alles veröffentlichen. Ich glaube weniger daran, daß Tito sich in diesem Punkt geändert hatte, als daß er im Besitz absoluter Macht davon überzeugt war, daß man ohnehin nichts veröffentlichen würde, was ihm „schaden" könnte.

Die sowjetischen Drohungen und Provokationen, mit unsinnigen Beschuldigungen der jugoslawischen Führung und dem Haß auf alles Jugoslawische, beschleunigten und verstärkten nur die politische und ideologische Aktivität unserer Führung. Die fieberhaften Anstrengungen der Ketzer behinderten uns in keiner Weise, sie waren vielmehr der Ansporn, nach neuen Wegen und „neuen Entdeckungen" zu forschen. Diese stürmische Zeit mit unvorhersehbaren tödlichen Gefahren erneuerte in der obersten Führung die Verbundenheit und Herzlichkeit, welche Macht und Hierarchie gegen Ende des Krieges, und erst recht danach, schon erheblich aufgerieben hatten. Wir wurden solidarischer, als wir das früher jemals gewesen waren.

Im Unterschied zur früheren Verbundenheit und Harmonie vor dem Krieg und danach, die Anpassung an das Kollektiv und Verzicht auf Individualität als Prämisse hatten, wurden durch die Zuspitzung mit der Sowjetunion in jedem von uns eigene Energien, persönliche Begabungen und Neigungen freigesetzt. Es begann eine stillschweigende Abrechnung, auch in uns selbst, mit den angenommenen, „fremden" Erfahrungen und dem eigenen Bewußtsein. Der Konflikt mit der Sowjetunion begann auch innerlich in jedem von uns zu wüten. Jeder entdeckte in sich seine eigenen Kräfte, seine Frustrationen und Irrtümer. Mit dieser „Individualisierung“ wurde die Führung demokratischer und wieder zu einem Kollektiv. Titos Bedeutung wuchs als Symbol des Widerstandes, aber seine allmächtige Unfehlbarkeit wurde allmählich durch eine oligarchische Form verdrängt.

In der Gluthitze des Sommers 1949, mitten in diesem Stadium der Selbstprüfungen und des Zurechtfindens, war das bedeutungsvollste und entscheidende politische Ereignis die sowjetische Note vom 18. August. Sie war eine brutale Drohung an die Adresse der „faschistischen Gewalttäter“, will sagen unserer jugoslawischen Führung und Ordnung. Anlaß zu dieser Note gab die Ausweisung zaristischer Emigranten mit sowjetischer Staatsbürgerschaft aus Jugoslawien. Diese an die 20000 frischgebackenen Sowjetbürger hatten bald nach dem Ausbruch des Konfliktes ein relativ weit verzweigtes Propaganda- und Agentennetz gespannt. Sie waren zu einem kompakten, undurchdringlichen Kollektiv geworden, ähnlich den jugoslawischen Volksdeutschen, die während des Krieges für Hitler operierten. Sie waren überdies eine ebenso feste wie offene Verbindung mit der sowjetischen Botschaft eingegangen. Ranković berichtete darüber bei einer Besprechung: „Es gelingt uns (den Sicherheitsorganen) überhaupt nicht, sie unter Kontrolle zu bringen, sie sind zu einer echten, unbezwingbaren ‚fünften Kolonne‘ geworden.“

Die jugoslawische Regierung hatte der sowjetischen Regierung mehrere Male vorgeschlagen, diese Sowjetbürger zu übernehmen, aber die war auf diesem Ohr taub. Die sowjetische Botschaft nahm sogar noch alle Emigranten in Schutz, die wegen Spionage oder antijugoslawischer Propagandaaktivitäten von uns verfolgt wurden. Die jugoslawische Regierung hatte trotz aller Drohungen keine andere Wahl, als diesen Sowjetbürgern die Gastfreundschaft aufzukündigen und alle, die sich weigerten, freiwillig zu gehen, des Landes zu verweisen. Die Sowjetregierung war nur in wenigen Ausnahmefällen bereit, ihre Bürger aufzunehmen, so daß die meisten von ihnen in den Westen gingen oder in osteuropäische Staaten wie Ungarn und die Tschechoslowakei emigrierten.

Dieser Streit war Anlaß zu einer scharfen, säbelrasselnden Note der sowjetischen Regierung. Damals wurden die diplomatischen Noten auch nicht auf übliche Weise dem Außenminister oder dem Botschafter überreicht, sondern beim Pförtner deponiert.

Ich war der Ansicht, daß wir auf die offene Drohung der sowjetischen Note, wenn auch nicht offiziell, dann offiziös über die TANJUG-Agentur reagieren müßten. Daher formulierte ich eine Antwort und ging damit zu unserem Außenminister Kardelj, damit er sie absegne. Kardelj gefiel mein Text, und er verwandte ihn nahezu unverändert für die offizielle Antwort. Ich führe diese Antwortnote hier in verkürzter Form an, da sie charakteristisch für die Beziehungen mit der sowjetischen Regierung und für unsere Entschlossenheit war:

„Die Regierung der FVRJ hat nicht die Absicht, sich mit der Regierung der UdSSR in einen Disput über den Charakter des Regimes in Jugoslawien einzulassen... Jedoch erachtet die Regierung der FVRJ es als ihre Pflicht, hervorzuheben, daß die Föderative Volksrepublik Jugoslawien ein unabhängiger und souveräner Staat ist und daß ihre Völker und ihre Regierung unter gar keinen Umständen willens sind, zuzulassen, daß sich, wer auch immer, in ihre inneren Angelegenheiten einmischt. Die Regierung der FVRJ hebt gleichfalls hervor, daß keinerlei Druck von außen bisher irgendeinen Einfluß auf ihre Innenpolitik gehabt hat und auch künftig nicht haben wird. Und was die Außenpolitik betrifft... die Regierung der FVRJ betrachtet es ebenso als notwendig, zu betonen, daß sie diese Politik im Einklang mit der Unabhängigkeit und Souveränität des Landes, im Einklang mit den fortschrittlichen Prinzipien des Friedens und der Zusammenarbeit der Völker und Staaten auf der Grundlage der Gleichberechtigung und gegenseitigen Achtung der Souveränität, im Einklang mit den internationalen Verträgen und Verpflichtungen führt, die öffentliche Akte der Regierung der FVRJ waren und immer noch sind. Die Völker der FVRJ sind unter gar keinen Bedingungen willens, auf einen Druck von außen hin diesen Prinzipien abzuschwören."

In der Note wurde der sowjetischen Regierung auch vorgeschlagen, ihre Staatsbürger, ehemalige Weißgardisten, zu übernehmen. Es wurde gleichzeitig die Repatriierung unserer Kinder und Kriegswaisen gefordert, die gegen Ende des Krieges in die Sowjetunion zur Schulung geschickt worden waren (zu den „Suworowzen", einer Art Kadettenschule). Diese Kinder kamen niemals zurück, und es wurde – meines Wissens – auch nie festgestellt, wer sie denn überhaupt in die UdSSR geschickt hatte.

In diesen Tagen, möglicherweise gerade aus Anlaß der zitierten Antwort, waren Kidrič und ich – jeder in eigener Sache – bei Kardelj. Wir diskutierten mit einiger Gespanntheit und Befürchtung die sowjetische Note. Aber wir waren auch entschlossen. Kidrič meinte: „Die Russen hätten nicht eine solche Note geschickt, ohne sich mit den Amerikanern abgesprochen zu haben. Was sollen die Imperialisten sonst tun, als sich auf Kosten der Kleinen untereinander abzusprechen? Den Amerikanern Griechenland, Jugoslawien den Russen – das ist absolut möglich..." Ich war mit Kidrič einig, wenn auch nicht so kategorisch. Kardelj war noch vorsichtiger als ich, obgleich auch er die Möglichkeit einer Einigung UdSSR-USA auf unsere Kosten nicht völlig ausschloß: „So etwas ist heutzutage schwer durchführbar, obwohl..." Gewiß waren unsere Spekulationen verfrüht und folgten einem eingelaufenen Denkschema. Aber ich schließe auch jetzt nicht aus, daß die sowjetische Regierung zu einem „Handel" bereit gewesen wäre, nur um die „jugoslawische Häresie" zu ersticken. Sie hatte dafür jedoch keinen Partner gefunden. Die USA waren stark genug und ausreichend gegen die Sowjetunion indoktriniert, und schließlich war Jugoslawien ein strategischer Angelpunkt.

Kurz darauf, am 3. September, trat eine gewisse Entspannung ein: US-Außenminister Acheson und Großbritanniens stellvertretender Außenminister McNeil ließen Jugoslawien Unterstützung zuteil werden, indem sie die sowjetische Regierung warnten, ein Angriff auf Jugoslawien werde ernste Folgen nach sich ziehen.

Diese Erklärung wurde in unserer Presse ohne Kommentar, jedoch an genügend augenfälliger Stelle veröffentlicht. Wir scheuten uns noch immer davor, die sowjetische Propaganda würde uns eine Unterstützung seitens der „westlichen Imperialisten" vorwerfen, erkannten jedoch auch die vielleicht entscheidende Bedeutung einer solchen Schützenhilfe. Wir fanden trotzdem einen Modus, auch unsere Öffentlichkeit zu informieren und ihr Mut zu machen. Wir starteten eine harte Polemik mit der sowjetischen Presse wegen ihrer Fälschung westlicher Berichte über Jugoslawien und über die sowjetische Bedrohung Jugoslawiens. Fast über Nacht waren unsere dogmatischen Thesen über einen „Handel" der westlichen und östlichen Imperialisten auf Jugoslawiens Kosten wie weggeblasen.

Sicherlich hat meine ideologische Aktivität Kardelj dazu veranlaßt, vorzuschlagen, daß auch ich mich unserer Delegation bei der UNO-Tagung in New York anschließen sollte; ein weiterer, aber weniger wichtiger Grund war, daß er nicht als einziger aus der Führung an der Polemik mit der sowjetischen Regierung vor dem Forum der UNO teilnehmen sollte, zu der wir uns nach all den offenen Drohungen, zahllosen Provokationen an den Grenzen und einer Wirtschaftsblockade entschlossen hatten.

Ich besaß bisher keine besonderen diplomatischen Erfahrungen, aber der Gedanke behagte mir, daß ich vor dem „Weltparlament" gegen die sowjetische Regierung auftreten sollte.

Wir reisten mit der „Queen Elizabeth". Nicht nur Tito, auch andere Führer mieden das Fliegen, und eine Schiffsreise war uns auch als Erholung willkommen.

Davon konnte aber überhaupt keine Rede sein. Zusammen mit Genossen des Außenministeriums arbeitete ich auch an Bord an einer Deklaration über die Rechte von Staaten. Wir maßen dem große Bedeutung zu, aber in der UNO und in der ausländischen Presse fand sie kaum Beachtung. Meine Hausaufgaben auf See waren zwei Säcke vollgepfropft mit Berichten und Analysen über das Bildungswesen, die unzählige Kommissionen unter der Leitung des ZK erstellt hatten. Ich fraß mich durch diesen gewaltigen Haufen Papier von Sonnenaufgang bis in die späte Nacht. Es waren richtige große Säcke aus wasserdichter Leinwand, und ich wurde nicht fertig damit, was mir in New York weitere Lesestunden einbrachte. Zu Ende kam ich damit nie, und das war eigentlich auch nicht notwendig. In diese systematisierte und allumfassende Übersicht war von zahllosen Experten und Beamten ein enormer Arbeitsaufwand investiert worden, mit dem einen Ziel: die ideologisch entwickelte und administrativ gefestigte Schule zu schaffen. Ermüdet und immer weniger überzeugt ging ich zu den Vorschlägen und Schlußfolgerungen über. Sie waren wirklich methodisch und konsequent abgeleitet worden.

Im ersten Moment gefielen sie mir. Sie waren für die Resolution des ZK zu ausführlich, aber dann wurde mir plötzlich klar, daß eine derart umfangreiche Arbeit gar nicht notwendig war, um die Haltung des ZK zu bestimmen. Aus dieser kritischen, „ketzerhaften" Erkenntnis heraus verselbständigten sich meine Gedanken. Die Vorschläge und Folgerungen waren ja nicht nur zu weitschweifig und zu detailliert, sie waren auch zu starr – mit zu vielen „muß", „soll", „notwendig", „unablässig", „alle Kräfte" etc.

Endlich fand ich die Lösung. Man müßte die gesamte Richtung, die gesamte Schulpraxis umkehren und damit auch die Vorschläge und Schlüsse aus den Säcken. Weg von der ideologisierten, nach sowjetischen Mustern aufgebauten Schule hin zur traditionellen, freieren und stufenweise reformierten Schule.

Ich hatte mich schon früher mit Kardelj über dieses Problem

und über meinen Auftrag unterhalten. Jetzt teilte ich ihm die „plötzliche“ Änderung in meinen Ansichten mit. Kardelj dachte einen Augenblick tief nach und, als dämmerte es auch ihm selbst, stimmte mir zu: „Das ist ausgezeichnet, das ist der Weg, bau dein Referat auf dieser Grundlage auf.“ In New York schrieb ich meinen Bericht über das Schulwesen fertig, Kardelj stimmte ihm bereits dort zu, Tito und die anderen in Belgrad.

Mit demselben Schiff reiste auch die britische Delegation und ein Teil der sowjetischen. Die Mitglieder unserer Delegation hatten mit den Briten bald Kontakt. Die sowjetischen Delegierten, denen wir bei den Mahlzeiten begegneten, vermieden selbst Blickkontakt mit uns. Sie traten stets in der Gruppe auf, bewegten sich wie eine Herde und speisten in einem separaten Nebensaal. Das gab uns immer wieder Anlaß zu ironischen Kommentaren.

Einmal tauchte an Deck auch Hemingway auf – oder war es jemand, der ihm sehr ähnlich sah – um gleich wieder zu verschwinden, als hätte ihn der Ozean verschlungen.

Obwohl ich geistig so intensiv arbeiten mußte, peinigten mich auf dem Schiff wie auch in New York heftige Depressionen. Ich hatte beschlossen, mich von Mitra zu trennen, aber noch nicht getraut, mich Štefica zu erklären. Schlimmer, ich hatte mich vor der Abreise auch noch mit ihr zerstritten. Unvergeßlich ist mir die graublaue Unendlichkeit des Ozeans, die sich in meiner Vorstellung mit Šteficas traurigen Augen verband. Kardelj blieb meine Zurückgezogenheit und Gedrücktheit nicht verborgen. Er war sehr aufmerksam, ja, behutsam mir gegenüber. Er kannte auch die Gründe für meine Gefühle. Vor unserer Abreise war Mitra bei ihm, um ihn dazu zu bewegen, auf mich einzuwirken, was er freundlich ablehnte.

Mich hat Amerika weder durch seinen Lebensstandard noch seinen Stand der Technik beeindruckt. Die Beziehungen zwischen den Menschen und der innere Zustand der Menschen waren für mich – wie auch in meiner frühen Jugend, bevor der Marxismus mein Bewußtsein eingenommen hatte – die wirklichen und wesentlichsten Probleme.

Aber Amerika brachte mich doch recht erheblich zum Nachdenken, und ich war wahrscheinlich nicht der einzige. Irgend etwas mußte ja wohl mit unseren marxistischen Lehren nicht in Ordnung sein, wenn ein derart hochentwickeltes Land mit einem sehr großen Proletariat nicht sozialistisch war und seine Proletarier sogar eine antisozialistische Einstellung hatten.

Kardelj hielt bereits Ende September seine Rede vor der UNO. Er hatte sorgfältig daran gearbeitet und sich mit den Genossen beraten. Die wesentlichen Einwände bezogen sich auf ihre Länge. In dieser Rede aber definierte Kardelj, sachlich und unzweideutig, erstmals vor dem Forum der Welt die Haltung der Sowjetunion gegenüber Jugoslawien als das, was sie war. Es sei nicht irgendein läppischer ideologischer Streit, sondern tendenzielle Hegemonieansprüche, welche die Unabhängigkeit Jugoslawiens bedrohten. Die sowjetische Delegation, angeführt von Wyschinskij, meinte uns geringschätzen zu können, hielt das jedoch nicht lange durch, da sich ihre Vertreter zum Fluchen verleiten ließen. Am eigenen Fall offenbarte sich für uns nunmehr die ganze Irrealität der sowjetischen Außenpolitik. Besonders traurig und lächerlich wirkte Manuilskij. Von dem einstigen Führer und großen Rhetoriker der Komintern waren nur abgenutzte Phrasen, Schmierentheater und greisenhaftes Aufschäumen übriggeblieben. Selbst die sowjetische Führung muß sich der Peinlichkeit bewußt gewesen sein, denn Manuilskij verschwand nach dieser Vorstellung in der Versenkung, wie so viele andere während der maßlosen Gewaltherrschaft Stalins.

Während wir uns noch auf der Reise von Jugoslawien nach Frankreich befanden, hatte uns die Nachricht erreicht, General Peko Dapčević habe erklärt, er hätte nichts dagegen, wenn er über die Atombombe verfügen könnte. Wer immer, so wie ich, Peko kannte, hat gewußt, daß es sich hier um eine überzogene, scherzhafte Äußerung handeln mußte. Kardelj aber schäumte: „Das kommt jetzt gerade Wyschinskij zupaß, um Lärm zu schlagen: Gegen wen verlangt der jugoslawische Generalstabschef die Atombombe?“ Genau das geschah denn auch. Wyschinskij formulierte beinahe wörtlich Kardeljs Frage. Wir konnten uns zweifellos leicht in die Seele der Russen einfühlen.

Aber sie wußten ganz genau über unsere Gespräche Bescheid. Sie hatten in unserer Delegation einen Nachrichtenmann in der Person unseres Dolmetschers, eines russischen Emigranten, der ihnen auch Kardeljs Äußerung brühwarm berichtete.

Ich hielt Mitte November eine Rede im Politischen Komitee der UNO. Sie war ganz auf die sowjetischen Angriffe und Pressionen abgestellt. Die sowjetischen Delegierten, besonders Wyschinskij, verwendeten gern Zitate aus der Literatur und Beispiele aus der Geschichte. Nicht ohne Bosheit las ich ihnen die Hirngespinste des Lügners Nosdrew aus Gogols *Tote Seelen* vor. Ich hatte das vorher mit Kardelj abgestimmt, der mit einem süffisanten Lächeln sein Einverständnis zeigte. Es gab natürlich Gelächter bei den Delegierten der UNO und böse Gesichter bei den sowjetischen Vertretern. Wyschinskij warf mir einen Blick wollüstigen, abgründigen Hasses zu, als wolle er rufen: „Euch werden wir auch noch zu fassen kriegen!"

Meine Rede fand keinerlei Echo in der amerikanischen Presse, und auch Kardeljs Rede hat nur sehr wenig Beachtung gefunden. Auf einem Empfang fragte ich einen amerikanischen Journalisten, ich glaube von der *New York Times,* weshalb sie unsere Argumente gegen die Verleumdungen, Rajk sei unser Spion gewesen und wir seien amerikanische Spione, nicht veröffentlichten. Einer der Journalisten antwortete mir: „Wir schreiben vom Standpunkt unseres Landes aus."

Uns war natürlich klar, daß die amerikanische Presse die sowjetischen Verleumdungen zitierte und unsere Dementis unter den Tisch fallen ließ, um den Konflikt zwischen Jugoslawien und Rußland zu vertiefen, aber auch um ein „getreues" Abbild des „kommunistischen Dschungels" zu liefern. Andererseits aber hatte die *New York Times* mein Gespräch mit Dimitrov auf dem Bahnhof von Topčider veröffentlicht, in dem dieser uns Mut zusprach, im Konflikt mit Stalin hart zu bleiben. Das war neu und interessant und deckte sich wenigstens mit dem „Standpunkt unseres Landes".

Sosehr uns auch die Presse ignorierte, bei den Diplomaten war es genau umgekehrt. Nur mit Mühe konnten wir die vielen Einladungen und Begegnungen bewältigen. Schon bei der Eröffnung der Generalversammlung, oder war es gleich zu Beginn ihrer Arbeit, trat der britische Außenminister Bevin zu unseren Bänken und schüttelte Kardelj herzlich die Hand. Dabei hielt er Kardeljs Hand solange umklammert, bis die Bildreporter die Szene geschossen hatten, sehr zum Mißvergnügen der sowjetischen Delegierten. Kardelj lächelte ebenfalls mit leicht gespielter Herzlichkeit. Ich hatte den Eindruck, daß ihm eine solche übermäßig herzliche Begrüßung aus heiterem Himmel nicht sehr angenehm war, aber er war sich ihrer positiven Bedeutung durchaus bewußt. Wir hatten das Verhalten der sowjetischen Führung zwar schon „verschmerzt", uns lag aber noch immer sehr viel daran, nicht als „Mitarbeiter des Kapitalismus und des Imperialismus" mißverstanden zu werden.

Die interessanteste und markanteste Persönlichkeit, die wir

beim Mittagessen zu Gast hatten, war der kanadische Außenminister Lester Pearson. In Kreisen der UNO genoß er den Ruf, einer der gescheitesten westlichen Staatsmänner zu sein, und sein Eindruck auf uns bestätigte das. Er war ein intellektueller Kopf und verband Sachlichkeit mit Weisheit. Halb im Scherz bemerkte er: „Ich glaube nicht, daß ich jemals Kommunist sein werde, aber wenn ich einer wäre, dann wäre ich mit Sicherheit ein jugoslawischer.“ Und über die Sowjetunion und die Beziehungen mit ihr: „Sie, die Russen, haben jetzt auch die Atombombe, aber wir im Westen sind stärker als sie. Wir könnten Rußland auch besetzen, aber das würde enorme Opfer verlangen, und es weiß auch niemand, was man mit ihnen dann machen sollte: Sie sind solch furchtbare Nationalisten – sie würden keine Ruhe geben, man könnte bei ihnen keine Ordnung schaffen.“

Der Konflikt UdSSR-Jugoslawien gelangte, trotz der Gleichgültigkeit der Presse, in den Mittelpunkt des Interesses in der UNO, besonders nach der Ankündigung der Kandidatur Jugoslawiens für einen Sitz im Sicherheitsrat. Kardelj hatte diese Idee noch in Belgrad im Sekretariat vorgetragen, und Tito war sofort dafür zu haben. Hinter den Kulissen entbrannte nun ein erbitterter Kampf, der nach der ersten Abstimmung seinen Höhepunkt erreichte. Die sowjetische Delegation tat alles, unsere Wahl zu verhindern – von öffentlichen Beschuldigungen über eine Verletzung der Charta und eines „gentleman's agreement“ bis hin zu heimlichen Erpressungen und Drohungen. Doch unsere Leute stellten eine Unterstützung durch die USA sicher. Es war die Unterstützung der USA, die damals in der UNO den Ton angab, und es waren die vielen Stimmen Lateinamerikas, die zu unseren Gunsten überwogen. Uns war bewußt, daß dies nicht nur ein Sieg unseres kleinen Landes auf der Weltbühne, sondern auch der Sieg eines großen Prinzips war. Ich schrieb darüber in New York einen Artikel, der bald darauf in Jugoslawien veröffentlicht wurde.

Mit Mićunović machte ich einen Ausflug zu den Niagarafällen und besuchte die Ford-Werke, mit Kardelj reiste ich nach Washington. Dabei traf er mit dem neuernannten US-Botschafter Allen zusammen. „Ein typischer amerikanischer Berufsdiplomat: selbstbewußt und intelligent“, beschrieb er ihn. Als Allen, auf Kardeljs Frage über Anleihen, entgegnete, Jugoslawien sollte bei den USA Hilfe beantragen, dachte Kardelj darüber nach und meinte dann zu uns: „Vielleicht wäre dies das Gescheiteste – wir sind in großen wirtschaftlichen Schwierigkeiten.“

Am jugoslawischen Nationalfeiertag, dem 29. November, versäumte es das Informbüro nicht, uns als „Faschisten" und „Mörder" abzuqualifizieren und uns des endgültigen Übergangs in das Lager der Imperialisten zu beschuldigen. Im Zusammenhang mit der Wahl Jugoslawiens in den UNO-Sicherheitsrat brachte das „IB" noch eine Resolution heraus, die jedoch bei uns nur noch Spott ernten konnte. Stalin und sein sowjetischer Führungskader lebten offensichtlich noch in einer vergangenen Zeit.

Ich hätte für die Rückreise gern das Flugzeug benutzt, aber Kardelj war dagegen. So reisten wir diesmal mit der „Ile-de-France", die weniger groß und pompös war wie die „Queen Elizabeth", dafür gemütlicher und legerer.

In meiner Wohnung traf ich Mitra nicht an. Sie war in eine kleine Villa umgezogen und hatte das Nötigste mitgenommen. Noch am Abend nach der Ankunft ging ich auf einen Sprung zu Ranković, um seiner Gattin Slavka und den Kindern ein paar kleine Geschenke zu überreichen. Dort traf ich auch Štefica an, vermutlich hatte Slavka sie eigens meinetwegen eingeladen. Ich nahm dann Štefica im Wagen mit, um sie bei ihrer Wohnung in der Vojvode-Dobrnjca-Straße abzusetzen. Vorher aber fuhr ich zu meiner Villa, um ihr einen kleinen Ring zu überreichen, den ich in New York für sie gekauft hatte. Sie freute sich. Ich hatte die ganze Zeit an sie gedacht, und jetzt trat auch ein Wendepunkt in unseren Beziehungen ein. Der Gedanke, sie zu heiraten, war mir nicht mehr fremd, obwohl wir nicht davon sprachen.

Bald nach unserer Rückkehr aus den USA, Ende Dezember 1949, wurde die 3. Plenarsitzung des ZK über das Bildungswesen abgehalten. Ich meine, die Mehrheit in der Partei sah in dieser Tagung einen bedeutungsvollen Umbruch in der Suche nach eigenen Wegen und in unserer Trennung von sowjetischer Ideologie und Methodik.

In meinem Referat sagte ich: „Das Problem liegt also nicht so sehr darin, was – welche Art von Mensch – wir schaffen wollen, als vielmehr in der Anwendung von Methoden, die das tatsächlich auch sichern werden." Und in den Beschlüssen, die ich ebenfalls redigiert hatte, hieß es, der Marxismus werde nicht mehr als gesondertes Fach unterrichtet, man bestehe vielmehr auf Wissenschaftlichkeit und dadurch auch auf dem Marxismus im Unterricht der Fächer als Ganzheit; die Priorität von Russisch werde abgeschafft und die Gleichberechtigung bzw. freie Wahl der übrigen Fremdsprachen (Englisch, Deutsch, Französisch) eingeführt.

Man sei gegen „Bildungsbeamte“ und bemühe sich um einen „freien Meinungsaustausch zwischen den Lehrkräften“ usw. Es wäre unrichtig, ja, grotesk, wenn irgend jemand sich die Errungenschaften dieses Plenums als Verdienst zuschreiben würde. Ebensowenig hätte ich ein derartiges, demokratisches Referat halten können, wenn mich nicht zunächst Kardelj unterstützt und später auch Tito mir zugestimmt hätte. Auch wären mir unmöglich solch „ketzerische“ Gedanken in den Sinn gekommen, hätte es nicht diese schlimmen und immer erschreckenderen sowjetischen Nötigungen gegeben. Hinzu kamen die zahllosen leidenschaftlichen, schöpferischen und doch sachlichen Diskussionen in der Parteispitze und ihrer Umgebung, in der ich wirkte.

Mein Verdienst bestand letzten Endes nur darin, daß ich die Meinungen und Ideen, die ich um mich herum registrieren konnte, aufgenommen und formuliert habe.

Es genügt, einen Blick auf die Wahlreden der Parteiführer (besonders von Tito, Pijade, Kidrič und anderen) zu Anfang des Jahres 1950 zu werfen, um zu begreifen, daß je nach hierarchischer Stufe in unserer Führung eine Atmosphäre vorherrschte, in der man nicht nur die sowjetischen Formen und Methoden verwarf, sondern auch die eigenen überprüfte. Sonst wäre auch meine Wahlrede vor Studenten, am 18. März 1950, nicht möglich gewesen. Ich hatte sie absichtlich für dieses Auditorium möglichst hochgestochen und kompliziert angelegt. Ich führte aus, daß sich in der Sowjetunion das Staatsmonopol auf die Produktion in ein Monopol auf die Gesellschaft verwandelt habe, und daß unsere Partei jene Hegelsche Negation des sowjetischen Systems sei.

Der Prozeß der „Demokratisierung“ war nicht leicht. Es fehlte eine beherzte und einmütige Unterstützung. Auch dieses dritte Plenum des „Umbruchs“ verlief nicht ohne die andere, die „bürokratische“, „stalinistische“ Seite. „Alle Kräfte...“, stand in den Wirtschaftsbeschlüssen des Plenums, „zur Festigung der bestehenden Arbeitsgenossenschaften“ (sprich: Kolchosen). Diese deutliche Ambivalenz in Theorie und Praxis schlug auch in der Wirtschaft voll durch, es waren nicht nur intellektuelle Betrachtungen.

In der Landwirtschaft beharrte man auf Kollektivierung, in der Industrie und im Handel wurden zur selben Zeit die ersten, aber gründlichen Schritte zur Dezentralisierung und Stärkung des freien Marktes unternommen.

Der entschiedenste und scharfsinnigste Vordenker dieser Tendenzen war Kidrič, der dazu noch über eine unglaubliche Arbeitsenergie verfügte. Er konnte darin Kardeljs Unterstützung gewiß sein, vielleicht mehr als ich bei ideologischen Problemen. Auf Kidrič lastete auch weiterhin der größte Teil der Verantwortung für das Funktionieren des staatlichen und sozialen Mechanismus.

Ich hatte mich bis dahin noch gar nicht mit Wirtschaftsfragen befaßt, weil ich überzeugt war, daß meine Kenntnisse dafür nicht ausreichten. Natürlich hatte ich Marxens Ökonomie gelesen, aber ich war im Gegensatz zu manchen unserer Neunmalklugen der Ansicht, daß sie sich zur Führung der Wirtschaft nicht eignet. Mit der Zeit habe ich dann gelernt, daß Marxismus eine Sozialphilosophie ist und keine Anleitung für das veränderliche und empfindliche Wirtschaftsleben.

Zu Kidrič zog mich weniger ein Interesse für die Wirtschaft, als seine lebhafte und kritische Denkfähigkeit, die meiner Art in mancher Hinsicht ähnlich war. Das brachte es schließlich zuwege, daß mein Interesse für Wirtschaftsfragen erwachte. Aber ich verfügte weder damals noch heute über tiefere und konkretere Kenntnisse ökonomischer Vorgänge. Dafür fehlte es an der entsprechenden Ausbildung. Für mich war und ist die Volkswirtschaft vielleicht das wichtigste Problem zwischenmenschlicher Beziehungen, und von dieser Seite wurde auch mein Interesse geweckt.

Diesem neuen Interesse waren einige meiner für die Wirtschaft an sich belanglose, aber für die Zerschlagung der leninistischen Dogmatik in der Wirtschaft nützliche Initiativen entsprungen. Kidrič war stets überbeschäftigt, nahm es jedoch mit Erleichterung auf, wenn ich ihn bei der Arbeit „unterbrach“. An einem winterlichen Spätnachmittag, das war 1949 oder 1950, suchte ich ihn in der Planungskommission auf. Er sagte mit Stolz, daß er täglich aus allen jugoslawischen Fabriken, Handelsunternehmen und von allen Baustellen des Landes Berichte über die Planerfüllung erhalte: „Das haben selbst die Russen nicht geschafft – sie haben nur monatliche Berichte. Zwei Lastwagen voll mit Berichten jeden Tag.“ „Und wer liest das?“ fragte ich. „Es gibt dazu beauftragte Genossen.“ „Warte – aber wieviele gibt es davon? Wieviele Leute braucht man dazu? Wie sind sie dafür qualifiziert? Und was wird unternommen, wenn eines Tages jemand das Soll nicht erfüllt hat?“

Davon schon ein wenig verunsichert, verlegte sich Kidrič aufs Erklären. Ich verließ ihn, aber einige Tage später rief er mich an:

„Weißt du, jenes tägliche Sammeln von Berichten aus allen Unternehmen – das ist die reinste bürokratische Dummheit. Fruchtloses Tun: zwei oder drei Angestellte, die damit beauftragt sind, können nicht einmal ein Hundertstel des Materials durchsehen." Das Erkennen dieses planerischen Unsinns war einer der Gründe, daß Kidrič das ganze Planungssystem änderte. Anstelle der detaillierten Planung führte er die Planung von „wirtschaftlichen Proportionen" ein.

Kidrič verfügte über eine wache Intelligenz und umfangreiche Bildung, auch in den technischen Wissenschaften. Wenn er sich über ein Problem hermachte, dann tat er das mit Engagement und ungebremstem Elan, wobei er dazu tendierte, „Nebensächlichkeiten" zu übersehen und zu vergessen. Möglicherweise war auch unsere Ähnlichkeit in solchen Dingen der Grund, daß wir uns schätzten. Derartige Eigenschaften sind schlecht für einen Staatsmann in Friedenszeiten. Für Revolutionäre – und wir agierten ja noch in revolutionären Verhältnissen – konnten sie dagegen durchaus wertvoll und entscheidend sein. Kidrič schuf damit jedenfalls die Fundamente, auf denen das jugoslawische System heute beruht. Kidrič war auch mit einer Portion scharfsinnigem, intellektuellem Sarkasmus gesegnet. Immer wenn eine neue, „marktwirtschaftliche" Entscheidung getroffen war, pflegte er zu bemerken: „Ausgezeichnet, wieder eine kapitalistische Maßnahme."

Anfang 1950 hatte das theoretische Denken unserer Führung das Thema Stalin verlassen, man bewegte sich rasch weiter – von Lenin zu Marx hin. Kardelj betonte: „Mit Zitaten läßt sich alles beweisen." Dann: „Es ist unmöglich, Lenin vollständig von Stalin zu trennen." Schließlich: „Stalin geht aus Lenin hervor."

Bei dieser Bewegung hin zu Marx verharrten wir in unseren kritischen Überlegungen am meisten auf dem leninistischen Typus der Partei, als dem Quell und dem Mittel nicht nur des Sieges, sondern auch der „Abweichung" nach der Machtergreifung. Da wir uns Marxens Theorie vom Absterben des Staates zu eigen gemacht hatten (um so überzeugter, je entschlossener wir mit stalinistischen Formen brachen), sahen wir allmählich ein, daß es ohne eine veränderte Rolle der Partei kein Absterben des Staates gibt und auch nicht geben kann. Doch in diesem Bereich, in den Problemen der Partei, kamen wir am langsamsten weiter, man hatte sich da auch am wenigsten vorgenommen. Dort traf man stets auf den festen Wall der konservativen, verknöcherten Funktionäre und die bereits formierte, gefestigte Schicht der Parteibürokratie.

Ich begann, Marxens *Kapital* erneut durchzuarbeiten, mit der Absicht, ursprüngliche Wahrheiten zu entdecken, beziehungsweise die „Nichtübereinstimmung und die Irrtümer" Stalins und auch Lenins. Mit diesen Studien verband sich auch mein „soziales" Interesse für die Ökonomie. Eine nicht geringe Rolle in meinen Betrachtungen spielten ferner die lebhaften Diskussionen mit Kidrič und mit Kardelj, jedoch auch die bürokratische Ausweglosigkeit, mit der unsere Ökonomie rang.

Und so fiel es mir ein, als ich im zweiten Band des *Kapital* jene Stellen durchlas, die sich auf die künftige „Assoziierung unmittelbarer Produzenten" als Übergangsform zum Kommunismus beziehen, daß man unser gesamtes Wirtschaftssystem auf die Weise vereinfachen sollte, daß man die Leitung jenen überließe, die in den Unternehmen arbeiteten, und der Staat für sich nur Steuern sicherte. An einem regnerischen Tag des späten Frühlings, in einem Gespräch im Auto vor meiner Villa, trug ich diese Idee Kardelj und Kidrič vor. Sie waren beide der Meinung, daß es dafür noch zu früh sei. Kardelj hatte in diesen Tagen ein Treffen mit Gewerkschaftsfunktionären, die, neben anderen Fragen, den Vorschlag machten, alle Arbeiterräte abzuschaffen. Sie existierten noch von früher her, waren aber zu einer blutleeren, nur noch beratenden Funktion verkümmert. Dem widersetzte sich Kardelj entschieden, er meinte, man müsse diese Räte ganz im Gegenteil sogar stärken. Auch Kidrič sagte mir das mal am Telefon: „Weißt du, diese Idee von dir – das könnte man jetzt durchführen." Und Kardelj verknüpfte meine Konzeption mit der Einrichtung der Arbeiterräte. Es begann eine Diskussion, und die Selbstverwaltung nahm langsam Gestalt an. Kardelj spielte jetzt schon die entscheidende, schöpferisch-praktische Rolle.

Wir glaubten fest daran, endlich den richtigen, endgültigen Weg zum Absterben des Staates, hin zu einer klassenlosen Gesellschaft entdeckt zu haben. Als wir unsere Vorlage im Ministersaal des Parlaments einbrachten, sprach sich Tito zunächst dagegen aus: „Unsere Arbeiter sind noch nicht reif dafür." Kardelj und ich gaben nicht nach, denn wir waren mit unserer Arbeit der gesetzlichen Formulierung schon recht weit gekommen. Tito ging ein paarmal auf und ab und rief dann begeistert aus: „Ja, das ist ja jene Idee von Marx: ‚Die Fabriken den Arbeitern'!" Tito stand bei Erörterungen von Theorien auch sonst ein wenig beiseite. Das lag an seinen vielen Verpflichtungen und seiner hierarchischen Distanz, aber letzten Endes war er immer mehr Praktiker als Theoretiker.

Kardelj und die anderen maßen dem „Grundgesetz über die Verwaltung“ (d. h. Selbstverwaltung) eine außerordentliche Bedeutung von der Dimension eines historischen Umbruchs bei. Tito folgte dieser Auffassung und hielt als Hauptverantwortlicher am 26. Juni 1950 das entsprechende Referat im Parlament. Er hob dabei hervor, man hätte das auch schon früher machen können, hätten wir den Marxismus-Leninismus stärker auf unsere Verhältnisse angewandt und uns weniger an die mittlerweile überholten sowjetischen Rezepte gehalten.

An dem Tag, als bei uns die Diskussion über das Selbstverwaltungsgesetz begann, brach der Krieg in Korea aus. Wir waren überzeugt, daß hinter diesem Abenteuer Stalin und die sowjetische Regierung stünden. In unserer Presse stellten wir uns auf die Seite Nordkoreas, gleichzeitig veröffentlichten wir aber auch die Meldungen der amerikanischen Seite. Bei der Bestimmung unserer offiziellen Haltung schwankten wir sehr lange, dabei begannen zur selben Zeit bulgarische Truppenkonzentrationen an unserer Grenze, und die Zwischenfälle häuften sich. Doch das löste bei uns weniger Befürchtungen und Aufregung aus als noch im letzten Sommer.

Vom Leiter unseres militärischen Nachrichtendienstes, General Srećko Manola, hörte ich damals zufällig, daß die Streitkräfte der Staaten des Informbüros, die sich an unseren Grenzen sammelten, für eine Intervention in Jugoslawien bei weitem nicht ausreichten. Im Zusammenhang damit möchte ich hinzufügen: Die Informationen unserer Armee über die Bewegungen, die Stärke und Stationierung dieser Truppenverbände waren erstaunlich zutreffend und sehr präzise.

Gleichwohl sah sich Generalstabschef Koča Popović in Nöten, auf ihm lastete eine enorme Verantwortung, er aber hatte keine verbindliche offizielle Lagebeurteilung. Meiner Meinung nach war es ihm unangenehm, zu Tito zu gehen, weil er annahm, dieser würde antworten: er, der General, solle sich um sein eigenes Geschäft sorgen und darauf vertrauen, daß sich schon jemand um die Lagebeurteilung kümmern würde. Koča hatte ein gutes Verhältnis zu mir und lud mich eines Nachmittags zu einem Gespräch in den Generalstab ein. „Ich habe die Verantwortung“, sagte er, „ich weiß aber nicht, wie die Führung die Lage einschätzt. Ist es dem Politbüro bewußt, daß unsere Streitkräfte eine so schwache und heterogene Bewaffnung haben, daß sie, im Falle eines sowjetischen Angriffs, nach einigen Tagen in Partisanenverbände zerfallen würden?“ Ich antwortete ihm, daß das Politbüro dies nicht diskutiert habe, daß aber die Meinung vorherrsche, es käme zu keinem Angriff. Das hieße aber nicht, daß man sich nicht mit aller Kraft zur Verteidigung vorbereiten solle.

Trotz meines Drängens, über den Krieg in Korea eine offizielle Stellungnahme abzugeben, damit Unklarheiten und Zweifel in der Propaganda beseitigt werden konnten, wurde das bis Anfang September hinausgeschoben; das lag auch daran, daß Kardelj in Urlaub war. Schließlich, am 6. September, gab Kardelj eine Erklärung heraus, an der auch ich mitgewirkt hatte. Die Definition der UdSSR als Aggressor hätte auch präziser sein dürfen, aber die Qualifizierung der Sowjetunion als mittelbaren Herausforderer, dem an der Freiheit des koreanischen Volkes nicht gelegen sei, reichte für die Bedürfnisse der Propaganda und für die Orientierung der Partei aus. Als interessante Einzelheit aus den Diskussionen über Korea führe ich hier die richtige Voraussage von General Peko Dapčević an: die Amerikaner würden den Brückenkopf im Süden Koreas halten und zu einer Gegenoffensive an Koreas Flanken übergehen.

Die Wende bei Veröffentlichungen von Informationen aus dem Westen und von Äußerungen westlicher Staatsmänner war bereits vollzogen. Desgleichen in den Kontakten zu Vertretern des Westens. Es verstärkten sich die Beziehungen zu den westlichen Sozialisten. Ich erinnere mich, wie auf dem Empfang in der französischen Botschaft, anläßlich des 14. Juli 1950, an dem ich als Stellvertreter von Kardelj teilnahm, die Diplomaten mir mit lebhafter Neugier und Zustimmung zuhörten, als ich Ausführungen über die Selbstverwaltung und die weitere Demokratisierung machte.

Jugoslawien war im Aufbruch begriffen. Zumindest erschien es den meisten so, und die Mehrheit in der Führungsspitze war davon überzeugt, daß wir auf dem neuen Weg zu einer noch nie dagewesenen Demokratie waren. Darin lag auch Wunschdenken und Selbsttäuschung – unvermeidlich bei jeder noch dazu revolutionären Idealisierung der eigenen Praxis. Die Parteibürokratie sah sich zu Kompromissen gezwungen, durch Druck von außen wie von innen und durch Strömungen in der Führung. Im Bereich der Ideologie duckte sie sich und verschanzte sich hinter Anonymität. Aber sie blieb weiterhin hartgesotten, unnachgiebig und begriffsstutzig, wann immer es um ihre eigenen materiellen und sozialen Privilegien ging.

Besonders heftig und sehr bezeichnend war darin die Reaktion auf Branko Ćopićs satirische Erzählung *Jeretička priča* („Eine ketzerische Geschichte"), in der dieser den Stumpfsinn und die Unersättlichkeit der politischen Bürokratie an den Pranger stellte. Funktionäre der Staatssicherheit drohten ganz offen, Ćopić zu verprügeln. Auch Tito war wütend, aus „parteimäßigen" wie auch aus persönlichen Gründen: „Er lügt, er hat eine Unwahrheit vorgebracht", erklärte er am 29. Oktober auf dem Kongreß der Frauen, unter begeistertem Beifall. Pijade beeilte sich, unaufgefordert einen Artikel gegen Ćopić mit dem Titel „Das ‚Heldentum' des Branko Ćopić" zu schreiben. Ich stutzte diesen Artikel mit der zynischen Erklärung zurecht, ich handele so, wie ein Mitglied eines Bezirkskomitees handeln würde. Von Brioni her zuckten Blitze gegen Ćopić. Ich konnte den Zorn Titos nur mit allergrößter Mühe besänftigen, indem ich vorschlug, selbst mit Ćopić zu reden. Ich erklärte Ćopić, daß er mit seiner Voreiligkeit unsere Demokratisierung behindere. Daraufhin er: „Jetzt ist mir klar, Genosse Djido, was ich da verpatzt habe!" Da ich Branko als einen Pfiffikus kannte, sagte ich ihm: „Was du nicht sagst! Wenn du jetzt aber dort in den Flur hinausgehst, wirst du lachen und dir denken: Wie habe ich ihn bloß angeschmiert!" Dennoch ging die Sache für Ćopić besser aus, als es zunächst den Anschein hatte, aber er und auch die anderen Satiriker waren für längere Zeit zum Schweigen gebracht worden.

Ich aber dachte gar nicht daran, zu schweigen. Gleichzeitig mit Pijades Angriff auf Ćopić erschien mein Artikel „Zeitgenössische Themen", in dem ich das sowjetische System als staatskapitalistisch analysierte und den Schluß zog, daß der Gegensatz zwischen uns und der Sowjetunion in der Substanz größer sei als zwischen der Sowjetunion und dem kapitalistischen Westen bzw. den USA. Die These vom Staatskapitalismus in der UdSSR wurde danach auch von der Führung angenommen, sogar von Kardelj und Tito. Nach meiner Absetzung 1954 und der Versöhnung mit Chruschtschow ließ man sie sofort fallen.

Dieser Artikel war, neben den Publikationen und Auftritten anderer Parteiführer, Anlaß für eine neue, bedeutende Entscheidung des Politbüros. Theoretische Erörterungen sollten in der Partei nicht länger als Weisungen behandelt werden, das „Durcharbeiten" von Reden und Artikeln der Parteiführer in den Parteiorganisationen, wenn das Politbüro nicht ausdrücklich betont hatte, sie hätten Weisungscharakter, wurde abgeschafft. Die Wende in dieser Sache vollzog Tito in seiner Rede vor Gardeoffizieren am 29. November 1951, allerdings nachdem Kardelj und ich ihn auf die akute Bedeutung des Problems aufmerksam gemacht hatten. In diesem Zusammenhang hatte sich ein unliebsamer Fall ereignet, den auch Tito in seiner Rede ansprach.

Von seiner Parteiorganisation mit dem Vorwurf eines „informbüroistischen Schwankens" in die Enge getrieben, weil er die These vom Staatskapitalismus in der UdSSR nicht akzeptierte, hatte ein Offizier Selbstmord verübt. Der Führung war das sehr unangenehm, es berührte sie schmerzlich. Man konnte keine gute Absicht in die Tat umsetzen, keinen neuen Schritt unternehmen, ohne daß Unschuldige dem zum Opfer fielen. Die ideologische Intoleranz und Einkapselung war in der Oberschicht der Partei immer noch stark. Und Tito – so hörte ich das von einem Genossen – wetterte in kummervollem Zorn: „Das hat noch gefehlt, daß meine Offiziere sich wegen Behauptungen töten, die Sowjetunion sei nicht sozialistisch!" Aber diese These hatte ihre Ursachen in den Diskussionen der Führungsspitze, die auch Tito nicht fremd waren, und so fand auch er sich mit ihr ab, nachdem sein Zorn verraucht war.

In der Rede vor den Gardisten schloß Tito, daß die Auslassungen der Führer über neue Ansichten sich derart häuften und ausbreiteten, daß ein „Durcharbeiten" dieser Diskussionsbeiträge sich nicht nur hemmend und schematisierend auswirken würde, sondern auch zeitlich undurchführbar wäre. Tito hatte das Problem schnell erfaßt, weil er auch selbst das neue demokratischere Klima in der Partei registrierte: „Wenn solche Artikel im Grunde auch richtig sind", sagte er bei dieser Gelegenheit, „keiner von uns kann für sich beanspruchen, daß er stets die hundertprozentig richtige Beurteilung und Analyse abgeben könnte, ohne vorher die Ursachen gewisser Erscheinungen erkannt zu haben, und bevor diese Ursachen das Bewußtsein der Mehrheit erreicht haben. Ich bin der Ansicht, daß theoretische Artikel sich nicht dazu eignen, auf Zusammenkünften der Parteizellen als etwas Weisungsmäßiges und Endgültiges erörtert zu werden, und daß demnach die Parteimitglieder über sie durchaus diskutieren können, aber nicht so, als sei das die Parteilinie, etwas, was als Leitsatz vorgegeben wurde, sondern so wie über ein Material, das die massengemäße Entwicklung des theoretischen Gedankens fördern soll... Es ist also falsch, eine freie Diskussion über theoretische Fragen innerhalb der Parteiorganisation mit bereits gefällten Beschlüssen über einzelne Fragen zu verwechseln... Da dürfen und können

Menschen nicht verurteilt werden, und es darf auch nichts übers Knie gebrochen werden. Also, bevor der endgültige Beschluß gefällt worden ist – ein volles Recht auf Diskussion mit demokratischen Prinzipien; hinterher aber auch eine disziplinierte Annahme der Standpunkte, welche die Mehrheit in den einzelnen Fragen eingenommen hat."

Das Jahr 1951 brachte den Höhepunkt des Konfliktes mit der Sowjetunion, aber in vielen Dingen auch sein Ende.

Für mich begann es mit einem Besuch in London. Der formelle Anlaß war eine Einladung aus dem *Chatham House* (Sitz des *Royal Institute of International Affairs*) zu einem Vortrag über die sowjetisch-jugoslawischen Beziehungen, tatsächlich war es eine Einladung der britischen Regierung. Mit mir kam auch Dedijer, jedoch nicht nur als verantwortlicher Funktionär, sondern auch als Dolmetscher – in einer „beiläufigen", streng vertraulichen Mission.

Wir erhielten von den westlichen Staaten (USA, Großbritannien, Frankreich) bereits Hilfe in Nahrungsmitteln und Rohstoffen, das meiste davon kam aus den USA. Unsere Streitkräfte aber waren nur sehr dürftig bewaffnet und ausgerüstet. Wir hatten bis dahin nicht um Waffen- und Ausrüstungshilfe ersucht, dabei brauchten wir sie dringender als Nahrung. Der Grund war eben das „zurückgebliebene Bewußtsein" unserer Kommunisten. Die sowjetische Propaganda hätte dadurch für die Behauptung des Informbüros vom Übertritt der „Tito-Clique" in das „Lager der Imperialisten" einen fruchtbaren Boden in unseren Parteireihen gefunden.

Im Politbüro war schon seit 1950 über die Mängel in unseren Waffensystemen und über die Unmöglichkeit, sie zu beseitigen, gesprochen worden. Tito und die militärische Führung hatten die Gefahr dieses Problems deutlicher als andere gefühlt und zum Ausdruck gebracht. Die Aktionen des Sowjetblocks und die Erkenntnis der aggressiven Absichten der Sowjets hatten sich bis Ende 1950 derart ausgeweitet und gefestigt, daß man nunmehr – nach Einschätzung Titos und des Politbüros – die ersten Schritte wagen durfte, um aus dem Westen und von den USA Militärhilfe zu erhalten. Zunächst deutete Tito dies Anfang Januar 1951 in einem Interview mit *United Press* an: er hob die Notwendigkeit einer Waffenbeschaffung im Ausland hervor und betonte, daß wir noch nichts verlangt hätten, „um nicht der feindlichen Propaganda Stoff zu liefern". Vor meiner Abreise nach London wurde bei Tito ein Beschluß des Sekretariats gefaßt, der mich anwies, die Frage der Waffenhilfe anzuschneiden.

Es war kein Zufall, London beziehungsweise die Labour-Regierung als den ersten Kontakt zu wählen. Eine Labour-Delegation, mit dem Sekretär Morgan Philips und dem Vorsitzenden S. Watson an der Spitze, hatte sich schon 1950 in Jugoslawien aufgehalten und mit unserer Führung, die hauptsächlich durch mich vertreten war, sehr offene und einer Annäherung förderliche Gespräche gehabt. Auch die offiziellen Beziehungen zur Labour-Regierung waren offener und herzlicher geworden. So fungierten sie, wie auch die übrigen europäischen Sozialisten, nicht nur als Übergangsstufe in unserer Zusammenarbeit mit dem Westen, der Kontakt mit ihnen erwies sich als Treibsatz, uns aus der Isolation zu helfen und allmählich unser ideologisches Vorurteil von Kommunisten als einzigen und wahren Vertretern der Arbeiterklasse und des Sozialismus abzubauen.

Unsere Führung hatte sich, anders als der Parteiapparat, relativ schnell, bereits 1949, von der Illusion befreit, über den Konflikt UdSSR-Jugoslawien werde es unter den kommunistischen Parteien zu einer Spaltung kommen. Lediglich einzelne Kommunisten aus diesen Parteien wandten sich uns zu, in der Mehrzahl waren das Genossen, die bereits von ihren Parteien „abgefallen", d. h. von Moskau enttäuscht waren. So zum Beispiel die Spanier Felix Montiel und José del Bario. Bei den Italienern waren es Cucchi und Magnani, die sich erst ziemlich spät nach dem Ausbruch der Spannungen UdSSR-Jugoslawien von ihrer Partei trennten, denn ausschlaggebend für sie war nicht unser Konflikt, sondern Differenzen mit der eigenen Partei.

Bei unserem ZK wurde eine Abteilung für die Beziehungen mit sozialistischen Bewegungen eingerichtet, an deren Spitze ich stand. Als Helfer und „Antriebskraft" war Dedijer dabei. Es tauchten auch einige deutsche Dissidenten auf. Mit ihnen traf ich mich illegal in der Schweiz, und mein erster Eindruck, daß es ungeschickte, beschränkte und einflußlose Leute waren, erwies sich später auch als richtig. Die Zusammenarbeit mit den Spaniern und Italienern dagegen verlief ohne Schwierigkeiten, sie brachte jedoch auch keinen größeren Einfluß in den Parteien dieser Länder. Sie waren nicht nur „stalinisiert", sondern sie hatten nur ihre eigenen Interessen im Auge. Allein die sozialistischen Parteien dachten undogmatisch, nach eigener Sicht der Verhältnisse, wie sie durch den Konflikt UdSSR-Jugoslawien entstanden waren.

Um die Geheimhaltung unserer Londoner Verhandlungen wegen der Waffenhilfe auch vor den Chiffreuren zu bewahren, hatte ich für Premierminister Attlee und für das Thema unserer Gespräche besondere Decknamen mit Ranković vereinbart.

In London trafen wir am 28. Januar 1951 ein. Am 30. Januar empfing uns Ernest Davis, der den erkrankten Außenminister Bevin vertrat. Am 31. Januar äußerte auch Churchill den Wunsch, uns zu sprechen, dazu werde ich später noch etwas anmerken. Am selben Tag gab die britische Regierung uns zu Ehren ein Mittagessen, bei dem, neben Premierminister Attlee, die prominentesten Labour-Führer anwesend waren. Dedijer und ich nahmen in einem passenden Augenblick Attlee zur Seite und teilten ihm mit, daß wir gern die Meinung der britischen Regierung über eine eventuelle Waffenhilfe des Westens für Jugoslawien hören würden. Er sagte, er würde uns einladen und eine Antwort geben. Nach zwei, vielleicht auch drei Tagen lud man uns in die Downing Street ein und führte uns in den Kabinettssaal. Attlee hieß uns sogleich an einem langen Tisch Platz nehmen, zog ein Papier aus der Tasche und verlas eine Erklärung, die aus einem Satz bestand – die britische Regierung blicke mit Sympathie auf unseren Wunsch nach Hilfslieferungen von Waffen.

Ich hatte den Eindruck, daß mein Vortrag eine gute Aufnahme fand, besonders was meine Beantwortung von oft provozierenden Fragen betraf. Dedijer und ich besuchten auch die Bergarbeiterstadt Durham, wir fuhren in die Schächte ein und hatten am Abend ein Essen bei S. Watson, das um so angenehmer ausfiel, als es bescheiden und ganz formlos war.

Auch die konservativen Abgeordneten, mit McMillan an der Spitze – er hinterließ bei mir den Eindruck einer gefaßten und unaufdringlichen Liebenswürdigkeit –, gaben für uns einen Empfang im Parlament. Die Engländer wären jedoch ihrer jahrhundertealten, raffinierten politischen Erfahrung untreu geworden, hätten sie nicht bei einem Mittagessen Hugh Seton-Watson neben mich placiert, damit dieser sich in serbischer Sprache für unseren Häftling Dragoljub Jovanović einsetzen konnte, und hätten sie nicht versucht, zwischen mir und Vjećeslav Vilder, einem Emigranten und Bekannten aus meiner Studentenzeit, ein Treffen zu arrangieren. Beim Abendessen bei unserem Botschafter Brilej lernte ich Aneurin Bevan, den Führer des linken Labourflügels kennen, von dem ich den Eindruck einer dynamischen Persönlichkeit von lebendigem und unkonventionellem Verstand gewann.

Zu Churchill gingen wir voll neugieriger und begeisterter Erregung. Sein Haus in London war nicht größer und nicht prunkvoller als eine der mittelmäßigen Bürgervillen von Dedinje, in denen sich nach dem Krieg die jugoslawischen Führungs- und Funktionärsschicht eingerichtet hatte.

Wir trafen Churchill im Schlafzimmer, er lag im Bett und entschuldigte sich dafür, daß er uns in dieser Lage empfangen müsse. Gleich lud er uns zum Mittagessen ein, aber wir entschuldigten uns – es tat uns wahrhaftig leid, eine solche Gelegenheit zu versäumen, denn wir hatten bereits bei der britischen Regierung zum Mittagessen zugesagt. Churchill fing an: „Ich habe das Gefühl, daß wir uns auf derselben Seite der Barrikaden befinden." Als wir das bejahten, fragte er entzückt: „Und wie geht es meinem alten Freund Tito?" Ich hatte mir schon unterwegs vorgenommen, Churchill vorzuwerfen, er habe seinerzeit meinen Chef Tito beleidigt. Als Brilej und Dedijer erwiderten, Tito befinde sich wohl, setzte ich hinzu: „Sie hatten aber gesagt, er habe Sie irregeführt?" „Wann, wo?" staunte Churchill. „In Ihrer Rede in Fulton, 1946." „Nicht möglich! Was habe ich nicht alles für Blödsinn in meinem Leben gesagt", meinte Churchill mit einem Ausdruck des Unbehagens. Lachend fügte ich hinzu: „Aber wir haben uns durch Ihre Worte nicht beleidigt gefühlt, wir haben das als eine Anerkennung aufgefaßt." Churchill lachte säuerlich. Dann fragte er mich: „Sie sind doch Mitglied des Politbüros – sie fühlen die Mentalität der Sowjets: Würden sie, wären sie Mitglied des sowjetischen Politbüros, über Europa herfallen?" Ich antwortete, ich würde das nicht tun. „Und ich würde das tun, sehen Sie! Was ist Europa: unbewaffnet, uneinig. Innerhalb von zwei Wochen könnten die Russen am Ärmelkanal sein. Diese Insel würde sich wenigstens einigermaßen verteidigen, aber Europa... Gäbe es keine Atomwaffen, hätten die Russen möglicherweise schon losgeschlagen."

Jemand von uns bemerkte, die Russen seien erschöpft, sie hätten sich noch nicht vom Krieg erholt. Ich sagte darauf: „Die Tatsache, daß sie uns noch nicht angegriffen haben, spricht dafür, daß sie nicht beabsichtigen, Europa zu überfallen." Churchill pflichtete bei: „Ja, und sie werden auch dadurch gebremst, weil Stalin klug ist – er läßt sich nicht auf Abenteuer ein. Und alt ist er auch – er hätte keine Lust, durch Sibirien zu fliehen oder sich in Atombunkern zu verstecken." Im nächsten Moment verfiel Churchill in strategisches Sinnieren: „Ja, die Russen hält die Angst vor Atombomben zurück. Sie sind ein zentralistisches Imperium. Bombardierte man die Verkehrsknoten mit Atombomben – da wären auch die Opfer unter den Zivilisten nicht groß – so würden die Randgebiete aus den Fugen geraten und abzufallen beginnen: Stalin weiß das sehr gut."

Churchill hatte sich dabei im Bett aufgerichtet und machte, zahnlos wie er war und mit einer Schlafmütze auf dem Kopf, mit gespreizten, nach unten gerichteten Fingern das Fallen von Fliegerbomben nach. Er wirkte wie ein Gespenst, in dem noch immer und unvermindert der kriegerische Geist loderte. Das Gespräch mit Churchill dauerte etwa eine halbe Stunde. Am Schluß sagte er, beinahe mitleidsvoll: „Und quälen Sie die Bauern nicht zu sehr – sie sind harmlos, sie haben keinerlei Schuld."

Die Verhandlungen über die Waffenhilfe aus dem Westen verliefen zügig und ohne Schwierigkeiten; mit meinen eigenen Geschäften und Interessen ausgelastet, verfolgte ich sie so gut wie nicht. In einem Interview mit Reuter, Anfang März, deutete Tito auch öffentlich eine solche Möglichkeit der Waffenhilfe an. Ich hörte allerdings von unseren Generälen, vor allem von Dapčević, mit dem ich kameradschaftlich verkehrte, die von den USA gelieferten Waffen kämen sehr ordentlich verpackt und fabrikneu an, bei den Geschützen seien sogar Reinigungsstangen vorhanden. Nichtsdestoweniger, wenn ich das richtig verstanden habe, waren es Waffen auf dem technischen Niveau des Zweiten Weltkrieges. Die neuesten Modelle hatte man uns nicht gegeben. Wir waren aber auch damit zufrieden, da auch unsere potentiellen Gegner nicht besser bewaffnet waren und die Kriegstechnik noch keine wesentlichen Fortschritte gemacht hatte, abgesehen von den Düsenflugzeugen und Atomwaffen, die ohnehin nicht zur Diskussion standen.

An der Waffenbeschaffung von den USA hatte auch ich einen gewissen, wenn auch unbedeutenden Anteil. Anläßlich des Besuches des Chefs der Vereinigten Stäbe der US-Armee, General Collins, im Oktober 1951, war ich namens der Regierung zu einem Abendessen delegiert worden, das die US-Botschaft ihm zu Ehren gab. Auf dem Weg dorthin suggerierten mir die Generäle Koča Popović und Dapčević, ich sollte von Collins Düsenflugzeuge verlangen. Als ich diese Frage aufwarf, fiel mir dann auch ein Argument ein, das auf Collins überzeugend wirken sollte, da er sich herauszuwinden versuchte, dies liege nicht allein in seiner Zuständigkeit, die USA müßten zuerst ihre Verbündeten versorgen. Ich sagte zu ihm: „Wir verstehen nicht, weshalb sie uns keine Düsenflugzeuge liefern sollten. Der einzige Grund dafür, den wir sehen, sind eure ideologischen Vorurteile, weil wir Kommunisten sind." Ich hatte den Eindruck, daß dies auf Collins wirkte, der auf uns überhaupt einen so angenehmen Eindruck machte, weil er wie ein Zivilist in Uniform aussah. Aber selbst wenn dem nicht so war, wir erhielten bald auch Düsenflugzeuge, zwar nur Trainingsmodelle, die sich jedoch auch für den Kampfeinsatz verwenden ließen.

Alle unsere Kräfte kamen in Bewegung. Theoretische, ideologische Erkenntnisse, allzu bittere, vernichtende Erfahrungen und eine veränderte Lage des Staates, das alles befruchtete sich in der Umgestaltung des inneren Systems. Bereits Anfang Februar 1951 wurde ein neues Strafgesetz, später auch eine neue Strafprozeßordnung verabschiedet. Unterstützt von Fachleuten und unter Kardeljs Aufsicht hatte Moša Pijade leidenschaftlich und hingebungsvoll daran gearbeitet. Er war davon überzeugt, daß diese Gesetze zu den besten und demokratischsten in der ganzen Welt gehörten. In der Tat deuteten sie im Verhältnis zu früherer Willkür und polizeilicher Allmacht einen Umbruch und einen Sprung nach vorne an.

Während diese Gesetze diskutiert und angenommen wurden, traf am 12. April 1951 der UNO-Generalsekretär, Trygve Lie, zu einem Besuch in Jugoslawien ein, so daß unser eigener selbstsicherer Elan mit einer Aufwertung unseres Images in der Welt zusammentraf. Tito wurde damals nach schweren Koliken auf eine Gallenoperation vorbereitet, und Kardelj erholte sich gerade von einer Operation an der Wirbelsäule. Deshalb mußte ich als Gastgeber für Trygve Lie fungieren. Der Besuch verlief herzlicher als die Funktion von Trygve Lie das erfordert hätte. Als ein interessantes Detail will ich erwähnen, daß Lie, als ich ihn im Wagen zum Flughafen begleitete, mir die Frage stellte: „Aber was war der Grund für eure Hilfeleistungen an die Aufständischen in Griechenland?" „Revolutionärer Idealismus", antwortete ich. „Und wie groß war diese Hilfe tatsächlich?" Ohne langes Zögern – ich war überzeugt, daß er das nicht mißbrauchen würde – nannte ich ihm runde Zahlen. „Das war ja beträchtlich", kommentierte Trygve Lie.

Titos Operation in Bled ließ die Führung, im Schwung des Widerstandes und der Reformen, noch näher zusammenrücken. Zum erstenmal seit dem Krieg fühlten wir eine derartige Herzlichkeit und Verbundenheit gegenüber Tito und untereinander, daß wir an ihre Unvergänglichkeit und Unverbrüchlichkeit glaubten. Jedenfalls ging es mir so. Als Titos Pflegerin trat Jovanka damals aus der Rolle der heimlichen Geliebten in die offizielle Wirklichkeit ein. Sie wurde von der Mehrheit der Führungsspitze und von mir herzlich und vertrauensvoll akzeptiert.

Die Aufrufe zum 1. Mai wurden meist von Tito abgefaßt. Doch damals, als er erkrankt war, mußte ich einspringen. Auf jeden Fall aber lohnt es sich, die wichtigste Stelle in diesem Aufruf als eine Illustration unserer Bestrebungen und Vorstellungen sowie unseres politischen Denkens zu zitieren: „Eine weitere Festigung und Erweiterung der persönlichen Rechte der Bürger, ein weiteres Heranziehen der breitesten Massen zur Steuerung des Staates und der Wirtschaft, eine weitere Entwicklung der Brüderlichkeit und Einheit unserer Völker, ein weiterer Kampf gegen bürokratische Tendenzen und gegen sämtliche Erscheinungen der Verletzung unserer sozialistischen Gesetzmäßigkeit – das also sind die Aufgaben, die vor unseren Völkern, vor unserer Partei, der Volksfront und den gesellschaftlichen Organisationen stehen."

„Unser Land erhebt auf diese Weise das Banner der Demokratie und des Sozialismus, das die heutigen Machthaber der Sowjetunion niedergetreten haben, indem sie den werktätigen Massen alle Rechte und Freiheiten genommen haben und zu einer Politik der Interessensphären, der Eroberungskriege und der Unterjochung anderer Völker übergegangen sind, und all dies um des ausbeuterischen und unstillbaren Appetits der bürokratischen Kaste willen, die der Ansicht ist, daß sie – vorgeblich im Namen des Kampfes gegen den Kapitalismus – das Recht besitze, die Arbeit der Werktätigen in ‚ihrem' Land und in fremden Ländern zu plündern und zu verschwenden."

Am bedeutendsten waren jedoch meiner damaligen Erkenntnis nach Rankovićs Referat auf dem 4. Plenum des ZK, am 3. Juni 1951, und Kardeljs Artikelserie „Im Kampf für Sozialismus und Unabhängigkeit" in der *Borba* vom 1. bis 3. Juli 1951.

Rankovićs Referat bezog sich auf den Zustand und die Tätigkeit der Organe der Polizei und der Justiz, wenngleich es einen harmlosen, parolenmäßigen Titel trug: „Für eine weitere Stärkung der Justiz und der Gesetzmäßigkeit". Die Tatsache, daß Ranković diese Einrichtungen leitete oder kontrollierte, mochte auf den ersten Blick die Objektivität der Urteilsbildung beeinträchtigen. Aber Ranković präsentierte, mit der ihm eigenen Akribie und mit einer den Kommunisten eigenen Konsequenz, wenn sie sich einmal für einen Richtungswechsel entschieden haben, die „Rechtslage", wodurch, wenn auch nur mittelbar, deutlich wurde, daß das gesamte System von Recht- und Gesetzlosigkeit durchdrungen war. Das Gewicht und die Glaubwürdigkeit dieser niederschmetternden Kritik wurden unter den gegebenen Bedingungen gerade dadurch erhöht, daß sie vom Chef der gesamten Polizei stammte, der zugleich Organisationssekretär der Partei war.

Unter anderem führte Ranković auf: „Es gibt Gerichte, die einen konkreten Fall von Ungehorsam gegenüber einzelnen staatlichen Organen oder Amtspersonen in eine konterrevolutionäre Tat umwandeln. So hat, zum Beispiel, ein Gericht die Beleidigung eines Gemeindevorsitzenden und seiner Ehefrau zu einer Straftat gegen Volk und Staat erklärt und eine dreijährige Freiheitsstrafe ausgesprochen... Manche Gerichte haben offene Gesetzesbrüche begangen. Für genau gleiche Straftatbestände sprechen sie unangemessene, zu milde oder gar zu strenge Strafen aus... Die Organe für innere Angelegenheiten, das Amt für Staatssicherheit miteingeschlossen, weisen in ihrer Arbeit ebenfalls gewichtige Mängel und Schwächen auf, vor allem in der Frage der Einhaltung und Durchführung der Gesetzmäßigkeit... Die Erscheinungen vorschneller Verhaftungen von Bürgern, ... ungerechtfertigt eingeleiteter Strafverfahren bewegen sich nach Berichten der Staatsanwaltschaften in den Republiken wie folgt: Serbien 40%, Slowenien 39%, Bosnien und Herzegowina 51%, Makedonien 36%, Montenegro 47%... Es gibt Beispiele, daß „Weisungen" erteilt werden, wie das Gericht im konkreten Fall entscheiden solle, es werden sogar im voraus konkrete Anweisungen gegeben bezüglich der Höhe der Strafe, zu der der einzelne zu verurteilen sei..."

Ranković betonte, daß es Fälle von ungesetzlicher Abberufung von Richtern gäbe. Das dilettantische Vorgehen der Gerichte, von dem Ranković sprach, wirkte um so vernichtender, wenn man bedenkt, daß das Königreich Jugoslawien über eine ordentliche und kompetente Justiz verfügte, und daß es im neuen Jugoslawien bereits einige juristische Fakultäten gab, aus denen jedes Jahr Hunderte von Volljuristen hervorgingen. In Kroatien, einem früher nach österreich-ungarischem Recht geordneten Land, hatten von 324 Richtern 20 keine juristische Ausbildung. In Serbien hatten zwei Richter am Kreisgericht lediglich Volksschulbildung. In Bosnien und Herzegowina waren von 184 Richtern 110 ohne juristische Ausbildung, und drei Richter am Kreisgericht hatten nur Volksschulbildung. In Kosovo und Metohija hatten 65 Richter – das waren fast alle – nur Volksschulbildung. Die Bürger beschwerten sich nicht nur allzuoft vergeblich, sie wurden wegen ihrer Beschwerdeanträge mitunter auch noch bestraft: „So wurde im Bereich der Volksausschüsse des Bezirks und der Stadt Trebinje festgestellt, daß sich die Bürger nur selten beschwerten, weil Funktionäre der Volksausschüsse sie davon abhielten. Der Exekutivausschuß des Bezirksausschusses in Stara Pazova* hatte einfach beschlossen, alle diejenigen zu bestrafen, die gegen die Schätzung der Ertragshöhe beim Mais Beschwerde einlegten, und so wurde dieser gesetzwidrige Beschluß sogar in das Sitzungsprotokoll des Exekutivausschusses eingetragen..." In seinem Bericht führte Ranković auch die Zahl der 1948 verhafteten Informbüro-Anhänger auf: 8403 „im Administrativverfahren zu gesellschaftlich nützlicher Arbeit verurteilt", davon wurden 3718 freigelassen; 12% der Freigelassenen wurden erneut verhaftet.

Rankovićs Referat auf dem 4. Plenum des Zentralkomitees bedeutete eine Wende, weil für die Bürger in Fragen des Alltagslebens Gesetz und Ordnung eingeführt wurden. Es änderte jedoch nichts an der Lage der politischen Gegner und verminderte auch nur unwesentlich die Macht der Geheimpolizei. Neben Ranković hielt auch ich in dieser Plenarsitzung ein Referat: „Über einige Fragen der theoretischen Arbeit der Partei". Die Sowjetunion kritisierend – die Theorie sei dort nicht einmal Monopol der Foren, sondern einer einzigen Persönlichkeit (Stalin lebte damals noch) –, hob ich hervor, daß es bei uns ebenfalls Tendenzen gäbe, die Theorie zu monopolisieren. Meine Schlußfolgerung aber war zweifellos zu optimistisch, mehr ein Ausdruck des Hoffens als der tatsächlichen Situation:

„... Unser ZK und unsere Partei kämpfen als Ganzheit gegen jedweden Monopolismus, aber besonders im Bereich des menschlichen Denkens ist jeder Monopolismus nicht nur dem Fortschritt des menschlichen Gedankens abträglich, er stellt zugleich auch den Anfang und die Schlußphase des Kampfes der reaktionären Kräfte für die Verwirklichung jenes anderen, materiellen und gesellschaftlichen Monopols dar, welches in der Herrschaft über andere Menschen und über die Früchte ihrer Arbeit besteht. Ohne das ideologische Monopol läßt sich auch jenes andere Monopol nicht fest errichten und lange aufrechterhalten, ebensowenig dessen reaktionäre und despotische Herrschaftsformen."

* Trebinje ist eine alte, kulturreiche und kultivierte Stadt; Stara Pazova liegt in nächster Nähe Belgrads – der Autor.

Das war nicht nur Ausdruck meiner eigenen Hoffnungen. Die Resolution des Plenums über theoretische Fragen wurde ebenfalls im Geiste meiner Behauptungen abgefaßt. Sie stellte auch fest, daß das „Durcharbeiten" in der Partei nicht obligatorisch sei, außer wenn dies eine Direktive des Politbüros vorsähe. Damit begann faktisch auch eine Milderung des Tito-Kultes. Weder seine Verdienste noch sein Führungsanspruch wurden ihm von irgendjemandem streitig gemacht, doch die Vergötterung seiner Persönlichkeit flaute ab.

Der Artikel Kardeljs unterstrich die Gefahren, welche dem Sozialismus von der „Bürokratie des eigenen sozialistischen Staates" drohten. Einen Ausweg sah Kardelj in der Delegierung von Macht nach unten in die Fabriken, Institutionen und niederen Machtorgane, mit anderen Worten in die Kommune, wie Marx sie vorsah. Und auch er hielt die Fortentwicklung des Bewußtseins in seinem Fall und bei einem Teil der Führung für Wirklichkeit:

„Das Prinzip der ‚Herabsenkung' der Staatslenkung, so nah an das Volk wie nur möglich, wird demnach bei uns allmählich schon zur Realität. Wenn nichts anderes, so zeigt dies schon allein die Tatsache am augenfälligsten, daß die Tendenzen zur Wiedererweckung des staatskapitalistischen Bürokratismus bei uns gescheitert sind... Es besteht daher kein Grund, daß wir auch künftig um das Schicksal des Sozialismus in unserem Land bangen, wenn unser werktätiges Volk mehr Rechte in seinen Händen haben wird als irgendein Volk jemals in der Geschichte gehabt hat."

Kardeljs Artikel, so sehr er heute auch illusionistisch erscheinen mag, bedeutete damals eine Stärkung der reformistischen, demokratischen Strömung nicht nur in der Parteispitze, sondern auch in der Staatsverwaltung und in den niederen, sehr autoritären Behörden.

Ich veröffentlichte Anfang September 1951 einen längeren Artikel unter dem Titel „Betrachtungen über verschiedene Fragen", der bereits durch seine unkonventionelle und unverbindliche Überschrift, erst recht aber durch seinen aufgelockerten Inhalt ein Verlassen der Denkschemen und die Annahme von freieren Interpretationen offenbarte.

In diesem Sommer hatte man auf Kardeljs Vorschlag beschlossen, bei den Vereinten Nationen Beschwerde gegen die Sowjetunion einzulegen und ihre Verurteilung wegen der Bedrohung Jugoslawiens zu beantragen. Kardelj schlug auch vor, daß ich Jugoslawien im Politischen Komitee der UNO vertreten sollte.

Die Tagung der UNO fand in jenem Jahr in Paris statt. Die Delegation reiste in Salonwagen ab, von denen einer (ausgerechnet der von Kardelj und seinem Stab) in der Schweiz Feuer fing, weil er europäischen Geschwindigkeiten nicht standhalten konnte. Der Brand war harmlos, nur wurden wir, bis er gelöscht war, vorläufig aus dem Fahrplan ausgeschlossen. Kardelj giftete und ärgerte sich schwarz, während ich die Sache von ihrer komischen Seite nahm.

Ich hatte meine Rede in Belgrad in Zusammenarbeit mit verantwortlichen Funktionären des Außenministeriums vorbereitet und sie rechtzeitig, Ende Oktober oder Anfang November, Kardelj zur Durchsicht gegeben. Im ersten Augenblick hatte Kardelj keine Einwände: „Nun, es ist in Ordnung", stimmte er zu.

Dann aber erschien Dedijer bei Kardelj im Büro und legte mit Einwänden aller Art los – meine Rede sei vom juristischen Standpunkt aus nicht dokumentiert, da ich beispielsweise die Zahl der Zwischenfälle aufführte, jedoch keine gerichtlichen Akten zitierte, durch die jeder einzelne Zwischenfall beurkundet sei, aber nur dies sei für die UNO maßgeblich; wir könnten in eine sehr unangenehme Lage kommen, falls man von uns ein gerichtliches Dokument verlange, wir aber nicht in der Lage seien, eines vorzulegen – und dergleichen mehr.

Dedijer hatte ansonsten weder gegen die politische noch gegen die stilistische Seite meiner Rede etwas vorzubringen gehabt. Kardelj pflichtete Dedijer bei, und auch ich akzeptierte seine Einwände. Noch heute bin ich der Meinung, daß er Recht hatte. Jedenfalls trug seine Kritik erheblich dazu bei, meine überarbeitete Rede an Glaubwürdigkeit und Gewicht gewinnen zu lassen.

Aber in Dedijers heutiger Schilderung dieses Vorfalls gibt es Unrichtigkeiten. Ich zitiere, was er im Zusammenhang damit sagt:

„Einige Tage vor Djilas' Auftreten im Politischen Sonderkomitee kommt mir der Text seines Referats in die Hände. Ich lese ihn sorgfältig durch und sehe, daß dies nicht dem Zweck, zu dem wir zu den Vereinten Nationen gekommen waren, entsprechen wird. Im Referat lag der Schwerpunkt nicht auf den zwischenstaatlichen Beziehungen, auf den Verletzungen des internationalen Rechtes, vielmehr war dies eine marxistische Disputation aus dem Bereich der Philosophie mit Beimengung von Theologischem, wer im Recht und wer im Unrecht sei, beinahe in der Art, ob zwei oder drei Engel auf einer Nadelspitze stehen könnten.

Nun finden Djilas und ich uns bei Kardelj zu schwarzem Kaffee ein, und ich sage meine Meinung über Djilas' Referat. Da verfalle ich aber in meinen üblichen Fehler. Ich glaube, daß meine Kritik gerechtfertigt war, ich habe sie aber in einer derart plumpen Weise ausgesprochen, daß Djilas aus der Haut fuhr, als hätte ihm jemand seinen Heimatort Rovca niedergebrannt.

An diesem Tag wurde ich aber auch bis zum Abend vom Pech verfolgt. Der Präsident der Französischen Republik, Vincent Auriol, gab an diesem Abend im Elyseepalast einen großen Empfang für alle Delegationen. Djilas und ich waren bestimmt worden, dorthin zu gehen. Wir fuhren im selben Auto, und dort setzte sich der Streit vom Nachmittag fort. Ich wollte meinen Mund nicht halten, und gerade als wir in den Elyseepalast hineingingen und der livrierte Bedienstete verkündete, es kämen „seine Exzellenz Milovan Djilas und Herr Dedijer", kränkte ich Djilas mit irgend etwas, so daß er, während wir auf den Präsidenten der Französischen Republik zugingen, sich mir nichts, dir nichts umdrehte, nach Hause ging und mich ganz verwirrt vor den weißhaarigen Herrn Auriol hinstellte, der mir die Hand drückte und sagte: ‚Ich freue mich, Sie zu sehen, Herr Djilas.'

Am nächsten Morgen rief mich Kardelj auf sein Zimmer. Da war auch Djilas. Er sagte mir, daß er mit der Art meiner Einwendungen vom Vortag nicht einverstanden sei, ihrem Inhalt jedoch zustimme. Er habe das Referat durchgelesen und es entspräche tatsächlich nicht seinem Zweck, es müsse vielmehr ein neues geschrieben werden.

Djilas nahm dies kameradschaftlich auf. Die Nacht ging vorüber. Ich habe mich bei ihm wegen meiner Plumpheit entschuldigt. Damit war dieser Zwischenfall unter uns erledigt. Er erwähnte ihn nie mehr und rächte sich an mir auch in keinerlei Weise, obwohl wir auch weiterhin ständig zusammenarbeiteten. Er war, zum Beispiel, Vorsitzender der Kommission des ZK der KP Jugoslawiens für internationale Beziehungen, und ich war Sekretär.

Zusammen mit Kardelj, Bartoš und Veljko Mićunović machten wir einen neuen Entwurf für das Referat. Wir arbeiteten Tag und Nacht. Wir mußten verlangen, daß uns aus Belgrad per Kurier neues Material zugesandt werde. Bartoš, Mićunović und ich schliefen für 28 Stunden nicht, bis das Referat fertig war."*

* V. Dedijer: *Izgubljena bitka Josifa V. Staljina,* Belgrad, Rad, 1978, S. 355–357.

Ich will nicht darauf eingehen, ob meine Rede „eine marxistische Disputation aus dem Bereich der Philosophie mit Beimengungen von Theologischem“ war, „beinahe in der Art, ob zwei oder drei Engel auf einer Nadelspitze stehen könnten“ – es wird sich wohl auch diese Rede in irgendeinem Archiv finden lassen, außerdem war das nicht mein erster Auftritt auf der „internationalen Szene“, was er sehr gut weiß.

Ich bin damals auch schon vor dem Elysee umgekehrt und nicht, nachdem der Zeremonienmeister uns angesagt hat; auch kannte mich der „weißhaarige Herr“ Vincent Auriol bereits von der kurz zuvor veranstalteten Jagd beim Schloß Rambouillet, so daß er nur in einer mechanischen Reaktion Dedijer als Djilas anreden konnte, was auch ich nicht ausschließe.

Dedijer und ich versöhnten uns, meiner Erinnerung nach, erst in Belgrad. Überdies stamme ich gar nicht aus Rovca. Das alles war aber damals auch nicht wichtig, die Menschen reagieren eben entsprechend ihrem Temperament, Dedijer und ich bilden in dieser Beziehung keine Ausnahme.

Aus Dedijers Schilderung geht jedoch hervor, daß ich an der Abfassung des Referats gar keinen Anteil gehabt hätte: „Zusammen mit Kardelj, Bartoš und Veljko Mićunović machten wir einen neuen Entwurf für das Referat... Bartoš, Mićunović und ich schliefen 28 Stunden nicht, bis das Referat fertiggestellt war.“

Es ist wahr, daß die genannten Genossen – unter ihnen auch ich, nicht nur Dedijer – am Einordnen der Themen, der Fragen, die der Bericht erfassen sollte, beteiligt waren, und daß dies bis in die späte Nacht hinein gedauert hat. Ich habe danach die weitere Arbeit auf mich genommen, wobei mir bei der Beschaffung, beim Ordnen und Abschreiben des Materials Beamte der Staatssicherheit, des Außenministeriums und am meisten meine Sekretärin Dragica Vajnberger behilflich waren. Wir schickten schriftliche Botschaften, Depeschen und Kuriere nach Belgrad, um schnellstens Dokumentation herbeizuschaffen. Weder Dedijer noch irgendein höherer Funktionär hatte daran wesentlichen Anteil, sowohl wegen ihrer eigenen Arbeit als auch wegen der notwendigen Homogenität der Beschwerdeschrift. Die Genossen aus dem Apparat und ich arbeiteten bei Tag wie bei Nacht an die zwei Wochen lang, um unseren Termin im Politischen Komitee halten zu können. Alles das wird begreiflich, wenn man bedenkt, daß mein Redemanuskript nahezu 100 Seiten stark war und zu einer der längsten Reden in den Vereinten Nationen wurde; schon aus diesem

Grund konnte es nicht von Bartoš, Mićunović und Dedijer im Lauf von „28 Stunden" geschrieben werden. Zu alledem wurde diese Rede seinerzeit als von mir verfaßt veröffentlicht. Warum hat Dedijer damals meine Urheberschaft nicht in Abrede gestellt?

In dieser Zeit kam in die Residenz unseres Botschafters Ristić (ich erinnere mich nicht mehr aus welchem Anlaß) der berühmte amerikanische Journalist S. L. Sulzberger in Begleitung seiner schlanken, dunkelhäutigen Frau. Zwischen Sulzberger und mir bestand von früher her eine gewisse Unverträglichkeit. Bei mir wegen seiner Zeitungsbeiträge, bei ihm vermutlich wegen der Gerüchte, ich hätte gesagt, man solle ihn aufhängen.

Bis dahin hatten Sulzberger und ich in Paris keinerlei Kontakt gehabt. Bei dieser Gelegenheit aber unterhielten wir uns ganz unbefangen, fast freundschaftlich, beobachtet von den prüfenden, ein wenig ironischen Blicken seiner Frau. Ich erinnere mich, daß wir bei der Frage des Erzbischofs Stepinac am längsten verharrten. Sulzberger gab mir zu verstehen, daß der Gefängnisaufenthalt von Stepinac im amerikanischen Senat Widerstände gegen Hilfeleistungen an Jugoslawien hervorrufe. Er fragte: „Warum schaffen Sie Stepinac nicht außer Landes?" Ich erklärte ihm, daß unsere Verfassung eine Verbannung unserer Staatsbürger ins Ausland verbiete und andererseits eine Verfassungsänderung wegen Stepinac sinnlos und unverständlich wäre. Sulzberger und ich sind jetzt gute, selbstlose Freunde. Wir warten sehnsüchtig auf jeden neuen Sommer, um uns beim Forellenfang zu treffen, um zwanglose Gespräche zwischen Intellektuellen, die mit verschiedenen Erfahrungen alt geworden sind, führen zu können.

Unser Verhältnis zur Sowjetunion und zum Konflikt mit ihr hatte sich bereits völlig verändert. Bei dieser UNO-Tagung bekam das auch eine endgültige, formale Ausprägung. In seiner Rede in der Generalversammlung am 15. November behandelte Kardelj zwar alle brennenden Weltprobleme, jedoch legte er den Schwerpunkt seiner Ausführungen auf die aggressive Politik des Sowjetblocks gegenüber Jugoslawien als einer ernsten Gefahr für den Weltfrieden.

Ich verlas am 26. und 27. November die schon erwähnte Beschwerdeschrift gegen den sowjetischen Block. Für die Delegierten war das ein langes, tödlich langweiliges Dokument, jedoch durch die aufgeführten Tatsachen um so machtvoller. Die sowjetischen Repräsentanten reagierten darauf verworren und mit den falschen Argumenten. Die beste Unterstützung erhielten wir vom brasilianischen Delegierten, Ribeiro Couto, sowie dem Vertreter Belgiens, van Glebek. Die UN-Resolution, in der der sowjetische Block verurteilt wurde, hatte Aleš Bebler aus Zitaten der UN-Charta zusammengestellt. Als die Abstimmung über die Verurteilung beendet war – fünfzig Pro, fünf aus dem Sowjetblock Kontra (Afghanistan und Iran enthielten sich) – konnte van Glebek nicht widerstehen, in der Sitzung zu kommentieren: „Wie kann jemand Mitglied der UNO sein und gegen eine Resolution stimmen, die aus Teilen der Charta besteht?"

Damit war der Konflikt Jugoslawiens mit dem sowjetischen Block, aus dem Dunstkreis der Parteien und der Ideologie heraus, endgültig Weltpolitik geworden, in der sich der jugoslawische Staat zu einem eigenen, unabhängigen Faktor entwickelt hatte. Dadurch erhielt die Schärfe unserer Polemik eine ruhigere, selbstsichere und weniger ideologische Form. In seiner Rede zum Neujahr 1952 erwähnte Tito nicht einmal die Sowjetunion und die Kampagne des Sowjetblocks, er begnügte sich mit der Feststellung, das Ansehen unseres Landes sei gewachsen, und hob hervor, die Wahrheit über uns habe im Jahr 1951 die meiste Verbreitung in der Welt gefunden.

In Paris bei der UNO-Tagung hielten wir uns viel zu lange auf, nahezu zwei Monate. Wann immer ich nicht beschäftigt war, besuchte ich Museen, am häufigsten den Louvre, und ging nachts spazieren, meistens auf der Champs-Elysées und der Rue de Rivoli. Unter den Denkmälern und Bauten gefielen mir Rodins Denkmal für Balzac und die Sainte-Chapelle am besten, wo ich von der grazilen Leidenschaftlichkeit tief ergriffen war, wie ich dies später nur noch einmal, im Tadsch Mahal, erlebt habe. Eines Nachts führten uns die Genossen von der Botschaft in ein Varieté, aber ich mochte mir Frauen, die sich für Geld entkleiden, nicht ansehen und ging gleich zu Beginn weg.

Sobald ich nach Belgrad zurückkam, machte ich mich intensiv daran, neben der übrigen Arbeit, *Die Legende über Njegoš* zu schreiben, eine Polemik gegen die Schriftstellerin Isidora Sekulić und ihr Buch über Njegoš. Das Buch hatte ich bereits gelesen, und zur Polemik wurde ich durch die diesbezügliche Begeisterung marxistischer und kommunistischer Intellektueller ermuntert. Den entscheidenden Anlaß für meinen Angriff auf Isidora gab der Schriftsteller Mihailo Lalić mit seiner Schwärmerei über dieses Buch.

Ich habe in meinem Buch erklärt, wie es zu seinem Entstehen

kam und was mich dazu bewogen hat. Zuerst schrieb ich einen Artikel für die *Borba,* mit dem ich gegen das Lob, das Djuza Radović der Studie Isidoras erteilt hatte, zu Felde zog. Ich vertiefte mich in das Problem und schrieb eine Artikelserie für *Književne novine* („Literaturzeitung"), die danach auf Anregung von Skender Kulenović und Bora Drenovac redigiert und zu einem Buch zusammengestellt wurde. Die Redaktion besorgte unter anderem Skender Kulenović.

Bald nach Erscheinen der *Legende über Njegoš* zeigte mir Mitra ein Exemplar, voll mit Unterstreichungen und mit marginalen Frage- und Ausrufungszeichen. „Das Buch ist dogmatisch", sagte sie mir. Wahrhaftig, das ist es. Aber es ist zugleich auch ein Versuch der Entdogmatisierung des Marxismus und in jedem Fall meine beste Leistung als orthodoxer Marxist. *Die neue Klasse* ist ebenfalls marxistisch, jedoch bereits von einem unorthodoxen Marxisten. Eines der drei am schönsten eingebundenen Exemplare der *Legende über Njegoš* schenkte ich Tito. Nach etwa zwei Wochen sagte er mir: „Ich habe dein Buch gelesen – es gefällt mir, es ist sehr gut."

Ich freute mich über das Lob, doch ich wunderte mich, daß er Zeit fände, auch solchen „Firlefanz" zu lesen. Er fügte hinzu: „Nun, es hat mich interessiert. In der Kritik der nationalen Mystik bin ich mit dir ganz einer Meinung."

Ich habe auch im Laufe des Jahres 1952 ziemlich viel Publizität mit Artikeln und Vorträgen gehabt. Hier will ich nur den Artikel „Klasse oder Kaste" erwähnen, in dem ich die sowjetische herrschende Schicht als Kaste definierte, wobei zwei Publizisten mich zu widerlegen versuchten. Die Polemik um diese Frage erscheint mir heute dogmatisch, aber darin, beziehungsweise in meinem Artikel, steckt schon der Keim für mein Buch *Die neue Klasse.* Ich war voller widersprüchlicher Ideen, und obwohl in den „neuen" Ideen die „alten" noch überlebten, obwohl sie scheinbar im Widerstreit waren – es war ein Projekt der intellektuellen Reinigung, aus dem sich eine ganzheitliche Sicht entwickelte.

Besonders Kardelj und ich bemühten uns, der Geburtstagsfeier Titos 1952 einmal einen andersartigen Charakter zu geben. Weniger Pomp und Personenkult, mehr Herzlichkeit und Schlichtheit. Da Tito in diesem Jahr seinen 60. Geburtstag feierte, wurde beschlossen, daß das ZK ihm eine Ehrenurkunde überreichen sollte. Aus Anlaß des Geburtstages schrieb ich unter dem Titel „Domovina" („Die Heimat") einen Artikel, der absichtlich vermied, Titos Namen zu nennen, der jedoch zusammen mit der Ehrenurkunde und der Glückwunschadresse des ZK veröffentlicht wurde. Auch der Text dieser Adresse stammte von mir. Die erste Fassung war fade und verkrampft. Ich sah das jedoch über Nacht ein. Am Morgen rief ich Kardelj an und fragte ihn, ob er meinen Textentwurf gelesen habe und ob er ihm gefalle. „Na ja, es ist gut“, sagte er, doch ich erkannte an seiner Stimme, daß er nicht gerade begeistert war, und so polterte ich los: „Sie ist doch trostlos! Kalt, gekünstelt!“ „Das ist sie in der Tat“, pflichtete Kardelj sogleich bei, „du wirst eine andere, wärmere schreiben müssen.“

Das tat ich dann auch. Es wurde beschlossen, die Ehrenurkunde in einer kunstvoll verzierten Schatulle zu überreichen. Die Ausführung wurde dem Maler Hegedušić anvertraut, die Schatulle war in Silber und Gold gearbeitet. Im Beisein der Mitglieder des Zentralkomitees überreichte ich Tito diese Ehrenurkunde. Als er die Schatulle in Empfang nahm, bemerkte er: „Mensch, das ist ja kunstvoll gearbeitet...“

Im Herbst, zur Zeit der Vorbereitungen zum 6. Parteikongreß, kamen die führenden Genossen aus dem Agitprop (Dedijer, Drenovac und ich) sowie von der Zeitung *Književne novine* auf den Gedanken, eine neue Zeitschrift ins Leben zu rufen, die auf einer breiten Basis Schriftsteller und Wissenschaftler um sich versammeln und mit gründlichen, kritischen Analysen der Vergangenheit und Gegenwart beginnen würde. Die Zeitschrift war als eine marxistische gedacht. Der Marxismus aber sollte darin lediglich als ganz allgemeine, philosophische und antidogmatische Grundlage verstanden und behandelt werden.

Als wir uns über die Zeitschrift besprachen, das war bei einem Spaziergang durch Topčider, bemerkte Oskar Davičo mit einem „listigen“ Lächeln: „Dies erinnert mich an die illegalen Treffen vor dem Krieg.“ Keiner verheimlichte hier etwas, dazu gab es auch gar keine Veranlassung, allerdings war in der Idee selbst etwas „Illegales“, im Verhältnis zur bisherigen Arbeitsweise. Es war das spontane Streben nach Verselbständigung des theoretischen Denkens vom Parteiapparat beziehungsweise von den politischen Foren. Über unser neues Projekt informierte ich das Sekretariat in einer Besprechung, an der auch Tito teilnahm.

Ich erwähnte auch die drei oder vier Alternativvorschläge für den Namen der Zeitschrift. Fast alle Mitglieder der zukünftigen Redaktion waren für *Nova Misao* („Der neue Gedanke“), worauf Tito meinte: „Das wird das beste sein!“

Mein Artikel „Dreht sich Stalin im Kreis?" („Vrti li se Staljin u krugu?"), veröffentlicht in der *Borba* vom 11. bis 13. Oktober, war eine Polemik gegen Stalins neue ökonomische Thesen. Er ist bezeichnend, weil ich darin auch Stellung gegen die Arbeitsgenossenschaften bezogen habe, beziehungsweise gegen „unsere Theoretiker der Halbkolchosen". Das war die erste öffentliche Parteimeinung dazu, soweit es mir bekannt ist, obgleich weder entschieden genug noch mit einer klaren Perspektive.

In dieser Zeit, möglicherweise auch etwas früher, schlugen Kardelj und ich vor, die Arbeitsgenossenschaften (unsere Kolchosen) aufzulösen. Tito aber widersetzte sich diesem Vorschlag, mit nostalgischer Unterstützung einiger „Fachleute" für Landwirtschaft aus der Partei (Stambolić, Todorović). Nichtsdestoweniger kam es dann ein Jahr später zur Auflösung dieser Genossenschaften, wegen des Chaos und der unersetzlichen Verluste in der Landwirtschaft.

Meinen Artikel „Antisemitismus" (*Borba,* 14. Dezember 1952), zu dem mich die Meldungen über Verhaftungen jüdischer Ärzte („Weißer Kittel") in der Sowjetunion bewogen hatten, würde ich gar nicht erwähnen, hätte mich nicht vor kurzem Oskar Davičo, bei allen meinen „Missetaten", obendrein auch noch des Antisemitismus beschuldigt.

Hier die Hauptpunkte aus Davičos Anklageschrift gegen mich: „... Nach der Londoner s-k (serbokroatischen – der Autor) Ausgabe von Djilas' Dummheiten und Unwahrheiten über Tito kann ich nicht umhin, mich auch öffentlich einiger seiner Handlungen zu erinnern, die enthüllen, daß man weder zum Renegaten noch zum Verräter unvermittelt und über Nacht wird."

„Djilas greift viel zu dreist an, um nicht davon überzeugt zu sein, daß hinter ihm eine Legion von ausländischen Advokaten aus verschiedenen psychologischen Kundendiensten steht (psychologische Kundendienste – Nachrichtendienste für psychologische Kriegsführung – der Autor)..."

„... 1933 verhaftet, hat Djilas unter Prügeln Pirika und Beška Bembas, zwei hervorragende Genossinnen, zwei Schwestern, verraten..." „... hat Djilas... mir... gesagt: Du kannst nicht Serbisch und wirst diese Sprache auch niemals können. Sie ist nicht die deine. Du bist ein Jude. – Das war zur Zeit der Vorbereitungen für den Prozeß gegen die Weißen Kittel..." „... und wenn ich schon beim Erinnern bin: Hat er mir nicht im Dezember 1940 mitgeteilt, ich sei nach Beschluß des ZK der KPJ wegen meiner Mitarbeit in *Pečat* aus der Partei ausgeschlossen? ... Jedoch, unabhängig davon, die mir mitgeteilte Strafe war eine Lüge ... Das bedeutet, daß Djilas sich das Recht angemaßt hatte, im Namen des gesamten ZK Entscheidungen zu fällen ...“*

Hier sind Tatsachen, anstelle einer Verteidigung gegen Davičos Anklageschrift:

Wie andere Schriftsteller auch, schreibe ich Bücher aus meiner Erkenntnis und meiner Erfahrung heraus, und da die jugoslawische Führung deren Veröffentlichung in Jugoslawien nicht erlaubt, bin ich nach keinerlei moralischen Kriterium verpflichtet, darauf Rücksicht zu nehmen, was irgendwer darüber sagen und wie er sich dazu verhalten wird. Wenn ich zu Beginn meines Konfliktes mit Tito auch von einer Spionenangst („psychologische Kundendienste“) befallen war, so hat mich mein Verstand, aber mehr noch meine gesetzlose und ausweglose Titosche Verurteilung zum politischen und geistigen Tod (ich bin darin nur ein sehr drastischer Fall) belehrt, meinen eigenen Weg zu gehen. Wenn Davičo es für seine kommunistische und patriotische Pflicht erachtet, sich an jugoslawische „psychologische Kundendienste“ anzupassen – es sei ihm gegönnt, ich meinerseits bin niemandem etwas schuldig.

Davičo kann nicht wissen, wer wen verraten hat in einem Fall, der ihn nicht betraf. Er hat allerdings die Pflicht – nach allen moralischen Normen – die Schuld nicht auf Unbeteiligte zu schieben. Ich habe die Bembas-Schwestern nicht verraten, und konnte das gar nicht tun, weil ich sie überhaupt nicht kannte. Sie gehörten einer sogenannten wilden Gruppe an (einer Gruppe, die keine Verbindung zur Partei hatte) und wurden, falls Davičo das wissen möchte, von dem Barbier Dimitrije Jovanović verraten (dessen Familienname war damals, da er Makedonier war, ohne seinen Willen serbisiert worden; wie er jetzt heißt, ist mir nicht bekannt).

Oskar Davičo war nicht wegen seiner Mitarbeit in Krležas Zeitschrift *Pečat* („Das Siegel“) aus der Partei ausgeschlossen worden, sondern wegen seiner Weigerung, zu seiner ihm von der Partei auferlegten Verpflichtung in Belgrad zurückzukehren, und weil er sich der damaligen antiparteilichen Gruppe um *Pečat* angeschlossen hatte. Davor sind mit Davičo lange und fruchtlose Überzeugungsgespräche geführt worden. Besonders aktiv dabei war Og-

* *Svijet,* 3. 3. 1981, Sarajevo

njen Prica, der Daviĉo sehr nahestand und durch Daviĉos Abrükken von der Partei tief betroffen war.

Ich habe an der Sitzung des Politbüros, in der er ausgeschlossen wurde, nicht teilgenommen, wenngleich ich nicht gegen diese Entscheidung war. Daviĉo und sein Fall waren in den Parteispitzen allzu bekannt, auch kannte er (wenn nicht anders, dann fünf Jahre lang als Zuchthausinsasse) die Pflichten und Rechte eines Parteimitglieds zu gut, als daß ich ihn über seinen Ausschluß hätte „belügen" können. Übrigens – wo ist Daviĉo von 1940 bis 1943 gewesen, und was hat er gemacht, warum hat er nichts unternommen, um in die Partei zurückzukehren, die er heute so von Herzen gegen „Renegaten" und „Verräter" verteidigt?

In der Zeit, als ich – immer laut Daviĉo – ihm vorgeworfen haben soll, er könne nicht Serbisch, weil er Jude sei, standen Daviĉo und ich uns nahe und arbeiteten in voller Übereinstimmung zusammen. Ich erinnere mich nicht, schließe aber nicht aus, daß ich ihn kritisierte, er vergewaltige das Serbische, er habe ein unzulängliches Gefühl für die Natur der serbischen Sprache.

Das hat aber nichts mit seinem Judentum zu tun – Daviĉo hat übrigens stets betont, daß er sich als Serbe fühle. Und schon ganz und gar nichts hat dies mit der Affäre der „Weißen Kittel" zu tun. Diesen Zusammenhang hat sich Daviĉo jetzt, neunundzwanzig Jahre später, selbst zusammengeschustert, „nach der Londoner s-k Ausgabe von Djilas' Dummheiten und Unwahrheiten über Tito".

Hier schließlich noch ein Zitat aus meinem Artikel „Antisemitismus" als Ergänzung der Antwort auf Daviĉo: „... sind die Judenverfolgungen ... ein sicheres Zeichen der schwärzesten gesellschaftlichen Reaktion ... Denn der Antisemitismus beschmutzt und verbrennt alles Menschliche im Menschen und alles Demokratische im Volke. Das historische Schandmal, das durch ihn eingebrannt wurde, läßt sich nicht wegwischen. Die Heftigkeit des Antisemitismus ist ein Maßstab dafür, inwieweit es einem reaktionären Regime gelungen ist, das eigene Volk zu versklaven. Er weist jedoch auch nach, daß bei denjenigen, die sich seiner bedienen, der Anfang vom Ende begonnen hat, mögen ihre Kräfte auch noch im Wachsen begriffen sein."

Ende 1952, am 18. Dezember, hielt Kardelj anläßlich des Abbruchs der Beziehungen mit dem Vatikan im Parlament eine Rede, die mir außerordentlich gut gefiel, in ihrem Aufbau wie in ihrer Überzeugungskraft. Es war bei uns Führern nicht üblich, einander zu Reden oder Artikeln zu gratulieren. Ich konnte jedoch nicht umhin, auf Kardelj zuzugehen, ihm zu gratulieren und zu erklären, daß dies eine seiner besten Reden, wenn nicht sogar die allerbeste gewesen sei. Als ich diese Rede jetzt wieder las, sah ich, daß sie nur eine Konstruktion war, typisch für Politiker, die ein brennendes Problem – in diesem Fall den Streit mit den Italienern um Triest – in ein theoretisches Schema einpassen wollen. „Einer der wichtigsten Träger der expansionistischen Tendenzen italienischer Kreise ist der Vatikan", lautete die grundlegende, zwar falsche, aber damals annehmbare These Kardeljs.

Auch Krležas Referat auf dem Schriftstellerkongreß in Ljubljana, am 5. Oktober 1952, würde ich nicht erwähnen, wenn Krležas Anhänger dieses Referat nicht als einen Umbruch, gar ein historisches Ereignis in der Befreiung der südslawischen Kulturen (insbesonders der südslawischen Literaturen) von den dogmatischen, stalinistischen Fesseln behandelten. Und es gibt sogar Leute, die dieses Referat als Beweis für eine besondere, kroatische Gesinnung von Demokratie und Fortschritt nehmen.

Ich will damit nicht sagen, das Referat sei unbedeutend gewesen. Im Gegenteil. In unserem Widerstand gegen die Sowjetunion hat Krleža, auf einer breiteren Kulturebene eine wichtige und kreative Rolle gespielt. Erwähnt seien nur die Ausstellung mittelalterlicher Kunst Jugoslawiens in Paris und die Gründung des Enzyklopädischen Institutes, die aufgrund seiner Initiative und durch seine geduldige Arbeit realisiert wurden. Es ist jedoch nicht nur übertrieben und unrichtig, Krležas Tätigkeit von der Tätigkeit der Parteispitzen und dem mit großer Mühe errungenen liberaleren Klima absondern zu wollen. Eine solche Behandlung Krležas und seiner Rolle wird auch den Tatsachen nicht gerecht. Seine Rede auf dem erwähnten Kongreß der Schriftsteller war im voraus mit mir im Zentralkomitee abgesprochen worden, vermutlich auch mit Kardelj. Dies mindert Krležas Initiative und Originalität nicht, es macht nur deutlich, daß nicht er den Umbruch zuwege gebracht hat, denn das konnte er gar nicht. Die Wende wurde vielmehr zuerst, im Verlauf eines dreieinhalbjährigen politischen und ideologischen Kampfes, in den Spitzen der Partei vollzogen, mit denen Krleža eifrig und diszipliniert zusammenarbeitete.

Im übrigen, kaum vier Wochen nach diesem Schriftstellerkongreß und Krležas Referat begann der 6. Kongreß der KPJ in Zagreb, auf dem der antidogmatische Kurs seinen Höhepunkt erreichte. Und damit es im Hinblick auf meine Ansicht über Krleža keine Unklarheiten gibt, ich sah damals in ihm, und das hat sich bis heute nicht verändert, bei allen Meinungsunterschieden und Streitigkeiten die bedeutendste Kulturerscheinung in der modernen Geschichte der Südslawen.

Die Vorbereitungen zum 6. Kongreß wurden weniger intensiv, aber dafür mit mehr Überlegtheit und Gelassenheit betrieben als die zum vorhergegangenen Kongreß.

Ich hatte im Sekretariat oder im Politbüro vorgeschlagen, den Kongreß in Zagreb abzuhalten. Dabei stand der Gedanke Pate, Parteikongresse künftig der Reihe nach in den Republiken stattfinden zu lassen und nicht immer in Belgrad. Von mir kam auch der Vorschlag, die Partei in „Bund" umzubenennen. Dann erst erinnerte sich Kardelj, daß auch Marxens ursprüngliche Organisation so hieß: Bund der Kommunisten. Kardelj nahm meinen Vorschlag an. Mit dieser Änderung sollte auch der „veränderte" demokratische Charakter der Partei im Verhältnis zum leninistischen, sowjetischen Typus der Partei betont werden, ebenso auch die Tendenz zur Demokratisierung der Gesellschaft. Als wir zu Tito kamen, stimmte auch er nach kurzem Überlegen zu.

Ranković war gegen eine Namensänderung, akzeptierte jedoch die Entscheidung in stummer Disziplin. An Ranković gewandt, sagte Tito damals: „Nicht der Name ist wichtig, sondern was man damit sagen will." Ansonsten schlug Kardelj vor, daß man beim Kongreß auf die üblichen langen und langweiligen Referate der Führer zu den einzelnen Punkten verzichten möge, nur Tito eine programmatische Rede halten und der Schwerpunkt der Arbeit auf die Kommissionen und Delegierten verlagert werden sollte. Ein erheblicher Teil der politischen und ideologischen Arbeit um den Kongreß wurde von mir erledigt. Ich schrieb die Textentwürfe für alle Resolutionen, die von Tito und Kardelj auch genehmigt wurden. Auf dem Kongreß selbst wurden von den zuständigen Kommissionen Verbesserungen nachgetragen.

Die Sekretariatsmitglieder und Kidrič, er war damals schon vom Tod gezeichnet, wohnten während der Dauer des Kongresses in einer Gruppe von Villen, die Tito sich hielt, und die Pavelić während des Krieges von Juden erbeutet hatte. Das gab uns die Möglichkeit, bei den Mahlzeiten Gedanken über den Verlauf des Kongresses und aktuelle Fragen auszutauschen.

Schon zu Beginn der Arbeit des Kongresses verursachte Ljubodrag Djurić, Sekretär der Bundesregierung, einen Zwischenfall, indem er gegen Stambolić Beschuldigungen erhob, dieser habe seine Frau verführt. Das bot den westlichen Zeitungen Anlaß, den „sixth congress“ in „sex congress“ umzubenennen. Im Saal und im Präsidium entstand Verwirrung. Djurić wurde von Angehörigen der Staatssicherheit, die ebenfalls Delegierte waren, gepackt und fortgeschleppt, und ich ging ans Rednerpult und erklärte, eine Parteikommission untersuche diesen Fall bereits, der Kongreß brauche sich daher nicht damit zu befassen.

Beim anschließenden Mittagessen aber behauptete Tito zornig, trotz gegenteiliger Beteuerungen von Ranković und mir, Djurić sei nicht deshalb aufgetreten, weil er gekränkt wäre, sondern aus „informbüroistischen“ Motiven, um den Kongreß zu kompromittieren. Und sobald die Nachmittagstagung begann, ergriff Tito das Wort und brachte die These von den „feindlichen Fingern“ hinter Djurićs Auftritt vor. Djurić war inzwischen verhaftet worden. Es konnte ihm aber keine Schuld nachgewiesen werden, und so wurde er bald freigelassen und auf einem landwirtschaftlichen Gut als Verwalter eingesetzt.

Im Zusammenhang mit Djurićs Auftritt trug sich in Slavonski Brod eine groteske Begebenheit zu. Djuro Salaj, Vorsitzender der jugoslawischen Gewerkschaften und Mitglied des Zentralkomitees, war Abgeordneter dieses Bezirks, und da irgend jemand am Radio den Familiennamen Djurić mit Djuro verwechselte, wurde das Ortskomitee alarmiert, Djuro Salaj sei auf dem Kongreß gegen das ZK und gegen Tito aufgetreten. Das Ortskomitee begann sofort mit Vorbereitungen zur „Entlarvung“ Salajs als „sowjetischer Agent“ (er war lange Zeit als Emigrant in der UdSSR gewesen) und „alter Opportunist“, weil Salaj früher der „rechten“ Fraktion zugeneigt war. Die Aktion wurde glücklicherweise eingestellt, bevor sie weiteres Unheil anrichten konnte – jemand hatte das Ortskomitee aufgeklärt.

Tito hat viel später (gegen Mitte der siebziger Jahre, als der Personenkult und die Macht der Parteibürokratie ihren Höhepunkt erreichten) erklärt, er sei mit dem 6. Kongreß nicht einverstanden gewesen. Aus Titos Haltung und aus dem Gespräch mit ihm konnte man das eigentlich nicht schließen, obwohl in meiner Erinnerung haften geblieben ist, daß Tito während des Kongresses auffällig nervös und „abwesend“ war. Seine Rede, die er zu Beginn der Kongreßarbeit hielt, war durchdrungen von neuen, kritischen und demokratischen Leitsätzen. Diese Rede gab dem Kongreß auch das Thema.

Ich gebe zu, ich hatte weniger von Tito erwartet, als was er in dieser Rede ausgesprochen hat. Auch jetzt bin ich der Meinung, daß Tito diesen Kongreß politisch beherrscht hat, und daß ihm niemand seine führende Rolle in irgendeiner Weise streitig machte. Diese Rolle Titos drückte sich gerade in seiner einleitenden Rede am stärksten aus. Es war dies Titos beste Leistung nicht nur in der Kritik an der sowjetischen Führung, sondern auch in der Kritik am leninistischen Typus der Partei und an der autokratischen Macht. Ich werde hier einige Stellen aus dieser Rede anführen, als eine Bestätigung der Eindrücke, deren Wirkungskraft auch nach so vielen Jahren in meiner Erinnerung erhalten geblieben ist: „... Die Wurzel der gegenwärtigen Lage in der Welt soll man dort suchen, wo sie sich befindet, d. h. in der imperialistischen Methode, die gleich am Anfang der Lösung internationaler Probleme angewandt wurde, noch in Teheran, Jalta und Berlin während des Krieges. Maljenkow weint in seinem Referat (auf dem 19. Kongreß der KPdSU) darüber, daß die USA die Abkommen von Teheran, Jalta, Moskau und Berlin verlassen haben... ein Abkommen über die Verteilung von Interessensphären – ein imperialistisches Abkommen."

„Es hat sich bei uns und auch in der Welt niemand gewundert, daß in Teheran, Jalta, Moskau und Berlin die Westmächte in ihrer alten, gewohnten Art der Lösung von Weltproblemen gehandelt haben, aber für alle diejenigen, die an die Fama geglaubt hatten, die UdSSR sei eine Beschützerin der kleinen Völker, war dies ein echter moralischer Schlag, ein erstes starkes Gefühl des Zweifels an der UdSSR, an der Richtigkeit der sowjetischen Politik. Von Teheran bis zum heutigen Tag hat sich die Sowjetunion der Welt in ihrer ganzen imperialistischen Größe dargestellt: Heute können wir beherzt sagen, daß die gesamte sowjetische internationale Politik – wenn wir die gewöhnlichen Propagandatricks wie etwa ihren angeblichen Kampf für den Frieden beiseite lassen – dergestalt war, daß in erster Linie sie zur heutigen gespannten internationalen Lage beigetragen hat."

„... Hat sie nicht etwa aus den einst unabhängigen östlichen Staaten, wie es die Tschechoslowakei, Polen, Ungarn, Rumänien, Bulgarien usw. sind, gewöhnliche Kolonien im Herzen Europas geschaffen? Gar nicht erst zu reden von der Versklavung der baltischen Länder noch vor dem Krieg."

„... Die UdSSR hat ihren Einfluß in Nordkorea genutzt, indem sie dieses Land in einen aggressiven Krieg gestoßen hat, um so mit fremden Händen auch Südkorea unter ihren Einfluß zu erraffen.

Wenn ich diese Feststellung mache, verkleinere ich nicht im geringsten die Verantwortung der Westmächte, die gleichfalls an der in Korea entstandenen Lage schuld sind, denn als Ergebnis ihrer Absprachen um die Aufteilung von Interessensphären hat ja 1950 der Koreakrieg auch begonnen, der sich in einen globalen Konflikt verwandeln könnte..."

Tito kritisierte die jüngsten Artikel Stalins über die Ökonomie, und verteidigte Marx dabei. Auch versäumte er nicht, die Ausrottung von Nationalitäten in der UdSSR – „und zwar auf allergrausamste Weise, über die selbst Hitler hätte neidisch werden können" – zu erwähnen.

Unbeugsam wies er die westliche Kritik an Jugoslawien wegen der Vergesellschaftung der Produktionsmittel als unbegründet zurück, da ja gerade diese Vergesellschaftung die „wirkliche Demokratie" ermögliche.

Auf seine Art, aber ohne auszuweichen, formulierte Tito auch das Streben nach einer erzieherischen statt kommandierenden Rolle der Partei: „Wenn wir damit im reinen sind, daß die Rolle der KPJ heute nicht im Kommandieren besteht, daß sie sich nicht in alles und jedes einmischt wie irgendein oberster Zensor und Schiedsrichter, der über die verschiedenen Probleme des gesellschaftlichen Lebens sein Urteil als etwas Unwiderrufliches und Unfehlbares abgibt, dann ist es klar, daß die Rolle der KPJ in ihrer wichtigsten Aufgabe besteht – in der ideologisch-erzieherischen Leitung, in ihrer Wachsamkeit, damit sich die sozialistische Gesellschaft bei uns normal und regelrecht entwickelt, das heißt, die Rolle der Kommunisten besteht in der Umerziehung und Erziehung unseres Landes im sozialistischen Geiste."

Die Ideen über eine Änderung der Rolle der KP, von einer kommandierenden zu einer erzieherischen, drückte Kardelj bei seinem Auftritt auf dem Kongreß noch konkreter aus, wobei er den Akzent auf den Sozialistischen Bund legte, als eine breite Organisation, die alle Anhänger des Sozialismus ohne Rücksicht auf ideologische Unterschiede versammeln sollte: „Der Bund der Kommunisten", hob Kardelj hervor, „soll der bewußteste Teil des Sozialistischen Bundes des werktätigen Volkes sein." In dieser Zeit war in der Führungsspitze die Rede davon gewesen, daß gerade der Sozialistische Bund die wichtigste politische Organisation werden sollte, in der die Kommunisten, solange bis der Sozialismus sich endgültig gefestigt und die sozialen Beziehungen sich geändert hätten, lediglich der agilste, „bewußte" Kern wären. Es war, meine ich, zu dieser Zeit, daß Tito – eines Abends, als er sich von uns in der Užička-Straße 15 verabschiedete – ausrief: „Bei uns wird es kein Mehrparteien-, sondern ein Mehrgruppensystem sein!“

Ich sprach auf dem Kongreß über die Einbringung eines neuen Parteiprogrammes, da das auf dem 5. Kongreß angenommene bereits überholt sei. Ich bin der Meinung, daß ich im Propagieren der Demokratisierung schon damals am weitesten ging, auch deshalb, weil ich das am emotionalsten, mit den wenigsten Vorbehalten formulierte: „Und damit wir uns in diesen neuen Formen des Klassenkampfes zurechtfinden, müssen wir uns von bürokratischen Schablonen und Methoden freimachen, müssen wir kämpfen, und zwar vor allem mit politischen und moralischen Argumenten, denn es kann von Demokratie dort gar nicht die Rede sein, wo ideengemäße und politische Argumente durch administrative Maßnahmen ersetzt werden.“

„Wir sind weder des Westens noch des Ostens wegen für die Demokratie, schon gar nicht wegen der bourgeoisen Überbleibsel, sondern um unserer selbst willen, unserer Arbeiterklasse und unseres Volkes, um des Sozialismus willen – denn ohne Demokratie gibt es keinen Sozialismus und kann es keinen geben, wegen der Reinheit unseres eigenen sozialistischen und kommunistischen Wesens und unserer endgültigen Ziele.“

Auf dem Kongreß redeten und bewegten sich die Delegierten unvergleichlich viel gelassener und freier als beim 5. Kongreß oder bei ähnlichen Parteiversammlungen. Ebenso verhielt sich die Presse. Es waren auch ausländische Journalisten anwesend. Mit ihnen bestritt ich zwei Pressekonferenzen, auf denen ich auch unangenehmen Fragen ausgesetzt war.

Doch der dramatischste, stürmischste Augenblick auf dem Kongreß war meine Rede aus Anlaß des Jahrestages der Oktoberrevolution. Dazu kam es beinahe zufällig. Es war der 7. November, der Feiertag der Russischen Revolution, der noch bis vor kurzem weihe- und gefühlvoll begangen worden war. Aber die Beziehungen mit der Sowjetunion waren bereits dermaßen vergiftet und entfremdet, daß jetzt, während des Kongresses, keiner der Führer sich dieses Datums auch nur erinnern wollte.

Auch schon 1949 wurden bei den Feierlichkeiten keine Stalin-Bilder mehr aufgestellt, lediglich hier und da eins von Lenin, und die Gesellschaft für die Freundschaft mit der UdSSR wie auch das Panslawische Komitee wurden abgeschafft. Mir aber fiel während des Mittagessens bei Tito das Datum ein, und ich schlug spontan vor, dies zu Beginn der Nachmittagstagung zu erwähnen. Ich war der Ansicht, daß es durch Tito oder zumindest Kardelj geschehen solle. Sie aber machten Ausflüchte und waren auch müde, und so fiel mir diese Aufgabe zu.

Dadurch war ich in Unrast versetzt und hatte nach dem Mittagessen keinen Nerv für einen kurzen Schlaf, wie ich das von früher Jugend an gewohnt war. Auf kleine Zettel schrieb ich ein Konzept für meine Ansprache. Ich hielt mich jedoch nicht wortwörtlich an meine Notizen, sondern improvisierte zum größten Teil. Der Kern meiner Rede war: wenn die sowjetischen Führer die Gelöbnisse der Oktoberrevolution auch verlassen haben, so haben neue Kräfte sie übernommen. Diese kurze Rede war, wie es sich bei einer solchen Gelegenheit auch gehört, ganz Jubelschrei und Begeisterung, Verurteilung und Überzeugung. Der ganze Saal, unter Einschluß des Präsidiums, verwandelte sich in einen Hexenkessel frenetischen Beifalls, der auch mich mit sich riß.

Ein Delegierter, ich vergaß wer das war, aber er stand der Führung nahe, sagte mir danach: „Ich hatte geradezu gespürt, wie die Fahne der Revolution aus sowjetischen Händen in unsere überging." Auch meine Mutter hörte in Belgrad zusammen mit meiner Gattin der Rundfunkübertragung des Geschehens zu. Als sich das Getöse, das durch meine Ansprache verursacht worden war, gelegt hatte, sprach meine Mutter aus uralter, noch immer lebendiger Erfahrung: „Das ist nicht gut für Djido (mein Spitzname), wenn sie ihn mehr beklatschen als den Tito."

III.
Die Rebellion

1. Momente innerer, persönlicher Entwicklung

Der Mensch ist eine Welt für sich, auch wenn er selbst nur ein Teil von ihr ist. Und so wie er die Welt um sich herum nie endgültig kennenlernen kann, ist der Mensch auch nicht in der Lage, sich selbst endgültig zu begreifen. In meiner Selbsterkenntnis von heute, die ein ganzes Leben einschließt, erkenne ich jetzt, im 71. Lebensjahr, daß die entscheidendsten Perioden meiner Tätigkeit untrennbar mit meinem intimen, ja auch mit meinem erotischen Verhalten verbunden waren. In *Land ohne Recht* und *Der junge Revolutionär* habe ich meine Kindheit und Jugendzeit als freudlos und asketisch beschrieben, gerade so, wie es um mich herum gewesen ist. Genauer gesagt: wie ich mein Leben in den Geschehnissen um mich verstand und gestaltete.

Ich könnte durch mein Gefühlsleben mit nur unwesentlichen Divergenzen meine politische Tätigkeit, ebenso auch meine intellektuellen Wandlungen darlegen. Die Perioden meines Lebens und meines Tuns sind gesonderte, aber nicht scharf getrennte Ganzheiten – so jedenfalls sehe ich zurückblickend meine Vergangenheit, und mich in ihr.

Die revolutionär-poetischen Schwärmereien meiner Jugend und die spätere Reifung zum Revolutionär sind durch meine Bindung an Mitra Mitrović und meine Liebe zu ihr gekennzeichnet. Ebenso ist mein Bruch mit dem leninistischen Dogmatismus und der jugoslawischen Parteibürokratie, meine Rückkehr zur Belletristik und zu einem freien Denken, eng mit meiner Liebe und Zusammengehörigkeit mit Štefanija-Štefica Barić, meiner jetzigen Frau, verknüpft.

Štefica, die 1946 zur Arbeit im Zentralkomitee der KPJ eingeteilt wurde, war ich sicherlich schon mehrmals begegnet. In meiner Erinnerung ist als unsere erste Begegnung diejenige haften geblieben, die für mich symbolhafte, fast geheimnisvolle Bedeutung hat. Es war im Herbst 1946, als ich in Šteficas Abteilung im dritten oder vierten Stock des „Madera"-Gebäudes zu tun hatte. Ich betrat das Büro, es waren drei oder vier Leute da, darunter auch sie. Sie blätterte in Papieren und redete mit den anderen, ich konnte sie nur im Profil sehen. Während ich mein Anliegen mit jemand besprach, zog dieses Profil plötzlich und ungewollt meine ganze Aufmerksamkeit auf sich. Hohe Stirn, ebenmäßige Nase, kräftige eingekerbte Lippen, graublaue Augen, aschblondes Haar und ein blasses Gesicht mit ein paar Sommersprossen, die Backenknochen aufgeregt gerötet. Dieses ein wenig nonnenhafte Gesicht und ihre gesenkten, aufmerksamen Augen sprachen für mich von Treue und Ergebenheit für den Mann, an den sie sich binden würde. Wir sprachen kein Wort miteinander, und sie hatte mich auch kaum angesehen. Mich befiel ein nie gekannter und ungeahnter Gedanke. Das wäre eine Frau für mich, mit dieser Frau hätte ich vielleicht drei Kinder. Es war das erste Mal, daß ich mir Kinder wünschte und eine Frau, die mir nicht nur Gefährtin wäre, sondern auch ein ergebenes und von mir untrennbares Wesen.

Wochenlang begegnete ich Štefica nicht mehr, doch ihre Erscheinung und jener unwiderstehliche Gedanke, jene Sehnsucht nach ihrer Anhänglichkeit, verließen mich nicht, ja drängten sich mir voll trauriger Aussichtslosigkeit auf. Denn es schien dabei besonders bedeutungsvoll zu sein, daß Štefica mich nicht durch ihren Körper anzog, sondern gerade durch die Ausstrahlung partnerschaftlicher Treue und Ergebenheit. Mein Verstand und meine Gefühle aber identifizierten sich so selbstverständlich mit Parteinormen und Mitra – im Scherz nannte ich sie „meine marxistisch-leninistische Gattin“ – daß ich den bloßen Gedanken, mich einer anderen Frau zu nähern, die auch Parteimitglied war, zurückwies, selbst wenn das nicht Ehescheidung und Ärgernis zur Folge gehabt hätte.

In meiner Erzählung *Der Vogel und das Mädchen* habe ich auch mein eigenes erotisches Gefühl aus jener Zeit sehr getreu beschrieben. Man sagt, die Frau sei Schicksal. Mir gefielen immer schon dunkle Frauen, und dabei hatte ich mich das erstemal in eine hellhäutige und nun in eine blonde Frau verliebt.

Ich lernte Štefica erst einige Monate später, am 1. April 1947, beim Beginn der Arbeiten an der „Jugendbahnstrecke“ Šamac–Sarajevo, näher kennen. Ich sollte im Namen des Zentralkomitees die Arbeiten eröffnen, und in meinem Waggon waren die Genossen aus dem Apparat des ZK untergebracht, darunter auch Štefica. Bei der gemeinschaftlichen Unterhaltung und Plauderei im Salon des Waggons war auch sie dabei – abgemagert und bleich, jedoch mit einem Lächeln, dem ihre strahlenden Zähne seinen Reiz verliehen. Trotz meines bewußten Widerstandes und meiner gleichgültigen Haltung erfaßte mich eine Mischung von sanfter Zuneigung und einem unwiderstehlichen Gefühl der Verbundenheit mit ihr.

Es verging noch mehr als ein Jahr, ohne daß wir miteinander sprachen. Höchstens, daß wir ein paar Worte im Fahrstuhl oder in irgendeinem Büro wechselten. Aber wir spürten schon die verhaltene Zuneigung. Die Liebe wird vom Zufall regiert.

Ich entschuldige mich beim Leser wegen meiner zu ausführlichen Schilderung des eigenen und privaten Erlebens. Ich würde das nicht tun, aber es scheint charakteristisch für meine Metamorphose, genauer gesagt für meine Entwicklung als Revolutionär und meine Befreiung von dogmatischen Schemata und Starrheiten.

Erst im Juli 1948 traf ich Štefica unmittelbarer und häufiger. Es war beim 5. Parteikongreß. Auch Štefica gehörte der Kongreßorganisation an. Sie stand in der Blüte ihrer Weiblichkeit, 27 Jahre jung, hatte rundliche Formen, die durch das pastellfarbige Seidenkleid weich erschienen und betont wurden. In den Wandelgängen nannte man sie „Miß Fünfter Kongreß“, und diesen scherzhaften Titel hatte sie wahrlich verdient.

Bei aller Angespanntheit und Wichtigkeit der schicksalhaften Beschlüsse im Plenum hatte ich alle Augenblicke Štefica im Sinn. Während wir gegen Ende in den Bänken auf die Abstimmungsergebnisse warteten, fragte ich sie, ob sie Lust hätte, meine Sekretärin Dragica Vajnberger vorübergehend zu vertreten. Leicht irritiert, aber mit freundlicher Zuversicht in ihren Augen sagte sie: „Ich bin bereit.“

Einige Tage danach – bevor Štefica für zwei Monate in mein Büro kam und bevor ich ihr auch nur ein Wort über meine Zuneigung gesagt hatte – machte ich Mitra ein Geständnis. Das war in meinem Arbeitszimmer, nachdem ich vom Büro heimgekommen war: „Ich liebe eine andere Frau.“ Mitras Gesicht verkrampfte sich kindlich, Tränen ergossen sich aus ihren großen und dunklen Augen. An diesem Tag zog ich in mein Arbeitszimmer um.

Das Verhältnis mit Štefica überdauerte alle Krisen und Schwierigkeiten, um sich jedesmal durch neue Zuneigung zu festigen und zu verjüngen. Viel zu lange zerriß es mich zwischen Liebe und Pflicht. Mir war klar, daß die Trennung von Mitra in der Parteiöffentlichkeit mit Mißfallen aufgenommen würde. Wir führten eine mustergültige Ehe, und andere sahen das auch so. Mich trieb es zu dieser Trennung aus meiner Zuneigung zu Štefica und meinem Verlangen, mit der bereits eingefahrenen, vorgestanzten Parteimoral zu brechen.

Später, bei einem Streit mit dem Zentralkomitee, wurde in der Führung kolportiert, Štefica habe auf meine Entscheidung einen fatalen Einfluß gehabt. Das stimmt nicht, wenn sie auch auf ihre Weise mit mir übereinstimmte. Allerdings war meine Trennung von Mitra durch meine Bindung an Štefica nicht nur ein Symptom, sondern auch ein Ansporn für mein „Ketzertum", für meine Befreiung von der marxistischen und leninistischen Dogmatik und die Suche nach einem Ausweg aus ihrer eisigen Dunkelheit.

Die Bindung zwischen Mitra und mir währte vierzehn Jahre, meine drei Jahre Zuchthaus nicht mitgerechnet. In all diesen Jahren, von 1931 bis 1948, hatte ich mit keiner Frau ein Verhältnis, nicht einmal in Form von Zuneigung. Davon zu reden hätte es freilich wirklich keinen Grund gegeben, wenn nicht Vladimir Dedijer diese Seite meiner Persönlichkeit entstellt hätte.

In seinem Buch *Neue Beiträge zur Biographie des Genossen Tito* schreibt Dedijer auf Seite 627: „In einigen seiner Bücher mit Memoirencharakter wünscht Milovan Djilas, ganz berauscht in seiner Selbstverliebtheit, dem Leser darzutun, daß er, obwohl er das nicht ausdrücklich sagt, der subjektive Hauptfaktor gewesen sei, der auf die jugoslawischen Kommunisten eingewirkt habe, die revolutionäre Askese aufzunehmen."

„Ich bin der Ansicht, daß seine Einstellung allzu subjektiv ist, daß er die Tradition nicht in Betracht zieht, ebensowenig die Stimmung kurz vor Kriegsausbruch unter den jungen Kommunisten selbst. Ich möchte noch hinzufügen, daß Djilas die Methode der doppelten Moral anwendet, weil er keinen Mut gehabt hat, sich selbst gegenüber aufrichtig zu sein. Es stimmt, daß er mehrere Male das Verbot der freien Liebe gepredigt hat (er hat sogar den kämpferischen bosnischen Jungkommunisten Paternoster, der zur gleichen Zeit zwei Mädchen liebte, in den Tod getrieben). Jedoch, als sein engster Freund in dieser Zeit und als der Mann, der mit ihm geradezu unzertrennlich verbunden war, muß ich die Wahrheit sagen: Djilas hat gerade in dieser Zeit einige sogenannte hygienische Liebschaften gehabt."*

* Vladimir Dedijer: *Novi prilozi za biografiju druga Tita,* Liburnija, Rijeka; Mladost, Zagreb 1981.

Es ist zu wenig, wenn man einfach sagt, daß Dedijers Ausführungen nicht richtig sind – charakteristischer und vernichtender für ihn ist die bewußte, beinahe angeborene Leichtfertigkeit, mit der er die Wirklichkeit verdreht und eine neue erfindet. Aber gehen wir der Reihe nach vor. Zur Klarstellung: Dedijer ist niemals, schon gar nicht vor dem Krieg, mein „engster Freund" gewesen, auch nicht der Mann, der mit mir „geradezu unzertrennlich verbunden war". Dedijer und ich konnten ja einander gar nicht derart nahestehen, aus dem einfachen Grund, weil wir in verschiedenen Sphären lebten und wirkten: ich – illegaler Funktionär in den zwei höchsten Parteiforen, Dedijer – Journalist, Sympathisant und später gewöhnliches Parteimitglied. Ich bewegte mich beinahe ausschließlich im Kreis der Parteifunktionäre und illegalen Aktivisten. Dedijers Heimat war das journalistische, intellektuelle und bürgerliche Milieu. Ich will nicht sagen, daß wir kein gutes Verhältnis gehabt hätten, oder daß wir uns nicht öfter trafen. Im Gegenteil: Wir standen uns nahe und sahen uns von Zeit zu Zeit, den Notwendigkeiten der Partei entsprechend. Manchmal vergingen Wochen, ja Monate, ohne daß wir einander begegneten. Dedijer führt, abgesehen von dieser Verbundenheit mit mir, keinerlei Beweise für meine „doppelte Moral" und meine „hygienischen Liebschaften" an. Solche Moral und solche Liebschaften zu praktizieren war jedoch nicht nur unzulässig, es war vielmehr gar nicht möglich, einen derartigen Lebenswandel in der engen und puritanischen Umgebung, in der ich gelebt und agiert habe, zu verheimlichen.

Die Genossen, denen ich persönlich und in der Partei näherstand, hätten wohl etwas davon gewußt, ich führe nur jene an, die noch am Leben sind: Moma Marković, Zogović, Ranković, Vukmanović-Tempo, Koča Popović und andere, und auch meine damalige Ehefrau Mitra. Wenn Dedijer tatsächlich über meine „doppelte Moral" und meine „hygienischen Liebschaften" Bescheid gewußt hat, im Namen welcher Moral und welchen Parteibewußtseins hat er dann in der Periode der „revolutionären Askese" vor den Parteiforen meinen unsittlichen Lebenswandel geheimgehalten? Es stimmt auch nicht, daß ich mich dem Leser als den „subjektiven Hauptfaktor" darzustellen wünsche, „der auf die jugoslawischen Kommunisten eingewirkt habe, die revolutionäre Askese aufzunehmen". Ich war darin ja tatsächlich *einer* der Hauptfaktoren gewesen. Die Askese freilich betrachte ich weder als Tugend noch als mein Verdienst, sondern als eine Notwendigkeit in der Reifung, Reinigung und Homogenisierung unserer revolutionären Bewegung. Ohne Verzicht, ohne „Askese" gibt es keine revolutionäre Bewegung und auch keine Revolution, gleichgültig, was heute jemand davon halten mag.

Was Dedijers Behauptung anbelangt, ich hätte „sogar ... Paternoster ... in den Tod getrieben" – wie das, wenn ich nicht der „Hauptfaktor" war, wie das, wenn ich gar nicht der studentischen Organisation angehörte, mit deren asketischer, revolutionärer Moral Paternoster in einen unentwirrbaren, tragischen Konflikt geriet?

Wie ich schon erwähnte, zog Mitra Ende 1949 von mir weg, als ich in Amerika an der UNO-Tagung teilnahm. Während dieser verheerenden und schmerzlichen Trennung von ihr hatten die Genossen wie Kardelj Verständnis für mich. Auch Tito, auf indirekte Weise. Sehr betroffen aber war Ranković, vielleicht nicht nur wegen der Verbundenheit mit mir, sondern auch wegen der Freundschaft seiner Frau Slavica mit Štefica. Es vergingen aber noch weitere zweieinhalb Jahre bis zu meinem Entschluß, Štefica zu heiraten. Das war im Juni 1952. Ich möchte sagen, dieses Zögern im Privatbereich war eine in gewisser Weise entscheidende Komponente des Zögerns in den Ideen, im Übergang von der einen in eine andere geistige Welt. Ist nicht die Tatsache, daß ich gerade in dieser Zeit nicht nur Marxens *Kapital*, sondern auch Philosophen wie Aristoteles, Plato, Hume, Diderot oder Hegel intensiv las und mich leidenschaftlich in sie vertiefte, auch ein Beweis dafür?

2. Der Tod von Boris Kidrič

Mitte des Sommers 1952 sagte sich bei mir Dr. Bulić aus dem Krankenhaus „Dragiša Mišović" an. Wir trafen uns in meiner Wohnung in der Banjičkih-žrtava-Straße 6. Mit verhaltener Erregung kam er sofort zur Sache: er habe bei Kidrič Leukämie festgestellt, und zwar in einer Form, die hoffnungslos sei. Er sah für Kidrič das Ende innerhalb von sechs bis neun Monaten voraus. Ich wußte über Leukämie nicht mehr, eher sogar weniger als ein durchschnittlich gebildeter Mensch. So klärte mich Dr. Bulić auf: „Das ist Blutkrebs."

Kidrič hatte schon vorher über Beschwerden geklagt, Übelkeit, Appetitlosigkeit, Erschöpfung, auch hatte er sich schon einigen Untersuchungen unterzogen. Die endgültige Diagnose aber stellte Dr. Bulić, beziehungsweise sein Ärzteteam. Dr. Bulić zeigte mir auch den Befund: Unter dem Mikroskop sah man die weißen Blutkörperchen mit gezackten Rändern „wie beim Deckel einer Konservendose" – wie sich Bulić ausdrückte. Er hatte keinen besonderen Grund gehabt, den hoffnungslosen Befund gerade mir mitzuteilen. Ich hatte den Eindruck, daß ihn eine intellektuelle Affinität dazu bewogen hatte, sicherlich aber auch der Umstand, daß ich mich als einziger nicht im Urlaub und in Belgrad befand. Auch später kam Dr. Bulić im Zusammenhang mit Kidričs Krankheit stets zu mir.

Ich informierte sofort die Mitglieder des Sekretariats des Politbüros. In der Führungsspitze sprach sich Kidričs Krankheit schnell herum, schon deshalb, weil er seiner ohnehin zu schweren Pflicht als Leiter der gesamten Wirtschaft nicht regelmäßig nachgehen konnte, obwohl er sich bis zum letzten Atemzug darum bemühte. Auch in krankem Zustand war Kidrič von einem unerschöpflichen Elan und Ansporn für seine Mitarbeiter, er zwang dem angenommenen Kurs Schwung und Konsequenz auf. Er war schon schwerkrank und merklich in sich gekehrt, konnte aber nicht widerstehen, auf dem 6. Parteikongreß ein letztes Mal aufzutreten.

Es war dies der erste Todesfall in der engsten Führung in Friedenszeiten. Beklemmung und stummes Erwarten befiel und bedrückte uns.

Mich hat Kidrićs Tod erschüttert und irgendwie einsamer gemacht. Wir waren uns sehr nahe gekommen, besonders nach dem Zusammenstoß mit der Sowjetunion. Wir trafen uns oft, wann immer wir einen Zipfel gemeinsamer Freizeit erhaschen konnten. Das war meist im Sommer. Wir fuhren beide nicht in Urlaub, außer mal für ein paar Tage – Kidrič zur Jagd, ich zum Fischfang, oder wir gingen gemeinsam auf Pirsch. Denn Kidrič war ein Arbeitsfanatiker. Ich selbst konnte mich dem Urlaubstreiben auf Brioni nicht anpassen, lieber war ich für mich, auch in der Absicht, mich meinen intellektuellen und emotionalen Interessen zu widmen. Kidrič, Kardelj und ich hatten in diesen Jahren, den „Jahren nach der IB-Resolution", derart lebhafte Diskussionen selbst über unbedeutende ideologische Streitfragen geführt, daß wir uns ungeduldig danach sehnten, wieder zusammenzukommen. Es ist deshalb sehr schwer, aus unseren Schriften und Reden herauszufiltern, wer welche Idee gehabt hat, so sehr wir uns auch im Stil und in der Art unterschieden.

Der dramatische Moment im Verlauf seiner Krankheit war der Schock, den Kidrič während einer Blutübertragung erlitt. Worin der Fehler lag, wenn es überhaupt einer war, könnte ich nicht sagen. Einer der Ärzte erzählte uns, daß so etwas wie die Blutuntergruppe nicht überprüft worden war. Jedenfalls verlor Kidrič sein Gehör. Er hätte auch erblinden können, was jedoch, Glück im Unglück, nicht geschah. Wiederum besuchte mich Dr. Bulić, und ich informierte die Mitglieder des Politbüros und rannte zum Krankenhaus. Dort war Kidrićs Gattin Zdenka, die nicht von seiner Seite wich. Aufgeregtes Personal machte sich um Kidrič herum zu schaffen, während er dalag, mit fieberroten Wangen und verstörtem Blick, aber bei vollem Bewußtsein. Er erkannte mich und sagte: „Ei, mein lieber Djido, da siehst du, wie es mit mir steht." Und ich ging in die Halle hinaus und wischte mir schweigend die Tränen aus den Augen.

Bald begannen die Mitglieder des Politbüros einzutreffen, schließlich kam auch Tito. Wir blieben den ganzen Nachmittag in der Halle, mit einer Gruppe von Ärzten, die sich berieten. Erst am Abend, nachdem die Ärzte zu dem Schluß gekommen waren, daß keine Lebensgefahr mehr bestand, gingen wir auseinander. Auf einmal waren wir alle froh, nach all dem gespannten und stummen

Bangen. Dr. Bulić machte uns jedoch darauf aufmerksam, dies bedeute keine Heilung. Und Ranković, hoffnungsvoll, aber auch mit volkstümlichem Mißtrauen gegen Ärzte, flüsterte mir zu: „Die Ärzte müssen ja nicht gerade alles wissen."

Kidrićs Krankheit konnte nicht mehr verheimlicht werden: Tags darauf wurde ein Kommuniqué veröffentlicht, das auch seine Krankheit benannte: Leukämie. Nach einigen Tagen aber nahm Kidrič seine geistigen Kräfte soweit zusammen, daß er regelmäßig die Zeitungen las. Er verlangte auch nach Zeitungsausgaben aus den Tagen nach dem Schock, die er nicht hatte lesen können. Und als er die *Borba*-Ausgabe, in der das Ärztekommuniqué abgedruckt war, nicht bekam – und gerade die wollte er haben –, alarmierte uns seine Frau, denn man verschwieg ihm seine Krankheit. Ich richtete es mit den Genossen von der *Borba* so ein, daß ein Exemplar ohne die Verlautbarung über seine Krankheit gedruckt wurde.

Trotzdem hat Kidrič die Art seiner Erkrankung geahnt, vermutlich sogar – nach den Worten seiner Frau – auch darüber Bescheid gewußt. Er holte sich irgendeine Enzyklopädie, vertiefte sich in das Kapitel über Blutkrankheiten und – intelligent und mutig wie er war – hatte begriffen.

Es wurden auch namhafte englische Spezialisten herbeigerufen – um der Öffentlichkeit zu beweisen, daß wir alles unternommen hatten, ihm zu helfen, nicht etwa wegen mangelnden Vertrauens in unsere Ärzteschaft. Bei einer zufälligen Begegnung sprach ich mit dem englischen Chefarzt, einem versteiften und gekrümmten Greis: Er sagte zu mir, unsere Ärzte hätten genau das getan, was auch sie, die Engländer, unternommen hätten.

Ich besuchte Kidrič häufig – vielleicht von allen am häufigsten, mit Ausnahme von Kardelj, mit dem Kidrič in allen Perioden am engsten zusammengearbeitet hatte. Wir verständigten uns schriftlich. Erstaunlicherweise konnte sich Kidrič nach wie vor leichthin und rasch in fremde Gedanken einfühlen. Vor seinem Tod (wenn ich eine Bemerkung seiner Frau Zdenka richtig verstanden habe) scheinen ihm auch Gedanken über die Unsterblichkeit gekommen zu sein. Ist dies nicht die ewige Hoffnung, die ewige menschliche Eigenart, ganz gleich, an welche Philosophie sich der einzelne hält?

Ich war auch kurz bevor er starb bei Kidrič, vor meiner Abreise nach Montenegro zum Kongreß der Volksfront. Er schien bei guter Laune zu sein und sah auch nicht schlechter aus als an anderen

Tagen. In unserem „Schriftwechsel“ war auch vom Tod die Rede, mit meinen „trostreichen“ materialistischen Folgerungen über die Unvergänglichkeit der Materie, die (wie mir Zdenka das später mit leichtem Tadel gesagt hat) Kidrič auf den Gedanken seines baldigen Ablebens brachten.

Es war kurz nach Mittag, am 12. April 1952. Ich saß im Präsidium des Kongresses der Volksfront Montenegros, in Titograd. Plötzlich trat ein Kurier an mich heran und flüsterte mir zu, Štefica lasse mich rufen. Vukmanović-Tempo, der neben mir saß und das Geflüster gehört hatte, fragte mich, was los sei. Ich meinte, möglicherweise fühle sich unser Kleiner, Aleksa, nicht wohl, und Štefica rege sich grundlos auf. Daraufhin Tempo: „Das glaub' ich kaum – das ist eine ernsthafte, alte Genossin.“ Štefica sagte aufgeregt: „Boris ist gestorben! Gerade hat Dr. Bulić angerufen.“ Wieder am Präsidiumstisch, teilte ich es Blažo Jovanović und Tempo mit. Im Flüsterton beschlossen wir, daß ich die traurige Nachricht dem Kongreß bekanntgäbe. Während ich darauf wartete, daß der Redner zum Ende komme und ich außer der Reihe das Wort erhalte, hatte ich eine Vision, als trennten sich von meinen Händen, die ich auf den Tisch gelegt hatte, die Finger ab. Einen Augenblick war ich fassungslos. Aber bei dem Versuch, mich wieder zu fangen, kam ich nicht einmal dazu, mich zu fragen, was sich da mit mir abspiele, denn schon kehrten die Finger wieder an die Hände zurück.

Während ich den Delegierten Kidričs Tod bekanntgab, flossen mir die Tränen, aber weder schluchzte ich noch verlor ich die Fassung. Schluchzen hörte man aus dem Saal. Ich bezeichnete Kidrič als „einen der geistvollsten Köpfe unserer Revolution“.

Es war bereits an der Zeit, die Nachmittagstagung zu beenden. Ich trat mit Ranković in Verbindung. Wir vereinbarten, daß der Kongreß seine Arbeit abbreche, zuvor aber noch die Führung gewählt werde.

Am Abend, in der Halle des Hotels „Crna Gora“ („Montenegro“), versammelten sich die Funktionäre und tauschten – einer trauernden Familie gleich – lange Zeit Erinnerungen aus der Revolution und Visionen der sozialistischen Zukunft aus. Die ganze Zeit über war Kidrič bei uns, obwohl wir nicht von ihm sprachen.

Am nächsten Tag wurden wir Funktionäre, die „Belgrader Montenegriner“, mit einem Flugzeug abgeholt. Ich fuhr direkt ins Zentralkomitee und schaltete mich in den Beisetzungsausschuß ein, der von Ranković angeführt wurde. Es war auch für die kleinste Kleinigkeit vorgesorgt. Kidričs Beisetzung war eine gewichtige, sehr verantwortungsvolle Aufgabe. Ein Begräbnis, wie es das neue Jugoslawien noch nicht gesehen hatte.

Der Sarg mit Kidričs Leiche wurde in Titos Sonderzug geladen, mit dem auch wir Funktionäre nach Ljubljana reisten, wo Kidrič beigesetzt werden sollte. Unterwegs, in einem Gespräch über das Leben und den Tod, wie es sich bei solchen Gelegenheiten fast von selbst aufdrängt, verbreitete ich mich wiederum ausführlich über meine materialistische Anschauung. Tito meinte halb im Scherz, über ein Leben nach dem Tode solle man sich nicht auslassen, weil es niemand gäbe, der darüber berichten könne.

Bei Kidričs Beisetzung sprach Kardelj mit dem Schmerz eines wahren Freundes, und Tito hielt eine Grabrede, als habe er im Krieg einen unersetzlichen Gefährten verloren. Als sich der Trauerzug durch Ljubljanas Straßen bewegte, regnete es. Jemand bot Kardelj einen Regenschirm an, er aber wollte auch mich schützen. So fand keiner von uns beiden unter dem Schirm ordentlich Platz, und mir schien es sogar gut, daß wir diese Lappalie für Kidrič erduldeten.

Man hatte von Kidrič eine Totenmaske angefertigt. Sie wurde in einem Schrank in meinem Büro im Zentralkomitee aufbewahrt. Ich kam nicht dazu, sie in Bronze gießen zu lassen, nur wenige Monate nach Kidričs Tod wurde ich aus dem ZK verjagt. In der Erinnerung behalte ich aber das leicht ironische Lächeln dieser Maske und die abgemagerte, kluge Denkerstirn Boris Kidričs.

3. Asienreise und Ernennung zu einem der drei Vizepräsidenten Jugoslawiens

Nach 1949 weiteten sich die Verbindungen der jugoslawischen KP mit den europäischen Sozialisten aus, und es häuften sich Besuche von Sozialisten in Belgrad. Das Interesse für das „jugoslawische Experiment", als einer von der Sowjetunion getrennten sozialistischen Erscheinung, wuchs auch anderswo: in Asien und in Lateinamerika. Die jugoslawische Führung bemühte sich, dieses Interesse auszubauen und zu festigen. Unmittelbare und dauerhaftere Verbindungen wurden auch mit sozialistischen Bewegungen außerhalb Europas hergestellt, ebenso mit nationalen Bewegungen in ehemaligen und noch bestehenden Kolonien. Vor der Führung öffnete sich ein weiter Raum, der größer und aussichtsreicher war als die Sowjetunion und die von ihr kontrollierten Parteien.

Deshalb wurde am Anfang des Jahres 1953 eine jugoslawische Parteidelegation nach Asien, zur Konferenz der asiatischen Sozialisten geschickt. Zu Delegierten wurden Aleš Bebler und ich bestimmt, er als erfahrener Diplomat mit Sprachkenntnissen, ich als Mitglied der engeren Parteiführung.

Die Delegation trat ihre Reise am 25. Dezember 1952 von Belgrad aus mit der Eisenbahn an und reiste per Flugzeug von Rom über Kairo und Neu-Delhi weiter nach Rangun, wo die Konferenz in der ersten Januarhälfte 1953 stattfand. Am 4. Februar 1953 waren wir wieder in Belgrad.

Wir waren die einzigen kommunistischen Gäste auf der Konferenz. Hinter uns lag eine zweifache Rebellion: gegen Hitler und gegen Stalin. Diese zweite Rebellion, mit frischen, antibürokratischen Ideen der Selbstverwaltung, kündigte demokratische Auswege aus dem Kommunismus an, eine Verschmelzung von Sozialismus und Freiheit. Ein erheblicher Teil unserer Führung glaubte damals fest daran. Wer hätte sonst daran glauben können, wenn wir selbst nicht überzeugt gewesen wären? Aus diesem Grund genoß unsere Delegation auf der Konferenz, so wie ich das sah, ein großes Ansehen und spielte eine bedeutendere Rolle als selbst die britische Labour-Abordnung, die Clement Attlee leitete. Wir wurden von den zwei führenden Delegationen – der indischen und birmanischen – konsultiert.

Die Konferenz war durch eine Fülle verschiedener Auffassungen gekennzeichnet, die alle eines gemeinsam hatten: die Beseitigung von Elend bei Bewahrung der Demokratie, Widerstand gegen die Ausbeutung durch den Westen wie gegen die Hegemonie der UdSSR. Davon stachen die Ansichten der Vertreter Ägyptens und Israels ab. Die Ägypter durch die Anlehnung an den Koran und an ihr Militärregime, die Israelis durch allzu „europäische" sozialistische Ideen. Für uns war eines offensichtlich und lehrreich: Nicht nur, daß der Sozialismus überhaupt nicht einheitlich ist und das auch gar nicht sein kann, sondern er kann ebensowenig überall auf der gleichen Stufe und den gleichen theoretischen Grundlagen stehen. Auch bei den Sozialisten gab es Marxisten, allerdings in einer Minderheit, und selbst diejenigen, die es waren, vertraten Ansichten, die sich mit unseren oder mit den sowjetischen keineswegs deckten.

Das Leben, die Realität, erwies sich „sozialistischer" als die sozialistischen Lehren. Als kommunistische „Ketzer" fühlten wir, daß wir zu diesem globalen Gärungsprozeß gehörten und fanden uns dort ganz gut zurecht. Unser einziger „schwacher Punkt" war die Hilfe aus den USA, die wir aber wenigstens einigermaßen mit der sowjetischen Blockade und mit den Erfordernissen der Verteidigung rechtfertigen konnten.

Auf der Konferenz hielt ich eine Rede, wobei ich den Rahmen einer Grußbotschaft überschritt. Bebler war mir bei der Formulierung eine große Hilfe.

Attlee hielt eine kürzere Grundsatzrede. Ich erinnere mich der Pointe seiner Ausführungen, weil sie mich und Bebler verbitterte: der Parlamentarismus sei das einzige System, das des menschlichen Wesens würdig sei. Obwohl wir damals den Wert des Parlamentarismus, besonders seinen historischen Wert, schon nicht mehr in Abrede stellten, war Attlees Leitsatz für mich altmodisch und dogmatisch, weil ja der größte Teil der Menschheit nicht „parlamentarisch" ist und nach andersartigen, außerparlamentarischen Wegen sucht, noch mehr aber deshalb, weil ich davon überzeugt war, daß wir Jugoslawen in der Selbstverwaltung eine Form gefunden hatten, die demokratischer ist als jedes Parlament, selbst als das britische.

Attlees Leitsatz erscheint mir immer noch einseitig, wenn auch nicht länger deshalb, weil ich der Ansicht wäre, es seien würdigere Formen als das Parlament „gefunden" worden, sondern weil viele Menschen, durch Doktrinen verblendet und durch Gewalt niedergehalten, oft gar nicht begreifen können, was ihre Würde, was eigentlich Menschenwürde ist.

Wir sahen ungeahnte Landschaften und märchenhafte, unvergleichliche Denkmäler. Meine Eindrücke von dieser Reise schilderte ich in dem Reise-Essay *Östlicher Himmel,* veröffentlicht in *Nova misao* (den Titel erfand Bora Drenovac).

Beblers Weltläufigkeit war unvergleichlich viel größer als meine. Er hatte auch stärkeres Interesse für historische Denkmäler. Zwischen uns beiden bestanden in keiner Hinsicht politische Unterschiede. Diese Asienreise hinterließ in mir einen tiefen, unvergänglichen Eindruck.

Und dann das Elend. Tausende, Hunderttausende von schlafenden Obdachlosen auf den Trottoirs und Plätzen Kalkuttas, Haufen von leprosen Bettlern in den Basars von Karatschi, Tausende von Flüchtlingsfamilien in Bambusverschlägen in den Straßen Ranguns.

Beblers Schauder war mit der Neugier eines Globetrotters vermischt. Ich nahm all das mit einem schmerzlichen Verständnis auf, als Teil irgendeiner eigenen, mir bekannten Welt. Bebler, ein „Jet-Diplomat" und Revolutionär, interessierte sich in erster Linie für politische Nuancen. Bei mir kristallisierten sich aus dem Chaos der Eindrücke Ideen heraus. Die neuen Erfahrungen in diesem Land erweiterten und verfestigten meine bis dahin nur geahnten Erkenntnisse über die Unermeßlichkeit menschlichen Leidens und die Unvorhersehbarkeit der Gesellschaftsformen und Weltanschauungen.

Es gibt keine Wissenschaft und keine Hypothesen, die die Arten menschlichen Daseins voraussehen, geschweige denn regulieren können. Wenn sie das für sich beanspruchen, sind sie bestenfalls ein Deckmantel für Gewaltherrschaft und Privilegien, wenn nicht gar für nackte Gewalt. Warum aber dulden die Menschen Asiens soviel Elend? Etwa wegen ihres Glaubens an höhere, unvergängliche Werte des Geistes und der Kontemplation, oder sind diese nur dazu da, um das Elend und das Leid ertragen zu können und ihm einen Sinn zu geben? Denn ist nicht das Leben des Individuums und selbst eines ganzen Volkes nichts anderes als ein Glied in der Kette ewigen Leidens und Suchens?

Als wir mit unserer Maschine einflogen, blendete uns die goldene Pagode von Rangun mit ihrem sanftgeschwungenen Tempeldach im dunklen Grün. Auch die ebenmäßige Pracht des Tadsch Mahal war später atemberaubend. Aber die Menschen und ihre Lebensbedingungen zogen unsere Aufmerksamkeit am stärksten an und weckten unsere Gedanken.

Birma war im Bürgerkrieg. Man sah die Flüchtlinge in Ranguns Straßen und bemerkte die halbherzigen und vagen Reaktionen der Führer. Sie waren bescheiden, gutwillig und unglücklich über die Verhältnisse, die ihr paradiesisches, aber unterentwickeltes und verwüstetes Land heimsuchten. Sie erwarteten von uns ketzerischen Kommunisten mehr, als wir ihnen geben konnten: die Beendigung ihres Bürgerkrieges.

Unser Botschafter, Dobrivoje Vidić, hatte sich noch gar nicht eingerichtet, aber er hatte schon lebhaften und nahen Kontakt zu den birmanischen Führern. Auch er wohnte wie wir noch immer in dem einzigen komfortablen Hotel, mitten in einem Meer von Krankheit, Schmutz, Mangel und Übervölkerung. Das wichtigste und schwierigste Problem für die Botschaft war ihre Unterbringung und die Sicherung von hygienischen Lebensbedingungen. Als wir darüber diskutierten und mir kein besseres Argument einfiel, sagte ich zu Vidić: „Was kann man da machen? Deinen Dienst, hier in Birma, mußt du wie einen Kriegsdienst auffassen, als wärst du im Krieg." Ich denke, daß er seine Pflicht so verstand. Für seine Frau, die um die Gesundheit ihres kleinen Buben fürchtete, war das ein schwacher Trost.

Wir hatten für Attlee ein Mittagessen gegeben, so daß der britische Botschafter sich genötigt sah, Bebler und mich mit einer Gegeneinladung zu beehren. Der britische Botschafter hatte keine Probleme mit dem Quartier. Er residierte in einer prunkvollen Villa mit Rasenflächen, inmitten eines Parks mit immergrünen Bäumen. Voller Selbstzufriedenheit bemerkte er: „Wenn es je ein Paradies gegeben hat, dann war das in Birma." Und nach dem Essen, bei Cognac und Kaffee, fragte er uns lässig: „Was exportieren sie nach Birma, was sind ihre Interessen hier?" Bebler erklärte ihm, daß wir aus ideologischen Gründen da seien, wegen einer Zusammenarbeit. „Sie exportieren also Ideen", sagte er mit freundlicher, aber unverhohlener Ironie.

In Indien, in Neu-Delhi, wohnte Botschafter Joža Vilfan bequem in einer Villa mit etwa zehn Dienern. Vilfans Gattin Marija, eine ausgesprochene Intellektuelle, hatte anfangs ihre liebe Not damit, die Arbeit dieser Dienerschaft zu koordinieren. Dann kam eine slowenische Köchin, deren Regiment sich alle gern fügten. Man sagte uns, es gäbe dort Botschafter-Residenzen, beispielsweise die kanadische, mit an die hundert Dienern und Dienerinnen, die man, für europäische Begriffe, sehr schlecht bezahle. Der Kastengliederung entsprechend, verrichte jeder der Diener nur eine ganz bestimmte, ihm zugeteilte Arbeit. Die indische Dienerschaft gilt in Südasien als tadellos, davon konnten wir uns überzeugen. Wenn wir zum Beispiel zu einem Empfang gehen wollten, fanden wir im richtigen Augenblick die vorgeschriebene Kleidung gebügelt vor, quer über das Bett die ordentlich aufgelegte Hose, mit der Öffnung nach außen, so daß man nur noch hineinsteigen brauchte.

Botschafter Vilfan und die Dienerschaft unterhielten gute Beziehungen sowohl mit der Regierung als auch mit den oppositionellen sozialistischen Strömungen. Vilfan wies uns auf die enormen, noch ungenutzten Möglichkeiten einer Zusammenarbeit und Etablierung der Staaten der „Dritten Welt" hin. Bebler und mir war das schon klar geworden. Dort, in dieser befreiten, durch die modernen Ideen und ungeahnten Möglichkeiten des Industriezeitalters aufgerührten Welt, sahen wir auch den Platz und die Perspektiven Jugoslawiens.

Bei einem Mittagessen auf dem Rasenplatz neben seiner Residenz wurden wir von Nehru empfangen, der ja der Urheber und Verbreiter der Zusammenarbeit und des Zusammenschlusses der blockfreien Staaten war. Wir lernten auch seine Tochter Indira kennen, eine zurückhaltend elegante Schönheit in ihrer Nationaltracht, dem Sari. Nehru war recht schweigsam und vorsichtig, er trug seine Ideen und Ansichten in Kurzfassung vor und hörte dann dem Gesprächspartner aufmerksam zu. Seine Betrachtungsweise war „europäisch", also logisch und rational, aber inhaltlich der indischen Wirklichkeit und seinem kulturellen Erbe verpflichtet. Er glich eher einem Philosophen als einem Politiker, und in der Tat ist er beides gewesen. Er hielt sich an indische Gebräuche, aß mit den Fingern vegetarische Gerichte und trank keinen Alkohol. Die Begegnung mit Nehru brachte nichts Besonderes, außer daß wir von seiner kritischen Einstellung zu den Blöcken, besonders zu der Sowjetunion, erfuhren, deren Politik auch für ihn eine Enttäuschung war. Hier hatte sich sein Traum zerschlagen, mit der Tschechoslowakei als einem „ungefährlichen" Industrieland engste Beziehungen herzustellen. Ich entsinne mich noch, daß Nehru, bei der kurzen Pause nach dem Mittagessen, mit einem kleinen Pandabären herumspielte.

Philosophen wurden in Indien damals sehr geschätzt, sie spielten eine erhebliche Rolle in der Politik. Vizepräsident der Republik war der berühmte Philosoph Radakrischnan, den wir gleichfalls besuchten, wobei wir von seinen Vergeistigungen der Politik unvergleichlich mehr beeindruckt waren als von seiner Funktion. Einige Monate später, im Sommer 1953, war ich Radakrischnans Gastgeber in Belgrad, weil Tito und Kardelj sich auf Brioni aufhielten. Damals diskutierten wir nach einem Mittagessen im Regierungsklub über die Philosophie. Er, als objektiver Idealist, war Kant zugeneigt, und ich, als Anhänger des Materialismus, war ein Jünger Hegels.

In Neu-Delhi führten wir auch die Kontakte mit den Sozialisten fort, die bereits in Rangun sehr intensiv waren. Die meisten sozialistischen Führer und ihre Organisationen waren aus der Bewegung Gandhis hervorgegangen, wenn sie auch nicht mehr unter dem Einfluß seiner Ideen standen. Man könnte von allen indischen Sozialisten sagen, daß sie in ihrer volkstümlichen demokratischen Gesinnung und ihrem Egalitarismus konsequent, ja, sogar doktrinär waren, obgleich sie sich in vielen Dingen voneinander unterschieden. Keiner von ihnen war Marxist, sie hatten auch keine tieferen Kenntnisse auf dem Gebiet des Marxismus.

R. Lohia gehörte zu den dynamischen und auch originellsten indischen Sozialisten. In Kalkutta gab er ein Abendessen für uns, und wir führten mit ihm auch zwei oder drei lange Gespräche über die Probleme des Sozialismus. In der Sozialistischen Partei war er der Anführer einer nahezu unabhängigen Strömung und gab auch eine eigene Zeitschrift heraus; in seinen Anschauungen erschien er standhaft und prinzipientreu. Von Statur war er eher klein und gedrungen, dabei sehr eloquent.

Lohia interessierte sich besonders für die sozialistische Umgestaltung des Dorfes, da Indien ein Agrarland und ohne Aussicht auf einen raschen industriellen Wandel war. Er wußte freilich, daß man auch das Dorf nicht ohne moderne Mechanisierung umgestalten konnte, und so war er von der Idee besessen, eine kleine Allzweck-Landmaschine zu bauen. Er meinte, auf fortgeschrittenem technischem Niveau ließe sich eine solche Maschine durchaus konstruieren. Wir teilten seinen Optimismus nicht, denn wir sahen die Lösung in großen Kollektivgütern, in einer Art wirklich freiwilliger Kolchosen. Lohia hatte nichts übrig für Kolchosen, er meinte, die Bauern sollten ihren Besitz behalten und sich bei der Arbeit und beim Umsatz ihrer Erzeugnisse zusammentun. Zu seiner Idee der kleinen Allzweckmaschine bemerkte ich: „Das kann nicht die Aufgabe von Politikern und Sozialreformern sein, das ist etwas für Techniker und Agronomen."

Ideen schlugen Funken, wir hatten dieselben Träume, als wären wir nicht von zwei entgegengesetzten Enden der Welt, aus verschiedenen Kulturen und Verhältnissen. Die Diskussionen mit Lohia waren erregt, und wir kamen auf keinen Konsens, aber die kameradschaftlichen Beziehungen berührte das nicht, niemand trug dem anderen etwas nach. Ein Jahr später, als ich wegen „Revisionismus" aus der Führung entfernt wurde, lud mich Lohia zur Zusammenarbeit mit seiner Zeitschrift ein. Ich nahm die Einladung gerne an und schrieb einen Artikel. Als ich jedoch im Hauptpostamt den Einschreibebrief mit dem Artikel aufgab, trat einer der beiden Agenten, die mich observiert hatten, an die Postbeamtin heran und befahl ihr, den Brief vor meinen Augen herauszugeben. Ich ließ Lohia den Artikel trotzdem auf einem anderen Weg zukommen, und er wurde dann auch veröffentlicht. Lohia forschte bei der Post nach und stellte fest, daß mein Brief nicht von Belgrad abgegangen war, auch diesen Vorgang veröffentlichte er. Ich ging nun erst recht mit dem Einschreibebeleg zum Postamt, wo man mir als Entschädigung für den „verlorenen" Brief 500 Dinare auszahlte. Während ich im Gefängnis war, schied Lohia aus dem Leben. Ich kann nur vermuten, wieviel Indien und der Sozialismus mit Lohia verloren haben, aber ich erlebte seinen Tod damals als den Verlust eines Mitkämpfers, der das Prinzip über den Nutzen und über die Rücksichten stellte.

Mit Dschajaprakasch Narajan hatten wir keine solch wildbewegten und ausführlichen Diskussionen, aber wir besprachen uns in Rangun über die Resolution und die Taktik der Konferenz. Bei einem gesonderten Treffen mit uns hatte er die Idee einer Zusammenarbeit mit Nehru und dem Kongreß aufgeworfen, um eine Vereinigung der reformatorischen und der sozialistischen Kräfte zu erreichen. Wir waren damit grundsätzlich einverstanden. Narajan gründete später eine neue Bewegung. Beim Sturz von Indira Gandhi spielte er eine bedeutende Rolle. Er war zweifellos eine außergewöhnliche Persönlichkeit. Geduldig, weise, immun gegen Ruhmsucht und Titel, überzeugt von der Überlegenheit von Ideen, überaus tolerant, besonders in der Diskussion.

Bei einer Europareise machte er eigens einen Abstecher nach

Jugoslawien, um sich nach meiner Entlassung aus dem Gefängnis mit mir zu treffen. Ich konnte das einfach nicht glauben. Ich hatte angenommen, er sei wegen anderer Kontakte nach Belgrad gekommen und wolle nebenbei auch mich sehen. Er sagte mir jedoch in seinem Zimmer im Hotel „Metropol" ausdrücklich, er sei gerade meinetwegen von seiner Reiseroute abgewichen. Wir hatten ein ganz offenes Gespräch, ein wenig überschattet von seinem Mitgefühl und meiner Resignation. Narajan interessierte sich nicht so sehr für die wirtschaftlichen und politischen Perspektiven Jugoslawiens, sondern für die Methoden und den Charakter der Macht. Wir berührten die Frage des Parteienpluralismus. Er sprach sich grundsätzlich gegen ein Parteiensystem aus, weil Parteien sich korrumpieren ließen und zum Monopolismus tendierten. Seiner Ansicht nach sollte das politische Leben von kommunalen Gemeinschaften getragen und repräsentiert werden. Ich bemerkte, daß die europäischen Traditionen und die Komplexität des gesellschaftlichen Lebens Parteien erforderlich machten. Ich fügte hinzu, eine parteilose Ordnung ohne Pressefreiheit führe in die Diktatur. Dem pflichtete Narajan vorbehaltlos bei. Er suchte in den Keimzellen der Gesellschaft und in den bescheidenen, schlichten Formen des menschlichen Daseins nach der Freiheit als höchstem Wert.

Als die Regierung Indira Gandhis Narajan verhaften ließ, baten mich einige Inder aus London darum, mich mit meiner Unterschrift der Forderung nach seiner Freilassung anzuschließen. Ich tat das gern und bedauerte nur, nicht mehr für ihn tun zu können.

Mit Aschoka Mehta hatten wir ebenfalls Diskussionen. Von den Sozialisten stand er Nehru am nächsten. Auch er besuchte mich in Belgrad nach meiner Entlassung aus dem Gefängnis. Doch obwohl mir seine politischen Ansichten verständlicher und näher waren, prägte sich Narajan mit seiner Persönlichkeit und seinen Utopien dauerhafter und tiefer in meine Erinnerung ein.

Von Neu-Delhi aus flogen wir zunächst nach Bombay, um die dortigen Sozialisten zu besuchen; wir wurden in der relativ prunkvollen Wohnung des zuvorkommenden Ehepaares Trikumdas untergebracht. Nach drei oder vier Tagen Aufenthalt in Bombay flogen wir weiter nach Karatschi.

Als wir noch in Neu-Delhi waren, hatte man uns eine äußerst freundliche Einladung der pakistanischen Regierung überbracht, Karatschi, die damalige Hauptstadt Pakistans, zu besuchen. Wir waren von dieser Einladung nicht allzu begeistert, sahen aber auch keinen Grund, die Pakistani zu brüskieren. Im voraus vereinbarten wir, Äußerungen über Kaschmir aus dem Wege zu gehen, um nicht die Inder, die uns so freundlich aufgenommen hatten und mit deren Regierung Jugoslawien bereits herzliche Beziehungen unterhielt, vor den Kopf zu stoßen.

Die pakistanische Regierung aber war gerade darum bemüht, wenigstens den Eindruck zu erwecken, als interessierten wir uns für ihre Standpunkte in der Kaschmirfrage, wenn sie uns schon nicht zu offenen Erklärungen bewegen konnte. Unser Botschafter, Obrad Cicmil, hatte dies nicht durchschaut und das Besuchsprotokoll so akzeptiert, wie es von der pakistanischen Regierung vorgeschlagen worden war.

Man brachte uns in irgendeinem zweitklassigen Hotel unter, vielleicht gab es in Karatschi kein besseres. Doch da wir formell keine Staatsdelegation, sondern gleichsam eine „Goodwill-Abordnung" waren, und Pakistan zudem ein rückständiges Land, haben wir die Unterbringung nicht beanstandet. Zum Tauziehen kam es um das Protokoll wegen der Reihenfolge unserer Besuche. Die Pakistani hatten vorgesehen, daß wir gleich am nächsten Tag unseren ersten Besuch dem Minister für Kaschmir abstatten sollten. Darin sahen wir ein abgekartetes Spiel. Die Pakistani wollten den ersten Besuch zu Propagandazwecken nutzen, um ihn so darstellen zu können, als hätten wir ein Interesse an der Kaschmir-Frage oder seien gar deshalb nach Karatschi gekommen.

Umgehend beanstandeten wir dieses Vorgehen bei einem Beamten des pakistanischen Außenministeriums. Doch der kam uns immer wieder mit neuen Ausflüchten. Unser Botschafter, seiner Natur nach ruhig und duldsam, befand sich in einer Zwickmühle und gab uns die nötige Schützenhilfe. Dieses Hin und Her dauerte den ganzen Nachmittag über, bis wir am Ende beschlossen, am nächsten Tag abzufliegen, ohne einen einzigen Offiziellen besucht zu haben. Es war schon ziemlich spät am Abend, als der Beamte uns mitteilte, unser Vorschlag, zuerst vom Ministerpräsidenten empfangen zu werden und danach die übrigen Besuche abzustatten, darunter auch beim Minister für Kaschmir, sei angenommen worden.

So geschah es auch. Bei den Gesprächen fand Kaschmir keine Erwähnung. Allein der Minister für Kaschmir erwähnte es beiläufig. Ein würdevoller Gentleman in schmucker Tracht, der mich an die montenegrinischen Häuptlinge aus alten Zeiten erinnerte, um so mehr, als er auch den Titel „Serdar" führte.

Diese Meinungsverschiedenheiten und das Tauziehen warfen auf die Gespräche und Empfänge, die uns zu Ehren gegeben wurden, einen Schatten der Kühle und Förmlichkeit.

Von Karatschi flogen wir weiter nach Beirut. Wir wollten von dort aus nach Israel gehen, da der israelische Delegierte auf der Konferenz von Rangun, Mosche Scharett, uns eingeladen hatte und wir so gut wie zugesagt hatten. In Beirut gerieten wir dann in Diskussionen mit libanesischen Sozialisten, die ihre reformistischen, demokratischen Anschauungen mit einer nationalistischen Unversöhnlichkeit gegenüber Israel vermengten. Auch die Begegnungen mit den libanesischen Sozialisten beeinflußten in gewissem Maße unser Zögern vor dem Israel-Besuch. Wir befragten für alle Fälle die Regierung in Belgrad, die aber gab uns kein Plazet. So verzichteten wir nicht ohne Bedauern auf den Besuch in Israel, und ich schickte Scharett einen Brief, in dem ich die Änderung unserer Pläne erklärte. Ich habe gehört, daß Scharett sich lebhaft für mich engagiert hatte, als ich im Gefängnis war, weiß jedoch nichts Genaueres darüber. Scharett war ein kluger und maßvoller Mann, der Ideen europäischer Sozialisten vertrat. Auch er ist nicht mehr am Leben, und ich werde ihm nicht mehr begegnen, selbst wenn mein Wunsch in Erfüllung ginge, Israel zu sehen. Auch Beirut werde ich nicht wiedersehen. Seit Jahren wird diese Stadt romanischer, mediterraner Lebenskunst und Wärme von blindwütigem Haß, von bewaffneten Ideologien massakriert und vergewaltigt. Ich bin kein Pazifist, ich glaube fest daran, daß Kriege und Revolutionen unumgänglich sind, aber ich weiß auch, daß man Leben und Schönheit nicht wieder auferstehen lassen kann.

Von Beirut gingen wir nach Damaskus. Ein angenehmer Aufenthalt, aber ohne Bedeutung, ebenso war es in Athen, von wo wir nach Belgrad zurückflogen. Vor dem Abflug kaufte ich von meinen Diäten Kamelhaarstoff zu einem Mantel für Tito, um den er mich vor der Abreise gebeten hatte. Es lohnte sich wirklich nicht, diese Lappalie zu erwähnen, wenn sie nicht das persönliche Verhältnis zwischen uns dokumentierte, das sich keine zwei Jahre danach in Unverträglichkeit, Verbitterung und Verfolgung verwandeln sollte.

Ranković und Štefica empfingen mich am Belgrader Flughafen. Und obwohl Rankovićs Anwesenheit beim Empfang dem Protokoll entsprach, denn sie hatten mich zu meiner Überraschung während der Asien-Reise zu einem der drei Vizepräsidenten der

Republik ernannt, fühlte ich mich ebenso geschmeichelt wie erfreut. Die langjährige, bewiesene Kameradschaft schien durch nichts getrübt werden zu können.

4. Stalins Tod und die ersten Zerwürfnisse mit Tito und der Parteispitze

Stalins Tod bedeutete für die Führung unseres Landes Erleichterung und war Anlaß zur Freude. In den Vermutungen über Veränderungen in der Sowjetunion gab es Unterschiede, scheinbar nur unbedeutende. Ich erinnere mich, daß Tito und Ranković größere Veränderungen erwarteten als Kardelj. Ich vertrat die Ansicht, die sowjetische Parteibürokratie sei zu sehr auf Privilegien und Expansion fixiert, als daß das Verschwinden selbst einer dominierenden Figur wie Stalin das System wesentlich beeinflussen könnte. Auch Tito erwartete keine Änderung des sowjetischen Systems. Er vermutete jedoch Veränderungen, die zu einer andersgearteten, weniger aggressiven Außenpolitik, besonders uns gegenüber, führen würden. Und Ranković, meine ich, maß der Machtstruktur eine große, vielleicht entscheidende Bedeutung bei, da diese auf dem Kult und der Rolle Stalins beruhte. Kardelj stand irgendwo zwischen Tito, Ranković und mir. Stalins Tod werde nicht zu radikalen Veränderungen führen, er werde allerdings die Führer dazu zwingen, das System allmählich zu verändern.

An meiner Auffassung hatte sicherlich der auf Stalins Tod angewandte marxistische Leitsatz, das System sei entscheidender als die Führer, erheblichen Anteil gehabt. Es ist aber ebenso richtig, daß die erwähnten Unterschiede in der Beurteilung der Folgen von Stalins Ableben ihren Ursprung in den bereits aufgekeimten, wenn auch noch nicht ausgeformten Unterschieden in den Ansichten über unsere innere Entwicklung und über den Sozialismus als Ganzes hatten.

Niemand in der engeren Führung, oder auch anderswo, war sich der Tiefe und Tragweite der Meinungsunterschiede bewußt, die da unbemerkt, beinahe unbewußt, beim Tod Stalins in Erscheinung traten. Nachdem die Differenzen einmal sichtbar geworden waren, erlebte und betrachtete sie ein jeder auf seine eigene Weise.

Ich erinnere mich, wie mir eine Antwort Kardeljs nach seiner Rückkehr von Brioni zu denken gab: „Ihn interessiert am meisten, was jetzt, nach Stalins Tod, geschehen wird – er erwartet ernste Veränderungen." In dieser Zeit begann Tito davon zu reden, man müsse sich so bald wie möglich der amerikanischen Hilfe entledigen. „Ohne eine selbständige Außenpolitik gibt es auch keine echte Selbständigkeit!" Wir alle stimmten mit ihm darin überein, die Hilfsprogramme und damit die Abhängigkeit vom Westen zu beenden. Doch sein Satz „gerade in dieser Zeit" hatte den Beiklang einer Richtungsänderung auch in der Innenpolitik, einer Unterbrechung des Demokratisierungsprozesses, vornehmlich im intellektuellen Bereich, wo man am weitesten vorangekommen war. Hier begannen die Differenzen, hier wurden sie spürbar. Das um so offensichtlicher und unvermeidlicher, als Tito auf die „negativen Einflüsse" des Westens auf die Kultur und auf die Jugend hinwies, während ich in meinem Kopf die Kategorien von „östlich" und „westlich" oder „dekadent" und „fortschrittlich" so gut wie aufgegeben hatte.

Es bahnten sich auch Unterschiede in den Auffassungen über den Bund der Kommunisten und seine Rolle an. Tito gab seiner Sorge über die Lage im Bund der Kommunisten bereits öffentlich Ausdruck, angesichts von dessen Verschwommenheit und Ineffizienz, besonders aber wegen der Schwächung der ideologischen Einheitlichkeit. Gleichzeitig vertrat eine Reihe führender Genossen, unter ihnen Kardelj, Bakarić, Vukmanović und ich, die Ansicht, daß der Bund der Kommunisten eine ideologische und keine operative Führungskraft sein solle, daß er seine Aufgaben überwiegend durch freie Diskussion wahrnehmen solle, nicht durch Verfügungen, Verbote und Etikettierungen. Wir, besonders Kardelj und ich, erwärmten uns für eine Belebung und Aktivierung des Sozialistischen Bundes, als einer breiten, ideologiefreien Organisation, in der die Kommunisten lediglich der kämpferische und bewußte Kern wären.

Das war der Grundgedanke der Idee einer Aufhebung des Monopolismus der kommunistischen Partei und ihrer Verschmelzung mit der demokratischen sozialistischen Bewegung des Volkes. Tito schwankte zwar in seinen Stellungnahmen, mal war er für das eine, dann für das andere. Beständig aber war bei ihm die Tendenz (bei Besprechungen im kleinen Kreis häufiger und augenfälliger als in der Öffentlichkeit), die ideologische Einheitlichkeit zu stärken und die Partei in die bewährte und geheiligte „leitende Rolle" für alle Dinge zurückzuführen. In diesen damaligen Bestrebungen Titos lag auch etwas Konservatives, außerdem die Furcht vor einer Schwächung seiner persönlichen Macht, das konnte man in der Führungsspitze erkennen. Seine Person und seine persönliche Macht verband, ja identifizierte Tito nahezu mit dem ideologischen Monolithismus und der widerspruchslosen Einheit der Partei.

Die Beziehungen in der Spitze waren noch immer einträchtig, nach außen sogar betont herzlich, vielleicht gerade wegen der Unterschiede, die sich allmählich in das Denken einschlichen. Wichtige Entscheidungen wurden mit Verspätung gefällt und mechanisch, ohne Begeisterung durchgeführt. Es traten in der Partei auch die ersten Differenzierungen auf nationaler Grundlage in Erscheinung. In Serbien wurde eine Revision des Prozesses von Saloniki durchgeführt, in Kroatien lebte die traditionsreiche Literaturgesellschaft *Matica Hrvatska* wieder auf. Eingefahrene Mechanismen wurden wackelig, die Funktionäre immer bequemer. In dieser Hinsicht waren Titos Beobachtungen und Befürchtungen richtig. Ich halte nur die Art und die Richtung für anfechtbar, die er als Ausweg aus den Bedrängnissen gewählt hat.

Die demokratischen Tendenzen der Reformen waren immer noch kraftvoll, in manchen Angelegenheiten auch unwiderstehlich. So kam es, bald nach Stalins Tod im März 1953, zur Abschaffung der freiwilligen Jugend-Arbeitsaktionen und zur faktischen Auflösung der bäuerlichen Arbeitsgenossenschaften bzw. Kolchosen. Die Initiative zur Einstellung der freiwilligen Arbeitsaktionen kam von der Jugendführung, auf dem Jugendkongreß am 6. März 1953. Der Vorschlag wurde auch von Wirtschaftsfunktionären gefördert. Die Jugendarbeit war zu teuer und ineffizient. Auch ich unterstützte diese Initiative, wohl eher aus politischen als wirtschaftlichen Gründen. Ich war der Ansicht, dies sei eine veraltete Form, die bei der Jugend ein halbmilitärisches, monolithistisches und „parolenschreierisches" Bewußtsein entwickele, anstatt freiere und selbständigere Aktivitäten zu fördern. Auch einige Mitglieder des Politbüros, z. B. Kardelj, teilten meine Meinung. Aber die Entscheidung, die Jugend-Arbeitsaktionen abzuschaffen, konnte nur das Politbüro fällen, und das tat es dann auch. Nach meinem Sturz hat Tito anläßlich der Wiedereinführung der freiwilligen Jugendaktionen die Schuld für deren frühere Abschaffung ausschließlich dem „Verräter Djilas" zugeschrieben.

Meine Beweggründe und meine Ideen lassen sich am besten aus meiner Begrüßungsrede, die ich im Namen des Politbüros auf dem Jugendkongreß hielt, ersehen:

„Die Periode der Arbeitsaktionen ist vorüber. Es war eine heroische Periode, die notwendig war, die jedoch nicht länger solche ökonomischen und politischen Resultate hätte erbringen können, wäre sie fortgesetzt worden, nachdem dafür keine objektiven Notwendigkeiten mehr vorhanden waren. In dem Kampf um eine sozialistische Erziehung könnte ich nur darauf hinweisen, daß man sich vor Dogmatismus, vor festgelegten Schablonen hüten soll... in einem Land, in dem der Sozialismus bereits Siege davonträgt,... gehört zur sozialistischen Erziehung nicht allein das Studium der reinen sozialistischen Theorie, der reinen sozialistischen Prinzipien, sondern auch jedwede kulturelle Aufwärtsentwicklung, jede Hebung des Bildungsniveaus, jeder einzelne Sieg über das Analphabetentum. Unser Land, unsere Völker, ganz besonders unsere Jugend, befinden sich in einer Situation, in der alles das, was die Menschen vorwärts bewegt, alles das, was ihr kulturelles Niveau hebt – alles das in Wirklichkeit sozialistische Erziehung bedeutet."

Am 30. März 1953 wurde die „Verordnung über die Besitzverhältnisse und die Reorganisation der bäuerlichen Arbeitsgenossenschaften" veröffentlicht. Diese Verordnung kennzeichnete faktisch die Auflösung unserer Kolchosen, mit einem Jahr Verspätung, weil Tito den Vorschlag von Kardelj und mir abgelehnt hatte. Bei dem Zerfall, der jahrelang die Landwirtschaft ruinierte, hatte auch Tito keine andere Wahl. Das Beharren auf den Bauerngenossenschaften und die Beibehaltung des Zwangsankaufs waren nicht nur verschwenderisch und ziellos, sie hielten das Land auch in einer unnötigen Abhängigkeit von der Hilfe aus dem Westen. Doch die Täuschung und Selbsttäuschung war noch stark. Sogar Kardelj, der Initiator dieser Verordnung, begründete einen Monat später, am 6. April auf dem Kongreß des Sozialistischen Bundes in Ljubljana, neue Maßnahmen als eine Stärkung der sozialistischen Kräfte auf dem Dorf, worin die Arbeitsgenossenschaften in „neuen Formen der Zusammenschließung" eine wichtige Rolle spielten.

In der Armee wurde das Amt des politischen Kommissars abgeschafft. Tito war lange Zeit dagegen. Nur zwei Monate zuvor hatte er meine entsprechende Anregung mißmutig als „Sprengung der Armee" bezeichnet.

Das Ansehen Jugoslawiens war im Wachsen begriffen. Tito besuchte im März London. Generalstabschef Dapčević reiste nach Washington.

Zur Krönung Königin Elizabeths II., am 1. Juni 1953, wurde ich zusammen mit General Dapčević und Außenminister Koča Popović entsandt. Die unangemessene, zu repräsentative Zusammensetzung unserer Delegation beweist, wie sehr Tito und der Regierung daran gelegen war, die guten Beziehungen mit dem Westen zu betonen, während sie eine Normalisierung der Beziehungen mit der sowjetischen Regierung erwarteten. Popović, Dapčević und ich bewunderten den Pomp und die blendende Organisation der Krönungsfeier, wir beneideten die royalistische Homogenität dieses Volkes sowie die aristokratische Höflichkeit der höheren Klassen. Unbehaglich fühlten wir uns allerdings bei einem Mittagessen mit Redakteuren der angesehensten britischen Zeitungen. Obwohl wir uns schon an formlose politische Pressekonferenzen gewöhnt hatten, kamen wir uns bei dem „Kreuzverhör", dem wir bei diesem Essen ausgesetzt waren, wie bei der politischen Polizei vor. Aber auch wir bekamen dabei beispielsweise heraus, daß die Westmächte nur in Worten die Wiedervereinigung Deutschlands wünschten. Die Teilung Europas ist nicht allein Folge der Übermacht und des Expansionsdrangs der Sowjets, sondern auch der „egoistischen", imperialen Interessen und Bestrebungen der westlichen Großmächte.

Eine entscheidende Wende zur Rückkehr in die leninistische Ideologisierung und zur „Diktatur des Proletariats" trat auf dem 2. Plenum ein, das Ende Juni 1953 in Titos Residenz auf Brioni abgehalten wurde. Diese Plenartagung war, sowohl in Hinblick auf den Tagungsort als auch in ihrem wichtigsten Punkt – der ideologischen Lage in der Partei – ausschließlich Titos Idee. Das bedeutet aber nicht, daß er ohne Unterstützung einer erheblichen Zahl der ZK-Mitglieder war. Er war sich seiner Mehrheit sicher, zumal wenn man der Zahl der „Festen" die der „Schwankenden" hinzufügte. Tito wollte Mißhelligkeiten und nennenswertere Aufspaltung vermeiden, und aus diesem Grund wurde im Plenum niemand namentlich als Protagonist von „Abweichungen" und „Mißständen" genannt.

Ich hatte jedoch bereits erkannt, daß Ort und Inhalt der Plenarsitzung gegen die „demokratische Strömung" gerichtet waren, daß Tito in dieser Richtung auch bei einzelnen Genossen „fraktionistische" Maßnahmen vorgenommen hatte. Er sprach schon davon, daß zuviel gegen die Bürokratie und den Bürokratismus geschrieben und geredet werde.

Schon allein die Einberufung des Plenums auf Brioni bewirkte in mir eine Auflehnung, die ich weder verbergen wollte noch konnte. Bis dahin war es üblich gewesen, die Plenartagungen des ZK in Belgrad, dem Sitz des ZK und der Regierung, abzuhalten. Die Einberufung des Plenums auf Brioni, wo sich Titos bekannteste Residenz befand, erlebte ich als eine Unterordnung des Zentralkomitees gegenüber Tito, anstatt daß Tito sich dem führenden Kollektiv unterordnete. Ich hatte überlegt, dies vor dem Plenum auch zur Sprache zu bringen. Da ich aber fühlte, keine Unterstützung zu finden, ließ ich davon ab. Ich hatte noch in Belgrad, am Vorabend der Abreise nach Brioni, zu Kardelj, vielleicht auch zu Ranković und Vukmanović-Tempo bemerkt, daß das Versammeln der ZK-Mitglieder aus ganz Jugoslawien bei Tito auf Brioni eine Geringschätzung und Unterordnung des höchsten Forums bedeute. Ich erinnere mich nicht, wie die anderen darauf reagierten, Kardelj meinte jedenfalls, dies sei unwichtig, obgleich ich den Eindruck hatte, daß er ähnlich dachte wie ich.

Es war auffallend und für mich auch nicht zufällig, daß in dem Hotel, wo die ZK-Mitglieder untergebracht waren, und auch in Titos Villa als Tagungsort, überall Offiziere der Garde umherschlichen und an allen Ecken Wachen standen, obwohl es dafür keinerlei Sicherheitsgründe gab, da ja Brioni durch Armee und Flotte bestens geschützt wurde. Ich war wohl nicht der einzige, der den peinlichen Eindruck hatte, als sei er zur Beratung in die Festung eines Geheimbundes gelockt worden.

Meine Eindrücke und meine Gefühle wurden durch das Verhalten, das einige Mitglieder des ZK und besonders Tito mir gegenüber an den Tag legten, bestätigt.

Während wir in der Pause, auf der Terrasse der geräumigen Villa, „die Badende“ von Augustinčić betrachteten, fragte mich Jovan Veselinov, was ich von dieser Skulptur halte. Ich antwortete, sie gefalle mir gut, jedoch gäbe es in der Welt fünftausend solche Skulpturen. Daraufhin warf er mir herausfordernd zu: „Tito gefällt sie aber sehr.“ Ich entgegnete: „Das ist eben Titos Geschmack.“ Diese Einzelheit hätte keinerlei Bedeutung, wäre sie damals nicht charakteristisch gewesen und hätte ich nicht Veselinov noch aus dem Zuchthaus als einen Kommunisten gekannt, der seine Meinung opportunistisch dem Stärkeren anpaßte; als Person war er sonst ein angenehmer und herzlicher Zeitgenosse.

Dieser spitzen Bemerkung von Veselinov mußte ich auch schon wegen der Art Bedeutung zumessen, wie Tito mir gegenüber zu Beginn der Tagung auftrat, als wir uns setzten. Tito forderte mich auf, links neben ihm Platz zu nehmen, und warf mir zugleich leise und bedeutungsvoll zu: „Auch du sollst reden, damit sie nicht denken, wir seien nicht einig." Ich war bis zu diesem Augenblick der Ansicht gewesen, daß man Meinungsverschiedenheiten, wenn es sie gab, erörtern sollte, wenn auch nicht im Plenum, dann zumindest im engeren Kreis, im Sekretariat des ZK oder im Politbüro. Jetzt aber sollte ich plötzlich reden, damit die Mitglieder des ZK nicht auf den Gedanken kämen, in der engsten Spitze und gerade bei mir gäbe es Meinungsverschiedenheiten. Das war nicht nur Fraktionismus, den ich immer ablehnte, es war eine Pression, Titos Wünschen entsprechend gegen meine eigene Überzeugung aufzutreten.

Und ich trat auf, ich redete, etwas verwirrt und unentschlossen, ich versuchte meine eigensten Anschauungen mit jemandem zu versöhnen, von dem ich annahm, nein wußte, daß es Tito war. Ich erinnere mich beispielsweise, daß ich das Wiederaufkommen der Anrede „Frau" und „Herr" im öffentlichen Leben kritisierte.

Ich fand über Nacht wieder zu mir selbst und war meiner Überzeugung sicher. Auf der Rückfahrt in einem offenen Wagen schlug ich Kardelj vor, in Lika im Gackafluß Forellen zu angeln. Es war ein warmer Sommertag. Während wir die Serpentinen oberhalb von Senj hinauffuhren, sagte ich zu Kardelj, daß ich diese neue, „brionische" Linie nicht werde unterstützen können. Mit einer gewissen Bedrücktheit im Blick meinte Kardelj, ich übertreibe, und so verstummten wir wieder. Der Forellenfang munterte Kardelj auf. Er war auch sehr erfolgreich, weil wir in einem Fischreservat angelten und nicht im offenen Fluß. Und ich grübelte bereits darüber nach, was auf Brioni geschehen war, auch darüber, was ich zu Kardelj ungewollt gesagt hatte.

5. Besuch aus Großbritannien und beginnender Zwist zwischen „Demokraten“ und „Bürokraten“

Tito schien mit dem 2. Plenum zufrieden zu sein. Denn als wir einander am 1. August bei Srb, am Oberlauf der Una, begegneten, scherzte er mit mir, weil ich im Heu übernachtet hatte. Ich hatte mich dort, am Unafluß, zusammen mit Major Medić zum Forellenangeln verabredet, während Tito eine Rundreise durch Lika und Dalmatien machte. Major Medić und ich mit meiner Begleitung hatten tatsächlich gar kein besseres Nachtlager als einen zerwühlten Heuhaufen. Denn die Bevölkerung und auch Medićs Mutter lebte immer noch in Verschlägen, die an die Mauern der niedergebrannten Häuser angebaut waren. Titos Zug war auf dem Bahndamm abgestellt und hob sich mit seinem Glanz von der verwüsteten Ortschaft und der steinigen Umgebung ab. Ich aß bei Tito zu Mittag. Er lud mich auch ein, ihn zu begleiten. Vielleicht bestand damals schon eine gewisse Kälte, eine Verhärtung in unserem Verhältnis. Aber sie war schwer auszumachen, weil Tito auch in Augenblicken größter Herzlichkeit Distanz zu seinen nächsten Genossen einhielt. Auf diese Weise verstärkte sich womöglich meine Hoffnung auf Unversehrtheit des kameradschaftlichen Verhältnisses, ohne jedoch die weitere Entwicklung meiner „ketzerischen“ Ansichten aufzuhalten.

Ich mußte nach Belgrad, weil ich am nächsten Tag den Führer der Labour-Linken, Aneurin Bevan, und seine Gattin Jennie Lee begrüßen sollte. Wir brachen am späten Nachmittag auf, verfuhren uns obendrein auf schlechten Straßen, so daß mein Fahrer Tomo und ich uns die ganze Nacht abwechseln mußten und erst im Morgengrauen in Belgrad ankamen. Der Empfang der Bevans verlief dennoch nach Plan. Dedijer und ich erwarteten sie. Zur selben Zeit hielt sich auch Attlee in Jugoslawien auf. Obwohl Attlee und Bevan sich in heftigem Parteihader befanden, vermied es Bevan, Schlechtes über den Parteiführer zu sagen, und Dedijer und ich sorgten dafür, daß es zu keiner Begegnung beider kam. Bevan und Jennie Lee richteten sich in meiner Villa in Banjičkih žrtava 6 ein. Wir überließen ihnen Šteficas und mein Schlafzimmer. Hier aßen sie auch. Dedijer und ich begleiteten die Bevans auf ihrer Reise. Ich verstand schon ein wenig Englisch, Dedijer beherrschte es ausgezeichnet von Jugend auf.

Sie blieben ein, zwei Tage da, dann machten wir uns auf die Reise nach Bosnien und Montenegro, weil Bevan das „wirkliche Volk" und rückständige Gegenden sehen wollte.

In Sarajevo aßen wir zu Mittag bei Djuro Pucar, der mit seiner treuherzigen Schlichtheit einen angenehmen Eindruck auf Bevan machte. Wir besichtigten Baš-čaršija, das alte Basarviertel, und auch die Markthalle, in der Fliegen umherschwärmten, was Bevan die Bemerkung entlockte, man solle es dort einmal mit DDT versuchen. Jennie setzte sich unvorsichtigerweise der Sonne aus und mußte das mit einem Sonnenbrand auf ihrer blassen und zarten Haut büßen.

Am längsten waren wir in Montenegro, auf dem Durmitor und am Biograder See. Einmal übernachteten wir auch in einem Bauernhaus nahe Pljevlja. Ich trennte mich von den Bevans in Cetinje, von dort aus begleitete sie Dedijer zu einem Besuch bei Tito. Ich ahnte nicht, daß dies meine letzte Begegnung mit „Nye" (kurz für „Aneurin") war, der Abbruch selbstloser und gemeinsamer Forschungen im Sozialismus an zwei Enden Europas, in zwei verschiedenen Kulturen und mit verschiedenen Erfahrungen.

Füllig, mit einem pausbackigen, roten Gesicht, früh ergraut und mit seinen wasserblauen „walisischen" Augen, legte Bevan seine Ansichten bedächtig und gut begründet dar. Er war auch von sehr lebendigem Geist, stets zu witzigen und scharfen Repliken bereit. Am besten gefielen mir seine Formlosigkeit und sein analytisches Denken an ihm, begleitet von einem unerschütterlichen, urigen und volkstümlichen Glauben an den Sozialismus. Unrichtig sind allerdings die späteren Bezichtigungen und Mutmaßungen, Bevan habe mich beeinflußt. Diese Anklagen sind auch offiziell in einem Brief Titos an Bevan nach der Abrechnung mit mir dementiert worden.

Ich meine, daß zwischen Bevan und mir eine gewisse Verwandtschaft bestand, weil wir die Krise erkannten, von der sowohl der „östliche" Kommunismus als auch die „westliche" Sozialdemokratie erfaßt waren. Wir waren beide der Ansicht, daß es in der Politik moralische Grenzen geben müsse, auch wenn Politik an und für sich weder moralisch sein muß noch kann. Diese Grenzen decken sich zwar nicht mit der Suche nach der Wahrheit und mit dem Bemühen um Wahrheit, sie sind aber auch nicht völlig davon zu trennen.

Bevan und Jennie Lee protestierten bis zum Schluß beharrlich gegen die Pressionen, die auf mich ausgeübt wurden. Bevan setzte dafür auch die Sozialistische Internationale ein. Sein Tod 1960, während ich im Gefängnis saß, traf mich wie der Verlust des engsten Freundes. Meine anderen Freunde hatten mich schon seit langem verlassen, viele verfluchten mich. Bei mir verbanden sich Ähnlichkeiten in den Anschauungen schon immer mit persönlicher Zuneigung. Nach meiner ersten Entlassung aus dem Gefängnis widmete ich Bevan mein erstes Buch, *Gespräche mit Stalin*. Ich erwies dem treuen, standhaften Kämpfer meinen letzten Dank.

Jennie Lee unterschied sich von Bevan, nicht so sehr in den Prinzipien wie in der Art der Interpretation. Sie war zurückhaltender, weniger rhetorisch, und gerade weil sie eine Intellektuelle und Nye ein Bergmann war, viel schärfer und härter als er. Prinzipien waren für sie die Hauptsache, während für Nye deren Umsetzung ebenso wichtig war.

Jennie Lee kam meinetwegen zweimal nach Belgrad. Zunächst als ich 1956 verhaftet wurde, dann 1961 nach meiner ersten Entlassung aus dem Gefängnis. Ihr Kommen wegen meiner Verhaftung war für Štefica und für den kleinen Kreis von Leidensgenossen zweifellos ein Trost. Auf die Offiziellen hat es vielleicht nur insoweit Einfluß gehabt, als sie mir eine „mildere" Strafe zumaßen. Ihr zweiter Besuch frischte unsere Freundschaft und die Erinnerungen an Nye, die Trauer um ihn auf. Ich blieb mit Jennie in seltenem, aber herzlichem Briefkontakt, bis zum heutigen Tage. Und 1969, als Štefica und ich uns in London aufhielten, waren wir praktisch unter ständiger Fürsorge ihre Gäste.

Nach meinem Abschied von den Bevans in Cetinje kehrte ich nach Belgrad zurück und machte mich an die Arbeit in der Redaktion von *Nova misao*. In der Sowjetunion kündigten sich Veränderungen an, die bei unserer Führung Hoffnungen und Wünsche zu erwecken begannen, es könnten nicht nur die zwischenstaatlichen Beziehungen normalisiert werden, sondern es würde sich auch das System ändern. Wenn auch nicht in grundlegender Weise, doch könnte das zumindest neue Wege eröffnen, die den jugoslawischen ähnlich waren. Ich war anderer Meinung, weil ich nicht an eine solche Möglichkeit glauben konnte. In diesem Sinne schrieb ich, ganz im Geiste des Themas und im Stil der Zeit, einen weitschweifigen und komplizierten Artikel, betitelt „Der Anfang vom Ende und vom Anfang" („Početak kraja i početka"). Die Führung nahm den Artikel mit geteilten Sympathien auf. Die „Demokraten" waren begeistert, die „Bürokraten" zurückhaltend, weil er die Normalisierung mit der sowjetischen Regierung stören könnte. Da waren die „Bürokraten" sogar im Recht, wenngleich der Hauptgrund für ihre Zurückhaltung die Kritik an den jugoslawischen Ähnlichkeiten mit der sowjetischen Ordnung war. Ein sowjetischer Diplomat bemerkte in unserem Außenministerium, derartige Artikel seien einer Normalisierung nicht dienlich.

Ich veröffentlichte dann in *Nova misao* einen Artikel zu Ehren Krležas, aus Anlaß seines sechzigsten Geburtstages. Außerdem schrieb ich einen Artikel über Oskar Davičo zur Herausgabe seines Romans *Pesma* („Das Lied"). Krležas Geburtstag verging in der Presse wie auch in den offiziellen Kreisen unbemerkt. Erst nachträglich, nach Erscheinen meines Artikels, wurde ihm ein Orden verliehen. In meinem Lob für Davičos Roman, den ich auch jetzt noch für eine in mancher Hinsicht bedeutende Leistung halte, habe ich sicherlich übertrieben, um dem Unmut und der Ablehnung, die er in den „parteibewußten", „puritanischen" und dogmatischen Kadern provoziert hatte, entgegenzutreten.

Die Arbeit in der *Nova misao*, und alles was damit zusammenhing, wurde immer dynamischer und vielfältiger. Aus prominenten Schriftstellern und Wissenschaftlern bildeten sich ad hoc-Gruppen, die verschiedene Probleme erörterten. Ich erinnere mich an Diskussionen über die Geschichte der Völker Jugoslawiens und über moderne Physik.

Mitglied der Redaktion wurde, auf eigenen, gerne akzeptierten Wunsch, Miroslav Krleža. Redaktionsmitglieder waren auch Dobrica Ćosić, Milan Bogdanović, Oskar Davičo, Mihailo Lalić, Mitra Mitrović, Milentije Popović, später auch Joža Vilfan.

Die Redaktion von *Nova misao* hielt oft Konferenzen ab. Die Zeitschrift erschien regelmäßig monatlich mit 12000 Exemplaren Auflage und wurde ausschließlich durch Abonnements finanziert. Die Beiträge wurden honoriert. Sie ist bis heute, soweit mir bekannt ist, die einzige Monatsschrift für Kultur, die nicht subventioniert wurde. *Nova misao* hatte nur zwei bezahlte Kräfte, den verantwortlichen Redakteur Kulenović und die Sekretärin. Die Verwaltungsangelegenheiten erledigte die Administration der *Borba*.

In dem Maße, in dem sich die *Nova misao* mauserte, der Kreis um sie stärker wurde und sich verzweigte, ging die Arbeit des Agitprop, als einer bürokratischen Parteieinrichtung, zurück. Nicht nur ich, sondern auch andere führende Genossen aus dem Agitprop, Dedijer und Bora Drenovac, widmeten den größten Teil ihrer Zeit der *Nova misao* und den Gruppen, deren Katalysator sie war. Im Agitprop blieben nur einige zweitrangige Funktionäre für die Erledigung von Informationsangelegenheiten. Allerdings war eine derartige Schwächung der Rolle des Agitprop nicht nur durch die Entstehung der intellektuellen demokratisch-sozialistischen Gruppierungen um *Nova misao* möglich geworden, sondern auch durch den erreichten geordneten Zustand und die Liberalisierung der anderen Medien.

Die *Nova misao* mit ihrer Gruppe war nicht als ein paralleles oder oppositionelles Zentrum gedacht und agierte auch nicht als solches. Vielmehr war sie eine aus demokratischen Strömungen hervorgegangene Parteigruppierung, angelegt auf eine Verjüngung der sozialistischen Ideen und auf die Kritik des leninschen und stalinschen Dogmatismus.

6. Die Triest-Krise

Die neuen Wahlen, anberaumt auf den 22. November 1953, sowie der Ausbruch einer neuen entscheidenden Krise um Triest, fachten die intellektuelle und ideologische Aufregung in der *Nova misao* und um sie herum eher noch an, als daß sie sie abflauen ließen, zumindest was mich und meine Tätigkeit anbelangte.

Die Wahlen, eine zwar komplexe und verantwortungsvolle Aufgabe, wären eigentlich, wie bis dahin immer und in jedem Einparteiensystem üblich, eine rein formale Routineangelegenheit gewesen. Mit diesen und ähnlichen Wahlen vermischte sich nun die Entscheidung der westlichen Großmächte, die „Zone A" von Triest, die ihre Truppen besetzt hielten, an Italien zu übergeben. Das brachte Leben in die Wahlkampagne und löste, anstelle der Litaneien über die ruhmreiche Vergangenheit und strahlende Zukunft, Wut und Verbitterung aus. Die Nachricht von der Entscheidung der Regierungen der USA und Großbritanniens wurde am 9. Oktober veröffentlicht, und schon am nächsten Tag gab es in Belgrad Demonstrationen, die sich in der Folge auf ganz Jugoslawien ausbreiteten. Das waren die ersten Demonstrationen im neuen Jugoslawien, welche weit über die offiziellen Absichten hinaus gingen, obschon sie von den offiziellen Organisationen initiiert worden waren. Bereits in der ersten Nacht wurden amerikanische und britische Einrichtungen demoliert.

Tito hatte schon zuvor, am 6. September, sobald die Entscheidungen zur Übergabe der „Zone A" an die Italiener angekündigt wurden, an der italienischen Grenze eine Rede gehalten, in der er betonte, Jugoslawien werde es nicht zulassen, daß Italien die „Zone A" und damit Triest besetze. Darin nahmen sich auch andere Tito zum Vorbild, so etwa die Medien. Die Atmosphäre heizte sich allmählich auf. Es wurden Manöver in Grenznähe zu Triest abgehalten, das wärmte kriegerische Stimmung auf.

Die Führung von Partei und Staat befand sich in einer Zwickmühle. Einerseits paßten ihr die Demonstrationen als Ausdruck der Empörung über die Amerikaner und Briten, andererseits aber bereiteten ihr der unerwartete Schwung und die immer ungewissere Richtung der Demonstrationen Unbehagen. Im Sekretariat des ZK wurde im Beisein Titos die Ansicht vertreten, man solle die Demonstrationen unterstützen, aber man müsse sie unter Kontrolle behalten und eine Eskalation verhindern. Das war aber gar nicht so einfach, angesichts der Befürwortung der Demonstrationen durch die Führung sowie der Tatsache, daß viele Parteimitglieder das Verlangen hatten, sich „auszutoben". An die Miliz und an die UDBA erging die Weisung, mit sanfter Gewalt vorzugehen, aber auch „wilde Auswüchse" zu unterdrücken. In seiner Not, das Unvereinbare zu verwirklichen, mußte Ranković am nächsten Tag Kavallerie in die Knez-Mihailova-Straße schicken, wo sich die Büchereien der westlichen Länder befinden, und um die westlichen Botschaften starke Kordons postieren. An diesem Abend, während die Demonstrationen durch Belgrad tobten, fuhr ich nach der Besprechung bei Tito in die Stadt, um mir die Lage an Ort und Stelle anzusehen. Die Bücherhallen in der Knez-Mihailova-Straße waren zertrümmert. Auch an der britischen Botschaft gab es zerschlagene Fensterscheiben, jedoch hatte die Miliz größere Verwüstungen verhindert, wobei ihr auch die starke eiserne Umzäunung eine Hilfe war. Die zurückgedrängten Massen skandierten immer noch: „Trst je naš!" („Triest ist unser") und „Pella-džukela!" („Pella ist ein Schuft" – Giuseppe Pella war damals italienischer Außenminister, und das Attribut hatte man spontan wegen des Reimes adaptiert.) Ich beriet mich kurz mit den dortigen Offizieren und kehrte zu Titos Villa zurück. Wir wurden uns in der Einschätzung einig, daß die Demonstrationen zwar den gewünschten Rahmen überschritten hätten, jedoch nichts Feindliches an sich hätten, nichts, was irgendwelche weitergehenden Maßnahmen, außer organisatorischen und propagandistischen, erfordern würde.

Die Massenversammlung auf dem Slavija-Platz und die große Versammlung am Denkmal auf dem Platz der Republik, am 11. Oktober 1953, zu denen die gesellschaftlichen Organisationen aufriefen, hatten bereits einen organisierten Charakter, wenn sie auch nicht weniger lautstark verliefen. Auf eigene Faust schloß ich mich den Rednern auf dem Slavija an. Ich sagte, auch ich würde mitdemonstrieren, wäre ich kein hoher Funktionär, und warnte meine Zuhörer, amerikanische und englische Einrichtungen zu zerschlagen, weil wir das nur hinterher bezahlen müßten.

Nach der Rede setzte sich der Demonstrationszug in Richtung auf das Denkmal in Bewegung, wo die Hauptversammlung stattfand. Ich befand mich an der Spitze des Zuges, als mich einige jüngere Leute auf ihre Schultern hoben. Tags darauf erschien in den Zeitungen ein Foto dieser Szene. Mir war das unangenehm, nicht nur weil es in der Führung boshafte Witzeleien über meine Demagogie auslöste, sondern auch wegen meines eigenen Widerwillens gegen einen Personenkult der Führer.

Am 10. Oktober hielt Tito in Leskovac eine derart vehemente Rede, daß er keinerlei Zweifel darüber ließ, daß auch unsere Streitkräfte die „Zone A" besetzen würden, falls die Italiener dort einmarschieren sollten. Eine ähnliche Rede hielt er auch in Skopje.

Am nächsten Tag, als Titos Rede von Leskovac veröffentlicht wurde, erschien in der *Borba* mein erster Artikel zu einer Serie ideologischer Kommentare. Diese Artikel führten im Januar 1954 zu meinem Ausschluß aus dem Zentralkomitee und danach stufenweise auch zu meinem kritischen Verhältnis zum Marxismus.

Die Initiative zu dieser Serie kam von der *Politika.* Ich erinnere mich nicht verläßlich, wer es war, möglicherweise Vladislav Ribnikar. Die Genossen von der *Politika* waren der Ansicht, es hätte sich eine Reihe von ideologischen Problemen angestaut, die man erklären und auf eine neue Art formulieren sollte. Man hatte sich diese Artikel so vorgestellt, sicherlich in Anlehnung an westliche Blätter, daß sie stets die gleiche Länge haben und an derselben, repräsentativen Stelle erscheinen sollten. Sobald jedoch die Genossen von der *Borba,* deren Chefredakteur war damals Veljko Vlahović, von dieser Initiative erfuhren, rebellierten sie dagegen, weil so etwas ja eher zu den Pflichten des Parteiorgans *Borba* gehöre als zu einer sonstigen Publikation. Ich fügte mich dieser Forderung. Da ich jedoch der *Politika* bereits ein Versprechen gegeben hatte, wurde ein Kompromiß gefunden. Für die *Politika* sollte Moša Pijade schreiben. Das tat er auch, freilich auf andere Art als ich.

Die Artikel erschienen zunächst sonntags, und später, ab 22. Dezember, auf eine Anregung der Genossen von der *Borba* und wegen des wachsenden Interesses, auch zusätzlich Dienstag und Donnerstag.

Ich schrieb diese Artikel mit Sorgfalt und in einem allgemeinverständlichen Stil, ohne „dialektischen" und ähnlichen Schnickschnack. Mit den Ansichten hatte sich auch die Art der Darlegung verändert. Der erste Artikel trug den Titel „Neue Inhalte". Ich hob darin hervor: „Die Revolution kann nicht durch ihre Vergangenheit gerettet werden. Die Revolution muß neue Ideen, neue Formen und neue Berufungen finden, die anders sind als sie selbst, alltäglich. Einen neuen Stil und eine neue Sprache... Die Bourgeoisie und die Bürokratie finden bereits für sich neue Formen und Parolen. Die Demokratie ist auf der Suche nach ihnen. Und sie wird sie finden. Damit Jugoslawien, dieser Brennpunkt der Gegensätze der heutigen Welt, weiterkommt."

Ich habe dieses Zitat aufgeführt, um mein Verständnis der Demokratie als Fortsetzung der Revolution und meine Vorstellung von Jugoslawien als einem Brandherd, in dem es zur Verschmelzung von Sozialismus und Freiheit kommen werde, zu illustrieren. Ich hatte auch bei dem Treffen bei Tito, als wir die Maßnahmen aus Anlaß der Krise um Triest erörterten, hervorgehoben, mir gefalle am besten die Tatsache, daß wir Revolutionäre geblieben seien, worauf Tito entgegnete: „Was denn sonst!" Doch obwohl sich meine Hoffnungen auf die Demokratie als Fortsetzung der Revolution, vor allem aber die Hoffnung, gerade in Jugoslawien könne das Problem der Freiheit als Bedingung des Sozialismus gelöst werden, zerschlagen haben, obwohl sich seitdem meine Anschauungen weiterentwickelt und meine Erkenntnisse bereichert haben – ich erlebe mich selbst auch jetzt als Revolutionär, als ein demokratischer Revolutionär. Etwas anderes kann auch gar nicht sein, wer konsequent ist in der Verkündung des Pluralismus in monolithischen Diktaturen.

In meinem letzten veröffentlichten Artikel – es ist zugleich auch meine letzte in Jugoslawien publizierte Schrift – lautet der Schlußsatz: „Die wirkliche Freiheit wirklich sozialistischer Kräfte muß zur objektiven Hauptkraft des Sozialismus werden." Ich hatte zweifellos die „Sündhaftigkeit" meiner Ideen und mein Schicksal bereits zu erkennen begonnen. Seitdem sind beinahe dreißig Jahre vergangen, aber dieses Problem, das Grundproblem Osteuropas und auch Jugoslawiens, ist noch nicht einmal zur Diskussion gestellt worden, außer in „ketzerischen" Disputen. Die eigene Freiheit ist Vorbedingung und Voraussetzung für die Freiheit der anderen und umgekehrt.

Es wurden achtzehn dieser Artikel veröffentlicht. Der vorletzte am 7. Januar 1954, der letzte war bereits gesetzt, er wurde aber auf Kardeljs Anordnung, oder vielmehr auf Anordnung des Exekutivkomitees des ZK, zurückgezogen. Diese Artikel bilden meines

Erachtens eine Einheit. In der *Borba* war, auf Vorschlag von Milo Vitorović, davon die Rede gewesen, die Artikel als eine gesonderte Broschüre unter dem Titel *Ideen* herauszugeben. Dazu kam es vor allem wegen des Verbots durch das ZK nicht, aber auch deshalb, weil ich noch Themen für etwa zehn weitere Artikel im Kopf hatte.

Waren meine Artikel in der *Borba* eine Zufälligkeit? Was wäre geschehen, wenn es sie nicht gegeben hätte? Ich glaube, es wäre auch ohne diese Artikel zum Widerstand Titos und der Titoisten gekommen, vielleicht ein paar Monate später. Die *Nova misao* und die Aktivitäten um sie herum waren mehr als ausreichend, um die „konservativen", parteibürokratischen Kräfte in Trab zu bringen. Aber auch ich konnte schon nicht mehr stehenbleiben. Ich hatte geschrieben, Vorträge gehalten und das gepredigt, was bei mir bereits fixiert war. Denn meine Erkenntnis schwankte schon nicht mehr, auch wenn mir nicht alles klar war. Was geschwankt hatte, was zerrissen wurde, das war meine Psyche und mein Gefühl für Anstand. Es fiel mir schwer, mich von meinen Gefährten zu trennen, mit denen zusammen ich historische Verantwortungen getragen und Wohl und Wehe geteilt hatte.

Vornehmlich diese Bedenken, diese Zerrissenheit, veranlaßten mich, bei Tito um Empfang nachzusuchen, nachdem er aus Skopje zurückgekehrt war. Ich wollte seine Meinung über meine Artikel hören. Ich traf ihn im Weißen Schloß, an der Wand waren Generalstabskarten aufgehängt. Auf die direkte Frage, wie er über meine Artikel denke, antwortete Tito nach kurzem Nachdenken, sie seien gut, ich solle aber mehr über die Jugend und gegen die Bourgeoisie schreiben. Mir leuchteten die Bedeutung der Jugend und die Gefahren von seiten der Bourgeoisie durchaus ein. Aber ich war mit meinen Gedanken bereits in anderen, demokratischen Sphären von Reformen.

Ich blieb kaum eine halbe Stunde bei Tito. Er benahm sich wie in einer Kommandostelle. Von der „Front" bei Triest trafen Berichte ein, Instruktionen wurden verlangt. Es war, glaube ich, General Kosta Nadj, dem Tito sagte, er solle sowjetische und nicht amerikanische Panzer vorschicken, „weil das unpassend wäre". Da ich mir nicht vorstellen konnte, wie der Einmarsch unserer Truppen in die „Zone A" bei gleichzeitiger Anwesenheit britisch-amerikanischer Streitkräfte vonstatten gehen sollte, befragte ich Tito. „Wir werden hineingehen!" erklärte er trotzig. „Und was, wenn die Angloamerikaner schießen?" „Sie werden nicht schießen. Und wenn die Italiener schießen sollten, werden auch wir schießen."

Ich war an sich mit dem Einmarsch unserer Streitkräfte in die „Zone A" einverstanden, obgleich mir damals wie heute die Kampagne um diese Sache als zu plötzlich und zu überzogen erschien. Nachdem die Angloamerikaner ihre Entscheidung zurückgezogen und die Wogen der Kampagne sich geglättet hatten, gewann ich den Eindruck, daß auch Tito die übermäßige Heftigkeit der Kampagne einsah. Mit einem gewissen Unterton der Rechtfertigung vor den nächsten Genossen sagte er: „Es geht hier nicht nur um die ‚Zone A', sie werden nachher auch die ‚Zone B' verlangen, wenn wir nicht energisch bleiben." Aber die Heftigkeit der Kampagne paßte auch zur Unterstreichung unserer Unabhängigkeit vom Westen, was ja auch eine Form der Ankündigung einer Normalisierung der Beziehungen mit der Sowjetunion war.

Soweit mir bekannt ist, gibt es keinerlei Beweise dafür, daß die USA und Großbritannien die italienischen Forderungen nach der „Zone A" unterstützten. Die beiden Mächte, so verstehe ich das, wollten einfach die „Zone A" loswerden und dadurch auch die Triest-Frage vom toten Punkt wegbringen. Ich meine, daß für einen solchen Schluß auch die Londoner Verhandlungen sprechen, die unser Botschafter Vlatko Velebit bereits 1954 mit Vertretern der USA, Großbritanniens und Italiens erfolgreich geführt hat. Diese Verhandlungen endeten damit, daß Italien die „Zone A" und Jugoslawien die „Zone B" erhielt, wobei an Jugoslawien auch einige unerhebliche territoriale und finanzielle Zugeständnisse gemacht wurden.

Die Triest-Krise hatte, so scheint mir, die Unterschiede zwischen mir und Tito sowie den Genossen, die gleichfalls für eine monolithische Partei und für ideologische Einheit waren, gebremst und vernebelt. Die Einträchtigkeit der Führung dauerte noch an, noch gab es keine Differenzen in konkreten Fragen, der ideologische Monolithismus hatte lediglich einen Sprung bekommen. Dieser Sprung aber erschien nicht als Riß, es sah so aus, als sei es auch mit gewissen Nuancen möglich, die politische Einheit zu erhalten. Denn sonst wäre es am 20. Oktober 1953 nicht zu dem Abendessen bei mir gekommen, an dem Tito, Kardelj, Ranković, Vukmanović-Tempo, Pijade und Koča Popović mit ihren Frauen teilnahmen. Dieses Abendessen verlief in kameradschaftlicher Atmosphäre, wie sie ja zwischen Mitkämpfern auch außerhalb von revolutionären Situationen herrschen sollte.

Beim Essen bemerkte Kardelj: „Solche Abendessen sollten wir öfter haben." Das war das erste Abendessen in der Führungsspitze, bei dem auch Tito dabei war. Auch das zeugt von den veränderten, „gleichberechtigteren" und direkteren Beziehungen in der Führung. Zu dieser Abendeinladung war es gekommen, weil Štefica, die damals freundschaftlichen Umgang mit Jovanka pflegte, sich wieder einmal zur Zeit des Mittagessens in Titos Villa eingefunden hatte. Štefica machte Ausflüchte, es sei ihr peinlich, immerzu dort zu Mittag zu essen, während sie beide, Tito und Jovanka, nie bei ihr speisten. Tito meinte lachend: „Mich lädt ja keiner ein!" Das war der Anlaß dazu, daß Štefica und Jovanka das Essen bei uns arrangierten.

Neben intensivem Schreiben und meiner Arbeit in der *Nova misao* fand ich noch Zeit, an der Wahlkampagne teilzunehmen. Ich sprach auf einer Versammlung in Titograd, dort war ich als Kandidat aufgestellt worden. Von dort hetzte ich nach Belgrad, dann weiter zu einer Versammlung in Maribor. Von Maribor ging es in Eile nach Banja Luka. Meinem UDBA-Begleiter, Petar Vojvodić, bot dies Anlaß zum Scherzen: „Da sausen wir wie eine Depesche durch Jugoslawien." Ich sprach auch auf einer Versammlung in Požarevac. Ich fuhr dorthin zusammen mit Rankovićs Stellvertreter, Svetislav Stefanović-Ćeća. Mir fiel dabei auf, daß mich von ihm bereits derart unterschiedliche Ansichten trennten, besonders die Art, an Probleme heranzugehen, als gehörten wir verschiedenen Epochen, verschiedenen Welten an. In Titograd befiel mich der kindische und boshafte Wunsch, den Zuhörern zuzurufen, daß ich ja auf alle Fälle gewählt werden würde, da ich der einzige Kandidat sei. Daran hinderte mich aber der Respekt gegenüber meinen Zuhörern, denn sie hatten ja keine Schuld daran, daß sie an Wahlen mit nur einem Kandidaten teilnahmen. Ich bestand darauf, daß in Požarevac kein Festessen veranstaltet werde, und so aßen wir in der Wohnung des Sekretärs des Stadtkomitees zu Mittag – ohne Pomp und Repräsentationskosten.

Vor der Abreise nach Maribor konsultierte ich Kardelj über die Frage des Themas. Er meinte, ich solle über die Arbeiterklasse reden, insbesondere über ihre Rolle in der Revolution, weil diese unterschätzt werde. Ich nahm diese Anregung an, einmal wegen der dogmatischen Gleichsetzung der „historischen Rolle" der Arbeiterklasse mit der Rolle der Kommunisten, zum anderen wegen meiner Ahnungen, ich könnte bald der Geringschätzung der Arbeiterklasse bezichtigt werden. Deshalb trat ich in meinen Reden scharf gegen den Westen auf, die Triest-Krise war zu diesem Zeitpunkt noch akut, und ich ahnte auch schon, daß ich als Anhänger der „westlichen Ideologie“ angeklagt werden könnte.

7. Zunehmende Isolierung von den Genossen

Nachdem meine Gedanken schon einen neuen und eigenen Pfad eingeschlagen hatten, war auch der Weg einer immer klareren und beständigeren Ausgestaltung frei. Um mich herum verdichtete sich eine Atmosphäre der Mißbilligung, seltener auch der begeisterten Zustimmung. Ich selbst wurde innerlich zwischen den real existierenden Strukturen der Verhältnisse und meinen Erkenntnissen und Vorstellungen zerrissen. Ich ahnte bereits, das war Ende November, die Unausweichlichkeit einer Lösung, eines Konfliktes, hoffte aber, daß man dennoch irgendeinen, für mich wie auch für die Genossen annehmbaren Ausweg finden würde. Er hätte darin bestehen können, daß man mir nicht verbieten würde, meine Ansichten darzulegen, das höchste Forum sich jedoch gegebenenfalls davon distanzieren würde und ich mich aus dem Forum zurückzöge – wenn notwendig auch nach Absprache mit den führenden Genossen.

Dies aber waren die Schlußfolgerungen eines Intellektuellen, es war auch die Hoffnung auf Demokratie, die in erheblichem Maße auch in der Partei selbst geherrscht hatte. Diese Hoffnung spürte man auch in der Resonanz, die meine Artikel fanden. Die *Borba* erhielt, nach dem, was Veljko Vlahović mir erzählt hat, von Artikel zu Artikel eine immer größere Anzahl von Leserbriefen, schließlich waren es etwa dreißigtausend Briefe.

Ich wurde Ende Dezember von Osman Karabegović, einem Parteimann aus Bosnien und damals in hoher Funktion in Belgrad, zum Abendessen eingeladen, obwohl ich ihm gar nicht nahestand. Eine Gruppe bosnischer Funktionäre, Karabegovićs Freunde, war dabei. Bis tief in die Nacht hatten wir ein zwangloses Gespräch über die Demokratisierung und über weitere, neue Wege in den Sozialismus. Wie sich indes die Atmosphäre in den Führungsspitzen schlagartig veränderte, nach der Bekanntgabe der Entscheidung des Exekutivkomitees des ZK über die Einberufung des 3. Plenums, auf dem „der Fall des Genossen M. Djilas" erörtert werden sollte, sieht man auch daran, daß derselbe Karabegović nicht einmal meinen Gruß erwidern wollte, als ich mich in dieser Plenarsitzung zufällig neben ihn gesetzt hatte.

Zu diesen Folgerungen veranlaßte mich auch die Haltung der Funktionäre. In großer Zahl pflichteten sie mir bei und gratulierten mir, aber ebensoviele schwiegen argwöhnisch und finster. Und obwohl ich die Neigung von Kommunisten gut kannte, ihre Ansichten zu ändern, sobald sie eine „Kursänderung" an der Spitze der Hierarchie spürten, dachte ich, daß sich dieses Verhalten in Anbetracht der Demokratisierungstendenzen erheblich verringert hätte.

Eines war mir von Anfang an klar, daß ich die schwächere Position hatte und zurückgedrängt werden würde. Dies war jedoch nicht der Grund dafür, daß ich keinen Versuch unternommen habe, irgendeine Fraktion oder Gruppe zu organisieren. Nein, ich wollte für meine Taten und Ideen allein verantwortlich sein. Während der ganzen Zeit meiner intellektuellen, publizistischen und „ketzerischen" Tätigkeit habe ich durch keine einzige Handlung, auch nicht mit einem einzigen Wort, getrachtet, irgend jemanden für mich zu gewinnen. Bis zum Schluß blieb ich loyal gegenüber der Führung, der ich angehörte. Ich betrachtete meine Artikel als eine Saat, ich war Sklave meiner Ideen und fühlte mich ohne Schuld, allein dadurch, daß ich nichts getan hatte und nichts tat, was im Widerspruch zum Statut der Partei und zu meinem Gewissen gestanden hätte.

Wenn auch mit größerer Anspannung als bisher, so nahm das Leben zunächst scheinbar doch seinen ungestörten Lauf. Kaum hatte ein Ereignis in mir Vorahnungen von der Unvermeidlichkeit einer Abrechnung der „Bürokratie" mit mir erweckt, brachte mir ein anderes Ereignis den Glauben an die Unverbrüchlichkeit meines Verhältnisses zu den Genossen wieder.

Damals hatte Kardelj, in Zusammenarbeit mit Juristen und führenden Genossen, das Verfassungsgesetz – tatsächlich war es eine neue Verfassung – fertiggestellt. Aber Tito erklärte sich mit Bestimmungen nicht einverstanden, die eine aus Fachleuten bestehende Regierung vorsahen, während im Parlament führende Parteifunktionäre als Abgeordnete aktiv werden sollten. Nach Kardeljs Vorstellung sollte das ein bedeutender Schritt in Richtung Demokratie und eine Belebung des Parlamentes werden. Tito war dagegen, weil er der Ansicht war, dadurch isoliert zu werden, und vermutlich ahnte er auch, daß damit seine Funktionen der Kontrolle des Parlamentes unterworfen worden wären. Er ließ deshalb Kardelj, Anfang September 1953, nach Belje kommen, wo er sich auf Hirschjagd befand. Mich kränkte es, daß Tito diesen Entwurf so leichthin und eigenwillig änderte, an dem derart eifrig und hoffnungsvoll gearbeitet worden war. Noch mehr kränkte mich sein schlechter Stil, Kardelj ins Jagdrevier zu beordern, wo er ihm dann seine Beanstandungen mitteilte. Kardelj kehrte mit verhaltenem Unmut von Belje zurück, war aber dennoch gewillt, Titos Instruktionen nachzukommen. Ich drückte Kardelj offen meine Unzufriedenheit aus: „Nun bist du eigens zu ihm gepilgert!“ Und später bemerkte ich in der Tat, Tito sei der Protagonist des Bürokratismus, was Kardelj dann auch im Januar 1954 beim 3. Plenum vorbrachte, als er seine Beschuldigungen gegen mich erhob.

Gerade in den Tagen dieser Fahrt Kardeljs nach Belje trafen Kardelj, Ranković und ich uns zufällig beim Spaziergang in der Užička-Straße. An dieser Straße lagen die Villen von Tito, Kardelj und Ranković. Wir kamen an den dicken Mauern vorbei, die damals um Titos Villa hochgezogen worden waren. Ich äußerte, auch diese Mauern seien Ausdruck bürokratischer Anschauungen. Kardelj griff das auf: „Alles hat sich verändert oder ist im Begriff, sich zu ändern, mit Ausnahme dessen, was an den Alten (Tito – der Autor) gebunden ist oder um ihn herum besteht.“ Daraufhin sagte ich, man sollte auf Tito irgendwie Einfluß nehmen, damit er die Unangemessenheit seines Stils und des ganzen Pomps um ihn herum einsähe. Aber Ranković fiel ein: „Laßt uns nicht hier darüber reden!“ Kardelj und ich verstanden das so, daß die Straße auf irgendeine Weise abgehört würde. Nie wieder führten wir drei ein auch nur ähnliches Gespräch. Wenn daraus später, in den Tagen des 3. Plenums, durch eine Indiskretion Kardeljs oder Rankovićs eine Geschichte geklittert wurde, ich hätte versucht, die beiden „fraktionistisch“ zu gewinnen, dann entspricht diese Geschichte schon deshalb nicht der Wahrheit, weil wir uns damals ganz spontan unterhielten. Keiner von uns zeigte Neigung zu irgendeiner Art von „Fraktionieren“ gegen Tito. Auch ich war nie weiter gegangen als zu einer allmählichen Verringerung von Titos Pomp und seinem autokratischen Verhalten.

Aus diesem zufälligen Gespräch konnte ich schließen, daß es zwischen uns dreien keine wesentlichen Unterschiede gab, aber auch, daß ich von Kardelj und erst recht von Ranković keine Unterstützung zu erwarten hätte.

In Jugoslawien ist es durchaus üblich, auch weniger wichtige Ereignisse der Revolution im großen Stil zu feiern. In diesem Jahr, 1953, war es sogar der zehnte Jahrestag der 2. Tagung des AVNOJ. Das Datum dieser Tagung, der 29. November, war zum Staatsfeiertag erklärt worden, und so sollte die Zehnjahrfeier auch festlich begangen werden. Es wurde eine Festsitzung aller überlebenden AVNOJ-Mitglieder in Jajce anberaumt, wo damals die Tagung abgehalten worden war. Für das diplomatische Korps organisierte man den Transport nach Jajce und einen Empfang.

Am Vorabend der Feier spazierte ich mit Koča Popović durch Jajce. Wir frischten alte Kriegserinnerungen auf und redeten über die Zukunft. Scherzend bemerkte ich: „Ist es nicht interessant, um wieviel die heutigen Ratsmitglieder mehr wiegen als jene von Dreiundvierzig?“ In der Ausstellung sah Koča ein Foto von mir aus der Kriegsperiode und meinte: „Ein religiöser Phantast!“

Auch alles übrige verlief in unaufdringlicher Einigkeit und mit „ketzerischen“ Einfällen meinerseits, jedoch schon ohne die gewohnte Wärme und Herzlichkeit. Auf der Festsitzung, vor dem Eingang der unterirdischen Kultstätte, die Tito im Krieg eine Zeitlang als Schutzraum benutzte, ließen Tito, Kardelj, Ranković und ich uns in verschiedenen Posen fotografieren – es waren die letzten gemeinsamen Fotos; Štefica bewahrt sie noch heute auf.

Aber während der Festsitzung war Tito mürrisch. Kardelj hatte mir zuvor gesagt, wir hätten vergessen, diesen wichtigsten Jahrestag mit irgendeiner Anerkennung für Tito zu garnieren. Er erwähnte dabei die Verleihung des „Marschallabzeichens“, das Augustinčić bereits früher und im Einvernehmen mit Tito angefertigt hatte. Ich weiß nichts davon, daß Tito wegen unserer Vergeßlichkeit schlechte Laune hatte. Der Grund kann auch ein ganz anderer gewesen sein. Ich saß rechts von Tito. Mir kam Kardeljs Bemerkung in den Sinn, und ich flüsterte sie Tito zu, allerdings als eine eigene Variante und um seine Gefühle nicht zu verletzen: „Es wäre doch ganz gut, wenn jenes Marschallabzeichen von Augustinčić auch auf die künftigen Präsidenten der Republik übertragbar wäre, zumal der Präsident ja auch Oberster Befehlshaber ist.“ Ich hatte angenommen, daß die feste Einrichtung dieses Abzeichens ihm gefallen würde als eine Kontinuität seiner Führerschaft. Aber er reagierte gekränkt: „Ja, damit das dann irgendein Nichtswürdiger trägt.“ Tito änderte sich, trotz allem scheinbaren Wandel, offensichtlich nicht. Er wollte und konnte die staatlichen Formen von seinem persönlichen Prestige nicht trennen.

Jajce verließ ich mit dem Wagen, zusammen mit den Generälen Peko Dapčević und Veljko Kovačević. Zu Dapčević hatte ich auch in dieser Zeit noch eine enge Beziehung. Die Gesellschaft und die Unterhaltung während der Fahrt waren zwar angenehm, aber ich fühlte mich bedrückt und voller Zweifel. Ich vermied es, mit Dapčević und Kovačecić über die Ideen aus meinen Artikeln zu sprechen, obgleich sie beiläufig und ohne vom Zwist in der Führung zu wissen auch solche Themen ins Gespräch brachten. Trotz meiner düsteren Zweifel war ich entschlossen, die Postulierung meiner Ideen fortzusetzen – unsicher nur über die künftigen Modalitäten und Möglichkeiten dafür.

Mit der Rückkehr nach Belgrad verstärkten sich meine Befürchtungen ebenso wie meine Entschlossenheit. Wenn sich Ideen bereits verwurzelt haben, bekommen sie eine unüberwindliche, übermenschliche Kraft, die von keinerlei Schwächen und Zweifeln mehr aufgehalten werden kann. Meine Aktivitäten als Schriftsteller und in der *Nova misao* verringerten sich nicht, eher trat das Gegenteil ein. In meinem Bewußtsein blieb die feste Verbundenheit mit den Genossen, ich hoffte weiterhin auf Lösungen, die auch meine intellektuelle Existenz ermöglichen würden.

Es reiften auch ohne meinen ausdrücklichen Willen Erfahrungen und Schlußfolgerungen in mir. In der Nacht zum 8. Dezember erwachte ich plötzlich mit der absoluten, irreversiblen Erkenntnis, daß ich mich von den Genossen trennen müsse, ja, schon getrennt hätte! Davon habe ich schon in *Die unvollkommene Gesellschaft* geschrieben, ich erwähne es hier nur der Kontinuität meiner Schilderung wegen.

Diese Erkenntis ließ mich nicht mehr los, wenn ich auch bemüht war, die Beziehungen mit den Genossen nicht zu verschärfen und mich erst recht zu keiner Fraktionsbildung hinreißen zu lassen.

Danach, es war Mitte Dezember oder etwas später, besuchte ich an einem Sonntagmorgen Ranković. Eine ungewöhnliche Zeit für Besuche. Die Ahnung, unser Verhältnis habe sich wegen meiner Artikel abgekühlt, trieb mich zu ihm.

Wir saßen in seinem Kabinett und redeten ohne Zusammenhang. Ranković verhielt sich zurückhaltend, aber sehr aufmerksam. Ich hatte den Eindruck, er sei wegen der offensichtlichen Entfremdung zwischen uns sorgenvoll und betrübt. Auf meine Frage, was er von meinen Artikeln halte, antwortete Ranković knapp und kategorisch, sie „schadeten der Partei". Ranković bedrängte mich, von ihm ein „Bocker-" Jagdgewehr als Geschenk anzunehmen, das ich auch gerne gehabt hätte. Aber ich wich seinem Angebot aus. Ich dachte, es sei nicht schön, von jemandem ein Geschenk anzunehmen, wenn ich bereits ahnte, daß ich mit ihm brechen würde; selbst wenn es sich um einen Gefährten gehandelt hätte, mit dem ich nicht so lange und so eng vertraut gewesen wäre. Dedijer schreibt in seinem Buch *Neue Beiträge zur Biographie des Genossen Tito* (S. 634):

„Als es aber zu einer schrecklichen Erosion dieser ursprünglichen Partisanenethik kam, als Ranković und Djilas im Kampf um die Macht einander mit den Zähnen an der Gurgel packten, nicht allein darum, wer von ihnen Titos Nachfolger werde, sondern auch, wer ihm die Führung entreißen würde, platzte diese ganz in Blut geschmiedete Freundschaft wie eine Wasserblase." Auch diese Behauptung Dedijers entbehrt jeder Grundlage: Ranković und ich standen einander bis zum Schluß und vorbehaltlos nahe. Es gab keine Auseinandersetzungen, keinerlei Intrigen oder Eifersüchteleien zwischen uns. Und was den „Kampf um die Macht" anbelangt, bei mir konnte ein Verlangen nach der Macht nur als eine halbbewußte Abwehrreaktion in Erscheinung treten, schon deshalb, weil mir bewußt war, daß ich die schwächere Seite darstellte, und weil ich ein politischer Puritaner war – ein einsamer Rebell der Idee.

Nach dem Gespräch mit Ranković sprach ich auch mit Kardelj in dessen Villa. Ich erinnere mich nicht, wie es zu diesem Treffen kam, ob auf seine oder meine Initiative hin, jedenfalls weiß ich, daß dabei keine persönlichen Gefühle im Spiel waren wie bei Ranković. Bis zu dieser Begegnung hatte ich geglaubt, daß Kardelj und ich uns im Grunde einig wären. Auch heute noch bin ich dieser Meinung, obgleich es „in Nuancen" Unterschiede gab. Bei der Abrechnung mit mir auf dem 3. Plenum aber legte Kardelj meine Motive als radikale und grundsätzliche Kritik aus.

Dieses Gespräch mit Kardelj verlief ungezwungen, auch wenn er Bemerkungen über meine „Übertreibungen" und „Übereiltheit" einstreute. Als ich ihm sagte, ich stimmte grundsätzlich mit ihm und seinen Anschauungen überein, erklärte er: „Nein, wir stimmen nicht überein: Du bist gegen die Partei, und ich bin es nicht." Ich erläuterte, daß auch ich nicht gegen die Partei, sondern gegen eine leninistische Partei sei und für eine reformierte, demokratische Partei einträte. Doch mir wurde aus dem Gespräch mit Kardelj klar, daß ich auch von ihm keinerlei Unterstützung erwarten durfte, nicht einmal die, auf welche ich gehofft hatte, daß nämlich über mich kein Scherbengericht wegen abweichender Ansichten gehalten würde.

Ich war allein geblieben mit Štefica. Sie schöpfte ihre Kraft und Ergebenheit aus zwei unversiegbaren Quellen, aus unserer gewachsenen Partnerschaft in der Ehe wie aus dem gemeinschaftlichen, tragischen Erleben eines Verrats an den Idealen und einer bewußt angenommenen Verbannung in Verdammnis und Einsamkeit.

8. Die Entscheidung naht

Kardelj teilte mir mit, ich solle das Amt des Vorsitzenden des Bundesparlaments übernehmen. Er merkte dabei an, daß die entsprechende Entscheidung mit Tito abgesprochen worden sei. An dieser Entscheidung aber hatte das Sekretariat des ZK gar nicht mitgewirkt, und so kam sie auch für mich überraschend. Sie war mir aus zwei Gründen unangenehm. Ich erachtete es als taktlos, daß man dabei Pijade übersprungen hatte, der die ganze Zeit über mit dem Parlament beauftragt war und sich leidenschaftlich mit parlamentarischen Angelegenheiten befaßte, und zweitens verstand ich das als ein Bestreben „hinter den Kulissen", mich „ruhigzustellen" und durch eine solche Berufung zu binden, die nicht nur bloß repräsentativ wäre, sondern mich auch völlig in Anspruch nehmen und mir das Schreiben unmöglich machen würde. Kardelj konnte meine Unzufriedenheit daran erkennen, daß ich jede Verpflichtung, die mir von der Partei auferlegt wurde, und so auch diese, mit übertriebener Bereitwilligkeit annahm. Auf meinen Einwand, es sei unpassend, Pijade zu umgehen, meinte er, jetzt werde ein neues Verfassungssystem eingeführt, deshalb wäre es notwendig, daß jemand das Parlament übernähme, der jünger sei und der höchsten Führung angehöre.

Am 25. Dezember wurde ich zum Parlamentsvorsitzenden gewählt, das war etwa fünfzehn Tage vor der Entscheidung über meine Absetzung und der Einberufung des 3. Plenums aus Anlaß „des Falles des Genossen Djilas". Das deutet auf ein Zögern der engsten Führung bei der Lösung meines „Falles" hin. Zu diesem Zögern, dieser Rücksicht, trug sicherlich die langjährige Verbundenheit und Nähe bei, es war nicht nur die Scheu vor politischen Schwierigkeiten und Unannehmlichkeiten. Es war ihnen klar, daß es sich nicht um einen „Feind", um einen Gegner oder Fraktionisten handelte, sondern um einen Genossen, der begonnen hatte, andersgeartete Ansichten zu vertreten.

Den Vorschlag zu meiner Wahl zum Parlamentsvorsitzenden

unterbreitete V. Bakarić, im Namen einer Gruppe von Abgeordneten. Das war nicht zufällig: Bakarić war dazu nicht nur als angesehener Führer ausgewählt worden, sondern auch als einer der bekannteren Protagonisten demokratischer Reformbestrebungen.

Obwohl ich bereits „von eigenen Ketzereien angenagt" war, faßte ich meine Wahl zum Parlamentsvorsitzenden verantwortungsbewußt auf und begann mich sogleich in die Arbeitsweise des Parlamentes zu vertiefen. Ich wurde dabei von Pijade unterstützt, obwohl er sich, wie ich meine, zu Recht übergangen fühlte, weil man nicht ihn mit dieser Funktion betraut hatte. Vladimir Simić, der ehemalige Führer der Republikaner, schlug in einer Besprechung des Parlamentspräsidiums vor, daß im Parlament für Tito ein gesondertes Büro eingerichtet werde. Ich lehnte das ab, und Pijade unterstützte mich dabei, da ein Regierungsbüro bereits vorhanden war und Tito nur in Ausnahmefällen ins Parlament kam. Die Aufzeichnung dieser Lappalie wäre nicht der Mühe wert, hätte Simić nicht auch das den Beschuldigungen und Nachreden hinzugefügt, die bald nach dem 3. Plenum gegen mich aufflammten. Die Mitläufer der Kommunisten sind oft eifriger als die Kommunisten selbst. Aber ich konnte schon nicht mehr haltmachen, wenn ich nicht meine Erkenntnisse und mein Gewissen zerstören wollte. Ich war willens, mich im Parlament abzurackern, nicht jedoch auf die Darlegung meiner Ideen zu verzichten – dieser Widerspruch blieb zwischen der Führung und mir bis zum Schluß bestehen.

Die Entscheidung Titos und der Führung wurde durch die Unsicherheit und den Druck der Parteifunktionäre, des Apparates beschleunigt, vermutlich auch durch Polizei und Armee. Die engste Führung erhielt täglich aus sämtlichen Bezirken vertrauliche Berichte auch über bedeutungslose Vorkommnisse, etwa darüber, wie dies oder jenes in den einzelnen Schichten und Strömungen, besonders in der Partei, kommentiert werde. Darüber hinaus sprachen vermutlich auch die Genossen aus der Führung bei Tito vor. Ich weiß verläßlich, daß Kardelj, er selbst brüstete sich mir gegenüber geradezu damit, Tito auf den negativen Charakter meiner Artikel aufmerksam machte und auf die Verwirrung, die diese dadurch stifteten, daß die Parteikader sie als offiziell betrachteten. Möglicherweise war auch Ranković aus dienstlicher Pflicht in diesem Sinne tätig geworden, aber mir ist darüber nichts bekannt.

Den Unmut und die Abwehr um mich herum bemerkte auch ich. In einer Besprechung im Parlament warf mir Petar Stambolić mit unverhohlener Verbitterung zu: „Wenn man deine Artikel liest, bekommt man ja den Eindruck, daß es am besten wäre, alles zum Teufel gehen zu lassen." Ähnlich, nur weniger offen, reagierte auch Zvonko Brkić. Cana Babović legte bei einem Empfang eine derart „pfiffige" und süßliche Haltung mir gegenüber an den Tag, daß mir klar wurde, daß sie über meine „Abweichungen" und eine baldige Abrechnung mit mir im Bilde war. Und Miroslav Krleža fragte mich bei einem Besuch im ZK: „Zeigst du dem ‚Alten' vorher deine Artikel?" Als ich ihm zur Antwort gab, daß ich das nicht tue, weil es keine offiziellen Stellungnahmen seien, sondern meine eigenen Überlegungen, verzog sich sein Gesicht sorgenvoll. Betrübt meinte er: „Du solltest das aber tun, ohne das Imprimatur des ‚Alten' könnte das auf allerlei Art gedeutet werden."

Noch stärker aber spürte ich Zustimmung und auch Ermunterung. Ich traf mich damals oft mit Vukmanović-Tempo, obgleich er in seinen Memoiren das Gegenteil behauptet. Ich pflegte bereits seit über einem Jahr oft in Belgrad spazieren zu gehen. Ende Dezember traf ich mich zu einer Verabredung mit Vukmanović-Tempo in der Knez-Mihailova-Straße, vor dem Laden des Schuhmachers Glogovac. Auf Vukmanovićs lobende Worte über meine Veröffentlichungen hin sagte ich ihm halb im Spaß: „Lob mich nicht so sehr, Tempo – was wirst du tun, wenn morgen irgendeine Verurteilung dabei herausspringt?" „Wer? Ich?" rief er. „Ich würde immer offen sagen, was ich denke." Veljko Vlahović war begeistert von dem, was ich schrieb, zum Teil, weil er in der *Borba*-Redaktion das Echo auf meine Artikel verfolgen konnte: „Weißt du", sagte er einmal, „da ist nicht viel Neues drin, das ist größtenteils das, was wir uns erzählen, aber du sagst es eben irgendwie geschickter, anders." Peko Dapčević und Koča Popović stimmten mir gleichfalls zu, Dapčević allerdings, ohne sich hierbei zu vertiefen, und Koča nur beiläufig, wenn wir einander zufällig begegneten.

Das Gespräch mit Vladimir Bakarić, im November jenes Jahres 1953, ist in dieser Beziehung und nach meiner Erinnerung das interessanteste und bedeutendste. Ich hatte in Zagreb zu tun. Ich wohnte in der „Villa Weiß", dem Gästehaus der kroatischen Regierung. Bakarić gab dort ein Abendessen, bei dem auch Štefica dabei war und Zvonko Brkić, Organisationssekretär des kroatischen Zentralkomitees. Das lockere, politisch-theoretische Gespräch dauerte bis Mitternacht. In vielen Dingen war Bakarić noch weiter gegangen als ich. Freilich stellte auch er die Idee des

Sozialismus als solche nicht in Frage, ebensowenig das jugoslawische System. Aber in der Kritik des Leninismus und der Traditionen, die uns belasteten, war er inhaltlich radikaler als ich.

Dieses Gespräch mit Bakarić hätte ich nicht niedergeschrieben – ähnliche Unterhaltungen gab es auch mit anderen – wenn es nicht typisch für die Art und Weise wäre, in der man später mit mir abrechnete. Bald darauf nämlich, im Januar 1954, stand Bakarić beim 3. Plenum an der Spitze der Kommission, die meinen Fall beurteilte und die Formulierungen und Maßnahmen gegen mich vorschlug. Meiner tiefen Überzeugung nach wurde Bakarić nicht zufällig mit dieser Aufgabe betraut. Da Zvonko Brkić bei dem erwähnten Abendessen in seinen Äußerungen offensichtlich zurückhaltender war und später verbissen gegen mich auftrat, nehme ich an, daß er Tito oder jemand anderen aus der engeren Führung auf Bakarićs Ansichten aufmerksam gemacht hat. Deshalb wurde Bakarić, nach meiner Überlegung, an die Spitze jener Kommission gewählt, obwohl er etwa zehn Tage zuvor, offenbar vor der Entscheidung über die Abrechnung mit mir, im Bundesparlament den Vorschlag einbrachte, mich zum Parlamentsvorsitzenden zu wählen. Ich will damit nur sagen, daß Bakarić keine perfide Rolle gespielt hat. Er hat, wie beinahe die meisten der Spitzenfunktionäre, seine Ansichten geändert oder dies zumindest vorgegeben. Viele beugten sich und fanden sich damit ab, manipuliert zu werden. Bestätigt wird dies auch durch Äußerungen von Marijan Stilinović, der aus dem ZK Kroatiens ausgeschlossen wurde (ein anderes Mitglied des kroatischen ZK beging Selbstmord), weil er sich gegen die Fortführung derartiger ideologischer Abrechnungen in der Partei auflehnte. Er erzählte mir im Oktober 1956, in Dedijers Wohnung, Bakarić habe ihm in der Pause der Plenarsitzung des kroatischen ZK (auf der mit Stilinović abgerechnet wurde) gesagt, daß auch er am liebsten zurücktreten möchte, um sich auf seine intellektuelle Arbeit zurückzuziehen.

Am Silvesterabend war ich endgültig davon überzeugt, daß die entscheidende Auseinandersetzung Titos und der Führung mit mir sehr bald zu erwarten sei. Es gab dafür auch genügend Indizien, wenngleich ich mich über die Art und die Schärfe dieser Abrechnung täuschte. Besser gesagt: ich machte mir Illusionen. In dieser Nacht irrten Štefica und ich mit Dapčević und seiner Frau von einer Silvesterfeier zur anderen und sammelten dabei allerlei skeptische Nachrichten über meine Situation. Zuerst erzählte mir Peko, daß er zwei oder drei Tage zuvor mit einer Gruppe von Generälen (Dapčević war damals Generalstabschef) bei Tito in Brdo gewesen sei und dieser zu ihnen voller Zorn gegen meine Ansichten und meine Zeitungsbeiträge gewettert habe. Peko maß dem keine größere Bedeutung bei, vielleicht wollte er mich auch nur beruhigen: „Tito wird eben mal zornig, schaltet aber nachher um." Dapčevićs Schilderung hatte für mich eine tiefere, entscheidende Bedeutung; ich konnte mich nicht mehr beruhigen. Ich traf in der Neujahrsnacht auch auf Koča Popović, der mir auf meine Frage, was er über mein Schreiben und meine Aussichten denke, erwiderte: „Du weißt, was ich denke, und handeln werde ich, wie jene beschließen, die das Sagen haben." Irgendwo traf ich auch auf die Gesellschaft von Jovan Veselinov: er, der ansonsten ein herzliches Verhalten an den Tag legte, war kaum bereit, ein Wort mit mir zu wechseln. Sogar der Filmkritiker Zija Adamović, der ja nichts mit der Parteiführung zu tun hatte, sagte mir an diesem Abend im Journalistenklub: „Ich bewundere Ihren Mut, wenn Sie so auftreten können!" Ich erinnere mich nicht, was ich Zija erwiderte, aber seine „Bewunderung" war für mich eine weitere Bestätigung dafür, daß meine Position schon untergraben war, daß ich schon vor dem Prozeß verurteilt wurde.

9. Die Abrechnung bahnt sich an – Sieg der Bürokratie

Štefica und ich suchten nun auch schon selbst die Einsamkeit, um andere nicht in Verdacht zu bringen. Wir begannen unser Einsiedlerleben zu organisieren, machten lange Spaziergänge, gingen ins Kino, lasen viel.

Einige Tage nach Neujahr, vielleicht am 5. Januar 1954, gingen Štefica und ich in eine Vorstellung von Orson Welles' *Citizen Cane.* Plötzlich traten in der Dunkelheit Agenten des Sicherheitsdienstes an mich heran und forderten mich leise auf, nach draußen zu kommen. Štefica dachte, daß ich bereits verhaftet werde und ging auch mit hinaus. Die Agenten teilten mir mit, ich solle umgehend zu Kardelj kommen, in seine Villa in der Užička-Straße auf Dedinje.

Dort warteten bereits Kardelj und Ranković auf mich. Über dieses Treffen habe ich auch in meinem Buch *Tito* berichtet. Einige Details aber sind von besonderer Bedeutung. Das Gespräch dauerte länger als eine Stunde und war sehr vage und zweideutig. Es wurde von mir nichts verlangt, aber man teilte mir auch nichts mit.

Ranković schwieg fast die ganze Zeit, doch ich glaubte, ihm den Kummer anzusehen. Nicht nur, weil der Kern der Parteiführung sich spaltete, sondern auch wegen unserer langjährigen engen Verbundenheit.

Kardelj betonte, Tito sei zornig, und er verhehlte auch nicht, daß er selbst es gewesen war, der Tito auf meinen „Revisionismus" aufmerksam gemacht hatte. Dann sagte Ranković, daß meine Artikel nach den Berichten der Bezirkskomitees Verwirrung und Unsicherheit hervorriefen. Kardelj meinte, meine Standpunkte seien in der Tat revisionistisch, in ihrem Kern dem „Bernsteintum" gleich. Und auf meine Erwiderung, ich hätte Bernstein nicht gelesen, mit Ausnahme dessen, was Lenin von ihm zitiere, entgegnete er: „Aber ich habe ihn gelesen – hier, hier ist er!"

Ich verteidigte mich nur halbherzig, schon deshalb, weil ich den Eindruck gewann, daß die Entscheidung über die Abrechnung mit mir schon gefällt war. Und das war ja auch wirklich so. Denn als ich zum Schluß Kardelj freundlich fragte, woran er im Moment arbeite, ob er etwas schreibe, antwortete er mit bedeutungsvoll betontem Lächeln: „Ich schreibe, ich schreibe." Ich begriff, daß er etwas gegen mich schrieb: das Referat für das 3. Plenum, obgleich man mir weder vom Plenum noch von dem Referat irgend etwas gesagt hatte.

Jawohl, über die Plenarsitzung des ZK, die von den „Fall des Genossen Djilas" behandeln sollte, ist dem „Genossen Djilas" weder damals noch später etwas gesagt worden. Das verstieß eindeutig gegen das Parteistatut, entsprach aber durchaus der Praxis, mit der man in leninistischen Parteien, gleichsam fraktionistisch und hinter den Kulissen, die Mitglieder gegen „Abweichler" und „Abtrünnige" mobilisierte.

Von der Einberufung des Plenums erfuhr ich einige Tage später aus der Zeitung. Demnach ist die Behauptung falsch, erst mein Aufsatz „Die Anatomie einer Moral", der in jenen Tagen in der *Nova misao* erschien, habe zur Einberufung des Plenums und zur Abrechnung mit mir geführt. Beim Treffen bei Kardelj wurde über die „Anatomie" kein Wort gesprochen, Ranković und Kardelj hatten sie offenbar noch nicht gelesen, denn die *Nova misao* war noch in Druck. Zweifellos aber hat „Die Anatomie einer Moral" dann noch Öl ins Feuer gegossen und war willkommener Anlaß für die Hetze und die Mobilisierung der Führung. Besonders verbittert über diesen Aufsatz waren die Frauen der höchsten Funktionäre, weil sie darin als fiktive, jedoch wiedererkennbare Gestalten wegen des Boykotts einer jungen Schauspielerin (der Ehefrau des Generals Dapčević) dem Spott ausgesetzt wurden.

Kurz vor Ende des Treffens ging Ranković, da er etwas zu erledigen hatte. Mit einem Ausdruck aufrichtiger und ernster Resignation sagte mir Kardelj beim Abschied in der Vorhalle: „Niemals im Leben ist mir irgend etwas schwerer gefallen." Dabei winkte er mit der Hand ab, als wollte er hinzufügen: Aber was kann man tun?

Ich bin auch jetzt davon überzeugt, daß Kardelj nicht begeistert war von der Rolle des „Anklägers" gegen mich im Plenum. Vermutlich hat aber Tito gerade ihn dazu ausgewählt, weil es ein offenes Geheimnis war, daß zwischen uns zumindest eine große Ähnlichkeit in den Denkansätzen bestand. Damit brachten Tito und die Befürworter der „harten Hand“ Kardelj „ins Reine“ und entwerteten ihn als Vorkämpfer demokratischer Ideen. Denn es genügt, durchzulesen, was Kardelj in all den Jahren geschrieben hat, um zu erkennen, daß er in der Abrechnung mit mir gleichzeitig Selbstkritik üben mußte und damit seine gerade aufkeimenden, noch unreifen Ansichten und Bestrebungen erledigt waren.

Erst recht war das mir klar, denn in meinem Beisein war Kardelj zwei oder drei Monate zuvor ja noch weiter gegangen als ich: „Vielleicht werden wir auf diese Weise auch zu einer Opposition kommen... Und diese Partei (er meinte den Bund der Kommunisten), was mich betrifft – es wäre am besten, es gäbe sie gar nicht.“ Für mich besteht jedoch kein Zweifel, daß Kardelj die Ablehnung gegen mich bei Tito und den „Titoisten“ im Wachsen sah, auch selbst damit begann, sich von mir zu distanzieren. Das war eben sein Charakter: scharfsinnig, findig, geduldig, aber auch übervorsichtig, ohne Festigkeit in den Ideen und mit verqueren Vorstellungen. Die Beziehungen zwischen Tito und Kardelj waren mehr von sachlicher Zusammenarbeit als von Herzlichkeit geprägt. Tito kannte Kardelj und dessen Möglichkeiten und Grenzen gut.

Das Treffen bei Kardelj war für mich die Exposition zu einem Drama, das nach einigen Tagen, nach der Bekanntgabe der Einberufung des 3. Plenums, auch zu einem Drama vieler anderer Kommunisten, Intellektueller und Bürger wurde. Denn jetzt war die im Kampf gegen Stalin in Gang gesetzte demokratische Strömung gestoppt worden, die Parteibürokratie hatte wieder Oberwasser.

Die Ankündigung der Plenarsitzung für den 17. Januar in der Presse hatte mich über Nacht in totale Entfremdung geworfen. Aber ich ging auch weiterhin meinen Pflichten in der *Nova misao* nach.

Wenn ich durch die Straßen ging, hatte ich ein körperloses Gefühl, die Stadt und die Menschen kamen mir fremd vor, es war wie in einem Traum. Wenn mich überhaupt jemand ansprach, hatte er weder einen natürlichen Gesichtsausdruck noch fand er die richtigen Worte – so als sähe er jemanden, der gerade vom Galgen herabgestiegen ist oder erst noch zum Galgen geführt werden sollte. Alle in meinem Haus hatten den Appetit verloren, Schlaflosigkeit machte sich breit.

Štefica begleitete mich, wann immer sich dazu Gelegenheit bot. Wir schritten auf vereisten Trampelpfaden und über ungeräumte Gehsteige, steif vor Kälte, starr vor Hoffnungslosigkeit. Im

Schlafzimmer heizten wir nicht, wir rechneten bereits mit Entbehrungen. Doch nicht wegen der Kälte zog Štefica zu mir ins Bett um, sie wollte, daß wir näher beieinander seien. Wann immer ich mich, apathisch geworden und dennoch nicht schlafend, im Bett bewegte oder etwas fragte, erhielt ich prompt ihre wache und gefaßte Antwort. Wir dachten auch an gemeinsamen Selbstmord, Štefica war eher dazu bereit als ich. Uns kamen Zweifel, hatten wir ein Recht zu sterben, konnten wir so weiterleben? Und wie sollten wir Aleksa – unseren Sohn, der noch nicht ganz ein Jahr alt war – in einer solchen Welt ohne uns lassen? Was hat uns schließlich davor zurückgehalten? Es war weniger der eigene Lebenswille als der Gedanke, Aleksa allein zu lassen und uns und unsere Überzeugungen zu verraten.

Uns kam zu Ohren, vielleicht wurde uns das auch absichtlich zugeflüstert, oder es war Panikmache, die Geheimpolizei UDBA bereite schon Listen von „Djilasisten" vor. Der Schatten von Goli Otok, dem Konzentrationslager für prosowjetische „Elemente", fiel drohend über uns. Uns dämmerte auch die entsetzliche, bis dahin nur geahnte und unterdrückte Wahrheit über diese unbekannte, unvorstellbare Folterstätte für „Spalter" und „Abtrünnige". Wie ein Blitz traf mich der Gedanke, daß Kommunist zu bleiben nicht nur in die Niederlage führe, sondern auch in aussichtlose, unermeßliche Schmach. Haben nicht gerade deshalb Trotzkij, Bucharin und so viele tausend kommunistische Ketzer das Spiel verloren, sind sie nicht gerade deshalb aus dem Geistesleben verschwunden?

Die gesamte Vergangenheit, die Arbeit in der Partei und die langjährigen Opfer und Kämpfe für sie, alles zog in einer ungeahnten und gespenstischen Klarheit vor meinem geistigen Auge vorüber. Es kamen Gedanken und Anregungen, alles aufzuzeichnen, festzuhalten für irgendeine künftige, wahrheitsliebendere Epoche. Meine Ideen, die ich bis dahin zu formulieren versucht hatte, erwiesen sich als schüchterne und befangene Halbheiten.

Bereits vor der Bekanntgabe über das Plenum war eine Redaktionsbesprechung der *Nova misao* angesetzt worden, die nun freilich in sehr eigentümlicher Atmosphäre stattfand. Die Tagesordnung wurde wortkarg und niedergeschlagen erörtert. Jeder dachte daran – und es stand in den Gesichtern geschrieben –, was die Einberufung des Plenums über mich nicht nur für die Zukunft der *Nova misao*, sondern auch für eine weitere Demokratisierung bedeutete. Alle blickten mich komplizenhaft und bedrückt an. Nur

Joža Vilfan, der die Position des Generalsekretärs bei Tito innehatte und vor kurzem, ich denke auf Dedijers Vorschlag und mit Kardeljs Einverständnis, Redaktionsmitglied geworden war, bemerkte, daß diese Zusammenkunft, beziehungsweise die *Nova misao*, als Fraktionsbildung erscheinen könnte. Aber alle reagierten auf diese Bemerkung ablehnend, ja mit Verwunderung, so daß sie wirkungslos blieb.

Bei der Konferenz war auch Krleža dabei, entgegen seinem Naturell hüllte er sich in düsteres Schweigen. Als die Besprechung zu Ende war, antwortete er auf eine Bemerkung Dedijers in etwa: „Ihr wißt ja nicht, was sechzig Jahre sind – mit sechzig Jahren ist der Mensch müde und nicht mehr kämpferisch." Wir verstanden das als Krležas Abkapselung in der bevorstehenden Auseinandersetzung, die mich und die *Nova misao* bedrohte. Beim Weggehen küßte mich Krleža. Er war nicht der einzige, auch andere umarmten und küßten mich zum Zeichen des Mitgefühls und des Abschieds.

Wenn ich mich recht entsinne, waren es Dobrica Ćosić, Antonije-Lule Isaković und ich, die anschließend in die Wohnung von Isaković, irgendwo im Stadtteil Vračar, gingen. Wir blieben nur kurz, weil jeder noch andere Verpflichtungen hatte. Ich erinnere mich nur an eine gequälte Atmosphäre und hektische, sorgenvolle Gespräche.

Von Štefica abgesehen, sah ich in jenen Tagen Bora Drenovac, der im Agitprop und in der *Nova misao* arbeitete, am häufigsten. Eine mutige Persönlichkeit, in sich gekehrt, mit düsteren Vorahnungen. Bora stand fest an meiner Seite mit gemeinsamen demokratischen Ideen. Er war gewissenhaft in seiner Arbeit, machte keinen Hehl aus seinen Gedanken, er war beherzt, hart, wenn es galt, einen Beschluß durchzusetzen. Obwohl Bora schon ziemlich lange mit mir gearbeitet hatte, lernte ich ihn erst in jenen Tagen gründlicher kennen. In der Öffentlichkeit machte Drenovac den Eindruck eines engstirnigen dogmatischen Einpeitschers in Kulturfragen. Das war früher auch so gewesen, wie das bei jedem „Apparatschik" unvermeidlich ist. Mit der Zeit jedoch gelangte er zu demokratischen Einsichten, an denen er in der Periode der *Nova misao* und auch in der späteren Phase der Ernüchterung mit der gleichen Standhaftigkeit festhielt. Drenovac kapitulierte nicht, sondern zog sich zurück. Sein Abrücken von mir, zu dem es etwa eineinhalb Jahre danach kam, kann ich mir in keiner Weise erklären, es sei denn durch eine intellektuelle und emotionale

Krise, durch radikale Enttäuschung über den Kommunismus. Er zog sich zu philologischen Studien zurück. Das war ihm möglich, nachdem er aus der Partei ausgeschlossen wurde und ziemlich lange arbeitslos gewesen war. Ich besuchte ihn 1967 zusammen mit Jovan Barović, nach meiner zweiten Entlassung aus dem Zuchthaus. Er war derselbe geblieben, aber er kümmerte sich nicht mehr um Politik und hatte andere Interessen.

Am häufigsten zu Besuch kam Milena, die Frau von Peko Dapčević. Sie war zu jung, um meine Ausweglosigkeit begreifen zu können. Sie fühlte sich als Freundin von Štefica, und mir gegenüber meinte sie, dem Schriftsteller verpflichtet zu sein, der sie „in Schutz" genommen hatte und „deshalb" womöglich auch noch leiden mußte. Eine Überraschung waren Dedijers Besuche. Aus ihm sprudelten geradezu die Gerüchte und Anregungen. Durch die Isolierung war ich schon mißtrauisch und hatte kein Vertrauen zu Dedijer. Als er mir in meiner Wohnung seine Rede für das bevorstehende Plenum vorlesen wollte, lehnte ich das ab, da ich dachte, er versuche mich auftragsgemäß in ein „Fraktionieren" hineinzuziehen.

Ich erinnere mich nicht, von wem ich es erfuhr – vielleicht aus der Zeitung – daß Tito nach Belgrad zurückgekehrt war, offenbar um dem Plenum beizuwohnen. Ich weiß auch nicht mehr, von wem die Idee kam, daß ich Tito schreiben sollte, möglicherweise waren es beide, Dapčević und Dedijer. In dem engen Kreis, der mir verblieben war, hielt man die Idee für gut. Ich akzeptierte sie halbwegs. Damit aber mein Brief nicht als ein Zeichen der Schwäche gedeutet würde, formulierte ich ihn als den Wunsch, mich von Tito nach 17 Jahren gemeinschaftlicher Arbeit zu verabschieden. In dem Schreiben betonte ich, daß ich seine Führung, seine Rolle nicht streitig mache, ich würde andererseits aber keinen Vorrang Kardeljs und Rankovićs akzeptieren.

Nach zwei, drei Tagen wurde ich ins Weiße Schloß gerufen, wo sich Kardelj und Ranković schon bei Tito eingefunden hatten.

Über dieses letzte Treffen mit meinen Genossen aus den langen Jahren in der engsten Führung habe ich in dem Buch *Tito* geschrieben. Ich möchte nur einige Einzelheiten hinzufügen, die dort nicht angeführt werden.

Zu Beginn bat ich um Kaffee, da ich wenig geschlafen hatte. Tito erhob sich, um Kaffee kommen zu lassen, und fügte an: „Auch andere schlafen nicht." In einem Augenblick sagte ich zu Tito: „Dich verstehe ich ja – du hast viel geschaffen und behütest es jetzt. Und auch ich, ich habe erst etwas angefangen, und das verteidige ich. Mich wundern aber diese beiden (Kardelj und Ranković – der Autor), weshalb sie wohl derart hartnäckig sind." Tito merkte an, daß es um meinen Fall nichts Organisiertes gäbe, was auch in der Tat stimmte. Auf die Behauptung, meine Arbeit sei es, den Sozialismus weiterzuentwickeln, erwiderte Tito mit Nachdruck, „die Reaktion", d. h. die Bourgeoisie, sei bei uns noch sehr stark und einige „Kritiküsse" könnten es kaum erwarten, uns anzugreifen. Er nannte als Beispiel die gerade veröffentlichte Satire *Sokrates* von Branko Ćopić, in der eine Wählerversammlung den Hund Sokrates wählt, ohne sich dafür zu interessieren, um wen es sich da handelt, in der Überzeugung, es entspräche den Richtlinien „von oben". Ich entgegnete, diese Satire Ćopićs sei ein harmloser Spaß, doch keiner stimmte mir zu. Kardelj fügte an, vor ein paar Tagen seien bei der Beisetzung eines Politikers des alten Regimes mehrere Hundert Leute dabeigewesen. Ranković schwieg die ganze Zeit mit finsterer Miene, nur als von meinem Rücktritt als Parlamentsvorsitzender die Rede war, bemerkte er, ich sollte das selber tun, damit es nicht aussähe, als geschähe es unter Druck oder auf administrativem Wege. Zum Schluß forderte Tito mich auf, vom Amt des Parlamentsvorsitzenden zurückzutreten, und fügte entschieden hinzu: „Was sein muß – muß sein." Beim Abschied reichte er mir zögernd die Hand, mit einem trüben Blick von Haß und Rache.

Meine Rücktrittserklärung schrieb ich mit einem Gefühl der Verbitterung, sobald ich in meine Wohnung zurückgekehrt war. Ich bat meinen Fahrer Tomo, die Autos im Weißen Schloß abzugeben, ich hatte zwei Wagen zur Verfügung, ein Mercedes-Kabriolett und einen Jeep, den ich zur Jagd benutzte. Nach zwei Tagen erschien der Begleiter von Luka Leskošek bei mir und verlangte auch die Koffer, die zum Mercedes gehörten, ich hatte in der Eile nicht an sie gedacht. Als mir das einfiel, war es mir unangenehm, denn auf den Kofferschlössern war mein Name eingraviert.

Im Laufe des Gesprächs hatte Tito bemerkt, „mein Fall" habe in der Welt das größte Echo nach dem Konflikt mit der Sowjetunion 1948 ausgelöst. Ich erwiderte, ich läse die Berichte der TANJUG nicht, sie wurden mir auch nicht mehr zugestellt. „Nimm sie dir und lies, du wirst es sehen", sagte Tito. Am selben Tag noch ging ich zur TANJUG, um die ausländischen Meldungen anläßlich meines Falies durchzusehen. In der Agentur kam man mir nur ungern entgegen. Die Fülle und Vielfältigkeit der Meldungen wirkte zwiespältig auf mich, einerseits imponierte es mir und ermutigte mich, zugleich aber war ich verwirrt und bedrückt, weil die Sympathie für mich in der westlichen „kapitalistischen" Propaganda offensichtlich war.

Die Geschäfte um die *Nova misao* führten mich ohnehin in die *Borba*-Redaktion. Aber ich hätte Veljko Vlahović auch so besucht. Er war der Chefredakteur der *Borba* und vertrat Ansichten, die meinen nahestanden. Er zeigte sich auch besorgt über die Auswirkungen, welche die Abrechnung mit mir haben würde. Bei einer der meist nur kurzen Begegnungen sagte er zu mir: „Weißt du, deine Rolle im Kampf gegen das Informbüro ist gewaltig, und deine Verurteilung wird sehr negative Folgen haben, weil sie in der Partei und auch außerhalb als Liquidation der Demokratisierung verstanden wird."

Einen oder zwei Tage vor dem Plenum traf ich Vlahović. Seine Ansichten wie auch seine Haltung mir gegenüber hatten sich geändert. Es war nur noch ein kalkuliertes Mitleid. Er sagte, daß auch er in der Plenarsitzung eine Rede halten werde, jedoch nicht, in welchem Sinne er sprechen werde. Trotz seiner veränderten Einstellung meinte ich, er werde seinen bisher bekundeten Überzeugungen treu bleiben. Ich wollte ihn aber nicht ausfragen, damit man nicht behaupten könnte, ich betätige mich als „Fraktionist" und werbe Anhänger unter den Mitgliedern des ZK an. Dann „beriet" mich Vlahović: „Was kannst du machen – du solltest dich Tito beugen." Er sagte mir nicht, daß er bei Tito gewesen war, daher rührte auch die Veränderung bei ihm. Das hat mir dann Dedijer gesteckt, der ebenfalls zu Tito gerufen worden war. Tito ließ die „Verdächtigen", also alle ZK-Mitglieder, welche ähnliche Ansichten wie ich von sich gegeben oder Sympathie für meine Anschauungen bekundet hatten, einzeln zu sich kommen. So sicherte er sich „Einmütigkeit", und so bereitete er auch eine aggressive und „büßerische" Atmosphäre für das Plenum vor.

Alle fügten sich, außer Dedijer, der zu einer Formel gelangte, die es ihm erlaubte, gegen eine derartige Abrechnung im ZK aufzutreten, ohne dabei Tito zu sehr zu verägern. Auch Mitra Mitrović, meine frühere Gattin, war nicht bereit, eine solche Einmütigkeit gegen mich zu akzeptieren und wurde, soviel ich weiß, deshalb auch nicht eines Gespräches mit Tito für würdig befunden. Dedijer warf mir später vor, ich sei schuld, daß sich Vlahović uns nicht „angeschlossen" hatte. Damals wie heute ist mir nicht klar geworden, worin da meine Schuld hätte bestehen können. Einige Monate nach dem Plenum schrieb Vlahović über Dedijer und mich als „innere Emigranten“. Ein Terminus – wenn es doch nur ein Terminus wäre – entliehen aus der sowjetischen Praxis in den Abrechnungen mit „Abweichlern“ und „fremden Elementen“.

Am Tag vor dem Plenum begab ich mich zum Zentralkomitee, ins Agitprop, um mein Büro ordentlich zu hinterlassen und einige Dokumente zu übergeben. Ich traf dort auf Stana Tomašević, eine Funktionärin im Agitprop. Sie war deprimiert, sprachlos und brach in Tränen aus. Da kam auch ein Genosse aus dem Apparat des ZK vorbei, der mir Unüberlegtheit vorwarf und die Abrechnung mit mir rechtfertigte: wichtig sei das Ziel, in dessen Namen so etwas geschähe – alles andere sei Nebensache.

Am Abend wurde ich von einer schrecklichen Unruhe gepackt. Štefica und ich hatten uns mit Dapčević und seiner Gattin vor dem Volkstheater verabredet. Auch sein Schwager kam, aber Dapčević selbst erschien nicht. Ich weiß nicht mehr, wo Štefica und Milena vor der Kälte Schutz suchten, aber ich blieb mit Milenas Bruder vor dem Theater, um auf Peko zu warten. Es war sehr kalt, wir wurden ungeduldig. Ich dachte schon, Dapčević sei verhaftet worden und ich spielte sogar mit dem Gedanken, aus moralischer Verpflichtung irgendeinen verzweifelten Schritt zu unternehmen. Schließlich kam Peko doch. Er war genauso verändert wie Vlahović, denn er war ebenfalls bei Tito gewesen, auch wenn er mir das nicht gesagt hat. Auch er griff mich auf dem Plenum an.

10. Die Abrechnung auf dem 3. Plenum übertrifft alle Erwartungen

Selbst den grauenhaftesten Alptraum kann man vergessen. Dieses 3. Plenum aber, das war kein Traum, das war die Wirklichkeit – eine verrückte und für alle Teilnehmer schändliche Wirklichkeit. Die Hauptankläger, Tito und Kardelj, gaben sich um die Einheit der Partei besorgt, in Wahrheit aber ging es beiden um ihr Prestige und ihre Macht. Sie konstruierten eine Schuld, um die Gefahr aufzubauschen. Nach ihnen wechselten sie sich ab, all diese hartgesottenen und scharfsichtigen Machtmenschen – die Minić, Stambolić, Pucar, Marinko, Blažo Jovanović, Maslarić – mit „parteibewußten" Kleinmütigen wie Čolaković und den entnervten „selbstkritischen" Büßern wie Vukmanović, Dapčević, Vlahović, Crvenkovski, ja sogar Pijade – auch Pijade hatte bis zur Einberufung des Plenums über meine Artikel genüßlich mit der Zunge geschnalzt.

Alles das konnte man voraussehen, auch ich sah es voraus. Dennoch kam es anders, die Wirklichkeit ist immer anders – es war viel unfaßbarer und schamloser.

Ich war für dieses Plenum, für dieses Gerichtsverfahren, intellektuell besser vorbereitet als emotional. Denn ich war davon überzeugt, im Recht zu sein, aber ich war den Genossen gefühlsmäßig verbunden. So könnte man das vereinfacht darstellen. In der Wirklichkeit und in mir selbst war alles komplexer. Zu meiner intellektuellen Bereitschaft, zur Reife meiner Erkenntnis hatten meine Unbekümmertheit, ja Gleichgültigkeit gegenüber Funktionen, Ehrungen, Macht sehr wesentlich beigetragen. Mehr noch, in den letzten paar Monaten widerte mich die Teilhabe an der Macht an. Ich entledigte mich verschiedener Funktionen und vertiefte mich intensiver ins Lesen und Schreiben. Ich sah die Bedeutung der Macht, zumal für die Verwirklichung politischer Ideen, auch damals ein, obgleich sicherlich weniger als heute. Doch diese gegebene Macht, die mehr Selbstzweck als Mittel zum Zweck war, ekelte mich mehr und mehr an. Der Ekel entwickelte sich mit den Erkenntnissen von der „unsozialistischen", undemokratischen

Natur der gegebenen Macht. Ich könnte jedoch nicht entscheiden, ob dieser Überdruß den Erkenntnissen vorausgegangen war oder umgekehrt, sie scheinen einander gegenseitig ergänzt und angefacht zu haben. Ich hatte auch schon vor der Einberufung des Plenums mehrfach gesagt, ich wünschte, ein „gewöhnlicher Mensch" zu sein, worunter ich einen Rückzug von der Macht auf eine intellektuelle und moralische Selbstverwirklichung verstand. Das erwies sich ganz offensichtlich als Illusion. Aber nicht nur wegen der Intoleranz und des Unvermögens der Führung einer totalitären Partei, ihr Mitglied auf andere Weise als wegen „Verrats" aus ihren Reihen zu entlassen. Als Illusion erwies es sich auch wegen der Unversöhnlichkeit und der weiteren Reifung meiner Erkenntnisse, wegen der moralischen Verpflichtung, die mir diese Erkenntnisse als solche aufdrängten, um sie zum Ausdruck zu bringen.

Das 3. Plenum wurde absichtlich im Gebäude des Zentralkomitees abgehalten, um den Parteicharakter der Tagung zu betonen. Denn bis dahin fanden die Plenartagungen im Weißen Schloß bei Tito statt. Das Plenum wurde im Rundfunk übertragen, was ich nicht wußte, um ihm einen öffentlichen, einen „Volkscharakter" zu verleihen. Zur Tagung ging ich zu Fuß in Begleitung von Štefica, einmal war auch Dedijer dabei. Im Saal, in dem sonst die Konferenzen der ZK-Bediensteten abgehalten wurden, nahm ich abseits Platz, an der Ecke des rechteckigen Tisches. Niemand zeigte mir meinen Platz, und so setzte ich mich beiseite. Und niemand wollte mit mir auch nur ein Wort reden, sofern er nicht von Amts wegen dazu verpflichtet war.

Ich ging wie erstarrt zum Plenum, ohne meinen Körper zu spüren. Ein Ketzer, ohne Zweifel. Jedoch ein Ketzer, der von seinen gestrigen nächsten Gefährten „verbrannt" wurde, von seinen Mitkämpfern aus entscheidenden, schicksalhaften Schlachten.

Ich notierte mir in Stichworten den Inhalt der Reden, um die Zeit auszufüllen und auch, um Angaben zu erhalten; ich vernichtete diese Notizen, als die stenografischen Aufzeichnungen veröffentlicht wurden.

Ich war mir darüber im klaren, daß das Urteil bereits gefällt worden war. Aber ich wußte nicht und konnte es nicht wissen, wie die Strafe aussah, wie schwer sie ausfallen würde. Ich hatte gehofft, daß man zwar meine Ansichten verwerfen, daß das ZK sich von ihnen distanzieren würde, daß man mich aber nicht aus der Partei ausschließen würde, vielleicht auch nicht aus dem Plenum des Zentralkomitees. Aber schon der Beginn der Auseinandersetzung, der intolerante, demagogische und bissige Auftritt Titos begrub meine demokratischen und kameradschaftlichen Hoffnungen. Tito gab den Ton an und dirigierte eine Abrechnung mit einem Gegner, der nicht nur „abgewichen“ oder illoyal geworden sei, sondern gar die Idee selbst verraten habe.

Während Tito sprach, verwandelten sich meine Achtung und Anhänglichkeit allmählich in Entfremdung und Abneigung. Zuwider war mir auch Titos feiste Körperlichkeit mit dem dicken, ausrasierten Nacken, seine Marschalluniform, die als Signal zu deuten war. Und Kardelj kam mir kleinlich und inkonsequent vor. Als er meine, vor kurzem waren es noch seine, Ideen durch antirevisionistische Tiraden aus dem vorigen Jahrhundert entwertete, versäumte er nicht, auch meine „antititoistischen und anti-parteilichen“ Bemerkungen aus unverbindlichen Zufallsgesprächen vorzubringen.

Aber ich haßte niemanden, auch nicht Kardelj und Tito, deren politische und ideologische Begründungen derart „entschlossen“, derart intolerant waren, daß die übrigen „Kritiker“ – die Titoisten aggressiv, die Büßer hysterisch – sie als Aufforderung zur Rücksichtslosigkeit und Raserei verstanden. Anstatt zu hassen und mich zu ereifern, distanzierte ich mich, zog mich zurück in meine innere Verwüstung und eine moralische, vielleicht auch moralistische Verteidigung.

Je länger die Tagung dauerte, je weiter es ging mit dem monotonen Trommeln der Dogmen, des Hasses und der Verbitterung, desto deutlicher wurde mir bewußt, daß es keinen prinzipiellen und toleranten Disput geben würde. Mir war klar, daß man über mich einen stalinistischen Schauprozeß abhielt. Zwar unblutig, jedoch in seinen intellektuellen, moralischen und politischen Formen mit den stalinistischen Prozessen auf eine Stufe zu stellen.

Doch diese Erkenntnis, so deprimierend und niederschmetternd sie war, war noch nicht überprüft, noch nicht durchlebt worden. In meiner geistigen Existenz, meinen Erkenntnissen, ja auch in meiner Lebensweise war ich bereits isoliert. Auf einmal wurde ich das Musteropfer des „Stalinismus“ meiner bis gestern noch antistalinistischen Mitkämpfer. Zugleich fühlte ich mich noch immer durch irgendwelche Bande aus der Vergangenheit mit meinen Anklägern und Richtern verbunden. Meine Vernunft und Moral hatten die Trennung längst vollzogen. Mein Sentiment aber war noch unfrei. Das heißt, ich war noch immer Kommunist, noch immer war ich Gefangener revolutionärer Ideale und meiner Genossen. Auf dem Plenum habe ich dafür mit meiner halben Selbstkritik teuer bezahlt. Erst die Auftritte der Genossen und die Hetze gegen mich auch nach dem Plenum lösten bei mir den entscheidenden und befreienden Umschwung aus.

Tito hatte sehr wohl bemerkt, daß die Diskussion und die Atmosphäre auf dem Plenum in Hetze und Aufwiegelung ausarteten, wie auf den Moskauer Schauprozessen gegen Parteioppositionelle. Vielleicht wollte er sich aber auch mir gegenüber wohlwollend zeigen, jedenfalls sagte er mir vor der Nachmittagssitzung am ersten Tag: „Wir werden mit dir menschlich verfahren, nicht wie Rächer." Doch die Reden auf dem Plenum reihten sich aneinander, eine blindwütiger, „blutrünstiger" als die andere: Titos überspitzte Entschiedenheit und Kardeljs „theoretische Begründung" steigerten sich zu einem Wahnwitz, wie sie sich ihn vielleicht auch selbst nicht gewünscht hatten.

Das, aber mehr noch das Echo in den westlichen Medien, bewog Kardelj, mir in der Pause der Vormittagssitzung auf dem Korridor halbwegs vertraulich mitzuteilen: „Der ‚Alte' sagt, dies müsse jetzt so sein, und wir würden nachher deine Lage ändern." Ich meine, daß Kardelj damit nicht die Absicht verfolgte, mich zur Reue zu bewegen, sondern eine Lösung meines „Falles" anstrebte, mich auf irgendeine bedeutungslose repräsentative Funktion abschieben wollte, um zu zeigen, daß man bei uns nicht stalinistisch vorgehe, sondern „menschlich" und „kameradschaftlich": eine nichtstalinistische Behandlung drängte sich aus „Staatsräson" und aus Selbstachtung auf.

Ähnliche Lösungen hatte es schon früher gegeben. Aber ich war weder geeignet noch geneigt, eine solche Rolle zu übernehmen. Denn gerade durch das Plenum und die totale Entfremdung von der Partei hatte ich für meine Ansichten den eigenen, unabhängigen Weg gefunden.

In der Nacht nach dem ersten Sitzungstag schlief ich wie betäubt. Es war die erste Nacht seit langem ohne Schlaflosigkeit. Die Anspannung löste sich langsam und machte einer tiefen Gleichgültigkeit Platz. In der Vormittagssitzung des nächsten Tages hörte ich wütende und beleidigende Reden, aber mir war, als bezögen sie sich auf jemand anderen und nicht auf mich.

Schon seit dem Morgen keimte in mir die Absicht zu einer boshaften „Bestrafung" – für mich und die Gefährten, indem ich meine Anschauungen widerrief, weil sie von der Partei nicht akzeptiert würden. Es lag darin auch das sklavische Verhältnis zur Doktrin, daß Ideen wertlos sind, soweit sie in der Praxis keine Anwendung und Überprüfung finden. Die Praxis reduzierte sich bei mir noch immer auf die Kommunistische Partei und ihren Willen.

Beim Mittagessen im Restaurant „Šumadija" meinte ich zu Štefica, ich sollte wohl Nachgiebigkeit zeigen und mich nicht von der Partei isolieren. Dabei bedrückte mich, einer Bleiplatte gleich, der Gedanke an Goli Otok, Nun würde man auch alle ins Lager werfen, die sich für mich erklärten, davon gab es nicht wenige, man würde ihnen dort zusetzen und sie noch schlimmer als die Informbüro-Anhänger quälen. Es gäbe keinerlei Organisation, so fuhr ich fort, die kämpfen und sich auch nur im geringsten für „meine" Ideen und für spontane Anhänger einsetzen würde. Ich dürfte keinen Unschuldigen in Leid und Unglück mit hineinziehen. Würde ich zurückziehen, dann böte sich für jeden die Gelegenheit, sich zu tarnen, sich wieder zu fassen, und dann würde man weitersehen.

Štefica war unerschütterlich gegen jegliche „Selbstkritik" von meiner Seite. Gleichzeitig aber war sie aufmerksam und zärtlich zu mir: „Ich denke, das ist nicht nötig, du würdest einen Fehler begehen; ich will dir aber nicht dreinreden, handele nach deinem Gefühl. Ich würde ihnen sagen: Ich bin müde, ich möchte nachdenken und abwarten."

Ich habe in *Die unvollkommene Gesellschaft* über meinen Widerruf in der letzten Erklärung im Plenum geschrieben. Hier füge ich nur das hinzu, was dort nicht erwähnt wurde. Aber auch dies möchte ich noch sagen: Ich hatte den Eindruck, daß mein Rückzieher auch auf die Teilnehmer des Plenums beschämend und deprimierend gewirkt hat, in verschiedener Weise und der jeweiligen Einstellung entsprechend. Die Anhänger der „harten Hand" waren mehr als zufrieden, da sie mich „in die Pfanne gehauen" hatten, die „Büßer" waren selbstzufrieden, weil nicht nur sie allein „kapituliert" hatten, während die „Schweiger" demütig in ihrer dumpfen Zurückhaltung verharrten.

Aber keiner hat geglaubt, schon gar nicht Tito und Ranković, daß meine „Selbstkritik" aufrichtig und endgültig war. Das wird nur durch die Kampagne bestätigt, die in der Partei gegen mich veranstaltet wurde. Sogar in entlegenen Dörfern wetterte man gegen mein „Bernsteintum"! Noch drastischer wird das durch das Verhalten der Führung und der Staatsgewalt mir gegenüber, das am Tag nach dem Plenum drohend und feindselig wurde.

Ich hatte schon im Plenum eine Ahnung bekommen, daß mir diese letzte Schuldenbegleichung an den Kommunismus teuer zu stehen kommen würde. Die Erkenntnis vom Fehltritt und von Schwäche trieb mich über Jahre hinweg dazu, mich zu beweisen, meine Anschauungen zu korrigieren, mich selbst zu prüfen und den Kommunismus zu vertiefen.

Zu dieser Einsicht hat mir besonders Tito verholfen, als er in seinem Schlußwort gesagt hat, es müsse sich erst noch erweisen, inwieweit ich aufrichtig sei. Da blieb mir keine Wahl. Die Treibjagd und die Hetze würden sich solange fortsetzen, bis man mich zu einem Nichts degradiert hätte. Oder aber ich trennte mich endgültig von ihnen und stellte mich auf eigene Beine.

An die Spitze der Kommission, die dem Plenum meine Strafe vorschlagen sollte, wurde, wie ich schon erwähnte, meiner Meinung nach mit Bedacht Vladimir Bakarić gerufen. Aber weder Bakarić noch diese Kommission agierten selbständig. Sie verhehlten auch mir gegenüber nicht (warum sollten sie auch, wo ich doch die Gebräuche sehr gut kannte), daß sie sich mit Tito und den übrigen Führern in einem separaten Büro besprachen. Die „Bakarić-Kommission" schlug vor, mich mit einer „letzten Mahnung vor dem Ausschluß" und mit Abberufung sämtlicher Funktionen zu bestrafen. Später wurde in der Kampagne gegen mich behauptet, ich sei ausgeschlossen worden. Formal stimmte das nicht, faktisch war es freilich nicht so weit von der Wahrheit entfernt.

Als ich zusammen mit Dedijer zur Nachmittagssitzung eintraf, wartete vor dem Zentralkomitee auf uns eine Menschenmenge. Gerade in diesem Augenblick kam Tito mit seinem Autokonvoi an. Das Publikum begrüßte ihn mit Beifall und Skandieren. Es applaudierte auch mir. Ich fühlte mich unbehaglich, ich konnte nichts unternehmen, es gab keinerlei Organisation, es wäre nicht „fair" gewesen, hätte ich als einziger vom gesamten ZK ein paar Worte an sie gerichtet. Wie viele Leute hatten sich bei dieser spontanen Ansammlung eingefunden? Borislav Mihailović-Mihiz meint, es wären 50000 gewesen, aber ich schätze, es waren nur 2000.

Mihiz urteilt auch, daß ich mit meiner „Selbstkritik" den vermutlichen größten Fehler meines Lebens begangen hätte. Er wäre wohl im Recht dabei, wenn er nicht sowohl die Psychologie der Kommunisten als auch die Tatsache außer acht ließe, daß ich damals, wenn auch nur aus Emotion und Pragmatismus, noch immer selbst Kommunist war.

Den Vorschlag der Kommission quittierte das Plenum mit unzufriedenem Schweigen. Deshalb mußte auch Tito intervenieren: „Wir sollen ihn nicht ausschließen – damit die Auslandspresse nicht schreibt, wir gingen wie Stalinisten vor." Dies war ein neuer Schlag, die endgültige Belehrung, daß ich mit meiner halben Selbstkritik einen Fehler gemacht hatte. Meine Zugehörigkeit zu Partei und Idee hing nicht mehr davon ab, sondern von der westlichen Presse! Die „Staatsräson", Titos Beurteilung also, sollte auch künftig für mein Schicksal entscheidend sein. Darauf aber, das fühlte und wußte ich schon damals beim Abschluß des Plenums, wollte und konnte ich nicht eingehen.

Ein Lebensabschnitt war zu Ende – es galt, einen anderen zu beginnen oder zu sterben.

Der von Tito eingebrachte Vorschlag der Kommission wurde vom Plenum einstimmig angenommen. „Beim Teufel war der Spiritus", weder Dedijer noch Mitra noch ich selbst stimmten gegen diesen Vorschlag.

Als ich nach Ende des Plenums auf die Straße trat, war es schon längst dunkel. Schnee, Frost, trübe Beleuchtung. Ich mußte warten, ehe ich die Straße überqueren konnte, weil sie von Miliz und Garde gesperrt war, bis Tito wegfuhr. Ich sah Tito, wie er sich im Wagen zurücklehnte, Kardelj war bei ihm. Ich ahnte voll Bitterkeit, daß sie nun die eben erledigte Arbeit zufrieden kommentierten.

Sobald sich das Gedränge der offiziellen Karossen gelichtet hatte, schloß sich mir ganz von selbst Dedijer an. Er sagte: „Trotzdem halte ich an deinen Ideen fest." Und ich erwiderte, wir sollten jetzt unsere Angelegenheiten ins Reine bringen und würden dann sehen, wie es weiterginge. Nachdenklich und bedrückt stapfte ich nach Hause.

Auf dem Trampelpfad in „unserem" im Schnee erstickten Vorgarten wartete Štefica auf mich. Sie war niedergeschlagen, aber trug es mit Fassung. Auch meine Mutter war sorgenvoll und standhaft. Auch sie sagte mir: „Das, was du zum Schluß gesprochen hast, hättest du besser sein lassen, aber jetzt – sei's drum, du weißt es am besten."

Nirgendwo ein Stützpunkt, alle Bänder zerrissen: Wir hatten keinerlei Reserven an Lebensmittel oder Geld, drängten uns alle in Mutters Zimmer zusammen, dem einzigen, das beheizt wurde. Ich war im dreiundvierzigsten Lebensjahr. Die wichtigsten Abschnitte meines Lebens waren vorüber, vielleicht aber lag noch ein ganzes Leben vor mir – war ein weiteres, ein neues, noch möglich? Als Hoffnung und Überzeugung kam mir der Satz in den Sinn: Es ist immer möglich, das Leben von vorn anzufangen.

11. Materielle Not, Einsamkeit und Austritt aus der Partei

Es waren kaum drei, vier Tage seit dem Plenum vergangen, als ich mich ans Schreiben machte. Es war ein Untertauchen, eine Flucht in eine neue geistige Wirklichkeit. Noch mehr war es auch der langersehnte, unwiderstehliche Wunsch, mich durch meine Gedanken und auf meine eigene Art auszudrücken. Abgemergelt und vereinsamt, jedoch unzerstört und befreit, fuhr ich fort, noch intensiver nachzudenken und meine Betrachtungen mit Ausdauer zu Papier zu bringen.

Noch im Januar schrieb ich innerhalb von zwei oder drei Tagen *Ein nordischer Traum*. Es war Ausdruck meiner Trauer, Schweden und Norwegen, wohin ich vor dem Plenum eingeladen worden war, nicht besuchen zu können. Es war zugleich eine kritische Selbstreflexion und Reaktion auf die reale Wirklichkeit als Auflehnung gegen das aufgezwungene Schicksal. Im Februar schrieb ich das Drama *Nasledje* („Das Erbe"). Es war das Motiv des Eigentums, ein menschliches und zugleich auch ideologisches Motiv, das ich schon ziemlich lange in mir trug. Mihiz las sowohl den *Nordischen Traum* als auch das Drama durch. Das erstere Werk gefiel ihm, das Drama nicht. Das Drama verbrannte ich. Ich glaube auch jetzt noch, richtig gehandelt zu haben. Wenn ich es von neuem schreiben würde, ich behandelte das Eigentum als einen schicksalhaften, existentiellen Bann.

Schon kurz vor dem Plenum, erst recht aber danach, kam mir der Gedanke, meine Memoiren zu schreiben als eine Darstellung der kommunistischen Bewegung aus der Feder eines Insiders, geprägt durch die Erinnerung und Erlebnisse. So schrieb ich bald danach im Laufe des Frühjahrs und des Sommers *Land ohne Recht*, als ersten Band meiner Autobiographie. Auch dieses Manuskript las Mihiz, noch im Rohzustand. Sein Rat, den Stoff nach drei Grundthemen zu gruppieren, hat nicht nur zur Form, sondern auch zum Niveau des Buches wesentlich beigetragen, wenngleich es bei der Überarbeitung keine größeren Änderungen gab. Den

Buchtitel schlug mir Živorad Stojković vor, nach einer Bezeichnung Montenegros durch Njegoš als „besudna zemlja“, in etwa „Land ohne Recht und Gesetz“, die auch im Manuskript erwähnt wurde.

In den ersten Wochen litten wir einigen Mangel. Doch gerade in dieser Zeit gewährte uns das groteske und panische „Parteibewußtsein“ der Nikšićer Kommunisten Beihilfe. Ich hatte nämlich die Honorare für meine „revisionistischen“ Artikel in der *Borba* der Bücherei in Nikšić überwiesen. Jetzt nach dem Plenum schickten sie mir das Geld zurück, weil ich nicht würdig sei, ihnen Geld zu schenken. Wir freuten uns alle wie die Kinder. Štefica und ich, weil wir uns jetzt eine Schreibmaschine kaufen konnten, und Mutter bemerkte: „Das ist gut, bei Gott – und an den Leuten dort soll sich ein Köter sattfressen...“ (– eine traditionelle, meist scherzhafte Schelte in Montenegro – A.d.Ü.)

Štefica fand Anfang März 1954 eine Anstellung. Der Mangel blieb, aber wir waren wenigstens nicht von Hunger bedroht. Ranković empfing zu dieser Zeit den Journalisten Eric Bourne und dessen damalige Ehefrau, Desa Pavlović, Korrespondentin der *Times*. Auf die Frage, wie ich und meine Familie lebten, antwortete ihnen Ranković, daß wir, wenn man die Pension meiner Mutter, Šteficas Gehalt und meine Einkünfte vom „Gedenkorden 1941“ zusammenzähle, über mehr als der jugoslawische Durchschnitt verfügten. Obwohl ich damals, und besonders 1955/56, manches verkaufte – Jagdwaffen, Bücher, Kunstgegenstände – hungerten wir an keinem einzigen Tag und konnten auch für unseren Sohn die richtige Kost sichern. Wir entließen allerdings sofort das Mädchen, das sich um Aleksa gekümmert hatte, und auch meine Nichte, die wegen ihres Schulabschlusses bei mir wohnte, mußte zu ihrer Mutter nach Montenegro zurückkehren. Bei dieser Gelegenheit sagte Ranković zu den Bournes, ihn wundere es, daß sie sich für mich interessierten, wo ich doch „niemanden verträte“. Von seinem polizeilich-parteilichen Standpunkt aus war er im Recht.

Anfangs, das war im Januar, pflegte ich mit Dedijer und dessen Bruder Stevo wie auch mit Bora Drenovac häufige und enge Kontakte. Aber schon im Februar fing Dedijer an, sich von mir zu entfernen, der Wechsel zwischen Annäherung und Entfremdung war für die Beziehung zwischen Dedijer und mir auch sonst charakteristisch, das ging bis zu meiner Verhaftung im November 1956. Im Gegensatz dazu war mein Verhältnis zu Dedijers Bruder Stevo beständig, wenn auch weniger vertraut. Die Ursachen für die Abkühlung zwischen Dedijer und mir vermag ich nicht genau zu bestimmen, sie rührten nicht von mir her. Ich vertrug das ziemlich leicht, wenn es mir auch leid tat. Dennoch bin ich der Meinung, daß die Ursache vor allem in Vlado Dedijer, in seinen persönlichen Eigenarten und in seinen allzu pragmatischen Anschauungen über Politik lag. Tatsache ist, daß Dedijer sich bereits im Februar, wie er mir selbst erzählt hat, mehrmals mit Ranković traf, und daß dieser ihm gesagt hat, die Führung würde mich zu einem Gespräch empfangen, falls ich darum nachsuchte. Daß Tito und seine engste Umgebung unmittelbar nach dem 3. Plenum eine andere Meinung über Dedijer hatten, sieht man aus dem Brief Titos vom 22. Februar 1954, einen Monat nach dem Plenum, an Aneurin Bevan, den Führer des linken Flügels der britischen Labouristen (in dem Buch *Aneurin Bevan*, von Michael Foot, London 1973, Davis-Poynter, S. 420–422). Bevan hatte nämlich am 1. Februar einen Brief an Tito gerichtet, in dem er unter anderem seinen Unmut darüber äußerte, auf dem Plenum sei gesagt worden, er, Bevan, hätte mich beeinflußt. Tito antwortete ihm, sicherlich auch, um ihn davon zu überzeugen, daß mein „Fall" nicht zugleich auch eine Abkehr von der Demokratisierung und erst recht keine Abkehr von der Zusammenarbeit mit den westlichen Sozialisten bedeute.

Tito schrieb in seinem Brief unter anderem (die Übersetzung stammt von mir): „Im Verlauf dieser Diskussion (im Plenum – der Autor) wurde Ihr Name nur einmal erwähnt, und ich muß sagen, daß wir alle bedauern, daß dies publik geworden ist, denn wir glauben nicht, daß Sie irgendeinen Einfluß auf Djilas ausgeübt hatten im Hinblick auf die Richtung, die er gegangen ist, d. h. die Richtung auf anarchistische Konzeptionen, denn wir kennen Sie als Mann von realistischen politischen Vorstellungen. Deshalb bitten wir Sie, dies keineswegs tragisch zu nehmen. Und was das gegenwärtige Schicksal der Genossen Djilas und Dedijer betrifft, ich glaube, daß man zwischen ihnen einen Unterschied machen sollte, weil Dedijer in der Sache nicht auf dem laufenden war, als er Djilas verteidigte. Ich glaube, daß er, bis zu einem gewissen Grade, seinen Standpunkt in Bezug auf Djilas' Aktionen bereits geändert hat, im positiven Sinne gegenüber unseren allgemeinen Ansichten."

Dieser Brief Titos bestätigt nach meiner Erinnerung und Einschätzung nicht, daß Dedijer sich auch tatsächlich dem Regime angeschlossen hatte, sondern nur, daß er eine andere Haltung als ich wählte. Meine Haltung bedeutete von Anfang an, d. h. seit dem Plenum, eine offene und endgültige Trennung und kritische Überprüfung.

Denn das Plenum war für mich zwar eine tragische Erfahrung, aber auch ein wertvoller Umbruch. Ich erkannte, daß ein halbherziges, pragmatisches und sentimentales Verhältnis zur Führung und Ideologie nur zu Selbstzerstörung und zu einer nichtswürdigen Situation führt, in der die Führung mit dem „Schuldigen" nach eigenem Belieben umspringen kann. Ich kam zu der Überzeugung, es müsse an der Idee selbst und an der Struktur, die sie beseelt, etwas falsch sein, wenn aufrichtige, ausgewiesene Vorkämpfer der Ideale derart leicht mit bewußter Lügenhaftigkeit vernichtet werden, nur weil sie Zweifel und keine Übereinstimmung mit totalitären und autokratischen Methoden geäußert hatten.

Bald begann auch Dedijer, 1954 oder 1955, sich von mir zu distanzieren, angeblich wegen meines mangelnden Realismus (in der Äußerung gegenüber Sulzberger von der *New York Times,* ich sei „wie ein Luftballon davongeflogen"). Jedoch, so absurd das auch klingen mag, ich hatte keine Gelegenheit, „realistisch" zu sein, vielmehr hätte sich ein „realistisches" Verhalten unter den Bedingungen einer diktatorischen, noch überwiegend totalitären Macht verderblich auf meine Integrität und meine Anschauungen ausgewirkt. Mir dämmerte: Es war „Realismus", Halbheit, was Stalin das Geschäft erleichtert hatte, Trotzkij, Bucharin und andere Parteioppositionelle als Randfiguren im Kampf um die Macht nicht nur physisch, sondern auch geistig zu vernichten.

Damals kam mir die Parole: Es ist besser, ein rechtschaffener Mann zu sein als ein Minister. Moralische Rebellion ist der Keim einer jeden Revolte. Doch es handelte sich nicht nur darum. In dieser Parole war auch der Glaube enthalten, daß allein in der Verneinung, in der Kritik der real existierenden Verhältnisse ein Überdauern möglich sei. Einer Kritik allerdings, die nicht einer Rückkehr zu den alten, vorrevolutionären Verhältnissen das Wort redet, in dieser Frage bin auch ich Realist gewesen, sondern die Suche nach einem Ausweg und die Schaffung von Neuem anstrebt. Von Neuem! Auch wenn man dieses Neue erst ahnte: Eine konsequente, rationale und selbstlose Kritik an der Realität bedeutet als solche eine Öffnung der Horizonte zu Neuem, ein „unvernünftiges", opferwilliges und selbstkritisches Verharren, wenn auch nur „um irgendwelcher fernen Generationen willen".

Mit erschütternder Eindeutigkeit wurde mir klar: Als Ausweg aus diktatorischer und oligarchischer Willkürherrschaft ist die Existenz einer anderen sozialistischen oder kommunistischen Partei unumgänglich. Damit muß gleichzeitig eine Kritik des Leninismus bis hin zu den marxistischen Quellen einhergehen.

Parallel mit den Memoiren begann ich auch an theoretischen Texten zu arbeiten. Schon 1954 brachte ich *Die Allwissenheit der Dummheit* („Sveznanje gluposti") zu Papier, einen kritischen Rückblick auf die Ideologie als Allwissenheit und den Diktator als Allwissenden. Zudem begann ich mit Entwürfen zu *Freiheit und Eigentum* („Sloboda i svojina"), woraus in der zweiten Hälfte von 1956 *Die neue Klasse* Gestalt annahm.

Wir lebten für uns und immer einsamer. Ich mit meinen Überlegungen, mit Folgerungen, die mich berauschten durch ihre „Originalität" und bestürzten durch ihre Verleugnung der realen „kommunistischen" Wirklichkeit.

Mit Dedijer konnte ich mich über meine Grübeleien nicht unterhalten, weil er uns immer seltener besuchte, Gesprächen über Politik ging er dabei aus dem Wege. Nur in Gesprächen mit Drenovac drehte sich fast alles um Politik und Theorien.

Im März trat ich aus der Partei aus. Ich hatte vorher eine Versammlung der örtlichen Basisgruppe der Partei besucht. Ich war ohnehin schon zum Rücktritt entschlossen, ging aber zu der Versammlung, um den Vorwurf zu entkräften, ich hätte erst gar nicht versucht, mich auf dieser Ebene in die Parteiarbeit einzuschalten. In der Versammlung, wie ich das auch erwartet hatte, war um uns herum leerer Raum, niemand sprach uns an, durfte oder wollte es nicht. An der Diskussion beteiligte sich auch Marija Vilfan. Ich hatte sie bis dahin für eine kluge und gebildete Genossin gehalten, dort erlebte ich, wie sie einen „Beweis" für unseren Vorsprung vor dem Westen vorbrachte: Wir seien zwar nicht so weit entwickelt, hätten aber eine Ideologie, die der Westen nicht habe. Ich fand es einfach unwürdig, unter solchen Umständen Mitglied zu bleiben, und ließ bei der nächsten Versammlung durch Štefica mein Parteibuch mit einer kurzen Rücktrittserklärung abgeben.

Mein Rücktritt sprach sich herum. Tito erklärte, das sei in der Geschichte der Partei ein einzigartiger Fall. Aus diesem Anlaß besuchten mich Eric Bourne und seine Frau Desa. Sie waren ausländische Korrespondenten, die ich von früher her kannte. Sie interessierten sich für meine materielle und politische Situation.

Unerwartet kam Desanka Maksimović uns besuchen. Sie

brachte Bonbons oder Früchte mit, beinahe wie bei einem Krankenbesuch. Mit Desanka konnte man nicht über Politik reden, schon gar nicht über politische Theorie, da ihre Interessen auf literarischem Gebiet lagen und ihr Kommen nur ein freundschaftlicher Akt war. Doch ihr Besuch festigte unsere Beziehungen, obgleich wir uns nur gelegentlich sahen. Durch Desankas Vermittlung bat ich 1956 Ivo Andrić, mein *Land ohne Recht* zu lesen. Ich wollte das Manuskript von jemandem beurteilen lassen, dessen literarischer Geschmack über jeden Zweifel erhaben war, bevor ich es der „Serbischen literarischen Genossenschaft" anbot. Das hatte mir auch Desanka vorgeschlagen, der das Werk gefiel. Aber in solchen Fragen ist auf Desanka kein Verlaß. Nicht weil sie kein Urteilsvermögen hätte, sondern weil sie es vermeidet, sich unbeliebt zu machen. Andrić lehnte es ab, mein Buch überhaupt zu lesen: „Es ist mir unangenehm – weißt du, Desanka, ich bin Parteimitglied."

Ebenso unerwartet kam auch Borislav Mihailović-Mihiz vorbei, dem ich früher nur selten und eher flüchtig begegnet war. Seine Frau Milica gab mir für einige Zeit Englischunterricht, sehr gewissenhaft und streng, als sei ich ein Schuljunge. Später lernte ich Englisch im Gefängnis weiter, zu autodidaktisch freilich, um es gut zu beherrschen. Ganz einfach und offen erklärte Mihiz die Gründe für seinen Besuch: „Ich weiß, daß Sie einsam sind, ich bin nicht bereit, den Boykott mitzumachen, ich denke, daß mein Besuch Ihnen nicht unangenehm sein wird."

Der Umgang mit Mihiz war für mich von Bedeutung und besonderem Reiz. Boykott und Pressionen verstärkten sich. Mihiz vermittelte mir durch seine Intelligenz und seine Kontakte Zutritt zu einem andersartigen, nichtkommunistischen und offenen Kreis. Ich habe eine ganze Menge von ihm lernen dürfen. Bestimmt nicht über die sozialistische Theorie oder die Geschichte des Kommunismus, denn Mihiz war nie Kommunist gewesen, dafür aber viel über andere Gebiete.

Mihiz regte mich an, in *Die neue Klasse* der ideologischen Diskriminierung, als typisch für den Kommunismus (ich hatte vorher eine ganz andere Meinung dazu) in einem eigenem Kapitel größere Aufmerksamkeit zu widmen. Mihiz gehört zu den intelligentesten Menschen, denen ich begegnet bin, obendrein ist er offen bis zur Unhöflichkeit und von aufopferungsvoller Rechtschaffenheit. Eine eindrucksvolle Persönlichkeit, von Eingebungen des Augenblicks beherrscht. Impulsiv in allen Dingen und im Denken, dabei von unwiderstehlicher Überzeugungskraft. Weniger überzeugend erschienen mir seine Verallgemeinerungen, damals wie heute. Sein Wissen ist umfangreich, aber nicht systematisch. Weder im Leben noch in seinen Anschauungen ist er Dogmatiker. Seine nationalen, wenn nicht sogar nationalistischen Vorstellungen erscheinen mir jedoch zu unreflektiert. Aber auch in solchen Fragen ist Mihiz elastischer und Argumenten der „anderen Seite" zugänglicher als die meisten, die ähnliche Ansichten vertreten.

Ich habe mich oft gefragt, inwieweit sein „Serbismus" eine Reaktion auf die ideologische Diktatur und die irrwitzigen antiserbischen Neigungen sei. Seinem Wesen nach ist Mihiz Demokrat, sicherlich auch nationaler Demokrat in der Tradition des serbischen Liberalismus. Wieweit ist ein konsequenter Demokrat wie Mihiz auch wirklicher Nationalist, nicht nur national eingestellt? Ich bin der Meinung, daß der Nationalismus gar nicht als Ideologie existiert und nicht existieren kann. Es verhält sich vielmehr so, daß jedermann, jede politische Bewegung, jede soziale Gruppe auch nationale Quellen nützt. Nationalismus als Ideologie kann nur bei nationaler Bedrohung existieren. Dann sind alle national, beziehungsweise Nationalisten, zumindest die engagierten Menschen.

Mihiz ist ein geborener Redner und begabter Kritiker. Er lebt in einer Epoche, die nicht die seine ist, die ihn infolge der politischen Verhältnisse zu unpolitischer Kritik im kleinen Keis verurteilt. Er ist darin sicherlich nicht der einzige. Es gibt jedoch nur wenige, die in einem solchen Maße über solche Talente verfügen.

Von 1954 bis 1956 hatten Mihiz und ich angenehmen und ungezwungenen Kontakt. Er führte mich in seinen intellektuellen Kreis ein. Da waren der Maler Mića Popović und der Schriftsteller Zivorad Štojković. Es war eine Gesellschaft von Bohemiens. Ihre Lebhaftigkeit und das Unkonventionelle dieser Leute machte mir Spaß, aber richtig anpassen konnte ich mich nicht. Im April oder Mai 1954 gab (ich glaube das war Mihiz' Idee) die Schauspielerin Mira Stupica ein Abendessen für Štefica und mich. Auch die bekannten Schauspieler Pleša, Aleksić und andere waren dabei. Solche Kontakte und Treffen zerbröckelten jedoch bald, entweder unter dem Druck der Behörden, oder aber mangels konkreter Affinitäten. Bei diesem Abendessen fragte mich Mira Stupica: „Wie wird das enden – was wird aus Ihnen?" Ich antwortete: „Ich weiß nicht, was werden wird, ich weiß aber, daß dies nicht das Ende ist."

Ich traf mich noch häufiger mit Stojković, obwohl ich Mihiz

mehr mochte, der aber stärker beschäftigt war. Stojković wohnte ganz in meiner Nähe, in der Palmotićeva 8. Dorthin hatten die Behörden meine Familie im Mai 1954 von Dedinje aus umquartiert. Doch die Verbindung zwischen mir und Mihiz brach nicht ab. Er besuchte mich auch am Tag vor der Gerichtsverhandlung, im Januar 1955. Wir verließen die Wohnung, „um spazierenzugehen", weil er mir einige Anregungen für meine Rede vor Gericht darlegen wollte. Einige dieser Anregungen konnte ich gebrauchen.

Da sich jedoch 1956 der Druck der Behörden sichtbar verstärkte – unverhohlen observierten mich Agenten, sie fotografierten und kontrollierten jeden, der das Haus betrat, wenn er ihnen unbekannt vorkam – wurden auch die Treffen mit Mihiz immer seltener. Stojković aber änderte unvermittelt seine Haltung. Auch den „Grund" dafür teilte er mir mit, er könne sich das nicht leisten, Umgang mit mir zu haben, weil ich mit amerikanischen Journalisten verkehrte, das würde ihn kompromittieren.

Mihiz ging anders vor. Er kam im Herbst 1956 in meine Wohnung und sagte, er müsse aufhören, sich mit mir zu treffen: „Über dich wird die Weltpresse schreiben, mich aber können sie schon durch das Telefon liquidieren." Das war die Zeit, als die Behörden (sicherlich auch auf Initiative von Mihiz' Schulfreund Doronjski) daran gingen, Mihiz vor mir zu „retten", indem sie mich total isolierten. Mihiz wurde nach Novi Sad umgesiedelt, und ich bald verhaftet.

Während meiner ersten Gefängniszeit, von 1956 bis 1961, bot Mihiz als einziger Štefica finanzielle Hilfe an, die sie jedoch ablehnte, irgendwie kam sie gerade noch zurecht. Nach meiner zweiten Entlassung aus dem Gefängnis, Ende 1966, erneuerte sich die Beziehung zwischen Mihiz und mir.

Noch einmal, im Mai 1954, besuchten mich Desa und Eric Bourne. Eric erwähnte, unsere Offiziellen behaupteten, ich wolle aus demagogischen Gründen keine Pension verlangen, die sie mir ja gern gewähren würden. Dies veranlaßte mich erst dazu, eine Pension zu beantragen. Ich erhielt sie prompt und mit einem ziemlich hohen Betrag. Damit war unsere Existenz für sechs Monate gesichert. Denn schon im Januar 1955 wurde mir die Pension gestrichen, nachdem Dedijer und ich auf Bewährung verurteilt wurden wegen Erklärungen an die ausländische Presse. Die Unterschrift auf dem Bescheid über die Streichung war dieselbe wie auf dem früheren Rentenbescheid: die von Slobodan Penezić.

Gegen Ende des Sommers 1954 besuchten mich Jovan-Jovo Barović und seine Frau Dušanka. Barović war als höherer Offizier aus der Armee hinausgeworfen worden, weil er sich in einer Diskussion über meinen „Fall" nicht mit der offiziellen Stellungnahme der Partei identifizieren wollte. Seitdem brach die enge Verbundenheit zwischen Barović und mir nicht mehr ab, selbst nach seinem Tod durch einen Autounfall 1979 blieb die Verbindung mit seiner Familie bestehen. Barović stand mir stets in den Ansichten am nächsten, wenn auch unsere Meinungen in Detailfragen manchmal auseinandergingen. Diese Übereinstimmung war weniger durch unsere Herkunft und Vergangenheit beeinflußt, auch Barović war Montenegriner und seit der frühen Jugend Revolutionär, als durch die Enttäuschung über den Leninismus. Diese Übereinstimmung mit Barović war die große Ausnahme. Das war bei uns der Unterschied zu anderen Oppositionellen, die anläßlich meines „Falles" ihre ablehnende Haltung bekundeten, später dann aber eigene Wege gingen. Der Hauptgrund für die Atomisierung der „Djilasisten" war sicherlich die totale Machtkontrolle mit der Konsequenz einer totalen Bedrohung der eigenen Existenz. Es gab aber auch andere Gründe. Das „Djilastum" war mehr ein Zerfall des bis dahin existenten offiziellen Bewußtseins als eine gezielte programmatische Festlegung.

Das ist übrigens auch für andere Oppositionen in osteuropäischen Ländern charakteristisch. Ein jeder „rettet" sich, wie er kann. Die ernsteren Meinungsunterschiede zwischen mir und Barović, soweit es sie gab, hatten keine tieferen und dauerhafteren politischen Ursachen. Barović war immer dazu bereit, mir zu helfen, auch wenn seine Möglichkeiten, wie auch meine Bedürfnisse, nicht sehr groß waren. Ich habe über Barović einen Aufsatz geschrieben, der zuerst in *Kontinent* veröffentlicht wurde, und will mich hier nicht länger damit befassen, obwohl Barović als ein Oppositioneller aus der Partei das vielleicht eher verdienen würde als sonst irgend jemand.

Gegen Ende des Sommers begegnete ich zufällig Oskar Davičo auf dem Boulevard der Revolution. Er hatte sich während des Plenums im Ausland aufgehalten. Auch er wurde, kaum war das Plenum zu Ende, Angriffen in der Presse ausgesetzt. Ich weiß nicht, wie er sein Verhältnis zur Partei geordnet hat, jedenfalls hat er mich nach seiner Rückkehr weder aufgesucht noch sich nach mir erkundigt. Auch bei dieser Begegnung hielt er sich gerade lange genug auf, um mich betrübt zu fragen, wie es mir gehe, und mich beim Abschied mitleidsvoll zu küssen. Wir sprachen nie wieder miteinander, obwohl es zuweilen vorkam, daß wir uns auf der Straße begegneten.

Ende des Sommers traf in Belgrad auch der prominente Labour-Politiker Ernest Davis ein, um sich mit mir zu treffen und sich über meinen „Fall“ und über den weiteren Kurs der jugoslawischen Führung zu informieren. Wir trafen uns im Hotel „Excelsior“. Das Gespräch wurde über einen Dolmetscher der britischen Botschaft geführt. Meine Standpunkte legte ich offen, aber in diplomatischer Form dar. Zum Schluß fragte mich Davis, was er für mich tun könnte. Ich sagte, er möge mir die Veröffentlichung meiner Ansichten in der Labour-Zeitung *Daily Herald* ermöglichen. Er versprach es mir. Ich bereitete im voraus drei Artikel vor. Eine Einladung kam jedoch nie, und so wurden die Artikel auch nicht veröffentlicht.

Meine gescheiterte Bemühung, Arbeiten in einer sozialistischen Zeitung zu publizieren, machte meine Orientierung von Anfang an deutlich. Sie offenbarte aber auch die Rücksicht, wenn nicht den Opportunismus der Labour-Führung Tito und der jugoslawischen Regierung gegenüber.

In dieser Zeit wollte mich auch eine Gruppe ausländischer Jugendlicher, ich glaube Amerikaner, sprechen. Das Gespräch auf einer Caféterrasse in der Kosovska-Straße war unergiebig und bruchstückhaft, schon wegen meiner mageren Englischkenntnisse und weil niemand von ihnen Serbisch sprach. Aber das war schon zuviel, es provozierte den Unmut der Behörden, die anfingen, mich zu beschatten und zu bespitzeln.

Mich konnte das nicht behindern, weder beim Schreiben, bei den Spaziergängen mit Štefica, noch beim Spielen mit dem Söhnchen. Es schien, als ließe sich so leben. Doch ich glaubte nicht daran.

12. Äußerungen gegenüber der westlichen Presse geben den Anlaß für ein Gerichtsverfahren

Fast hatte es den Anschein, ich würde in das Jahr 1955 ohne Schwierigkeiten hinüberkommen. Dann aber, im Spätherbst, begann die Abrechnung des Zentralkomitees mit Dedijer. Man hatte offenbar gewartet, bis sich die Wogen der „Affäre Djilas" in der westlichen Presse geglättet hatten und der dogmatische, antidemokratische Kurs sich in der Partei stabilisierte. Nach dem Modus zu urteilen, die Frage zuerst in der Partei zu „bereinigen", würde ich sagen, daß die Initiative dazu von Ranković kam, der mit Sicherheit Rückendeckung durch andere höchste Funktionäre hatte.

Von dieser Abrechnung wurde auch Mitra erfaßt, anscheinend auch Dapčević. Ich schließe das daraus, weil sowohl Mitra wie Dapčević gegen mich gerichtete Erklärungen abgaben. Mitras Erklärung, das weiß ich, ist ihr faktisch abgenötigt worden. Mit Mitra hielt ich bis dahin eine lockere Verbindung aufrecht, hauptsächlich wegen unserer Tochter Vukica, die bei ihr lebte. Mit Dapčević aber hatte ich seit dem Plenum, auf dem er sich gegen mich erklärt hatte, keinerlei Verbindung gehabt, abgesehen davon, daß seine Frau im Laufe des Sommer über ihre Schwester zeitweiligen Kontakt mit Štefica und mir hatte.

Dedijer aber wehrte sich. Er lehnte es ab, vor einer Parteikommission Rechenschaft abzulegen, und wandte sich an ausländische Korrespondenten. In den westlichen Medien flammte die Affäre erneut auf. Das bahnte sich alles ohne mein Dazutun an. Dedijer hatte sein dem Sommer aufgehört, mich zu besuchen, so daß wir uns lediglich auf der Straße, bei zufälligen Begegnungen grüßten. Trotzdem wurde ich bald in die Sache mit Dedijer hineingezogen, allein dadurch, weil sich die ausländischen Journalisten auch an mich wandten. Das habe ich, ehrlich gesagt, auch gerne gesehen, nicht nur aus Solidarität mit Dedijer, sondern vielmehr, um mich endlich auch öffentlich von der Parteiführung und vom Regime abzugrenzen.

Auch die Führung wurde anscheinend vom Ausbruch und der Ausbreitung der Affäre überrascht, denn die Polizei reagierte langsam und „korrekt“. Ein Grund dafür war, daß sich Tito und Ranković auf dem Weg nach Indien befanden. Diese Reise Titos wurde in der Presse und vor Gericht ausgenutzt, als seien Dedijer und ich auf Bestellung aus dem Ausland mit Presseerklärungen aktiv geworden, um Titos friedensstiftenden Besuch in Indien zu kompromittieren. In der *Borba* erschien unter dem Titel „Der gehorsame Bauer“ („Poslušni pion“, Schachfigur – A.d.Ü.) ein Artikel, den vom Stil her Pijade verfaßt haben mag. Da wurde ich als eine verräterische Marionette dargestellt, die durch Knopfdruck vom Ausland aus bewegt wird.

Mehrere Journalisten besuchten mich. Zwei Begegnungen mit ihnen sind mir in Erinnerung geblieben: mit dem Ehepaar Clark, Catherine und Eddy, und mit dem Korrespondenten der *New York Times*, Raymond und seiner Sekretärin Mirjana Komarecki, die als Dolmetscherin fungierte. Denn obwohl sich meine Kenntnisse in Englisch inzwischen verbessert hatten, reichte das nicht für eine präzisere Ausdrucksweise.

Zwischen mir und Dedijer gab es keine Zusammenarbeit. Wir hatten zu Beginn der Affäre keine Verbindung miteinander und hatten uns daher auch nicht absprechen können. So kam es, daß jeder seine ganz persönliche Ansicht an die Presse gab.

Ich glaube, es war Catherine Clark, die mir erzählte, Dedijer behaupte, das Regime wolle ihn umbringen lassen. Sie fragte, ob das Regime auch gegen mich so etwas vorbereitete. Ich antwortete, daß davon keine Rede sein könne. Und als Erklärung für derartige Behauptungen Dedijers gab ich an, er sei ein Sanguiniker und sei ungerechtfertigt angegriffen worden. Dedijer verübelte mir diese unvorsichtige Äußerung.

An Raymond von der *New York Times* gab ich ein Erklärung im Hotel „Union“ ab, das in meiner Nachbarschaft lag. In dieser Erklärung charakterisierte ich die Ordnung in Jugoslawien als totalitär. Dabei postulierte ich zum ersten Mal, der Ausweg wäre eine weitere Partei. Und ich „prognostizierte“, das Regime in Jugoslawien würde sich innerhalb von zwölf bis fünfzehn Jahren ändern. Das Regime hat sich nicht verändert, verändert hat sich Jugoslawien.

Das Regime blieb nicht gleichgültig gegenüber meinen und Dedijers Presseerklärungen, das konnte es nicht so hinnehmen. Denn es hätte dadurch seine Unentschlossenheit gegenüber den neuen sozialistischen Oppositionellen gezeigt. Gegen Dedijer und mich wurde ein knappes Jahr nach der Verurteilung durch das Plenum des ZK ein Strafverfahren wegen „feindlicher Propaganda“ eröffnet.

Die Ermittlungen verliefen völlig undramatisch, von Routine geprägt, so daß ich mich keiner weiteren Einzelheiten erinnern kann. Aber Dedijer und ich bereiteten uns für die Gerichtsverhandlung gründlich vor, jeder auf seine Art. Dedijer engagierte den alten, berühmten Rechtsanwalt Politac, der 1928 schon Tito verteidigt hatte, und ich arbeitete an einer längeren Rede.

Ich hatte zunächst die Absicht gehabt, die Ernennung meines Pflichtverteidigers dem Gericht zu überlassen. Gleichzeitig aber verbreitete ich, wenn ich jemanden traf, und auch in meiner Wohnung, die abgehört wurde, ich würde den Anwalt nehmen, der sich von selber bei mir meldete. Nach einigen Tagen erschien tatsächlich ein Anwalt bei mir, und ich nahm sein Angebot vorläufig an. Sehr bald aber schöpfte ich Verdacht, daß es sich hierbei um eine „List“ handelte, denn dieser Rechtsanwalt stand in engen Beziehungen zur Leitung der Geheimpolizei. Ich bedankte mich und zog meine Vollmacht zurück. Dann aber traf ich Desanka Maksimović, vielleicht besuchte ich sie auch, und sie meinte, ich sollte mich an den Rechtsanwalt Veljko Kovačević wenden, einen Sozialisten, den ich vor dem Krieg gekannt hatte.

Kovačević übernahm die Verteidigung sehr gern. Er bereitete sich gut vor und erarbeitete auch ein schriftliches Plädoyer. Seither hatten Kovačević und ich ein freundschaftliches, ungetrübtes Verhältnis bis zu seinem Tod 1981. Er verteidigte mich auch später bei zwei weiteren Prozessen in mutiger und intelligenter Weise. 1956, anläßlich meiner Äußerungen über den Ungarnaufstand, und 1957, wegen der Veröffentlichung meines Buches *Die neue Klasse*.

Die Gerichtsverhandlung dauerte nur einen Tag. Da sie aber für geheim erklärt wurde, bekamen meine Erklärungen und auch meine Rede sowie Kovačevićs Plädoyer keine Publizität. Štefica wohnte der Verhandlung bei, meiner Mutter hatte man das – aus Rücksichtnahme – verwehrt. Dedijer hatte keine Rede vorbereitet, er antwortete kurz, in gedrückter Stimmung und klagte über seine Krankheiten. Unsere Strafen wurden zur Bewährung ausgesetzt, Dedijer erhielt sechs Monate, ich kassierte eineinhalb Jahre.

Dedijer erzählte mir nach dem Prozeß, Kardelj habe Tito, der sich in Indien befand, vorgeschlagen, mich zu zwanzig und ihn zu zwölf Jahren Gefängnis zu verurteilen. Ich schenkte dieser Geschichte keinen Glauben, glaube auch jetzt nicht daran, denn die politischen Verhältnisse entsprachen solchen Urteilen nicht, Kardelj konnte nicht derart unvernünftig gewesen sein.

In diesem Zusammenhang gab es zwei nicht alltägliche Begebenheiten. Als wir am Morgen eintrafen, wartete vor dem Gericht ein Haufen Studenten und Polizeiagenten. Unter diesen war auch der höhere Gardeoffizier Žugić. Es waren auch ausländische Presseleute da. Die Menge legte los: „Verräter, Revisionisten!" Ich revanchierte mich auf ähnliche Weise. Gegen Abend schlichen in den Straßen um das Gericht unsere Sympathisanten umher.

Am Tag nach der Verurteilung gab Dedijer für die beiden Anwälte und mich ein Mittagessen. Die wiederbelebte Kameradschaft mit Dedijer war aber nicht von langer Dauer. Wir machten im Frühjahr einen Spaziergng in Topčider, bei dem er mir einredete, meine Ideen in einem Buch zu präsentieren, und ich ihm sagen mußte, dies würde nur auf eine Kritik des Kommunismus hinauslaufen. Vielleicht war es schon damals, daß er mir erzählte, er trage sich mit dem Gedanken, meine Biographie zu schreiben, ich hatte meinerseits die Absicht, mit ihm zusammen die Geschichte der jugoslawischen Revolution zu verfassen. Danach wurden die Besuche Dedijers immer seltener. Noch seltener ging ich zu ihm. Von Anfang an hielt ich mich an den Grundsatz, niemanden zu besuchen, sofern ich nicht eingeladen wurde. Ich grüßte auch auf der Straße niemanden, wenn ich nicht als erster gegrüßt wurde. Zu oft war es mir passiert, daß ich grüßte und die Leute einfach beiseite blickten.

Mit seiner großen Familie war Dedijer auch in materiellen Schwierigkeiten. Anderen ging das ebenso – Barović, Drenovac und mir. Mein Eindruck war, daß Dedijer sich über diese Mißhelligkeiten allzu laut beklagte, lauter jedenfalls als andere. Dennoch fanden wir uns mit der Zeit alle zurecht. Auch meiner Verwandtschaft, zwei Schwestern, einem Bruder, einem Schwager mit zahlreichen Kindern, und sogar entfernteren Verwandten hatte man ihre Arbeit genommen und sie Elend und Erpressungen ausgesetzt.

Ich weiß nicht, ob das 1955 oder 1956 war, jedenfalls erzählte mir Dedijer, er sei bei Tito gewesen und habe ihm gesagt, die Führung hätte einen Fehler gemacht, in mir einen Mann anzugreifen, der sich für die Freiheit einsetze, so etwas sei immer unpopulär.

Die letzte Begegnung mit Dedijer kurz vor meiner Verhaftung bestätigte die Unterschiede in Haltung und Ansichten. Marijan Stilinović war nach Belgrad gekommen, ein Altkommunist und Mitglied des kroatischen Zentralkomitees, der aus der Partei ausgeschlossen wurde, weil er sich mit der Art und Weise der Abrechnung mit mir nicht einverstanden erklärt hatte. Er hatte Dedijer aufgesucht, und so lud dieser auch mich zum Abendessen ein.

Nach dem Essen entspann sich eine Diskussion zum Thema „was tun". Stilinović äußerte sich sehr kritisch über Kardeljs lange „Redereien" und schlug vor, daß wir uns mit einem Brief an Tito wenden sollten. Er motivierte das so: „Wißt ihr, der ‚Alte' versteht es, sich anders zu besinnen, wenn er etwas einsieht." Ich sprach mich gegen einen solchen Brief aus: „Die dort oben werden den Brief in Empfang nehmen und uns ausrichten lassen: ihr müßt erst einmal bereuen, Genossen." Darauf Stilinović: „Also – *daraus* wird nichts!" Ich fuhr fort: „Wir sind uns nicht darüber einig, was man unternehmen soll, wir stimmen aber in der Beurteilung überein – daß die Partei und das Land in den Bürokratismus, in die Gewaltherrschaft und in eine Stagnation steuern." Dedijer unterbrach: „Auch darin stimmen wir nicht überein. Ihr seht das zu negativ. Man sollte noch warten, ich erwarte viel von den Kommunen, von denen Kardelj spricht." Auch ich fiel Dedijer ins Wort: „Die Kommunen – das ist ja bloß eine administrative Reorganisation." Nicht lange danach verwendete Tito dieselbe Redewendung (administrative Reorganisation), um der Parteibürokratie die Illusionen zu nehmen, die durch Kardeljs „Theorien" über die Kommunen als einen demokratischen Wandel und demokratischen Ausweg erweckt wurden.

Damit endete praktisch schon die „Besprechung" zwischen Dedijer, Stilinović und mir. Stilinović sah ich nicht wieder. Er starb, enttäuscht und in Würde, während ich im Gefängnis war. Dedijer traf ich noch einmal, im Winter 1967, nach meiner zweiten Entlassung aus dem Gefängnis. Er schickte mir einen Brief mit dem Wunsch, sich mit mir im Restaurant „Dva jelena" („Zwei Hirschen") zum Mittagessen zu treffen.

Die Beziehungen zwischen uns waren bereits wegen seiner Lästergeschichten gestört, die er über mich und meine Frau bei britischen Labour-Politikern und bei unseren gemeinsamen Bekannten in Jugoslawien verbreitet hatte. Ich ging aber dennoch hin, mit dem Wunsch, die Animositäten zu schlichten und vergessen zu lassen. Nichts von alledem! Dedijer erkundigte sich nach den Verhandlungen des Obersten Stabes mit den Deutschen im März 1943. Ich erzählte ihm, was ich im Gedächtnis behalten hatte, und er notierte sich das. Verklausuliert interessierte sich Dedijer noch dafür, ob nicht etwa hinter meiner Entlassung aus dem Gefängnis irgendeine politische Kombination stecke. Ich versicherte ihm, das sei nicht der Fall, und konnte ihn damit beruhigen. Es kam auch die kurz zuvor erfolgte Absetzung Rankovićs zur Sprache, wobei Dedijer bemerkte: „Aber trotz alledem – Ranković ist ein rechtschaffener Mann." Ich stellte diese Behauptung nicht in Abrede, fügte jedoch hinzu: „Aber in der Politik ist das wichtig, was jemand will und was er tut."

Seit diesem Mittagesen bei „Dva jelena" sah ich Dedijer nicht wieder und hatte mit ihm auch keinerlei Verbindung, abgesehen von meiner negativen Antwort 1967 auf seine Einladung, im slowenischen Bohinj sein Gast zu sein.

Dedijer und ich waren tatsächlich schon viel früher auseinandergegangen, weil die Unterschiede in unseren Ansichten und Methoden zu groß waren. Es waren Unterschiede, die bereits seit dem Beginn des Konfliktes mit der Parteiführung sichtbar waren und die sich mit den Jahren nur noch weiter vertieften. Ich werde den Leser und dieses Buch nicht mit der Erörterung dieser Unterschiede belasten, denn ich schreibe hier über mich, über meine Erlebnisse und Beobachtungen, und nicht über Personen, die sich bereits von mir und meinem Schicksal getrennt haben.

Dedijer behauptet aber, zu dem „großen Konflikt" zwischen uns sei es wegen des Vietnamkrieges gekommen (in einer Erklärung an die *Politika,* 13. März 1982: „... ansonsten brach der große Konflikt zwischen mir und Djilas während des Vietnamkrieges aus. Während er die Moral der amerikanischen Soldaten in Vietnam lobte, hielt ich in Russells Tribunal Gericht über die Amerikaner.").

Diese Behauptung Dedijers ist gleich doppelt falsch: erstens gab es keinerlei Konflikt über den Krieg in Vietnam, weil wir uns weder trafen noch schrieben noch öffentlich über den Vietnamkrieg stritten; zweitens bin ich nur ein einziges Mal aus Anlaß des Vietnamkrieges öffentlich aufgetreten und war *gegen* die amerikanische Intervention. Das war in einem Artikel, der in der Presse der USA und Lateinamerikas veröffentlicht wurde. Ich habe bis heute meine Meinung über die Ungerechtigkeit und Sinnlosigkeit des amerikanischen Engagements in Indochina nicht geändert, auch wenn die siegreichen vietnamesischen Kommunisten das eigene Volk in ein System gekettet haben, das nicht weit hinter den tyrannischsten Systemen unserer an Gewalt so reichen Epoche zurücksteht, und sie das benachbarte kambodschanische Volk (vom Tag ihrer nationalen Vereinigung an) unterdrückt, ihm eine Vasallen-Regierung und einen Ausrottungskrieg aufgezwungen haben!

Nach meiner Verhaftung am 19. November 1956 protestierte Dedijer offentlich vor ausländischen Journalisten gegen ein derartiges Vorgehen. Trotzdem wurde es ihm erlaubt, ins Ausland zu reisen – ich weiß nicht unter welchen Bedingungen, allerdings war das nach dem tragischen Selbstmord seines Sohnes Branko. Ich befand mich damals noch im Gefängnis, und dieser Schicksalschlag Dedijers ging mir sehr nahe.

Als ich erneut verhaftet wurde, das war am 7. April 1962, war Dedijer noch im Ausland. Er unterstützte mich nicht mehr und erklärte – ich notiere nach dem Gedächtnis – sein Land sei so klein und in solchen Schwierigkeiten, daß er ihm nicht auch noch selber Unannehmlichkeiten bereiten wolle. Dafür aber distanzierte er sich wiederholt kritisch von mir in der ausländischen Presse und verleumdete mich, ich weiß das aus Gesprächen mit Labour-Führern, bei Labouristen und anderen Demokraten im Ausland, die meinem Widerstand und meinen Anschauungen mit Sympathie gegenüberstanden. Angriffe gegen mich sind, nunmehr seit beinahe dreißig Jahren, für jugoslawische Führer und führende Journalisten, auf die eine oder andere Weise, ein verläßlicher und höchst empfehlenswerter Weg zum Aufstieg.

Und dennoch hat es mich überrascht, als Dedijer 1980, nach Titos Tod, über die jugoslawischen Medien eine lautstarke, wohlüberlegte und rücksichtslose Kampagne gegen mich in Gang setzte. Sie lief gleichzeitig, wenn nicht sogar synchron mit jener, die von schreibenden Pensionären der Geheimpolizei, von Boulevardzeitungen und von obskuren Kaffeehausschreiberlingen veranstaltet wurde. Das überraschte mich – ich kannte den Hintergrund nicht–, denn immerhin waren Dedijer und ich, wenn auch vor langer Zeit, Kameraden und Mitarbeiter gewesen.

Dieser Hintergrund aber wurde aufgedeckt. Dedijer hatte sich, wie das in zahlreichen jugoslawischen Publikationen veröffentlicht und dokumentiert wurde (*Politika* vom 18. Dezember 1981) Tito angeboten, in seinem geplanten Buch „Djilas gegen Djilas“ die unrichtigen Angaben aus meinem Buch *Der Krieg der Partisanen* (Originaltitel: „Revolucionarni rat“) zu widerlegen. Dies öffnete ihm auf Titos Anweisung hin die Archive und die Herzen der sonst mißtrauischen Funktionäre.

Ich will mich mit den tieferen, intimen Beweggründen Dedijers, bei denen meine Person auch nebensächlich sein könnte, nicht abgeben. Das ist Sache der Historiker und Dedijers. Es ist allerdings unstreitig, daß Dedijer etwa zwei Jahre lang eine Kampagne gegen mich geführt hat, obwohl er auch aus eigener Erfahrung und eigenen Leiden wußte, daß ich mich nicht verteidigen konnte. In Jugoslawien will oder wagt es niemand, auch nur irgend etwas von mir zu publizieren, und im Ausland besteht kein Interesse für derartige jugoslawische Streitereien. Später, als dann jugoslawische Offizielle und auch Historiker mit Angriffen auf Dedijers Buch über Tito (*Novi prilozi za biografiju Josipa Broza Tita,* Liburnija, Mladost, 1981) begannen, projezierte Dedijer als Rechtfertigung seine Angriffe auf mich in die ausländischen Medien (in Deutschland, Schweden und anderswo).

Das war der traurige Epilog meiner Beziehungen zu Dedijer. In den 28 Jahren der Kampagnen gegen mich in Jugoslawien ist Dedijers Kampagne der absolute Gipfel von unwahrer und willkürlicher Rücksichtslosigkeit.

Ich hatte ursprünglich die Absicht, an dieser Stelle ein ganzes Kapitel einer ausführlichen Widerlegung der Unrichtigkeiten zu bringen, die sich auf mich beziehen und in dem Buch Dedijers über Tito und in zahlreichen Äußerungen Dedijers enthalten sind. Doch ich verzichte darauf. Es stimmt nichts davon, was Dedijer über mich geschrieben oder gesagt hat, oder aber es ist verdreht und wurde falsch gedeutet. Viele Behauptungen sind aus dem Zusammenhang der revolutionären und kriegerischen Bedingungen gerissen, berücksichtigen Standpunkte und Weisungen der Partei- und Militärführung nicht, der ich angehört hatte und an die ich gebunden war. Ich habe mich der Partei und meiner revolutionären Vergangenheit niemals geschämt und schon ganz und gar nicht von ihr losgesagt. Zweck meiner Schriften ist, diese Vergangenheit zu bewältigen. Sie hätte, aus heutigem Erkenntnisstand heraus, freilich schöner und gerechter sein können, wenn ihre Akteure und die Verhältnisse anders gewesen wären.

Noch einmal: ich verzichte darauf, Dedijer zu widerlegen. Der Zweck dieses Buches besteht nicht in der Widerlegung fremder Unwahrheiten, sondern in der Schilderung der eigenen Wahrheiten. Weggelassen habe ich Fakten nur dann, wenn es um moralische Fragen ging, oder bei Dingen, die auch andere betreffen. Die künftige Geschichtsschreibung wird, soweit sie sich eingehender für mich und Dedijer interessieren sollte, so oder so die Tatsachen feststellen und sowohl Verdienste wie Fehlgriffe gerechter beurteilen können.

Ich kann nicht darauf verzichten, meinen Vater zu verteidigen, den Dedijer in seinen *Novi prilozi...* als einen Unterdrücker der Albaner hingestellt hat. Denn es wird möglicherweise nie jemandem einfallen, meinen Vater zu verteidigen, und Dedijers Behauptungen würden für bare Münze genommen. Dedijer schreibt (S. 589 von *Novi prilozi...*):

„Nach der Befreiung Makedoniens und Kosovos im Jahre 1912 wandte der bürgerliche serbische Staat auf diese Gebiete nicht die Bestimmungen seiner demokratischen Verfassung an. Die Makedonier und die Albaner wurden als Staatsbürger zweiter Klasse behandelt. Im Kosovo brach 1913 eine Rebellion aus, die von der serbischen königlichen Armee in Blut erstickt wurde. Sich auf die Verfolgung der Serben im Kosovo unter der ottomanischen Herrschaft berufend, wandte die serbische Bourgeoisie – von Haß und Rachegefühlen getragen – drastischste Maßnahmen gegen die albanische Bevölkerung an. Dimitrije Tucović (Führer der serbischen Sozialisten – der Autor) entsandte seinen jungen Mitarbeiter Novaković ins Kosovo-Gebiet, der in der Zeitschrift *Borba* und in *Radničke novine* („Arbeiterzeitung") mehrere Reportagen über die Gewaltanwendung gegen das albanische Volk veröffentlichte. Novaković brachte in diesen Reportagen auch eine Protestwarnung an das serbische Volk vor, es werde für diese Verbrechen der serbischen Bourgeoisie eines Tages auch selbst bezahlen müssen, wenn albanische Grundbesitzerkreise an ihm Rache üben würden. Dies geschah 1914 im Kosovo auch in der Tat, als es zur Massenvertreibung von Serben und Montenegrinern und auch zu zahlreichen Morden kam. Unter anderem wurde eines Nachts auch der Vater von Milovan Djilas, Nikola Djilas, getötet."

Hier stimmt gar nichts, außer daß Kosta Novaković Reportagen aus dem Kosovo-Gebiet schrieb.

Das mag für die Geschichtswissenschaft nebensächlich sein, nicht jedoch für Dedijers Verhalten! Nichts, was da über meinen Vater gesagt wird, stimmt. Es scheint auch unrichtig zu sein, daß „Serben und Montenegriner" 1914 massenhaft vertrieben wurden, weil die serbischen und montenegrinischen Behörden 1914 die Macht im Kosovo und in Metohija noch in Händen hielten. Das sollen aber die Historiker mit Dedijer ausmachen.

Es ist wahr, daß mein Vater von Albanern getötet wurde, allerdings nicht 1914, und es waren keine rachsüchtigen Grundbesitzer, sondern albanische Faschisten, die ihn im Jahre 1943 als einen alten und angesehenen Montenegriner und Vater eines Kommunisten umbrachten. Und das nicht „eines Nachts", sondern am hellichten Tag.

Es ist mir einfach unbegreiflich, warum Dedijer den Tod meines Vaters falsch schildert, vielleicht war es seine Absicht (in *Novi prilozi...*, S. 725), zwischen meinen „Missetaten" und den „Verbrechen" meines Vaters als eines Bediensteten der „serbischen Bourgeoisie" eine genetische Verbindung festzustellen. Dedijer dehnt das dann auch auf meinen Sohn Aleksa aus, indem er ihn (in *Novi prilozi...*, S. 77) den Tschetnik-Konterrevolutionären zuordnet. Aleksa wurde erst 1953 geboren.

Dedijer kannte meine Mutter, meinen Bruder und die zwei Schwestern, welche zwischen den beiden Weltkriegen geboren wurden, alle sehr gut. Er wußte, daß meine Mutter nicht zweimal geheiratet hat. Außerdem sollte Dedijer doch aus meinen Memoiren – die er so oft in Abrede stellt und die Tito auch dazu gebracht hatten, ihm die Archive zu öffnen – wissen, daß mein Vater im ersten und zweiten Band an 21 Stellen erwähnt wird, und zwar als gesund und munter zwischen den beiden Kriegen. An einigen dieser Stellen gibt es über ihn sogar ausführliche Schilderungen. Und im dritten Memoirenband *Der Krieg der Partisanen* wird auf Seite 533 ausdrücklich gesagt: „... daß mein Vater von albanischen Faschisten im Kosovo-Gebiet getötet worden sei". Anschließend wird auch aufgeführt, daß zwei meiner Brüder und eine Schwester getötet wurden. Was ist los mit Dedijer? Ist es Schlampigkeit, Böswilligkeit oder Geistesverwirrung – oder alles zusammen?

13. Verhaftung, Geheimprozeß, Zuchthaus, Freilassung und „Lex Djilas“

Im Frühsommer 1956 brachte ich das Manuskript von *Land ohne Recht* („Besudna zemlja“) zur „Serbischen literarischen Genossenschaft“, um es veröffentlichen zu lassen. Ich hatte diesen Verlag mehr wegen seines relativ inoffiziellen Charakters als wegen seines traditionellen Ansehens gewählt, obgleich mir auch das nicht gerade unwichtig war. Ich wurde zuvorkommend, ja beinahe begeistert, von M. Živanović empfangen. Er war ein Neffe des Obersten D. Dimitrijević-Apis, des Organisators der Attentate auf König Aleksandar Obrenović und auf Franz Ferdinand, den österreich-ungarischen Thronfolger.

Als ich dann jedoch ein oder zwei Wochen später wieder in den Verlag kam, um mich nach meinen Manuskript zu erkundigen, empfing mich Herr Živanović abweisend und schlecht gelaunt. Er teilte mir mit, mein Manuskript sei nicht angenommen worden aufgrund des Einspruchs von Redaktionsmitgliedern, M. Panić-Surep und Tanasije Mladenović. Später hörte ich aus dem Kreis um Mihiz, dieser Panić-Surep (ein Mann der Partei mit serbisch-nationalistischen Neigungen) sei zu Ranković gegangen, um ihn zu fragen, was zu tun sei. Ranković habe ihn angewiesen, das Manuskript mit einem „passenden“ Vorwand abzulehnen.

So wurde das Manuskript auch tatsächlich abgelehnt. Angeblich nicht weil es von mir war, sondern weil es seinem Niveau nach nicht befriedigte.

Als ich 1968 auf der Gedächtnisfeier für den Maler L. Vozarević auf Tanasije Mladenović traf, sagte er mir wie beiläufig, *Besudna zemlja* sei damals als zu „intellektuell und gefühlskalt“ abgelehnt worden. So wurde auch der Einspruch von Surep und Mladenović begründet. Eine Weisung von Ranković oder „von oben“ erwähnte Mladenović nicht. Dabei hat Professor D. Djurić mir erzählt, er habe als Mitglied der Verlagsredaktion verlangt, daß auch die übrigen Redaktionsmitglieder mein Manuskript läsen. Dieses Verlangen sei mit der Begründung abgelehnt worden, die

Meinung zweier Redaktionskollegen reiche aus. Djurić erzählte mir, Ivo Andrić sei der Redaktionskonferenz ferngeblieben, mit der Entschuldigung oder dem Vorwand, er habe Kopfschmerzen.

In dieser Zeit machten ausländische Journalisten publik, daß ich schreibe, jedoch keine Aussicht hätte, irgend etwas zu veröffentlichen. Ein Hochschulverlag aus New York (University press) machte mir ein Angebot. Ich schickte das Manuskript mit der Post hin und erhielt bald die Antwort, das Manuskript passe nicht in die Richtung des Verlages. Kurz darauf aber bekam ich eine Beurteilung von *Besudna zemlja* durch die amerikanische Akademie der Wissenschaften. Es war ein positives Urteil mit der Empfehlung, das Werk zu veröffentlichen. Das Manuskript wurde dem Verlag Harcourt Brace übergeben, der es 1958 als Buch herausbrachte, während ich noch im Gefängnis war. *Land ohne Recht*, das Buch über meine montenegrinische Kindheit, wurde in etwa zehn Sprachen veröffentlicht und manche Kritiker, wie z. B. A. Shub, halten es für mein bestes Werk. Ich teile freilich ihre Meinung nicht.

Die Ablehnung der Veröffentlichung von *Besudna zemlja* hatte für mich eine möglicherweise entscheidende Bedeutung. Es war eine bittere und quälende Bestätigung. Ein ätzender und betäubender Protest begann sich in mir anzusammeln, sobald man mir in der „Serbischen literarischen Genossenschaft" die Ablehnung mitgeteilt hatte. Das also war die Absicht der Führung dieses Staates, mich nach meinem politischen Sturz nunmehr auch geistig, als Schriftsteller zu vernichten, falls ich nicht mich fügen und bereuen würde. Aber ich konnte mich nicht anpassen, nicht bereuen, ohne mich selbst zu vergewaltigen und zu zerstören.

Zu Hause litten wir materiellen Mangel. Gerade in diesen Tagen boten mir die amerikanischen Gewerkschaften durch eine amerikanische Institution in Belgrad schriftlich Hilfe an. Aber ich lehnte höflich ab.

Nur wenige Tage, nachdem man mich in der „Serbischen literarischen Genossenschaft" abqualifiziert hatte, begann ich mit der Arbeit an der *Neuen Klasse*. Ein ungeordnetes Manuskript, ohne System und unfertig konzipiert, existierte bereits unter dem Titel *Freiheit und Eigentum* („Sloboda i svojina"). Aber man hatte mich so schwer getroffen, daß ich jetzt hart entschlossen war, ein Buch zu schreiben, das von einer breiteren, eindringlicheren Bedeutung sein würde. Dieser Entschluß versachlichte und verdichtete meine Erkenntnis, meine Inspiration und mein Denken in prägnante Themen-Kapitel. Das schon fertige Material konnte ich benutzen, aber ich schärfte, vertiefte es und paßte es dem Gesamtkonzept an. Das Buch wurde in einem Atemzug neu geschrieben.

Die neue Klasse wurde innerhalb von drei bis vier Monaten vollendet. Štefica schrieb noch Anfang November die letzten Seiten auf der Maschine ab, kurz vor meiner Verhaftung. Ich will nicht sagen, daß *Die neue Klasse* nicht entstanden wäre, wenn mir die Behörden die Veröffentlichung von belletristischen Werken ermöglicht hätten. Der Fall mit *Besudna zemlja* und der über mich verhängte Boykott waren für mich Bestätigung genug. Es besteht jedoch kein Zweifel, daß die Ablehnung in der „Serbischen literarischen Genossenschaft" meinen Entschluß beschleunigt hat, im Ausland einen Verleger dafür zu suchen, der das Buch gern herausgeben würde. Diese Ablehnung hat aber, ebenso wie der Boykott und die Kampagne gegen mich, auch zu der Heftigkeit von *Die neue Klasse* beigetragen.

Ich suchte einen Verleger. Ich hatte bisher nur ein Angebot von Praeger aus New York. Aber auch das war noch sehr vage, es lautete auf irgendeine Schrift, die dem Verleger gefallen würde. Über *Die neue Klasse* schwieg ich mich aus, aus Vorsicht, damit die Polizei das Manuskript nicht beschlagnahmte. In der amerikanischen Bücherei und bei Catherine Clark erkundigte ich mich über den Verleger Praeger. Mir wurde gesagt, er werde in den USA als Linker angesehen. Das paßte gerade zu den ideologischen Vorurteilen, die noch in mir verwurzelt waren. Ich scheute mich nämlich davor – mehr aus eigenem Puritanismus als wegen der unausbleiblichen Beschuldigungen durch das Regime, ich sei „in die Dienste der Reaktion getreten" – bei soliden „kapitalistischen" Firmen und in konservativen, obgleich angesehenen Zeitungen zu publizieren. Eine solche Einstellung erwies sich jedoch als falsch, ganz besonders bei der Betreuung von *Die neue Klasse* durch Praeger. Der „linke" Praeger war kein Verlagshaus mit Renommee, das sich obendrein auch als unfair erwies.

Sobald die erste Hälfte des Manuskriptes fertig war, schickte ich es an Praeger. Natürlich nicht mehr mit der Post, denn die Polizei, das wußte ich inzwischen, hätte es kaum erwarten können, eine solche Schrift zu beschlagnahmen. Ich hatte geahnt und es auch Catherine Clark gesagt, daß dieses Buch ein sensationeller Erfolg werden würde. Die andere Manuskripthälfte schickte Štefica nach meiner Verhaftung ab.

Von dem Buch wußte niemand etwas, außer Štefica und Veljko Kovačević. Nicht einmal Barović. Er kannte nur die erste, noch moderate und unausgefeilte Fassung *Freiheit und Eigentum*. Er hatte mir dabei auch beim Manuskriptschreiben auf der Maschine geholfen. Veljko Kovačević ließ ich nicht das gesamte Werk lesen, sondern nur die erste Texthälfte, deren Original bereits in die USA geschickt worden war. Kovačević wußte auch davon nichts, das wußte nur Štefica.

Im Laufe der Arbeit an *Die neue Klasse* hatte ich eingesehen, daß der ursprüngliche Titel *Freiheit und Eigentum* dem Buch nicht entsprach. Ich grübelte über den Titel nach, weil das Manuskript beinahe fertig war; habe ich erst den Titel, so ist für mich ein Buch schon halb konzipiert. Beim Spazierengehen mit Kovačević nahe meiner Wohnung erwähnte ich, daß ich noch auf der Suche nach einem Titel sei. Plötzlich sagte er: „Wie wär's, wenn du als Titel ‚Die neue Klasse' nehmen würdest?" Ich fand, daß dies der richtige Titel war, um so offensichtlicher, als auch ein Kapitel diesen Zwischentitel trug und er eigentlich die zentrale These des Buches darstellte.

Das Manuskript hatte Kovačević auch an N. Divac, den schon gealterten Chef der kleinen und unbedeutenden sozialdemokratischen Gruppe, zu lesen gegeben. Divac verstand das Buch nicht, für ihn war darin auch nichts besonders Neues enthalten. Kovačević hatte eine weit bessere Meinung davon, obwohl er einen derartigen Erfolg des Buches nicht erwartete, und schon gar nicht derart weittragende Konsequenzen.

So ging es auch der jugoslawischen Führung in der Politik und bei der Polizei! Denn die Polizisten hatten bei meiner Festnahme am 19. November 1956 eine absichtlich nicht versteckte Kopie der *Neuen Klasse* gefunden. Aber in den Ermittlungen schenkten sie dem Fund keine Aufmerksamkeit. Sicherlich hatten sie angenommen, es gehöre zu meinem bereits bekannten, verworfenen und ungefährlichen „theoretischen Kram" und meinen Spinnereien.

Verhaftet wurde ich wegen einer Äußerung gegenüber der Nachrichtenagentur AFP gegen die Stimmenthaltung der jugoslawischen Regierung in der UNO über die sowjetische Intervention in Ungarn. Aber auch wegen eines Artikels im *New Leader* über den ungarischen Aufstand. Ich war darauf gefaßt gewesen. Eines Abends, während ich mit Barović durch den Kalemegdanpark spazierenging, erschien es mir plötzlich als Gewißheit, daß man mich bald verhaften würde. Jetzt weiß man aus den *Moskauer Tagebüchern* von Veljko Mićunović, daß Tito und die sowjetische Führung sich in geheimem Einvernehmen über die Intervention in

Ungarn befanden, so daß daraus „logischerweise“ auch meine Verhaftung erfolgte. Ich konnte das nur ahnen.

Aus dieser chronologischen Aufzählung könnte der Leser den Eindruck gewinnen, die Gestaltung meiner Ideen sei einfach, mit Überlegung und ohne Zögern vor sich gegangen. Nein, so war es nicht. An meinen Ideen, an den Erkenntnissen, zweifelte ich wirklich nicht. Aber ich zögerte, kämpfte innerlich – und wie! – weil ich keine andere Möglichkeit und keine Wahl hatte, meine Anschauungen zu verbreiten, als gerade dort, im „kapitalistischen“ Westen. Man brauchte nicht übermäßig gescheit zu sein, um zu begreifen, daß ich mich gerade dadurch den Angriffen der jugoslawischen Führung am meisten aussetzen würde, wegen des „Verrats am Sozialismus“ und der „Dienstbarkeit“ gegenüber „reaktionären“ und anderen Kreisen.

Ich hatte ganz und gar keine Lust, ins Gefängnis zu gehen. Die königlichen Kerker hatte ich zur Genüge kennengelernt. Inzwischen wußte ich, daß die „sozialistischen“ ihnen in nichts nachstanden. Mein dreijähriger Sohn und meine junge Ehefrau lasteten mir auf dem Gewissen. Der Sohn, der mich brauchte, die Frau, die mit zuviel Hingabe an meinen Wirrnissen teilnahm. Hatte ich ein Recht dazu, sie allein zu lassen, konnte denn irgendeine Idee solche Opfer rechtfertigen? Es gab jedoch keine Wahl – es sei denn, zu vegetieren und in Schande zu verkommen.

Die Durchsuchung war derart penibel, daß die Polizisten eine Nagelschere und ein paar Patronen fanden, die irgendwann einmal verlorengegangen waren. Kalter Regen prasselte, als man mich in den Wagen zwischen zwei Agenten pferchte. Štefica stand ohne Mantel und Schirm im Regen und rief mir zu: „Komm zurück, komm wieder zurück – wir werden auf dich warten!“

Am späten Nachmittag wurden die Formalitäten vor dem Untersuchungsrichter für das Ermittlungsverfahren und für die Festnahme erledigt. Dann brachte man mich ins Zentralgefängnis. Man schloß mich in eine geräumige Zelle im obersten Stockwerk, vor der Tür ein Bewacher. Dort saßen die Bewacher, sich einander ablösend, die ganze Zeit meines Aufenthalts, zuweilen schauten sie durch das offene Guckloch in meine Zelle.

Als ich mich in der Zelle eingerichtet hatte, legte ich mich in meinem Wintermantel hin, denn sie hatten mir eine Matratze ohne Bettwäsche gegeben, und schlief sofort ein. Am nächsten Tag, als ich die *Politika* aufschlug und mir den Comic Strip über Donald Duck ansah, erinnerte ich mich, daß Aleksa sich jeden

Morgen zu mir auf den Schoß drängte, damit wir gemeinsam Donalds Abenteuer besprachen. Ich konnte nicht anders, ich fing an, lautlos in mich hineinzuweinen.

Das Verhör war formal, reine Routine. Ob ich etwas gesagt, weggeschickt hätte, wann, wohin? Ich gab alles zu, hatte auch nichts zu verbergen, außer dem, was sie nicht wußten und wonach sie mich nicht fragten. Es gab nichts Interessantes oder Bedeutendes in diesem Verhör, außer Haarspaltereien mit dem Ermittlungsrichter. So warf der Richter mir vor: „Sie verteidigen die reaktionären Rebellen in Ungarn, während dort Leute mit gelben Schuhen gehenkt werden." (Die Presse hatte berichtet, die Polizeiagenten in Budapest hätten als internes Erkennungsmerkmal gelbe Schuhe getragen, so daß auch andere Leute mit gelben Schuhen von den Aufständischen beargwöhnt wurden.) Als ich merkte, daß auch der Richter gelbe Schuhe trug, warf ich mich ihm zu: „Sie haben ja auch gelbe Schuhe!", worauf er nur verlegen lachte. Der Richter: „Sie geben Erklärungen an die reaktionäre westliche Presse ab." Ich: „Sie gebrauchen zweierlei Kriterien für dieselbe Sache: Wenn die *New York Times* meine Erklärung veröffentlicht, dann ist sie eine reaktionäre Zeitung, wenn sie aber eine Erklärung Titos abdruckt – dann ist sie eine angesehene Zeitung." Darauf der Richter: „Sie sind nicht der Staat." Und weiter: „Ihnen scheint nicht bewußt zu sein, welchen Schaden Sie der Partei zugefügt haben!" Ich: „Und welcher Partei haben *Sie* vor dem Krieg angehört?" Der Richter wurde rot – er gehörte vor dem Krieg der „Jereza" an, der regimetreuen „Jugoslawischen radikalen Gemeinschaft".

Zeitungen und Schreibutensilien wurden mir erlaubt. Auch Besuche, einmal pro Woche. Štefica und Aleksa kamen regelmäßig mit Paketen, mir mangelte es an nichts, als litten sie nicht selber Mangel an vielen Dingen. Bei der ersten Begegnung mit Štefica gab der Richter vor, er hätte etwas zu erledigen und ließ uns allein. Wir gingen ihm aber nicht auf den Leim und sagten nichts, was nicht auch gehört werden durfte. Štefica kreuzte ihre beiden Zeigefinger in der Mitte und machte mit der Hand ein Zeichen fürs Wegschicken: die zweite Hälfte von *Die Neue Klasse* war also abgeschickt worden.

In der Zelle des Zentralgefängnisses – es war dasselbe, das ich 1945 mitgeplant hatte! – wurde ich etwa vier Monate lang bis zum Prozeß festgehalten. Dieser aber wurde für geheim erklärt. Meine umfangreichen Notizen waren umsonst.

Kovačević engagierte für die Verteidigung zusätzlich die Rechtsanwälte Vojo Grol und Nikola Djonović, um der politischen Breite willen, nicht etwa, weil er an die Wirksamkeit der Verteidigung geglaubt hätte. Alle drei Anwälte lieferten kluge und überzeugende Plädoyers – für die Gerichtsarchive, bis auch diese Unterlagen vernichtet werden. In der Pause der Gerichtsverhandlung, im leisen Geflüster mit Štefica und dem Anwalt Kovačević, tauchte dann die Frage auf, was mit der *Neuen Klasse* geschehen solle. Štefica und Kovačević waren dafür, daß sie veröffentlicht werde, aber ich sollte das entscheiden. Denn anläßlich meiner Verhaftung war die prominente Labour-Politikerin und Frau A. Bevans, Jennie Lee, nach Belgrad gekommen und hatte, nachdem Štefica sie über *Die neue Klasse* informierte, geraten, das Buch nicht herauszubringen. In diesem Zusammenhang betonte ich gegenüber Štefica und Kovačević: „Das müssen wir selbst entscheiden, das Buch soll unbedingt gedruckt werden, ganz gleich, was dann geschieht."

Auf das Urteil habe ich nicht lange warten müssen, denn die Behörden hatten es eilig, das Verfahren möglichst rasch abzuschließen. Auch ich konnte es kaum erwarten, aus dem gegen die Welt und gegen das Leben erbauten monströsen Schrecken hinausgeführt zu werden, in dem, während der Spaziergänge, nur einsame schwarze Vögel den von Beton eingerahmten grauen Himmel überflogen.

Nachdem das Urteil rechtskräftig war, wurde ich in die Strafanstalt Sremska Mitrovica überführt. Dort war ich auch vor dem Krieg eingekerkert gewesen, zusammen mit Genossen; einige von ihnen schickten mich jetzt ins Zuchthaus. Mir kam die Erinnerung, daß es in Mitrovica nicht nur Verbrecher, sondern auch Bäume, Blumenbeete und die Weite des Himmels gab. Das sollte eine Enttäuschung werden, ich bekam davon nichts zu sehen. Sie steckten mich für lange Zeit in eine üble Zelle, nicht weit von der, in der ich vor dem Krieg meine erste dreimonatige Strafe absitzen mußte.

Als ich dieses Buch konzipierte, hatte ich mit dem Gedanken gespielt, ausführlicher über das Gefängnis zu schreiben. Doch das würde den Rahmen sprengen. Hinzu kommt, daß sich diese Erfahrungen im Kerker zu einem neuen Motiv für ein philosophisch-literarisches Thema verdichten. Auf diese Idee brachten mich auch Bećković und mein Sohn Aleksa. Wenn es mir Geist und Körper erlauben, will ich das noch realisieren.

Ich war 16 Monate in Zelle Nr. 32, im 2. Gebäude der Strafanstalt von Mitrovica. Sie hätten mich dort behalten oder vergessen, wenn ich nicht durch die Ankündigung eines Hungerstreiks rebelliert hätte. In Jugoslawien sollte damals, wenn ich mich recht erinnere, die Tagung einer internationalen demokratischen Organisation abgehalten werden, und ich hielt das für einen günstigen Augenblick, um meine Isolation, der ich schon überdrüssig geworden war, zu beenden. Zwei Zellen weiter saß Tibor Vaško, ein Ustascha-Polizist, der 1942 Andrija Hebrang verhört hatte, schon das achte Jahr in Einzelhaft. Man hatte Vaško, als Hebrang 1948 als Anhänger der Sowjetunion verhaftet wurde, in irgendeiner Strafanstalt ausgegraben und ihn auf Veranlassung der Funktionäre der Geheimpolizei als wertvollen Zeugen in dieser Zelle isoliert. Vaško führte unaufhörlich Selbstgespräche. Von seinem Brot zog er die Rinde ab, weil er befürchtete, vergiftet zu werden. Sie hätten ihn auf hundert andere Arten erledigen können. Ich fürchtete, daß mir ein ähnliches Schicksal beschieden wäre, und das trieb mich dann auch dazu, eine Beendigung meiner Isolation zu fordern. Vaško und ich gingen an verschiedenen Stellen spazieren, jedoch mit demselben Bewacher. Bei der Begegnung gelang es uns mitunter, einige Worte zu wechseln. Er war der Meinung, daß ich wisse, wer er sei und weshalb er sich in Isolationshaft befinde. Ich habe das weder bestätigt noch abgestritten, dazu kam ich gar nicht. Bei einer Gelegenheit sagte er zu mir: „Von mir haben sie verlangt, ich solle bestätigen, daß Hebrang eingewilligt hatte, den Ustaschas zu dienen; ich habe das mit meinem Gewissen nicht vereinbaren können – von einer solchen Sache habe ich überhaupt nichts gewußt." Etwa zwei Jahre nach meiner Einlieferung in Mitrovica, als der Chef der Anstalts-Geheimpolizei, Marković, wieder einmal nach mir sah, machte ich ihn auf die Ungesetzlichkeit und Unmenschlichkeit der Behandlung von Vaško aufmerksam: „Es wäre noch ehrlicher, ihn zu töten, als einen Irren aus ihm zu machen. Er ist ja völlig harmlos und bezahlt für etwas, woran er keine Schuld hat." Ich weiß nicht, ob meine Ermahnung etwas bewirkt hat, jedenfalls wurde Vaško ein oder zwei Monate danach weggebracht, ich vermute in eine andere Anstalt.

In der Zelle schrieb ich sehr intensiv. Ich schrieb *Njegoš, Montenegro* und eine Sammlung von Erzählungen. Nichts konnte mich dabei unterbrechen, nicht einmal Familienschwierigkeiten – die Entzweiung mit meinem Bruder und der jüngeren Schwester wegen ihres unziemlichen und eifersüchtigen Verhaltens gegenüber

Štefica, mit dem sie die Herrschaft über mich und meine Haltung zu erlangen versuchte.

Eines Morgens, gegen Ende des Sommers 1957, las ich in der Zeitung einen Angriff gegen mich. Der Anlaß war die Veröffentlichung von *Die neue Klasse*. Niemand, nicht einmal Štefica, hatte gewußt, wann das Buch erscheinen würde. Die Leitung der Strafanstalt geriet in helle Aufregung, weil in der ausländischen Presse behauptet wurde, ich hätte das Buch aus dem Gefängnis herausschmuggeln lassen. Schon am nächsten Tag suchte mich der UDBA-Leiter Marković auf, der sich mir gegenüber sonst wohlwollend und korrekt verhielt. Ich beruhigte ihn mit der Versicherung, das Manuskript sei ins Ausland geschickt worden, während ich noch in Freiheit gewesen war. „Werden Sie das auch vor Gericht bestätigen, falls es zum Prozeß kommt?" Ich bejahte das, und so ging er beruhigt, weil er mir vertraute.

Aus den Presseveröffentlichungen schloß ich, daß es zu einer erneuten Verurteilung kommen würde. Bereits wenige Tage später wurde vor dem Mitrovicaer Gericht mit Ermittlungen gegen mich begonnen. Im Unterschied zu dem Ermittlungsrichter in Belgrad, der sich mit seinem energischen Auftreten und seinem Scharfsinn wichtig machte, war der Richter in Mitrovica ein ruhiger und vernünftiger Mann mit Sachverstand, es gab mit ihm weder Mißverständnisse noch Wortgefechte.

Während ich auf den Prozeß wartete, schrieb ich *Montenegro,* und zwar gerade jenen zweiten Teil *Der Galgen,* in dem von zum Tode Verurteilten erzählt wird. Die Einsamkeit sowie die Erwartung einer hohen Strafe drückten sich im Text aus, meine ich.

Am Tag vor der Gerichtsverhandlung ließ mich der Anstaltsleiter Milanović zu sich kommen und fragte mich, was ich für eine Strafe erwarte. Ich antwortete: „An die zehn, zwölf Jahre." Darauf Milanović: „Sie könnten das Strafmaß beeinflussen. Zwischen Ihrem Originaltext und jenem gedruckten bestehen Unterschiede. Bedeutet das nicht, daß die reaktionären Kreise, die unser Land nicht mögen, Ihren Text für ihre Zwecke mißbrauch haben? Wenn Sie den gedruckten Text nicht als den Ihren anerkennen würden..." Ich unterbrach ihn: „Der Ermittlungsrichter hat mich auf die Abweichungen im gedruckten Text aufmerksam gemacht. Diese sind aber unwesentlich, sie überschreiten nicht die Grenzen der Übersetzungsfreiheit. Aber selbst wenn die Abweichungen größer wären – ich würde mich von dem Text nicht distanzieren."

Damit war das Gespräch mit dem Anstaltsleiter beendet. Gerade wegen dieser „Ratschläge" erklärte ich dann ganz zu Beginn der Gerichtsverhandlung und noch bevor der Prozeß für geheim erklärt wurde, denn da waren die ausländischen Korrespondenten noch anwesen, *Die neue Klasse* sei von mir so verfaßt, wie sie gedruckt wurde.

Zum Gericht fuhr man mich am frühen Morgen auf Nebenstraßen, Polizisten haben es ja gern geheimnisvoll, durch dichte Maisfelder im Morgennebel. Ich erinnere mich, daß es während des Verfahrens war, daß Gagarin der Menschheit neue kosmische Räume eröffnet hatte. Aber Štefica, Kovačević und ich sprachen in den Pausen nicht davon, sondern über die Haftbedingungen, über Sohn Aleksa und meine Mutter, über die politische Lage.

In der Verhandlung lehnte ich es ab, Fragen zu beantworten, weil der Prozeß für geheim erklärt worden sei. Kovačević hielt ein brillantes, wenn auch vergebliches Plädoyer. Und auf irgendeine mitleidige Bemerkung des Staatsanwalts hin warf ich diesem zu, ich säße jedenfalls lieber auf der Anklagebank als auf seinem Stuhl.

Für *Die neue Klasse* wurde ich zu sieben Jahren Haft verurteilt. Das summierte sich mit der vorigen Strafe auf neun Jahre. Man erkannte mir auch alle meine Orden ab.

Zwischen den dicken Mauern der Zelle war es schon kalt geworden. In der Anstalt wurde nur schwach geheizt, denn man wollte Kohlen sparen. Meine Zelle wurde während der ganzen neun Jahre, die ich in Gefängnissen des neuen Jugoslawien zubrachte, nicht einen Tag beheizt. Aber ich war bereits dick eingemummt und fest entschlossen, bei meiner schriftstellerischen Arbeit auch der Kälte zu trotzen.

Im Sommer 1958 wurde, wie ich schon erwähnt habe, meine Isoltionshaft aufgehoben. Für mich war das ein Zeichen, daß die Polizeiführung begriffen hatte, daß sie mich durch die Isolation nicht unterkriegen konnte. Die Veränderung bestand darin, daß man bei mir im Erdgeschoß an die dreißig eigens ausgewählte Häftlinge unterbrachte, und mit jedem einzelnen – wie mir das einige von ihnen anvertrauten – hatte der UDBA-Chef oder dessen Stellvertreter gesprochen und sie angewiesen, sich mir gegenüber anständig zu benehmen, aber auch darüber zu berichten, was ich sage oder tue. Das Erdgeschoß wurde vom übrigen Gebäude isoliert. Unmittelbar vor meiner Einlieferung in die Strafanstalt hatte man nämlich das aus etwa vierzig Zellen bestehende Parterre des ansonsten überfüllten Gefängnisses freigemacht. Außer mir befanden sich nur noch der genannte Tibor Vaško und der schwachsinnige Mörder Šišmanović in den Zellen. Ich mußte die ganze Zeit in diesem feuchten Erdgeschoß bleiben, damit ich nicht eventuell über die Gefängnismauer hinweg Zeichen geben könnte.

Von diesem isolierten Geschoß aus gingen die Häftlinge zur Arbeit und verbreiteten schnell Geschichten über mich in den Werkstätten, an Besuchstagen auch bei ihren Familien. Die Anstaltsleitung und die UDBA reagierten empfindlich auf die eigenen Fehler. Nach etwa zwei Monaten wurden im Erdgeschoß die Häftlinge aus den Werkstätten gegen arbeitsunfähige alte Männer ausgetauscht. Es waren immer etwa zwanzig, alles Mörder, mit Ausnahme der Häftlinge, die in meiner Zelle lagen. Diese waren wegen Unterschlagung verurteilt worden und arbeiteten in der Schreibstube des Erdgeschosses. Alle waren nun von den übrigen Häftlingen und Räumen isoliert, gingen jedoch gemeinsam und mit mir zum „Djilas-Spaziergang“, zum Baden und ins Kino.

Im Gefängnis lernen sich die Menchen wie nirgendwo sonst innerhalb kurzer Zeit kennen, jedenfalls bilden sie sich das ein. Sämtliche Geschichten scheinen erzählt worden zu sein, alle Reaktionen erscheinen bekannt, man glaubt, die Psyche aller zu kennen, zornig und launisch, stur und unverbesserlich. Ich vermied Annäherungen und pflegte korrekte Beziehungen zu den Mithäftlingen. Gut die Hälfte der greisen Mörder waren Bauern, die kaum oder gar nicht lesen und schreiben konnten. Aber sie waren menschliche Wesen mit ihrer Vergangenheit, ihren Schicksalen, ihrer Heimat, Menschen mit Eigenarten und Erfahrungen. „Nicht das Zuchthaus ist schwer, sondern der Zuchthäusler“, sagt ein Häftlingssprichwort, aber selbst mit Zuchthäuslern lebt es sich leichter als in totaler Isolation. Wenn das auch ungebildete Bauern waren, gab es unter ihnen achtbare, kluge und markante Persönlichkeiten. Es wird mir ewig leid tun, sollte ich nicht dazu kommen, wenigstens über einige von ihnen Aufzeichnugen zu hinterlassen.

Dann aber traten bei mir, im Herbst 1959, nervöse Beschwerden auf. Und das gerade, als meine Haftbedingungen gelockert wurden und ich mich entkrampft hatte. Ein Mithäftling erzählte mir von seinen rheumatischen Schmerzen und wie sie durch Spritzen gemildert wurden. Ich verspürte ähnliche Schmerzen. Die ersten Anzeichen waren bereits aufgetreten, als ich noch in Freiheit war. Im Gefängnis aber verstärkten sich die Stiche und das Reißen, schon deshalb, weil ein Gefangener viel mehr Zeit hat, auf derartiges zu achten. Ich ging zum Arzt, und er verschrieb mir eine Serie von Spritzen. Das Injizieren selbst überließ er jedoch einem Krankenpfleger-Häftling, der in einen anderen Raum ging, um die Spritze zu füllen. Ich schöpfte Verdacht, daß er die Spritze womöglich auch mit einer Droge füllen würde, die meinen Willen und meine seelische Widerstandskraft schwächen könnte. Ich sagte mir aber andererseits: laß uns doch auch das versuchen – *sie* täuschen sich, ich werde auch dem widerstehen.

Die Rheumaschmerzen ließen tatsächlich nach, obgleich ich bis heute noch gelegentlich Schmerzen habe. Aber nach zwei oder drei Wochen verspürte ich in Teilen meines Gehirns, meist auf der linken Seite, so etwas wie ein Vakuum, und im Gesicht wie an den Schläfen traten Zuckungen auf. Es meldete sich der Argwohn, daß man mir tatsächlich Drogen verabreicht hatte, die den Willen beeinträchtigten! Ich würde auch heute nicht beschwören, daß man es nicht versucht hat, obgleich allein schon dieser Verdacht ein Zeichen dafür war, daß ich „angeknackst" war.

Eine grauenvolle, ungeahnte und alle Augenblicke auftretende innere Qual setzte ein. Die Angst, mein Wille würde nun wirklich nachgeben. Mein Schlafrhythmus geriet durcheinander, ich hatte wüste Alpträume voller grauenhafter, nicht zu vertreibender Bilder. Ich höre auch zu schreiben auf, meine Gedanken waren von Ängsten zerrissen. Ich ging erneut zum Arzt, und er gab mir ein Präparat, das keinerlei Wirkung zeigte. Ich kam in den Winter 1959/60 hinein. Und wieder suchte ich den Arzt auf. Man hatte den Neurologen M. aus Belgrad kommen lassen. Der wollte mich überreden, ich solle meinen „inneren Konflikt" lösen, den Konflikt zwischen „mir und den Genossen". Er legte mir nahe, alles, was ich fühlen würde, aufzuschreiben. Ich beschrieb vorsichtig und präzise nur das, was ich als Krankheit fühlte und ließ mich in „innere Konflikte" nicht ein, weil ich den Verdacht hatte, man wolle eine „Polizeidiagnose" erstellen.

Später, in Belgrad, habe ich erfahren, daß dieser Arzt früher als „Reaktionär" in Haft gewesen war und danach Funktionären der Geheimpolizei nahestand. Am nächsten Tag sagte er zu mir, ich hätte nicht das aufgeschrieben, „was nötig war", ich solle doch mein ungelöstes „Konfliktverhältnis gegenüber den Genossen" offen darlegen. Ich entgegnete ihm, ich hätte alles aufgeschrieben, was ich fühlte, weiter hätte ich ihm nichts zu sagen. Er war ziemlich ratlos und verwirrt. Damit war die „Untersuchung" zu Ende.

Meine Widerstandsfähigkeit gegenüber den Behörden ließ nicht nach, sie wurde eher stärker. Aber meine Depressionen befielen mich immer häufiger, wurden immer tiefer. Die Furcht vor dem Wahnsinn befiel mich, die Furcht, ich könnte im Wahnsinn etwas Unwürdiges tun, bereuen, mich unterwerfen. Eine Furcht, schrecklicher und beherrschender als der Tod. Selbstmörderische Impulse gab es nicht, jedoch hoffte ich innerlich, ich versicherte es mir selbst, daß notfalls der Tod, der Selbstmord mich davor bewahren würde, im Wahn etwas Unwürdiges zu tun.

So schleppten sich die Tage und Nächte dahin. Sie flossen träge ineinander, wie die Jahreszeiten.

Gegen Ende des Winters 1960 bekam ich eine Blinddarmreizung. Man führte mich in das Krankenhaus des Zentralgefängnisses. Ich mußte ziemlich lange auf die Untersuchung warten. Štefica alarmierte die ausländische Öffentlichkeit. Professor Bukurov stellte fest, eine Operation sei notwendig und stellte die Bedingung, daß er den Eingriff mit seinen eigenen Assistenten und in seinem Krankenhaus – der Zweiten chirurgischen Klinik – durchführen konnte. Die Operation verlief gut, meine Pflege übernahm die Ordensschwester Heribalda. Štefica kam täglich ins Krankenhaus und gab „Bulletins“ für die ausländische Presse heraus. Ich wußte das nicht, weil ich vollständig isoliert war. Vor der Tür hielten Milizionäre aus der Strafanstalt Wache, und mit mir im Zimmer schlief als „Patient“ Raka, der stellvertretende Chef der Anstalt-UDBA, einstiger Šumadija-Partisan, ein Mann voll vom finsteren Argwohn der Kriegs- und Nachkriegszeit. Wir sprachen kaum miteinander. Und dennoch kam es vor, daß wir, einsam wie wir waren, auch zu manchem menschlichen Wort fanden.

In den ersten Tagen nach der Operation hatten meine Nervenbeschwerden nahezu aufgehört. Das veranlaßte mich dazu, den Doktor K., sonst ein Parteimann, der mich auffallend geringschätzte, zu fragen, ob meine Beschwerden etwa durch die Blinddarmentzündung hervorgerufen worden seien. Er bestätigte eine solche Möglichkeit. Doch mit der Ausheilung der Wunde kamen die Beschwerden wieder. Meine sinnlose Überlegung war nicht ganz ohne Nutzen: Die Beschwerden ebbten ab, wenn ich mich auf etwas anderes konzentrierte.

Nach der Rückkehr in die Strafanstalt begann ich allmählich wieder zu schreiben. Aber es passierte mir oft, zu oft, daß ich an der Logik meiner Texte zweifelte. Ich überprüfte die Sätze und mußte mich immer wieder von ihrer Schlüssigkeit überzeugen.

Im Herbst 1960 wurde der Kommandant des Gebäudes Nr. 2, in dem ich inhaftiert war, durch den stellvertretenden Kommandanten der Wache, Šućak, abgelöst. Das war ein temperamentvoller, bequemer und offenherziger Srem-Partisan. Er verrichtete diesen Dienst nur formell und zeigte bald Interesse für mich. Immer häufiger lud er mich zu Gesprächen ein. Mir war klar, daß er eigens meinetwegen gekommen war, um Kontakt mit mir zu bekommen. Ich tat uninteressiert und verhielt mich zurückhaltend.

Schließlich, nach dreimonatigem Versteckspiel, begann Šućak mir zuzureden, „an die Genossen oben" zu schreiben, sie mögen mich aus dem Gefängnis herauslassen: „Du mußt dir nicht gerade Asche aufs Haupt streuen, nur eben den Fehler einsehen, versprechen..." Ich lehnte das ab: „Ich werde keinerlei Bittgesuche schreiben." Šućak blieb beharrlich, wie einer, der unter Befehl steht. Langsam ging er mit dem Preis herunter: „Schreib, was auch immer, bloß damit die Sache vom toten Punkt loskommt."

Mir war klar, daß die Führung, Tito und Ranković, mich wegen des Druckes der ausländischen Öffentlichkeit freizulassen wünschte, jedoch nicht um den Preis des eigenen Prestiges. Ich überlegte: sollte ich im Gefängnis bleiben, wenn sich mir die, freilich unpassende, Gelegenheit bot, freizukommen? Ich war nicht im geringsten verunsichert. Ich hatte begriffen, dies war ein Spiel, ein Wetteifern und Überlistenwollen. Und gerade weil ich innerlich fest war, weil ich entschlossen war, nach der Freilassung mit meiner einzig möglichen literarischen Aktivität fortzufahren, beschloß ich, mich auf das Spiel einzulassen.

Da ich in der Presse gewisse Unterschiede zwischen Ranković und Kardelj feststellte, schrieb ich einen Brief an Kardelj. Darin bat ich um nichts, ich gab auch keine Fehler zu, sondern brachte das Schreiben in einen Zusammenhang mit meinen Gesprächen mit Bediensteten der Strafanstalt, bei denen ich den Eindruck gewonnen hätte, daß der Wunsch bestehe, mich freizulassen. Ich wählte Kardelj auch deshalb, weil dieser großzügigere, um nicht zu sagen demokratischere Vorstellungen hatte. Außerdem war ich der Ansicht – und das meine ich auch heute –, daß mein „Fall" in der Führung eine moralische Krise, Differenzierungen und Verdächtigungen ausgelöst hatte. Ranković und Tito mußte Kardelj als ein „Revisionist" und diese mußten ihm als „Bürokraten" erscheinen.

Einige Tage später teilte mir Šućak mit, ich hätte nicht an Kardelj schreiben sollen, er sei dafür nicht zuständig. Ich schrieb einen Brief an Ranković, der dem an Kardelj mehr oder weniger ähnlich war.

Lange Zeit kam keine Antwort. Ein Spiel mit meiner Ungeduld, Šućak vermied Begegnungen mit mir, und ich hatte auch gar kein Interesse daran.

Schließlich, im Dezember, erschien Vojkan Lukić, der bereits Innensekretär (Innenminister – A.d.Ü.) Serbiens oder dessen Stellvertreter war. Er wollte mehr hören als sagen. Er versuchte, mich zum Gespräch zu animieren, aber ich blieb äußerst reserviert. Die Konzentration und Präzision von Lukić war beeindrukkend. Er ging davon, ohne daß wir irgend etwas vereinbart hatten.

Anfang Januar kam Slobodan Penezić, damals schon Serbiens Ministerpräsident. Penezić kannte ich sehr gut als einen hohen Funktionär – einen der fähigsten – der Geheimpolizei und der Partei in Serbien: sentimental und zynisch, heftig und intelligent. Mir gegenüber ließ er um so weniger Rücksicht walten, als er meinen kritischen Anschauungen zugeneigt gewesen war und sich über Nacht zurückgezogen hatte. Durch absichtliche Unversöhnlichkeit gegen mich rechnete er auch mit seinen einstigen Schwächen ab. Als ich ihm gesprächsweise vorwarf, sowohl den Entscheid über die Gewährung meiner Pension als auch jenen über den Entzug derselben unterzeichnet zu haben, hielt er mir entgegen: „Was denn sonst! Du möchtest zugleich eine Pension und freie Bahn für feindliche Tätigkeiten!" Im Gespräch erwähnten wir auch Nikola Pašić (1845–1926; berühmter Politiker – A.d.Ü.), wurden uns aber nur darin einig, daß er ein großer Staatsmann gewesen sei.

Penezić legte mir ein schon fertiges, maschinengeschriebenes Bittgesuch zur Unterzeichnung vor. Ranković war sicherlich darauf gekommen, daß in dem Tauziehen mit mir kein Ende abzusehen war. Das Gesuch war geschickt formuliert, fast zur Gänze mit Zitaten aus Teilen meiner Briefe an Kardelj und Ranković. Die einzige Stelle, die mir nicht gefiel, war das Versprechen, in Zukunft *Die neue Klasse* nicht mehr drucken zu lassen. Aber ich fand es für besser, auf diesem Punkt nicht herumzureiten: *Die neue Klasse* war bereits in mehr als vierzig Sprachen erschienen. Ich überlegte, es sei wohl am besten, an dem Bittgesuch überhaupt nichts zu ändern – sollten doch *sie* in jedem Buchstaben seine Verfasser sein. Ich unterschrieb.

Als man mir später in der Zelle eine Kopie des Bittgesuchs überreichte, stand an dessen Anfang ein Satz, an den ich mich nicht erinnerte, in den ich jedoch niemals eingewilligt hätte, weder damals und erst recht nicht heute. Der Satz lautete: „In der Einsicht, daß die Praxis selbst und unsere gesamte Nachkriegsentwicklung, sowohl in der Innen- als auch in der Außenpolitik, alles das widerlegt haben, womit ich die Eröffnung eines Strafverfahrens und das Aussprechen eines gerichtlichen Urteils gegen mich ausgelöst habe, erwarte ich, daß der Bundesexekutivrat über meine Entlassung aus dem Gefängnis positiv entscheiden wird." Mir war sofort klar, daß dieser Satz der Führung und den Chefs der Geheimpolizei als Erpressungsmittel dienen sollte, beziehungsweise, falls ich mich nicht wunschgemäß verhalten würde, als ein Beweis für meine Wankelmütigkeit und Unbeständigkeit. Doch es war zu spät, um noch irgend etwas zu verbessern, das Bittgesuch war bereits unterwegs. Zudem folgerte ich: Was soll's – wenn ich nicht wirklich kapituliert habe, wenn ich mit meiner Haltung und mit meiner Tätigkeit fortfahren werde, wird das diesen konfusen, verzagten Satz doch entwerten, so sehr er von regimetreuen Schreiberlingen auch noch gegen mich benutzt werden mag.

Einige Tage nach Penezićs Besuch wurde ich am 20. Januar 1961 bedingt freigelassen – in erpresserischer, erniedrigender Weise. Auch der Anstaltsleiter erteilte mir eine kurze, gezwungene, dienstliche Belehrung. Ich wurde von Štefica und Aleksa mit einem geliehenen Wagen erwartet. Es war ein kalter, düsterer Tag.

Die materiellen Verhältnisse der Familie waren schon seit 1959 geordnet gewesen, seitdem über den österreichischen Sozialisten Dr. Christian Broda die Honorare für *Land without Justice* („Land ohne Recht") zu fließen begonnen hatten, das bei Harcourt Brace herausgegeben wurde.

Im Frühjahr, anläßlich einer Europareise, machte der Präsident von Harcourt Brace, William Jovanovich, dessen Vater Montenegriner war, einen Abstecher nach Belgrad. Wir kamen uns schnell näher. Seitdem hat Jovanovich, beziehunsweise der Verlag Harcourt Brace Jovanovich, die Herausgabe meiner Werke im Ausland übernommen. Damals besprachen wir auch die Veröffentlichung der *Gespräche mit Stalin* (Originaltitel: „Susreti sa Staljinom"), eines kleineren Werkes, das noch nicht geschrieben worden war, über das ich aber schon seit geraumer Zeit Überlegungen angestellt hatte. Die Zusammenarbeit mit Jovanovich verlief bis zum heutigen Tag ohne jegliche Mißverständnisse. Die Freundschaft zwischen ihm und mir wurde auch dadurch gefestigt, daß er bei meiner Verhaftung 1962 vor dem US-Senat als Zeuge auftrat und 1968 mein Gastgeber in den USA gewesen ist.

Aber meine Beschwerden hörten nicht auf. Sie traten dank der Arbeit und dem Leben mit meiner Familie seltener auf und waren leichter zu ertragen. Durch Vermittlung eines damaligen Freundes konsultierte ich Professor R. Er gab mir Medikamente, die zuerst nichts taugten, dann verschrieb er mir etwas Wirksames. Von Zeit zu Zeit empfing er mich, machte mir Mut und verabreichte weitere Medikamente. In der Zeit vor meiner erneuten Verhaftung jedoch, im Frühjahr 1962, schob er die Treffen mit mir immer mehr hinaus, um schließlich bei einem vereinbarten Termin einfach nicht zu erscheinen und auch keine Nachricht zu hinterlassen. Professor R. war kein Kommunist, er verhielt sich sogar kritisch zum Kommunismus. Er hütete sich nur davor, sich unbeliebt zu machen, paßte die ärztliche Ethik den Forderungen der Behörden an. Damals, im Februar 1962, begriff ich, daß ich mich weder auf Arzneien noch auf Ärzte verlassen durfte. Während ich von der Praxis des Professors R. heimging, kam ich zu der Entscheidung: fort mit den Medikamenten, keine Ärzte mehr konsultieren. So handelte ich auch. Die Beschwerden traten bisweilen noch auf, ich wußte aber bereits, daß ich stärker war als sie, daß sie mich nie mehr zu einer Handlung bringen konnten, die meinem Bewußtsein und Gewissen nicht entsprächen.

Gelegentlich besuchten mich westliche Journalisten und auch einige Professoren und Wissenschaftler aus dem Westen. Selbst auf der Insel Hvar, wo Štefica, Aleksa und ich den Sommerurlaub verbrachten. In den kleinen Häfen von Hvar wachten Schnellboote der Marine, die es vor unserer Ankunft dort nicht gab, und die Polizei beobachtete jeden unserer Schritte.

Nach unserer Rückkehr nach Belgrad, im September oder Oktober 1961, lud mich Vojkan Lukić in das serbische Innenministerium vor. Nachdem er mir vorgeworfen hatte, ich hielte mich nicht an die Auflagen meiner Entlassung, ging er zu meinen Treffen mit ausländischen Journalisten über und schloß: „Wir können Ihre Gespräche mit Ausländern leicht zu einer Straftat auswalzen. Ich mache Sie darauf aufmerksam, daß Sie damit aufhören sollen, weil wir Sie anderenfalls ins Gefängnis zurückbringen werden." Ich erwiderte: „Ich werde mir keinen Maulkorb nach Ihrem Wunsch umhängen – das müssen Sie schon selbst tun! Und es steht nirgendwo im Gesetz geschrieben, daß Treffen mit Ausländern verboten sind, und selbst wenn es geschrieben stünde – ich würde nicht lange zögern, gegen ein solches Gesetz zu verstoßen." Lukić fuhr fort: „Diese ausländischen Journalisten sind Agenten der

Nachrichtendienste. Sie kommen nicht zu Ihnen, weil sie Ihre Freunde sind, sondern um Sie für ihre Zwecke auszunützen." Darauf ich: „Auch ich nehme an, daß einige von denen Nachrichtendienstler sind. Aber das steht ihnen nicht auf der Stirn geschrieben, und es geht mich auch gar nichts an: Ich bin nie Agent für irgendwen gewesen und werde auch keiner sein, sondern ich lege nur meine sozialen und philosophischen Anschauungen dar." Lukić merkte an: „Wir werden, neben anderen Maßnahmen, auch Ihr Gesuch zur Begnadigung veröffentlichen. Sie haben darin abgeschworen und bereut." Ich: „Ich habe weder abgeschworen noch bereut. Das Bittgesuch haben Sie geschrieben, Sie können es auch veröffentlichen." So blieb jeder bei seinem Standpunkt. Lukić, wenngleich korrekt, bei seiner Drohung, und ich, obwohl erst vor kurzem aus der Haft entlassen, bei meiner Unnachgiebigkeit.

In diesen Tagen schrieb ich bereits intensiv die *Gespräche mit Stalin*. Ich setzte die Arbeit fort, obwohl ich mitunter von schweren Zweifeln und von Unsicherheit befallen wurde, allerdings nicht mehr in so akuter Form. Halb im Scherz pflegte ich Štefica zu bitten, sich den Text anzusehen – ob er logisch und bündig sei. Dieses Buch ist möglicherweise und nach Meinung der Kritiker mein harmonischstes und reinstes Werk.

Jovanovich erhielt die per Post übersandten *Gespräche mit Stalin* im Spätherbst und ließ sie umgehend übersetzen. Anfang Februar 1962 kam er mit den Druckfahnen nach Belgrad, um mit mir die Ungenauigkeiten durchzusprechen, aber es waren nur ganz wenig Korrekturen nötig. Ende Februar erschien in der *New York Times* eine Kolumne von Sulzberger, mit der er das Werk ankündigte. Das wurde auch von anderen Zeitungen gemeldet und dadurch die jugoslawische Führung informiert.

Wiederum ließ mich Lukić zu sich kommen. Er war freundlich und sachlich. Man sei über mein Buch informiert worden, er bitte mich daher, ihm den Text zur Verfügung zu stellen. Ich erwog das und dachte nach. Sie würden den Text so oder so bald bekommen, wenn nicht anders, dann in fremder Übersetzung. Aber sie, die Chefs der UDBA, stünden vor Tito in einer mißlichen Lage. Wie kam es, daß sie das verschlafen und sich den Text nicht „rechtzeitig" besorgt hatten? Ich antwortete: „Lassen Sie mich das bis morgen überlegen." Darauf Lukić lächelnd: „Warum denn vertagen? Geben Sie ihn uns doch jetzt." Ich dachte mir: Ich bin ja nicht mit der UDBA im Konflikt. Sie tut das, was Tito und Ranković ihr auftragen. Ich bin im Konflikt mit Tito, mit dem Zentralkomitee.

Weshalb sollte ich dann die UDBA-Leute vor dem Obersten Chef in Verlegenheit bringen? „Gut, Sie bekommen ihn", stimmte ich zu. Lukić nahm einen bereits ausgefertigten und abgestempelten Text vom Tisch, eine Bescheinigung, daß sie von mir das Manuskript erhalten hätten. Ich unterschrieb, ein Exemplar für sie, eines für mich. Und Lukić befahl dem Sekretär, einem gutaussehenden und angenehmen jungen Beamten, mich im Wagen mitzunehmen und das Manuskript abzuholen. Štefica war von meinem Schritt nicht begeistert, aber sie maß dem ganzen, ebenso wie ich, keine größere Bedeutung bei. Ich bin auch heute der Meinung, richtig gehandelt zu haben.

In diesen Tagen wurde im Bundesparlament ein neuer Paragraph im Strafgesetzbuch verabschiedet, nach dem auch solche Personen verurteilt werden können, die ein Staatsgeheimnis aus ihrer früheren Tätigkeit preisgeben, auch wenn sie keine Funktionäre mehr sind. Als hätte ich dies gewußt, habe ich in *Gespräche mit Stalin* nichts erwähnt, was nicht bereits andere – vor allem Tito – schon erzählt hatten. Mir war klar, daß dieser Paragraph auf mich angewandt werden sollte. Das erkannten auch andere: ein schweizerischer Journalist nannte es die „Lex Djilas".

Einige Tage nach dem Gespräch mit Lukić rief mich Slobodan Penezić zu sich. Mit einer knappen Handbewegung forderte er mich wortlos auf, Platz zu nehmen. Dann fiel er über mich her: „Du fängst schon wieder an. Was du gesessen bist, hat dir wohl nicht gereicht. Diesmal kommst du nicht davon! Mit der Belgrader Reaktion und mit ausländischen Spionen hast du dich zusammengetan!" Ich hielt ihm entgegen, vermutlich nicht weniger heftig: „Mit gar niemandem habe ich etwas zu tun – ihr habt mich isoliert! Von welcher Reaktion erzählst du da? Und es steht keinem auf der Stirn geschrieben, daß er ein Spion ist!" „Schweig, jetzt rede ich!" fauchte er. Und ich parierte: „Und warum schweigst du nicht, wenn ich rede?!" Dies ernüchterte ihn, beruhigte ihn aber keineswegs. Ironisch fuhr er fort: „Wer sind denn deine Freunde? Veljko Kovačević und Voja Grol, pure Reaktionäre!" Ich erwiderte: „Veljko Kovačević – als er in der Volksfront war, war er für dich kein Reaktionär. Und Voja Grol – was ist dabei, wenn er Sohn seines Vaters ist? Auch du bist Sohn eines Kaffeehausbesitzers, und keiner nimmt es dir übel!" Penezić schwieg einen Augenblick lang, dann sagte er verächtlich: „Du bist eingebildet!" Darauf ich: „Und warum sollte ich das nicht sein? Begabt, berühmt – zuerst als Kommunist und jetzt als Kritiker des Kommunismus." Penezić verstummte. Dann aber mobilisierte er seinen Zorn erneut: „Ich habe dich nicht gerufen, um mit dir herumzudebattieren! Du sollst vielmehr dieses Buch zurückziehen, sonst..." Ich: „Ich will das nicht zurückziehen, es ist schon gesetzt und angekündigt." Er: „Sonst sind für dich diesmal zehn, zwölf Jahre Zuchthaus fällig. Es reicht dir nicht, ein Revisionist zu sein, jetzt verrätst du auch schon Staatsgeheimnisse!" Ich: „Es gibt dort keinerlei Geheimnisse, die nicht schon bekannt sind." Penezić, ruhiger: „Trotzdem ist das über Albanien unangenehm, sehr unangenehm." Dann ereiferte er sich wieder: „Ich habe dir gesagt, was ich zu sagen hatte! Überleg's dir, du hast auch ein Kind, einen Sohn! Mach dir nichts vor, du könntest etwa dieses Mal leicht davonkommen!" „Ich mache mir gar nichts vor", antwortete ich. „Und ich habe auch nichts zu überlegen – ich kann ja jetzt gleich ins Gefängnis gehen!" Zum Schluß warf mich Penezić ohne Gruß hinaus: „Jetzt kannst du gehen. Was du wissen sollst, hast du gehört!"

Dieses Gespräch mit Penezić ist nicht wörtlich wiedergegeben, das kann es auch nach so vielen Jahren nicht sein. Aber das Wesentliche darin und auch viele Einzelheiten und Aussprüche habe ich wegen seiner Außergewöhnlichkeit und Dramatik im Gedächtnis behalten. Es war, als gehörten Penezić und ich zwei aufs Blut verfeindeten Familien an, und dabei hatte mein Bruder ihn in die Partei aufgenommen, und er selbst war früher, nach den Worten der Genossin T., nicht nur auf meiner Linie, sondern er mochte mich auch.

Vor dem Gebäude der serbischen Regierung schlenderte Štefica auf und ab. Sie erinnerte sich, daß ich blaß und sehr wütend herauskam. Ich sagte ihr, man würde mich verhaften. Am Abend, beim Spaziergang, beklagte ich mich bei ihr, ich hätte keine Lust, wieder ins Gefängnis zu gehen und ich hätte auch noch Beschwerden. Sie tröstete mich: „Ich und Aleksa werden dich besuchen kommen, dich umsorgen, auch das wirst du durchstehen." Nun fühlte ich mich stark genug für ein erneutes Zuchthausdasein. Aber hat irgend jemand schon einmal die Aufopferung, das Leid und die Erniedrigung der Frauen von Zuchthäuslern ausgedrückt?

Zwei, drei Tage nach der „erbaulichen" Unterhaltung bei Penezić kamen am 7. April 1962 Polizeiagenten und ein Richter in meine Wohnung. Es gab keine Durchsuchung. Der Richter verlangte die *Gespräche mit Stalin.* Ich hatte eine Kopie auf dem Tisch bereitgelegt, obgleich sich ein Exemplar bereits bei Lukić befand. Dann verlangte der Richter nach den übrigen Manuskripten. Davon gab es aber sehr viele, das Auflisten zog sich in die Länge. Sie schlugen vor, alles mitzunehmen, dann in die Liste einzutragen und das, was für die Ermittlungen nicht gebraucht werde, zurückzugeben. Ich erklärte mich einverstanden und stopfte einen Lederkoffer voll mit Manuskripten. Der Richter benahm sich lässig, ließ sogar durchblicken, all das sei nur eine Formalität, ich bräuchte auch keinerlei Sachen für das Gefängnis mitnehmen, da ich noch am selben Tag nach Hause zurückkehren würde. Ich nahm dennoch das Notwendigste mit – eine Wolldecke, warme Unterwäsche, Bücher, Necessaire und Schreibzeug. Hinterhältiger als jeder Polizist war dieser Richter unter den Fittichen der Geheimpolizei: Sie brachten mich geradewegs in das Zentralgefängnis, nahmen mir das Schreibzeug weg und behielten die Manuskripte fünf Jahre lang bis 1967, ich mußte sie mir nach meiner Entlassung aus dem Gefängnis erbetteln. Ich bekam sie zurück, schön in Aktenordnern – nur der Koffer war verschwunden.

Ein oder zwei Tage später ließ dieser Richter mich abends zu sich kommen. Ich hatte ein Verhör erwartet, er aber fing ein Gespräch an. Er zeigte Verständnis, ja auch Mitleid, wunderte sich über meine Unvernunft, mein Unverständnis für die Realität: „Eine Persönlichkeit von Ihrer Intelligenz – und dann so zu handeln." Er versuchte mir zu beweisen, daß es im Buch Stellen gäbe, die schwerwiegende Straftaten bedeuteten. Ich hielt dagegen, das sei keineswegs so. „Sie verstehen das nicht gut genug", sagte er, „wir Juristen sehen das anders." Ich wollte ihn vom Gegenteil überzeugen, und so rutschte es mir aus: „Das haben Juristen gelesen – keiner hat etwas gefunden, was man mit Paragraphen erfassen könnte." In der Tat hatte ich die *Gespräche mit Stalin* (nachdem der New Yorker Verleger das Manuskript erhalten hatte) den Anwälten Kovačević, Grol und Barović zu lesen gegeben, die es mehr als Freunde denn als Anwälte begutachteten, und keiner von ihnen brachte juristische Einwände vor.

Der Richter warf sich sofort auf meine Äußerung: „Wer weiß, wie Ihre Juristen sind! Es gibt Juristen und Juristen. Ich möchte wirklich wissen, wer Ihnen solche schlechten Ratschläge geben konnte." Ich entgegnete aufgeschreckt: „Die Namen sind unwichtig. Das sind solide Juristen." „Aber welche? Ich kenne sie doch bestimmt", erkundigte sich der Richter. Ich lehnte es jedoch ab, Namen zu nennen, und fügte hinzu: „Letzten Endes sind die Meinungen von Juristen hier gar nicht wichtig. Dies ist eine politische Sache. Sie können sich auch selbst davon überzeugen, daß im

Buch nichts enthalten ist, was nicht bereits von Tito, Vukmanović und anderen Führern veröffentlicht wurde."

Am nächsten Tag begann der Richter, nunmehr sehr streng, mit den Ermittlungen. Ein paar Tage danach wurde er von einem Funktionär der UDBA abgelöst. Ich faßte das als Druckmittel, als Einschüchterungsmaßnahme auf, wenngleich sich der Geheimdienstler, im Gegensatz zum Ermittlungsrichter, korrekt und ohne Hinterhältigkeit verhielt.

Im Laufe des Verhörs verlas er mir eine Erklärung des Richters, ich hätte ihm gesagt, das Manuskript sei von Juristen gelesen worden. Ich stritt das nicht ab, fügte aber hinzu: „Es haben gar keine Juristen das Manuskript gelesen: der Richter wollte mich beeindrucken, und ich ihn eben auch." Der Ermittler fragte mich dann ausdrücklich, ob ich das Manuskript Kovačević, Grol und Barović zur Verfügung gestellt hätte. Das verneinte ich. Er gab mir dann die Aussagen der drei zu lesen, in denen sie mich verteidigten, jedoch auch bestätigten, das Manuskript von mir bekommen zu haben. Ich blieb trotzdem, auch danach, bei meiner Aussage, ich hätte ihnen kein Manuskript gegeben. Mit Kummer dachte ich daran, daß nun auch meine einzigen Freunde verhaftet worden waren. Zumindest würde ich sie nicht belasten, und sie selbst sollten das tun, was sie für richtig hielten.

Vier Monate später fand der Prozeß statt. Ein Geheimprozeß, wie gehabt. Widerum lehnte ich es ab, auf Fragen zu antworten. Man hatte den Rechtsanwalt V. zu meinem Pflichtverteidiger bestimmt, meine potentiellen Wahlverteidiger hatte man durch Winkelzüge zu Zeugen der Anklage umfunktioniert! Der Pflichtverteidiger, ehedem Leiter einer Strafanstalt, der, wenn Štefica anrief, jedesmal auflegte, hatte es abgelehnt, ihr die Anklageschrift zu übergeben. Er wollte verhindern, da sie die ausländische Presse informierte. Die wenigen Sätze von ihm in der Gerichtsverhandlung waren eher im Sinne der Anklage als zu meinen Gunsten. Der Richter Stevović beeindruckte durch seine Effizienz und Unbeirrbarkeit. Der Staatsanwalt fuchtelte mit den Armen herum und stieß eine Wasserflasche um, die vor dem Richtertisch zerbrach. Als dann Grol, Kovačević und Barović als Zeugen der Anklage vor den Richter traten, demonstrierte jeder von ihnen seinen Charakter, nicht nur in der Art, in der er „Zeugnis ablegte", sondern auch durch Reaktion auf die Glasscherben vor dem Richtertisch: Der würdevolle Grol bemerkte das Glas gar nicht, der vorsichtige Kovačević schob die Scherben beiseite, um sich freien Platz zu verschaffen, und der ungestüme Barović stieß sie wütend auseinander.

Das Urteil lautete auf fünf Jahre, zusammen mit der Reststrafe waren das 13 Jahre Haft. Ich war schuldlos verurteilt worden, am Vorabend des Gromyko-Besuchs, um mich zum Schweigen zu brigen. Ich fühlte mich stärker und gelassener – gerade deshalb, weil ich auch nach den strengsten Kriterien der jugoslawischen Gesetze unschuldig war.

Ich hatte vorgehabt, gegen dieses Urteil keine Revision in nächster Instanz einzulegen. Ich hatte mich auch nicht gegen das Urteil aus Anlaß der *Neuen Klasse* beschwert. Zu Štefica gelangten jedoch irgendwelche möglicherweise absichtlich unterschobene Andeutungen, daß das Urteil aufgehoben und ich irgendwohin interniert werden könnte. Sie beharrte auf einer Revision, und ich erklärte mich schließlich damit einverstanden, daß der Rechtsanwalt Slobodan Subotić die Beschwerdeschrift abfassen sollte. Er besuchte mich im Gefängnis, nachdem Veljko Kovačević ihn engagiert hatte. Subotić gehörte vor dem Krieg der Radikalen Partei und der Jugoslawischen radikalen Gemeinschaft an, er hatte dem Ministerpräsidenten Stojadinović nahegestanden. Nur unter den Anhängern der früheren Parteien konnte man einen Rechtsanwalt finden, der meine Verteidigung freiwillig übernehmen wollte. Subotić verfaßte eine Revision an die nächste Instanz und ich fand, daß sie eine Meisterleistung in der Zusammenfassung und in ihrer vernichtenden Logik war. Die Revision blieb ohne Wirkung. Gerichte und Prozesse waren nur eine Form, um die Urteile zu verhängen, die, ich wußte das nur zu gut durch meine eigene Mitwirkung, in den Parteiforen gefällt wurden.

Es war ein heißer Julitag. Auspuffgase drangen ins Wageninnere, als man mich wieder in die Mitrovicaer Strafanstalt brachte. Jetzt machte mir das Zuchthaus nichts aus. Ich war gelassener, standhaft und friedlich. Ich hätte bis an mein Lebensende so fortfahren können. Regelmäßig besuchten mich Štefica und Aleksa. Šteficas beste Jahre, Aleksas Heranwachsen – sie sind mit dem Kerker verbunden, mit meinem Leben im Zuchthaus.

Länger als zwei Jahre wurden mir weder Papier noch Tinte gestattet. Tinte habe ich irgendwie beschaffen können, aber schreiben mußte ich auf Toilettenpapier. Darauf schrieb ich den Roman *Izgubljene bitke* („Verlorene Schlacht"), etwa die Hälfte des Romans *Svetovi i mostovi* („Welten und Brücken") und begann die Übersetzung von Miltons *Paradise Lost*.

Dann aber wurde angekündigt, daß in Jugoslawien ein demokratischer Kongreß stattfinden werde – ich glaube es war der des PEN-Clubs. Ich hatte es mehr als satt, auf Toilettenpapier zu schreiben, was „jemand Höherer" immerhin tolerierte. Ich meldete mich beim Anstaltsarzt an und sagte zu ihm: „Ich trete in den Hungerstreik, wenn die mir kein Schreibzeug geben." Der Arzt wehrte sich: „Regeln Sie das doch mit der Leitung, ich habe damit gar nichts zu tun." Darauf ich: „Wieso nicht? Wenn ich im Sterben liegen werde, dürften Sie schon damit zu tun haben." Nach zwei oder drei Stunden erschien der Chef der Anstalts-UDBA bei mir, korrekt und von überempfindlicher Genauigkeit. „Was haben Sie darüber mit dem Arzt zu reden?" warf er mir vor. „Wenn etwas gebraucht wird, dazu sind wir da, die Leitung. Ich habe auch gar nicht gewußt, daß man Ihnen das Schreibzeug verboten hat. Das geschah, als ich die Stellung in der Anstalt noch nicht übernommen hatte." Nach zwei Tagen wurde mir mein Schreibzeug genehmigt.

Ende November oder Anfang Dezember 1966 installierte man in meiner Zelle ein elektrisches Heizgerät: nach neun Wintern in einer kalten Zelle. Es war ein wie auch immer gearteter Nutzen aus dem Sturz Rankovićs im Sommer 1966.

Und am 30. Dezember, nach dem Abendessen, befahl man ganz unerwartet mir und meinem Zellen-Mitbewohner B., unser Bettzeug zu nehmen und in das Zimmer über uns umzuziehen. Wir überlegten, was das wohl bedeuten könnte. Dem Mithäftling, einem ehemaligen UDBA-Beamten, der wegen Annahme von Schmiergeldern verurteilt war, kam es in den Sinn, daß es sich vielleicht um einen Staatsstreich handele und daß man für neue Häftlinge Zellen freimache (derartige Gedanken waren bei ihm möglicherweise eine Folge „professioneller Deformation" gewesen).

Doch ich konnte ihm das ausreden, um so leichter, als die übrigen Sachen, die Nahrungsmittel, meine Manuskripte und anderes in unserer Zelle geblieben waren: „Es geht um uns. Aber was? Vielleicht interessiert sie, was ich schreibe?" Wir horchten, doch aus unserer Zelle drang keinerlei Geräusch zu uns herauf in dem sehr hellhörigen Bau. Es fuhr mir durch den Kopf, daß ich freigelassen werden könnte, aber ich verwarf den Gedanken: so wird das nicht gemacht, weshalb würde man uns dann über Nacht verlegen?

Am Morgen ließ man uns in unsere Zelle zurück. Wir untersuchten sie sorgfältig. Alles war an seinem Platz, doch B. folgerte:

„Das bedeutet gar nichts. Es darf keine Spuren geben, wenn man in eine fremde Wohnung eindringt."

Nach dem Spaziergang ließ mich der Kommandant des Gebäudes, Petrović, ein gemessener und gewissenhafter Beamter, zu sich kommen: „Ich habe Ihnen eine gute Nachricht mitzuteilen", sagte er kurz. „Sie sind begnadigt worden, machen Sie sich bereit, um nach Hause zu gehen." Sie haben mich bedingungslos freigelassen, mir aber weder meine Orden noch meine bürgerlichen Rechte zurückgegeben.

Überrascht und aufgeregt packte ich meine Sachen zusammen. Ich wußte gar nicht, wo ich anfangen sollte. B. half mir eifrig, bis ich mich wieder gefaßt hatte. Ich verfügte über eine Reserve an Lebensmitteln, Štefica war erst vor kurzem dagewesen und hatte ein üppiges Paket mitgebracht. Nach der Gefangenentradition werden Nahrungsmittel den Leidensgenossen zurückgelassen: es vergingen keine fünf Minuten, und die Häftlinge hatten alles aufgeteilt. Der Gefangene Č., ein Saloniki-Krieger (Kämpfer des Ersten Weltkriegs – A. d. Ü.) aus der Šumadija, bekam meine Fellweste, auf die er schon früher ein Auge geworfen hatte. Sowohl B. als auch mir war klar: in der vergangenen Nacht hatten sie uns verlegt, um meine Manuskripte durchzusehen.

Keines von den Manuskripten hatten sie einbehalten. Ich mußte auf Štefica warten, bis sie aus Belgrad ankam und mir einen Anzug brachte. Der Anstaltsleiter verzichtete diesmal auf die übliche Predigt. Bei der Aushändigung des Entlassungscheins bemerkte er lustlos: „Ich hoffe, daß wir uns hier nicht so bald wiedersehen werden."

Vor der Anstalt erwarteten mich Štefica und Aleksa sowie einige ausländische Journalisten. Leidenschaftliche Umarmungen und aufgeregte Worte.

Alles war gleichzeitig besser und schlimmer, als es hätte sein können. Ich war, wenn auch spät, auf meinem Weg, einem Weg, den ich selbst gewählt hatte und von dem ich nicht mehr abweichen konnte...

Personenregister

mit zeitbezogenen Erläuterungen

Acheson, Dean (1893–1971). Nordamerikanischer Politiker, 1949–1953 Außenminister 299

Adamović, Zija. Jugoslawischer Filmkritiker 396

Aleksić, Mija (geb. 1923). Jugoslawischer Schauspieler 420

Allen, George Venable (geb. 1903). Nordamerikanischer Regierungsbeamter, 1950 Botschafter in Jugoslawien 304

Almuli, Jaša. Jugoslawischer kommunistischer Journalist, Redaktionsmitglied der „Borba" 283

Andrejev, Bane. Ehemaliger Funktionär der KP Jugoslawiens 295

Andrić, Ivo (1892–1975). Serbischer Schriftsteller aus Bosnien, Diplomat, 1961 Nobelpreis für Literatur 64, 74, 75, 76, 77, 78, 79, 419, 435

Arabjac. Jugoslawischer Gutsverwalter 245, 246

Aristoteles (389–322 v. Chr.). Griechischer Philosoph 348

Attlee, Clement Earl A. (1883–1967). Englischer Politiker, 1935–1955 Führer der Labour Party, 1940–1945 mehrfach Minister, 1945–1951 Premierminister und bis 1946 zugleich Verteidigungsminister, 1951–1955 Oppositionsführer 11, 46, 316, 355, 356, 357, 372

Augustinčić, Antun (1900–1979). Kroatischer Bildhauer 275, 370, 388

Auriol, Vincent (1884–1966). Französischer sozialistischer Politiker, 1947–1954 erster Staatspräsident der Vierten Republik 325, 326

B. Leibwächter Titos 89, 90, 91

B. Mithäftling von Milovan Djilas 457, 458

Babović, Cana. Funktionär der KP Jugoslawiens 394

Bakarić, Vladimir (1912–1982). Kroatischer kommunistischer Politiker, Partisan, 1945 Ministerpräsident von Kroatien, Mitglied des Staats- und des Parteipräsidiums 57, 59, 70, 176, 183, 184, 187, 192, 290, 294, 366, 393, 394, 395, 411

Bakić, Mitar. Gymnasialfreund von Arso Jovanović 243

Bakotić, Vera. Ehefrau von Koča Popović vor dem Zweiten Weltkrieg 266, 267

Baljević, Pavle. Offizier des jugoslawischen Sicherheitsdienstes 247, 249

Balzac, Honoré de (1799–1850). Französischer Erzähler 328

Barović, Dušanka, Ehefrau von Jovan-Jovo Barović 422

Barović, Jovan-Jovo (1923–1979). Montenegrinischer Rechtsanwalt in Belgrad 402, 421, 422, 427, 436, 437, 454, 456

Barsenko. Sowjetischer Journalist, Korrespondent der „Prawda" 241

Bartoš. Funktionär der KP Jugoslawiens 325, 326, 327

Baštovánsky, Štefan. Tschechoslowakischer kommunistischer Politiker, Mitglied des ZK der KPTsch 152

Bebler, Aleš (geb. 1907). Jugoslawischer kommunistischer Politiker und Diplomat, Spanienkämpfer, Partisan, mehrfach Botschafter 328, 354, 355, 356, 357, 358

Bećković, Matija. Jugoslawischer Schriftsteller 440

Bembas, Beška. Schwester von Pirika Bembas, jugoslawische Kommunistin 331, 332

Bembas, Pirika. Schwester von Beška Bembas, jugoslawische Kommunistin 331, 332

Benesch, Eduard (1884–1948). Tschechoslowakischer Staatsmann, 1935 Nachfolger von Tomás Masaryk als Staatspräsident 134, 135, 136, 137, 138, 140

Berija, Lawrentij Pawlowitsch (1899 bis 1953). Sowjetischer Politiker, 1921–1931 führend in der GPU, 1938–1953 Volkskommissar des Inneren (NKWD), 1945 Marschall, 1946 Mitglied des Politbüros, 1953 gestürzt und hingerichtet 119, 175, 176, 179

Berman. Polnischer kommunistischer Politiker, Mitglied des ZK der KP Polens 151, 227

Bernstein, Eduard (1850–1932). Deutscher sozialistischer Theoretiker und Politiker, Hauptvertreter des Revisionismus in der deutschen Sozialdemokratie 14, 397

Bevan, Aneurin (1897–1960). Englischer Politiker, 1929 linksradikaler Abgeordneter der Labour Party 11, 316, 372, 373, 374, 416, 440
Bevin, Ernest (1881–1951). Englischer Gewerkschaftsführer und Politiker der Labour Party, 1945–1951 Außenminister 303, 316
Bierut, Boleslaw (1892–1956). Polnischer kommunistischer Politiker, 1947–1952 Staatspräsident, 1948 auch Generalsekretär der Polnischen Arbeiterpartei, 1952–1954 Ministerpräsident 129, 132, 133
Blazević, Jakov (geb. 1912). Kroatischer Altpartisan, Mitglied des Parteipräsidiums und Präsident der Republik Kroatien 57
Bogdanović, Milan. Jugoslawischer kommunistischer Publizist, Redaktionsmitglied von „Nova misao" 375
Bor-Komorowski (1895–1966). Polnischer General und Politiker, 1944 Leiter des Warschauer Aufstandes, 1947–1949 Ministerpräsident der polnischen Exilregierung 131
Bourne, Eric. Englischer Journalist 415, 418, 421
Božović, Vukan. Jugoslawischer Offizier 246
Brace, Donald Clifford (geb. 1881). Nordamerikanischer Verleger, 1919 einer der Gründer des Verlagshauses Harcourt, Brace & Co. 435, 449
Brankov, Laza (geb. 1912). Jugoslawischer Diplomat, Geschäftsträger in Ungarn, 1949 mit Laszlo Rajk angeklagt 198, 199, 200
Brilej, Joža (geb. 1910). Jugoslawischer Diplomat, 1950–1953 Botschafter in England 316, 317
Broda, Hans Christian (geb. 1916). Österreichischer Rechtsanwalt und Politiker 449
Broz, Jovanka (geborene Budisavljević, geb. 1924). 1952 dritte Ehefrau Titos 34, 319, 383
Broz, Žarko. Offiziell Sohn Titos mit Pelageia Demissowa-Bjeloussowa, wahrscheinlich Sohn einer Kroatin 116
Brkić, Duško. Kroatischer kommunistischer Politiker 268, 269, 270
Brkić, Zvonko. Kroatischer kommunistischer Politiker 294, 395
Bucharin, Nikolai Iwanowitsch (geb. 1888, 1938 hingerichtet). Sowjetischer Politiker und Wirtschaftstheoretiker 400, 417
Budak, Mile. Jugoslawischer Schriftsteller 67
Buković, Ivan. Jugoslawischer Parteifunktionär 290
Bukurov. Jugoslawischer Chirurg 446
Bulatović, Ilija. Jugoslawischer Parteifunktionär 218, 239
Bulganin, Nikolai Aleksandrowitsch (1895–1975). Sowjetischer Marschall, 1955–1958 Ministerpräsident der Sowjetunion 174, 176, 177, 180
Bulić. Jugoslawischer Arzt 349, 350, 351, 352
Byrnes, James Francis (1879–1972). Nordamerikanischer Politiker (Demokrat), 1945–1947 Außenminister 57, 58

Č. Mithäftling von Milovan Djilas 458
Černey, Darko (geb. 1906). Jugoslawischer kommunistischer Diplomat, Partisan, 1945–1949 Botschafter in der Tschechoslowakei 138
Chaplin, Charlie (1889–1977). Englischer Filmkomiker 32
Chruschtschow, Nikita Sergejewitsch (1894–1971). Sowjetischer Politiker, 1939–1964 Mitglied des Politbüros der KPdSU, 1953 Erster Sekretär des ZK der KPdSU, 1958–1964 Ministerpräsident 234, 241, 281, 312
Churchill, Sir Winston (1874–1965). Englischer Politiker 11, 316, 317, 318
Cicmil, Obrad (geb. 1915). Jugoslawischer kommunistischer Diplomat, mehrfach Botschafter 362
Clark, Catherine. Ehefrau von Eddy Clark, nordamerikanische Journalistin 425, 436
Clark, Eddy. Ehemann von Catherine Clark, nordamerikanischer Journalist 425
Čolaković, Rudoljub. Jugoslawischer kommunistischer Politiker, Regierungspräsident von Bosnien und Herzegowina 203, 223, 224, 406
Collins. Nordamerikanischer Militär, Chef der Vereinigten Stäbe der US-Armee 318, 319
Ćopić, Branko (geb. 1915). Serbischer Schriftsteller 312, 403
Ćosić, Dobrica (geb. 1921). Serbischer Schriftsteller 280, 375, 401
Couto, Ribeiro. Brasilianischer Politiker 328

Crnobrnja, Bogdan (geb. 1916). Jugoslawischer Politiker, Partisan, nach der Befreiung stellvertretender Außenhandels- und Außenminister 181, 194
Crvenkovskij, Krste (geb. 1921). Mazedonischer Parteifunktionär 406
Cucchi, Aldo (geb. 1911). Italienischer Politiker 315
Cvetković, Dragiša (1893–1961). Jugoslawischer Politiker, 1939 Ministerpräsident unter Prinz Paul 78

Dapčević, Milena. Ehefrau von Peko Dabčević 402, 405
Dapčević, Peko (geb. 1913). Montenigrinischer General in Titos Volksbefreiungsarmee, Vizepräsident der Skupština 48, 181, 243, 244, 302, 311, 318, 369, 389, 394, 395, 396, 398, 402, 405, 406, 424
Dapčević, Vladimir (geb. 1915). Bruder von Peko Dapčević, jugoslawischer Partisanen-Oberst, seit 1948 Tito-Gegner, heute im jugoslawischen Gefängnis 244, 245, 246, 247
Davičo, Oskar (geb. 1909). Serbischer Schriftsteller 74, 330, 331, 332, 333, 375, 421
Davis, Ernest. Englischer Politiker der Labour Party 316, 423
Dedijer, Branko. Sohn von Vladimir Dedijer 430
Dedijer, Stevo. Bruder von Vladimir Dedijer 415
Dedijer, Vladimir (geb. 1914). Jugoslawischer Historiker und Schriftsteller, Spanienkämpfer, Altpartisan, bis 1954 Mitglied des ZK der KP Jugoslawiens, Tito-Biograph 26, 27, 70, 109, 207, 222, 227, 229, 230, 255, 296, 314, 315, 316, 317, 324, 325, 326, 327, 330, 346, 347, 348, 372, 373, 376, 390, 395, 401, 402, 404, 405, 407, 411, 412, 415, 416, 417, 418, 421, 424, 425, 426, 427, 428, 429, 430, 431, 432, 433
del Bario, José. Spanischer Kommunist 315
Diderot, Denis (1713–1784). Französischer Schriftsteller und Philosoph 348
Dimitrijević Dragutin (genannt Apis, geb. 1876, hingerichtet 1917). Serbischer Offizier und Verschwörer, 1903 Organisator des Attentates auf König Aleksander I. Obrenović und dessen Ehefrau Draga, 1914 Organisator des Attentates auf Franz Ferdinand in Sarajewo 434
Dimitrov, Georgi Michailović (1882 bis 1949). Bulgarischer kommunistischer Politiker, 1935 Generalsekretär der Komintern, 1937–1945 Abgeordneter des Obersten Sowjets, 1946–1949 Ministerpräsident, 1948 auch Generalsekretär der KP Bulgariens 118, 119, 146, 147, 148, 149, 151, 182, 184, 185, 186, 187, 188, 189, 191, 192, 193, 214, 215, 216, 237, 293, 303
Dimitrov, Rose. Ehefrau von Georgi Michailović Dimitrov 214
Dimitrov-Gemeto, Georgi. Bulgarischer Politiker, 1944 Führer der Bulgarischen Nationalen Agrarunion, 1945 Exil 60
Divac, N. Jugoslawischer sozialdemokratischer Politiker 437
Djido. Spitzname von Milovan Djilas 312, 340, 350
Djilas, Aleksa (geb. 1953). Sohn von Milovan Djilas, Journalist und Schriftsteller 14, 352, 400, 415, 433, 438, 439, 440, 443, 449, 450, 453, 456, 458
Djilas, Milka. Schwester von Milovan Djilas 127
Djilas, Mitra (geborene Mitrović, geb. 1912). Erste Ehefrau von Milovan Djilas 75, 265, 301, 305, 329, 343, 344, 345, 346, 347, 348, 404, 412, 424
Djilas, Nikola. Vater von Milovan Djilas 432
Djilas, Štefanija-Štefica (geborene Barić). Zweite Ehefrau von Milovan Djilas 14, 288, 301, 305, 343, 344, 345, 346, 348, 352, 363, 373, 374, 383, 388, 391, 394, 395, 397, 399, 400, 401, 402, 405, 407, 410, 412, 415, 418, 420, 421, 422, 424, 426, 436, 437, 438, 439, 440, 442, 443, 446, 449, 450, 451, 452, 453, 455, 456, 458
Djilas, Vukica. Tochter von Milovan Djilas aus seiner ersten Ehe mit Mitra 424
Djonović, Nikola. Jugoslawischer Rechtsanwalt und Politiker, Führungsmitglied der Demokratischen Partei 54, 440
Djordjević, Jovan. Jugoslawischer Jurist 47
Djurdjev. Verheiratet mit der Tochter von Klement Gottwald 141
Djurić, D. Redaktionsmitglied der „Serbischen literarischen Genossenschaft" 434, 435
Djurić, Ljubodrag. Jugoslawischer kommunistischer Politiker 335, 336
Doronjski. Schulfreund von Borislav Mihailoviz-Mihiz 421
Dostojewski, Feodor Michailowitsch

(1821–1881). Russischer Dichter 73, 177
Drenovac, Bora. Jugoslawischer kommunistischer Politiker und Publizist, Mitarbeiter des Agitprop 329, 330, 356, 376, 401, 418, 427
Dserschinskij, Felix Edmundowitsch (1877–1926). Sowjetischer Politiker, Organisator der Tscheka 237
Duclos, Jacques (1896–1975). Französischer kommunistischer Politiker 152, 153
Dugonjić, Rato. Jugoslawischer Parteifunktionär, 1943–1948 Organisationssekretär des ZK des Jugendverbandes SKOJ 29
Dukanac. Jugoslawischer kommunistischer Politiker 43
Dzodze, Koçi (1949 erschossen). Albanischer Politiker, stellvertretender Ministerpräsident, 1949 als Titoist zum Tode verurteilt 117, 125, 168, 174, 292, 293

Eden, Anthony (1897–1977). Englischer konservativer Politiker, 1935–1938, 1940–1945 und 1951–1955 Außenminister, 1951–1955 Premierminister 62
Elizabeth II. (geb. 1926). Englische Königin und Haupt des Commonwealth 369
Engels, Friedrich (1820–1895). Deutscher Philosoph und Politiker 140, 178, 199, 219, 221
Ernst, Morris (geb. 1888). Nordamerikanischer Rechtsanwalt 54

Faillon, Etienne. Französischer kommunistischer Politiker 142
Farkas, Mihály. Ungarischer Parteifunktionär, Mitglied des Politbüros, Verteidigungsminister 152, 213
Filip Latinovicz. Titelfigur eines Romans von Miroslav Krleža 73
Finkenstein. Polnischer kommunistischer Publizist, Redaktionsmitglied des IB-Organs 227
Firlinger, Zdanek. Tschechoslowakischer kommunistischer Politiker, Mitglied des ZK der KPTsch 134
Foot, Michael (geb. 1913). Englischer Politiker der Labour Party 416
Fran, Slavica. Sekretärin von Vladimir Dedijer 229
Franz Ferdinand, Erzherzog (geb. 1863, 1914 erschossen). Österreichisch-ungarischer Thronfolger, in Sarajewo von serbischen Nationalisten erschossen 226, 434
Gagarin, Juri Aleksejewitsch (1934–1968). Sowjetischer Kosmonaut, erster Mann im Weltraum 443
Gagarnow. Sowjetischer Diplomat, Geschäftsträger in Albanien 194
Gandhi, Mohandas Karamtschad (Ehrentitel Mahatma, geb. 1869, 1948 ermordet). Indischer Politiker, Führer der indischen Unabhängigkeitsbewegung 12
Gandhi, Shrimati Indira (geb. 1917). Indische Politikerin 358, 360, 361
Gašić, Buba. Ehefrau von Jole Gašić 236
Gašić, Jole. Jugoslawischer bürgerlicher Politiker 236
Gaži. Jugoslawischer Bauernführer 44
Gerö, Ernö (1889–1980). Ungarischer kommunistischer Politiker, 1945 Mitglied des ZK und des Politbüros der KP Ungarns, mehrfach Minister, 1955–1956 stellvertretender Ministerpräsident, 1956 Erster Sekretär des ZK, Oktober 1956 abgesetzt 144
Gheorghiu-Dej, Gheorghe (1901–1965). Rumänischer kommunistischer Politiker 152
Glogovac. Schuhmacher 394
Göring, Hermann (1893–1946). Deutscher nationalsozialistischer Politiker 187
Gogol, Nikolai Wassiljewitsch (1809 bis 1852). Russischer Schriftsteller 302
Goldstein, Slavko 66
Golubović. Jugoslawischer kommunistischer Diplomat, Botschafter in Rumänien 172
Gomulka, Wladyslaw (1905–1982). Polnischer kommunistischer Politiker, 1945 stellvertretender Ministerpräsident, 1948–1949 abgesetzt, 1951–1955 als Nationalist und Titoist inhaftiert, 1956 rehabilitiert, 1956–1970 Vorsitzender der KP Polens 129, 130, 152, 155, 227, 292
Gorkij, Maxim (eigentlich Alexei Maximowitsch Peschkow, 1868–1936). Russischer Schriftsteller 73, 177
Gošnjak, Ivan (geb. 1909). Jugoslawischer kommunistischer Politiker und Militär 158, 159, 169, 195, 268
Gottwald, Klement (1896–1953). Tschechoslowakischer kommunistischer Politiker, 1945 stellvertretender, 1946–1948 Ministerpräsident, 1948 Präsident der ČSR 134, 138, 139, 141, 157
Gottwaldová, Marta. Ehefrau von Klement Gottwald 141
Grol, Milan (1876–1952). Serbischer Politiker, Führer der Demokratischen Partei, stellvertretender Premierminister

der provisorischen Nachkriegsregierung unter Tito 41, 42, 43, 44, 45, 46, 48, 105, 454, 455
Grol, Vojislav. Sohn von Milan Grol 42
Grol, Vojo. Jugoslawischer Rechtsanwalt 440, 452
Gromyko, Andrej (geb. 1909). Sowjetischer Diplomat, 1949–1952 und 1953–1957 erster stellvertretender Außenminister, 1957 Außenminister 456

Harcourt, Alfred (geb. 1881). Nordamerikanischer Verleger, 1919 einer der Gründer des Verlagshauses Harcourt, Brace & Co. 435, 449
Hebrang, Andrija (geb. 1899, 1951 im Gefängnis gestorben). Kroatischer Parteiführer, 1939 Sekretär des ZK der KP Kroatiens, 1945–1948 Industrieminister und Chef der Planungskommission, 1948 inhaftiert 36, 37, 103, 106, 109, 110, 111, 112, 113, 114, 115, 161, 162, 171, 208, 213, 218, 220, 222, 223, 225, 226, 247, 248, 253, 441
Hegedušić, Krsto (geb. 1901). Jugoslawischer Maler 330
Hegel, Georg Wilhelm Friedrich (1770 bis 1831). Deutscher Philosoph 178, 348, 359
Hemingway, Ernest (1899–1961). Nordamerikanischer Schriftsteller 301
Heribald. Ordensschwester 446
Hitler, Adolf (1889–1945). Deutscher nationalsozialistischer Politiker, 1933 bis 1945 Reichskanzler 58, 131, 132, 297, 338, 354
Hodscha, Enver (geb. 1908). Albanischer kommunistischer Politiker, 1943–1954 Generalsekretär der KP Albaniens, 1946 Ministerpräsident, Außenminister, Verteidigungsminister und Oberkommandierender der albanischen Streitkräfte 117, 123, 124, 125, 126, 127, 168, 170, 171, 174, 264, 268
Hume, David (1711–1776). Englischer Philosoph und Historiker 348

Ibsen, Henrik (1828–1906). Norwegischer Dichter 73
Isaković, Antonije-Lule 401
Ivanović, Miladin (geb. 1906). Jugoslawischer kommunistischer Diplomat, Partisan, 1945 Militärattaché in der Tschechoslowakei 138

Jelačić von Buzim, Joseph Freiherr von (1801–1859). Ban von Kroatien und Slowenien 71
Joksimović, Dragić. Jugoslawischer Rechtsanwalt 54
Jovanović, Arso (1948 erschossen). Montenegrinischer Offizier, 1941 Partisan, 1946 Generalstabschef 29, 48, 181, 242, 243, 244, 245, 246, 247, 271, 296
Jovanović, Blazo (geb. 1907). Montenegrinischer Parteifunktionär, 1945 Premierminister von Montenegro, Sekretär des ZK der KP Montenegros 203, 208, 238, 239, 240, 352, 406
Jovanović, Dimitrije. Barbier 332
Jovanović, Dragoljub. Jugoslawischer Politiker, Führer der linken Agrarier 23, 24, 43, 57, 59, 60, 61, 62, 316
Jovanović, Senka. Ehefrau von Arso Jovanović 243
Jovanovich, William (geb. 1920). Nordamerikanischer Verleger, Präsident des Verlagshauses Harcourt, Brace, Jovanovich 449, 451
Jovo. Bruder von Mileva Šćepanović. 267
Joyce, James (1882–1941). Englisch-irischer Schriftsteller 73
Judin, Pawel Fjodorowitsch (1899–1968). Sowjetischer Ideologe und Politiker 158, 159, 161, 203, 213, 232
Jugov, Anton Tanev (geb. 1904). Bulgarischer kommunistischer Politiker, 1944 Innenminister und Chef der Volksmiliz, 1956–1962 Ministerpräsident, 1962 Parteiausschluß 149

K. Jugoslawischer Arzt 446
Kádár, János (geb. 1912). Ungarischer kommunistischer Politiker, 1948–1951 Innenminister und Generalinspektor der AVO, 1951 wegen Titoismus verhaftet, 1954 rehabilitiert, 1956 Erster Sekretär des ZK der KP Ungarns, 1956–1958 und 1961–1968 auch Ministerpräsident 145
Kafka, Franz (1883–1924). Schriftsteller 15
Kalabić, Nikola (1946 ermordet). Jugoslawischer Militär, Tschetnik-Offizier 51
Kalinin, Michail Iwanowitsch (1875 bis 1946). Sowjetischer Politiker, Vertrauensmann Lenins und Stalins, 1919–1946 Mitglied des ZK, 1926–1946 auch des Politbüros der KPdSU, 1919–1946 auch nominelles Staatsoberhaupt der UdSSR 115, 119

Kant, Immanuel (1724–1804). Deutscher Philosoph 178, 359
Karabegović, Osman. Jugoslawischer Parteifunktionär 385, 386
Karadjordević. Dynastie, Nachkommen des Karadjordje, die zunächst im Wechsel mit dem rivalisierenden Hause Obrenović, ab 1903 ununterbrochen in Serbien, ab 1918 in Jugoslawien regierten 43
Kardelj, Edvard (1910–1979). Slowenischer Politiker, 1937 Mitglied des ZK der KP Jugoslawiens, Vater der jugoslawischen Verfassung 7, 10, 23, 24, 25, 26, 27, 31, 34, 37, 41, 42, 43, 44, 45, 47, 48, 54, 55, 57, 58, 62, 67, 68, 69, 91, 94, 102, 103, 104, 109, 110, 113, 114, 115, 119, 151, 152, 153, 154, 155, 157, 158, 160, 169, 176, 183, 184, 187, 188, 189, 190, 191, 192, 193, 195, 196, 198, 202, 204, 205, 206, 207, 210, 212, 218, 223, 225, 231, 232, 239, 240, 241, 248, 252, 253, 255, 256, 259, 260, 263, 270, 272, 280, 281, 286, 287, 288, 290, 294, 296, 298, 299, 300, 301, 302, 303, 304, 305, 306, 307, 308, 309, 310, 311, 312, 313, 319, 323, 324, 325, 326, 327, 329, 330, 331, 333, 334, 335, 338, 340, 348, 350, 351, 353, 359, 365, 366, 367, 368, 370, 371, 382, 383, 386, 387, 388, 390, 392, 393, 397, 398, 399, 401, 402, 403, 406, 408, 409, 412, 426, 427, 428, 447, 448
Katharina II., die Große (1729–1796). 1762 Kaiserin von Rußland 175
Kavran. Mitglied der Ustascha 237
Kidrić, Boris (1919–1953). Slowenischer kommunistischer Politiker, 1941 Partisan und politischer Kommissar für Slowenien, 1945 Ministerpräsident von Slowenien, 1946–1953 Leiter der gesamten Wirtschaft Jugoslawiens 34, 36, 107, 108, 144, 162, 163, 164, 195, 196, 198, 205, 206, 210, 217, 223, 286, 291, 294, 298, 299, 306, 307, 308, 309, 335, 349, 350, 351, 352, 353
Kidrić, Zdenko. Ehefrau von Boris Kidrić 350, 351, 352
Klim Samgin. Figur aus Maxim Gorkijs gleichnamigem Roman 177
Kolarov, Wassil (1877–1950). Bulgarischer kommunistischer Politiker, 1946 Provisorischer Präsident der Bulgarischen Republik, 1949 Außenminister und Vizepräsident des Ministerrates 118, 119, 184, 188
Kolševski, Lazar (geb. 1914). Mazedonischer kommunistischer Politiker, 1941 Organisator der Guerilla-Kräfte gegen die bulgarische Okkupation Mazedoniens, 1945 Erster Premierminister der Republik Mazedonien, 1953 Präsident der mazedonischen Nationalversammlung 148, 149
Komarecki, Mirjana. Sekretärin von Raymond 425
Kopernikus, Nikolaus (1473–1543). Astronom 131
Kopinič. Sowjetischer Journalist, Mitarbeiter des geheimen Nachrichtendienstes 119
Korbel. Tschechoslowakischer Diplomat, Botschafter in Jugoslawien 136
Kosanović, Sava. Jugoslawischer Politiker 44
Kostov, Trajčo (geb. 1897, 1949 hingerichtet). Bulgarischer Kommunistenführer, Mitglied des Politbüros der KP Bulgariens, stellvertretender Ministerpräsident, 1949 abgesetzt und verurteilt 118, 184, 188, 191, 193, 292, 293
Kovačević, Veljko. Jugoslawischer Rechtsanwalt 62, 389, 426, 436, 437, 440, 443, 452, 454, 455, 456
Krajačić, Stevan. Jugoslawischer kommunistischer Politiker, Innenminister von Kroatien 28
Krce. Jugoslawischer Bauernführer 44
Kreačić, Otmar. Jugoslawischer kommunistischer Militär 79, 244, 245, 246
Krleža, Bela. Ehefrau von Miroslaw Krleža 65
Krleža, Miroslav (geb. 1893). Kroatischer Schriftsteller, Njegoš-Preisträger 64, 65, 67, 68, 69, 70, 71, 72, 73, 74, 75, 76, 77, 78, 258, 259, 260, 296, 332, 334, 375, 394, 401
Kržavac, S. 103, 204
Kulenović, Skender. Jugoslawischer kommunistischer Publizist, Redaktionsmitglied von „Nova misao“ 329, 375
Kums, Richard. Nordamerikanischer Militär 58
Kuprešanin, Milan. Jugoslawischer kommunistischer Militär 169
Kutusow, Michail Ilarionowitsch, Fürst Smolenskij (1745–1813). Russischer Feldmarschall 48

Lakůs. Jugoslawischer Bauernführer 44
Lalić, Mihailo (geb. 1914). Serbischer Schriftsteller 270, 328, 375
La Pasionaria (eigentlich Ibárruri Dolores, geb. 1895). Spanische kommunistische

Politikerin, 1920 Mitbegründerin der KP in Asturien, 1930 Mitglied des ZK, 1932 Mitglied des Politbüros, 1960–1967 Vorsitzende der spanischen Exil-KP in der UdSSR 118
Lawrentjew. 1944 sowjetischer Botschafter in Belgrad 160, 161, 185, 197, 198, 205, 232, 250
Lee, Jennie. Ehefrau von Aneurin Bevan 372, 373, 374, 440
Lekić, Danilo (geb. 1913). Jugoslawischer Militär und Diplomat, 1937–1939 Spanienkämpfer, 1957 Botschafter in mehreren Ländern 262
Lenin (eigentlich Wladimir Iljitsch Uljanow, 1870–1924). Russischer Revolutionär und Staatsmann 64, 82, 140, 177, 178, 179, 187, 191, 219, 221, 241, 295, 308, 309, 339, 397
Leskošek, Luka 403
Leskov, Nikolaj Semjonowitsch (1831 bis 1895). Russischer Erzähler 73
Lie, Trygve Halvdan (1896–1968). Norwegischer Politiker, 1935–1946 mehrfach Minister, 1946–1953 Erster Generalsekretär der Vereinten Nationen 319
Lisak, Erich. Ustascha-Emissar 57
Ljotić, Dimitrije (–1945). Serbischer Faschistenführer 20, 52
Ljujić, Voja. Ehemaliger Funktionär der KP Jugoslawiens 295
Ljumović, Božo. Montenegrinischer Parteifunktionär 203, 208
Löwenthal, Richard (geb. 1908). Deutscher Publizist, Politologe und Historiker 11
Lohia, Rammanohar (1910–1967). Indischer sozialistischer Politiker 359, 360
Longo, Luigi (geb. 1900). Italienischer kommunistischer Politiker, 1921 Mitbegründer der KP Italiens, 1943–1945 Partisan, 1964–1972 Generalsekretär 152, 153
Lukić, Vojkan. Ehemaliger serbischer Innenminister 448, 450, 451, 452, 453

M. Jugoslawischer Neurologe 445
Maček, Vladimir (1879–1964). Kroatischer Politiker, 1928 Vorsitzender der kroatischen Bauernpartei, 1945 Exil 44, 62
MacMillan, Harold (geb. 1894). Englischer Politiker, 1957 Premierminister und Führer der konservativen Partei 11, 316
MacNeil, Hector (1907–1955). Englischer Journalist und Politiker, 1945 stellvertretender Außenminister, 1946 Teilnahme an der Pariser Friedenskonferenz, 1946–1950 Außenminister 299
Magnani, Valdo (geb. 1912). Italienischer Politiker 315
Maksimović, Desanka (geb. 1898). Serbische Dichterin 258, 418, 419, 426
Maleschova, Sejfula. Albanischer kommunistischer Politiker, Mitglied des Politbüros der KP Albaniens 117
Maljenkow, Georgi Maximilianowitsch (geb. 1902). Sowjetischer Politiker, 1945 Sekretär des ZK der KPdSU und stellvertretender Ministerpräsident, 1955 Rücktritt 152, 153, 155, 175, 184, 337
Malović, Josif. Jugoslawischer Sicherheitsoffizier 53, 54
Manola, Srećko. Jugoslawischer Militär, Leiter des militärischen Nachrichtendienstes 310
Manuilskij, Dimitrij Sacharowitsch (1883–1959). Sowjetischer Politiker, Landwirtschafts- und Außenminister der Ukraine, Mitglied des Exekutivkomitees der Komintern 302
Marinko. Jugoslawischer Parteifunktionär 406
Markos (eigentlich M. Wafiadis, geb. 1906). Griechischer Kommunist und Partisanenführer, 1927 Mitglied der KP Griechenlands, 1950 Parteiausschluß 292, 294
Marković. Chef der Geheimpolizei der Strafanstalt Sremska Mitrovica 441, 442
Marković, D. 103, 204
Marković, Brana. Ehefrau von Sima Marković 263
Marković, Moma. Jugoslawischer Parteifunktionär 254, 347
Marković, Sima (auch Semić genannt, 1888–1937). Politiker, Führer der KP im Königreich der Serben, Kroaten und Slowenen 263, 269
Marshall, George C. (1880–1959). Nordamerikanischer Militär, Generalstabschef im Zweiten Weltkrieg, Schöpfer des „Marshall-Plans" zum Wiederaufbau Europas nach dem Krieg 143, 144
Marx, Karl (1818–1883). Deutscher Philosoph 10, 108, 140, 178, 199, 219, 221, 307, 308, 309, 323, 335, 338, 348
Masaryk, Jan. Sohn von Tomáš Masaryk 136, 137, 138
Masaryk, Tomáš Garrigue (1850–1937). Tschechischer Staatsphilosoph, Grün-

der der ČSR, 1917 Präsident einer vorläufigen Regierung, 1918, 1920, 1927 und 1934 Präsident, 1935 Rücktritt 136, 137, 140
Maslarić. Jugoslawischer Parteifunktionär 406
Mdiwani, Georgij Dawidowitsch (geb. 1905). Sowjetischer Drehbuchautor für Dokumentarfilme 88
Medić. Jugoslawischer kommunistischer Militär 372
Mehta, Aschoka (geb. 1911). Indischer sozialistischer Politiker 361
Mićunović, Veljko. Jugoslawischer kommunistischer Diplomat, 1956–1958 Botschafter in der UdSSR 238, 240, 304, 325, 326, 327, 437
Mihailović, Dragoslav (geb. 1928). Serbischer Schriftsteller 263
Mihailović, Draža (geb. 1893, 1946 erschossen). Jugoslawischer Militär, 1941 Oberst, Organisator des Widerstandes der Tschetniks gegen die deutsche Besatzung, 1942 Kriegsminister und General, 1943 von Churchill fallengelassen, 1946 hingerichtet 26, 51, 52, 53, 54, 55, 241
Mihailović-Mihiz, Borislav 411, 414, 419, 420, 421
Mihailović-Mihiz, Milica. Ehefrau von Borislav Mihailović-Mihiz 419
Mikojan, Anastas Ivanowitsch (geb. 1895). Sowjetischer Politiker, Leiter des sowjetischen Außenhandels und der Nahrungsmittelindustrie, 1935 Mitglied des Politbüros der KPdSU, 1937 stellvertretender Ministerpräsident, 1964–1965 Staatsoberhaupt 181, 194, 196
Mikołajczyk, Stanisław (geb. 1901). Polnischer Politiker, 1926–1939 Leiter der Bauernpartei, 1940 Innenminister, 1943 Ministerpräsident in der Londoner Exilregierung, 1945 Landwirtschaftsminister in Polen, 1947 Flucht in die USA 50, 128
Milanović. Leiter der Strafanstalt Sremska Mitrovica 442
Miloš, Josip (genannt Jozo, 1979 ermordet). Mitglied der Ustascha, Killer, Opfer der UDBA 237
Milošević, N. Jugoslawischer Literaturhistoriker 74
Milton, John (1608–1674). Englischer Dichter 456
Milutinović, Ivan. Jugoslawischer Altkommunist, Mitglied des ZK der KP Jugoslawiens 205
Minc. Polnischer Parteifunktionär 152
Minić, Miloš (geb. 1914). Serbischer kommunistischer Politker 52, 53, 406
Mirjana. Schwester von Vera Obrenović-Delibašić 266
Mitrović, Ivanica. Mutter von Stefan Mitrović 257
Mitrović, Ivo. Vater von Stefan Mitrović 257
Mitrović, Lepa. Schwester von Stefan Mitrović 257
Mitrović, Niko. Bruder von Stefan Mitrović 257
Mitrović, Stefan. Jugoslawischer Parteifunktionär, Mitarbeiter des ZK (Agitprop) der KP Jugoslawiens 222, 224, 238, 255, 256, 257
Mitrović, Veljko. Bruder von Stefan Mitrović 257
Mitrović, Vukica. Schwester von Stefan Mitrović 257
Mladenović, Tanasije. Jugoslawischer Verlagslektor, Redaktionsmitglied der „Serbischen literarischen Genossenschaft" 434
Molotow, Wjatscheslaw Michailowitsch (geb. 1890). Sowjetischer Politiker, Mitarbeiter und Stellvertreter Stalins, 1926 Mitglied des Politbüros der KPdSU, in den 30er Jahren Ministerpäsident, 1946 Minister für Auswärtige Angelegenheiten, 1957 abgesetzt 55, 114, 115, 116, 143, 144, 151, 159, 173, 175, 176, 177, 183, 184, 185, 186, 188, 189, 190, 191, 193, 197, 198, 203, 204, 206, 210, 213, 215, 216, 218, 223, 225, 232, 241, 243
Montiel, Felix. Spanischer Kommunist 315
Moschetow. Sowjetischer Politiker, Mitglied der ZK der KPdSU 225
Moser. Jugoslawischer Großgrundbesitzer 30
Mugoša, Andro. Montenegrinischer Parteifunktionär 125, 273

Nadić, Milan (1877–1946). Serbischer nationalistischer Politiker, 1941–1944 Präsident der serbischen Regierung unter deutscher Besatzung, nach dem Zweiten Weltkrieg von den Westmächten an Tito ausgeliefert 52, 75
Nadj, Kosta. Jugoslawischer kommunistischer Militär 381
Nagoda. Slowenischer oppositioneller Politiker 62
Narajan, Dschajaprakasch (geb. 1902). Indischer sozialistischer Freiheitskämpfer und Reformer 360, 361

Nehru, Jawaharlal (1889–1964). Indischer Staatsmann 12, 358, 360, 361
Nešković, Blagoje (geb. 1907). Serbischer kommunistischer Politiker, 1941 Partisan, 1945 Ministerpräsident von Serbien, Mitglied des ZK der KP Jugoslawiens, 1952 angeklagt und abgesetzt 158, 195, 226, 228, 229, 238, 252, 253, 254
Nešković, Brana. Ehefrau von Blagoje Nešković 253
Nischani, Omer. Albanischer kommunistischer Politiker, Vorsitzender des Präsidiums der KP Albaniens 124
Njegoš, Petar II. Petrović (1813–1851). Montenegrinischer Dichter 15, 73, 74, 328, 329, 415
Nosdrew. Figur aus dem Roman „Tote Seelen" von Nikolai Gogol 302
Nosek. Tschechoslowakischer kommunistischer Politiker, Innenminister 134, 140
Novaković, Kosta. Mitarbeiter von Dimitrije Tucović 432
Nye. Kurzname von Aneurin Bevan 373, 374

Obrenović, Aleksandar (1876–1903). 1889–1903 König von Serbien 434
Obrenović-Delibašić, Vera. Jugoslawische Schriftstellerin 265, 266
Olenin. Mitarbeiter des Informbüros 159
Opačić, Ćanica. Kroatischer Parteifunktionär 269, 270
Osóbka-Morawski, Edward (geb. 1909). Polnischer kommunistischer Politiker, 1945–1947 Ministerpräsident, 1947–1949 Innenminister, 1949 aus der KP Polens ausgeschlossen, 1956 rehabilitiert 128

Paillon. Französischer kommunistischer Politiker 152
Panić-Surep, M. Jugoslawischer Verlagslektor, Redaktionsmitglied der „Serbischen literarischen Genossenschaft" 434
Pašić, Nikola (1845–1926). Serbischer Politiker, gab 1888 Serbien eine neue Verfassung, 1891–1892 Ministerpräsident unter dem Obrenovići, 1904–1918 zuerst Außenminister, dann Ministerpräsident Serbiens, 1918 Ministerpräsident des Königreichs der Serben, Kroaten und Slowenen 448
Paternoster. Bosnischer Kommunist 346, 348
Pauker, Ana (1895–1960). Rumänische Politikerin, 1947–1952 Außenminister, 1949–1952 auch stellvertretender Ministerpräsident, 1952 abgesetzt 116, 152, 153, 172
Pavelić, Ante (1889–1959). Jugoslawischer Advokat, erklärte als Ustascha-Anführer Kroatien 1941 zum unabhängigen Staat und sich zum Poglavnik, 1945 Flucht nach Argentinien, 1959 in Madrid ermordet 56, 57, 67, 335
Pavlović, Desa. Ehefrau von Eric Bourne, englische Journalistin, Korrespondentin der „Times" 415, 418, 421
Pearson, Lester Bowles (1897–1972). Kanadischer Politiker, 1948–1957 Außenminister 304
Penezić, Slobodan. Serbischer kommunistischer Politiker, Ministerpräsident Serbiens 421, 448, 449, 452, 453
Perović, Dušica. Jugoslawische Kommunistin 96
Perović, Mileta (geb. 1923). Partisanenoberst, 1948 Tito-Gegner, Konformist, Leiter der „Kiewer-Gruppe", Generalsekretär der Anti-Tito-KP Jugoslawiens, heute im jugoslawischen Gefängnis 266
Pešić, Bogdan. Jugoslawischer kommunistischer Journalist, Redaktionsmitglied der „Borba" 283
Pétain, Henri Philippe (geb. 1856, 1951 hingerichtet). Französischer Marschall und Politiker, Kollaboration mit Hitler 142
Petričević, Branko (genannt Kadja). Jugoslawischer Partisanen-General, 1948 Tito-Gegner 244, 245, 246, 247
Petrov, Nikola. Bulgarischer Politiker, Chef einer linken Gruppierung der Bulgarischen Nationalen Agrarunion, bekannt unter „Pladne"-Gruppe 60
Petrović. Jugoslawischer Gefängniskommandant 458
Philips, Morgan. Englischer Politiker, Sekretär der Labour Party 254, 315
Picasso, Pablo (eigentlich Ruiz y Picasso, 1881–1973). Spanischer Maler 224
Pieck, Wilhelm (1876–1960). Deutscher kommunistischer Politiker, 1945 Vorsitzender der KPD, 1946 Vorsitzender der SED, 1949 Staatspräsident der DDR 118
Pijade, Moša (1890–1957). Jugoslawischer kommunistischer Politiker, enger Mitarbeiter Titos 7, 19, 26, 27, 29, 37, 43, 113, 179, 195, 210, 211, 224, 226, 253, 306, 312, 319, 379, 382, 392, 393, 406, 425
Planojević, Mileva. Ehefrau von Sreten Zujović während des Zweiten Weltkrieges 250

Plato (427–347 v. Chr.). Griechischer Philosoph 348
Pleša. Jugoslawischer Schauspieler 420
Politac. Jugoslawischer Rechtsanwalt 426
Popivoda, Krste (geb. 1910). Montenegrinischer kommunistischer Politiker 195
Popović, Koča (geb. 1908). Serbischer General und Politiker, Spanienkämpfer, General in Titos Volksbefreiungsarmee, 1945–1972 mehrere politische Funktionen 48, 125, 158, 169, 171, 180, 183, 236, 242, 266, 271, 310, 318, 347, 369, 382, 388, 394, 396
Popović, Mića (geb. 1923). Serbischer Maler 420
Popović, Miladin. Parteisekretär des Gebietskomitees von Kosovo 21
Popović, Vladimir (1914–1972). Montenegrinischer Altkommunist, bis 1968 Titos Sekretär, dann Botschafter in London 172, 173, 181, 195, 209, 210
Poptomov. Bulgarischer Parteifunktionär 152
Poskrebischew, Aleksander Nikolajewitsch (1891–1965). Sowjetischer Parteifunktionär, Stalins persönlicher Sekretär 184
Praeger. Nordamerikanisches Verlagsunternehmen 436
Prica, Ognjen. Jugoslawischer Parteifunktionär 333
Prodanović, Jaša (genannt Onkel Jaša). Serbischer Politiker, Mitbegründer der Jugoslawischen Republikanischen Partei und Parteiführer 23, 45, 226
Proust, Marcel (1871–1922). Französischer Schriftsteller 73
Pucar, Djuro (geb. 1899). Jugoslawischer Parteifunktionär, 1948 Sekretär des ZK der KP von Bosnien und Herzegowina, 1953–1963 Premierminister von Bosnien und Herzegowina 203, 223, 224, 373, 406

Quisling, Vidkun (geb. 1887, 1945 erschossen). Norwegischer Politiker, Offizier, gründete 1933 die faschistische „Nasjonal Samling" 75

R. Jugoslawischer Arzt. 450
Radakrischnan, Sarvapalli (geb. 1888). Indischer Philosoph und Politiker, 1949 bis 1952 Sonderbotschafter in der UdSSR, 1952–1956 und 1957–1962 stellvertretender Staatspräsident, 1962–1966 Staatspräsident 359
Radovanović, Ljuba. Jugoslawischer Politiker 269
Radović, Djuza 329
Raičević, Blažo. Lagerinsasse von Goli Otok 279
Rajk, Laszlo (geb. 1909, 1949 hingerichtet). Ungarischer kommunistischer Politiker, 1946–1948 Innenminister, 1949 Außenminister, September 1949 abgesetzt und angeklagt, 1956 rehabilitiert 145, 146, 200, 248, 249, 278, 292, 293, 303
Raka. Jugoslawischer Parteifunktionär, stellvertretender Chef der Anstalt UDBA 446
Rákosi, Mátyás (1892–1971). Ungarischer kommunistischer Politiker, 1921–1924 Sekretär der Komintern, 1945 Generalsekretär der KP Ungarns, 1952–1953 Ministerpräsident, 1956 abgesetzt 144, 145, 200, 264
Ranković, Alexander-Leka (geb. 1909). Jugoslawischer kommunistischer Politiker, 1940 Mitglied des Politbüros der KP Jugoslawiens, nach dem Zweiten Weltkrieg Innenminister und Chef der Geheim- und Militärpolizei, 1964 abgesetzt, 1966 aus der Partei ausgeschlossen 9, 19, 20, 24, 26, 27, 28, 31, 34, 37, 40, 46, 48, 52, 53, 54, 58, 61, 62, 68, 78, 94, 96, 97, 104, 110, 113, 115, 117, 118, 125, 126, 145, 146, 149, 158, 169, 195, 197, 198, 202, 205, 206, 210, 211, 214, 220, 222, 223, 227, 231, 238, 244, 245, 246, 247, 248, 249, 250, 251, 252, 253, 254, 255, 256, 257, 258, 259, 261, 262, 263, 264, 265, 266, 267, 268, 269, 272, 274, 279, 280, 281, 290, 291, 293, 297, 305, 316, 320, 321, 322, 330, 335, 336, 347, 351, 352, 363, 365, 370, 378, 382, 383, 387, 388, 389, 390, 393, 397, 398, 402, 403, 410, 415, 416, 424, 425, 429, 434, 447, 448, 451, 457
Ranković, Slavica. Ehefrau von Alexander-Leka Ranković 305, 348
Raymond, Jack (geb. 1918). Nordamerikanischer Journalist, 1940–1966 „New York Times", davon 1952–1956 Balkankorrespondent in Belgrad, 1956 in Moskau 425
Reale, Eugenio (geb. 1905). Italienischer Politiker 152, 154
Révai, József (1898–1959). Ungarischer kommunistischer Politiker und Publizist, 1945–1953 und ab 1956 Mitglied des Politbüros der KP Ungarns 152, 199
Ribar, Ivan 124

Ribar, Ivo-Lola. Jugoslawischer Altkommunist, Mitglied des ZK der KP Jugoslawiens 205
Ribbentrop, Joachim von (geb. 1893, 1946 hingerichtet). Deutscher Diplomat und Politiker, 1938–1945 Hitlers Außenminister 78
Ribnikar, Vladislav. Jugoslawischer kommunistischer Kulturfunktionär 91, 379
Ristić, Marko (geb. 1902). Serbischer Schriftsteller, 1945–1951 Botschafter in Paris 72, 259, 327
Rodin, Auguste (1840–1917). Französischer Bildhauer 328
Roła-Rzymierski. Polnischer Militär 129, 130
Romm, Michail (1901–1971). Sowjetischer Filmregisseur 87, 88
Russell, Bertrand (1872–1970). Englischer Mathematiker und Philosoph 429

S. Jugoslawischer Emigrant 91
Sacharow. Sowjetischer Diplomat 100
Sadtschikow. Sowjetischer Diplomat, Botschafter in Jugoslawien 47, 97, 102, 104, 105, 160, 161, 167
Salaj, Djuro. Jugoslawischer Gewerkschaftsführer 205, 336
Salis-Seewis, Francesco (1872–1967). Jugoslawischer katholischer Geistlicher, 1926 Bischof von Zagreb 55
Sartre, Jean-Paul (1905–1980). Französischer Schriftsteller und Philosoph 224
Savić, Pavle (geb. 1909). Jugoslawischer Kernphysiker, 1939 Mitglied der KP Jugoslawiens 119
Šćepanović, Mileva. Jugoslawische Kommunistin 267
Scharett, Mosche (1894–1965). Israelischer Politiker, 1948–1956 Außenminister, 1953–1955 auch Ministerpräsident 363
Schdanow, Andrej Alexandrowitsch (1896–1948). Sowjetischer Politiker, galt seit 1934 als Nachfolger Stalins, 1935 Sekretär des ZK der KPdSU, 1939 Mitglied des Politbüros, 1947 Leiter des Kominform 152, 153, 154, 155, 157, 173, 175, 176, 177, 178, 182, 184
Scholochow, Michail Alexandrowitsch (geb. 1905). Sowjetischer Schriftsteller 178
Schopenhauer, Arthur (1788–1860). Deutscher Philosoph 73
Sekulić,, Isidora (1877–1958). Serbische Schriftstellerin 74, 328, 329
Sergejtschuk, Michail. Sowjetischer Bevollmächtiger der UNNRA für Jugoslawien 39, 110, 111
Seton-Watson, George Hugh Nicholas (geb. 1916). Englischer Historiker, Professor für russische Geschichte, 1940–1941 Angehöriger der englischen Legation in Rumänien und Jugoslawien 316
Severova. Jugoslawische Schauspielerin 260
Shub, A. Literaturkritiker 435
Simić, Stanoje. Jugoslawischer Politiker, königlicher Botschafter, nach dem Zweiten Weltkrieg Außenminister, 1948 abgesetzt 214, 261, 270
Simić, Vladimir. Jugoslawischer republikanischer Politiker 393
Simonow, Konstantin Michailowitsch (geb. 1915). Sowjetischer Schriftsteller 178
Sirc. Slowenischer oppositioneller Politiker 62
Šišmanović. Mithäftling von Milovan Djilas 444
Slánský, Rudolf (geb. 1901, 1952 hingerichtet). Tschechoslowakischer Politiker, 1945 Generalsekretär der KPTsch, 1951 abgesetzt und verhaftet, 1952 als Titoist und Zionist zum Tode verurteilt 152, 157
Smetana, Bedrich (1824–1884). Tschechoslowakischer Komponist 135
Sokrates (470–399 v. Chr.). Griechischer Philosoph 403
Sorin, Valerian Alexandrowitsch (geb. 1902). Sowjetischer Diplomat, 1945 bis 1948 Botschafter in der Tschechoslowakei, 1948 stellvertretender Außenminister, 1956–1958 Botschafter in der Bundesrepublik Deutschland, 1960 ständiger Vertreter bei den Vereinten Nationen 184, 190
Soschtschenko, Michail Michailowitsch (1895–1958). Sowjetischer Satiriker 178
Spiro, Naku (–1947). Albanischer Parteifunktionär 124, 167, 168, 171, 173
Stalin (eigentlich Josef Wissarionowitsch Dschugaschwili, 1879–1953). Sowjetischer Politiker, 1922 Generalsekretär der KPdSU 9, 10, 13, 15, 20, 55, 65, 72, 80, 89, 91, 94, 95, 101, 102, 105, 109, 116, 117, 118, 119, 128, 132, 133, 140, 142, 148, 151, 156, 157, 159, 160, 163, 171, 173, 174, 175, 176, 177, 178, 179, 180, 182, 183, 184, 185, 186, 187, 188, 189, 190, 191, 192, 193, 194, 196, 197, 198,

203, 204, 206, 209, 210, 213, 215, 216, 217, 218, 219, 221, 223, 225, 227, 228, 232, 234, 235, 236, 237, 238, 239, 241, 243, 253, 255, 258, 260, 262, 274, 275, 276, 278, 286, 287, 288, 292, 294, 302, 303, 305, 308, 309, 310, 317, 318, 322, 325, 331, 338, 339, 354, 365, 366, 367, 374, 399, 417, 449, 451, 453, 454
Stambolić, Petar (geb. 1912). Serbischer Parteifunktionär, 1945–1948 Finanzminister in Serbien, 1948–1953 Ministerpräsident, 1953–1957 Parlamentspräsident, 1957–1963 Präsident des Bundesparlaments, 1963–1967 Ministerpräsident 331, 335, 393, 406
Stefanović-Ćeća, Svetislav (geb. 1910). Serbischer Nationalheld, Innenminister Jugoslawiens, 1966 abgesetzt 20, 258, 282, 383
Stepinac, Alozije Viktor (1898–1960). Kardinal, gegen Ende des Ersten Weltkriegs als Freiwilliger auf der Seite Serbiens, 1934 Titularerzbischof, 1937 Erzbischof von Agram (Zagreb), 1946 wegen Tolerierung des Ustascha-Regimes, zu 16 Jahren Zwangsarbeit verurteilt, 1951 unter Auflagen freigelassen 26, 40, 55, 56, 57, 58, 59, 71, 327
Stevović. Jugoslawischer Richter 455
Stilinović. Jugoslawischer Diplomat, Botschafter in der Tschechoslowakei 216
Stilinović, Marijan. Kroatischer Politiker, Mitglied des ZK der KP Kroatiens 395, 428
Stojadinović, Milan (1888–1961). Jugoslawischer Politiker, 1935–1939 Ministerpräsident 236, 456
Štojković, Živorad. Jugoslawischer Schriftsteller 415, 420, 421
Stojnić, Velimir. Jugoslawischer Parteifunktionär, Vertreter der KP Jugoslawiens in Albanien, Mitglied des ZK 126
Strindberg, August (1849–1912). Schwedischer Dichter 73
Stupica, Bojan. Jugosl. Filmregisseur 69
Stupica, Mira. Ehefrau von Bojan Stupica 69, 420
Šubašić, Ivan (1892–1955). Kroatischer Politiker, 1944 Ministerpräsident der königlich jugoslawischen Exilregierung, Tito-Šubašić-Abkommen, Außenminister der provisorischen Koalitionsregierung 41, 42, 44, 45, 46, 105, 160
Subotić, Slobodan. Jugoslawischer Rechtsanwalt 456
Šućak. Jugoslawischer Gefängniskommandant 447, 448
Sulzberger, Arthur Ochs S. L. (geb. 1926). Nordamerikanischer Journalist, 1963 Verleger und Herausgeber der „New York Times“ 327, 417, 451
Šumanović. Serbischer Maler 67
Suslow, Michail Andrejewitsch (1902–1982). Sowjetischer Politiker, 1946 Chef der Abteilung Agitation und Propaganda des ZK der KPdSU, 1949–1950 Chefredakteur der „Prawda“, 1954 Vorsitzender des Komitees für Auswärtiges, 1955 Mitglied des Präsidiums des ZK der KPdSU 184, 225
Suworow, Alexander Wassiljewitsch (1730–1800). Russischer Feldherr 48
Švob, Vinko. Jugoslawischer Militär 260, 261

T. Jugoslawische Kommunistin 453
Terpeschev. Bulgarischer Parteifunktionär 215
Thorez, Maurice (1900–1964). Französischer kommunistischer Politiker, 1930 Generalsekretär der KP Frankreichs, 1945–1946 Staatsminister, 1946 und 1947 stellvertretender Ministerpräsident 118, 142
Timofejew. Sowjetischer Militär, Vertreter des geheimen Nachrichtendienstes, dann Botschafter in Ungarn 97, 98
Tito, Josip Broz (1892–1980). Jugoslawischer kommunistischer Politiker und Marschall, Partisanenführer, 1945 Ministerpräsident, 1953 Staatspräsident und Oberbefehlshaber des Heeres 7, 11, 12, 13, 15, 21, 24, 25, 26, 27, 28, 29, 30, 31, 32, 33, 34, 35, 37, 40, 41, 42, 44, 46, 47, 48, 50, 52, 54, 55, 56, 57, 58, 59, 61, 62, 65, 67, 68, 73, 77, 80, 81, 82, 83, 87, 88, 89, 90, 91, 94, 96, 97, 100, 101, 102, 103, 104, 105, 107, 109, 110, 111, 112, 113, 114, 115, 116, 117, 118, 119, 120, 121, 122, 125, 126, 127, 128, 129, 130, 133, 134, 135, 136, 138, 139, 140, 141, 142, 144, 145, 146, 148, 149, 151, 154, 158, 160, 163, 167, 168, 169, 170, 171, 174, 179, 183, 184, 185, 192, 194, 195, 196, 197, 198, 202, 203, 204, 205, 206, 208, 209, 210, 211, 212, 213, 215, 216, 217, 218, 219, 220, 221, 223, 225, 226, 227, 228, 229, 230, 231, 232, 234, 240, 242, 243, 244, 247, 249, 252, 254, 256, 257, 258, 259, 260, 261, 262, 263, 265, 268, 270, 272, 274, 277, 278, 280, 281, 285, 287, 288, 290, 292, 293, 294, 296, 297, 300, 301, 304, 306, 309, 310, 312, 313,

314, 317, 318, 319, 320, 323, 328, 329, 330, 331, 332, 333, 335, 336, 337, 338, 339, 340, 346, 348, 350, 353, 359, 363, 365, 366, 367, 368, 369, 370, 371, 372, 373, 377, 378, 379, 380, 381, 382, 383, 386, 387, 388, 390, 392, 393, 395, 396, 397, 398, 399, 401, 402, 403, 404, 405, 406, 407, 408, 409, 410, 411, 412, 416, 418, 423, 425, 426, 427, 428, 430, 431, 433, 437, 439, 447, 451, 452, 455
Tmušić, V. Montenegrinischer Parteifunktionär 203
Todorović, Mijalko (geb. 1913). Serbischer Parteifunktionär, Partisan, 1945 Verteidigungsminister und Landwirtschaftsminister, 1968–1974 im Parteipräsidium 172, 173, 180, 331
Togliatti, Palmiro (1893–1964). Italienischer kommunistischer Politiker, 1947–1964 Generalsekretär der KP Italiens 118, 154
Tolstoi, Leo Nikolajewitsch (1828–1910). Russischer Dichter 73
Tomašević, Stana. Jugoslawische Kommunistin, Funktionärin im ZK (Agitprop) der KP Jugoslawiens 405
Tomo. Fahrer von Milovan Djilas 372, 403
Trikumdas. Indischer Sozialist 351
Trotzki, Lew Dawidowitsch (eigentlich Leib Bronstein, geb. 1879, 1940 ermordet). Russischer Revolutionär und Politiker, Schöpfer der Roten Armee, 1929 Exil 206, 400, 417
Tschervenkov, Vlko (geb. 1900). Bulgarischer kommunistischer Politiker, 1944 Sekretär der KP Bulgariens, 1950 Ministerpräsident und Generalsekretär der KP, Kultusminister und dann Mitglied des Politbüros 152, 215, 216, 237
Tschiang Kai-schek (1887–1975). Chinesischer Politiker und Marschall, Gegenspieler von Mao Tse-tung 191
Tschuwachin. Sowjetischer Diplomat, Botschafter in Albanien 167
Tucović, Dimitrije. Serbischer Politiker, Führer der Sozialisten 432

V. Jugoslawischer Rechtsanwalt 455
Vajnberger, Dragica. Sekretärin von Milovan Djilas 69, 229, 267, 326, 345
van Glebek. Belgischer Politiker 328
Vasko, Tibor. Mithäftling von Milovan Djilas 441, 444
Velebit, Vladimir (geb. 1907). Jugoslawischer kommunistischer Politiker, nach der Befreiung Jugoslawiens stellvertretender Außenminister und Außenhandelsminister 47, 107, 114, 115, 217, 382
Veselinov, Jovan (geb. 1906). Jugoslawischer kommunistischer Politiker, 1945 Premierminister von Serbien, Sekretär des ZK der KP Serbiens 370, 371, 396
Vidić, Dobrivoje. Jugoslawischer kommunistischer Diplomat, mehrfach Botschafter 357
Vidmar, Josip (geb. 1895). Slowenischer Schriftsteller 259, 260
Vilder, Vjećeslav. Studienkollege von Milovan Djilas 316
Vilfan, Joža (geb. 1908). Jugoslawischer kommunistischer Diplomat, Partisan, 1945 Hauptberater der jugoslawischen UNO-Mission, stellvertretender Außenminister, Botschafter in Indien 357, 358, 375, 401
Vilfan, Marija. Ehefrau von Joža Vilfan 357, 418
Vitorović, Milo. Redaktionsmitglied der „Borba“ 381
Vlahov, Dimitar (1878–1953). Mazedonischer Terrorist, 1924–1932 Redakteur des „Balkanska Federacija“ in Wien, später in Frankfurt, nach dem Krieg mazedonischer Parteifunktionär, zuletzt im jugoslawischen Staatspräsidium 293
Vlahović, Veljko. Jugoslawischer Parteifunktionär, Chefredakteur der „Borba“ 222, 223, 237, 240, 379, 385, 394, 404, 405, 406
Vojvodić, Petar 383
Vozarević, Lazar (geb. 1925). Serbischer Maler 434
Vranešić. Jugoslawischer Arzt 67
Vukmanović-Tempo, Svetozar (geb. 1912). Montenegrinischer Politiker, 1941–1944 Partisanenführer, 1945–1948 Staatssekretär für Verteidigung, 1948–1953 Präsident der Handelskammer, 1953–1958 stellvertretender Ministerpräsident, 1958–1967 Leiter der jugoslawischen Gewerkschaften 169, 172, 194, 195, 196, 206, 244, 347, 352, 366, 370, 382, 394, 406, 455

Wassiljewitsch, Alexander Michailowitsch (geb. 1895). Sowjetischer Militär, 1942 Chef des Generalstabs und zugleich stellvertretender Volkskommissar für Verteidigung, 1949–1953 Kriegsminister, 1952–1961 Mitglied des ZK der KPdSU 180

Watson, S. Englischer Politiker der Labour Party 315, 316
Welles, Orson (geb. 1915). Nordamerikanischer Filmschauspieler, Regisseur, Autor und Produzent 397
Woroschilow, Kliment Jefremowitsch (1881–1969). Sowjetischer Politiker und Marschall, Chef der Partisanenbewegung, 1945–1947 Vorsitzender der alliierten Kontrollkommission in Ungarn, 1946–1953 stellvertretender Ministerpräsident, 1953–1960 Vorsitzender, dann Mitglied des Präsidiums des Obersten Sowjets, von Chruschtschow entmachtet, 1969 rehabilitiert 198, 201, 202
Wosnessenskij, Nikolaj Alexejewitsch (1903–1950). Sowjetischer Wirtschaftler, 1939 stellvertretender Ministerpräsident 1948 Mitglied des Politbüros der KPdSU, 1949 verhaftet und 1950 erschossen 175, 176, 177
Wyschinskij, Andrej Januarewitsch (1883–1954). Sowjetischer Politiker. 1931–1935 Generalstaatsanwalt der RSFSR, 1935–1939 der UdSSR, 1949 Außenminister, 1953 UNO-Botschafter 144, 159, 302, 303

Zachariades, Nikolaus (geb. 1903). Griechischer kommunistischer Politiker 293, 294
Zecević, Vlada. Jugoslawischer orthodoxer Geistlicher und Politiker, Innenminister 48
Zigić, Rade. Kroatischer Parteifunktionär 268, 269, 270
Ziherl, Boris. Jugoslawischer Journalist, Redaktionsmitglied des Informbüros 159, 223, 238, 287
Živanović, M. Neffe von Dragutin Dimitrijević 434
Zlatić, Sava 268
Zogović. Jugoslawischer Kommunist, Mitarbeiter des Agitprop 55, 68, 87, 88
Zogović, Radovan (geb. 1907). Serbischer Schrifsteller 75, 78, 116, 220, 221, 222, 224, 237, 255, 256, 257, 258, 347
Zogović, Vera. Ehefrau von Radovan Zogović 75, 257, 258
Žugić. Jugoslawischer Militär 427
Žugić, Tripko. Jugoslawischer demokratischer Politiker 43
Žujović, Lepa. Frühere Ehefrau von Sreten Žujović 250
Žujović, Sreten (geb. 1899). Serbischer Bankkaufmann, Partisan, nach dem Zweiten Weltkrieg bis 1948 Finanzminister 31, 36, 103, 106, 110, 111, 114, 171, 185, 195, 196, 197, 198, 208, 209, 210, 211, 212, 213, 217, 218, 220, 222, 223, 225, 226, 247, 248, 249, 250, 251, 252, 253, 271
Žujović, Zoran. Sohn von Sreten Žujović 251

Gerhard Konzelmann im dtv

Der Nil
Heiliger Strom unter Sonnenbarke, Kreuz und Halbmond

Die bewegte Geschichte der Länder am Nil von den Pharaonen bis zu Mubarak und den westpolitischen Machtblöcken der Gegenwart – geschrieben von dem exzellenten Nahostkenner Gerhard Konzelmann. Er macht die politische Brisanz vielfältiger kultureller Brüche aus rund 5000 Jahren deutlich. dtv 10432

Jerusalem
4000 Jahre Kampf um eine heilige Stadt

Konzelmann erzählt detailliert und kenntnisreich die viertausendjährige Geschichte dieser Stadt, die sowohl für Juden wie für Mohammedaner und Christen die »heilige Stadt« ist. Ein wichtiges Buch für jeden, der den Ursprüngen des unversöhnlichen Streites um Jerusalem nachgehen möchte. dtv 10738

Der unheilige Krieg
Krisenherde im Nahen Osten

Ein Versuch, das für den westlichen Beobachter schier unentwirrbare Knäuel verschiedener Einflüsse und Strömungen im libanesischen Bürgerkrieg zu entwirren und durch geschichtliche Rückblicke die Ursachen des Konflikts aufzudecken. dtv 10846

Die islamische Herausforderung

Der Ruf »Allah ist über allem!« hat eine ungeheure Aufbruchstimmung unter allen Völkern des Islams bewirkt, die die Rettung der Welt zum Ziel hat. Der allumfassende Anspruch und die Kompromißlosigkeit dieser Religion geben der neuen islamischen Bewegung ihre Kraft. Konzelmann vermittelt das Wissen, das zum Verständnis der islamischen Revolution nötig ist, mit der das Abendland sich die nächsten Jahrzehnte wird auseinandersetzen müssen.
dtv 10873

Marion Gräfin Dönhoff im dtv

Namen die keiner mehr nennt
Ostpreußen –
Menschen und Geschichte

»Dieses Buch unterscheidet sich höchst wohltuend von vielen sentimentalen Traktaten über die verlorenen Ostgebiete … Natürlich spürt man, daß die Gräfin Dönhoff mit allen Fasern ihres Herzens an dem Land hängt, in das ihre Vorfahren vor 700 Jahren gekommen waren … Aber sie weiß auch, daß diese 700 Jahre deutscher Kultur in Ostpreußen unwiederbringlich verloren sind – verloren durch deutsche Schuld.« (Nordd. Rundfunk)
dtv 247

Weit ist der Weg nach Osten
Berichte und Betrachtungen aus fünf Jahrzehnten

Von der Ära Stalins bis zu der Gorbatschows, von der starren Unbeweglichkeit des sowjetischen Systems bis zu »Glasnost« und »Perestrojka« hat Gräfin Dönhoff die Beziehungen der Bundesrepublik zur UdSSR und ihren Satellitenstaaten mit ihren Kommentaren begleitet. Sie hat, aus der Beobachter-Position heraus, Veränderungen wahrgenommen, die eine Reaktion des Westens, eine Neueinstellung seiner Politik möglich gemacht hätten: Stalins Tod etwa oder die Ereignisse in Ungarn, Jugoslawien, Polen, der Führungswechsel in Ost-Berlin und nicht zuletzt der in Moskau selbst. dtv 10971

Der südafrikanische Teufelskreis
Reportagen und Analysen aus drei Jahrzehnten

Gibt es einen Ausweg aus dem Teufelskreis, in den Südafrika geraten ist? Oder kommt es am Kap der einst guten Hoffnung unvermeidlich zu einer Katastrophe? Marion Gräfin Dönhoff versucht in Reportagen und Analysen von 1960 bis heute eine Antwort auf diese Fragen zu geben. Sie charakterisiert die gegenwärtige Situation in Südafrika, setzt jedoch auch heute noch auf vernünftige Einsicht auf beiden Seiten.
dtv 11110

Schalom Ben-Chorin im dtv

Die Heimkehr
Jesus, Paulus und Maria in jüdischer Sicht

Mit dieser Triologie will Schalom Ben-Chorin die tragenden Gestalten des neuen Testaments sozusagen ins Judentum heimholen und damit einen Beitrag zum »Abbau der Fremdheit zwischen Juden und Christen durch den lebendigen Dialog« leisten.
Kassettenausgabe in drei Bänden
dtv 5996
Auch einzeln lieferbar:

Bruder Jesus
Der Nazarener in jüdischer Sicht
dtv 1253

Paulus
Der Völkerapostel in jüdischer Sicht
dtv 30011

Mutter Mirjam
Maria in jüdischer Sicht
dtv 1784

Jugend an der Isar

Ben-Chorins Schulzeit in München das Engagement in der jüdischen Jugendbewegung, die Begegnung und Auseinandersetzung mit Martin Buber und dessen Werk, und seine Liebe zur Dichtung seiner Zeit. dtv 10937

Ich lebe in Jerusalem

Ben-Chorin, 1935 von München nach Jerusalem emigriert, schildert in seinen Erinnerungen das Wachsen und Werden dieser berühmten Stadt. dtv 10938

Zwischen neuen und verlorenen Orten
Beiträge zum Verhältnis von Deutschen und Juden

»Unwissenheit erzeugt Mißtrauen, Mißtrauen erzeugt Haß, Haß erzeugt Gewalttaten. Wir alle müssen die Kettenreaktion beim untersten Glied abbauen. Christen müssen mehr von Juden und umgekehrt Juden von Christen mehr wissen, damit die Fremdheit verschwindet.« dtv 10982

Der Engel mit der Fahne
Geschichten aus Israel

Gemütvolle Geschichten aus einem halben Jahrhundert »zwischen den Welten«, zwischen der Vaterstadt München und dem Jerusalem von heute, zwischen Christentum und Judesein. dtv 11087

Carl Friedrich von Weizsäcker im dtv

Foto: Isolde Ohlbaum

Wege in der Gefahr
Eine Studie über Wirtschaft, Gesellschaft und Kriegsverhütung

Dieses Buch »ist geeignet, den Blick für die politischen Realitäten im Atomzeitalter zu schärfen, die sonst gelegentlich an Konturen verlieren . . . Für Weizsäcker, wie für viele Kulturkritiker der Gegenwart, ist das bloße wissenschaftliche Denken ohnmächtig. Das Ziel eines Bewußtseinswandels ist eine ›von Liebe ermöglichte Vernunft‹.« (Wehrwissenschaftliche Rundschau)
dtv 1452

Deutlichkeit
Beiträge zu politischen und religiösen Gegenwartsfragen

Was heißt Verteidigung der Freiheit gegen Terrorismus und Repression? Hat das parlamentarische System eine Zukunft? Welche Chancen und Risiken birgt die friedliche Nutzung der Kernenergie? Gehen wir einer asketischen Weltkultur entgegen? Wie läßt sich die Frage nach Gott mit dem naturwissenschaftlichen Denken vereinen? – Vielfältige Fragen, die Weizsäcker klar zu beantworten versucht.
dtv 1687

Die Einheit der Natur

In diesen Studien aus den Jahren 1959 bis 1970 behandelt Carl Friedrich von Weizsäcker, Professor sowohl der Philosophie als auch der Physik, die für die moderne Wissenschaft grundlegende Frage nach der Einheit der Natur.
dtv 10012

Wahrnehmung der Neuzeit

Die Wahrnehmung der Neuzeit und ihrer Krise ist Weizsäckers Hauptanliegen in diesem Band mit Aufsätzen und Vorträgen von 1945 bis heute: »Das Ziel ist, die Neuzeit sehen zu lernen, um womöglich besser in ihr handeln zu können.«
dtv 10498

Die Zeit drängt
Das Ende der Geduld
Aufruf und Diskussion

Weizsäckers Aufruf zu einer »Weltversammlung der Christen für Gerechtigkeit, Frieden und die Bewahrung der Schöpfung«, die Reaktionen auf diesen Aufruf und Weizsäckers Antworten darauf.
dtv 11109